“十二五”普通高等教育本科国家级规划教材
高等院校金融学专业“十二五”规划精品教材

金融市场学

（第二版）

刘红忠 蒋 冠 主编

上海财经大学出版社

图书在版编目(CIP)数据

金融市场学/刘红忠,蒋冠主编. —2版. —上海:上海财经大学出版社,2015.6
(高等院校金融学专业"十二五"规划精品教材)
ISBN 978-7-5642-2110-2/F·2110

Ⅰ.①金… Ⅱ.①刘… ②蒋… Ⅲ.①金融市场-经济理论-高等学校-教材 Ⅳ.①F830.9

中国版本图书馆CIP数据核字(2015)第021173号

□ 策划编辑 王永长
□ 责任编辑 王永长
□ 封面设计 张克瑶
□ 责任校对 胡 芸 林佳依

JINRONG SHICHANGXUE
金 融 市 场 学
(第二版)

刘红忠 蒋 冠 主编

上海财经大学出版社出版发行
(上海市武东路321号乙 邮编200434)
网 址:http://www.sufep.com
电子邮箱:webmaster @ sufep.com
全国新华书店经销
上海市崇明县裕安印刷厂印刷装订
2015年6月第2版 2015年6月第1次印刷

787mm×960mm 1/16 25.25印张 565千字
印数:5 001—9 000 定价:46.00元

第二版前言

自1991年留校任教以来,本人先后担任复旦大学金融学专业的本科生“金融市场学”、硕士研究生“金融市场学专题研究”和“金融市场与机构”课程的主讲教师。早期出版了两本《金融市场学》教材,即:本科生教材《金融市场学》(刘红忠、朱叶主编,高等教育出版社、上海社科院出版社2000年版)和研究生教材《金融市场学》(刘红忠主编,上海人民出版社2003年版)。

在教学过程中,逐渐发现传统的“金融市场学”课程定位较为模糊,与“投资学”课程之间的内涵和外延难以厘定。例如,属于投资学范畴的资产定价理论、现代资产组合投资理论等仍是很多金融市场学教材的重点内容;对各个金融市场和工具的分类介绍也成为多数金融市场学教材的主要内容,而内容之间又缺乏深入的逻辑关联。

针对上述问题,2004年我们开始着手修订,相继出版了两本本科生金融市场学教材:一本是《金融市场学》第2版(刘红忠主编,高等教育出版社2005年版),另一本即本书的第一版(刘红忠、蒋冠主编,上海财经大学出版社2006年版)。此外,还参与原版教材《金融市场与机构》的部分撰写工作(Jeff Madura: Financial Markets and Institutions, 6th edition, Thomson /何丽芬改编,刘红忠审校,高等教育出版社2005年版)。

本书第一版入选普通高等教育“十五”国家级规划教材,2011年荣获上海市优秀教材一等奖。复旦大学的“金融市场学”课程于2007年也被评为上海市精品课程。

然而,在金融全球化的背景下,金融产品日新月异,金融创新中孕育的金融风险与监管之间也绝非零和博弈;美国次贷危机之后,欧美又一轮加强金融监管,在金融史中也只是似曾相识的一幕。这再次促使我们对金融市场完备性的思考,对金融市场功能的思考,对金融市场功能赖以发挥的交易机制的思考。

近年来,上海财经大学出版社的责任编辑王永长先生多次就修订事宜与我联系。本书2011年入选普通高等教育“十二五”国家级规划教材,于是,2012年我们开始着手修订。

一、本教材的编写目的

国内外现有的金融市场学教材大体可分为三类:第一类侧重于对各个金融市场的介绍,国内多数教材属于此类。绝大多数的国外教材,如Santomero&Babbel的《金融市场:工具与机构》、Modigliani, Fabozzi&Ferri的《金融市场与机构通论(第二版)》,即属于这一类。第二类实际上侧重于投资学的内容,主要讲述资产定价理论、现代资产组合投资理论等。第三类是以上两类内容的综合。

对不同金融市场和工具的介绍，对于认识和了解金融市场和工具的种类以及它们之间的区别与联系是有很大帮助的。然而，一般教材介绍不同市场的内容多为简单罗列，缺乏对市场结构和交易规则的深入分析，从而未能揭示价格的形成机制，缺乏内在的逻辑体系；而将资产定价理论和资产组合投资理论等作为"金融市场学"教材的主要内容，则反映"金融市场学"课程的模糊定位，与"投资学"之间的关系没有厘清，尚未形成鲜明的课程教材体系，将两种内容进行综合，也不能很好地解决其分别暴露出的问题。

本教材的编写，就是试图解决上述问题。首先，重新界定了金融市场的概念，即金融市场是为金融资源配置服务的各种交易机制的集成。基于这一定义，本教材提出功能和机制是理解金融市场运行的两大关键维度；在此基础上，本教材深入微观层面，从金融市场交易机制的设计和对价格形成过程的影响这一新的视角，深入分析金融市场运行的微观基础；最后，揭示了交易机制与金融市场功能实现之间的关系。通过以上分析框架，力图清晰定位"金融市场学"课程体系，厘清"金融市场学"与"投资学"之间的关系，并以微观结构的视角深入市场运行的机制和价格形成的过程，最终揭示金融市场功能实现的内在机理，将宏观视角与微观视角相结合，尝试建立一套比较系统的"金融市场学"教材体系①。

本书的第二版延续了第一版的上述初衷。

二、本教材的编写思路

本教材以市场微观结构作为主线，并将此主线与金融市场功能结合起来，以功能引出结构，对结构的解析则落脚于功能的实现。因为功能的实现建立在结构的基础上，结构是条件，功能是结果，金融市场的功能就在交易循环中不断地达成并延续。市场微观结构理论是20世纪90年代以来金融学发展最快的领域之一，已经广泛渗透到几乎金融学的所有领域。某种程度上，可以说这代表了金融市场学乃至于整个金融学发展的一个方向。以此为主线，一方面追随主流金融学的发展动态，另一方面也反映了对金融市场运行本质的认识。

全书分为四个部分：导论、市场微观结构、市场质量和市场效率。

导论部分主要介绍基础知识，包括金融市场的概念、分类和功能，明确将金融市场定义为"为实现金融资源最优配置的一组市场交易规则和机制的集成"，并提出功能和机制是理解金融市场运行的两个关键维度。

第二部分市场微观结构，是理解金融市场的出发点。狭义的交易机制是指市场的交易规则和保证规则实施的技术，以及规则和技术对定价机制的影响。广义的交易机制就是市场的微观结构，侧重于市场微观结构的各组成要素的动态变化和相互之间的作用及其对市场运行状况和运行特征的决定作用。

第三部分市场质量是全书的主体部分。基于交易机制的设计，分别从流动性、透明度、稳

① 本教材侧重于金融市场的交易机制，本人主编的《金融市场学》第二版（高等教育出版社2005年版）侧重于金融市场的功能。

定性和运行成本四个方面论述了金融市场运行质量的评价、影响因素和相互关系，辅之以广义交易机制各因素对市场运行影响的探讨，同时对比了金融市场中不同子市场的交易机制特征，并在此基础上分析了交易机制的优化设计问题。

第四部分市场效率将交易机制与功能整合在一起，是全书的落脚点。提高市场效率是改善市场质量和实现市场功能的根本目的。金融市场效率可分为运行效率、价格发现效率和资源配置效率三个层面。其中，以价格发现效率为核心，而这三点都是和市场功能紧密联系在一起的。最后讨论微观结构、市场质量与市场效率三者间的逻辑关系。

在延续第一版的基本思路的基础上，本书第二版在以下方面进行了调整，即尝试在一个宏观—微观一体的视角框架下，结合金融市场功能构成和金融市场微观结构，来解析交易机制、金融市场功能和金融市场风险管理的内在联系。为此，较原版在导论部分中增加了“多视角下金融市场的功能及传导机制”一章，从微观、中观、宏观多视角解析了金融市场功能的构成，并整合分析了金融市场之间的传导机制。进一步地，在金融市场效率与风险部分中，较原版增加了关于金融市场创新发展与风险管理，以及现代金融体系下的金融市场的分析，以期结合国际金融市场的发展演变，把系统性金融风险和宏观审慎监管纳入现代金融市场分析中。

三、本教材的特点

本教材是普通高等教育“十五”和“十二五”国家级规划教材。与国内外现有的适用于本科生阶段的“金融市场学”教材相比，本教材具有以下特点：

第一，对金融市场的概念进行了重新界定，从而确立了本教材的主要内容和逻辑体系。在本书中，我们以内涵扩展的方式把金融市场定义为：为实现金融资源最优配置的一组市场交易规则和机制的集成。

第二，基于金融市场的定义，提出理解金融市场运行的两个关键维度：金融市场功能和金融市场交易机制。功能的实现建立在交易机制的基础上，而交易机制的不断优化，其目的即是功能的更好实现。金融市场的运行目的是在功能上实现金融资源最优配置，而金融市场这些功能的实现，是通过一组市场交易规则和机制的集成，以其为市场准则而运行并达到的。金融市场功能反映金融市场的宏观属性，交易机制则属于金融市场的微观结构。这两个维度将金融市场的宏观与微观本质相结合，建立起完整的金融市场学逻辑体系。

第三，本教材从狭义交易机制和广义交易机制的关联角度，侧重狭义在交易机制中以流动性、透明度、稳定性和交易成本等作为评价市场交易运行质量的指标，辅之以广义交易机制各要素对市场运行的影响的探讨，同时对比了金融市场中的不同子市场交易的机制特征。最后，分析了交易机制如何影响金融市场功能和效率的诸多方面，从而回归金融市场功能，将机制与功能维度、微观与宏观视角有机结合。这样的体系安排，使我们可以从市场微观结构理论的发展和框架入手，以市场在交易过程中的价格形成和发现为核心，深入探讨交易机制的重要性。

第四，本教材从金融市场功能角度，从国际金融市场的演变及现今特征出发，结合日益活跃的金融创新致使现代金融体系发生的深刻变化，分析了现代金融市场运行机制中的监管挑战和系统性风险防范的问题。尤其是进入21世纪以来，金融市场发展呈现金融自由化、金融全球化、资产证券化与金融工程化等新趋势。这些新变化在为市场参与者提供更加系统、全面、便利、快捷金融服务的同时，金融风险也变得越发难以识别与监控，从而对世界各国宏观经济稳定、金融体系安全带来重大挑战，由此也推动了世界范围内的金融监管革新。

四、如何使用本教材

基于本教材的编写逻辑结构设计，本教材适合作为金融学专业核心课程或专业辅导书使用，尤其是与国际金融、金融市场与机构、投资学等课程配套进行学习，并以在本教材学习过程中加入研究思考型的金融市场专题学习。由此，本教材提供了金融市场交易机制、金融市场功能的初级介绍性内容，并更加注重两者相结合的现代金融市场运行特征和运行过程的分析方法，对于有兴趣深入金融市场主题研究的读者是一本好的综合性导论金融读物。

本次修订由刘红忠和蒋冠负责拟定大纲并组织实施。本书的编写分工情况如下：张萌、文伟杨负责第一部分；邵宇、郑海清、朱敏、周麟赟、张波、攀登、乔璟卓、刘俊山、范莉、姚秦负责第二部分和第三部分；霍强、张萌、李欣珏负责第四部分；刘红忠、蒋冠参与各部分修订的讨论，并总纂定稿。

再版在即，感触良多。虽经努力，仍难免挂一漏万，敬请读者朋友指正。

刘红忠

2015年4月30日

目　录

第二版前言/1

第一部分　导　论

第一章　金融市场的范畴和功能/3
第一节　金融市场的基本概念及使命/3
第二节　金融市场的分类及功能/13
第三节　金融市场的机构及工具/19
第四节　金融市场视角的金融体系:功能及运行/27
本章小结/33
基本概念/34
复习思考题/34
本章参考文献/34

第二章　交易机制与金融市场/36
第一节　金融市场功能的实现——从交易机制角度看金融市场/36
第二节　交易机制与金融市场的价格发现/40
第三节　交易机制、价格形成、价格发现——信息和策略的互动/43
第四节　价格的作用——进一步认识金融市场功能实现的微观基础/51
本章小结/57
基本概念/57
复习思考题/57
本章参考文献/58

第三章　多视角下金融市场的功能与传导机制/59
第一节　金融市场功能(一):微观投资主体视角/59
第二节　金融市场功能(二):中观金融子市场视角/63
第三节　金融市场功能(三):宏观经济视角/70

第四节　金融市场间的传导机制/76
本章小结/84
基本概念/85
复习思考题/85
本章参考文献/85

第二部分　金融市场交易机制

第四章　狭义交易机制/89
第一节　概述/89
第二节　交易机制的分类与比较/92
第三节　交易机制的执行过程/96
第四节　交易机制的价格确定过程/98
第五节　交易技术系统的变迁与交易机制的改变/107
本章小结/111
基本概念/112
复习思考题/112
本章参考文献/112

第五章　广义交易机制/113
第一节　广义交易机制概述/113
第二节　市场规则与市场运行/117
第三节　市场参与者与市场运行/121
第四节　信息结构与市场运行/127
本章小结/142
基本概念/143
复习思考题/143

第六章　金融市场交易机制比较/144
第一节　交易技术/144
第二节　交易规则/153
第三节　信息披露机制/162
第四节　市场参与者/167
第五节　金融工具/170
本章小结/173

基本概念/174
复习思考题/175
本章参考文献/175

第三部分 金融市场交易机制设计

第七章 流动性/179
第一节 流动性的概念和意义/179
第二节 衡量流动性的方法/183
第三节 关于流动性的经典模型/196
第四节 影响流动性的因素/211
本章小结/216
基本概念/217
复习思考题/217

第八章 市场透明度/218
第一节 透明度的定义、度量和影响因素/218
第二节 透明度与流动性/223
第三节 透明度、信息披露与市场交易机制/230
本章小结/234
基本概念/235
复习思考题/235
本章参考文献/235

第九章 市场稳定性/237
第一节 波动性的衡量与影响因素/237
第二节 稳定性、透明度与流动性/249
第三节 稳定性与交易机制设计/253
本章小结/265
基本概念/266
复习思考题/266
本章参考文献/266

第十章 市场交易成本/269
第一节 直接交易成本/269

第二节　间接交易成本/272
第三节　运行成本与交易机制设计/282
本章小结/289
基本概念/290
复习思考题/290
本章参考文献/291

第四部分　金融市场效率与风险

第十一章　金融市场效率:交易机制、功能与效率/295
第一节　金融市场效率:范畴与层次/295
第二节　交易机制与金融市场的功能/313
第三节　交易机制与金融市场的效率/321
第四节　设计更有效率的金融市场交易机制/326
本章小结/332
基本概念/333
复习思考题/333
附录Ⅰ/333
附录Ⅱ/336
附录Ⅲ/337
本章参考文献/339

第十二章　金融市场创新发展与风险管理/341
第一节　金融市场全球化、金融创新与金融安全/341
第二节　金融危机与金融市场微观机制/344
第三节　金融市场风险与风险管理/348
第四节　行为金融对金融市场功能提出的新挑战/352
第五节　金融市场监管范畴与层次/357
本章小结/362
基本概念/363
复习思考题/363
本章参考文献/363

第十三章　现代金融体系下的金融市场/365
第一节　现代金融市场发展的新趋势/365

第二节　现代金融市场的系统性风险/372
第三节　现代金融市场的宏观审慎监管/381
本章小结/389
基本概念/390
复习思考题/390
本章参考文献/390

第一部分
导　论

第一章

金融市场的范畴和功能

一般而言，在现代经济中，市场机制是对资源进行最优配置的主要方式。经济体系中的市场类型大致可分为三类：产品市场、要素市场（除资本以外）和金融市场，各类市场运行机制的功能逻辑和微观结构相似。其中，金融市场是最具代表性的市场，其在全球经济中的地位越来越重要。

伴随着大量资金流动，在世界的几乎每一个地方、每一个时刻都有数以万计的金融产品和金融交易在金融市场中发生，一国或地区的金融市场引发的波动会迅速波及全球，并造成世界经济波动。金融市场运行引导金融资源在时间和空间进行动态配置，随着各国经济的发展和全球化趋势，金融市场日益成为现代市场经济的核心。

第一节　金融市场的基本概念及使命

一、什么是金融市场

通常意义上的市场是指商品交易的场所，根据这一定义我们可以把金融市场理解为交易某些或者某种金融产品（financial products）的场所。但是，金融市场又不同于一般意义上的商品市场，它具有自身特殊性。

为了更清晰地理解金融市场的含义，我们首先必须定义实物资产（asset）和金融资产。应当说，一个社会的物质财富最终取决于该社会经济的生产能力，即为社会成员提供产品与服务的能力。这种生产能力是社会经济中的实物资产的函数。常见的实物资产包括：土地、建筑物、知识、用于生产产品的机械设备和运用这些资源所必需的有技术的工人。实物资产与“人力”资产包括了整个社会产出和消费的内容。

金融资产又被称为金融产品或者金融工具（instrument），从本质上说，它是某种形式的契约安排（contract），这种契约赋予持有者（或者称投资者）一定的权利。这种权利往往是在付出一定货币代价下获取某些收益或者利益。与实物资产相对应的金融资产，例如，股票或债券，它们并不代表社会财富，股票并不比印制股票的纸张更有价值，它们对社会经济的生产能力并没有直接贡献；相反，金融资产对社会经济的生产能力只有间接作用，因为它们带来了公司的所有权和经营管理权的分离，通过提供投资机会吸引社会资金进入。由于金融资产对实物资产所创造的利润或收入有要求权，因此，金融资产能够为持有它们的公司或个人带来财富①。

当公司最终利用实物资产创造收入之后，就依据投资者持有的公司发行股票或金融资产的所有权比例将收入分配给投资者。金融资产的价值源于并依赖于公司相关的实物资产的价值。因此，实物资产是创造收入的资产，而金融资产只能定义为收入或财富在投资者之间的配置。

与两种形式的资产相对，在现实的经济体系中实际上主要存在三种类型的市场：要素市场、产品市场和金融市场（见图1—1）。

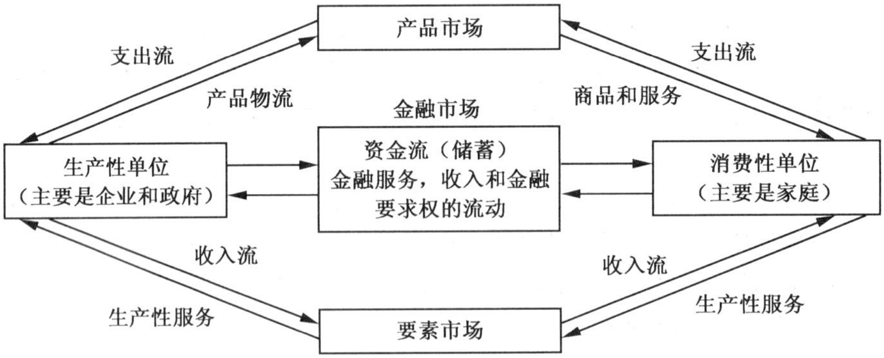

图1—1　经济体系中的市场

在要素市场，消费性单位将自己的劳动和其他生产资料出卖给愿意提供高价的生产性单位。因此，要素市场确定了生产要素（土地、劳动力和资本等）以及要素所有者的收入（工资、租金等）之间的对应关系。

消费性单位用他们从要素市场获得的大部分收入在产品市场购买商品和服务，如食物、房产、汽车、娱乐等。当然，并不是所有的要素收入都在当期消费。每年有相当大的一部分税后收入转化为私人储蓄（Savings）。需要指出的是，储蓄的定义随着行为主体的不同而有所差别。居民储蓄是指居民当前收入减去当前消费后的剩余部分；企业储蓄是指企业扣除税收、股息红利和其他现金支付后的当前留存利润；政府储蓄是指政府部门的财政收入扣除用于国防、教育、行政及社会转移支付等当前支出后的剩余部分。

这些储蓄可以用于投资。这里的投资是广义的，它可以是指获取资本商品和存货，如企业

① 在实际操作中，实物资产和金融资产可以在个人及公司的资产负债表中区分开来。实物资产只在平衡表的一侧出现，而金融资产通常在平衡表的两侧都出现。对企业的金融要求权是一种资产，但是，企业发行的这种金融要求权则是企业的负债。当我们对资产负债表进行总计时，金融资产会相互抵消，只剩下实物资产作为净资产。区别金融资产与实物资产的另一种方法是，金融资产的产生和消除要通过一般的商业过程。例如，当贷款被支付后，债权人的索偿权（一种金融资产）和债务人的债务（一种金融负债）就都消失了。相比较而言，实物资产只能通过偶然事故或逐渐磨损来消除。

购买厂房、设备和原材料、待售商品等的活动。这种投资的性质随着主体的不同而变动。例如，企业的投资支出是指资本品(主要是固定资产，如厂房和设备)和存货(主要是原材料和待售商品)的开支；居民投资是指居民购买新的住宅或者家具、汽车等耐用商品的行为；而政府投资是指政府财政支出用于固定资产和公众设施的建设活动。

更为常见的投资行为是通过选择持有金融资产或者产品来实现的，而这就涉及第三类市场——金融市场——交易各种各样金融产品的地方。金融资产的交易通常伴随着交易双方借贷关系的变动，因此，金融市场实际上提供了以金融资产的交易为核心而形成的储蓄向投资(真实投资)转化的渠道。

现代经济需要大量的投资以用于生产消费者所需的商品和服务。对新设备的投资能提高劳动生产率，导致生活水平的上升。然而，投资通常需要大量资金，远远超过单个公司或者政府自身所能提供的资源。通过在金融市场上出售金融要求权(诸如股票和债券)，能迅速从储蓄资金池(pool of saving)中筹集到较大数量的资金。企业或者政府将资金用于投资，用投资的未来收益来偿还金融市场的贷款。因此，通过金融市场的运作使当前收入和将来收入之间交换成为可能，实现储蓄向投资的转化，促进产量和收入的提高。

金融市场的储蓄—投资转化机制对保持经济健康并且充满活力的运行非常重要。如果居民闲置储蓄资金，这部分资金就无法通过企业和政府的投资行为流回资金循环圈(见图 1—2)，整个经济就会开始收缩。企业和政府部门支付的收入流无法满足同等规模的家庭部门，结果未来的收入支付将下降，导致消费支出的减少，即公众生活标准的下降。同时，随着消费的减少，劳动力需求受阻，失业率会上升。可以这样说，金融市场是金融体系和机制的核心。金融市场的发达程度，决定着储蓄转化为投资的速度、规模和效益。

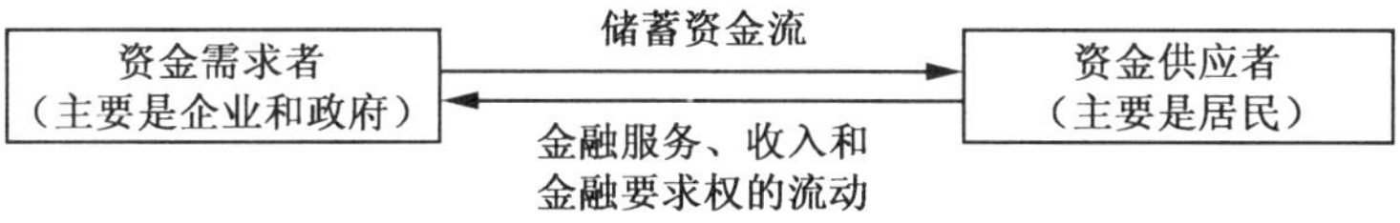

图 1—2 金融机制

根据以上讨论可以认为，金融市场是金融领域各种市场的总称，是各种金融工具买卖的场所，它包括了所有的金融交易活动。因此，更精确地说，金融市场是资金供求双方运用各种金融工具、通过各种途径实现货币借贷和资金融通的交易活动的总称。然而，如果仅仅把市场定义为交易场所仍然不准确，表面上看来，金融市场吸引储蓄资金进入和形成，同时确定了资金的利率和证券的价格。但实际上，它的内涵非常丰富，因为金融市场并不是一个黑箱，不是放进去材料，就能加工出次序和福利。

经典的金融理论强调金融产品的经济价值和投资者的市场动力，通常假定存在一个可以不考虑内在结构的完善的无摩擦市场。瓦尔拉斯(Walras，1874)市场是经典金融市场的典型代表。瓦尔拉斯市场是建立在一些严格的假定之上的：完全竞争、完全信息、自由流动、价格充分弹性。在瓦尔拉斯市场上,当信息进入市场并通过拍卖商传播时,由于价格能够在瞬间作出调整,而且价格机制的信息传播是无成本的,使得新信息进入市场后便立即被市场接受并迅速作出反应,市场随之在瞬间达成新均衡。因而,价格不仅反映了当前可得的所有信息,而且新信息的进入并不影响市场均衡,信息理论和经典均衡模型是相容的,均衡是连续和无成本的。

然而,现实的市场并非完美,证券交易不仅存在直接的交易成本(如佣金和税收),也存在间接成本(如搜索成本、信息成本、执行成本和市场影响成本等)(Hasbrouck&Schwartz,1988;Amihud&Mendelson,1991)。在现实市场中,由于时间和空间的限制,信息与供求是分割的,因而不同市场存在本质差异。随着对金融市场研究的深入,经济学家们不断地试图打开市场定价机制这个黑箱,揭示其中的内在机理。

现代金融理论对金融市场的研究逐渐深入到金融市场黑箱内部运作机制的价格形成机理、市场组织结构、市场交易机制以及市场参与者行为选择等微观层面上。对一个市场来说,其微观结构由五个关键的部分组成:技术、规则、信息、市场参与者和金融工具。其中,交易机制是指市场的交易规则和保证规则实施的技术,以及规则和技术对金融机制的影响。交易制度作为金融市场的核心,直接影响证券市场资源配置功能的发挥。

从功能组织方面看,金融交易机制是指有组织的证券交易场所为履行其基本职能而制定的与证券交易有关的运作规则,它的重要功能之一是使潜在的投资者需求转化为实际交易,发现市场的出清价格。根据不同目的、不同标准可以对证券交易制度进行不同划分。以交易价格的形成过程为主线,交易机制可以划分为六方面内容:(1)交易委托方式;(2)价格形成机制;(3)委托匹配原则;(4)信息披露方式;(5)市场稳定措施;(6)其他选择性手段等。前三项内容是证券交易制度所必须具备的基本要素,其中价格形成机制是证券交易制度的核心。价格形成机制包含做市商制和竞价制两种基本方式。竞价制又包括连续竞价和集合竞价两种方式。按照价格形成机制的不同,可以把证券交易市场划分为报价驱动的做市商市场、指令驱动的集合竞价或连续竞价市场,以及两者兼而有之的混合式市场。

不同交易机制的市场,其价格形成过程和运作特征是有差别的,主要体现在市场组织、订单匹配原则、信息传递范围和价格确定方法等交易过程方面,并导致不同交易机制的市场属性也有所差别。研究证券交易机制,其意义在于揭示市场价格形成过程中的组织和内在运行机理,从而在市场的建立和培育、交易规则的制定和实行以及市场的监管等方面遵循市场的客观规律,维护和保障证券市场的运作功能和效率。

市场微观结构理论研究的是交易机制如何影响价格的形成过程,并分析在一定的交易机制下资产交易的过程和结果。广义的交易机制就是市场的微观结构;狭义的交易机制特指市场的交易规则和保证规则实施的技术,以及规则和技术对定价机制的影响。因为不同的交易机制不仅在价格发现过程中所起的作用不同,而且对市场参与者的行为策略影响也不同,所以在对交易机制的研究中,也应当包括对市场质量和投资者行为策略影响的分析。

综上所述,经过内涵扩展的金融市场可以定义成:为实现金融资源最优配置的一组市场交易规则和机制的集成。在宏观维度上,金融市场发挥着价格发现功能、风险管理功能、流动性提供功能、信息生产功能、交易成本节约功能；在微观维度上，金融市场通过其内在交易机制在流动性、稳定性、波动性、透明度等方面，内在而连续地实现价格发现和交易引导。从而，从宏微观维度使金融市场实现着其基础使命：在时间和空间上的资源配置。

二、金融市场的使命

人们已经习惯在日常的经济生活中把金融市场当作必然存在的事物了，但是如果没有金融市场的世界会怎样？以下分析将通过一组简单的模型揭示金融市场存在的福利价值和它的重要使命。

为了简化分析，我们假定投资收益都是确定已知的，不存在交易成本，决策也是在一期内完成，个人在期初和期末时拥有禀赋收入 y_0 和 y_1，他们必须决定当期的消费额 C_0 和投资额，投资的目的是为了在期末获得产出收益并满足 C_1 的消费额。

所有个人都被假定偏好于多消费而不是少消费，也就是说，消费的边际效用总是正的，但是这种边际效用又是递减的，如图 1—3 所示。

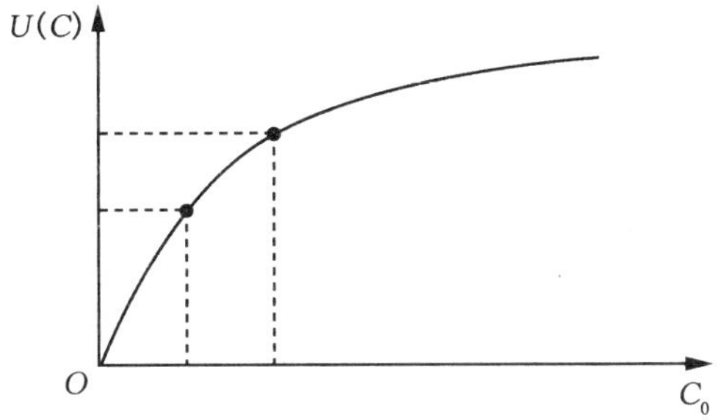

图 1—3 消费效用函数

我们可以再画出一条类似表示期末的消费效用曲线 $U(C_1)$。与图 1—3 结合起来，图 1—4中的三维曲线就描述了期初和期末消费之间的替代关系（trade-off）。虚线表示由 C_0 和 C_1 的不同组合构成相等的总效用等高线（纵轴表示总效用）。由于同一条等高线上的所有点（比如图上的 A 点和 B 点）表示的总效用相等，个人选择何种 C_0、C_1 组合都是一样的。因此，这种等高线就被称之为无差异曲线。

从上往下看图 1—4，我们可以将无差异曲线投射到 C_0、C_1 构成的消费象限上形成图 1—5。

同一条无差异曲线上的期初和期末消费额 C_0、C_1 组合具有相同的总效用，图 1—5 中的决策者选择 A 点和 B 点产生的总效用都是一样的。A 的期末消费大于 B，期初消费小于 B。图中 D 点的期初和期末消费都大于 A 和 B，这是因为 D 位于另一条无差异曲线，其总效用水平高于 A 和 B 所在的无差异曲线的总效用水平。

无差异曲线在 A 点或者 B 点的切线衡量的是 C_0 和 C_1 的替代关系，称之为边际替代率

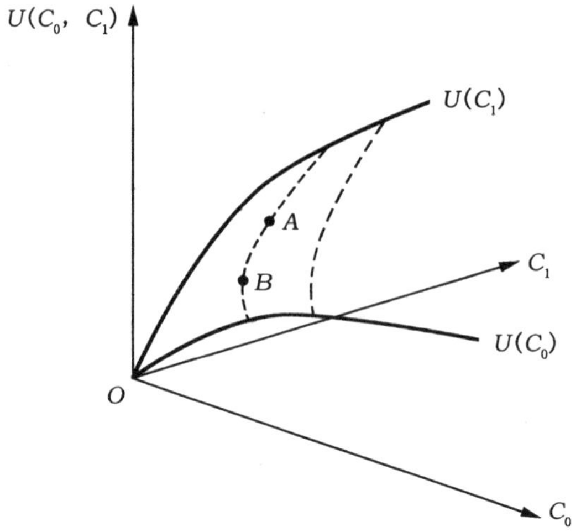

图 1—4　两期消费之间的替代关系

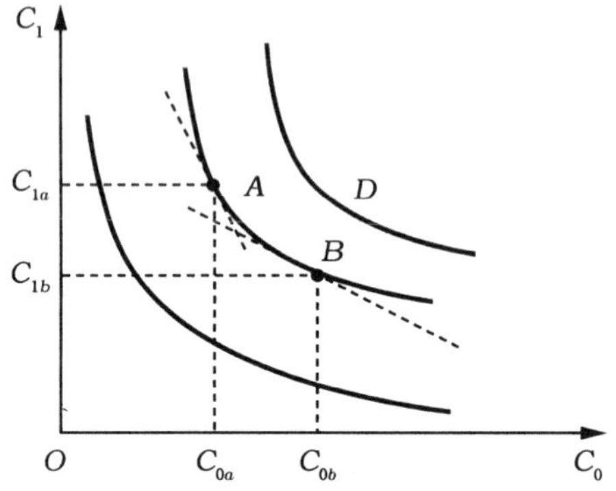

图 1—5　无差异曲线代表消费的时间偏好

(Marginal Rate of Substitution，MRS)，它揭示的是决策者在该点的主观时间偏好率 r_i。我们可以将偏好率 r_i 理解为利率的概念，因为它衡量的是总消费水平在不同时间点上的替代率。而且 *MRS* 表示在保持总消费效用不变的前提下，放弃的每单位期初消费额需要用多少额外的期末消费额来补偿。从数学上看，它可以表达为：

$$MRS_{C_1}^{C_0}=\frac{\partial C_1}{\partial C_0}\bigg|_{U=\text{常数}}=-(1+r_i) \tag{1—1}$$

注意到 *A* 点的主观时间偏好率大于 *B* 点，这是因为 *A* 点的决策者在期初消费较少，必须要求在期末获得更多的回报，这样才能保持相同的总效用。

进一步分析需要引入生产性投资的概念，也就是将期初放弃的消费额用来投资，那么期末获得的消费额(回报)就会大于期初的投资额(即期初放弃的消费额)。假定每个个人都有自己的生产性投资机会集合，其投资回报率从高到低分布，如图 1—6 所示。尽管我们选择用一条直线描述投资机会安排，实际上任何一条递减的曲线都可以用来表达这一机会集合。投资的边际收益递减表明投资越多，边际投资的回报率越低。同时，我们也假定所有的投资都是相互独立而且完全可分。

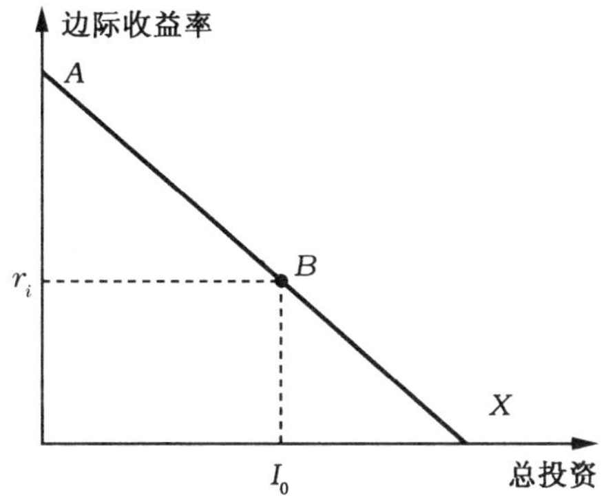

图 1—6 个人的生产性投资机会集合

当投资回报率高于主观时间偏好率 r_i 时，投资者将把节约下来的消费资金全部用于投资。如图 1—7 所示，我们把投资机会曲线放到 C_0、C_1 消费象限中，ABX 曲线在任意一点上的切线斜率就是放弃一单位的期初消费额通过投资收益在期末转换成的消费额的比率，即边际转换率(Marginal Rate of Transformation, MRT)。在图 1—7 中 A 点上的切线斜率最大，这就意味着在这一点收益率最大。一个拥有禀赋组合(y_0，y_1)且总效用为 U_1 的个人可以沿着投资机会曲线到 B 点，无差异曲线在 B 点与投资机会曲线相切，此时投资者可以获得最大的可得效用 U_2。由于当前消费额 C_0 小于期初禀赋 y_0，个人必须选择投资，投资额为(y_0-C_0)。当然，如果当前消费额 C_0 大于期初禀赋 y_0，个人也就不会进行投资了。

我们注意到，最后一笔投资的边际回报率(MRT，即投资机会曲线在 B 点切线的斜率)正

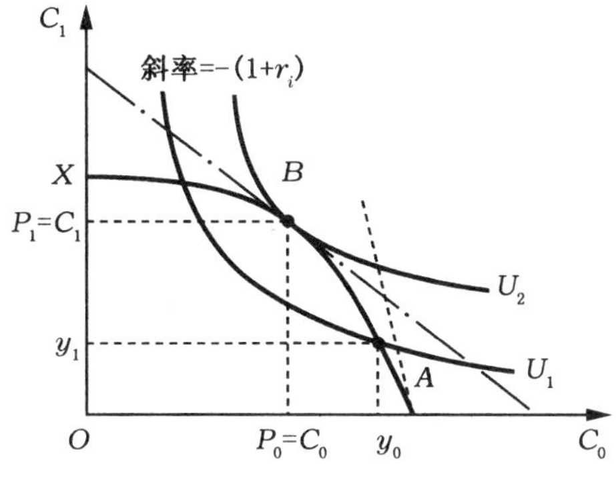

图 1—7 生产机会集

好等于投资者的主观时间偏好率（*MRS*，即无差异曲线在 *B* 点切线的斜率），也就是说，投资者的主观边际替代率正好等于投资机会集合决定的边际转换率，即

$$MRS = MRT \tag{1—2}$$

这一分析在经典经济学分析中的鲁宾逊·克鲁索的世界里是完全成立的，因为那里不存在金融（资本）市场，也就没有可以用来交换的各种机会了。个人投资者从初始的禀赋收入（y_0，y_1）出发，先是比较一个单位的生产性投资的边际回报率是否大于其主观时间偏好率。如果投资回报率更高，投资者将从投资行为中增加效用，这个过程一直将持续到最后一个单位的投资回报率等于主观时间偏好率为止（也就是 *B* 点）。在 *B* 点时，每个阶段的消费额正好等于产出额，比如 $P_0 = C_0$、$P_1 = C_1$。当金融市场不存在的时候，拥有相同禀赋和相同投资机会组合的投资者可能选择完全不同的投资数量，因为他们的无差异曲线完全不同。这可以从图1—8 表现出来，第 2 个人的时间偏好率比较小，他的投资就会比第 1 个人要多。

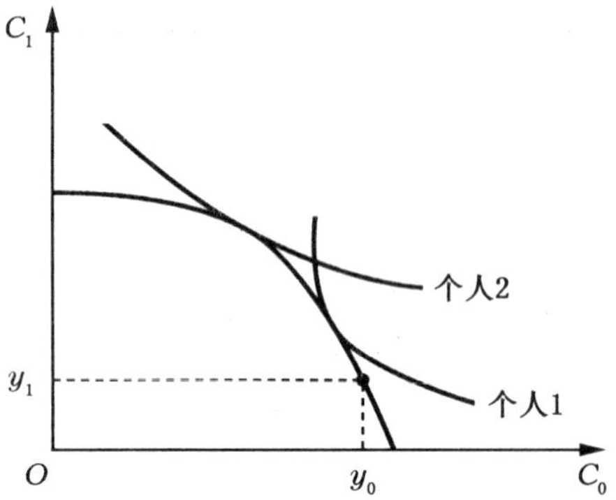

图 1—8　具有不同无差异曲线的个人选择不同的生产/消费模式

鲁宾逊·克鲁索世界的缺点在于个人之间无法进行消费的跨期交换，而在许多个人同时存在的世界里，消费的跨期交换将完全可以通过借贷行为实现，其利率 *r* 是由市场决定的。金融市场的存在促进了借贷者之间的资金转移，假定利率为正，投资者期初借出的任何数量的资金将在期末收回本金和利息。在图 1—9 中，我们沿着资本市场线（capital market line）W_0ABW_1 画出借款和贷款的机会集合。

在初始禀赋收入（y_0，y_1）、总效用为 U_1 的条件下，通过以市场利率加上偿还本金 X_0 的借款或贷款，我们可以到达市场线的任何一点。如果我们将未来价值设定为 X_1，那么现值和终值之间存在以下恒等的关系：

$$X_1 = X_0 + rX_0 = (1+r)X_0 \tag{1—3}$$

相似地，初始禀赋收入（y_0，y_1）的现值 W_0 等于期初禀赋收入 y_0 加上期末禀赋收入 y_1 的现值，也就是：

$$W_0 = y_0 + y_1/(1+r) \tag{1—4}$$

根据图 1—9 所示，在初始禀赋（y_0，y_1）的条件下，我们可以沿着市场线实现主观时间偏

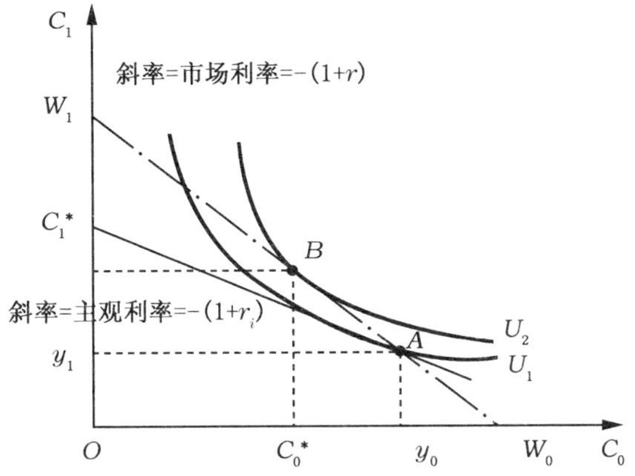

图 1—9　资本市场线

好率等于市场利率，此时效用达到最大。B 点表示最高的可得无差异曲线上的消费组合(C_0^*，C_1^*)。在初始禀赋收入 A 点，无差异曲线在 A 点切线的斜率表示的主观时间偏好率要小于市场回报率，因此投资者倾向于借出资金以获得比主观时间偏好率更好的市场回报率，这是金融市场提供的便利。最后，投资者的消费组合决策(C_0^*，C_1^*)将实现最大的效用，B 点的效用 U_2 大于初始禀赋收入所在的 A 点产生的效用 U_1，其消费额的现值等于投资者的财富 W_0，也就是：

$$W_0=C_0^*+C_1^*/(1+r) \qquad (1-5)$$

重新安排后可以得到资本市场线的公式：

$$C_1^*=W_0(1+r)-(1+r)C_0^* \qquad (1-6)$$

由于 $W_0(1+r)=W_1$，可以得到：

$$C_1^*=W_1-(1+r)C_0^* \qquad (1-7)$$

也就是说图 1－9 中资本市场线的截距为 W_1，斜率为－(1＋r)。同时，从式(1－5)和(1－6)相等可以看出，投资者初始禀赋的现值等于消费的现值，而且两者都等于投资者的财富额 W_0。沿着资本市场线移动并没有改变投资者的财富数量，但却提供了一种带来更多效用的消费模式。

现在来考虑一下存在金融(资本)市场条件下的生产和消费决策问题。图 1－10 将生产可能性和市场交换可能性结合起来，图上有一组无差异曲线 U_1、U_2、U_3 和初始禀赋收入为(y_0，y_1)的 A 点，应该如何做才能实现效用的最大化呢?

从 A 点出发，投资者既可以沿着生产性投资机会曲线也可以沿着资本市场线移动，两种方式带来的回报率都要高于投资者的主观时间偏好率，但是生产性投资机会带来的回报率更高，或者说斜率更陡。因此，投资者将选择这种生产性投资机会，并且沿着投资机会曲线移动。如果没有资本市场的存在，即没有借贷的机会存在，那么投资者的投资将在 D 点停止，因为这里的生产性投资回报率正好等于投资者的主观时间偏好率。

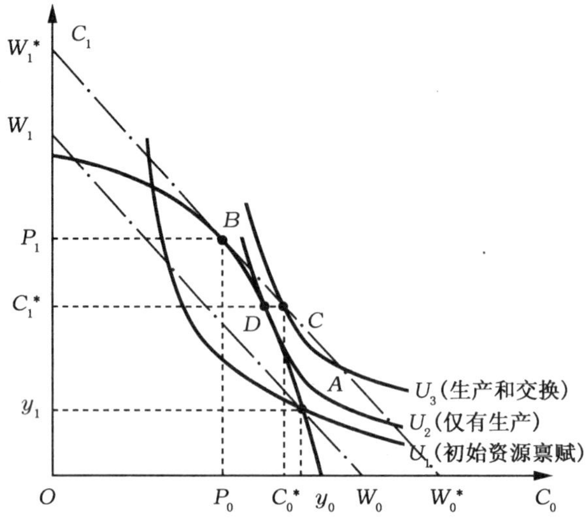

图 1—10 有资本市场下的生产和消费

但如果资本市场可以提供借贷的机会，投资者的效用可以增加得更多。值得注意的是，D 点的借贷利率（用资本市场线在 D 点的斜率表示）小于边际投资回报率（用投资机会曲线在 D 点的斜率表示）。由于进一步的投资所能获得回报率大于资本市场上的借贷利率即资金成本，投资者将继续进行投资直到边际投资回报率等于借贷利率，也就是 B 点。在 B 点，投资者从生产性投资获得(P_0, P_1)的产出，其财富的现值是更大的 W_0^* 而不是 W_0。另外，投资者现在可以到达资本市场线的任何一点了。由于 B 点的时间偏好大于市场回报率，投资者的消费额将大于 P_0，P_0 是生产性投资所带来的产出。通过借入资金，投资者可以到达资本市场线上的 C 点，此时就到达了最优消费额所在的点，因为此处投资者的主观时间偏好率正好等于市场回报率。这样，投资者的总效用就从 A 点（初始禀赋的结果）所在的 U_1 增加到 D 点（鲁宾逊·克鲁索世界的结果）所在的 U_2，再增加到 C 点（交换经济的结果）所在的 U_3。显然，由于有了资本市场，个人投资者的效用大大增加了，因为 $U_3 > U_2$。

可以看到，利用生产性投资机会和资本市场交换机会的决策过程发生在两个分离且不同的步骤中。首先，通过促使边际投资回报率等于客观市场利率来选择最优的投资决策过程；然后，通过资本市场上的借贷行为促使主观时间偏好率等于市场回报率来选择最优的消费模式。步骤一中的投资决策和步骤二中的消费决策的分离被称为“费雪分离定理”(Fisher Separation Theorem)。在完美和完备的资本市场里，生产投资决策完全由客观市场标准（用可得财富的最大化表示）所控制，而与投资者个人的主观偏好没有关系，但后者却与消费决策有关①。

从均衡的角度看，所有投资者的边际替代率等于市场利率，反过来也等于生产性投资的边

① 这一定理对于现代公司制定政策具有一定的意义，比如投资决策可以委托经理人员完成，因为这种决策受制于客观市场标准。

际转换率，即对于任意投资者 i 和 j 来说，总有

$$MRS_i = MRS_j = -(1+r) = MRT \tag{1-8}$$

这样，所有的个人投资者在生产和投资决策中都使用相同的资本的时间价值——由市场决定的客观利率。总之，资本市场允许资金在供给者和需求者之间高效转移。财富并不充裕的个人可以利用资本市场借入资金投资于回报率超过市场利率的生产性投资机会，这样就使资金有可能从拥有财富却缺乏投资机会的个人流转到缺乏财富却拥有投资机会的个人手中，从而使得所有的投资者都可以从中获益，无论他们是资金的供给者还是需求者。

第二节　金融市场的分类及功能

在上一节中，我们对金融市场的基本概念及其使命作了详尽的介绍，对金融市场有了初步的了解。在这一节里，我们将要学习金融市场的分类及功能。从市场本身的属性和功能出发，了解每个市场的定义及市场作用，并进行关联比较。

一、金融市场的分类

金融市场的构成相当复杂，从不同的角度出发，就会产生不同的分类方法。以下我们归纳了几种较为常见的分类。

（一）资金市场、外汇市场与衍生市场

根据交易标的物的不同，可以将金融市场划分为资金市场、外汇市场和衍生市场。另外，由于目前黄金仍是重要的国际储备之一，黄金市场也常被看作金融市场的组成部分。世界主要的黄金市场包括：伦敦、纽约、苏黎世、芝加哥和香港黄金市场。但是随着黄金非货币化的趋势越来越明显，这一市场将更多地反映一般商品市场的特征，所以在此不再作具体介绍。

1. 资金市场

资金市场是指直接进行资金融通和借贷的市场。按照参与交易的金融工具性质的不同，还可以进一步细分为债务市场和权益市场（股票市场）。

（1）债务市场。在债务市场上交易的金融资产期限存在差异，通常以一年为界划分为短期债务（含一年）和长期债务。债务市场主要包括以下几个子市场：①同业拆借市场。同业拆借市场是金融机构之间以货币借贷方式进行短期资金融通活动的市场。当前，拆借的目的除了满足准备金要求外，还包括轧平票据交换差额、解决临时性、季节性资金要求等。市场的参与者也从商业银行扩大到诸如券商、储贷协会等许多其他金融机构。②票据市场。票据市场是交易各种商业票据和银行承兑票据的场所。商业票据市场在美国十分发达，银行是商业票据的主要购买者。银行承兑汇票市场不但为调剂资金余缺提供了有效的途径，对促进国际贸易发展也有着十分重要的意义。③借贷市场。借贷市场是指商业银行等金融机构发放贷款的市场。吸收存款、发放贷款是金融机构最根本的业务模式。贷款的对象可以是工商企业，也可以是个人家庭。贷款方式按照有无担保可以分为信用贷款和担保贷款两种。信用贷款完全依赖

于借款人的良好信用。银行在放贷时，既没有任何财产作为抵押，也没有第三者担保。④债券市场。债券是由债务人签发给债权人的一种表明债权债务关系的凭证；债券持有人有权按照约定条件向债券发行人索取利息，并于到期日收回本金。债券市场是债券发行和流通的场所。目前，大多数的债券交易采用场外交易的方式。

(2)股票市场(权益市场)。股票是股份公司发给股东作为投资入股和索取股息红利的凭证。股份公司通过发行股票向公众筹集巨额资金，建立起规模庞大的企业。股票市场又称权益市场，是极为重要的资金融通渠道。

完整的股票市场包括股份发行的市场和现有股份流通转让的市场。股票发行包括初始发行和增加发行两种情形。发行的方式包括公募发行和私募发行两种，前者是指向市场上大量的非特定的投资者公开发行股票；而后者只向少数特定的投资者发行，例如内部职工，大型金融机构等等。股票可以直接出售给投资者，也可以由投资银行等金融中介通过包销或代销等方式进行承销。与债券市场相类似，已发行股票进行交易和转让的市场也分为证券交易所市场和场外交易市场。

2. 外汇市场

外汇市场是兑换和交易各国货币的场所。在外汇市场上人们用一种货币标价的资金去买卖另一种货币标价的资金，购买过程便实现了在国际之间的转移。外汇市场的存在一方面为国际贸易和国际投资提供了资金融通，另一方面也为外汇保值和投机提供了场所。

外汇市场的交易通常分成三个层次，依次是：银行与顾客之间的外汇交易，银行同业间的外汇交易以及银行与中央银行之间的外汇交易。其中第一个交易层次被称为外汇零售市场，后两个层次则共同构成外汇批发市场。外汇批发市场集中了绝大部分的外汇交易，它决定了各币种之间汇率的高低；外汇零售市场则满足了外汇最终使用者的需求，银行也会从中赚取买卖差价。

20 世纪 70 年代以来，随着布雷顿森林体系的瓦解，国际货币制度从固定汇率制度转向浮动汇率制度，外汇市场也随之发生了革命性的变化。剧烈的汇率波动和各国政府积极入市干预已经成为当下市场的明显特征。

3. 衍生市场

衍生市场是交易衍生工具(derivatives)的场所。衍生工具又称或有证券(contingent claims)，是由基础性资产(underlying assets)衍生出来的各种金融合约。一般而言，衍生工具的价值是由其所依附的基础资产的价值决定的，这里的基础资产包括某些商品、货币、利率工具(如债券、商业票据等)、股票以及股票指数等。按照其自身交易的特点，衍生工具可以分为四大类：远期(forwards)、期货(futures)、期权(options)和互换(swaps)。

衍生工具的产生源自投资者规避风险的客观需求。20 世纪后半叶，随着固定利率体系的瓦解、金融自由化的深入以及各国金融管制的放松，全球范围内利率、汇率以及相关股市价格的波动加剧，投资者规避风险的要求不断增加。作为新兴风险管理手段的金融衍生工具便应运而生。衍生证券的交易属于“零和游戏”，实际上是进行风险的再分配，因其特有的套期保值、防范风险的功能，衍生市场自诞生以来发展就十分迅速，市场规模不断扩大，交易手段也日趋多样化、复杂化。当然，高新技术的发展、金融理论的支持和金融机构的积极推动在这其中也起到了相当大的作用。

衍生市场是现货市场的派生，但其交易机制与现货市场有着很大的区别。首先，衍生工具的性质相当复杂，通过将期货、期权和互换等基本衍生工具与其他基础资产、金融工具进行组合，可以创造出各种各样的合成衍生工具。这一方面使得投资者可以根据需要构成任意特定的资产组合，但另一方面也对投资者的金融知识和对金融工具的驾驭能力提出了很高的要求。另外，衍生市场的交易具有很高的杠杆效应。许多衍生品的交易成本很低，保证金率只占实际交易额的百分之几，使得这一市场上的投机活动十分盛行。但是以小博大的交易方式在带来数十倍于本金收益的同时，也带来了巨额亏损的风险。投机失败、破产清算的例子早已屡见不鲜，所以对衍生市场的监管一直比较严格。

（二）一级市场与二级市场

按照金融资产的发行和流通的特征，可以将金融市场划分为一级市场和二级市场。一级市场（primary market）是指首次发行金融资产的市场，又称为初级市场或发行市场。一级市场的主要功能是支持投融资，包括债券一级市场和股票一级市场。一级市场通常是一个无形市场，由电信网络和各种金融中介机构将证券发行者和潜在的投资者联系起来。

各种证券发行之后，在不同的投资者之间进行交易和转让所形成的市场成为二级市场（secondary market），又称为流通市场。债券和股票也都有各自的二级市场。二级市场的主要功能是为证券投资者提供流动性，分为场内市场即证券交易所市场和场外市场。通常，二级市场的容量比一级市场大得多。

一、二级市场的相互联系十分紧密。一级市场是二级市场的基础，在这一市场上要解决各种证券的定价问题；而二级市场的发育程度会直接影响证券的流动性，反过来又会制约一级市场的发展。证券价格在两个市场上也往往存在着联动的关系。

（三）货币市场与资本市场

按照参与交易的金融工具期限的长短，可以将金融市场划分为货币市场和资本市场。货币市场以期限在一年以下的短期金融工具为交易标的物，这些工具的特点是期限短、安全性高、流动性强、有适当的收益。国库券、商业票据、银行承兑汇票、可转让定期存单等都是常见的交易对象。货币市场的交易量十分庞大，是一个公开的、富有竞争性的市场，任何人都可以按照统一的市场价格进行交易。货币市场的主要功能是调剂暂时性的资金余缺，同时它也是中央银行进行公开市场操作、贯彻货币政策意图的主要场所。

与货币市场不同，资本市场是指进行中长期资金借贷或中长期金融证券买卖的市场。中长期资金借贷主要通过抵押贷款的形式进行，中长期金融证券则主要包括各类中长期债券和各类股票。近年来，中长期借贷的证券化趋势愈来愈明显，使得资本市场更趋近于一个有价证券市场。资本市场的功能是促进资本形成，一国投资水平、资源配置效率，以及国民经济协调发展都与资本市场的完善程度密切相关。因此，在金融市场各个组成部分中，资本市场往往是一国政府和金融监管当局最重视的。

货币市场与资本市场在交易工具的期限、种类、市场功能、风险程度、收益水平等方面存在诸多区别,但两者又是相互联系,两类市场的划分也并不绝对。首先,资金在两个市场之间可以相互流通,投资者可以利用货币市场的资金滚动筹措长期资金,也可以利用资本市场进行短期融资,两个市场的资金存量会相互影响。其次,利率在这两个市场上有着趋同的变化趋势。此外,随着金融工具的不断创新,货币市场金融工具和资本市场金融工具的界限也正在变得越来越模糊。

(四)公开市场与议价市场

根据金融资产的不同价格形成机制,可以将金融市场划分为公开市场(open market)和议价市场(negotiated market)。在公开市场上,金融资产的交易价格是通过众多买卖者的公开竞价所形成的。公开市场上聚集了大量的买方和卖方,双方可以直接进行讨价还价。金融资产在到期偿付之前可以自由交易,并且卖给出价最高的买者。在这里每一个投资者都有权利以公平的市价进行买卖,所有人都是价格的接受者。

议价市场是指金融资产的定价和交易通过买卖双方私下协商的方式进行的市场。金融资产根据订立的协议出售给一个或少数的买者。目前,绝大多数的债券和尚未公开上市的股票都通过这种方式进行交易。买卖双方可以直接接触,也可以通过经纪人寻找合适的交易对手。经纪人的出现将投资分析和信息收集的工作专业化,更有利于目标证券的价值发掘。此外,作为议价市场的一个特例,要特别介绍一下做市商制度。

所谓做市商是指这样一些交易商,它们作为市场的组织者,自行充当交易的任何一方,通过增加或减少自己的证券头寸来平衡买卖双方的差额,并通过报价和要价之间的差额得到补偿。不同的做市商由于其所处的市场不同,对未来市场趋势的判断差异,以及投资目标的不同,往往会提供不同的报价,而买盘和卖盘的差价就成为交易商的酬金。在做市商市场上,投资者可以随时找到交易对手,从而保证了交易的持续性和及时性。

二、金融市场的功能

金融市场的基础使命是在时间和空间上的资源配置,这是金融市场最基本的功能,围绕着这一基础使命,现代的金融市场还发挥着更多的功能。

(一)价格发现功能

现代经济中市场犹如一台复杂而精良的机器,它通过价格对所有的市场参与主体所从事的各种交易进行协调。在金融市场上买方和卖方的相互作用决定了交易的金融资产的价格,或者说确定了金融资产要求的收益率。资产价格(或者收益率)协调市场参与各方的投融资决策。较高的资产价格(也即是较低的收益率)趋于抑制投资者的购买,刺激他们出售资产,但同时也会刺激企业来扩大融资规模。相反,较低的价格(也即是较高的收益率)能鼓励居民扩大投资,但同时却有可能进一步抑制企业的融资。金融市场通过价格的涨落指示资金应如何在金融资产间进行分配的这一过程被称为价格发现过程(price discovery process)。

(二)风险管理功能

由于金融市场对资源进行跨期配置是跨期,也就使得投资和获得回报需要一个时间间隔,因此，回报是否实现及其高低水平就会存在不确定性。因而不确定性或风险就自然成了金融的内在特征。通过金融市场提供的各种类型产品，较为乐观或偏好风险的投资者会购买股票，较为保守的投资者可能愿意购买债券。股票的持有者由于伴随着潜在的较高回报而要承担较大的风险。因此，在金融市场上，由于投资者愿意承担风险而使风险与投资与生俱来。这种风险分配有利于企业融资以增加资本投资。当投资者能够自行选择与他们偏好最适合的风险—收益证券类型，每种证券就可能以最高的价格售出，这促进了建立实物资产与金融资产的联系。

金融市场在实现资源配置的同时，也要实现风险的最优配置。金融体系既可以提供管理和配置风险的方法。风险管理和配置会增加企业与家庭的福利，当利率、汇率和商品价格的波幅较高时，会相应提高风险管理和配置的潜在收益；而计算机和金融技术方面的发展降低了交易成本，这又使更大范围的风险管理和配置成为可能。因此，风险管理和配置能力的发展使金融交易的融资和风险负担得以分离，从而使企业与家庭能够选择他们愿意承担的风险，回避不愿承担的风险。

由于风险是投资的基本属性，也是金融体系的基本属性，风险配置（risk allocation）成为了金融体系的基本功能之一。正如金融体系的资金配置功能表现为该体系可以通过直接融资或间接融资方式，将经济社会中的资金从盈余者配置到短缺者手中，从低效益的投资项目配置到高效益的投资项目那样，金融体系的风险配置功能表现为伴随者资金的转移，投资活动中的风险从风险承担过度或承担能力较差的投资者配置到有承担能力且愿意承担风险的投资者身上。

（三）流动性提供功能

作为财富储藏的金融工具，可以在金融市场上以较低的成本迅速转化成现金。因此，金融市场为金融资产持有者需要变现时提供了流动性。在现代社会，货币主要由银行存款和一些具有良好流动性的金融资产构成。货币能随时购买其他资产，然而货币的收益率是所有资产中最低的，而且其购买力会受到通货膨胀的销蚀。正是因为金融市场的流动性功能，储蓄者才得以在正常情况下持有少量货币，转而持有其他收益率较高的金融资产。

如果把金融市场比作一个充满活力的年轻人，那么价格发现功能就可以看作是支撑他的心脏，而流动性就完全可以看作是保证生命新陈代谢的血液。价格发现在现代金融体系中虽然最为重要，但是没有“流动性”，即没有血液流畅地循环运行，就不可能保证心脏的正常跳动，也就无法维持金融体系这一生命的延续。二级市场的流动性为投资者提供了转让和买卖证券的机会，也为筹资者提供了筹资的必要前提；如果市场因缺乏流动性而导致交易难以完成，那么市场就丧失了存在的根基。正是在这些意义上，Amihud 和 Mendelson（1988）指出：“流动性是市场的一切。”从更广泛的意义上看，市场流动性的增加不仅保证了金融市场的正常运转，也促进了资源有效配置和经济增长。

（四）信息生产功能

在市场经济运行中，作为经济主体行为、决策的基础，信息是企业和个人投资决策的基本依据。金融市场除了提供金融资产交易以外，也是一部传递信息的机器，能将成千上万各不相同的个人知识和活动汇集在一起。它还提供信息生产的功能，必要的信息是协调各个经济部门分散决策的重要条件，而金融体系就是一个重要的信息来源。

企业与家庭根据金融市场观察到的利率和资产价格进行资产配置和消费储蓄的决策，利率和资产价格也是企业选择投资项目和融资的重要信号。资产收益的波动率是现代金融理论中量化风险的基本指标，也是与风险管理和战略性融投资决策的关键性信息。一般来说，金融市场上交易的金融工具越完善而多样，可以从它们的价格中获取的信息就越多；而信息越丰富，就越有利于资源配置的决策。

同时，信息非均衡是金融市场的基本特征。现实经济世界的信息非均衡，委托人与代理人双方信息不完全或信息不对称，从而产生逆向选择、道德风险和“搭便车”等现象，导致社会经济资源分配的低效率。在某种程度上，证券市场可以看作是一个信息市场，因为证券市场的核心问题是证券价格能否及时、准确反映公司经营的基本面信息，也就是说，市场效率的核心应该是如何提高信息的充分性、准确性，以及建立信息充分、准确的激励机制。信息不对称和合约不完全是产生代理问题的主要原因，解决代理问题的有效手段是构建一个有效的公司治理结构。从信息角度而言，整个证券市场市场运行过程是一个信息处理过程，证券信息的充分公开揭示，对维护市场公平性与效率性，促进价格发现与资金有效分配，防止市场机能的扭曲及遏制内幕交易行为具有重要意义。

（五）交易成本节约功能

在制度经济学中，人类社会的经济关系是一系列交换关系的集合，而交换关系的完成必然产生一定的成本，这种成本就是交易成本。交易成本有直接交易成本（狭义的交易成本如佣金、手续费等）和广义的交易成本，包括搜寻成本与信息成本等。在市场经济条件下，交易成本是使用市场的成本。金融市场作为金融资产进行交易和资金在盈余单位和赤字单位间流动的组织形式，交易者利用金融市场完成交换的目的，也就必然存在着交易成本。金融市场减少了交易的搜寻和信息成本。金融市场交易成本的大小和金融市场发达程度、交易机制、国家的税收政策等因素相关，同时它也影响着金融市场效率等。

应当看到，金融体系的这五种功能并不是彼此独立的，我们知道金融市场是解决资源在不确定环境进行跨期最优配置的一种重要方式。它通过交易金融产品使得购买力在不同时间、地点重新进行分配和优化。合理的金融产品价格是保障资源得到最好利用的关键，因此，价格发现是金融市场的核心功能，但我们也知道金融产品的价格既包含时间的价值也包括风险的价值，因此，对风险的优化配置功能也是价格发现功能的一种必然产物。

而且我们知道如果市场是具有完全信息和完美交易过程（即无摩擦交易）会有助于价格的发现和资源的合理配置。因此信息生产既是金融市场存在的基础也是它履行的重要功能，通过信息生产功能，金融市场获得了自我实现的前提条件。另外，足够的流动性将润滑金融市场交易，交易成本减少则使得交易更加便利，因此提供流动性和减少交易成本，既是金融市场的功能，也是金融市场自我发展和完善的应有内容。

第三节 金融市场的机构及工具

介绍金融市场的分类及功能后，现在了解金融市场的参与者，他们是发行金融资产和投资金融资产的主体。政府部门、工商企业、个人家庭和各类金融机构都是金融市场上常见的参与者，他们在金融市场中所扮演的角色各异，所起到的作用也不尽相同。同时，基于以上交易主体，认识始终穿插在各类金融交易中的工具也是十分必要的，几乎所有的金融交易都必须借助某种金融工具来完成，金融工具是收益性、流动性与安全性的统一。

一、金融市场机构

（一）非金融机构

金融市场上的非金融机构主要包括政府部门、工商企业以及个人和家庭。它们往往同时扮演着投资者和融资者的角色。一方面，中央政府和各级地方政府通过发行债券筹集资金，用于基础设施建设和弥补财政赤字等；工商企业通过贷款、发行债券与股票等形式募集资金用于日常周转和扩大再生产等；个人和家庭是汽车、住房等耐用消费品抵押贷款的主要借款人。另一方面，政府财政支出、工商企业以及个人和家庭的闲置资金都是金融市场的投资资金来源。非金融机构虽然也积极参与金融市场的运作，但并不以金融活动为自己的主业。

（二）金融机构

金融机构也可以称为金融中介机构（financial intermediaries），是以提供金融服务为主要职责的市场参业者。金融机构作为信用中介进行信息生产，可以有效降低交易成本，使资金的汇集和分配实现规模效应。金融机构包括存款性金融机构、非存款性金融机构以及金融监管机构。存款性金融机构通过吸收存款来获得资金，并以贷款或有价证券投资等形式进行资金运用，从中赚取利差；非存款性金融机构则主要通过发行证券或以契约性的方式进行融资。商业银行、储贷协会和信用合作社都是典型的存款性金融机构，非存款性金融机构则主要包括投资公司、保险公司和养老基金等。金融监管机构因各国的政治、法制体系的差异而有所不同，在金融分业经营的国家，通常由中央银行负责银行业的监督和管理，证券业和保险业也有各自的监管机构。

此外，金融市场上还存在着一些半官方性质的政策性金融机构，包括开发银行、进出口银行以及农业信贷机构等等。在世界范围内，两个或两个以上的国家还可能联合起来成立一些跨国机构，以推动国际交流与合作，例如国际货币基金组织（IMF）、世界银行等等。

1. 存款性金融机构

（1）商业银行。商业银行是金融体系中最主要的金融机构。早期的商业银行只接受活期存款，专门提供短期商业性资金融通。现代商业银行的业务领域已经得到了很大的扩展，几乎涵盖了金融市场的所有活动。商业银行拥有吸收活期存款的权利，这使得它有别于其他金融机构，成为唯一能够进行信用创造的市场主体。商业银行对整个金融市场的资金供求具有重要影响。

商业银行的资金运用除了保留一定数量的现金(主要是法定与超额准备金)之外,主要进行贷款和有价证券投资。贷款的种类繁多,按照期限长短可以分为短期、中期和长期贷款;按照有无担保可以分为保证贷款和信用贷款;按照定价方式可以分为固定利率贷款和浮动利率贷款;按照贷款对象可以分为批发贷款和零售贷款;等等。有价证券投资则兼顾了资产的流动性和收益性,成为银行的"二线准备"。银行投资证券的种类包括各类政府债券、商业票据等。但对于股票等高风险性证券的投资,一定程度上受到限制。

在商业银行经营的金融业务中,有一些并不反映在银行的资产负债表上,我们称之为表外业务。传统的表外业务又称为中间业务,包括支付结算、信托、咨询等。这些业务一般不需要动用银行的自有资金,因此不存在额外风险,银行只是利用自己的机构网点、技术手段和信息网络代理客户承办收付和委托事项从中收取手续费。另一类表外业务可以视为银行的或有资产或负债,包括担保、贷款承诺、承兑等。表外业务近年来发展迅速,已经成为商业银行新的业务增长点。

(2)储蓄机构。储蓄机构的资金来源主要是储蓄存款。与商业银行相比,其资产业务的期限一般都比较长,而且相对稳定,资金的运用主要是发放不动产抵押贷款、投资国债和其他证券。储蓄贷款协会(Savings & Loan Association ,S&L)和互助储蓄银行是储蓄机构的典型代表。政府常常利用储蓄机构推行某些经济政策(如房地产政策等),储蓄机构也往往藉此得到政府的扶持。此外,我国的邮政储蓄也是一种比较特殊的储蓄体系。

(3)信用合作社。信用合作社更多地带有互助与合作的性质。来自会员的存款和入股是其主要的资金来源,这些资金反过来又被用于为会员提供短期贷款、小额消费贷款和票据贴现等服务。信用合作社的规模一般都很小,主要是在一些经济比较落后、人员分散、金融交易规模小的地方起到一种补充作用,因为这些地方往往是现代金融服务难以覆盖的。在我国,农村信用合作社仍然起着很大的作用,城市信用社则以城市商业银行的形式存在。

2. 非存款性金融机构

(1)投资银行。投资银行并不是真正意义上的银行。它主要的业务是为工商企业发行或承包销债券和股票,参与公司的创建和改组活动。投资银行凭借完善的证券交易网络和丰富的市场信息,为企业提供上市融资、证券发行等服务,同时也充当投资者的证券买卖经纪和交易商。随着金融市场的发展,投资银行的业务范围也不断拓展,目前已涉及自营交易、公司理财、企业并购、咨询服务、基金管理等诸多领域。国内的投资银行主要从事的是证券发行与代客买卖,也从事部分自营交易,因而更多时候被人们称为券商。

(2)投资基金。投资基金又称为投资公司,是向公众出售股份并将所获资金投资于多样化的资产组合的金融中介机构。投资基金分为开放式和封闭式两种。开放式基金(open-end fund)又称共同基金,它可以随时向公众卖出基金份额,并在公众要求时赎回发行在外的份额,赎回价格由当日的基金股份价格确定。基金的股份价格以每股净资产值为基础再加上一定比例的买卖佣金。而封闭式基金出售的份额通常不能赎回,其份额价格取决于市场的供求关系,可能高于或低于每股净资产。买卖封闭式基金还需要支付经纪人佣金。

投资基金的出现，将小额投资者的资金汇集起来，进行专业化的运作，使更多的投资者在更大程度上分享到金融市场的投资收益，有效地降低了交易费用和交易门槛。

(3)养老基金。养老基金是作为社会保障制度的一个组成部分发展起来的储蓄形式，其资金来源是由职工和雇主共同出资积累起来的储蓄金。这些资金在雇员退休以后可以按月支取，以保证雇员退休后的基本生活。养老基金的运作类似于人寿保险，可以较为精确地估计未来若干年的现金支付，因此对流动性的要求不高。资金主要用于投资企业股票和各类债券。在我国社保基金的来源除了雇员和雇主之外，还有国家财政划拨部分。

(4)保险公司。保险公司以签订保险合同的形式收取保险费并建立保险基金，在保险事故发生时，对投保人进行经济补偿与保险金给付。这种特殊的运营机制为风险的分散和转移提供了有效途径，有利于社会的稳定以及国民经济的持续发展。通过保险合同积累的资金利用再投资寻求保值升值，又会形成较为稳定的资金供给，促进金融市场的资金融通，保险基金也是目前市场上主要的机构投资者之一。

保险公司按照业务性质不同，可以分为人寿保险公司(life insurance company)和财产与灾害保险公司(property and casualty insurance company)两种类型。人寿保险公司为人们因意外事故或死亡而造成的经济损失提供保险。人寿保险单是一种带有储蓄性质的保险合同，保险金的给付可以预期，所以保险的资金流具有长期稳定性。寿险的资金运用主要是投入长期公司债、公司股票和发放抵押贷款等期限较长但收益较高的项目。财产与灾害保险公司主要是为财产或相关利益因水灾、火灾、地震等自然灾害或意外事故所造成的损失提供保险。财险事故的发生具有很大的偶然性和不确定性，因而其现金流很不稳定，财险资金的运用注重流动性，多投资于货币市场工具或安全性较高的政府债券。

3. 金融监管机构

在分业经营的金融体系中，通常中央银行有义务在政策上和业务上对银行业进行指导、管理和监督。在我国，中央银行的主要任务是制定和执行货币政策，有关银行业务方面的监督管理则主要由银监会承担。中央银行既是市场的监管者也是市场的参与者，它可以通过调整再贴现率、存款准备金率，以及进行公开市场业务直接调控金融市场上的信贷供给，也可以通过利率管制、信贷限额、道义劝导、窗口指导等方式间接影响市场的资金供求。

此外，证券业与保险业也分别有自己的管理机构。美国的 SEC(Security Exchange Committee)和我国的证券监督管理委员会(简称证监会)都是典型的证券监管机构。保险市场的监管机构在我国是由保险监督管理委员会(简称保监会)负责。

在金融混业经营的国家，商业银行也可以涉及证券和保险业务，各种金融机构之间的界限比较模糊，金融监管大多采取统一监管的模式。中央银行有权对银行参与的证券业务与保险业务进行监管。

我国的金融市场机构体系，可以参见图 1—11 所示。

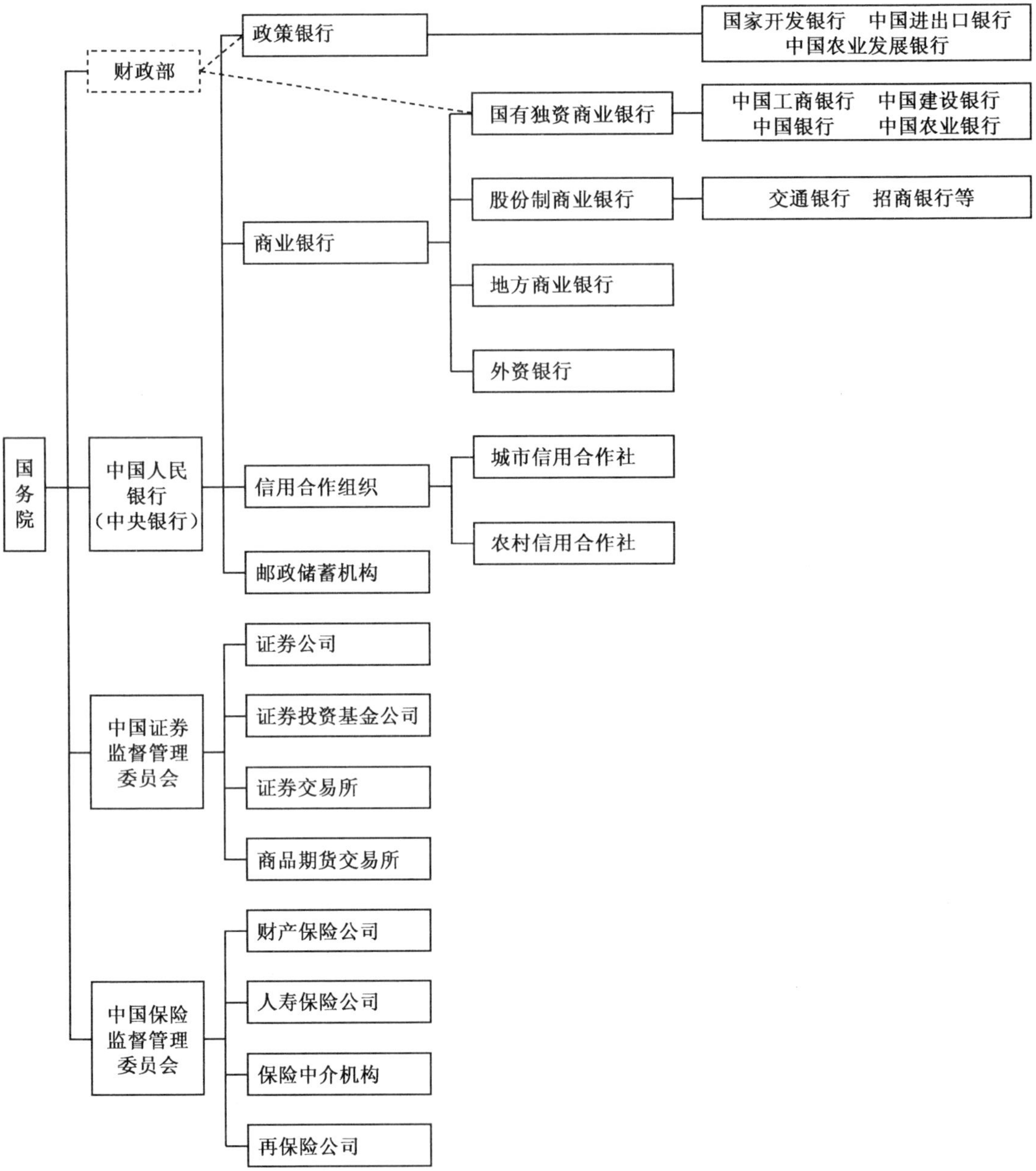

图 1—11　中国金融市场机构体系

二、金融市场工具

金融市场顺利运行，最终落实到每一笔具体的交易，而几乎所有的金融交易都必须借助某种金融市场工具来完成。金融工具的产生和演进根本上是为了满足金融机构资金融通的客观需要，与某一阶段金融市场的发展水平相适应。相反，金融工具的创新也会推动金融市场与金融机构的发展，提升金融服务的整体水平。金融工具是收益性、流动性与安全性的统一，投资某种工具必须同时考虑价值增值、损失概率，以及投资的本金和利息的回收程度。下面我们就介绍目前市场上常见的一些金融工具。

（一）短期金融工具

短期金融工具是指期限在一年以下的金融工具，这些工具通常具有较高的安全性和流动性，但收益相对较低。

1. 国库券

国库券是指由政府发行的期限在一年以下的短期债券，它是货币市场上最重要的金融工具。国库券的发行方式分为竞争性投标与非竞争性投标两种。采用竞争性投标方式时，由多个机构投资者同时报出认购的数量和价格，每个投资者可多次报价。绝大部分的国库券通过这种方式发行。采用非竞争性投标方式时，投资者只报出认购的数量，并同意以竞争性投标产生的平均价格购买债券。这部分投资者以个人居多，认购的数量只占发行总量的很少一部分。国库券是一种零息债券，以低于面值的价格贴现发行，到期则按照面值兑现，债券面值与价格之间的差额即是购买者的利息收入。由于国库券是国家的债务，期限又很短，通常被认为不存在信用风险，加之国库券具有很强的流动性，交易十分方便，所以国库券的收益率是短期金融工具中最低的。

2. 回购协议

（正）回购协议（repurchase agreement）是指以出售政府债券或其他证券的形式获取暂时性的可用资金，同时与证券买入方签订协议，在一定期限后按照约定的价格购回之前所卖出的证券的协议。与（正）回购协议相对，如果证券买入方承诺按照约定的期限和价格回售其买入的证券，此时所签订的协议就被称为逆回购协议（reverse repurchase agreement）。

实质上，回购协议就是一种以证券为质押物的短期贷款。债券出售者是资金的借入方，债券买入者是资金的贷出方。回购协议的数额一般都很大，适用于大额资金的批发交易。回购利率由双方协商确定，一般略低于同期的同业拆借利率，因为相对于同业拆借而言，回购交易更为灵活，也不受准备金制度的限制。

回购交易以电讯方式进行，交易双方可以直接联系，也可以通过市场专营商进行交易。商业银行是回购市场上主要的资金需求者，资金的提供方则主要包括工商企业、地方政府和一些资金实力雄厚的非银行金融机构。此外，正回购与逆回购协议也是中央银行进行公开市场操作时经常使用的工具，回购市场现已成为央行执行货币政策的重要场所。我国目前的回购交易多为金融机构之间的国债回购，且尚未形成一个统一的全国市场，回购市场与银行同业拆借市场之间的分割现象也比较明显。

3. 大额可转让定期存单

大额可转让定期存单(negotiable certificates of deposits, NCDs)是20世纪60年代以来金融创新的产物,商业银行为了应对利率管制,阻止存款流失设计了这种支付较高收益的短期存款单据。较之传统的定期存款,大额可转让存单不记名、不能提前支取但可以在二级市场上流通转让、存款金额一般较大。定期存单的出现成为银行主动争取存款的新形式,有助于扩大银行的资金来源,增加资金的稳定性。存单通常由规模大、信誉好的商业银行发行,大型企业和各类金融机构则是主要的购买者。大额可转让定期存单在美国市场上交易活跃,我国金融市场上目前还没有此类金融工具。

4. 商业票据

商业票据是大公司为了筹措资金,以贴现方式出售给投资者的短期无担保期票。商业票据通常面额较大,票据的期限则多在20—40天,一般不会超过270天。因为缺少担保,所以有资格发行商业票据的多为规模较大、信誉良好的大型公司。专业的评级机构如穆迪、标准普尔等会根据出票人的管理质量、经营能力和债务结构等因素对其所发行的票据进行评级。不同级别的发行者所开具的票据在期限、面额和利率方面存在很大的异质性,所以商业票据的二级市场交易并不活跃。我国国内的商业票据包括商业本票和商业汇票,大多用于企业之间的相互授信,与作为短期融资工具的商业票据存在一定的差别。

5. 银行承兑汇票

票据分为本票与汇票两种,本票是债务人向债权人发出的承诺在一定时期内支付一定数额款项的债务凭证,此时债务人为出票人,债权人为受票人。汇票是指债权人通知债务人无条件支付一定款项给第三人的书面命令,此时债权人为出票人,债务人为付款人,第三方持票人为受款人。汇票一般需要经过承兑才能生效。所谓承兑,是指汇票的付款人在汇票上签名,用以表明到期支付的意愿。银行承兑汇票就是由银行承诺承担最后付款责任的汇票,此时银行作为第一责任人将自己的信用出借给出票人。有了银行信用作担保,汇票的违约风险一般都很小。银行承兑汇票有成熟的二级市场,投资者既可以持有到期也可以将票据贴现转让。对于符合中央银行再贴现要求的承兑汇票,持有银行还可以向央行进行贴现。银行承兑汇票的产生在很大程度上方便了商业交易,在国际贸易领域这种作用尤为明显,通过银行信用作为中介,有效地解决了进出口双方相互不信任的问题。

6. 贷款承诺与信贷额度

贷款承诺(loan commitments)是指银行根据合约在一定期间内向借款人提供一定金额限度以内的固定或浮动利率贷款,借款人有权在合约期内自行决定贷款的时间和数量。银行会根据承诺的限额收取承诺费,并按照实际发生的借款额计算利息。

信贷额度(line of credit)是指银行同意在一定限度内,随时应企业的贷款要求进行放款的一种安排。银行对企业借贷的实际金额收取利息,并对额度内尚未使用的部分收取一定费用。与信贷限额相类似的还有一种被称为循环贷款安排,此时如果企业在约定期限之前归还已借贷款，那么他可以借贷的限额不会因为每次借款而减少，而是维持最初的额度。

(二)中长期金融工具

中长期金融工具的期限在一年以上，有的可长达数十年。由于期限较长，工具的流动性较之短期金融工具有所下降。另外，某些工具还存在较大的投资风险，作为补偿，它们所支付的收益一般也比较高。债券和股票是最典型的中长期金融工具。

1. 债券

债券是由债务人签发给债权人的一种表明债权债务关系的凭证；债券持有人有权按照约定的条件向债券发行人取得利息，并于到期日收回本金。传统意义上，债券的基本要素包括票面价值、偿还期限和票面利率等。债券的票面价值由面值大小和标价币种构成，目前世界市场上大多数的债券使用美元、日元和欧洲主要货币进行标价。债券的偿还期限是固定的，一般中期债券的期限为 1 至 10 年，长期债券的期限在 10 年以上，期限在一年以下的短期债券以国库券为主。债券的票面利率可以是固定的，也可以根据某个参照利率进行浮动。债券的票面利率与特定币种的市场利率水平、债券的期限以及发行人的违约概率等因素密切相关。通常市场利率越高，债券的期限越长，发行人的信用评级越差，投资者要求的收益率也就越高。按照发行者的不同，债券可以划分为各类政府债券、公司债券和金融债券。

在我国，国债的发行已经很普遍了，在基础设施建设、拉动国民经济等方面起到了很大的作用。公司债在我国的应用还比较落后，企业的债务融资主要还是通过银行贷款，而且其规模明显滞后于股权融资。国内金融债的发行对象目前仅局限于银行等金融机构，其中政策性金融债券所占的比重较大。

2. 股票

股票是股份公司发给股东的书面证明，作为其投资入股和索取股息红利的凭证。作为一种权益证明，公司股票的持有者即为公司的股东，有权参与公司的决策、分享公司的盈利，同时也有义务分担公司的责任和经营风险。相对于债务性工具而言，股票具有非返还性、高风险性、潜在的高收益性及较强的流通性等特点。

首先，股票是一种无期限的有价证券，一经认购，持有者不能以任何理由要求退还股本，只能通过二级市场进行转让和出售。当然，由于股票的二级市场十分发达，投资者可以随时在市场上出售股票，取得现金，所以股票的流动性较高。

股票的潜在收益由股息收入和资本利得两部分构成，股息收入主要取决于公司实现的利润与红利政策，资本利得则反映股票的市价变化。公司的经营业绩、财务状况、宏观经济环境乃至市场的预期都会对股票的收益产生影响，使之具有很大的不确定性。但是如果股价下跌，公司少分红或不分红，股票的收益就可能是负的。极端的情况下，当公司解散或破产清算时，其财产要首先清偿所欠的税款和债务，如果有剩余才能分配给股东。

股票的种类很多，最常见的分类是根据股东权利的大小将股票分为普通股(common stock)和优先股(preferred stock)。优先股比普通股享有某些优先权利，包括取得固定的股息的权利和在公司破产清算时对公司剩余财产的优先要求权。在我国，现有的股票都是普通股，包括人民币普通股和人民币特种股。前者通称为A股，是指有中国境内公司在境内发行、由境内投资者用人民币购买并在境内证券交易所上市的普通股。人民币特种股，根据股票上市地点的不同又分为B股、H股和N股:B股即境内上市的外资股;H股是指由中国境内公司在境外发行并在香港联合交易所上市的普通股;N股是指由中国境内公司在境外发行并在纽约证券交易所上市的普通股。另外，根据持有人的不同，我国的股权又可划分为国家股、公众股、社会法人股、内部职工股等。

(三)衍生工具

衍生工具是由基础性资产衍生出来的各种金融合约，这一类工具产生的历史虽短，却是目前市场上发展最快、交易量最大的金融工具。远期、期货、期权和互换是最基本的衍生工具，各种各样的合成衍生工具都可以通过这四种基本工具以及某些基础资产的组合创造出来。

1. 远期

远期合约是交易双方约定在未来某个确定的时间、按照某个事先商定的价格买卖一定数量的某种资产的协议。通常购买方称为多头(long position)，出售方称为空头(short position)。除了远期商品合约之外，常见的远期合约包括远期外汇合约和远期利率协议。远期合约是非标准化的，具有较大的灵活性，在签署远期合约之前，双方可以就交割地点、交割时间、交割价格、合约规模、标的物的品质等细节进行谈判，以便尽量满足双方的需要。但也正是由于每份合约各不相同，一定程度上妨碍了合约的流通转让，降低了工具的流动性。远期合约没有固定的、集中的交易场所，这不利于信息的交流和传递以及统一的市场价格的形成，所以远期市场的效率比较低。此外，远期合约的违约风险也比较高，通常合约的履约得不到有效的保证，当价格变动对交易的一方有利时，另一方有可能无力或无诚意履行合约。

2. 期货

期货合约是交易双方约定在将来某一特定时间，按照约定的条件，买入或卖出一定数量的某种资产的标准化协议。期货合约是在远期合约的基础上发展起来的，相对于远期合约而言，期货合约有如下特点:第一，合约的内容、形式高度标准化。第二，期货合约在交易所进行集中交易，合约价格通过场内公开竞价形成，期货市场是一个有序的统一市场，定价的效率较高。第三，期货合同的履约由交易所和清算公司提供担保，交易需要缴纳保证金，并实行每日清算，因此合约的违约风险很小。第四，合约的买卖双方可以在规定的交割日期前通过对冲交易结束所持有的期货头寸(即平仓)，所有期货交易中进行实物交割的比例很小。按照合约标的物不同，期货合约可以分为商品期货和金融期货两大类。商品期货的标的物包括农副产品、金属产品和能源产品等实物商品。而金融期货又可分为利率期货、外汇期货和股票指数期货。

3. 期权

期权是指赋予其持有人在未来某一特定时间、以某一特定价格(协议价格)买卖规定数量和质量的基础资产的权利的合约。期权是一种选择权，期权合约的买方在向卖方支付了一定数量的权利金后即可自行决定是否进行交割，此时所支付的权利金(premium)就是期权的价格。当期权的买方决定使用权利时，卖方就有义务无条件按合约规定履行交易。期权合约可以是在交易所上市的标准化合约,也可以是在柜台交易的非标准化合约。同期货交易类似,在交易所内进行的期权交易的卖方也必须交纳履约保证金。期权交易由于其权利和义务的不对称性,在转移和分散风险方面比期货合约更具灵活性,因而吸引了大批的投资者,近年来期权市场的发展相当迅速。

期权合约按照权利的不同可分为买方期权与卖方期权两种:买方期权(call option)又称为看涨期权,赋予期权买方购入标的资产的权利。当买方预期标的物的价格会上涨并超过协议价格时,他就会买进看涨期权。卖方期权(put option)又称为看跌期权,赋予期权买方卖出标的资产的权利。当买方预期标的物的价格会下跌并跌破协议价格时,他就会买进看跌期权。

另外,根据行权时间的不同,期权合约又有欧式和美式之分。欧式期权是只在合约到期日才被允许执行的期权,多见于场外交易;美式期权在成交后至有效期内任何一天都可以行权,大多为场内交易所采用。

4. 互换

互换合约是交易双方签订的在未来某一时期内交换他们认为具有相等经济价值的现金流合约。互换合约的产生是建立在比较优势理论基础上。交易双方对另一方的某种资产或负债均有需求,并且双方在这种资产和负债上存在比较优势。

利率互换和货币互换是较为常见的互换形式。利率互换(interest rate swaps)的交易双方约定在未来的一定期限内根据同种货币、同等数量的名义本金交换现金流,其中一方的现金流以固定利率计算,另一方则以浮动利率计算。此时,交易双方分别在固定利率和浮动利率市场上具有比较优势。货币互换(currency swaps)则是将一种货币的本金和固定利息与另一种货币的等价本金和固定利息进行交换。此时,交易双方分别对某一种货币拥有比较优势。此外,根据确定现金流的方法不同,互换可以表现为各种形式,例如交叉货币利率互换、基点互换、差额互换等。

第四节　金融市场视角的金融体系:功能及运行

在前面我们介绍了金融市场概念、功能、特点及其运行机制,通过金融体系中的金融市场、历史视角中的金融市场的功能,我们对金融市场有了更深的了解,即任何市场都是在一个特定的范畴内运行的。那么,什么是经济运行呢?在这一部分,我们将简要介绍经济运行,主要介绍宏观经济运行,并结合我国目前情况,对我国经济运行的不确定因素进行相应的经济学分析。

一、金融体系的构成及功能

(一)金融体系的构成

从一般性意义上看,金融体系是一个经济体中资金流动的基本框架,它是资金流动的工具

(金融资产)、市场参与者(中介机构)和交易方式(市场)等各金融要素构成的综合体。同时,由于金融活动具有很强的外部性,在一定程度上可以是准公共产品,因此,政府的管制框架也是金融体系中一个密不可分的组成部分。

金融体系包括金融调控体系、金融企业体系(组织体系)、金融监管体系、金融市场体系、金融环境体系五个方面。

1. 金融调控体系

金融调控体系既是国家宏观调控体系的组成部分,包括货币政策与财政政策的配合、保持币值稳定和总量平衡、健全传导机制、做好统计监测工作、提高调控水平等,也是金融宏观调控机制,包括利率汇率的市场形成机制、资本项目可兑换、支付清算系统、金融市场(货币、资本、保险)的有机结合等。

2. 金融企业体系

金融企业体系,既包括商业银行、证券公司、保险公司、信托投资公司等现代金融企业,也包括中央银行、国有商业银行、政策性银行、金融资产管理公司、中小金融机构重组的各种所有制金融企业、农村信用社等。

3. 金融监管体系

金融监管体系(金融监管体制)包括健全金融风险监控、预警和处置机制,实行市场退出制度,增强监管信息透明度,接受社会监督,处理好监管与支持金融创新的关系,建立监管协调机制(银行、证券、保险及与央行、财政部门)等。

4. 金融市场体系

金融市场体系(资本市场)包括扩大直接融资,建立多层次资本市场体系,完善资本市场结构,丰富资本市场产品,推进风险投资和创业板市场建设,拓展债券市场、扩大公司债券发行规模,发展机构投资者,完善交易、登记和结算体系,稳步发展期货市场等。

5. 金融环境体系

金融环境体系包括建立健全现代产权制度、完善公司法人治理结构、建设全国统一市场、建立健全社会信用体系、转变政府经济管理职能、深化投资体制改革等。

(二)金融体系基本功能

基于金融市场在各个行业层级中运行的宏微观视角,从金融体系的市场功能出发,美国哈佛大学著名金融学教授罗伯特·默顿认为,金融体系具有以下六大基本功能:

1. 清算和支付功能

金融体系提供了商品、劳务和资产交易便利的清算支付手段。在经济货币化日益加深的情况下,建立一个有效的、适应性强的交易和支付系统是基本需要。可靠的交易和支付系统应是金融系统的基础设施,缺乏这一系统,高昂的交易成本必然与经济低效率相伴。一个有效的支付系统对于社会交易是一种必要的条件。交换系统的发达,可以降低社会交易成本,可以促进社会专业化的发展,这是社会化大生产发展的必要条件,可以大大提高生产效率和技术进步。所以说,现代支付系统与现代经济增长相伴而生。

2. 融资和股权细化功能

金融体系的融通资金功能包含两层含义。第一，动员储蓄和提供流动性手段。金融市场和银行中介可以有效地动员全社会的储蓄资源或改进金融资源配置效率。这就使初始投入的有效技术得以迅速地转化为生产力。第二，可以为投资者提供相对较高的回报(相对于耐用消费品等实物资产)。金融系统动员储蓄可以为分散的社会资源提供一种聚集功能，从而发挥资源的规模效应。金融系统提供的流动性服务，有效地解决了长期投资的资金来源问题，为长期项目投资和企业股权融资提供了可能，同时为技术进步和风险投资创造出资金供给的渠道。

将无法分割的大型投资项目划分为小额股份，以便中小投资者能够参与这些大型项目投资。通过股权细化功能，金融体系实现了对公司的控制与监管。在现代市场经济中，公司组织发生了深刻的变化，就是股权高度分散化和公司经营职业化。这样的组织安排最大的困难在于非对称信息的存在，使投资者难以对资本运用进行有效的监督。金融系统的功能在于提供一种新的机制，就是通过外部投资人的作用对公司进行严格的监督，从而使内部投资人的利益得以保护。

3. 资源配置功能

为投资筹集充足的资源是经济发展的必要条件，但投资效率即资源的配置效率对增长同样重要。对投资的配置有其自身的困难，即生产率风险，项目回报的信息不完全，对经营者实际能力的不可知等。这些内在的困难要求建立一个金融中介机构。在现代不确定的社会中，单个的投资者是很难对公司、对经理、对市场条件进行评估。金融系统的优势在于为投资者提供中介服务，并且提供一种与投资者共担风险的机制，使社会资本的投资配置更有效率。中介性金融机构提供的投资服务可以表现在三个方面：一是分散风险；二是流动性风险管理；三是进行项目评估。

4. 风险管理功能

金融体系的风险管理功能要求金融体系为中长期资本投资的不确定性，即风险进行交易和定价，形成风险共担的机制。由于存在信息不对称和交易成本，金融系统和金融机构的作用就是对风险进行交易、分散和转移。如果社会风险不能找到一种交易、转移和抵补的机制，社会经济不可能顺利运行。

5. 激励功能

在经济运行中激励问题之所以存在，不仅因为相互交往的经济个体的目标或利益不一致，而且因为各经济个体的目标或利益的实现受到其他个体行为或其所掌握的信息影响。解决激励问题的方法很多，具体方法要受到经济体制和经济环境的影响。金融体系所提供的解决激励问题的方法是股票或者股票期权。通过让企业的管理者以及员工持有股票或者股票期权，企业的效益也会影响管理者以及员工的利益，从而使管理者和员工尽力提高企业的绩效，他们的行为不再与所有者的利益相悖，这样就解决了委托代理问题。

6. 信息提供功能

金融体系的信息提供功能意味着在金融市场上，不仅投资者可以获取各种投资产品的价格以及影响这些价格的因素的信息，而且筹资者也能获取不同的融资方式的成本的信息，管理部门能够获取金融交易是否在正常进行、各种规则是否得到遵守的信息，从而使金融体系的不同参与者都能作出各自的决策。

二、金融体系的运行及影响

（一）金融体系的运行

1. 金融体系运行框架

金融运行是指各种金融主体利用各种生产要素进行生产、流通、分配、消费等经济活动的过程。宏观层面的金融运行是各个企业、各个部门、各个地区以及国内外经济活动的交错和综合的结果，主要反映在金融市场总体的状况及走势。市场微观运行框架基于交易机制如何影响价格的形成过程，并且分析在一定的交易机制下资产交易的过程和结果。正如我们所知，经济是大量交易的总和，而每个交易都很简单。交易包括买方和卖方，买方支付货币（或者信贷）给卖方以换取商品、服务或者金融资产。大量的买方和卖方交换同一种商品，这就构成了市场，各种交易的市场便组成了经济。因此，现实中看似复杂的经济，其实仅仅是大量简单的交易组合在一起而已。

2. 我国金融体系运行存在不确定性

改革开放 30 年来，我国经济发展取得举世瞩目的成就。中国广阔的市场为世界提供了空前的发展机遇，中国的繁荣同时也带动了周边及各贸易伙伴的复苏和发展；中国对世界经济走势发挥着越来越重要的影响。今天在我国经济保持新常态增长的同时，影响我国金融运行的不确定因素明显增多，而国际政治、经济因素和非传统安全因素的影响比以往任何时候都大。

（二）金融体系的影响

金融市场创新和市场信息披露对于整个金融市场的运作具有举足轻重的作用。金融体系的创新与经济环境的变迁互动影响。由于社会分工的不断深化、国际经济联系的进一步加强、技术手段和知识在经济发展中得到越来越多的应用、市场交易的方式日益增多，现代经济环境正在变得越来越复杂。与此相应，现代经济中所蕴藏的风险也越来越复杂。因此，在经济中发挥枢纽作用的金融体系必须具有随经济环境变化而变化的能力。唯此，才能够正常行使其所承担的各项职能，才能满足经济发展对金融体系提出的各项要求。

金融体系传导信息的功能特别重要，正是由于金融体系发挥了这一功能，市场才真正被连接在一起。与单个投资者对代理人所管理的企业监督相比，投资者联合起来组成联盟，由联盟派出代表进行监督的成本更低。金融中介在监督企业方面存在比较优势，而金融市场在信息获取和汇总方面存在比较优势。金融市场特别是股票市场的一个重要功能就是信息的及时、快速传播。因为股票市场上的交易价格是快速变动而且公开的，而作为有效市场，股票价格包含大量的公司信息，加上股票市场的信息披露，从而使得股票市场成为信息最完全、传播最快的市场。

三、历史视角中的金融市场功能

前面论述了金融市场的使命和资金配置、风险配置等五大功能，但金融市场的这五种功能并不是从一开始就存在的，而是逐步演化而来的。世界上主要国家金融市场的特点和功能的发挥都存在较大的差距。以下主要考察早期金融市场的历史演进，以及各国金融市场的比较分析，从而得出金融市场和金融机构相互促进、共同演进的重要结论。

（一）早期金融市场的历史演进

在中世纪，欧洲的国际贸易得到了发展。国际贸易主要在集市上进行，一般以货易货，通过贵金属或金块交易来完成。每一个商人将在集市中的债权和债务记录下来，集市结束后有专门的官员对记录的债权和债务进行确认，每个商人只要支付其债权和债务相抵后的差额部分。这一制度大大减少了大宗货币的兑换，从而产生了最早的银行清算制度。清算制度的发展促使了汇票的产生。汇票的创新获得了很大的成功，并促进了银行业的发展。意大利的托斯卡纳区，特别是佛罗伦萨、锡耶那，在中世纪以后建立了最初的银行，然后迅速延伸到威尼斯和热那亚。这些银行在国际贸易以及与罗马天主教相联系的货币转移中发挥了重要的作用，并在整个欧洲建立了分支网络，银行业务获得很大的发展。

与此同时，现代银行制度的其他一些重要表现形式也在北意大利发展起来。海上保险成为很重要的业务，其他的险种如人寿保险也开始出现，政府大量发行债券，而且债券可以转让。合伙企业和公司发行类似股票的证券，其中一些可以交易。随着金融制度的发展，出现了更多的金融工具，包括贸易信贷、抵押贷款、政府和私人证券，但政府和公司债券的交易很有限，证券交易所还没有出现。

早在 16 世纪初，比利时的安特卫普和法国的里昂就出现了证券市场的雏形。1608 年作为阿姆斯特丹交易所组成部分的股票交易所的建立，以及 1609 年阿姆斯特丹银行的成立奠定了其欧洲金融中心的地位。由此，阿姆斯特丹在长时间内取代北意大利成为欧洲金融的中心。阿姆斯特丹交易所的建立具有重要的历史意义，它是历史上第一个正式的股票交易所，标志着规范意义上的资本市场开始发展。在此之前，证券交易都是在非正规的市场上进行交易。

（二）世界各国金融市场的形成和发展

在现代金融体系中，金融市场在资源配置上起着越来越重要的作用。可以把金融体系大致分为银行导向型和市场导向型，普通法系和大陆法系国家的金融体系分别是市场主导型和银行主导型的体系，德国和美国的金融体系可视为两者的代表。在美国，金融市场在资源配置上起着重要的作用；而在德国，金融市场相对不重要，银行在资源配置上起着极为重要的作用。从表 1－1 中可以看出，1996 年美国、英国股票市场的市值相当于 GDP 的 115.6％和 151.9％，是德国 28.5％的 4 倍和 5 倍。日本有成熟的金融市场，但在过去 50 年的大多数年份里，集中性的银行系统一直控制了资源配置。法国的情况与德国相似，其银行在历史上处于主导地位，对企业来说，金融市场一直不重要。其他发达国家如加拿大、澳大利亚等界于两者之间。如表 1－1 所示，发展中国家如中国、巴西等国的股票市场规模都相对较小。

表 1—1 **部分国家股票市场规模**

国别 \ 市场规模	1997 年资本市值（百万美元）	1996 年上市公司数（家）	1996 年资本市值占 GDP 的百分比(%)
美国	8 484 433	8 479	115.6
英国	1 740 246	2 433	151.9
德国	670 997	681	28.5
法国	591 123	686	38.4
意大利	258 160	244	21.4
加拿大	486 268	1 265	83.9
澳大利亚	3 111 988	1 135	79.5
荷兰	378 721	229	96.5
中国	206 366	540	14.0
巴西	255 489	551	29.0
韩国	41 881	760	28.6
印度	128 466	8 800	34.4
泰国	23 538	454	53.9
马来西亚	93 608	621	309.6

资料来源:《加入 WTO 后的中国金融业》,辽宁大学出版社 2000 年版,第 249 页。

（三）金融市场功能的演化——中介和市场的动态关系

不管从金融体系的演化历史,还是各国金融体系的比较,金融中介和金融市场的功能都在不断地变化和发展,是以一种相互促进、共同发展的螺旋式方式发展。

从金融体系的跨国比较来看,在银行导向型的金融体系中,金融市场相对不重要,银行在资源配置上起着极为重要的作用;在市场导向型的金融体系中,金融市场则在资源配置上起重要作用。但在最近几年,在欧洲和日本掀起了以金融市场补充银行主导型金融系统的广泛运动;而市场导向型的国家则同时拥有数量众多的大小银行。在发展中国家,银行体系在资金配置中还是起主要作用。在东亚,中国和印度尼西亚的存款货币银行资产与股票市场市值之比为 5.16 和 2.82(作者根据世界银行数据计算而得),而拉美国家的大部分国家该指数都大于 1。尽管我们把金融体系分为银行导向型和市场导向型,但事实上,在现代的金融体系中,金融市场和中介是并存的,它们之间的关系不是替代性的,而是互补性的。

美联储主席格林斯潘把资本市场和商业银行看成是互为“后备”的金融中介方式。他指出当一个经济体基本的金融中介方式失灵了的时候,必须存在替代性的“后备”金融中介方式将该经济体的储蓄转化为投资。如果没有“后备”金融中介方式以满足社会资金融通需要,一旦金融中介或金融市场陷入危机,会致使整个经济陷入危机。

诺贝尔经济学奖获得者莫顿(Merton,1995)等针对人们长期尊崇的机构观,提出了一种功能观,其核心内容可以表述为:金融功能比金融机构更稳定,在地域和时间跨度上变化更小;

金融体系根据需要哪些功能然后去寻找一种最好的组织；而组织机构是否最好，又取决于技术和时机。莫顿等把金融体系区分为透明的各类证券市场、半透明的各类非银行金融机构、不透明的传统金融机构如商业银行。市场和中介之间存在着一个特有的范式。金融市场倾向于交易标准化的或者成熟的金融产品，这种产品能服务于大量的消费者。金融中介更适合于量少的新金融产品，这些产品一般是高度定做的，只针对那些具有特殊需求的消费者，信息也是不对称的。中介定做的产品，一旦适应了市场，并且一些信息不对称得到克服，就会从中介转移到市场上交易。

芬纳蒂(Finnerty)广泛地考察了金融创新的历史，提出了金融工具发展的一般模式：金融工具最初由金融中介开发并最终走向市场。在金融工具发展过程中，金融市场与金融中介的动态关系是一种“金融创新螺旋”，这种“金融创新螺旋”不断地改善着金融体系的效率。也就是说，随着金融工具如期货、期权、互换和资产证券化的成熟，并从金融中介转移到市场，金融市场的完备性增强，这又使得创造个性化的更新的金融工具成为可能。为了对这些个性化的新金融工具的风险进行套期保值，金融中介及其客户在这些市场进行交易，从而使这些市场的交易量扩大。交易量的扩大减少了交易的边际成本，使金融中介进一步运用更多的新产品和交易战略成为可能。

从以上金融市场和金融中介的交互作用模式中可以清楚地看出，金融中介通过创造作为新市场基础的新金融工具，促进了金融市场的发展，而金融市场降低了构造个性化的新金融工具的成本，为金融中介的金融创新提供了基础性条件。当静态地审视某一特定产品行为时，中介和市场是两个竞争性的制度安排；而动态地看金融体系的演进时，两者是互补关系，相互加强，相互促进。对于没有创新能力、局限于经营某个或某类传统业务的金融中介而言，金融工具从中介走向市场的总体发展过程确实意味着金融中介的萎缩。然而，金融中介除了向客户出售现存的金融工具外，还承担着创造和测试新金融工具这一重要任务。因此，随着金融市场的发展，金融中介的第一项服务(出售金融工具)的相对重要性下降，而第二项服务(创新和测试新金融工具)的重要性上升，金融中介的转型正是体现在这种业务重心的转换之中。

本章小结

传统上我们把金融市场定义为交易金融产品的场所，但我们把金融市场提炼为金融资源配置服务的机制的集成。通过对各种各样的金融产品的交易，它的重要使命就是对稀缺的资源在不确定环境进行跨期最优配置。

我们的分析在经济学上揭示出金融市场存在的福利价值和它的重要使命。围绕着这一使命，金融体系具体执行五种功能，它们是以价格发现为核心的功能，风险管理功能、流动性提供功能、信息生产功能和交易成本节约功能。在此基础上，从不同的角度，我们可以将金融市场划分成不同的种类。

金融市场的机构是发行金融资产和投资金融资产的主体，包括政府、企业和家庭等非金融机构和各类金融机构。有了金融机构，几乎所有的金融交易都必须凭借某种金融工具来完成，金融工具是收益性、流动性与安全性的统一。市场上的短期金融工具包括国库券、回购协议、各类商业和银行票据等；长期金融工具则包括债券和股票等。此外，远期、期货、期权和互换是最基本的衍生工具。

结合对金融市场功能的认识，本章基于金融市场视角阐述了经济体系的运行机制，并考察了金融市场的功能演化以及世界主要国家金融市场的形成和发展现状，通过对金融市场和中介关系的描述，得出了两者相互促进、共同发展的结论。

基本概念

金融　金融产品　金融市场　资源配置　不确定性　风险　资产定价　市场效率　帕累托最优　风险配置　流动性　信息不对称　市场主导型的金融体系　银行主导型的金融体系　金融的功能观　“金融创新螺旋”

复习思考题

1. 指出下列资产中哪些是实物资产，哪些是金融资产。

专利　汽车贷款　租赁协议　美国财政部发行的债券　高等教育　某公司的普通股　5 美元钞票

2. 一位购买了美国国债的日本投资者说：“假设美国政府不违约，我就知道债券未来的现金流。”请你说明同意或反对的理由。

3. 举出几个金融资产的例子，分析它们的主要属性，并指出不同点。

4. 说明金融市场如何实现其基本经济功能。

5. 金融市场实现哪些功能？各种功能之间的关系是怎样的？

6. 什么是金融市场，其含义可包括几个层次？

7. 如何从金融市场在储蓄—投资转化机制中的重要作用这一角度理解“金融是现代经济的核心”？

8. 早期金融市场是如何形成的？

9. 金融市场和金融中介在发挥各自功能时有什么样的辩证关系？两者的发展趋势如何？

本章参考文献

1. Sli Demirguc、Kunt & Ross Levine，《银行主导型和市场主导型金融系统：跨国比较 World Bank working paper(1999)》，选自北京奥尔多投资研究中心主编《金融系统演变考》，中国财政经济出版社 2002 年版。

2. Allen，Franklin & Santomero，Anthony M.，The Theory of Financial Intermediation，*Journal of Banking & Finance*，21(1998)，pp. 1461—1485.

3. Allen，Franklin & Douglas Gale，Financial Markets，Intermediaries，and Intertemporal Smoothing，*The Journal of Political Economy*，Vol. 105，No. 3(Jun.，1997)，pp. 523—546.

4. Allen F.，Gale D. Comparing Financial Systems. MIT Press Cambridge，MA，2000.

5. Boot，Arnould W. A. Boot；Anjan V. Thakor(1997)，Banking Scope and Financial Innovation，*The Re-*

view of Financial Studies, Vol. 10, No. 4 (Winter, 1997), pp. 1099—1131.

6. Crane, D. B., K. A. Froot, S. P. Mason, A. F. Perold, R. C. Merton, Z. Bodie, E. R. Sirri, and Tufano (1995), The Global System: A Functional Perspective, Boston, MA, Harvard Business School Press.

7. Diamond, Douglas W. & Philip H. Dybvig, Bank Runs, Deposit Insurance, and Liquidity, *The Journal of Political Economy*, Vol. 91, No. 3(Jun., 1983), pp. 401—409.

8. Diamond, Douglas W. & Philip H. Dybvig, Banking Theory, Deposit Insurance, and Bank Regulation, The Journal of Business, Vol. 59, No. 1 (Jan., 1986), pp. 55—68.

9. Finnerty, J. D., Financial Engineering in Corporate Finance: An Overview. *Financial Management*, (Winter1988), pp. 14—33.

10. Jacklin C. J. &Sudipto Bhattacharya(1988), Distinguishing Panics and Information: based Bank Runs: Welfare and Policy Implications, *The Journal of Political Economy*, Vol. 96, No. 3(Jun., 1988), pp. 568—592.

11. Rajan R.G., Zingales L. (1998) Financial Dependence and Growth[J], *The American Review*, 88(3): pp. 559—586.

12. 陈国进:《金融制度的比较和设计》,厦门大学出版社 2002 年版。

13. 陈江武:《东亚的金融体制改革与金融市场发展》,《外国经济与管理》,1997(4)。

14. 富兰克林·艾伦、道格拉斯·盖尔,王晋斌等译:《比较金融系统》,中国人民大学出版社 2002 年版。

15. 贺智华主编:《海外证券市场》,经济日报出版社 2002 年版。

16. 黄红珠:《拉美国家的金融体系(上)》,《拉丁美洲研究》,2001 年版。

17. 黄泽民:《日本型金融体系的贡献与弊端——新日本金融体系正在形成》,《华东师范大学学报》(哲学社会科学版),1999(6)。

18. 孔凡保:《金融体系与经济增长关系研究综述》,《经济学动态》, 2003(10)。

19. 孔祥毅等:《百年金融制度变迁与金融协调》,中国社会科学出版社 2002 年版。

20. 秦国楼:《现代金融中介论》,中国金融出版社 2002 年版。

21. 瞿强:《比较金融体系研究综述》,经济学动态,2002(11)。

22. 宋清华:《金融体系变迁与中国金融改革取向》,《财贸经济》,2001(12)。

23. 孙玉辉:《德国的金融体系及相关问题研究》,《投资研究》,2001(5)。

24. 童适平:《日本战后金融体系及其变革》,《日本学刊》,1996(5)。

25. 小栗诚治(方爱乡译):《日本金融体系的现状分析》,《财经问题研究》,2003(11)。

26. 张杰:《金融中介理论发展述评》,《中国社会科学》,2001(6)。

27. 张谊浩:《美国金融中介发展的实证分析》,《外国经济与管理》,2003(2)。

28. 朱正圻:《德国金融业的变革》,《德国研究》,2002(4)。

第二章

交易机制与金融市场

我们以内涵扩展的方式把金融市场定义为：为实现金融资源最优配置的一组市场交易规则和机制的集成。这一定义具有两重含义：金融市场的功能，以及保证这种功能实现的交易机制。首先，金融市场的运行目的是在功能上实现金融资源最优配置；其次，为实现这些功能，需要通过一组市场交易规则和机制集成，并以市场准则运行。在金融市场的运行及其功能实现中，功能目的和实现过程是金融市场相互作用的两个方面。因此，从金融市场功能和交易机制去认识金融市场，更有助于我们深入和全面地认识金融市场内在的运行机理及其结果。

从金融市场交易机制的属性着手，我们分析了金融市场的各方面功能是如何实现的。这些从交易机制所展开的各种分析，揭示了金融市场内在运行机理中更为复杂、动态和神秘的性质，正是这些性质最终影响了金融市场的运行状况和结果。

第一节　金融市场功能的实现——从交易机制角度看金融市场

从金融学的研究领域来看，存在着宏观与微观的视角区别。宏观视角的货币金融学、国际金融学、传统的金融市场学等学科及其教材，都从各自的角度论证了金融市场和金融体系对经济发展的作用，以及实现金融市场各种功能的重要性。然而，宏观视角的各种金融学问题研究，无不与金融价格的形成和发现紧密相关，并给出了各自价格的形成和变化的各种解释，如利率、汇率和资产价格的决定以及相互之间的关系。在金融全球化迅速发展的今天，连接这些不同金融领域的纽带是金融市场。然而，传统的金融市场学对价格形成、发现和变化的解释不具有较强的说服力，理论和实践的发展使得金融市场学的研究深入到交易机制。这为理解金融市场及其功能实现提供了一个崭新的视角。

一、交易机制——作为金融市场功能实现的微观基础

金融市场最根本的功能和目的是资源配置。从这一金融市场的根本功能出发，引申出金融市场的五大基本功能：价格发现、风险管理、流动性提供、信息生产和交易成本节约。这些功

能不是并列关系而是具有一定的层次性，其中价格发现是最核心的功能[①]，其他功能都是围绕这一核心延伸与展开的，所有这些功能最终都为资源配置服务。金融市场的交易机制最终为各种基本功能服务，保证金融市场能发挥各项功能，实现金融市场的正常运转。

在我们探讨金融市场及其功能的时候，事实上隐含着一个关键的“市场存在性”假设。这个假设认为，市场及其交易已经正常存在并且按照它一如既往的方式，在遵循市场的功能要求下运行，并达到了市场的诸方面功能实现。然而，这个假设忽视了市场运行及其功能实现的最基本的属性：市场到底如何运行？对这个问题的回答将把我们对金融市场的理解引入到市场微观结构的层面，通过对市场交易机制的分析，从微观层面去解析和理解金融市场的运行及其功能实现的过程。在这种视角的引导下，我们将更加容易深入地理解金融市场的运行是动态化的，而且在市场的演变过程中其运行条件和特征都在不断演变。

对于一个市场而言，价格发现和流动性提供是市场运行最基本的两大功能。价格发现既是一个结果，又是一个过程。从结果来看，价格发现是经济分工和交易体系对市场这种资源配置制度所提出的运行要求，因此，市场的运行必然要形成和发现价格这种为资源配置提供决策的信息和信号；从过程来看，价格的形成和发现正是金融市场运行过程中的一个神秘黑箱，构成金融市场运行及其功能实现最重要的微观基础。对于金融市场的运行而言，其五大基本功能正是在价格发现的基础上具备的，进而市场根据价格信号的指示对资本存量和流量进行结构性调整，在整个金融体系内通过资本配置调整资源的配置效率。然而，价格又是如何发现的呢？如果价格的发现过程并不是一个简单的假设实现条件，那么金融市场的功能实现将随之变化，其运行结果的效率评价也将随之调整。交易机制的分析为此提供了答案，我们的分析就聚焦于交易机制与金融市场价格发现之间的关系，以及这种关系如何影响了金融市场的功能实现。

我们对交易机制分别就狭义和广义进行了定义上的区别。狭义的交易机制特指市场的交易规则和保证规则实施的技术，以及规则和技术对定价机制的影响；广义的交易机制就是市场的微观结构。市场微观结构理论研究的是交易机制如何影响价格的形成过程，并分析在一定的交易机制下资产交易的过程和结果。因为不同的交易机制不仅在价格发现过程中所起的作用不同，而且对市场参与者的行为策略的影响也不同，所以，在对交易机制的研究中，也应当包括对市场质量和投资者行为策略影响的分析。

从价格形成和发现的过程看，市场微观结构的研究主题是金融市场中投资者的潜在交易需求，如何通过市场交易而最终转化为市场中的价格和交易量。这一过程涉及五大基本要素：技术、规则、信息、市场参与者和金融工具。这五大基本要素也是构成金融市场微观结构的五个关键部分，其中信息是最为核心的要素。现代金融理论对金融市场的研究，正是通过对这些要素与市场运行之间的关系进行挖掘，逐渐深入到金融市场内部运作机制中的价格形成机理、

---

① 事实上，价格发现和流动性提供是金融市场功能的两大基本目标，因为价格是在市场运行中发现的，而市场是在流动性提供中运行的。关于这一关系，我们在本章之后还将进一步分析。

市场组织结构、市场交易机制以及市场参与者行为选择等微观层面上。

市场微观结构的研究内容集中在以下四个方面[①]：(1)价格形成和价格发现；(2)市场结构及其设计；(3)市场的透明度；(4)市场微观结构的研究对资产定价、公司金融和国际金融领域的应用。价格的形成和发现，主要研究在金融市场交易过程这个黑箱中，信息如何影响价格，以及价格又如何反映信息的动态调整过程。这一过程中，信息在交易中的作用非常重要；市场透明度主要从市场参与者对影响交易过程的信息的观察能力出发，关注市场中的信息披露如何影响金融市场交易过程这个黑箱中的交易行为和策略选择；市场结构及其设计，其研究的主题是围绕价格形成和交易组织之间的关系，分析交易的规则如何通过对市场参与者行为策略的作用，影响金融市场交易过程这个黑箱的运行状况。一旦我们把这些问题综合起来，将发现价格的形成和发现过程是市场微观结构理论研究的核心，因为其他方面同样是围绕着这个过程而在市场运行中揭示出来。把这个主题和金融市场的功能实现相关联，我们将自然产生这样一种理论上的直觉，如果价格形成和发现过程本身具有很多动态的变化性质，那么金融市场的功能实现状况以及金融市场的运行效率，在理论逻辑上将随之产生相应的变化和判断。从这个意义上看，不同的金融市场微观基础决定了不同的金融市场运行状况、质量和效率。

二、交易机制与金融市场功能

以上分析了作为微观基础的交易机制与金融市场功能实现之间的关系。在进一步的分析中，我们需要从狭义交易机制和广义交易机制相区分的角度，去理解交易机制究竟如何影响了金融市场的功能实现。以下先从狭义的角度分析交易机制与金融市场功能的关系。

狭义交易机制的研究视角一般包括市场的交易规则和保证规则实施的技术，以及这些规则和技术在金融交易过程中对资产价格确定所产生的影响。广义交易机制包括由技术、规则、信息、市场参与者和金融工具五大要素构成的市场微观结构本身。狭义交易机制和广义交易机制都在各自的范围，对金融市场的功能表现产生了广泛的影响。从一定程度上说，市场中所包含的各种质量属性，事实上就是由交易机制的特征所决定的。以狭义交易机制为例，交易的组织方式、技术的变迁和规则的变化都直接影响了金融市场五大功能的实现方式。

第一，由于金融市场就是要使潜在的投资需求转化为实际交易，这一转化过程的关键是价格发现与确定，从而才有投资者根据价格标准进行资产组合配置和调整的决策，并因此形成动态的买卖指令。在交易机制与金融市场的价格形成方面，由于价格确定的基本方式随着交易组织形式和交易机制技术实现措施等的不同而不同，因此不同的价格确定方式也就直接导致了金融市场有差异的价格发现形式及其功能表现。

第二，金融市场功能的实现取决于市场以正常运行为体现的存在性，而市场正常运行的前提是存在着金融资产买卖互动交易，也就是市场的流动性。市场正是在流动性基础上不断循环地提供流动性的。流动性是金融市场的生命力所在，市场如果缺乏流动性交易就难以完成，

① 参见 Madhavan(2000)，Microstructure Theory: A Survey，*Jounrnal of Financial Markets*，3(2000)，205－258.

那么金融市场也就没有存在的必要。从这个意义上说“流动性是市场的一切”金融市场交易机制的设计在很大程度上决定了市场的流动性变化,两者之间有着密切的关系。此外,在交易机制与流动性提供方面,市场的交易规则往往通过影响市场参与者的买卖策略,而对市场流动性产生显著的影响。

第三,市场的价格稳定性是金融市场运行及其功能正常发挥的另一个前提条件。正常价格稳定机制是指降低价格临时波动性的制度安排,通常排除了由于基本价值变化导致的基本波动性。价格稳定机制具有两方面的含义:一是有效的市场基础制度结构,即内生稳定机制;二是用行政手段建立的抑制市场异常波动的管制措施与规则,即外生稳定机制。在交易机制与市场价格稳定方面,交易机制中的交易规则以及针对信息披露和价格稳定的一系列措施都实质性地影响了金融市场价格稳定方面的运行性能。

第四,在交易机制与金融市场风险管理方面,合理的市场交易机制设计可以降低超额波动的可能性,从而稳定价格,降低投资者的风险,保障金融市场的健康运行。价格稳定机制就是交易机制中与风险管理密切相关的内容。

第五,在交易机制与信息生产方面,交易机制(广义、狭义)中的各要素,从各自的方面内生性的影响市场中信息生产和信息的结构,包括信息需求和供给的数量、质量、及时性、分布结构等一系列属性。信息作为一个关键的参数决定了市场的特征,信息以及信息引致的预期在价格确定过程中具有决定性作用。信息披露的程度决定了市场的透明性,而透明性是市场结构的基本目标之一,也是保证市场公正和市场有效性的中心环节。合理的交易机制设计应该能够促进信息生产,增强市场的透明度,但同时信息生产又能够使得价格发现机制发挥正常作用,因此两者之间实际上是相互作用的关系。交易机制对信息生产的各方面影响,反过来又促使交易机制的价格确定过程随信息变化过程而不断进行动态调整。

第六,在交易机制与交易成本节约方面,交易机制的设计对投资者的交易成本有着重要的影响。金融市场交易中存在着各种交易成本,如以佣金、印花税、过户费、手续费等形式体现的直接交易成本,以及以买卖价差、搜寻成本、延迟成本、市场影响成本等体现的间接交易成本。直接交易成本主要和国家政策、交易所惯例等因素有关,一般与广义的交易机制有关。间接的交易成本主要存在于市场的运行过程中,因此,狭义交易机制各种规则设计对间接交易成本将产生直接的作用。

以上我们从狭义交易机制的角度,简单地分析了交易机制与金融市场各方面功能之间的关系。从广义的角度看,交易机制与金融市场功能实现之间的关系更为广泛,并将深入到市场微观结构及其组成要素,在以价格和信息之间动态关系为主要线索所展开的价格发现过程探索中。

第二节　交易机制与金融市场的价格发现

一、分析框架

要理解交易机制与市场价格发现之间的关系，我们需要找到一个适当的起点。以下从一个完全市场中证券定价模型入手，分析交易机制在哪些方面深刻地影响了市场中的价格发现。

（一）经典的瓦尔拉斯市场

经典的金融理论强调金融产品的经济价值和投资者的市场动力。通常假定存在一个可以不考虑内在结构的完善市场——瓦尔拉斯市场。瓦尔拉斯市场（Walras，1874）是经典金融市场的典型代表。在瓦尔拉斯市场中，每个市场参与者都有自己的商品和明确的效用函数。市场由一个假想的拍卖者（看不见的手）组织交易，信息通过拍卖者的拍卖活动在市场中传递。交易开始于一组随机的价格，由“看不见的手”计算每一种商品的需求和供给数量，并决定供需的均衡点，得出市场出清价格。

瓦尔拉斯市场是建立在一些严格的假定之上的：完全竞争、完全信息、自由流动、价格充分弹性。在瓦尔拉斯市场上，当信息进入市场并通过拍卖商传播时，由于价格能够在瞬间作出调整，而且价格机制的信息能够无成本传播，使得新信息进入市场后便立即被市场接受并迅速作出反应，市场随之在瞬间达成新均衡。因而，价格不仅反映了当前可得的所有信息，而且新信息的进入并不影响市场均衡，信息理论和经典均衡模型具有相容性，均衡是连续和无成本的。瓦尔拉斯市场的概念假定及其运行状况，与完全有效市场中所设想情况相似。在这种市场条件下，价格就这样形成了，信息与价格之间的关系没有更多的争议，市场参与者只要把价格当作一个既定的市场信号去接受就可以了。

（二）弱式有效市场

假设一个经典资产定价模型中的一项典型的证券资产。以 v_t 表示资产在 t 时刻的基本价值（或真实价值），关于该资产未来现金流的预期净现值是完全信息的，v_t 随未来现金流或者是折现率的变化而变化；以 $\mu_t=E[v_t|H_t]$表示在 t 时刻，对于一个给定的公共信息集 H_t 条件下 v_t 的期望值；p_t 表示该资产在 t 时刻的价格。给定上述条件，在弱式有效市场中的概念和结论中，价格反映了所有可得的公开信息，如果有效市场模型中最基本的假设成立，则代理人拥有对称信息并且市场无摩擦运行，则价格简单地反映了资产的预期基本价值，此时可以认为 $p_t=\mu_t$。

此时，定义 $r_t=p_t-p_{t-1}=\varepsilon_t$ 表示资产价格的时间序列变化。按照上述假设，ε_t 可以表示为：$\varepsilon_t=\mu_t-\mu_{t-1}=E[v_t|H_t]-E[v_{t-1}|H_{t-1}]$。在经典资产定价模型中，因为 μ_t 的分布服从鞅过程，资产的收益在各时间点上序列无关，意味着价格与信息流的状况不相关，因此市场的价格在所有的时点上反映了其预期价值。在这个意义上，市场的运行及其价格发现是有效的。

然而，上述分析中的价格形成过程，一旦放弃对称信息和无摩擦运行的假设，则黑箱中的价格形成就不再是能够简单地抽象化。

（三）市场微观结构对价格的影响

一旦我们放弃对称信息和无摩擦运行的假设，从经典的资产定价模型环境进入到一个相对现实的市场环境，我们就逐渐深入到市场微观结构这个被称为金融市场黑箱的内部，而信息在价格形成中的作用就显得非常重要了。信息经济学从 20 世纪 70 年代兴起，发展到今天已经让金融学领域几乎所有的研究主题改观。在信息经济学的视角下，信息在市场参与者的经济行为决策中具有决定性影响，因此，现实的市场交易中的信息不再是能够被充分和对称的理想性假设忽视的一个重要参数。大量的信息经济学理论模型和行为实验的实证结果揭示出，各种经济参与者的行为决策方式对市场的运行结果有重大影响，而这些决策的选择方式和策略反应对不同的信息及其信息结构高度敏感。因此，市场微观结构理论在这个意义上是一种分析市场交易的信息理论。

首先，市场微观结构对价格的影响体现在交易的摩擦方面。交易摩擦作为一项构成复杂并且难以准确定义的因素，通过交易中的买卖价差形成作为一种反映，影响了价格的形成及其波动。其次，市场微观结构对价格的影响体现在交易的信息属性方面。在信息不对称的条件下，信息的分布将导致交易中的市场参与者在信息拥有方面出现优势与劣势之分，这种区别必将影响交易者的策略选择，从而直接导致价格形成过程中的策略变化。大量的理论模型分析了在价格形成过程中，私人信息是如何逐渐地在交易过程中反映出来的。再次，市场微观结构对价格影响还反映在不同的交易结构选择方面。如果不同的交易结构在形成交易成本、撮合交易者双方以及发现并匹配交易价格方面具有不同的运行结果，则交易结构的选择和改善就直接影响了市场中的价格形成和价格发现。通过分析市场微观结构对价格形成和发现过程的影响，形成了市场微观结构理论发展的一条最核心的线索。

二、市场微观结构理论的发展①

（一）买卖价差模型

一般认为，Demsetz(1968)在研究市场交易价格过程中提出的买卖价差模型，第一次将微观交易机制的研究引入证券交易价格的形成过程，突破了市场均衡价格的形成是一个无摩擦瓦尔拉斯均衡过程的传统理论框架。他认为证券市场还存在另一类非瓦尔拉斯均衡，而且证券市场的交易价格主要在这类均衡中确定。Demsetz 提出了一个买卖价差模型，考虑了买卖双方的交易过程中的时间长短、交易数量和交易意愿的强弱等决定买卖价差的因素。Demsetz 认为，市场行为可以与企业行为进行某种类比，只有通过研究它们的微观结构和组织才能更好地理解和把握它的定价过程。这为交易机制的理论研究奠定了重要的基础。自此，证券

---

① 关于市场微观结构理论发展的详细介绍，有兴趣的读者请参看 O'Hara(1995)，"Market Microstructure"；或刘红忠：《金融市场学》，上海人民出版社 2003 年版。

市场交易机制引发了许多学者浓厚的研究兴趣。

早期研究交易机制的文献主要是集中在对买卖价差问题和存货模型的研究中。Demsetz(1968)的买卖价差模型,研究了因为即时性交易所要求的价格支付加成而导致的买卖价差;SEC(1971)的研究论文考察了做市商的运作;Benston 和 Hagerman(1974)的论文进一步深入研究了做市商的作用,关注做市商在交易中的职能,并且试图解释做市商在提供即时性服务以后如何得到补偿;从 Garman(1976)和 Stoll(1978)起,开始建立关于买卖报价价差决定因素的更为细致的存货模型,并研究做市商最优报价的具体特征;之后,Cohen、Maier、Schwartz 和 Whitcomb(简称 CMSW)(1981)对存货模型进一步细化和修正,区分了个别做市商买卖报价价差和市场价差之间的区别,Ho-Stoll(1981,1983)将存货模型扩展至存在多个相互竞争的交易商的情况。自此,强调因为流动性交易成本而导致买卖价差的存货模型的研究告一段落,交易机制的研究重心开始转移到信息模型上来。

(二)引入信息后的交易机制分析

一般认为,Bagehot(1971)的论文标志着信息模型研究的开始,在论文中 Bagehot 尝试用信息成本而不是存货成本解释价差,并区分了知情交易者和未知情交易者。信息模型借鉴了逆向选择理论,并说明即使没有交易成本的因素价差也会因为信息的作用而存在;Copeland 和 Galai(1983)首次正式引入信息成本的概念,建立了一个关于做市商定价的单时期静态模型;Glosten 和 Milgrom(1985)提出的序贯交易模型是交易机制信息模型研究的里程碑,他们首次把通过贝叶斯学习过程实现的动态调整因素引入了信息模型,但序贯模型只考虑了交易指令类型的价格行为,Easley 和 O'Hara(1992)通过考察交易规模和交易时间性两种因素对价格行为的影响,拓展了序贯交易模型的分析范围;此后的信息模型研究扩展到采用批量交易模型分析交易者策略,批量交易模型的分析工具是 Grossman 和 Stiglitz(1980)建立的理性预期分析框架。在这期间,Kyle(1984,1985)考察了知情交易者行为策略,Back(1992)分析了连续时间框架下单个知情交易者的交易策略,Holden 和 Subrahmanyam(1992)、Foster 和 Viswanathan(1993)采用理性预期工具分析了多个知情交易者的行为策略和价格行为的关系,Admati 和 Pfleiderer(1988,1989)、Foster 和 Viswanathan(1990)、Spiegel 和 Subrahmanyam(1992)分别从不同的角度分析了未知情交易者的交易策略和价格行为的关系。

除了上述对交易机制内在价格机理的分析以外,经济学家们还从与具体交易市场相结合的角度分析交易机制的规则和技术。CMSW(1986)对国际上主要证券交易所的交易机制进行了比较分析,并强调了自动化技术对交易机制的影响;Madhavan(1992)证明了做市商市场、连续竞价机制和集合竞价机制中均衡价格的存在条件,比较了三者价格决定模式的特点和差别。Madhavan(2000)在对市场微观结构理论研究的一篇综述性文章中,还研究了交易自动化程度对交易机制价格形成的影响的几个重要问题。

(三)总结

从对市场微观结构和交易机制的研究发现,市场微观结构理论发展到今天已经形成一个相对成熟的理论体系,而且各种研究对交易机制在市场价格形成和价格发现、信息披露对价格形成和发现的影响以及市场交易机制的优化设计等方面，达成了越来越多的共识。表2—1是对市场微观结构理论研究现状的一个框架性总结。

表2—1　　市场微观结构理论的比较

	存货模型	理性预期	批量交易	序贯交易	同时交易
分析方法	随机动态模型[做市商决定反映流动性风险和存货成本的买卖差价]	最优化模型[风险资产需求和均衡价格决定]	知情者推测做市商定价规则，决定交易量，以达到利润最大化	贝叶斯学习过程[决定信息不对称引起的差价]	效用最大化模型[按照私有信息和交易动机决定价格]
市场结构	多个交易者和一个做市商；报价系统	知情交易者和非知情交易者，没有做市商；竞价系统	一个做市商，知情交易者，多个非知情交易者；竞价系统	一个做市商，知情交易者，多个非知情交易者；报价系统	无数个顾客，多个做市商；同时报价系统
信息对称性（真实价值等）	对称	不对称；但价格传递私人信息	不对称；交易策略影响价格	不对称；交易回数影响价格	不对称；套利机制影响价格
基本意义	提供即时性；保持价格的相对稳定性	价格能出清，预期的定价原则完全实现	实现博弈双方理性预期的均衡	学习过程中价格发现	做市商的存货和交易指令流是私有信息；报价博弈削弱价格信息
主要变量	做市商的风险回避度。资产风险，交易规模等	信号集合，资产的事前预期值，资产的数量等	市场流动性，私有信息价值，非知情者交易量的变动	资产的最终价值；实现价值的概率；损失补偿	他人的报价（信号），订单流量等

除了上述整理出来的文献线索以外，关于交易机制和市场微观结构理论的研究论文不断增加，来自金融学和会计学科等领域的研究工作，从不同的方面围绕着市场价格发现和市场效率方面推动这一主题的发展。由于信息及其不同结构在价格形成和价格发现过程中似乎有难以穷尽的研究论题，因此随着市场交易机制本身的不断演变以及交易机制理论框架的不断发展，这一主题受到越来越多的关注。

第三节　交易机制、价格形成、价格发现——信息和策略的互动①

一、信息及其结构在交易机制中的作用②

由于我们一再强调交易机制在金融市场运行和功能实现中的重要性，而交易机制的最核心问题就是金融市场的价格是如何形成和发现的，市场微观结构理论的发展也是围绕着这一

① 本节内容参照刘红忠：《金融市场学》，上海人民出版社2003年版。主要整理自第四、五、六、七章，侧重于总结性勾划价格形成和价格发现中信息及其结构的作用。具体的模型及其推导请参看原书。

② 信息结构与交易机制的狭义和广义区分相对应，也包含不同的范畴。在狭义的交易机制中，信息结构是指信息在范围、时间和不同主体之间的分布；在广义的交易机制中，信息结构包含了信息披露的规则导致的信息数量和质量属性。在此基础上再深入到影响广义交易机制的因素变化时，信息结构还可以加入信息的产生以及信息的传播机制。毫无疑问，从这些角度看待信息结构，不难理解信息及其结构在金融市场中的作用。

核心问题沿着不同的线索而展开的。因此，在本节中我们进一步梳理这些发展的脉络，以阐述金融市场交易过程这个黑箱中迄今已经被认识的方面。信息及其结构在交易机制的研究中，一直是最为关键的因素。

（一）信息问题的起源和发展

信息模型在市场微观结构理论中的提出引起了信息对价格形成影响的关注。人们一般将Bagehot 1971年发表的“The Only Game in Town”看作是信息模型的起源。在该文中，Bagehot首先区分了市场收益和交易收益。市场收益是投资者由于承担市场风险而获得的收益。也就是说，当市场价格普遍上升时，大多数投资者将随之获益；当市场价格普遍下降时，大多数投资者将随之遭受损失。交易收益则表明，由于存在信息不对称而导致的信息成本，投资者平均获得的收益相对市场收益来说较小。

Bagehot在文中指出，做市商的作用是为市场提供流动性。当某一时点市场上的买入卖出指令不匹配时，做市商就进入市场参与交易。做市商面对三种类型的交易者：拥有特殊信息的交易者，不拥有特殊信息、仅仅出于流动性需要而进行交易的交易者；以及自认为拥有未被揭示的信息而实际上这些信息已经被揭示的交易者。第一类交易者可称之为知情交易者，后两类交易者可以合称为未知情交易者。

知情交易者拥有做市商所没有的特殊信息，这些特殊信息通常与证券的真实价值有关。知情交易者在证券的市场价格被低估时买入，在证券的市场价格被高估时卖出。虽然做市商可以通过设定足够大的买卖价差来阻止知情交易者利用其信息优势获利，但是，由于知情交易者还拥有不交易的权利，而做市商却必须按照他自己的报价买入或卖出证券，所以，做市商在与知情交易者交易时总是遭受损失。与此同时，做市商在与未知情交易者交易时总是获利，其收益来自于设定的买卖价差。由于做市商知道他面临着与知情交易者交易并遭受损失的可能性，为保证自己不破产，他必须设定合理的价差，使得来自与未知情交易者交易的收益足以弥补与知情交易者交易而遭受的损失。因此，价差反映了做市商与两类交易者交易时收益和损失的平衡，信息不对称在价差形成中起了重要的作用。

Bagehot的这篇文章指出，除了存货成本以外，信息成本也是决定价差的一个因素，从而为市场微观结构研究提供了一个重要的新思路。此后，Copeland和Galai(1983)依据Bagehot提供的思路，首次建立了关于做市商定价问题的一个简单的信息模型，论证了仅仅由于信息不对称就足以引起价差。但他们的模型是一个静态的一次交易模型，无法分析做市商的动态学习过程。Glosten和Milgrom(1985)考虑了交易本身所具有的传递信息的作用，在C—G模型的基础上首次引入了动态因素，建立了经典的G—M模型。在假定信息肯定存在且每次交易量固定的前提下，G—M模型使用贝叶斯学习过程，分析了做市商的动态学习以及相应地调整其报价的过程，成为信息模型发展中的里程碑，标志着市场微观结构理论进入了信息模型时代。但是，G—M模型仅仅考察了交易指令类型对做市商定价策略的影响。Easley和O'Hara(1997)在G—M模型的基础上，放松了信息肯定存在和交易量固定的假定，从而考察了交易规模对买卖价差以及价格路径的影响。

以上研究揭示了市场交易中的信息属性。在实践的观察中,我们不难发现关于资产真实价值的信息是随着交易的进行被逐步揭示出来的。在此过程中,交易本身就起到了传递信息的作用。在交易的过程中,以做市商组织交易为例,做市商无法忽视交易中逐步揭示的信息的重要性,这些信息直接导致了做市商的定价策略及其结果的变化。做市商通过观察连续的交易,逐步学习其中包含的信息,从而相应地调整其定价。

贝叶斯学习过程是分析做市商从动态的交易过程中学习信息的重要工具①。交易本身能够传递和解释私人信息,做市商能够通过观察、学习交易,逐步了解到交易中所包含的信息,从而调整他们对真实价值的预期,进而影响其定价行为。事实上,做市商所面临的学习问题已成为市场微观结构研究的一个重要方向。由于交易本身包含信息,因此做市商从交易中学习信息的过程对于研究市场价格的形成及其变动很有价值。因此,做市商所面临的学习问题已成为市场微观结构研究的一个重要方向。

在经典的金融学资产定价理论中,价格对信息的反应问题一直以来都是有效市场和理性预期研究领域的焦点。当信息存在不对称时,信息问题就凸显了重要性,再充分考虑了做市商的学习能力之后,价格路径不再独立于有关资产真实价值的私人信息,因此信息的披露及其结构在交易机制价格形成中的作用尤为重要。现在,微观结构研究的重心已经转移到分析做市商如何从指令流中学习信息,进而影响价格运动的问题上来。所有研究做市商学习问题的非对称信息微观结构模型都使用了贝叶斯学习过程展开分析。

(二)信息结构和交易者策略

当在交易过程中考虑信息结构的因素后,交易中各方参与者的策略就必然随之调整。信息结构在这里可以理解为信息的在交易各方参与者之间的分布,以私人信息的存在区分知情交易者和未知情交易者。由于在市场中存在着私人信息,这些私人信息的拥有者必然会利用这些信息,策略性地进行交易达到自己的利润最大化。这些知情交易者拥有私人信息,并试图通过这些信息获得自身利益的最大化。同时,未知情交易者也将与知情交易者一样,依靠一定的策略来获得利润最大化。知情交易者,未知情交易者和做市商的博弈最终将是一个零和博弈。而最终的均衡也将是三方互动的结果。

交易策略分析的基本工具是理性预期模型,主要结论体现在不同模型的均衡状况及均衡性质中。Grossman 和 Stiglitz(1980)②在理性预期模型中,假设博弈过程中的博弈双方具有理性预期,都能准确地预期到对方的交易策略。参与者可以对其他参与者的行为有正确的预期。对于均衡起到重要作用的是知情交易者对于做市商定价行为的正确预期以及做市商对于知情交易者所掌握信息的正确预期。这些分析都以不同的模型为基础,得出了相应的模型均衡解,并在价格和信息的动态关系变化上具有相似的观点:市场价格反映最新信息,但价格反映信息的调整过程皆非瞬间完成,最新信息总是通过市场交易(包括知情交易与非知情交易)逐渐包

① 贝叶斯学习过程的内容,请参见刘红忠:《金融市场学》,上海人民出版社 2003 年版。

② Grossman, S. J. and J. E. Stiglitz, 1980, On the Impossibility of Informationally Efficient Markets, *American Economic Review* 70, 393—408.

含到市场价格中去。交易者的价格指令等同于交易者对交易资产真实价值的条件预期值，并最终通过交易过程中的各方策略互动，形成了包含有各种不同参与主体的动态策略选择的价格信息。

如果说信息的变化对市场交易过程中的价格动态形成和调整有重要影响的话，那么反过来，市场交易本身所形成的一些可以观察的数据也可以提供一些关于前期市场的有用信息。这些新信息的增加又进一步地使信息结构产生变化，从而又在新的交易中影响价格的形成和发现。市场微观结构理论的分析还从交易中的价格序列、交易量与交易时间的三个方面，考察了这些交易信息对价格调整过程的作用。这些分析进一步表明：首先，交易价格序列具有可被挖掘的信息揭示含义。在价格尚未完全反映资产真实价值之前，价格序列将比单期价格更具信息揭示性，因此可以从价格序列中推测资产的真实价值。其次，交易量能揭示市场总供求方面的信息，进而与价格一起可以揭示资产的真实价值。再次，交易时间的间隔也能传递同资产真实价值有关的信息。因此，三者结合起来将提供更多影响未来市场交易的信息。

二、交易过程本身的信息揭示

市场微观结构理论的研究在三个方面分析了交易过程本身所包含的信息揭示属性。

（一）价格序列的信息含义

在理性预期模型中，最基本的问题是理性预期均衡的存在性问题，即是否存在一种价格决定函数使得给定不同资产价值信号时总能出清市场。Grossman 和 Stiglitz（1980）指出，如果所有交易者完全竞争，那么市场均衡价格将包含全部私人信息。在这种情况下，价格会立即调整到完全信息下的资产价值，市场将是强式有效的。在实际市场中，并不存在这种迅速的价格调整。尽管未知情交易者知道价格与信息有关，但他们很难区分价格的调整是由纯信息因素造成还是由流动性冲击所致。而且信息对价格也存在多方面影响。尽管知情交易者拥有资产真实价值的私人信号，但是，私人信息与资产真实价值的相关程度以及该信息的准确程度都不确定，所以私人信息对价格调整的影响相当复杂，而从价格调整中揭示私人信息则难度更大。价格调整过程之所以难以分析，是因为价格变动依赖于市场参与者的信息学习过程，后者又依赖于各种市场因素，诸如交易者的风险偏好、交易者禀赋、供给不确定性的性质与程度，以及市场微观结构本身等。在最简单的模型中，唯一的不确定性是知情交易者获得的私人信号，未知情交易者只需观察单一价格即可推知资产的真实价值。而在拓展模型中，市场信息与资产真实价值间的关系相对不明确，信息学习问题也更为复杂。

如果理性预期均衡存在但并不显现，那么未知情交易者只能从单一价格中获得有关资产真实价值的部分信息。然而，如果未知情交易者能够观察价格序列，那么就可以从价格序列及价格变化量中获得更多的信息。事实上，未知情交易者可以从价格变动趋势中挖掘潜在信息。价格序列的这种联合揭示性为技术分析提供了理论基础。因为在交易者短视的市场中，单一价格并不反映完全信息，通过观察历史价格可以获得比仅观察当前价格更多的市场信息。这也意味着价格序列能为交易者提供信息，并能影响价格的进一步调整。

（二）交易量的信息含义

交易量是指一个交易期内发生的某种风险资产的成交数量。由于每一笔交易总涉及买卖双方，因此把已经实现的交易指令中某一类性质（买入或者卖出）的指令数量加总就可以得到当期的交易量。在瓦尔拉斯均衡模型中，交易量等于所有交易者交易需求绝对值总和的一半。长期以来，研究者一直重视交易量对价格调整的影响。而关于交易量的实证研究则表明了交易量与价格波动幅度之间具有显著的相关性。但实证研究并没有给出这种相关性的原因，而且早期有关交易量的理论研究也没有提供明确的答案。如在会计学领域，以 Kim 和 Verrecchia 为代表的许多学者建模分析了公共信息发布与交易量之间的关系。但他们的分析焦点在于解释价格不随公共信息瞬间调整，以及在信息发布期交易量上升的原因。Kim 和 Verrecchia（1991）的分析表明，交易量与公共信号的准确度正相关，与预先公布的信息量负相关。在市场微观结构理论领域，分析焦点是私人信息对价格调整的影响，价量关系常被忽略。如在 Kyle（1985）关于知情交易者交易策略的分析中，交易量的大小并不影响价格的调整过程。其原因在于知情交易者总能调整自身的交易量使知情交易占市场总交易量的比例保持不变，从而价格调整与交易量无关。在序贯交易模型中，价量关系也同样被忽视。因为从做市商角度，与知情交易者交易的概率始终不变，交易引起价格变动，但交易量本身并不影响价格调整。事实上，由于所有相关的信息已经包含在单笔交易中，做市商并不能从交易量中提取知情交易者所掌握的私人信息。

但不可否认的是，作为市场参与者能从市场上观察到的主要数据之一，交易量的确影响着交易者的交易策略以及做市商的定价策略。正如通过观察价格序列可以获得相关信息，交易者也可以从交易量中提取信息。在极限状态下，交易量本身就可能具有充分的信息揭示性。而比较普遍的情况是，联合考察交易量与价格序列，能揭示出更多信息。

（三）交易时间的信息含义

与价格序列及交易量一样，交易者的指令流（包括其性质、规模、类型、提交时间等）也能揭示信息，并影响价格的调整过程。特别是当交易者能毫无障碍地观察到市场交易的指令流时，他们就有可能从诸如空白交易（an absence of trade）①之类的交易状况中获取信息。很多市场微观结构理论模型都没有考虑到交易的时间因素。例如，在 Kyle（1985）的批量交易模型中，做市商每期根据收到的交易指令设定唯一的市场出清价格，从而交易是批量实现的。交易指令只要在做市商收集指令之前到达，而具体在哪一个时刻到达对交易没有影响。类似地，在序贯交易模型中，交易的实现时间也不影响价格调整，因为时间本身不具有任何信息含量。

但是，如果把价格调整过程中的时间因素内生化，也就是说，如果交易者能从交易时间中获取信息，那么价格调整也必然受时间因素的影响。Diamond 和 Verrecchia（1987）②（下称

---

① 所谓空白交易，就是指在一个交易区间内市场没有交易发生。

② Diamond, D. W., and R. E. Verrechia, 1987, Constraints on Short-selling and Asset Price Adjustments to Private Information, *Journal of Financial Economics* 18, 277－311.

DV 模型)及 Easley 和 O'Hara(1992)[①](下称 EO 模型)分别建立模型分析了交易时间对价格调整的影响。他们的出发点是一致的即交易者可以从交易的实现时间中获取信息;不同的是,DV 主要分析市场卖空交易的限制对交易者倾向的影响,并进一步考察了信息不对称对价格调整速度的影响;而 EO 则从交易时间的选择与信息事件存在性的关系考察了交易时间对价格调整的影响。

从交易时间的角度考察交易时间的间隔所能传递的同资产真实价值有关的信息量。首先,DV 模型分析了市场卖空交易的限制对交易者倾向的影响,并进一步考察了信息不对称对价格调整速度的影响。在卖空交易的限制的确影响知情交易者行为的前提下,DV 给出了交易时间、价格调整及信息揭示的关系:(1)空白交易反映利空消息的存在;如果市场出现空白交易,做市商应当同时调低买卖报价以反映潜在的利空消息;而就利空消息而言,卖空限制提高了市场效率;(2)总体而言,卖空交易对市场效率有不利影响。因为禁止卖空减缓了价格调整,而且卖空限制并不加快对利好消息的价格调整。其次,EO 模型从交易时间的选择与信息事件存在性的关系考察了交易时间对价格调整的影响。空白交易影响价格调整,从而交易时间内生于价格调整过程。这一结论具有重要含义:(1)市场交易发生与否都能影响价格的调整;(2)交易区间 t 以前(包括 t)完成的交易量影响价格的调整方向:交易者买入的交易量大,做市商将调高卖出报价,交易者的卖出数量大,做市商将调低买入报价;(3)交易量影响价格反映信息的调整速度,因为每个交易区间的成交量量化为 1,交易日总的交易量越大,说明价格调整所经历的交易区间越长,价格调整的速度越慢;(4)仅仅通过分析市场的交易数据来揭示信息是有偏差的,因为空白交易的信息含量被忽略了。

三、交易信息、技术分析和交易策略

市场微观结构理论在交易过程本身的信息揭示中的研究指出,既然交易中的价格序列、交易量和交易时间包含有重要的交易信息,那么市场交易参与者通过这些信息的观察与学习以及相应的交易策略调整,也是影响市场运行的一项重要因素。这些分析所隐含的结论是显而易见的,模型的研究为技术分析提供了理论基础。与价格序列、交易量和交易时间相关的参数,都可根据市场交易中所形成的一些可以观察到的数据确定。在具体的操作中,可从交易系统储存的数据库中提取数据。以下主要介绍技术分析的一些基本假设、原则和内容。

(一)技术分析的含义以及理论基础

股票价格指数和平均数仅仅为人们提供了一种衡量股票价格变动历史的工具,然而,人们更关心的是如何预测股票价格的未来趋势以及买卖股票的适当时机。多少年来,人们不断地对股价走势进行研究,产生了种种方法。现在大多数人采用技术分析法或基本分析法预测股市的走势。

---

① Easley, D., and M. O'Hara, 1992, Time and the Process of Security Price Adjustment, *Journal of Finance* 46, 905—927.

1. 技术分析的含义

所谓股价的技术分析，是相对于经典资产定价理论的基本价值分析而言，是指直接对证券市场的市场行为所做的分析，其特点是通过对市场过去和现在的行为，运用数学和逻辑方法，归纳总结一些典型的行为，从而预测证券市场未来的变化趋势。相比之下，基本分析法着重于对一般经济情况以及各个公司的经营管理状况、行业动态等因素进行分析，以此来研究股票的价值，衡量股价的高低。而技术分析则是透过图表或技术指标的记录，研究市场过去及现在的行为反应，以推测未来价格的变动趋势。其依据的技术指标是根据股价、成交量或涨跌指数等数据计算而来。因此，技术分析只关心证券市场本身的变化，而不考虑可能对其产生影响的经济、政治等各方面的外部因素。

基本分析的目的是为了判断股票现行股价的价位是否合理并描绘长期的走势，而技术分析主要是预测短期内股价涨跌的趋势。通过基本分析，我们可以了解应购买何种股票，而技术分析则让我们把握具体购买的时机。在时间上，技术分析法注重短期分析在预测旧趋势结束和新趋势开始方面优于基本分析法，但在预测较长期趋势方面则不如后者。大多数成功的股票投资者都把两种分析方法结合起来加以运用。

技术分析和基本分析都认为股价是由供求关系决定的。基本分析主要是根据对影响供需关系种种因素的分析来预测股价走势，而技术分析则是根据股价本身的变化来预测股价走势。技术分析的基本观点是：所有股票的实际供需量及其背后起引导作用的种种因素，包括股票市场上每个人对未来的希望、担心、恐惧等，都集中反映在股票的价格和交易量上。

2. 技术分析的理论基础

技术分析的理论基础基于三项市场假设：市场行为涵盖一切信息、价格沿趋势移动、历史会重演。

第一项假设是进行技术分析的基础。这意味着影响证券价格的每一个因素（包括内在的和外在的）都反映在市场行为中，不必对影响证券价格的具体因素是什么过多关心，而是需要对价格的市场行为特性进行分析。如果这一假设条件不成立，则技术分析所做的任何工作和结论都是无效的。

第二项假设是进行技术分析最根本、最核心的因素。它的主要观点认为证券价格的变动按照一定规律进行，证券价格有保持原来方向的惯性。正是由于这一项假设，技术分析师们才花费大量心血，以求找出证券价格的变动规律。如果这项假设不成立，即认为即使没有外部因素的影响，证券价格也可以改变原来的变动方向，那么技术分析就没有了立足之本。

第三项假设是从人的心理因素方面考虑。人的行为会受到人类心理的影响，如果我们在认识这些人类心理规律的基础上，找出它们对人类行为影响的途径和规律，那么也就可以在证券市场上客观地认识投资者的投资行为策略，从而指导投资行为。

对于上述三项假设的合理性，一直存在着争论。例如，对于第一项假设，市场行为反映的信息只体现在证券价格的变动中。在信息的产生、传播、分析和反应的传导机制中，损失信息是必然的。因此，在进行技术分析的同时，还应该适当地进行一些基本分析，以弥补单一分析方式的不足；再如，对于第三项假设，证券市场的市场行为是千变万化的，不可能会有完全相同的情况重复出现。在使用“历史会重复”这项假设的时候，要注意这些差异因素对结果的影响程度。所以，对技术分析赖以存在的三项假设，需要结合具体情况进行分析。

(二)技术分析的要素：价、量、时、空

证券市场中，价格、成交量、时间和空间是进行技术分析的四大要素，这几个因素的具体情况和相互关系是进行正确分析的基础。

1. 价格是市场行为最基本的表现

“价”是指股票过去和现在的成交价。技术分析中主要依据的价格有最高价、最低价、开盘价和收盘价。市场行为最基本的表现就是成交价格和成交量，过去和现在的成交价格和成交量涵盖了过去和现在的市场行为。技术分析就是利用过去和现在的成交价格和成交量资料，以图形分析和指标分析的手段来解释和预测未来的市场走势。所以，价、量就成为技术分析的核心要素，在某一时点上的价和量反映买卖双方力量的暂时均衡点。随着时间的变化，这种暂时均衡点会不断地发生变化，也就是价量关系的变化。一般地，买卖双方对它的认同程度通过成交量的大小得到确认。成交量大，则认同程度高；成交量小，则认同程度低。

2. 成交量与价格趋势的关系

“量”是指股票过去和现在的成交量(或成交额)。一般地，成交量是股价趋势的先行指标。当成交量增加时，价格迟早会上升；当价格上涨而成交量不增加时，价格迟早会下降。成交量是股价上涨的原动力。从这个意义上讲价格是虚的，只有成交量才是真实的。在证券市场中，机构大户会经常打压或拉升股价，投资者不能仅从价格上去观察，更要从量上去把握庄家的成本，由此才能在市场博弈中了解庄家的策略，从而实现盈利。

3. 时间因素

“时”是指股票价格变动的时间因素和分析周期。一方面，一个已经形成的趋势在短时间内不会发生根本改变，中途出现的反方向波动，对原来趋势不会产生大的影响。另一方面，一个形成了的趋势不可能永远不变，经过一定时间又会有新的趋势出现。循环周期理论着重关心的就是时间因素，它强调了时间的重要性。分析人员进行技术分析时，还要考虑分析的时间周期，可以以“日”为单位，也可以以“周”“月”“季”或“年”为单位。比如，用日K线、周K线、月K线、季K线或年K线来进行短期、中期或长期分析。

4. 空间因素

“空”是指股票价格波动的空间范围。从理论上讲，股票价格的波动“上不封顶、下不保底”。但是，价格波动也有它的趋势性。在某个特定的阶段中，股票价格的上涨或下跌由于受到上升趋势或下跌趋势的约束而在一定的幅度内震荡运行，空间因素考虑的就是趋势运行的幅度有多大。

(三)技术分析方法分类及其应用

1. 技术分析方法的分类

技术分析主要分为五大类：指标类、切线类、形态类、K线类、波浪类。

指标类主要考虑市场行为的某个方面，通过建立数学模型并给出数学上的计算公式，得到一个反映股票市场某个方面特征的数字。这个计算出来的数字叫做指标值，指标值的具体数值和相互之间的关系直接反映股市所处的状态，为投资行为提供指导方向。指标反映的信息大多不能从行情报表中直接看到。目前，主要指标包括相对强弱指标（RSI）、随机指标（KD）以及趋向指标（DMI）等。

切线类是按照一定的方法和原则根据股票价格数据所绘制的一些直线，然后根据这些直线推测股票价格的未来趋势，这些直线就叫做切线。切线主要起支撑和压力的作用，支撑线和压力线的延伸位置对价格的趋势起一定的制约作用。一般来说，股票价格从下向上抬升的过程中，触及压力线甚至还未触及压力线，就有可能调头向下。同样，股票从上向下跌的过程中，在支撑线附近就可能会转头向上。另外，如果触及切线后没有转向，而是继续向上或向下就称为突破。

形态类是根据价格表中过去一段时间轨迹的形态预测股票价格未来趋势情况的方法。技术分析的第一项假设告诉我们，市场的行为包含一切信息。价格走势是形态的重要部分，是股票市场对各种信息反应之后的具体表现。著名的形态包括 M 头、W 底以及头肩顶底等。

K 线类的研究方法侧重若干天 K 线的组合情况，推测股票市场多空双方力量的对比，进而判断股票市场多头与空头双方谁占优势，以及优势是暂时的还是决定性的。

波浪类理论把股价的上下波动和不同时期的持续上涨下降看作是波浪的上下起伏。波浪理论较之于别的技术分析流派，最大的区别就是能提前很长时间预计到底和顶。但是，波浪理论又是最难掌握的技术分析方法。大浪套小浪，浪中有浪，在数浪时极易产生偏差。事后再回来数浪，发现均满足波浪理论，然而一旦身处其中，正确的数浪则似乎是一件难以做到的事。

2. 技术分析方法应用应注意的问题

技术分析作为证券分析的一种工具，在使用中应该注意以下问题：首先，技术分析必须与基本面分析结合起来使用才能提高其准确性，否则单纯的技术分析是不全面的；其次，注意多种技术分析方法的综合分析，切忌片面地使用某一种技术分析结果；再次，由于各人的实际投资行为、策略和约束条件不尽相同，而技术分析带有强烈的主观色彩，所以对于前人和别人的结论，只有经过自己实践验证后才能放心使用。

第四节　价格的作用
——进一步认识金融市场功能实现的微观基础

市场是一个非常复杂的体系，金融市场是体现市场运行属性更为透彻和本质的代表。市场微观结构理论的不断发展，以及我们对交易机制和金融市场之间的关系的分析，让我们对金融市场内在运行机制的认识更加深入，同时又延伸出更多的问题。在金融市场的功能实现过程中，信息及其结构深刻地影响了价格的形成和发现，但同时形成和发现价格的交易过程本身又提供了影响以后市场交易的信息。这种状况如同一个价格——信息之间的相互反馈循环，循环的实现靠市场交易参与者之间的交易策略互动及其结果来推动。这种策略互动不仅在资产价格发现和价格形成的最微观层面相互作用，而且在整个市场的宏观层面也通过动态的相互作用，最终形成一系列动态变化的不同产品和不同期限的价格，并在不同的金融子市场和不同层次的经济决策活动之间进行传导①。

一、市场与价格

(一)价格的三重基本功能

金融市场价格在资源配置方面起着三种重要的作用:价格作为价值和稀缺性的指示器;价格作为信息的集成器;价格对代理人私人信息的揭示。

价格的第一个功能是价值和稀缺性的指示器。传统的新古典经济学的价格观点认为，按照金融市场价格所标价的资产能够提供充分的信息，利于有效地进行资源配置。这一观点是源于亚当·斯密“看不见的手”的概念，我们可以在 ADM 模型和福利经济学基本定理中找到这一理论的现代阐述。如果市场是完全的并且其他各种约束和假设条件得到满足，则市场上存在着资源的帕累托有效配置。当企业最大化其价值以及个人最大化其效用时，资源不会被浪费，没有人可以在其他人境况不变坏的前提下得到各自福利的改善。

价格的第二个重要功能是信息的集成器。这些价格对稀缺性和价值的指示信息，在市场中形成和传递，并指示着各种经济决策的相互调整，这些决策调整又通过经济人各自的社会分工和交易参与，影响着以后的市场价格以及其所包含的信息变化。各种交易信息在市场中汇聚、传播和变化，形成了市场的价格。市场价格与经济决策之间存在着相互依赖的关系。由于这种看得见的市场运行和经济决策之间的相互依赖性，一个经济中即使没有外生的不确定性，个人决策之间及其与价格的互动也会产生社会性的根本的不确定性。而人们的决策过程，就是一个通过他们决策的互动以及所有人决策与价格之间的互动，逐渐通过价格的产生、形成过程所传递的市场信息，调整和改善其资源配置决策。因此，从宏观角度看，社会分工中的每一个市场参与者，都形成了各自对价格形成的影响，但又都是市场价格的接受者。

价格的第三个功能是揭示代理人的私人信息，在一定的条件下，这些信息被集成在价格中，成为市场中公开可利用的信息，应用于市场中的资源配置。市场的私人信息揭示功能在调整和改善市场资源配置的效率方面非常重要。在金融市场中，各种交易性资产的价格变化反映了其基础资产的预期价值。以证券市场为例，股票价格的变化反映了交易者对公司价值的认识，公司价值的构成最终由公司管理层决定和执行的投资项目回报实现。股票作为公司股权价值的所有权凭证，其交易为公司的所有权转让提供了一条流动途径，从而导致公司的管理权的变动。因此，来自于外部股东的投资回报要求会通过公司收购、兼并和控制权转移，对管理层的管理绩效提高施加压力。价格所揭示的代理人私人信息，正是这一资源配置调整机制的驱动力。

---

① 关于金融市场之间的相互传导，刘红忠在《投资学》(高等教育出版社 2003 年版)第二章做了一个很好的总结。

价格的这三种基本功能，集合在一起成为金融市场运行以及功能实现的核心。在宏观层面，金融市场的确按照不同的运行机制履行人们所要求和期望的功能。在完全确定性条件下，市场中的信息充分、有效，价格完全反映了市场中的信息，金融市场的运行功能也有效地达到了。新古典的资源配置理论对金融市场学传统理解就是这样的观点。

资源配置的新古典理论最初是在完美确定性假设条件下发展起来的，这一理论体系的观点形成和发展，在新古典经济学描述市场在配置资源的有效性的 ADM 模型中达到了顶峰[①]。在这种市场环境中，制定资源配置决策相当简单，每一个代理人都知道相关价格和利率的未来价值，因此最大化投资和企业价值纯粹成为一项标准的技术性作业。在此环境中，MM 定理成立，债券融资和证券融资是等价的。金融市场的主要价格发现是关于利率的形成，利率的信息性作用是提供利率的期限结构。由于可以从要素投入价格、产品产出价格和利率等可以预期的数据中计算出投资项目和企业的价值，所以证券市场在提供信息方面是多余的。在这种条件下，投资决策的技术性操作，仅仅需要决策者利用经典的 NPV 方法计算投资项目的净现金值，以此为依据判断投资项目的现金流价值回报的可行性，并调整各种投资的决策而最大化企业的价值。

当我们忽视市场运行中的不确定性因素，同时不考虑价格形成过程中的信息博弈问题时，价格作为金融市场运行的核心结果为市场的其他功能实现奠定了的逻辑基础。在宏观层面上，没有其他任何一个市场参数能够像价格一样，直接地揭示了市场交易中的稀缺性信息[②]，以及各种形成和支撑这些交易的社会劳动分工在市场中的相对价值实现的信息。然而，市场中存在着固有的不确定，这种不确定性会使得市场与价格的关系更为复杂，不仅价格决定和发现过程充满了各种信息谜团，而且使市场的资源配置效率也发生变化。

（二）市场的不确定性

在传统的瓦尔拉斯完全竞争模型中，市场的完全信息假设是指在市场宏观运行中信息提供和传播方面的假设，每一个微观个体事实上是不可能完全知道他人的生产条件、偏好以及他们的决策，他们只根据价格信号做自己的决策。因此，在这类模型中，每个决策者所需要的理性和信息处理能力比有不完全信息的对策论模型低得多。换言之，瓦尔拉斯竞争机制在达到社会理性的条件下，对个人理性的要求最低。在这种状态下，个人决策面临的不是不完全信息，而是“根本的不确定性”。每个决策者不但不知道他人的生产函数、效用函数，而且对有不确定性的参数个数、取值范围以及其概率分布一无所知。因此，每个人只能按照看得见的市场价格做决策，而不必理会他人的决策以及他人的私人信息。因此，在这个意义上，市场在价格形成和发现中起到了信息汇聚作用，即使面临着不确定性也能有效地形成价格，并由这个价格提供市场信号。问题的关键是在不确定性条件下，不仅这些价格在发现资产基本价值方面的效率存在争议，而且市场根据这些价格形成的资源配置决策也因此存在效率评价上的变化。

---

① ADM 模型指的是 Arrow-Debreu-Mackenzie 分析方式，是新古典微观经济学的核心，论证了福利经济学定理中市场的功能。

② 这种稀缺性指的是参与交易的各种资产以及这些资产所代表的要素，在市场交易中供给和需求的相对稀缺性。

为什么市场中会存在着根本的不确定性，答案是人类决策的相互作用，并由此导致了市场运行与价格形成之间的互动。在人类社会中，人类决策交互作用的过程，产生出一种与外生给定的自然界不确定性相区别的内生社会不确定性。由于市场过程存在着根本的不确定性，人们不可能计算自己的决策与其他人决策之间的交互影响，只能依赖瓦尔拉斯定价机制，通过社会试验逐步了解所有人的决策互动以及决策与价格互动的后果。在这个动态过程中，如果价格信号与决策之间存在时间滞后，则反馈机制会产生市场价格不是高于就是低于静态均衡水平的波动，也就是索罗斯所说的“市场永远是错的”。杨小凯(1996)曾经指出：“如果市场上所有决策的交互依赖程度很高，用数学语言来描述就是代表这个机制的微分—差分方程是高度非线性的，于是这个瓦尔拉斯价格机制会产生系统紊乱，这种系统紊乱虽然由确定性的微分—差分方程产生，但是其唯一的可预测特性就是不可预测性。”从而，市场中的每一个参与者都成为了价格的接受者，并且根据价格的信号调整他们各自的决策，再把这种决策反馈到市场中作为参与的信号来源之一。

市场微观结构理论对交易机制的研究，正是探索价格形成和价格发现过程中，交易者之间在对待信息变化时的策略互动对均衡价格的影响。在这种微观层面上，任何影响交易者策略互动的因素都将影响市场价格的发现及其变化，市场微观结构的几大构成因素都对市场定价机制的交易者交互依赖程度有所影响。

二、价格发现过程中的信息博弈

（一）经典金融理论的缺陷

在新古典经济学的资源配置理论之后，理论界不断地发展对金融市场微观基础的认识。经典金融经济学的资产定价理论给出了金融市场价格发现的微观理论基础。在经典的资产定价理论 CAPM 中，给出了资产收益和市场收益之间的关系，出发点是所有投资者都掌握同样的信息、预期与判断准则(所谓“同质性先验信念”)，这些理论假设实际上是忽视了投资者对市场的作用。既然投资者本身在市场交易中对价格形成和发现没有作用，那么也就不存在市场参与者之间的互动。史树中(2002)指出，仔细考察经典金融经济学的基础，可以发现它还停留在“宏观和稳态阶段”。它们的绝大多数结论都建立在一个“稳态”的无套利市场上，由此就能用一些基本资产的价格导出其他资产甚至衍生资产的价格。然而，至于投资者对市场的“微观”作用完全被排除在外了，余下的只有“宏观的”市场变量。这就是经典金融经济学的根本弱点。

市场参与者的作用被忽视后，在认识金融市场的功能上，理论的逻辑自然就不考虑个体理性的作用，直接关注市场宏观层面的集体理性。以证券市场为例，通常认为证券市场具有资源配置、价格发现、风险管理和促进公司治理结构改善等功能。资源配置和价格发现是基于“集体理性”的宏观功能，它关注资金融通背后所关注并蕴涵的整体社会资源配置的最优状态实现。风险管理可以从“宏观和微观”两个角度来审视。对于微观个体而言，可以利用诸如股票、期货、期权等市场来转移、规避和锁定某些风险；从整体社会的宏观角度看，由于个体的风险可能是由于诸多个体之间的信息不对称或者个体拥有互不相关的资源所导致的，由证券市场作为一个纽带可以从整体范围内对冲掉这部分风险。此外，借助于市场交易的用脚投票机制，证券市场可以比较好地评价公司的价值和业绩，从而促进公司治理结构的改善。

然而，在市场微观结构理论的视角中，以及我们对市场定价机制的决策者策略互动的分析指出，个体理性极为深刻地影响了市场的价格发现和资源配置。要理解个体理性下的微观行为与集体理性的宏观愿望之间的相互关系，需要认真思考现代证券市场中价格的形成机制和影响因素，从不同的角度和层面去剖析证券市场中的价格行为和种种现象。集体理性以社会整体资源的最优配置为目标，个体理性以通过市场交易促进财富增长，两者之间往往存在偏离。

证券市场的功能是能否有效地发挥作用体现在证券价格行为上，这取决于市场的微观基础。而在交易制度不变的条件下，证券价格行为又主要取决于证券供求双方的行为动机和策略选择。在交易制度确定的条件下，个体在风险偏好、信念和信息上的差异是决定证券价格行为的关键因素。关于这一点，张圣平(2002)在《偏好、信念、信息与证券价格》一书中做了精彩分析①。

（二）交易者对信息的反应

在没有不确定性的经济中，人们的决策行为不涉及信息和信念，选择偏好由以商品数量为自变量的效用函数来描述，商品带来的效用与商品的市场价格没有直接的联系。我们在之前的分析指出，这种状况下市场价格仅仅反映(商品)资源的稀缺程度，只扮演资源配置的角色。市场有效性是指市场根据价格信号进行资源配置的效率状态，其判断标准是价格能否使经济系统的资源配置达到帕累托效率，分析框架是瓦尔拉斯的一般均衡理论，价格形成机制是虚拟的“瓦尔拉斯拍卖人”的叫价过程。福利经济学的第一、第二定理回答了完全竞争的市场均衡价格与市场配置效率之间的关系。

在不确定性条件下，以证券市场为例，信息的分布是不对称的，市场各行为主体都拥有私人信息，而且“信息不对称”是共同知识，那么，交易者很自然地想知道其他人的私人信息，并努力在决策时利用它。这时的市场价格不仅表明资源的稀缺程度，而且是汇总、传递私人信息的指示器，改变人们的信念，进而影响着人们的选择偏好。而这一切又都通过人们的需求决策反过来决定着市场价格。信息分散条件下的市场价格具有揭示信息、配置资源的双重功能，这时的市场有效性应该包括市场价格的信息有效性和资源配置有效性两个方面。

在传统的金融经济学中，市场有效性往往特指市场价格的信息有效性，它是多数金融学理论基石。价格的信息有效性是指价格揭示信息的程度，如果价格完全揭示出了可以利用的信息，通常说市场价格是信息有效的。与传统的金融经济学相比，由于价格形成过程中存在着市

① 张圣平的论述起点：人们的“主观偏好和信念”以及市场的“客观信息”传递，是怎样影响证券市场价格的？其思路主线为：以揭示偏好、信念、信息在证券价格决定中所扮演的重要角色为主线索，在不同市场结构(完全竞争、不完全竞争)及特定条件下，研究证券均衡(瓦尔拉斯均衡、理性预期均衡、博弈均衡)价格的某些特征(信息有效性，与偏好、信念、信息的关系等)，对投机、操纵、从众行为以及金融泡沫产生的条件和影响进行比较深入和系统的探讨。

场参与者个体之间的策略互动,这种策略调整根据市场中的信息分布及其变化而在交易者的博弈过程中展开。因此,在市场微观结构理论中所关注的定价机制以及价格效率,不仅仅包含交易者对信息的反应速度所导致的价格确定,也包含市场价格最终反映资产真实价值的效率。根据这种差别,应该区分价格的信息效率以及价格发现效率两个概念。对于金融市场中价格发现效率的关注,将把我们引入到一个更为广义的交易机制结构中,探讨信息和价格在金融市场资源配置效率方面的影响。

在市场微观结构理论的分析框架中,贝叶斯学习过程、理性预期模型和交易的信息揭示模型比较形象地描述了市场交易者在市场价格形成过程中的信息博弈①。作为基本的分析工具,这些模型认为在信息分散而且充满不确定性的经济环境中,价格具有沟通和传递信息的作用,投资者会根据对价格的观察重估其对资产价值的预期。当交易的过程随着时间序列依次展开,投资者和交易组织者都将在不同的时点上根据他们观察到的新信息来调整交易指令,根据信息的变化而展开的博弈就动态地决定了市场价格的决定。

价格发现过程中的信息博弈千变万化,其复杂性不仅来自交易者策略互动本身,还因为交易者调整策略所依据的信息本身也是变化的。信息的定义很难把握。金融经济学中的信息概念侧重于它客观性的一面。Fisher-Black(1986)在对噪声交易的定义中指出:"尽管从客观角度讲,交易并无益处,但是基于噪声交易的人们却愿意交易。"Black 还认为,噪声使金融市场的存在成为可能,同时也使之不完美。如果没有噪声交易,单个资产市场的交易就很少,这将导致诸如共同基金、指数期货、指数期权等衍生品市场无交易,因为它们没有具有足够流动性标的资产。噪声交易作为信息交易的对立面被提出来,这种讨论提示了信息概念的客观性定义。客观信息论认为,信息反映了事物的一个方面,基于信息的正确决策如果没有达到预期结果,不是信息的错误,而应该归于信息的不完美。

然而,从博弈过程理解信息,我们将发现交易者对信息的理解是"信号"的含义。因为关于资产真实价值的信息无法验证,因此这些信息在交易中是否影响价格发现过程,取决于交易者是否对这些信息作出反应。从这个角度理解,信息可以看作是让交易者以为将引起证券基本价值预期变动的意外消息。当新信息到达时,证券投资的市场平均收益必然会对新信息作出反应而发生变化。在有别于 Walras 均衡的非均衡证券市场,信息是不完全的,因此并不是所有的信息都能引起证券收益发生变化。Groth(1979)对信息进行了定义,将进入定价机制的资料进行区分,规定凡是经过定价机制处理后能影响价格变化的资料叫作信息,而不能影响价格的资料则不叫信息。由此可见,一种消息可以称作信息的关键在于投资者是否接收它,通过预期与决策行为把它反应在定价机制上,并且影响了价格的变动。信息所包含的内容可以非常广泛,有别于标准信息的噪声,也可以称为市场中的信息,而市场作为信息交换和汇聚的场所,与价格一起成为信息存量和流量的一种互为度量方式。

许多金融经济学中的模型用随机变量来代表信息,当随机变量取一定值时,交易者得到了

① 关于这些分析交易者信息博弈的工具,请参看刘红忠:《金融市场学》,上海人民出版社 2003 年版。

一个具体的信息。在这种情况下，交易者知道他知道了什么，但不知道他不知道什么。信息在传递中会有失真，故更确切的说法应该是交易者接收到信号。信号=信息+噪声，信号的精确性比信息差一些。私人信息在不同市场结构下有不同的精度。例如在股票市场上，关于某股票的未来收益(价格)的信息是影响交易价格的关键，竞争性条件下的交易者无法影响股票的收益，其私人信息称为白噪声。在不完全竞争市场中，如果某交易者能够影响市场而且拥有绝对"真实"的私人信息，这时证券价格就由私人信息所决定了。这里不同的市场条件下蕴涵着不同的市场信息结构，而不同的信息结构就蕴涵着不同的价格发现机制。

从以上分析中我们可以看出，构成广义交易机制的五大要素(技术、规则、信息、市场参与者和金融工具)都将从各自的信息披露和行为反应属性去影响市场运行在价格形成和发现过程中的信息博弈。

本章小结

在本章中我们从不同的侧面去理解交易机制与金融市场功能实现之间的关系。通过聚焦金融市场功能的核心点——价格发现，从交易机制角度来分析价格发现功能的实现，再把价格发现过程中价格对信息的反应、交易者行为和策略的互动等问题，和市场微观结构的理论分析框架结合起来，阐述交易机制作为金融市场运行的微观基础对功能实现的重要性。事实上，这些分析使我们更加深入地理解了市场运行的动态性质：市场的功能是在其运行过程中实现的，市场运行的最核心结果就是要形成市场价格，因此，市场的价格发现和流动性提供就成为与价格发现功能相互补的另一种核心功能。

对于金融市场而言，金融资产是在市场中交易的，金融市场提供了流动性和价格发现，金融市场又在运行中通过价格发现提供的市场信号调整经济中的资源配置决策。市场运行所提供的流动性又保证了市场的持续运行，而市场运行的结果是必须要形成价格和发现价格，否则市场就难以找到交易的基准。因此，正是在这样的动态互动过程中，交易中所形成的金融资产价格自然就受到信息披露和交易成本的影响，从而黑箱中的神秘性质就可以被理解。

通过这样的分析安排，我们尝试从交易机制角度所揭示的市场微观结构，去分析金融市场功能和效率的主题。这些分析丰富了我们在理解金融市场的运行及其功能实现过程中的微观基础，从而在这种视角的引导下，我们将更加容易深入地理解金融市场的运行是动态化的，而且在市场的演变过程中其运行条件和特征都不断地在演变。

基本概念

交易机制　金融市场功能　微观基础　市场微观结构　价格形成　价格发现　信息　策略　博弈　互动　资源配置效率

复习思考题

1. 如何理解交易机制是金融市场功能实现的微观基础？

2. 交易机制在哪些方面影响了金融市场功能实现?
3. 交易机制如何影响了金融市场的价格发现?
4. 在价格发现过程中,信息、交易者策略是如何互动的?
5. 信息对金融市场为何如此重要?

本章参考文献

1. Cohen, Maier, Schwartz, Whitcomb(CMSW)(1981), Transaction Costs, Order Placement Strategy, and Existence of the Bid-ask Spread, *Journal of Political Economy*, 89: pp. 287—305.

2. Cohen, Maier, Schwartz, Whitcomb(CMSW)(1986), The Microstructure of Securities Markets, Prentice-Hall.

3. Diamond, D. W., and R. E. Verrechia(1987), Constraints on Short: selling and Asset Price Adjustments to Private Information, *Journal of Financial Economics*, 18, pp. 277—311.

4. Easley, D., and M. O'Hara(1992), Time and the Process of Security Price Adjustment, *Journal of Finance*, 46, pp. 905—927.

5. Garman, M. (1976), Market Microstructure, *Journal of Financial Economics*, 3: pp. 257—275.

6. Grossman, Sanford and Merton Miller(1998), Liquidity and Market Structure? *Journal of Finance*, Vol. 43, June, pp. 617—633.

7. Grossman, S. J. and J. E. Stiglitz(1980), On the Impossibility of Informationally Efficient Markets, *American Economic Review*, 70, pp. 393—408.

8. Hasbrouck, Joel., and Robert A. Schwartz(1988), Liquidity and Execution Costs in Equity Markets, *Journal of Portfolio Management*, Spring, pp. 10—16.

9. Huang, Roger D., and Hans R. Stoll(1992), The Design of Trading System: Lessons from Abroad, *Financial Analysts Journal*, Vol. 48, pp. 49—54.

10. Maureen O'Hara(1995), *Market Microstucture Theory*, Blackwell Publishers Inc, First published.

11. Madhavan, Ananth(1992), Trading Mechanisms in Securities Markets, *Journal of Finance*, Vol. 47, June, pp. 607—641.

12. Madhavan, Ananth(2000), Market Microstructure: A Survey, *Journal of Financial Markets*, 3(3): pp. 205—258.

13. Thomas, W. A. (1989), The Securities Markets, Philip Alian Publishers Ltd.

14. 刘红忠主编:《金融市场学》,上海人民出版社 2003 年版。

15. 张圣平:《偏好、信念、信息与证券价格》,上海三联出版社 2002 年版。

16. 刘红忠主编:《投资学》,高等教育出版社 2003 年版。

第三章

多视角下金融市场的功能与传导机制

第二章以交易机制视角分析了金融市场的价格发现功能及其作用机理，构建了价格发现过程的微观基础。然而，随着现代金融市场高度发达与日趋完善，金融市场功能并不局限于交易机制维度，金融资产价格与风险影响微观主体的投资偏好决定资产组合中各类金融资产的配置结构。如果金融市场中微观主体对某类资产存在一致性投资偏好，在中观金融行业层面则出现对该类资产的超额供给与需求，并改变各类资产价格与风险匹配的相对关系，进而引导资金在不同金融市场间流动。由于不同类型资产流动性存在差异，影响到银行体系的货币创造机制，从而在国民经济宏观层面改变货币供求关系，最终对宏观经济增长产生影响。根据上述逻辑，本章第一、二、三节分别从微观投资主体、中观金融子市场、宏观国民经济三种视角分析金融市场的功能及其机制。

金融市场的核心功能是通过空间流动和期限跨时转换两种方式，使得资源配置摆脱空间和时间上的束缚，达到资源使用效率最优化的目的。从空间维度看，金融市场可以分为以货币市场、资本市场和外汇市场为代表的三大相互关联的市场体系；从时间维度看，金融市场可以分为金融现货市场和期货市场两大类。本章第四节分别基于空间和时间两重维度分析金融市场之间的传导机制，并从金融市场的行为传导性和金融市场一体化角度分析金融市场之间传导机制的一些客观规律。

第一节　金融市场功能(一)：微观投资主体视角

从微观投资主体视角来看，金融市场功能主要体现在对投资者资源配置效率提高方面。本部分主要通过投资组合理论，以及投资者效用最大化分析方法，比较存在与不存在货币市场(这里主要分析金融市场中货币市场)条件下[①]，投资者效应水平的差异情况，进而分析金融市场对投资者资源配置效率的改进功能。

一般而言，微观投资主体决策过程总是在期望收益率与风险两种因素之间权衡，因此，期

① 金融市场功能众多，这里主要分析金融市场中货币市场提供的融资功能对投资者资源配置效率的改进情况。

望收益率与风险决定了投资者的效用水平。效用水平可以用效用函数(utility function)表示为:$U(i,R)=u$;其中,i 表示期望收益率,R 表示投资风险水平,u 表示某一期望收益率与风险组合所对应的效用值,其数值越大,效用水平越高;而且,$U_i>0$[①],即期望收益率越高,投资者效用越大;$U_R<0$,即风险水平越高,投资者效用越小。效用函数表达了微观投资主体对可了解的期望收益与风险的偏好。

效用函数可以用无差异曲线(ndifference curve)以图形形式表示。图 3—1 表示 u_1,u_2,u_3 不同效用水平下的无差异曲线。横轴表示风险水平 R,纵轴表示期望收益率 i。每条曲线都表示相同效用水平下风险与期望收益率的所有组合。无差异曲线距离横轴越远,投资者获得的效用越大,因此,$u_3>u_2>u_1$。

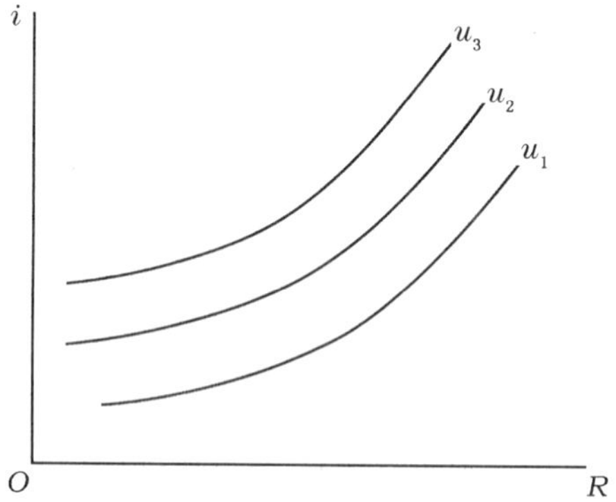

图 3—1 投资者的无差异曲线

微观投资主体实现投资效用最大化,实际上是追求既定风险水平下的预期收益率最大化,或者既定预期收益率下的风险水平最小化。在当今金融市场高度发达,金融产品极大丰富的条件下,投资者可以通过对各类金融资产不同组合,在维持预期收益率不变的条件下降低风险,或者在控制风险水平不变的条件下提高预期收益率。因此,投资者实现效用最大化的投资决策过程变为对不同资产组合的调整过程。这里以 A、B 两种资产构成的资产组合为例进行分析。

根据投资组合的马柯威茨分散化(Markowitz diversification)理论,A、B 两种资产组合后,所有预期收益率与风险构成的组合称为可行组合集合(feasible set of portfolios)。这一可行组合集合由图 3—2 中的曲线 $ACDEB$ 表示。假设,与资产 B 相比,资产 A 的预期收益率与风险都较低。在曲线两个端点 A、B 处表示投资组合中仅有资产 A 或资产 B 的极端情况,投资组合的预期收益率在 A、B 两种资产之间,而风险却能够降低到任何一种资产之下。然而,理性的投资者并不会在可行组合集合曲线 $ACDEB$ 上 AD 段进行投资,这是因为在 AD 段上任意的 C 点与 DB 段上 E 点具有相同的风险水平,但是 E 点的预期收益率高于 C 点,所以,理

① Y_X 表示变量 Y 对变量 X 求偏导数,下同。

性投资者只会选择 E 对应的投资组合;另外,投资者也不会选择在 F 点投资,因为资产 A、B 的组合无法达到 F 点对应的预期收益率与风险,而且 F 点与 E 也具有相同的风险水平,但是,E 点的预期收益率更高。综上分析,理性投资者仅会在可行组合集合曲线 $ACDEB$ 上的 DEB 段进行投资,曲线 DEB 又称为马柯威茨有效边界(Markowitz efficient boundary)。

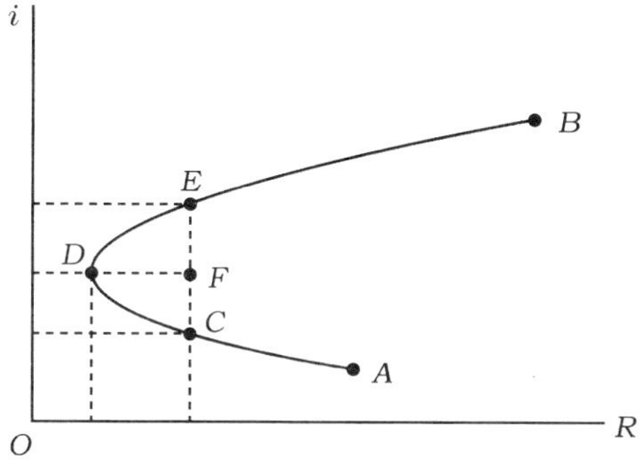

图 3—2　由 A、B 两种资产组合形成的可行组合集合

如果不存在货币市场的条件下,投资者只能根据自身资金(资源)约束,通过适当的投资组合实现效用最大化,则投资者均衡在图 3—3 中的 I 点实现。这是因为马柯威茨有效边界 DB 曲线与无差异曲线 u_1 存在 G、H 两个交点,与无差异曲线 u_2 存在一个切点 I;对于投资者而言,u_2 的效用水平大于 u_1。另外,表示更高效用水平的无差异曲线 u_3 由于与曲线 DB 不存在任何交点,投资者的效用水平无法达到。理性投资在既定投资组合集合条件下,实现效用最大化的均衡点,必然是效用水平最大的无差异曲线与马柯威茨有效边界 DB 曲线的切点 I。因此,在不存在货币市场条件下,投资者无法获得金融市场提供的融投资功能,其效用最大化仅能通过既定的马柯威茨有效边界与无差异曲线的切点决定。

现在假设存在一个货币市场,投资者在任何时间都能以既定的无风险利率 i_f,从该市场

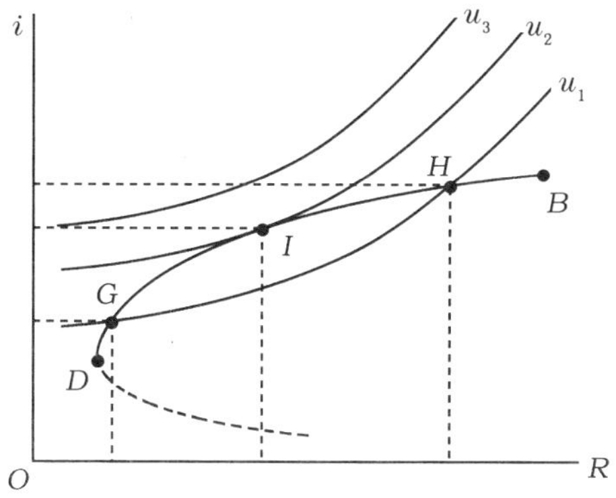

图 3—3　不存在货币市场条件下的投资者均衡

借入或贷出任何数量的资金。引入货币市场实际上是在投资者原来持有 A、B 两种资产构成的资产组合中又加入了一种无风险资产。这种资产的预期收益率为无风险利率 i_f，风险水平为 0。在由资产 A、B 与无风险资产构成的投资组合下，纵轴截距 i_f 与马柯威茨有效边界上任意一点的连线都是投资者新的可行资产组合，然而，理性投资者有效的资产组合为过纵轴截距 i_f 与马柯威茨有效边界相切的射线，即图 3—4 中，从纵轴截距 i_f 出发经过 L 点，且与马柯威茨有效边界相切于 J 点的射线，该射线称为资本市场线(capital market line, CML)。

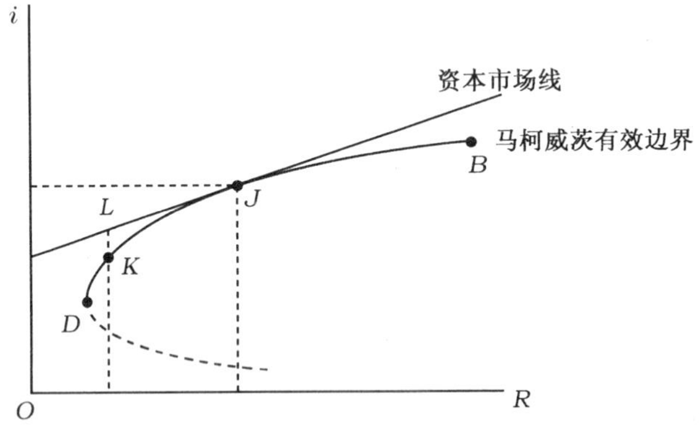

图 3—4　不存在货币市场条件下的投资者均衡

图 3—4 表明，资本市场线上任意一点的投资效率都优于马柯威茨有效边界[①]。例如，图中过资本市场线上任意一点 L 的垂线与马柯威茨有效边界交与 K 点，由于点 L 与 K 具有相同的风险水平，但是 L 点的预期收益率高于 K 点，所以，L 点的投资效率高于 K 点。由于 L 点的选取具有任意性，所以资本市场线的投资效率整体优于马柯威茨有效边界(在 J 点处两者投资效率相等)。

在投资者具有新的可行资产组合条件下，投资者效用最大化的均衡点将发生改变，即图 3—5中的 N 点。由于引入了货币市场，无风险资产进入了投资者的资产组合中，新的可行资产组合就变为资本市场线，则资本市场线与投资者最高效用水平的无差异曲线 u_3 的切点 N 就成为实现先用最大化的均衡点。通过比较可以发现，在不存在货币市场条件下，投资者效用最大化的均衡点为 M 点，达到的投资效用水平为 u_2；而在存在货币市场条件下，投资者效用最大化的均衡点为 N 点，达到的投资效用水平为 u_3，由于 $u_3 > u_2$，所以引入货币市场及其无风险资产条件下，投资者效用水平得以提高。

在引入货币市场及其无风险资产条件下，投资者效用水平提高的原因在于，货币市场为微观投资主体调整资产组合时提供了融资与投资服务功能。从融资角度来看，货币市场以无风险利率 i_f 在任何时间向投资者提供任何数量的贷款，突破了投资者原有的资金预算约束，进

① 这里以预期收益率与风险水平的比率反映投资效率，即图 3—4 中某一点的纵坐标与横坐标的比率，该比率越高，说明单位风险水平下的预期收益率越高，则投资效率越高。

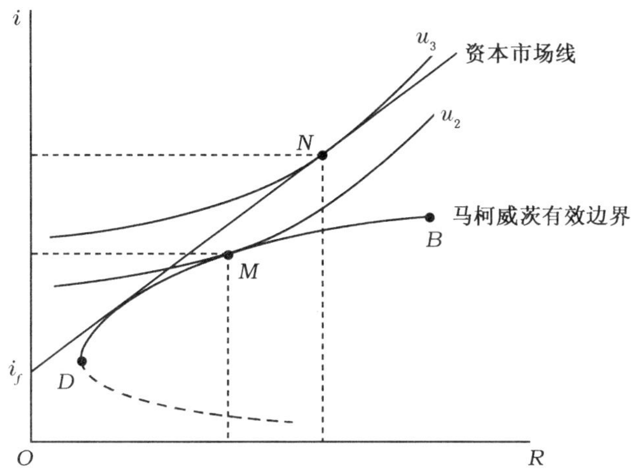

图 3—5　存在货币市场条件下的投资者均衡

而实现投资效用水平更高的预期收益率与风险水平相匹配；从投资角度来看，货币市场向投资者提供收益率为 i_f 的无风险资产，能够使投资者进行资产组合的重新调整，从而实现投资效率更高的资产配置结构。因此，从微观投资主体视角来看，金融市场（货币市场）具有优化微观投资主体资源配置效率，进而提高投资效用的功能，此功能通过金融市场的融资与投资两种渠道发挥作用。

第二节　金融市场功能（二）：中观金融子市场视角

金融行业可以分为银行、证券、保险与信托四类子行业，这四类子行业所涉及的日常业务又可以构成货币市场、证券市场、保险市场与信托市场四类金融子市场，本部分就此四类子市场的功能进行分析。

一、货币市场

货币市场是融资期限在一年以内的短期资金的交易市场，它与资本市场一起构成金融市场的核心内容。货币市场就其结构而言，包括同业拆借市场、票据贴现和承兑市场、短期政府债券市场、证券回购市场等。货币市场产生和发展的初始动力是为了保持资金的流动性，它借助于各种短期资金融通工具将资金需求者和资金供应者联系起来，既满足了资金需求者的短期资金需要，又为资金有余者的暂时闲置资金提供了获取盈利的机会。但这只是货币市场的表面功用，将货币市场置于金融市场以至市场经济的大环境中可以发现，货币市场的功能远不止此。货币市场既从微观上为银行、企业提供灵活的管理手段，使他们在对资金的安全性、流动性、盈利性相统一的管理上更方便灵活，又为中央银行实施货币政策以调控宏观经济提供手段，为保证金融市场的发展发挥巨大作用。具体来说，货币市场功能包括：

第一，短期资金融通功能。市场经济条件下的各种经济行为主体客观上有资金盈余方和资金不足方之分，从期限上可分为一年期以上的长期性资金余缺和一年期以内的短期性资金余缺两大类，资本市场(capital market)为中长期资金的供需提供服务，货币市场(money market)则为季节性、临时性资金的融通提供了可行之径。相对于长期投资性资金需求来说，短期性、临时性资金需求是微观经济行为主体最基本、也是最经常的资金需求，因为短期的临时性、季节性资金不足是由于日常经济行为的频繁性所导致，因此，具有必然性与经常性。这种资金缺口如果不能得到弥补，就连社会的简单再生产也不能维系，或者只能使商品经济处于初级水平，短期资金融通功能是货币市场的一个基本功能。

第二，管理功能。货币市场的管理功能主要是指通过其业务活动的开展，促使微观经济行为主体加强自身管理，提高经营水平和盈利能力。(1)同业拆借市场、证券回购市场等有利于商业银行业务经营水平提高和利润最大化目标实现。同业拆借和证券回购是商业银行在货币市场上融通短期资金的主渠道。发达的同业拆借市场和证券回购市场可以适时有度地调节商业银行准备金的盈余和亏缺，使商业银行无需为了应付提取或兑现而保有大量的超额准备金，从而将各种可以用于高收益的资产得以充分运用，因此，商业银行对流动性的科学管理能够提高资产负债管理的质量与效率。(2)票据市场有利于以盈利为目的的企业加强经营管理，提高自身信用水平。票据市场从票据行为上可以分为票据发行市场、票据承兑市场、票据贴现市场，从签发主体上可以分为普通企业票据和银行票据。只有信誉优良、经营业绩良好的主体才有资格签发票据并在发行、承兑、贴现各环节得到社会的认可和接受，不同信用等级的主体所签发和承兑的票据在利率、流动性、抵押或质押金额等权利义务关系上有明显差别。所以，试图从票据市场上获得短期资金来源的企业必须是信誉优良的企业，而只有管理科学、效益优良的企业才符合这样的条件。

第三，货币政策传导功能。市场经济国家的中央银行实施货币政策主要是通过再贴现政策、法定存款准备金政策、公开市场业务等政策工具影响市场利率和调节货币供应量以实现宏观经济调控目标的，在这个过程中货币市场发挥了基础性作用。(1)同业拆借市场是传导中央银行货币政策的重要渠道。中央银行通过同业拆借市场传导货币政策借助于对同业拆借利率和商业银行超额准备金的影响，同业拆借利率是市场利率体系中对中央银行的货币政策反映最为敏感和直接的利率之一，而且，从超额准备来看，发达的同业拆借市场会促使商业银行的超额准备维持在一个稳定的水平，这给中央银行控制货币供应量创造了一个良好的条件。(2)票据市场为中央银行提供了宏观调控的载体和渠道。首先，再贴现政策必须在票据市场中实施，随着票据市场的不断完善和发展，票据市场的稳定性不断增强，会形成一种处于均衡状态下随市场规律自由变动的、供求双方均能接受的市场价格，反映在资金价格上就是市场利率，它无疑是中央银行利率政策的重要参考。其次，多种多样的票据是中央银行进行公开市场业务操作的工具之一，中央银行通过买进或卖出票据投放或回笼货币，可以灵活地调节货币供应量，以实现货币政策的最终目标。(3)国库券等短期债券是中央银行进行公开市场业务操作的主要工具。货币政策的公开市场业务操作需要中央银行具有相当规模、种类齐全的多种有价证券，其中，短期国债信用优良、流动性强，适应了公开市场业务操作的需要，同时，公开市场业务操作影响的主要是短期内货币供应量的变化，所以对短期债券和票据要求较多。因此，具有普遍接受性的各种期限的国库券成为中央银行进行公开市场业务操作的主要工具。

第四，促进资本市场尤其是证券市场发展的功能。货币市场和资本市场作为金融市场的核心组成部分，前者是后者规范运作和发展的物质基础。首先，发达的货币市场为资本市场提供了稳定充裕的资金来源。从资金供给角度看，资金盈余方提供的资金层次是由短期到长期、由临时性到投资性的，因此，货币市场在资金供给者和资本市场之间搭建了一个资金池，资本市场的参加者必不可少的短期资金可以从货币市场得到满足，而从资本市场退出的资金也能在货币市场找到出路。因此，货币市场和资本市场必须协调发展，不可偏废于任何一方。其次，货币市场的良性发展减少了由于资金供求变化对社会造成的冲击。从长期市场退出的资金有了出路，投机活动得到抑制。因此，只有货币市场发展健全，金融市场上的资金才能得到合理的配置，从世界上大多数发达国家金融市场的发展历程中可以发现，货币市场优先于资本市场发展是金融市场发展的基本规律。

二、证券市场

证券市场包括股票市场与中、长期债券市场，它是长期直接融资的主要场所。证券市场的地位在银行导向性与市场导向型金融的国家有所不同，但是，随着金融自由化与金融创新日益深化，证券市场所代表的直接融资方式在金融市场中占据越发重要的地位。因此，证券市场是市场经济中一种高级的市场组织形态，是市场经济条件下资源合理配置的重要机制。世界经济发展史证明，它不仅可以推动本国经济的迅速发展，而且对国际经济一体化具有深远的影响，其具备多种功能。

第一，风险管理功能。资金和风险经常是“捆绑”在一起，并通过金融体系转移，所以资金通过证券市场转移的同时，风险也随之转移。证券市场上还有一些金融产品，本身不是为了转移资金而更主要地是为了转移风险而设计，例如期货、期权等衍生金融产品。证券市场具备强大的信息处理和资产定价功能，其交易的产品又具备良好的流动性、较低的交易成本、很高的财务杠杆、资金容量大等特性，可以很方便地构造各种投资组合，达到特定的风险管理目标。如果投资组合现金流是用来对冲原有资产风险暴露的现金流，则投资组合构成就是风险对冲组合；如果投资组合现金流加大原有资产的风险暴露，则投资组合构成就是投机交易组合。

第二，价格统一与合理定价功能。证券交易价格是在证券市场上通过证券需求者和证券供给者的竞争所反映的证券供求状况所最终确定的。证券商的买卖活动不仅由其本身沟通使买卖双方成交，而且通过证券商的互相联系，构成一个紧密相连的活动网，使整个证券市场不但成交迅速，而且价格统一，使资金需求者所需要的资金与资金供给者提供的资金迅速找到出路。证券市场中买卖双方的竞争，易于获得均衡价格，这比场外个别交易更加公平。证券价格统一、定价合理是保障买卖双方合法权益的重要条件。

第三，社会资金重新配置功能。证券投资者对证券的收益十分敏感，而证券收益率在很大程度上决定于企业的经济效益。经济效益高的企业的证券拥有较多的投资者，这种证券在市场上买卖也很活跃。相反，经济效益差的企业的证券投资者越来越少，市场上的交易也不旺盛。所以，社会上部分资金会自动地流向经济效益好的企业，远离效益差的企业。这种流动使社会资金得到重新配置。另一方面，证券市场与其他金融市场互相联系，当社会上银根松动，游资便自动流向证券市场。证券市场交易活跃，必然把社会的游资更多地吸引去，使公司发行证券的成本降低，企业界筹资便利。相反，社会上银根紧缩时，证券市场的资金就流向银行，企业发行证券的成本提高，投资规模相对缩减。证券市场的供求关系的变化也可以形成这种自发调节机制。在不同国家的金融市场上的供求关系不同，造成市场价格不同时，资金还将在不同国家的金融市场之间流动。

第四，资源储存与价值分割的功能。证券市场的产生与发展适应了社会化商品经济发展的需要，同时也促进了社会化大生产的发展，它的出现在很大程度上削弱了生产要素部门间转移的障碍。因为在证券市场中，企业产权已商品化、货币化、证券化，资产采取了有价证券形式，可以在证券市场上自由买卖，打破了实物资产的凝固和封闭状态，使资产具有最大的流动性。一些效益好、发展前景良好的企业可根据社会需要，通过控股、参股方式实行兼并和重组，发展资产一体化企业集团，开辟新的经营领域。另外，在证券市场上，通过发行债券和股票广泛吸收社会资金，其资金来源不受个别资本数额的限制，打破了个别资本有限难以进入一些产业部门的障碍，从而有条件也有可能筹措到进入某一产业部门最低限度的资金数额。这样，证券市场就为资本所有者自由选择投资对象提供了十分便利的平台，资金需求者也突破了自有资金的束缚和对银行等金融机构的绝对依赖，有可能在社会范围内广泛筹集资金。随着证券市场的不断深化发展，其对产业结构调整的作用将大大加强，同时得到发展的产业结构又转而成为证券市场组织结构、交易结构、规模结构的推动力，促进证券市场的发展。这种证券市场与产业结构调整的关系，就在于它使资产证券化，从而有助于生产要素在部门间的转移和重组。

第五，筹集资金功能。在证券市场上进行证券投资，一般都能获得高于储蓄存款利息的收益，所以能吸引众多的投资者。对于证券发行者来说，通过证券市场可以筹集到一笔可观的资金，用这些资金或补充自有资金的不足，或开发新产品、上新项目，有利于迅速增强公司实力。要在短时间内迅速筹集到巨额资金，只有通过证券市场这个渠道才能实现。

第六，宏观经济调控功能。从宏观经济角度看，证券市场不仅可以有效地筹集资金，而且还有资金“蓄水池”的作用和功能，这种“蓄水池”是可调的，而不是自发的。各国中央银行正是通过证券市场这种“蓄水池”的功能来实现其对货币流通量的宏观调节，以实现货币政策目标。当社会投资规模过大、经济过热、货币供给量大大超过市场客观需要量时，中央银行可以通过在证券市场上卖出有价证券（主要是政府债券），以回笼货币、紧缩投资、平衡市场货币流通量实现物价稳定；而当经济衰退、投资不足、市场流通因货币供给不足而呈现出萎缩状态时，中央银行则通过在证券市场上买进有价证券，以增加货币投放，扩大投资，刺激经济增长。

第七，提供经济发展信息的功能。在证券市场上市的公司，虽然在公司总数上不占多数，却在全社会公司总资产上占相当大的比重，这说明上市公司都是大公司。大公司在各生产领域都是重要的企业，它们的发展状况往往影响这一行业的发展状况。证券市场上的指数统计，正是选择这些有代表性的大公司的股票交易状况，可以在一定程度上反映社会经济变化情况。股市上各种不同类别的指数还可以反映社会上资金的余缺、具体行业和企业的发展情况。

三、保险市场

对保险市场功能的认识是伴随着保险业的发展和保险研究的深入而不断深化的。美国经济学家舒尔茨曾经指出，保险市场是一种影响生产要素所有者之间配置风险的市场。作为一种有效的市场制度安排，具有普适性特征和内在的协调功能，有利于减少社会的交易成本，激励和促进个人和组织从事生产性活动，增强生产要素在满足人类需要上的效能。保险市场通过其内在机制，不仅分散了风险、提供了经济补偿，而且可以在更广泛的层面上为增进社会福利做贡献。保险市场的功能可以归纳为以下几个方面：

第一，经济补偿功能。保险市场的经济补偿功能是其本质功能，其含义是指保险供给方在风险发生时，对保险购买方进行经济补偿或给付，为社会经济发展提供风险保障的作用和效能。保险市场最初发源于 14 世纪后半叶意大利的海上保险，属于一种商业保险形式。当时没有引进精算技术，市场处于低级形态，其唯一功能就是经济补偿，体现为保险分配关系。由于缺少科学合理的数理技术支持，保险的功能发挥受到很大限制。17 世纪后半叶，随着保险精算学产生，保险市场开创了人寿保险发展的新局面。从数理技术上来说，保险作为一种风险转移手段，主要是运用风险汇聚机制，集合具有风险厌恶偏好的投保人并收取保费建立保险基金，对少数发生保险事故的被保险人进行经济补偿和给付，从而实现风险在投保人之间分散，这就是保险的经济补偿和给付功能。在我国，随着社会主义市场经济体系的建立、改革开放政策的逐步深入，保险业得到了空前的发展，保险的经济补偿功能也得到了有效发挥。据统计，国内保险每年为洪灾支付赔款超过 10 亿元。特别是在特大自然灾害和突发社会事件中，保险公司及时组织赔付，适时推出满足人们需要的保险产品、服务项目，切实发挥了保险的经济补偿职能。

第二，资金融通功能。随着市场经济在西方国家的发展，金融市场逐渐成为经济生活的主动脉。现代金融最基本的功能是对储蓄资源进行时间和空间的配置，实现储蓄向投资的转化。作为金融市场的重要部分，保险市场承载和发挥了资金融通的功能，主要体现在：一方面通过承保业务获取并分流部分社会储蓄，另一方面又通过投资将积累的保险资金运用出去，满足未来的支付需要。日本学者米谷隆三提出的"相互金融说"以货币信用经济为既定前提，认为保险作为保障社会经济生活安定的一种重要手段，其最终目的是为了调整人们的货币收支，保险市场就是资金实现相互融通的渠道。此外，多尔夫曼在其著作《风险管理与保险引论》中指出，保险是对不可预计损失的成本重新分配的融资活动或手段，"金融体系功能观"的奠基人罗伯特·墨顿和兹维·博迪指出，金融市场的功能之一是"减少、分散和转移经济风险"。保险市场中的供给者正是“吸收风险而取得报酬或利润”的机构，通过吸收、经营风险的方式来行使金融职能。随着保险市场发展，西方发达国家中许多商业保险公司作为“契约型储蓄机构”，发挥资金来源稳定、期限长、规模大的优点，通过持股和相互参股方式，成为资本市场上重要的机构投资者和稳定力量。作为金融市场中最活跃的部分，保险市场的资金融通的功能逐渐深入人心，也越来越受到社会的重视。随着我国金融市场的不断完善，我国保险在集聚资金、金融中介和高效营运资金等方面发挥了重要作用，资金融通功能得到进一步加强。保险市场已对社会储蓄形成一定的分流作用，并且在国债、证券投资基金和同业拆借等资本市场、货币市场上逐渐占有一席之地，日益成为我国金融市场的重要组成部分。

第三，社会管理功能。保险市场的社会管理功能是指从社会属性角度看保险对整个社会的积极作用。随着我国社会主义市场经济制度的确立，国内经济持续发展，社会保障体制改革不断深入，社会公众对于养老、医疗、健康、失业等方面的保障需求日益迫切，现代保险在稳定社会方面的作用将会越来越重要，社会管理功能日益突出。其主要表现在：(1)分担政府社会保障职能，共同构建起一个稳定的社会保障体系。现代保险，尤其是寿险，可以通过多种途径实现社会保障功能。首先，通过寿险实现社会保障职能比政府财政行为更有优势，并且使政府受益；其次，寿险业的发展还可以缓解人口老龄化问题对社会和政府的压力。我国保险业正随着自身的发展壮大，发挥着一定的社会管理功能，它在减轻政府压力、促进国企改革方面起到了初步效果。(2)促进社会风险管理的有效性，有利于构建国家公共事务应急体系。防灾防损、控制和避免风险是保险的重要工作内容。保险经营者既有促进社会风险管理有效性的动力，又有积极参与社会风险管理的优势。保险机构掌握着风险事故的统计数据，并对灾害事故的原因进行分析和研究，从而积累了丰富的防灾防损工作的经验。因此，保险市场发展能通过多种有效途径促进社会风险管理的有效性，减少社会损失。(3)缓解社会矛盾，协调社会关系，促进社会的正常运转。社会和经济的运转时常存在着许多不和谐的因素，有必要建立完善的社会风险管理机制，尤其是充分发挥保险的社会管理功能，消除各个要素彼此之间的摩擦，减少冲突，建立良好的社会秩序，保障社会的正常运转。如发达国家有完备的责任保险体系，如产品责任保险、雇主责任保险、执业责任保险及公众责任险、机动车辆第三者责任险等，被保险人一旦出现责任事故，可以很快通过保险公司解决，减少了社会的摩擦和冲突，有利于社会运转效率的提高。

四、信托市场

与其他金融子市场相比，信托市场发展起步较晚，但是，近年来在国内外的发展进程非常迅速。“受人之托，代人理财”是信托业务的主要运营原则。基于委托代理关系形成的信托市场具有其他金融子市场无法比拟的特殊功能，主要表现在以下几个方面：

第一，财产管理功能。财产事务管理功能也可以称财务管理功能，是指信托市场中的受委托人接收委托人委托，为之经营管理或处理财产的功能，即“受人之托、为人管业、代人理财”，这是信托业的基本功能。现代信托业所从事的无论是金钱信托还是实物信托，都属于财产事务管理功能的运用，其理论支持是现代产权理论。在该功能下，信托业作为受托人，必须按委托人的要求或其指定的具体项目，发放贷款或进行投资，为委托人或受益人谋利，而不能自主决策，背弃契约约定追求自我行为目标的实现。

第二，社会融资功能。信托市场作为金融市场的一个重要组成部分，本身就被赋予调剂资金余缺之功能，并作为信用中介为一国经济建设筹集资金，调剂供求。由于在商品货币经济条件下，财产有相当一部分以货币资金形态存在，因此对这些信托财产的管理和运用就必然伴随着货币资金的融通。该功能主要反映在长期资金营运上，同时也表现在对外引进资金、先进技术和设备上。

第三，社会投资功能。它是指在信托市场中受托人运用信托业务手段参与社会投资活动的功能。信托业务的开拓和延伸，必然伴随着投资行为的出现，也只有信托机构享有投资权和具有适当的投资方式的条件下，其财务管理功能的发挥才具有了可靠的基础，因此，信托机构开办投资业务是世界上许多国家的信托机构的普遍做法。信托业的社会投资职能，可以通过信托投资业务和证券投资业务得到体现。

第四，风险隔离功能。信托市场一个重要功能是可以有效隔离财产风险。依据《中华人民共和国信托法》，当委托人将合法拥有的财产交付给信托公司，且事前不是以逃债为目的时，该财产就可以过户到信托公司名下成为信托财产，在法律层面上不再属于委托人，无论今后委托人是否破产或有债务纠纷，都不涉及该信托财产，该财产会在一个独立的空间下正常运营。

第五，协调经济关系功能。它是指在信托市场中，信托业处理和协调交易主体间经济关系和为之提供信任与咨询事务的各项功能。因其不存在所有权的转移问题，所以有别于前两种功能形式。在现代经济生活中固有的信息不完备和交易主体内存的机会主义行为倾向，使得交易费用越发昂贵。因此，为降低交易费用，弱化交易对方的机会主义行为，交易主体通常都要了解与之经营有关的经济信息，如经济政策、技术可行性、交易对方资信、经营能力、付款能力、经营作风、市场价格、利率、汇率以至生活习俗等。信托机构通过其业务活动而充当“担保人”、“见证人”、“咨询人”、“中介人”等，为交易主体提供经济信息和经济保障。

第六，社会公益事业服务功能。它是指信托业可以为欲捐款或资助社会公益事业的委托人服务，以实现其特定目的的功能。随着经济的发展和社会文明程度的提高，越来越多的人热心于学术、科研、教育、慈善、宗教等公益事业，纷纷捐款或者设立基金会，但他们一般对捐助或募集的资金缺乏管理经验，并且又希望所热心支持的公益事业能持续下去，于是就有了与信托机构合作办理公益事业的愿望。

从中观金融子市场视角来看，货币、证券、保险以及信托四类金融子市场都具有融资投资、风险管理、流动性提供、价格发现、交易成本节约等金融市场一般功能，但是，各类子市场的功能又各自有所侧重。其中，货币市场与证券市场是融资投资、流动性提供、价格发现等功能实现的主要场所；保险市场主要实现风险管理功能；而信托市场则实现财产委托管理、经济关系协调、社会公益事业服务等金融市场创新功能。货币市场与证券市场是构成金融市场的基础，保险市场增强了金融市场的风险管理机制，信托市场则代表金融市场功能的演进，四类市场相互依存,共同推动金融市场发展与创新。

第三节　金融市场功能(三):宏观经济视角

在现代宏观经济管理理论与实践中,通过货币政策调节货币数量,进而影响经济增长与波动,已经成为各国政府进行宏观调控的主要思路。此思路成立依赖于货币政策通过金融体系对货币数量的有效调节。我国现阶段,根据流动性情况将货币数量划分为三个不同的统计层次,其中包括:M0=流通中的现金;M1=M0+企业单位活期存款+农村存款+机关团体部队存款;M2=M1+企业单位定期存款+自筹基本建设存款+个人储蓄存款+其他存款;实际上,可以将货币数量简单地理解为现金与存款两部分,在现代信用货币制度下,金融体系尤其是银行体系(中央银行、商业银行)具有强大的货币创造功能。另外,金融自由化使金融创新活动蓬勃发展,导致银行体系之外"影子银行"(shadow banking)的兴起,"影子银行"投融资活动同样具有货币创造功能,因此,银行体系与"影子银行"通过货币供给渠道,对于宏观经济稳定具有重要影响。本部分主要通过中央银行与商业银行资产负债表,以及"影子银行"业务分析宏观经济货币供给层面的金融市场功能。

一、银行体系资产负债表与货币创造

银行体系包括中央银行与商业银行。中央银行处于金融体系的核心地位,它不以盈利为目的,而是代表国家管理金融,通过制定与执行货币政策对整个国民经济发挥宏观调控作用。从功能来看,首先,中央银行是发行的银行,对一国的货币发行具有垄断权;其次,中央银行也是银行的银行,通过对其他银行与非银行金融机构办理存款准备保存、发放贷款、集中清算等金融服务,实现金融监管功能;最后,中央银行还是国家的银行,代理国家财政收支、财政融资、黄金与外汇储备保管等业务。基于这些功能,中央银行资产负债表中的资产项目包括:对金融机构的贴现与贷款;政府债券与财政借款;黄金、外汇储备;其他资产等。负债项目包括:流通中的现金;财政及公共机构存款;金融机构存款;其他负债等。具体内容参见表3—1。

表3—1　　中央银行资产负债表

资　产	负　债
金融机构的贴现与贷款	流通中的现金
政府债券与财政借款	财政及公共机构存款
黄金、外汇储备	金融机构存款
其他资产	其他负债

现在,以中央银行发行100亿元货币为例,分析其货币创造过程。由于货币数量包括现金与存款两部分,因此,通过其资产负债业务,中央银行存在以下几条货币创造渠道:

（1）向金融机构提供贴现或贷款服务，其会计分录为：

借：对金融机构的贴现与贷款　　100 亿元

　　贷：金融机构存款　　100 亿元

（2）向政府提供财政资金，其会计分录为：

借：政府债券与财政借款　　100 亿元

　　贷：财政及公共机构存款　　100 亿元

（3）在外汇市场上买入外汇储备。我国商业银行也办理外汇交易业务，因此，中央银行购买外汇主要通过商业银行交易完成。其会计分录为：

借：黄金、外汇储备　　100 亿元

　　贷：金融机构存款　　100 亿元

通过本案例分析可以发现，中央银行无论通过哪条渠道创造货币，都会使其资产负债规模同时增加 100 亿元，因此，中央银行创造货币将导致资产负债表规模扩张。

商业银行是指以经营工商业存贷款为主要业务，并以盈利为主要经营目标的企业法人。商业银行吸收的存款要按照法定比例提取准备金缴存中央银行，用于银行间债权债务清算，并且还需提取超额准备金以满足存款客户体现需求，存款扣除准备金的余额可用于发放贷款。商业银行的资产负债表可以简化为表 3—2。

表 3—2　　商业银行资产负债表

资　产	负　债
对工商企业、个人贷款	工商企业、个人存款
政府债券与财政借款	财政及公共机构存款
法定与超额准备金	中央银行贴现与贷款
其他资产	其他负债

为了说明商业银行的货币创造过程，继续引用上文中央银行发行 100 亿元货币的案例，并假设货币投放渠道是中央银行向商业银行发放 100 亿元贷款，这些货币首先转化为商业银行准备金，则商业银行的会计分录为：

借：法定与超额准备金　　100 亿元

　　贷：中央银行贴现与贷款　　100 亿元

商业银行如果将 100 亿元对工商企业、个人贷款全额发放贷款，工商企业、个人获得贷款后又转化为其银行存款，则商业银行的会计分录为：

借：对工商企业、个人贷款　　100 亿元

　　贷：工商企业、个人存款　　100 亿元

由于银行存款同样可以用于日常商品、服务交易的支付与结算，所以，工商企业、个人获得贷款后并不会全额提取现金，假设，贷款的现金提取率为 5%，超额准备金率为 5%，法定准备

金率为10%。则工商企业、个人提取5亿元现金,商业银行提取15亿元法定与超额准备金,剩余80亿元银行存款又转化为下一轮可贷资金。商业银行为赚取存贷利差,扩大利润会将此存贷业务循环进行,以现金与银行存款统计的货币数量增加过程如表3—3所示。

表3—3　商业银行存贷业务的货币创造过程

存贷循环次数	货币增量(亿元)	现金漏出、准备金提取(20%)	贷款增量(亿元)
0	100	20	80
1	80	16	64
2	64	12.8	51.2
3	51.2	10.24	40.76
4	40.76	8.512	32.608
∞	0	0	0
合　计	500	100	400

商业银行持续循环的存贷业务将使最初由中央银行投放的100亿元,最终扩大为500亿元的货币数量。中央银行投放的货币称为高能货币,或基础货币,定义为H;经过商业银行扩大后的货币数量称为货币供给,定义为M;货币供给与高能货币的利率称为货币乘数,定义为m;则:$m=\frac{M}{H}=\frac{1}{c+r}$。其中,$c$表示现金漏出率;$r$表示法定与超额准备金率。因此,仅从货币乘数分析,中央银行投放的高能货币数量,规定的法定准备金率;商业银行决定的超额准备金率,以及日常经济活动中的现金漏出率等因素,共同决定了货币供给数量的扩张规模。

如果将中央银行与商业银行的资产负债表(表3—1,表3—2)合并,可以得到银行体系的资产负债表,见表3—4,并可从中分析影响货币创造的其他因素。

表3—4　银行体系资产负债表

资　产	负　债
对工商企业、个人贷款	流通中的现金
政府债券与财政借款(中央银行、商业银行)	工商企业、个人存款
黄金、外汇储备	财政及公共机构存款(中央银行、商业银行)
其他资产(中央银行、商业银行)	其他负债(中央银行、商业银行)

根据货币供给数量的定义,并观察表3—4,可以发现:

货币供给=流通中的现金+工商企业、个人存款

再利用资产负债表两边恒等关系可得:

货币供给=流通中的现金+工商企业、个人存款

货币供给＝对工商企业、个人贷款＋(政府债券与财政借款－财政及公共机构存款)
＋黄金、外汇储备＋(其他资产－其他负债)

等式右端第一项反映商业银行信贷状况；第二项反映政府财政收支状况；第三项反映国际收支状况；第四项反映中央银行与商业银行的其他资产负债业务情况。其中，前三项是银行体系资产负债表的主要内容，因此，可以发现商业银行信贷、政府财政收支，以及国际收支等因素能够对金融市场的货币创造功能产生影响。

二、"影子银行"与货币创造

"影子银行"(Shadow Banking)的概念最早由美国太平洋投资管理公司执行董事麦卡利于 2007 年在美联储的年度会议上提出，主要是指游离于金融监管体系之外的、与传统、正规、接受中央银行监管的商业银行系统相对应的金融机构。此后，该概念被广泛采用，但至今仍缺乏全面和权威的精确定义。2008 年，美国财政部长盖特纳提出，传统银行系统之外存在"非银行"运营的融资安排，他称之为"平行银行系统"(Parallel Banking System)，该系统中的非银行金融机构利用短期融资资金购买大量高风险、低流动性的长期资产。此后，"平行银行"常常被作为影子银行的别称。纽约大学鲁宾尼教授认为，影子银行体系包括证券经纪自营商、对冲基金、私人股本集团、结构投资工具和渠道、货币市场基金以及非银行抵押贷款机构。国际货币基金组织在 2008 年 10 月的全球金融稳定报告中，首次提出"准(类)银行"的概念，这与影子银行体系、平行银行系统是类似的概念。从目前普遍的理解来看，影子银行的内涵不仅指具备独立法人资格的金融机构，还涵盖各种类似或替代传统银行的业务部门或金融工具。

影子银行与商业银行一样，将全社会的储蓄者和借款人联系起来，但方式不同于商业银行的存贷款机制，而是以与现代金融市场联系非常紧密的各种金融工具的形式出现。从运行机制上看，影子银行通常以理财产品代理人的角色进行融资和投资活动，以非传统的方式进入了信贷市场。具体而言，影子银行进入信贷市场的方式包括：第一，购买并接收商业银行的贷款资产包，持有长期信用资产或者将其进行结构组合，发行以该资产为基础的证券化产品。第二，为商业银行提供信用违约风险工具如信用违约互换(CDS)，并成为商业银行的交易对手方，从而将自身的资产负债表与信用市场紧密联系。第三，通过发行各种形式的信托理财产品(例如货币市场共同基金)分流储蓄资金，并用募集的资金购买各种信用等级的证券化产品，或用来提供给回购交易的资金需求方(银行)间接为企业贷款融资。总之，影子银行可以视作与传统商业银行平行运行的一个信用创造体系，并游离于金融监管和货币政策的直接调控之外。影子银行体系的三项核心制度是货币市场共同基金(MMMF)对储蓄资金的分流、资产证券化将银行资产移到表外、回购协议使证券化产品成为一种"货币"。上述制度都依赖于现代破产法对回购协议的特殊待遇，这种特殊待遇使得证券化产品成为一种"私人制造的货币"。

对于零售投资者而言，存款保险能发挥很好的作用，但却对拥有大规模资产的金融机构带来挑战。在美国，由于存款保险有 10 万美元的上限，诸如养老基金、共同基金、州立或市立等现金富余的非金融公司不容易进入安全、收益性的短期投资渠道。解决这一问题的方法就是通过影子银行的表外借贷方式，见图 3—6。

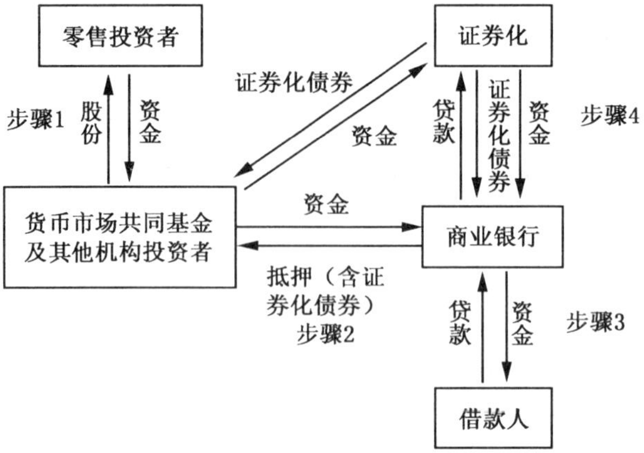

图 3—6　影子银行的表外融资模式

图 3—6 中的步骤 2，机构投资者从银行获得抵押品，为拥有大规模资产的金融机构提供类似的存款保险服务。实际操作中，这种存款—抵押交易采取回购协议的形式，比如，存款者存款 X，并以抵押品的形式获得市场价格为 X 的资产；银行同意一段时间后以 Y 回购该资产。$(Y-X)/X$ 的比率称为“回购率”，类似于银行存款的利率。通常情况下，存款的价值小于抵押品的价值，两者之差称为“折扣”(haircut)。例如，如果某资产的市场价格为 100 美元，银行以 80 美元出售，并承诺以 88 美元的价格回购，那么回购利率为 10%，折扣为 20%。如果银行到期违约不执行回购，那么投资者将保留抵押资产。在美国，回购是免于破产的一般程序，不受制于“自动保留规则”(automatic stay rule)。真正将融资移至银行表外的是步骤 4，贷款被聚集起来并被证券化。证券化的产品或是被机构投资者直接购买，或是被用于步骤 2 的抵押品。实际上，证券化的债券通常是为大额度的存款者提供保险的主要抵押品来源。因此，经过证券化以后的债券已作为一种货币形式来使用。

通过一个案例可以说明影子银行融投资业务的货币创造过程。例如表 3—5 所示，A 影子银行通过发行以次级按揭抵押贷款为基础的各种 CDO(担保债权凭证)产品及其他衍生品，从市场募集资金 100 亿元，形成 A 影子银行的负债 80 亿元，以及保留权益级(equity)的 CDO 资金 20 亿元，对应 A 影子银行的权益资金；为了使问题简化，假设各影子银行留存的权益资金比例均为 20%。A 影子银行的资产业务是运用融通资金购买次级抵押贷款 100 亿元，这些贷款成为银行的表外业务。

然后，如表 3—6 所示，B 影子银行通过从市场募集资金 80 亿元，形成 CDO 及其他衍生品Ⅱ的负债 64 亿元，同时保留相关权益资金 16 亿元；B 影子银行的资产业务是运用融通资金购买 80 亿元的 CDO 及其他衍生品Ⅰ。

表 3—5　**A 影子银行的资产负债表**

资　产		负债与所有者权益	
次级贷款池	100 亿元	CDO 及其他衍生品Ⅰ	80 亿元
		权益资金	20 亿元
总计	100 亿元	总计	100 亿元

表 3—6　**B 影子银行的资产负债表**

资　产		负债与所有者权益	
CDO 及其其他衍生品Ⅰ	80 亿元	CDO 及其他衍生品Ⅱ	64 亿元
		权益资金	16 亿元
总计	80 亿元	总计	80 亿元

类似地，如表 3—7 所示，C 影子银行以 B 影子银行 CDO 及其他衍生品Ⅱ为基础的产品从市场募集资金 64 亿元，形成 CDO 及其他衍生品Ⅲ的负债 51.2 亿元，同时保留相关权益资金 12.8 亿元；C 影子银行资产业务是运用融通资金购买 64 亿元的 CDO 及其他衍生品Ⅱ。

表 3—7　**C 影子银行的资产负债表**

资　产		负债与所有者权益	
CDO 及其他衍生品Ⅱ	64 亿元	CDO 及其他衍生品Ⅲ	51.2 亿元
		权益资金	12.8 亿元
总计	64 亿元	总计	64 亿元

C 影子银行的 CDO 及其他衍生品Ⅲ的 51.2 亿元将被 D 影子银行作为基础，进一步通过发行 CDO 及其他衍生品，从市场募集资金。这个过程可以无限循环。在这个过程中，每一家影子银行都在创造货币，见表 3—8。

表 3—8　**影子银行体系的货币创造过程**

影子银行	资产增量(亿元)	负债增量(亿元)	权益资金增量(20%)
A	100	80	20
B	80	64	16
C	64	51.2	12.8
D	51.2	40.76	10.24
E	40.76	32.608	8.512
∞	0	0	0
合　计	500	100	400

影子银行体系无限循环的资产负债业务将使最初100亿元的次级贷款，最终的货币创造数量为500亿元，货币创造倍数为5倍，也即影子银行留存的权益资金率20%的倒数。可以发现，影子银行体系最初100亿元的次级贷款类似于中央银行发行的高能货币；最终的货币创造数量相当于货币供给量；货币创造倍数相当于货币乘数；影子银行留存的权益资金率则相当于现金漏出率与准备金率。因此，影子银行与传统银行体系具有相似的货币创造过程。然而，在现实中，相对于传统商业银行而言，由于无法定存款准备金率和其他金融监管指标的约束，影子银行留存的权益资金率可能极低，从而导致货币创造倍数极大，因此，影子银行体系具有更强的货币创造功能。

现在考虑相反的情形，如果最初次级贷款池的资产减少，经过影子银行系统收缩后，其资产总额也将以货币创造倍数的比例迅速缩减，因此，影子银行体系具有极高的杠杆性和金融风险。但与传统银行体系货币创造不同，影子银行并不直接创造传统狭义流动性的货币资产，而是创造广义流动性特征的各种金融资产。值得注意的是，上述CDO等证券化产品具有一定的“货币”属性，因为随时可以通过回购交易变成现金，从而形成对资产市场或实体经济的冲击。

第四节　金融市场间的传导机制

本节分别从空间维度与时间维度对金融市场进行分类，并通过价格机制与资金流动原理建立不同维度下各类金融市场之间存在的内在联系及其理论逻辑，从而探究不同市场间传导机制的一般规律。

一、时间维度上金融市场间的传导机制

在时间维度上，金融市场主要包括货币市场、资本市场、外汇市场，本节主要以货币市场的利率、资本市场的股票价格以及外汇市场的汇率作为指标，通过分析利率、股票价格和汇率三者之间相互关联的变化关系，揭示三类金融市场之间的内在传导机制。

（一）货币市场与资本市场之间的传导机制

货币市场与资本市场是两个不可分割金融市场，二者之间相互影响的机制是价格机制，货币市场的价格是利率，资本市场价格较为复杂，然而，一般利用股票价格作为资本市场的代表性价格。货币市场与资本市场相互作用的渠道是资金流动，资金的流动取决于两类市场收益率的对比，利率下调，货币市场收益率下降，一旦低于资本市场收益率（风险调整后）就导致资金流出货币市场，流入资本市场；利率上调的情况则相反。货币市场与资本市场之间联通渠道主要包括三种：(1)通过金融中介同时参与两类市场而产生直接联通；(2)通过企业资产调整而出现间接联通；(3)通过居民储蓄存款向股市投资而实现资金由货币市场向资本市场转移，资金有资本市场向货币市场转移的情况相反。

货币市场与资本市场之间的联系，可以从货币政策对两种市场的作用机制加以分析。假

如，经济运行的主要特征是：通货膨胀压力较小，有效需求不足，经济增长乏力，需要适当放松货币政策，促使经济活动回升。在进行具体政策操作时，中央银行往往通过公开市场操作增加债券逆回购数量，相应增加金融体系流动性，使货币市场头寸有所增加，货币市场利率趋于下降。其中，货币政策传导到企业存在以下各条途径：(1)货币政策操作直接作用于货币市场，影响到货币市场资金供求状况，由此使企业和居民持有的货币市场工具有所调整或变化，并改变企业和居民对资本市场的投资决策。(2)货币政策工具操作(包括公开市场操作和其他贷款便利)可直接增加金融机构的可贷资金，促使其降低贷款利率，放松贷款条件，增加对企业或居民的贷款发放。贷款利率一旦降低，也使一些原来处于边际开发的项目变得有利可图，企业对银行贷款需求会相应增加。(3)在货币政策传导渠道畅通的情况下，货币市场利率下调，将促使资金向资本市场转移，致使资本市场的资金成本有所下降，资产价格趋于上升。因此，企业的重置成本相对降低，证券发行价格趋升，从而产生资本市场扩大容量的动力，相应增加企业的资金来源。

上述传导过程的各个部分相互联系，企业始终处于两个市场的末端，最终对实体经济产生影响。当货币市场和银行体系资金增加时，不仅通过金融中介，而且通过企业、居民相应增加资本市场资金投入；当资本市场收益上升或资金增加时，将反向促使相关企业减少对银行信贷资金的需求，甚至增加企业存款或货币市场投资。其中，货币市场、资本市场、金融中介、企业与居民之间是相互影响的，因而它们之间的联系通常具有可逆性。

货币市场与资本市场(以股票市场为代表)的关系，在理论上可以归纳为利率和股票价格的关系。马克思的股票价格公式和股票定价的“戈登公式”(Gordon Equation)是理论的主要代表。马克思的股票价格公式为：股票价格＝股息/利率；这一公式从理论的高度抽象地表达了股票价格与利率之间的联系。股票定价的“戈登公式”为：$P_s=\frac{D}{i+i'-g}$；其中，P_s 表示股票价格；D 表示预期股息；i 表示货币市场利率；i'表示股票风险溢价；g 表示预期股息增长率；$R=i+i'$可以看作是资本市场的贴现率。“戈登公式”简明地揭示了证券市场价格、预期的基准期每股的股息和股息的增长率之间的关系，这种关系通过以货币市场利率为基准的证券市场贴现率联系起来。它说明：股票价格与货币市场利率存在着反向关系，利率越高，股票市场价格就越低；反之，则相反。

货币市场和资本市场的发展是相互影响的。货币市场的发展能保证资本市场有较充裕而稳定的资金来源，从资本市场退出的资金也需要货币市场的承载。只有货币市场和资本市场形成互动、竞争关系，才能形成合理的资金价格，货币市场与资本市场之间才能形成一种均衡关系。利率主要通过股票投资者的资产结构调整效应，以及上市公司的融资成本效应两条途径影响股票价格：(1)投资者的资产结构调整效应。对于投资者而言，当利率下降时，会使股票投资的机会成本下降，从而导致投资者进行资产组合的结构调整，增加资产组合中对股票的需求，导致股票价格上涨；反之则反是。其传导机制为：利率↓→股票投资机会成本下降↑→股票需求↑→股票价格↑。(2)上市公司的融资成本效应。对于上市而言，利率下降将减少企业融资成本，改善经营环境，进而增加企业利润与股息，引致上市公司股票价格上涨。其传导机制为：利率↓→企业融资成本↓→利润↑，股息↑→股票价格↑。

（二）货币市场与外汇市场之间的传导机制[①]

在分析货币市场与外汇市场之间的互动关系时，以国内利率作为货币市场价格，以汇率作为外汇市场价格。从利率与汇率之间的传导机制出发，认识货币市场与外汇市场之间的互动关系。利率变动对汇率的影响，可以从国际金融理论中的五个视角分析。

第一，购买力平价（Purchasing Power Parity，PPP）的视角。购买力平价理论是货币市场与外汇市场之间传导机制分析的起点，购买力平价又分为绝对与相对购买力平价，其中相对购买力平价更加接近现实，其一般形式为：$\Delta e=\pi_d-\pi_f$。其中，Δe 表示直接标价汇率的变化率，π_d 表示国内通过膨胀率，π_f 表示国外通货膨胀率。根据购买力平价理论，汇率的变动取决于国内与国外通货膨胀率的差额，如果国内通货膨胀率超过国外通货膨胀率，则本币相对于外币贬值。然而，通货膨胀率又是名义利率的构成部分，二者关系为：名义利率＝实际利率＋通货膨胀率；因此，货币市场上的名义利率与外汇市场上的汇率具有共同的构成部分——国内通货膨胀率，如果名义利率变动引致国内通货膨胀率变动，国内外通货膨胀率之差随之改变，从而导致汇率变动。该传导机制为：国内利率→国内通货膨胀率→国内外通货膨胀率差额→汇率。

第二，利率平价（Interest-Rate Parity，IRP）的视角。利率平价分为套补利率平价（Covered Interest-Rate Parity，CIP）和非套补利率平价（Uncovered Interest-Rate Parity，UIP）两种。套补的利率平价一般表达式为：$\frac{f-e}{e}=i_d-i_f$。其中，e 表示即期汇率，f 表示远期汇率，i_d 表示国内利率，i_f 表示国外利率，$\frac{f-e}{e}$表示汇率的远期升水（贴水）率。套补利率平价的经济含义说明，汇率的远期升水（贴水）率等于国内外利率差额。其中，货币市场利率变动对外汇市场汇率影响的传导机制为：利率→外套利资金跨国流动→即期汇率→远期汇率→汇率远期升水（贴水）；非套补利率平价表示为：$\frac{E(e)-e}{e}=i_d-i_f$。其中，$E(e)$表示预期未来汇率水平，$\frac{E(e)-e}{e}$表示预期汇率变化率；非套补利率平价的经济含义说明，预期汇率变化率等于国内外利率差额。货币市场利率变动对外汇市场汇率影响的传导机制为：国内利率→外套利资金跨国流动→汇率→预期汇率→预期未来汇率贬值（升值）。

第三，国际收支的视角。国际收支包括经常账户（CA）与资本账户（K）。汇率是外汇市场上的价格，当决定汇率的均衡被打破时，汇率就会以自身变动的方式实现外汇市场供求均衡，从而使国际收支始终处于平衡状态。因此，从国际收支视角分析货币市场利率变动对外汇市场汇率的影响，可以通过经常账户与资本账户这两条途径：一是利率变动影响资本账户中的国

① 本部分内容主要借鉴了国际金融学中汇率决定理论，相关内容参见姜波克：《国际金融新编》（第四版），复旦大学出版社 2008 年版。

际资本流动，进而导致汇率变动；二是利率变动通过影响经常账户中的进口与出口，从而导致汇率变动。其传导机制为：利率→经常账户（进出口）与资本账户（国际资本流动）→外汇市场供求关系→汇率。

第四，货币分析视角。货币分析法是根据本国货币市场上供求变动分析汇率变化。在弹性价格假设下，货币分析法的基本模型为：$e=(m_d^s-m_f^s)-\alpha(y_d-y_f)+\beta(i_d-i_f)$，$\alpha>0$，$\beta>0$。其中，$m_d^s$ 表示国内货币供给，m_f^s 表示国外货币供给，y_d 表示国内收入水平，y_f 表示国外收入水平。从基本模型中可以看出，国内与国外之间的货币供给、收入水平以及利率差异通过物价因素决定汇率水平。弹性货币分析法将货币市场上的一系列因素引入了汇率水平的决定之中。在该途径中，货币市场上利率与外汇市场上汇率的传导机制为：国内利率→货币供求关系→价格水平→汇率。

第五，资产组合视角。资产组合分析法假设：本国居民持有本国货币 M、本国证券 B 与国外证券 F 三种不能完全替代的资产，其资产组合函数为：$W=M+B+eF$；其中：$M=M(i_d,i_f,W)$，$M_{i_d}<0$，$M_{i_f}<0$，$M_W>0$；$B=B(i_d,i_f,W)$，$B_{i_d}>0$，$B_{i_f}<0$，$B_W>0$；$F=F(i_d,i_f,W)$，$F_{i_d}<0$，$F_{i_f}>0$，$F_W>0$；当国内利率提高时，国外证券的需求下降，国内证券的需求上升，投资者卖出国外证券，买入国内证券，在外汇市场上对本国货币需求增加，本币升值。反之则相反。货币市场与外汇市场通过国内证券市场相连联系，利率与汇率的传导机制为：国内利率→资产组合结构调整效→外汇市场上的本币供求关系→汇率。

（三）外汇市场与资本市场之间的传导机制

外汇市场与资本市场之间的传导机制通过汇率与资产价格现对变化，引致资金在两个市场间的流动关系反映。而资金来源于货币市场，因此，货币市场是资本市场和外汇市场之间的桥梁。如果把三者作为一个整体，当三个市场同时达到均衡时，就可以建立利率、汇率和股票价格三者之间的关系，从而分析外汇市场与资本市场之间的传导机制。

将“戈登公式”所反映的股票价格与非套补利率平价公式联立，可以得到股票价格与汇率之间的关系：$P_s=D/\left[i_f+\frac{E(e)-e}{e}+i'-g\right]$。该式表明，股票价格（$P_s$）变动与本国货币汇率（$e$）呈同方向变动关系，与本国货币汇率的预期变化率$\left(\frac{E(e)-e}{e}\right)$呈反方向变动关系。其中的经济含义表现为：当前本币币值越低，一单位外币能够购买的本国证券越多，国内证券市场上存在超额需求，引致国内证券价格上涨；预期本币贬值，国外投资者将抛售国内证券，并从本国撤出资金，引致国内证券价格下降。因此，外汇市场与资本市场之间存在汇率及其预期变化率两条传导途径：(1)汇率途径。汇率→国际资本流动→国内利率→国内证券价格。(2)汇率预期变化率途径。汇率预期变化→资产组合结构调整→国内利率→国内证券价格。

另外，通过国际贸易途径国内证券价格与汇率也会产生相互影响。这里涉及投资者的财富效应与贸易企业的经营条件两种因素：(1)投资者的财富效应。股票价格上涨增加了投资者的财富数量，投资者对进口商品的消费支出增加，经常账户的国际收支发生改变，引致汇率变化，其传导机制为：股票价格→投资者财富→进口消费支出→汇率。(2)进出口企业的贸易条件。如果本国货币的汇率发生变化，则从事进出口贸易企业的经营条件随之改变，企业利润及股息也将变化，最终导致企业股票价格变化，其传导机制为：汇率→贸易企业的经营条件→企业利润及股息→证券价格。

在探讨货币市场、外汇市场和资本市场之间的互动关系和传导机制时，一般以开放经济、资本自由流动、汇率和利率市场化为假设条件。事实上，一国经济开放程度、金融市场化程度、金融管制程度是探讨金融市场之间关系的基本前提。在一个封闭经济的国家，外汇市场与货币市场和资本市场之间根本不存在直接的传导机制。同样，在一个封闭且国内金融市场之间因管制而相互分割的国家，不仅国内货币市场与资本市场没有直接的传导机制，而且三个市场之间也不存在直接联系。所以，以上这些前提条件，决定了我们所分析的金融市场之间的传导机制在多大的程度上是直接的、有效率的或者是畅通的。此外，金融市场之间的传导机制也往往受到一国政策目标和政策搭配的影响，还会受到市场层面信息、预期与市场稳定性等因素的影响。

二、时间维度上金融市场间的传导机制

在时间维度上，金融市场包括现货市场和期货市场。现货市场也称为基础产品市场，期货市场是以现货市场为基础的衍生品市场。在外汇市场与资本市场中都存在现货交易，以及期货或期权等衍生产品的交易。例如，在资本市场中既存在股票或者股票指数交易，也存在股票期货和股指期货交易和期权交易，以及在此基础上衍生出的金融衍生品交易。由于现货和期货市场交易产品之间存在着内在联系，其差异只是时间期限转换，所以，现货市场和期货市场之间存在着由于时间期限不同以及由不同时间期限导致预期结构不同所产生的相互关联机制。在本节中，为了简化分析，仅集中分析金融市场之间关于现货市场和期货市场之间的传导机制。

(一)金融期货市场的功能

金融期货交易是商品经济发展的必然产物，它以其特有的套期保值功能和避险机制在国际金融市场上发挥巨大作用。金融期货进入交易市场距今已有30多年的时间，在此期间，货币、利率、股票、债券等金融原生工具大量涌入期货交易市场，金融期货工具、期货交易方式不断创新，促进金融期货市场的飞速发展。

金融期货交易是指买卖双方以约定时间和约定价格，在市场上以标准合约买卖某些标准化金融工具。金融期货交易的标的物不是一般商品，而是如外汇、债券、存款单、股票、股价指数等标准化金融资产，这些金融资产以标准合约形式进行交易。金融期货交易的主要目的是获得价格差，进行套期保值或投机套利。期货交易很少用于实际投资和融资的到期交割。

金融期货市场具有价格发现、风险规避、投机等几种主要功能。通过金融期货交易规避和转移价格风险是金融期货最原始目的。当金融证券的持有者或使用者需要转移可能遭受到的价格变动风险时，可以预先在现货市场上买进或卖出某种金融证券，同时在期货市场中买进或

卖出期货合约，以期货盈利来抵补现货的盈亏，以达到规避风险的目的。对套期保值者而言，参与金融期货市场不是为了赚取利润，而是在价格上得以保证，通过套期保值转移价格风险。

价格发现是金融期货市场最重要的功能。由于期货价格是由买卖双方公开竞价方式决定，金融期货市场以公开、透明的估价方式进行交易，在交易完成时立即将成交价格通过信息媒体对外发布，并且对各种金融证券的未来现货价格信息随时公开披露。所以，金融证券在期货市场的交易结果可以充分反映供给与需求，期货交易达成的价格是一个真正反映买卖双方意愿的真实价格。因此，金融期货市场成为决定金融证券价格的场所，成交价格也就成为买卖的标准。期货交易价格可稳定未来现货市场价格，价格信息的充分揭示，使得社会资源能够更充分、更有效地发挥和运用。

投机功能是金融期货市场的一种衍生功能，当市场按照风险规避和价格发现的目的组织运做时，市场中的金融期货工具同样可以用于以纯粹套利为目的的投机交易。期货市场正是以套期保值者（即风险规避者）与投机者所组成；风险规避者一般不愿意承担价格变动风险，而投机者却有能力而且愿意承担风险。仅有风险规避者的金融期货市场很难持续运转，而仅有投机者的期货市场则有可能导致市场剧烈波动。如果投机者控制交易的数量大幅超过了风险规避者转移价格风险所需要的量，则期货市场的流动性将显著降低，甚至导致期货市场崩溃。因此，金融期货市场应该是风险规避者与投机者双方均能参加的市场，并以风险规避者为主，而且也为投机者开辟参与市场的新途径。

（二）金融现货市场与期货市场之间的传导机制

在金融期货交易的中，现货和期货价格之间存在同向变动关系。期货价格是在与现货交易价格的对比中，通过市场参与者对未来价格的预期在期货交易价格中体现。预期的期限与期货的期限应保持一致，而微观主体的预期通过市场交易机制汇聚形成一种市场性价格预期。期货市场价格将对现货市场价格产生决定性影响，这种市场性价格预期通过反射性作用而影响现货市场交易中的价格①。现货价格与期货价格通过市场预期，形成一种相互影响机制，在不同时间维度中相互联系。从市场微观结构的角度来看价格决定，可以发现通过市场交易机制所决定的价格，在很大意义上是一种信息价格，这种信息价格通过交易者的策略互动，在交易均衡达成时形成②。理解现货市场价格与期货市场价格的关键，在于理解价格中所包含信息的确切含义。在两个市场分别的交易过程中，与资产价格相关的源信息以及投资者对这些源信息的理解、处理、反应和预期都会进入市场微观结构意义上的定价机制，分别形成现货价格和期货价格，两者之间正是通过进入市场定价机制的市场预期性信息，从而相互关联并互为反射。从现货价格与期货价格的反射性关系理解两者之间的传导机制时，就会遇到一个认识论上的因果循环问题，从而使得问题复杂化。事实上，只要把握住现货和期货的价格是同方向变动的这一趋势原则，就可以在实践中很好把握现货市场与期货市场之间的传导关系。简言

① 有关反射性概念，请参见索罗斯：《开放社会——全球资本主义的危机》（中译本），商务印书馆 2001 年版。
② 有关市场微观结构的理论以及信息价格的含义，请参见刘红忠：《金融市场学》，上海人民出版社 2002 年版。

之，当现货市场价格变动时，期货市场的价格也会发生同方向的变动，反之亦然。这样，问题的关键就在于把握当两者变动方向相同时，相对变化程度不同对传导机制的影响。

现货和期货市场价格相对变化程度的差异，主要取决于市场微观结构意义上的市场特质。这种市场特质主要决定于市场参与者构成变化，导致交易中市场交易势力对比格局改变。不仅市场中风险规避者和投机者构成及其交易量的权重比率，影响期货市场中交易势力的对比格局，而且两类交易各自的结构性差别导致的市场影响能力差别，也会影响市场交易的微观对比格局。比如，在风险规避者和投机者的构成及其交易量都比较均匀的市场中，现货与期货市场之间的价格关联在变动程度上也会比较一致，主要由市场预期决定两者之间的价格差异；当市场中投机者势力较大，而且在某一阶段具有价格操纵能力的情况下，就有可能出现两者之间的变动程度不一致，并在市场操纵势力下形成一种价格变动趋势，使交易者从投机中获利。

（三）几种主要的金融期货市场

在金融期货市场中，主要有与外汇市场相关的外汇期货、与资本市场相关的股指期货、与货币市场相关的利率期货三种市场。

外汇期货交易是在商品期货交易的基础上发展起来的，其交易原理同历史上早已形成的商品期货交易原理相同，主要是通过期货买卖抵消因价格变动可能造成的现货交易的损失。具体操作方法是：在外汇市场上以外汇现货交易买进某种外国货币的同时，又在外汇期货交易所卖出同样数量的同种货币，或做相反交易。这样在这种货币的汇率发生波动时，现货和期货是同方向变动，但因交易方向相反，达到盈亏相互抵消的作用，从而防止了汇率风险。外汇期货套期保值交易的具体操作方法是：在已经发生的一笔即期或远期外汇交易的基础上，为防止损失，同时做一笔相反方向的交易。这样如果其中一笔原有交易受损，则所做相反方向的一笔交易可以获利，从而弥补或者抵消损失。套期保值交易分为空头（卖出）套期保值和多头（买入）套期保值两种，在外汇期货投机交易中存在汇率不稳定性，一方面迫使投机者纷纷利用期货市场进行套期保值，以避免汇率波动风险；另一方面，这种不稳定性也为投机者创造了盈利的可能性。

股指期货是以股票价格指数作为交易标的的期货合约。股票价格指数是股票交易过程中的一个最为重要的概念，世界各大证券交易所基本上都有自己的股票价格指数。它不仅是衡量证券交易所全部股票交易的价格尺度，也是反映一个国家或者地区经济发展和政治状况的“晴雨表”。通过不同的价格指数，公众可以清楚了解股票市场涨跌幅度及变化情况，投资者则可通过比较、分析，对股市作出合理的预测，从而确定投资选择。股指期货交易主要分为套期保值交易和投机交易两种。股指期货套期保值交易的原则是：股票持有者若要避免和减少股价下跌产生的损失，应该在期货市场上卖出指数期货，即做空头，如果股价确如预期那样下跌，空头所获利润即可用于弥补持有的股票资产因行市下跌而引起的损失。如果投资者希望购买某种股票，那么应该在期货市场买入指数期货，即做多头，如果股价指数上涨，则多头所获利润可用于抵补将来购买股票所需的资金。因此，套期保值交易主要分为买入与卖出套期保值交易两种形式，股指期货投机交易分为买空和卖空两种。在买空交易中，如果投机者预期股票指数将上升，则可以通过购买某一交割月份的股价指数期货合约，一旦预期准确，便将事先买入的指数期货卖出，从中赚取差额。在卖空交易中，若投机者预期指数期货的价格下跌，则可售出某一交割月份的指数期货，一旦预期准确，可以将先前卖出的期货合约再买入，以赚取2张合约的差价。

利率期货交易是指买卖双方在固定交易场所，通过公开喊价就将来某一特定日期将某一特定金融证券商品以预先确定的价格进行买卖的交易方式。就期货而言，利率期货交易的特征主要有：(1)交易标的物必须为特定的金融证券工具；(2)交易双方都必须缴纳一定数量的保证金；(3)交易双方须通过指定交易所采取公开喊价方式进行交易；(4)合约的内容标准化；(5)在场内交易每天结算账面盈亏；(6)在签订合约时即确定成交价格；(7)交割日为将来某一特定日期；(8)交易标的物的交割必须通过清算中心进行；等等。利率期货主要分为短期利率期货和中长期利率期货两种。利率期货的交易主要与债券市场中的各种产品，尤其是国债的交易，存在着密切的关联关系，其中涉及复杂的利率期限结构的预测和确定。

(四)金融现货与期货市场之间传导机制的一个案例

本节之前指出金融期货与现货市场之间的价格存在同方向变动关系，期货市场交易由规避风险交易和投机交易组成，不同的交易类型组成结构将导致不同的价格变动方式和水平，而且预期和投机因素在现货市场和期货市场之间的互动关系中扮演越来越重要的角色，这些变化深刻影响金融市场的运行。这里以一个案例说明金融市场之间这些复杂的传导关系在实践中的体现。

在开放经济条件下，一国货币汇率疲软将通过国际间的套利资金流动使其利率水平上升。当本币疲软时，本币投资风险相应增加，这将导致资金外流，本国货币当局需要相应提高利率才能使外汇市场上的货币供求重新趋于平衡，利率上升将使得证券市场价格下跌。如果投机者在外汇市场与股票市场、现货市场与期货市场进行联动式操作，那么将加剧和加速外汇市场和证券市场波动。

在1997年的亚洲金融危机中，投机者在外汇市场与股票市场、现货市场与期货市场进行联动式操作，引发了泰国的货币危机，并将货币危机扩大到资本市场和其他金融市场，最终导致全面金融危机爆发。在此次危机前，投机者预期到泰铢的弱势并准备狙击泰铢时，投机者首先在外汇期货市场上，按照目前的期货市场价格持有大量以泰铢买进美元的期货合约；然后在泰国货币现货市场上拆借泰铢，并在外汇市场上抛售，同时卖出大量泰铢期货合约，以推动泰铢对美元汇率大幅贬值；一旦泰铢出现贬值，则投机者在随后以泰铢买进美元的期货合约交割中，按照合约价格买进美元。由于美元相对泰铢汇率已经大幅升值，而同时在已经贬值的泰铢现货市场上买进泰铢，偿还此前拆借的泰铢，从而赚取套利价差。另外，投机者预期市场变化过程中，泰国货币当局将被迫提高利率水平，导致证券市场价格下跌，则在攻击泰铢的同时，按照当前较高价格卖出股指期货，并在泰铢贬值且证券市场价格下跌后，再以股票价格下跌后的股指现货交割股票价格下跌前卖出的股指期货，从而再次获得证券市场的套利差。就这样，投机者通过货币市场拆借，以及外汇市场、证券市场、现货市场、期货市场之间的联动操作，引发了泰国货币危机,并使之演变成为席卷整个亚洲的金融危机。在此过程中,预期和投机成为金融市场互动和危机传播的重要行为因素。

随着金融市场发展,在金融市场的各种互动传导渠道中,预期和投机的影响明显增强。近年来,全球范围发生的金融动荡和危机除1997年亚洲金融危机外,还包括2001年土耳其与阿根廷货币危机、2007年美国次级贷款危机、2010年欧洲债务危机以及至今仍然持续的全球性金融危机。在这些危机中预期和投机发挥的作用十分明显,甚至在某种程度上可以说,由于市场预期变化以及由此引发的市场信心危机最终引发了这些危机。因此,可以预测随着经济金融全球化不断推进,信息技术在金融领域广泛应用,金融创新不断发展,金融市场之间的联系将越发紧密,传导机制越发直接和畅通,各个市场都处于一个相互依存、错综复杂并互为联动的金融体系。在这个体系中,投资者预期变化对市场的冲击影响越来越大,当投资者预期形成一种市场一致性预期和行为时,市场中就会发生羊群效应,导致金融市场发展更为剧烈的动荡。

在金融市场运行中,投机与预期随时相伴。金融市场交易已经脱离了实体经济交易和规避风险的需求,演变成为自我实现增值的市场交易体系,投机交易对金融市场的作用和影响日渐增强。一般性投机活动可以理解为金融市场正常的套利活动,但是,当证券市场、外汇市场高涨或暴跌时,投机性卖空或买空都将导致市场的单边涨跌趋势。因此,不同的投机程度、方式、资本规模和进入市场时机,对金融市场的影响也将产生相当大的差异。但是,过度的投机或者是大规模的潮流引导式投机,很容易引发金融市场的恐慌和动荡。

本章小结

除交易机制视角外,现代金融市场的功能也可以从微观投资主体、中观子市场,以及宏观国民经济视角进行全面分析。从微观投资主体视角来看,金融市场(货币市场)具有优化微观投资主体资源配置效率,进而提高投资效用的功能,此功能通过金融市场的融资与投资两种渠道发挥作用。

从中观金融子市场视角来看,货币、证券、保险以及信托四类金融子市场都具有金融市场的一般功能,但是,各类子市场的功能又各自有所侧重。其中,货币市场与证券市场是构成金融市场的基础,保险市场增强了金融市场的风险管理机制,信托市场则代表金融市场功能的演进,四类市场相互依存,共同推动金融市场的发展与创新。

从宏观国民经济视角来看,金融市场主要发挥货币创造功能,在传统银行体系中,中央银行通过发行高能货币发挥货币创造功能;商业银行则通过持续循环的存贷业务发挥货币创造功能;另外,金融创新所产生的影子银行体系也具有货币创造功能,而且,与传统银行体系相比,影子银行的货币创造功能以及对实体与虚拟经济的冲击更强。

金融市场能够优化空间与时间维度的资源配置效率。从空间维度看,金融市场可以分为以货币市场、资本市场和外汇市场,通过三个市场的价格指标——利率、股票价格与汇率,引导资金在市场间流动，从而构成三个市场间的联系以及传导机制；从时间维度看，金融市场可以分为金融现货市场和期货市场，其中前者是后者的基础，两者之间的价格水平保持同方向变动关系。

基本概念

效用函数　无差异曲线　马柯威茨有效边界　资本市场线　保险市场　信托市场　货币供给　M0　M1　M2　现金漏出　法定准备金率　超额准备金率　高能货币　货币乘数　影子银行　资产结构调整效应　融资成本效应　财富效应　金融期货

复习思考题

1. 以货币市场为例分析金融市场对微观投资主体资源配置效率的优化作用。
2. 从行业视角来看，金融市场可以分为哪几个子市场？这些子市场各有哪些功能？
3. 从中央银行与商业银行资产负债表来看，货币供给数量存在哪些影响因素？
4. 分析传统银行体系的货币创造过程。
5. 什么是影子银行？影子银行采用什么样的融资模式？
6. 分析影子银行体系的货币创造过程，并比较影子银行体系与传统银行体系货币创造机制的联系与区别。
7. 从空间维度来看，金融市场可以分为哪几个子市场？各子市场之间的存在什么样的联系与传导机制？
8. 从时间维度来看，金融市场可以分为哪几个子市场？各子市场之间的存在什么样的联系与传导机制？

本章参考文献

1. [美]弗兰克·J.法博齐，周刚、王化斌、张宗梁、吕刚正、杨艳枫译：《投资管理学》，经济科学出版社 1999 年版。
2. [美]乔治·索罗斯，王宇译：《开放社会——全球资本主义的危机》，商务印书馆 2001 年版。
3. 黄达：《货币银行学》，中国人民大学出版社 2008 年版。
4. 姜波克：《国际金融新编》，复旦大学出版社 2010 年版。
5. 刘红忠：《金融市场学》，上海人民出版社 2002 年版。
6. 刘红忠、蒋冠：《金融市场学》，上海财经大学出版社 2006 年版。
7. 李扬、王国刚：《资本市场导论》，经济管理出版社 2004 年版。
8. 何德旭、郑联盛：《影子银行体系与金融体系稳定性》，《经济管理》，2009(11)。
9. 李波、伍戈：《影子银行的信用创造功能及其对货币政策的挑战》，《金融研究》，2011(12)。
10. 钱雪松：《公司金融、银行业结构和货币传导机制》，《金融研究》，2008(8)。

第二部分
金融市场交易机制

第四章 狭义交易机制

市场微观结构理论研究的是交易机制如何影响价格的形成过程，并分析在一定的交易机制下资产交易的过程和结果。交易机制是指市场的交易规则和保证规则实施的技术以及规则和技术对定价机制的影响。这是市场微观结构理论中的核心内容。狭义交易机制是交易机制的主线。本章第一节主要介绍证券市场交易机制的概述性内容、证券交易机制的研究目的，梳理了相关文献。第二节对证券交易机制进行分类与比较。第三节分析交易执行过程和交易订单，介绍证券交易的主要程序，并且论述证券交易订单以及订单匹配原则的主要内容。第四节分析交易机制的价格确定过程，依次论述了竞价市场的价格确定过程、做市商市场的价格确定过程、大宗交易机制的价格确定特点、信息在价格确定过程中的作用和价格稳定机制。第五节分析交易技术系统的变迁与交易机制的改变，论述交易技术系统与交易机制的关系、网络化对证券市场交易方式的影响，以及网上交易对证券市场的挑战。

第一节 概 述

一、金融市场交易机制的研究目的

20 世纪 80 年代以来，随着技术进步和金融产品不断创新，金融市场的交易量大规模膨胀，市场的组织、功能和构造的演变越来越复杂，现代金融理论对金融市场的研究逐渐深入到市场内部运作机制的价格形成机理、市场组织结构、市场交易机制以及市场参与者行为选择等微观层面上。交易制度作为证券市场的核心，直接影响证券市场资源配置功能的发挥。

对一个市场来说，其微观结构由五个关键部分组成：技术、规则、信息、市场参与者和金融工具。市场微观结构理论研究的是交易机制如何影响价格的形成过程，并分析在一定的交易机制下资产交易的过程和结果。广义的交易机制就是市场的微观结构；狭义的交易机制特指市场的交易规则和保证规则实施的技术，以及规则和技术对定价机制的影响。因为不同的交易机制不仅在价格发现过程中所起的作用不同，而且对市场参与者的行为策略影响也不同，所以在对交易机制的研究中，也应当包括对市场质量和投资者行为策略影响的分析。

从功能组织方面看，金融市场交易机制是指有组织的交易场所为履行其基本职能而制定的与金融市场交易有关的运作规则。它的重要功能之一，是使潜在的投资者需求转化为实际交易，发现市场的出清价格。根据不同目的、不同标准可以对证券交易制度进行不同划分。以交易价格的形成过程为主线，交易机制可以划分为六个方面内容：(1)交易委托方式；(2)价格形成机制；(3)委托匹配原则；(4)信息披露方式；(5)市场稳定措施；(6)其他选择性手段。前三项内容是证券交易制度所必须具备的基本要素，其中价格形成机制是金融市场交易制度的核心。价格形成机制包含做市商制和竞价制两种基本方式。竞价制又包括连续竞价和集合竞价两种方式。按照价格形成机制的不同，可以把金融市场划分为报价驱动的做市商市场、指令驱动的集合竞价或连续竞价市场，以及两者兼而有之的混合式市场。

不同交易机制的市场，其价格形成过程和运作特征是有差别的，主要体现在市场组织、订单匹配原则、信息传递范围和价格确定方法等交易过程方面，并导致不同交易机制的市场属性也会有所差别。研究金融市场交易机制，其意义在于揭示市场价格形成过程中的组织和内在运行机理，从而在市场的建立和培育、交易规则的制定和实行以及市场监管等方面遵循市场的客观规律，维护和保障证券市场的运作功能和效率。

二、研究证券交易机制的文献

(一)经典的瓦尔拉斯无摩擦交易均衡

经典的金融理论强调证券的经济价值和投资者的市场动力，但通常忽略了市场交易机制在定价和价格波动方面的作用。这些理论通常假定存在一个可以不考虑内在结构的完善的无摩擦市场。从而市场机制简化成为一个资源配置的黑箱，最精彩的过程却被忽略了。在这个理想的市场中，外部信息效应和噪声决定了交易价格和价格变化，交易机制自身并不对价格行为产生作用。瓦尔拉斯(1874)市场是经典市场交易机制的典型代表。

瓦尔拉斯市场是建立在一些严格的假定之上的：完全竞争、完全信息、自由流动、价格充分弹性。在瓦尔拉斯市场上，当信息进入市场并通过拍卖商传播时，由于价格能够在瞬间作出调整，而且价格机制的信息传播是无成本的，使得新信息进入市场后便立即被市场接受并迅速作出反应，市场随之在瞬间达成新均衡。因而，价格不仅反映了当前可得的所有信息，而且新信息的进入并不影响市场均衡，信息理论和经典均衡模型是相容的，均衡是连续和无成本的。

然而，现实的市场并非完美，金融交易不仅存在直接的交易成本(如佣金和税收)，也存在间接成本(如搜索成本、信息成本、执行成本和市场影响成本等)(Hasbrouck 和 Schwartz，1988；Amihud 和 Mendelson，1991)。在现实的市场中，由于时间和空间的限制，信息与供求是分割的，因而不同的市场是存在本质差异的。随着对金融市场研究的深入，经济学家们不断地试图打开市场定价机制这个黑箱，揭示其中的内在机理。

(二)买卖价差模型

一般认为，Demsetz(1968)在研究市场交易价格过程中提出的买卖价差模型，第一次将微观交易机制的研究引入证券交易价格的形成过程，突破了市场均衡价格的形成是一个无摩擦瓦尔拉斯均衡过程的传统理论框架，认为金融市场还存在另一类非瓦尔拉斯均衡，而且证券市场的交易价格主要是在这类均衡中确定的。Demsetz 提出了一个买卖价差模型，考虑了买卖双方的时间长短、交易数量和交易意愿的强弱等决定买卖价差的因素。Demsetz 认为，市场行为可以与企业行为进行某种类比，只有通过研究它们的微观结构和组织才能更好地理解和把握它的定价过程。这为交易机制的理论研究奠定了重要的基础。自此，金融市场交易机制引发了许多学者浓厚的研究兴趣。

早期研究交易机制的文献主要是集中在对买卖价差问题和存货模型的研究中。Stigler(1964)考察了作为专业经纪人的做市商的作用，Demsetz(1968)的买卖价差模型研究了因为即时性交易所要求的价格支付加成而导致的买卖价差，SEC(1971)的研究论文考察了做市商的运作；Benston 和 Hagerman(1974)、Santomero(1974)、Logue(1975)和 Hamilton(1976，1978)的论文进一步深入研究了做市商的作用，关注做市商在交易中的职能，并且试图解释做市商在提供即时性服务以后是如何得到补偿的；从 Garman(1976)和 Stoll(1978)起，开始建立关于买卖报价价差决定因素的更为细致的存货模型，并研究了做市商最优报价的具体特征；之后，Cohen、Maier、Schwartz 和 Whitcomb(简称 CMSW)(1981)对存货模型进一步细化和修正，区分了个别做市商买卖报价价差和市场价差之间的区别，Ho-Stoll(1981，1983)将存货模型扩展至存在多个相互竞争的交易商的情况。自此，强调因为流动性交易成本而导致买卖价差的存货模型的研究告一段落，交易机制的研究重心开始转移到信息模型上来。

(三)引入信息后的交易机制分析

一般认为，Bagehot(1971)的论文标志着信息模型研究的开始，在论文中，Bagehot 尝试用信息成本而不是存货成本解释价差，并区分了知情交易者和未知情交易者。信息模型借鉴了逆向选择理论并说明了即使没有交易成本的因素，价差也会因为信息的作用而存在。Copeland 和 Galai(1983)首次正式引入信息成本的概念，建立了一个关于做市商定价的单时期静态模型。Glosten 和 Milgrom(1985)提出的序贯交易模型是交易机制信息模型研究的里程碑，他们首次把通过贝叶斯学习过程实现的动态调整因素引入了信息模型，但序贯模型只考虑了交易指令类型的价格行为，Easley 和 O'Hara(1992)通过考察交易规模和交易时间性两种因素对价格行为的影响，拓展了序贯交易模型的分析范围。此后的信息模型研究扩展到采用批量交易模型分析交易者策略，批量交易模型的分析工具是 Grossman 和 Stiglitz(1980)建立的理性预期分析框架。在这期间，Kyle(1984，1985)考察了知情交易者行为策略，Back(1992)分析了连续时间框架下单个知情交易者的交易策略，Holden 和 Subrahmanyam(1992)、Foster 和 Viswanathan(1993)采用理性预期工具分析了多个知情交易者的行为策略和价格行为的关系，Admati 和 Pfleiderer(1988，1989)、Foster 和 Viswanathan(1990)、Spiegel 和 Subrahmanyam(1992)分别从不同的角度分析了未知情交易者的交易策略和价格行为的关系。

除了上述对交易机制内在价格机理的分析以外，经济学家们还从与具体交易市场相结合的角度分析交易机制的规则和技术。Cohen、Maier、Schwartz 和 Whitcomb(1986)对国际上主要金融交易所的交易机制进行了比较分析，并强调了自动化技术对交易机制的影响；Madhavan(1992)证明了做市商市场、连续竞价机制和集合竞价机制中均衡价格的存在条件，比较了三者价格决定模式的特点和差别。马德哈万(Madhavan，2000)还研究了交易自动化程度对交易机制价格形成的影响。

第二节 交易机制的分类与比较

一、交易机制的分类

托马斯(Thomas，1989)将金融市场交易机制分为两类：一类是报价驱动交易机制，也就是做市商市场；另一类是指令驱动的竞价交易机制，包括集合竞价和连续竞价。马德哈万(Madhavan，1992)将兼具这两类特征的交易机制称为混合机制。

报价驱动制度与指令驱动制度的区别在于：(1)价格形成方式不同。在采用做市商制度的市场上，证券的开盘价格和随后的交易价格是由做市商报出的，而指令驱动制度的开盘价与随后的交易价格都是竞价形成的。前者从交易系统外部输入价格，后者成交价格是在交易系统内部生成的。(2)信息传递的范围与速度不同。采用做市商制度，投资者买卖指令首先报给做市商，做市商是唯一全面及时知晓买卖信息的交易商，成交量与成交价随后才会传递给整个市场。在指令驱动制度中，买卖指令、成交量与成交价几乎同步传递给整个市场。(3)交易量与价格维护机制不同。在报价驱动制度中，做市商有义务维护交易量与交易价格。而指令驱动制度则不存在交易量与交易价格的维护机制。(4)处理大额买卖指令的能力不同。做市商报价驱动制度能够有效处理大额买卖指令。而在指令驱动制度中，大额买卖指令要等待交易对手的买卖盘，完成交易常常要等待较长时间。

(一)报价驱动的做市商市场

做市商是通过提供买卖报价为金融产品制造市场的证券商。做市商制度，就是以做市商报价形成交易价格、驱动交易发展的证券交易方式。使用做市商制度的市场称为做市商市场。纯粹的做市商制度有两个重要特点：第一，所有客户订单都必须由做市商用自己的账户买进卖出，客户订单之间不直接进行交易。第二，做市商必须在看到订单前报出买卖价格，而投资人在看到报价后才下订单。做市商制度有两种形式：一种是以美国纳斯达克(NASDAQ)市场为代表的多元做市商制，另一种是纽约证券交易所采用的专家交易机制。

(二)指令驱动市场

指令驱动交易机制分为集合竞价和连续竞价两种。集合竞价也称为单一成交价格竞价。其竞价方法是：根据买方和卖方在一定价格水平的买卖订单数量，计算并进行供需汇总处理。当供给大于需求时，价格降低以调节供求量，反之则调高价格刺激供给，最终在某一价格水平上实现供需的平衡，并形成均衡价格。在集合竞价市场，所有的交易订单并不是在收到之后立刻予以竞价撮合，而是由交易中心(如交易所的电脑撮合中心)将在不同时点收到的订单积累起来，到一定的时间再进行集合竞价成交。

连续竞价也叫复数成交价格竞价，其竞价和交易过程可以在交易日的各个时点连续不断地进行。在连续竞价市场上，投资者的交易指令由经纪商输入交易系统，交易系统根据市场上已有的订单情况进行撮合。一旦按照有关竞价规则存在与交易指令相匹配的订单，该订单就可以成交。在连续竞价的价格撮合过程中，当出价最低的卖出订单价格等于或小于买进价格时，就可以达成交易。每笔交易构成一组买卖，交易依照买卖组合以不同的价格连续进行。

虽然集合竞价市场缺乏交易的连续性，但集合竞价市场的价格反映了累积的市场信息，其信息效率要高于连续竞价市场。因此，在连续竞价市场交易中断时，集合竞价市场仍然可能正常运转。

（三）混合交易机制

混合交易机制同时具有报价驱动和指令驱动的特点。大多数证券市场并不仅仅采取做市商、集合竞价、连续竞价中的一种形式，而是根据不同的市场情况采取不同程度的混合模式。如纽约证券交易所采取辅之以专家制度的竞价制度，伦敦证券交易所部分股票由做市商交易，另一部分股票则采用电子竞价交易。在亚洲的新兴证券市场，普遍采用的是指令驱动电子竞价方式，但一般均结合了集合竞价和连续竞价两种形式。通常开盘时先由集合竞价方式决定开盘价，然后采取连续竞价方式（例如，我国沪、深交易所的交易模式）。有些市场采取集合竞价方式产生收盘价，另一些市场则采取连续竞价方式产生收盘价。

（四）特殊会员制度

除了上述三种典型的交易机制以外，有的证券市场还采取一些特殊会员的交易制度，如纽约证券交易所的专家制度、东京证券交易所的才取会员（saitori）制度和巴黎证券交易所的兼职特种会员制度等。

纽约证券交易所是一个辅之以专家制度的竞价市场，大多数交易通过交易所的电子交易系统完成。专家（Specialist）是纽约证券交易所指定的特种会员，其主要职责是维持一个公平而有秩序的市场，即为其专营的股票交易提供流动性并维持价格的连续和稳定。纽约证券交易所上市的每只股票均由而且只由一名专家负责，但是一名专家同时可以负责多只股票的交易。对于一些大公司，则一名专家仅负责该公司一家的股票专营事务。为维持市场秩序，专家有义务在股票市场价格下跌超过一定限度时买进该股票，或在市场价格上涨超过一定限度时卖出该股票。专家可以利用买卖价差赚取利润，或者接受委托收取佣金。专家的职能主要是组织市场交易和维持市场均衡，保证市场的流动性和稳定性并维持一个公平有序的市场。但是，由于没有竞争，专家同时也具有价格垄断和交易信息垄断两方面的优势，存在利用垄断价格和信息牟利的可能性。所以纽约证券交易所对专家违规查处是很严厉的。

东京证券交易所采取连续竞价方式，既没有指定做市商，也没有类似纽约证券交易所的专家制度，但是有一名交易所认定的才取会员。所有订单，不管是限价订单还是市价订单，均由会员经纪商或交易商提交给才取会员，才取会员充当这些会员之间的交易中介，按照“时间优先、价格优先”的原则为他们进行订单匹配。才取会员不得为自己买卖，也不能接受一般投资者的委托，但可以收取一定的佣金。才取会员除了为经纪商们匹配交易订单以外，也负有维持市场价格稳定的责任。

巴黎证券交易所为了保证市场的流动性和稳定性，建立了兼职特种会员制度。兼职特种会员类似于纽约证券交易所的专家，但是组织形式上根据股票种类的不同还有差别。根据巴黎证券交易所的规定，不同种类的股票采取不同的竞价方式定价，在 CB 类（连续竞价的 B 类）和 FA 类（集合竞价的 A 类）的股票中，每只股票只能有一名兼职特种会员，但是同一兼职特种会员可以负责多只股票。在 CA 类（连续竞价的 A 类）股票中，每只股票可以有多个相互竞争的兼职特种会员。

表 4—1 列举了美国纳斯达克市场与纽约证券交易所交易机制的比较。

表 4—1　　纳斯达克市场与纽约证券交易所交易制度的比较

	纳斯达克市场	纽约证券交易所
市场结构	做市商市场	竞价市场
竞争方式	报价驱动	订单驱动
竞争	每只股票多个做市商	每只股票一名专家 公共订单直接匹配
风险分布	在多个做市商之间分布	集中在一个专家处
灵活性	做市商相对自由进出 做市商自由选择股票做市 可参与一级市场和二级市场业务	专家不能自由进出 交易所给专家指定证券 只能参加二级市场业务
信息流	直接与客户交易 与上市公司保持紧密联系 各做市商的订单是分割的	与客户的经纪商联系 与上市公司联系不紧密 集中在交易大厅
价格发现	没有正式的程序	正式的市场开盘程序
监管	较少直接监管 依靠竞争限制市场交易中的缺陷	更直接的监管 要求专家维持公平有序的市场

资料来源：Baker(1996),"Trading Location and Liquidity: An Analysis of U. S. Dealer and Agency Markets For Common Stocks",24.(摘自 Schwartz,1991,pp. 58—62)。转引自屠光绍主编:《交易体制:原理与变革》,上海人民出版社 2000 年版,第 67 页。

二、竞价市场与做市商市场的比较分析

一般来说，做市商市场的流动性要高于竞价市场，即投资者在竞价市场所面临的执行风险要大于做市商市场。但是，竞价市场的透明度要好于做市商市场，同时做市商市场的平均交易成本要高于竞价市场。以下是竞价市场与做市商市场优缺点的比较分析。

（一）优点

做市商报价驱动制度的优点表现在：(1)成交即时性。投资者可按做市商报价立即进行交易，而不用等待交易对手的买卖指令，尤其是在处理大额买卖指令方面的即时性，比指令驱动

制度要强。(2)价格稳定性。在指令驱动制度中,证券价格随投资者买卖指令而波动,而买卖指令常有不均衡现象,过大的买盘会过度推高价格,过大的卖盘会过度推低价格,因而价格波动较大。而做市商则具有缓和这种价格波动的作用。这是因为:①做市商报价受交易所规则约束;②及时处理大额指令,减缓对价格变化的影响;③在买卖盘不均衡时,做市商插手其间,可平抑价格波动。(3)矫正买卖指令不均衡现象。在指令驱动市场上,常常发生买卖指令不均衡的现象。出现这种情况时,做市商可以承接买单或卖单,缓和买卖指令的不均衡,并抑制相应的价格波动。(4)抑制股价操纵。做市商对某种股票持仓做市,使得股价操纵者有所顾忌,担心做市商抛压,抑制股价。

指令驱动制度的优点表现在:(1)透明度高。在指令驱动制度中,买卖盘信息、成交量与成交价格信息等及时对整个市场发布,投资者几乎可以同步了解到交易信息。透明度高有利于投资者观察市场。(2)信息传递速度快、范围广。指令驱动制度几乎可以实现交易信息同步传递,整个市场可同时分享交易信息,很难发生交易信息垄断。(3)运行费用较低。投资者买卖指令竞价成交,交易价格在系统内部生成,系统本身表现出自运行特征。这种指令驱动系统,在处理大量小额交易指令方面,优越性较明显。

(二)缺点

做市商报价驱动制度的缺点表现在:(1)缺乏透明度。在报价驱动制度下,买卖盘信息集中在做市商手中,交易信息发布到整个市场的时间相对滞后。为抵消大额交易对价格的可能影响,做市商可要求推迟发布或豁免发布大额交易信息。(2)增加投资者负担。做市商聘用专门人员,承担做市商义务是有风险的。做市商对其提供的服务和所承担的风险要求补偿,如交易费用及税收优惠等。这将会增大运行成本,也会增加投资者负担。(3)可能增加监管成本。采取做市商制度,要制定详细的监管制度与做市商运作规则,并动用资源监管做市商活动。这些成本最终也会由投资者承担。(4)做市商可能利用其市场特权。做市商经纪角色与做市功能可能存在冲突,做市商之间也可能合谋串通。这些都需要强有力的监管。

指令驱动制度的缺点表现在:(1)处理大额买卖盘的能力较低。大额买卖盘必须等待交易对手下单,投资者也会担心大额买卖指令对价格的可能影响,因而不愿意输入大额买卖指令,而宁愿分拆开来,逐笔成交。这种情况既影响效率,又会降低市场流动性。(2)某些不活跃的股票成交可能继续萎缩。一些吸引力不大的股票,成交本来就不活跃,系统显示的买卖指令不足,甚至较长时间没有成交记录。这种情况又会使投资者望而却步,其流动性可能会进一步下降。(3)价格波动性。在指令驱动制度下,价格的波动性可能较大,其原因:①买卖指令不均衡引起价格变动;②大额买卖指令也会影响价格;③存在操纵价格的行为。最重要的是,指令驱动制度没有设计价格维护机制,任由买卖盘带动价格变化。

以上对竞价市场与做市商市场的比较分析,可以在交易机制设计时作为参照。

第三节　交易机制的执行过程

一、交易的主要程序

证券交易程序是指投资者在二级市场买进或卖出证券的过程，是交易机制的有形的程序化表现。在目前电子化交易情况下，证券交易的基本过程包括开户、委托、成交、清算和交割五个阶段。

（一）开户与委托

开户是指投资者在证券经纪商处开立证券交易账户，包括开设证券账户和资金账户。证券账户相当于投资者的证券存折，通常是指证券登记机构为投资者设立的，用于准确记载投资者所持有的证券种类、名称、数量以及相应权益和变动情况。投资者在开立证券账户的同时，即已委托证券登记机构为其管理证券，办理登记、结算和交割业务。开设资金账户时必须缴纳一定数量的资金作为保证金，并与证券经纪商签订协议，委托其代理证券交易，并到证券登记结算机构代理进行相应的证券与资金的登记、清算与交割。

在现行的交易机制下，交易所并不直接面对投资者办理证券交易，投资者必须通过交易所的会员（证券经纪商）办理，所以投资者需要委托证券商代理交易，向证券商下达证券交易的指令。证券经纪商没有收到明确的委托指令时，不得动用投资者的资金和账户进行交易。在委托有效期限内，在成交发生以前，委托人有权提出变更和撤销委托的要求。

（二）价格确定与成交

在做市商市场，证券交易的价格由做市商报出，投资者接受做市商报价后，即可与做市商进行买卖，完成交易。在竞价市场，买卖双方的委托经由经纪商直接呈交到交易市场，市场的交易中心按照一定的规则进行撮合，在买卖委托匹配后即可达成交易，并履行相关的交割和清算程序。

（三）清算与交割

证券交易成交后，需要对交易双方应收应付的证券和价款进行核算，并完成相应的权属转移，进行资金的清算和证券的交割，完成交易的最后一个环节，即证券结算过程。证券清算是指计算在证券结算日交易双方应收应付金额的特定程序，而交割则是这个程序中卖方向买方交付证券以及买方向卖方支付价款的过程。对于不记名证券来说，清算和交割完成以后，整个证券交易的过程就结束了。但对于股票和记名债券来说，还必须经过最后一道手续，即登记过户。

二、交易订单的种类

在交易机制的定价过程中，由订单表示的交易指令是交易信息传达和揭示的形式。不论市场上产生和传播了何种信息，也不论投资者接受和处理了何种信息，或者是根本没有信息而只是因为情绪和流动性需要交易，其结果总要通过订单所传达的指令揭示信息，交易机制则根据这些指令信息决定交易价格。在金融市场上，通常使用的交易指令有四种形式：市价指令(Market Order)、限价指令(Limit Order)、止损指令(Stop Order)、止损限价指令(Stop Limit Order)。其中，前两种指令多用于现货市场，而后两种指令则多用于期货、期权市场。

市价指令是指投资者在提交指令时只规定数量而不规定价格，经纪商在接到该市价指令后应该以最快的速度，并尽可能以当时市场上最好的价格来执行这一指令。市价指令的特点是能够确保成交，但是投资者最后接受的价格可能与他们期望的价格存在差异。

限价指令则与市价指令相反，投资者在提交指令时不仅规定数量，而且还规定价格。经纪商在接到限价指令后应以最快的速度提交给市场，但是成交价格必须优于指令的价格，即如果是买入指令，则买价不高于指令限价；如果是卖出指令，则卖价不低于指令限价。如果订单限价与市价不一致，经纪商只有等待。限价指令的特点是保证成交价格，但不能保证成交。

止损指令本质上是一种特殊的限制性市价委托。它是指投资者在指令中约定一个触发价格，当市场价格上升或下降到该触发价格时，止损指令被激活，转化为一个市价指令；否则该止损指令处于休眠等待状态，不提交到市场执行。

止损限价指令是将止损指令与限价指令结合起来的一种指令，投资者所下达的指令中有两个指定价格——触发价格和限制价格。当市场价格上升或下降到该触发价格时，止损指令被激活，转化为一个限价指令，此时成交价格必须优于限价。

此外，还可以根据订单规模、交易方式、时效限制等标准对证券交易订单进行分类。然而最常用的还是以价格限制标准分类的订单。各个证券市场由于历史的原因和交易机制上的差异，在交易订单的形式上会有所不同。一般而言，竞价市场由于价格变动相对频繁，交易决策也更复杂，因此订单形式相对较多；做市商市场的订单形式则相对较少。表4—2简要列举了主要证券市场的订单种类。

表4—2　　主要证券市场订单种类

证券市场	纽约	纳斯达克	伦敦	巴黎	东京	香港
市价订单	√	√	√	√	√	√
限价订单	√	√	√	√	√	√
止损订单	√					
开市订单和收市订单	√			√		
即刻执行，否则撤销订单	√		√			
全部即刻执行，否则撤销订单	√		√	√		

资料来源：屠光绍主编：《交易体制：原理与变革》，上海人民出版社2000年版，第80页。

三、订单匹配原则

订单所传递的交易指令可能会在价格、数量、时间等委托交易参数上有所不同，所以交易机制中需要一定的匹配规则，使得买卖订单以尽可能接近委托要求的条件达成交易。综合各地证券市场的实践，订单匹配原则主要有以下优先性依次减弱的八个方面：

(1)价格优先原则。这是各证券交易所普遍使用的第一优先原则，是指经纪商在接受委托进行交易时，必须按照最有利于委托人利益的方式进行交易，即优先满足较高价格的买进订单和较低价格的卖出订单。

(2)时间优先原则，也称先进先出原则。它是指当存在若干相同价格的订单时，优先满足最早进入交易系统的订单。许多交易所都把时间优先原则作为订单匹配的第二优先原则，如我国沪深交易所的“价格优先，时间优先”匹配原则。

(3)按比例分配原则，是指所有订单在价格相同的情况下，成交数量以订单数量按比例进行分配。美国纽约证券交易所的交易大厅、芝加哥期权交易所等采取按比例分配原则，对于数额太小的订单，一般来说是随机分配的。

(4)数量优先原则。在价格相同，或者价格相同并且无法区分时间先后的情况下，有些交易所规定应该遵循数量优先匹配原则。数量优先原则有两种形式：一是价格和时间都相同的情况下，优先满足订单数量较大的订单，以增加交易流动性；二是数量上完全匹配的订单优先满足于数量上不一致的订单，以避免订单只是部分被执行的情况。

(5)随机优先原则。一般在采取按比例分配原则时，数额太小的订单采用随机优先原则，该原则是指由系统随机决定订单的优先顺序。

(6)客户优先原则，是指在同一价格条件下，公共订单优先满足于经纪商自营账户的订单，以减轻公共客户与经纪商自营之间的利益冲突，纽约证券交易所就采取了这一匹配原则。

(7)做市商优先原则。与客户优先原则相反，它是指做市商提交的在自己的市场报价基础上的订单，可以优先于客户的与该报价相当的限价订单，与新进入市场的订单成交。纳斯达克市场在新的限价订单保护规则实施以前，采取的就是做市商优先原则。

(8)经纪商优先原则，是指当订单的价格相等时，发出这个订单的经纪商可以优先选择与之匹配的订单，经纪商可以用自己提交的订单与该订单匹配。

上述订单匹配原则中，由于各地证券市场的差别，匹配原则优先性排序也存在一定的差别。

第四节　交易机制的价格确定过程

价格的确定是交易机制的核心内容。在证券市场上，市场出清价格就是投资者买进和卖出股票的均衡价格。价格确定的基本方式随着交易机制技术实现措施的不同而不同，本节着重探讨几种不同交易机制下的价格确定过程。

一、价格确定的基本方式

金融市场就是要使潜在的投资需求转化为实际交易。在这一转化过程中，关键是价格发现与确定过程。价格形成机制是金融市场交易制度的核心。价格确定的基本方式随着交易机制技术实现措施的不同而不同。根据价格确定过程中自动化程度由低到高的不同，价格确定区分为七种基本方式(Domowitz，1992)：

(1)从其他市场引入价格模式。在这种模式下，市场本身没有确定均衡价格的机制。价格根据其他市场的相同时间的价格决定。在多数情况下，这是与主要市场相辅的交易系统。

(2)以其他市场为准并加以优化模式。该模式与前一模式相似，所不同的是在引进其他市场的交易参考价格后，将尽可能改进价格，即成交价格为所有市场中的最高卖价和最低买价(Consolidated Best Bid or Offer，CBO)。

(3)协商定价模式。在这种模式下，潜在的买卖双方直接就证券买卖的数量和价格进行协商，确定成交价格。不少市场为大宗交易提供了直接协商定价的机制。协商定价模式在一定程度上减少了市场电子化撮合的程度。

(4)屏幕报价模式。在这种模式下，做市商的买卖报价通过电子屏幕直接显示给经纪商和投资者，订单匹配通常遵循时间优先原则或按比例分配原则。

(5)自动双向连续竞价模式，也称连续竞价模式，买卖双方订单持续输入系统，并按照一定的订单优先原则汇总排队，交易系统根据市场上已有的订单情况进行撮合，发现相匹配的订单，即刻成交。

(6)自动集合竞价模式。集合竞价模式下价格缺乏连续性，所有交易订单不是在收到之后立刻予以匹配成交，而是在一个固定时间集中撮合。集合竞价通常是以最大交易量为标准确定成交价格。

(7)带有定价模型的自动竞价模式。这是一种特殊的价格确定模式，该模式选择价格以外的变量来确定成交价格。

以上七种价格确定方式中，(1)和(2)自身没有价格确定机制，属于从其他市场引入价格；(7)是一种特殊的不以价格为报价单位的方式；(3)、(5)、(6)属于竞价机制，(4)就是做市商报价机制，这四种价格确定方式均属于有独立的价格发现功能的价格确定机制，构成了各种不同交易机制的基础。

二、竞价市场的价格确定过程

(一)完全竞争市场

完全竞争市场是一种理想的瓦尔拉斯均衡市场。在瓦尔拉斯市场中，每个市场参与者都有自己的商品和明确的效用函数。市场由一个假想的拍卖者(看不见的手)组织交易，信息通过拍卖者的拍卖活动在市场中传递。交易开始于一组随机的价格，由“看不见的手”计算每一种商品的需求和供给数量，并决定供需的均衡点，得出市场出清价格。

假设初始价格为 P_0，均衡价格为 P^*，市场出清过程就是从 P_0 到 P^* 的过程，此时没有超额需求和超额供给。任何超额需求（或供给）的存在都给市场传递了信息，推动着价格持续摸索和调整，而 P^* 是调整的目标。对于高于 P^* 的价格，调整过程使价格降低，反之使价格升高，直到调整到均衡的 P^* 为止。这一过程可以用数学方式表达。价格随时间的变化是价格对时间的一阶导数：

$$\frac{\mathrm{d}p}{\mathrm{d}t}=k\times[D(p)-S(p)]=k\times ED(p),k>0 \tag{3-1}$$

其中，k 表示系数，$D(p)$ 表示价格为 P 时的需求，$S(p)$ 表示价格为 P 时的供给，ED 表示价格为 P 时的超额需求，$ED>0$ 时价格上升，$ED<0$ 时价格下降。随着价格的调整，在 P^* 附近（微分意义上）的价格行为可以表示为一阶微分方程：

$$\frac{\mathrm{d}p}{\mathrm{d}t}\cong k\times[ED'(p^*)]\times(P-P^*) \tag{3-2}$$

该微分方程的解为：

$$P_t=(P_0-P^*)e^{k\cdot ED(P^*)}+P^*,ED'(P^*)<0 \tag{3-3}$$

式（3－1）表明，当时间 t 增大时，P_t 趋向于 P^*。$ED'(P^*)<0$ 的含义是，价格上升使超额需求下降，价格下降使超额需求上升。

（二）集合竞价市场

集合竞价的原理实际上是庞巴维克的边际对偶理论的具体运用。在集合竞价过程中，撮合中心按照价格把所有的买卖订单汇总，然后按照四个原则确定成交价格：(1)所有市价订单都得到执行；(2)至少一个限价订单必须得到执行；(3)所有高于成交价格的买进订单和所有低于成交价格的卖出订单都得到执行；(4)如果买卖订单在数量上不平衡，应把限价订单分拆成若干更小的订单，以使买卖订单数量平衡。根据这些价格确定原则，交易系统把所有买入订单按照委托限价由高到低的队列排序，并把卖出订单按照委托限价由低到高的队列排序，之后寻找满足四个价格确定原则要求的成交价格。

集合竞价按照如下程序确定成交价格：(1)交易系统对所有有效买进订单按照委托限价由高到低的顺序排列，限价相同者按照进入系统的时间顺序先后排列；所有有效卖出订单按照委托限价由低到高的顺序排列，限价相同者按照进入系统的先后排列。(2)交易系统根据竞价规则自动确定集合竞价的成交价，所有指令均以此价格成交。按照集合竞价的价格确定原则，按此价格成交，能够得到最大的成交量。(3)交易系统按照顺序逐步将排在前面的买入委托与卖出委托配对成交，即按照"价格优先，同等价格下时间优先"的成交顺序依次成交，直到不能成交为止，即直到所有买入委托的限价均低于卖出委托的限价。未成交的委托订单，需排队等待成交。

在集合竞价市场中，由于订单一旦进入交易系统后，通常不能更改买卖价格，所以集合竞价的价格调整是不连续的（瓦尔拉斯市场是连续的）。只有当信息不均衡小于一定程度时，集合竞价才存在价格均衡。但是，集合竞价的均衡价格与瓦尔拉斯市场的均衡价格一样，都是帕累托有效价格，但是集合竞价市场的交易量通常低于瓦尔拉斯市场。

在集合竞价均衡存在的条件下，均衡价格为：

$$P^{*}=\frac{1}{N}\sum_{i=1}^{N}\left[Y_i-\left(\frac{\rho}{\theta}\right)X_i\right] \tag{3—4}$$

其中，P^* 是均衡价格，N 是信息交易者数量，X_i 是第 i 个投资者初始证券存量，Y_i 是第 i 个投资者考虑的由白噪音引起的证券价值 V 的随机变量 $\overline{Y}_i$($\overline{Y}_i=V+\overline{e}_i$)的实现值，$\rho$ 是风险规避系数，θ 是第 i 个投资者认为 $\overline{V}$ 先验地以均值 Y_i 为正态分布的确定性，其中 X_i、Y_i 是第 i 个投资者所拥有的私人信息。

(三)连续竞价市场

连续竞价并不是指交易在时间序列上不间断地进行，而是指投资者指令的匹配过程是连续进行的，即在两个交易者所下达的指令相匹配时交易就可以达成，而不需要像集合竞价那样等待一段时间之后定期成交。只要投资者的订单指令可以连续匹配，交易就可以连续进行，但是如果投资者的订单指令不能匹配，交易也可能在一段时间之内中断。

在连续竞价市场中，一个新的有效买进订单，若不能成交，则进入买进订单队列排队等待成交。若能成交，即其买入限价高于或等于卖出订单队列的最低卖出限价，则与卖出订单队列顺序成交，其成交价格取卖方报价；一个新的有效卖出订单，若不能成交，则进入卖出订单队列排队等待成交。若能成交，即其卖出限价低于或等于买入订单队列的最高买入限价，则与买入订单队列顺序成交，其成交价格取买方报价。

在连续竞价市场，投资者在提交订单后，可以立即与市场上已有的订单进行匹配，因此与集合竞价相比，连续竞价市场可以看作是一个信息交易者($N=1$)的特殊竞价市场，即每次交易均在一个投资者(信息交易者)与其他流动性交易者之间进行。由于存在着信息的不对称，所以如果这种信息不对称程度大到一定程度时，交易将出现中断，投资者的订单将不能成交。信息不对称程度一般以公共信息和私人信息之间的比值来衡量。当私人信息越大而公共信息越小时，信息不对称程度越大，交易越可能中断。所以，有效的信息披露制度是证券市场交易系统的内在要求。关于连续竞价的均衡存在条件的证明，本书不再详述，有兴趣的读者可参见 Madhaven(1992，pp. 631—639)。

事实上，很多市场的交易系统都是由集合竞价给出开盘价，之后自动转入连续竞价。以上海证券交易所为例，上交所以“价格优先，时间优先”作为订单匹配的第一、第二原则，开盘价由集合竞价给出，集合竞价后的新委托逐笔进入系统，与排队的委托进行连续竞价撮合。连续竞价过程循环往复，直至收市。

三、做市商市场的价格确定

在做市商市场，流动性是通过做市商的买卖报价提供的。如果做市商市场中存在着许多相互没有串通的独立的做市商，价格决定和流动性是通过做市商之间的竞争来实现的。由于做市商独特的市场组织者身份，所以其在提供流动性的同时，也需要从其设定的买卖报价价差中得到一定的补偿，以弥补其交易成本和交易损失。在存货模型中，做市商定价策略中的买卖报价价差来源于存货性质的交易成本。在信息模型中，买卖报价价差来源于信息不对称，做市商需要以对未知情交易者的盈利来弥补对知情交易者的损失，而且信息的不对称程度加大时可能使得市场失效。关于做市商市场的均衡以及均衡存在条件的证明，本书不再详述，有兴趣的读者可参见 Madhaven(1992, pp. 627—631)。

在做市商市场信息严重不对称的情况下，做市商没有义务一定要在市场中进行交易，或者以承担损失的方式留在市场。如果市场中信息严重不对称(私人信息一边倒而公共信息很少)，做市商必然会遇上掌握大量信息的知情交易者，这时做市商可能会退出市场，导致市场交易中断(Amihud, 1985)。一般来说，私人信息越大(公共信息越小)，买卖价差越大，但价格波动性越小(即定价效率越高)。

四、开收盘价格的确定

(一)开盘制度与开盘价格的确定

开盘价格是指交易日的第一个交易价格，对于当日的价格发现具有较大的影响。目前世界上绝大多数证券市场采取集合竞价方式产生开盘价，如纽约、伦敦、法兰克福、东京、新加坡、中国台湾等，但也有少数证券市场采用连续交易方式产生开盘价，如纳斯达克、中国香港交易所等。

我们以纽约证券交易所为例来介绍开盘集合竞价的过程。纽约证券交易所的开盘竞价是通过专家来进行的。专家在上午 9:30 之前接受来自大厅经纪人或 SuperDot 系统的投资者的订单，并随时观察订单簿中的买卖订单情况。如果订单簿中出现较大的不平衡，专家将把信息透露给大厅经纪人或其他场外参与者，以便吸引更多的订单，以平衡买卖盘。如果可能的开盘价格与前一交易日的收盘价差距过大，专家也必须在开盘前把可能的开盘价格范围通知大厅经纪人。在开盘时，如果买卖订单仍然不平衡，专家将以自己的存货平衡市场。

连续交易方式确定开盘价格的过程则有所不同，没有确定的开盘程序。以纳斯达克市场开盘价格的确定为例，纳斯达克市场的正式开盘交易时间为上午 9:30，但是从上午 8:00 开始，系统就将发布报价与上一笔交易的信息。上午 9:00，做市商可通过 SelectNet 系统传送订单。到 9:30，做市商的报价将成为实价，投资者可按照该报价进行交易，此时市场正式开盘。在开盘时段，如果系统出现锁定或交叉订单，则系统将把最具有竞争力的买入订单和卖出订单分别配对撮合，与正常交易时间相反，成交价格将取后进入市场的订单的价格。由于系统在开盘时，对符合条件的订单分对撮合，因此，某些股票的开盘价可能不止一个。

对于开盘价格的确定，大多数学者赞成采用集合竞价模式，因为集合竞价将订单流集中，不需要中介干预，降低了交易成本，提高了价格发现的质量。与此同时机构投资者也偏好开盘集合竞价制度，因为集合竞价能使他们绕开机构经纪人，直接利用市场的流动性。但也有一些学者指出(Angel 和 Wu, 2001)，一些投资者可能不愿意参与透明度很高的集合竞价，比如一些机构投资者不愿意披露其全部交易愿望。

（二）收盘价格的确定方式

收盘价格也是证券市场上的重要参考价格，适合的收盘制度应该能够确定合理的收盘价格，避免价格的剧烈波动，保持价格的连续性。因此，合理公平的收盘价格制度也是交易机制设计的重要内容。

从国际市场上看，主要有以下五种方式确定收盘价格：

(1)集合竞价确定收盘价格。大多数证券市场采取集合竞价模式来确定收盘价格，如伦敦、东京、新加坡、泛欧交易所等。

(2)以最后一笔逐笔交易价格作为收盘价格，如纽约、多伦多、新西兰等证券交易所。

(3)以收盘前一段时间每笔成交价的加权平均作为收盘价格，如雅典、墨西哥等证券交易所。

(4)以收盘前一段时间的随机单笔价格竞价的方式确定收盘价格，目前只有澳大利亚证券交易所采取该种方式。

(5)以收盘前一段时间交易价格的中位数作为收盘价格，目前只有中国香港证券交易所采用该种方式。

五、大宗交易机制

大宗交易(block trading)是指每一笔买卖超过某一规定数量的交易。由于大宗交易可能会给市场带来流动性冲击，逆向影响市场价格变化，因此，许多证券市场对于大宗交易都会采取与小额交易不同的价格确定方式和信息披露机制。

由于大宗交易一般都涉及特殊交易事项，诸如收购、兼并、战略性投资或者违法交易，这些交易往往反映了较大程度的信息不对称，所以大宗交易往往对证券价格有显著的影响。而且，由于大宗交易可能会涉及与市场规范和公平相关的两个问题：存在违法交易和取得公司的控制权，所以大宗交易成为各国证券市场监管的重点。针对大宗交易的这些特点，对其交易制度的安排主要表现在两个特殊的方面：一是价格由交易者协议确定，二是交易信息延迟披露。

这种特殊的交易制度安排有效地降低了大宗交易对市场价格的冲击，降低了机构投资者的交易成本，提高了市场的流动性并且增加了市场的稳定性。例如，对于兼并重组、上市公司市场收购等行为，若采取大宗交易制度，集中交易可以使得机构之间的协议交易合法化，但是这种合法化是以信息披露、信息公开为前提的。同时，可以快速地完成兼并收购，避免了市场价格的反复波动，杜绝了相关消息人士的跟风肆意炒作。

大宗交易制度的价格协议确定和信息延迟披露是在监管前提下进行的，这就需要在有效的信息披露制度下进行有效的监管。以美国大宗交易的信息披露为例：在美国证券市场，如果某投资者买入一家公司5%以上的股权，就一定要向证券交易委员会汇报购买目的。拥有10%以上股票的投资者就是一家公司的内部人，每个月15日，该投资者要填两张表，反映上个月他持有股票的存量是多少、做了多少交易、有多少卖出、多少买入等交易信息。根据对该类投资者的监管要求，对于同一只股票，其当前买入交易和下一次卖出交易，或当前卖出交易和下一次买入交易的时间间隔必须在6个月以上，不到6个月的交易都是违法交易，不仅所得利润要交给公司，而且还要缴纳罚款；同时，美国证券交易委员会把交易大户每个月所填写的表格全部录入电脑，然后制作成磁带，以120美元的价格出售。很多律师得到这个信息以后就会去查交易大户是否存在违规交易。如果有，律师可能会“敲竹杠”，或者帮助中小股东进行集体诉讼，从赔偿金中获取可观的律师费。这种来自于证券交易委员会、小股民和律师多管齐下的监管，加大了大宗交易者违规的风险和成本，使得炒作股票等违规交易受到很有效的约束。

我国深圳证券交易所于2002年2月发布并正式实施了《深圳证券交易所大宗交易实施细则》。引入该大宗交易制度是我国证券市场在交易制度方面的一项重大创新，增强了交易制度的适应性，有利于我国二级市场的兼并重组，提高证券市场的资源配置效率。根据《深圳证券交易所大宗交易实施细则》，大宗交易制度适用于在深圳证券交易所上市的A股、基金、债券（债券回购除外）的交易。A股、基金每笔大宗交易申报数量不得低于500 000股（份），债券每笔申报数量不得低于5 000手。买卖双方就价格和数量达成一致后通过同一证券商席位以大宗交易申报的形式在交易日14:55前输入交易系统，由交易系统确认后成交。交易价格由买卖双方在当日已成交的最高价和最低价之间确定，当日无成交的，取前一日收盘价作为交易价。大宗交易的成交量和成交金额纳入每只证券当日总成交量和总成交金额的统计，但不纳入实时行情和指数的计算。每笔大宗交易的证券名称、成交量、成交价、证券商席位名称以及买卖双方的姓名或名称将以公开信息披露的形式向市场公告。此外，深交所指定专门的机构与人员对大宗交易的申报、成交确认、信息披露进行监控与管理。

六、价格稳定机制

合理的市场交易机制设计可以降低剧烈波动的可能性，从而稳定价格，降低投资者的风险，保障金融市场的健康运行。价格稳定机制就是交易机制中与风险管理密切相关的内容。

从世界主要证券市场的实践来看，主要有以下9种价格稳定机制。

（1）价格涨跌幅限制措施。这是通过制度设计人为限制股价涨跌的一种措施，在我国称为涨跌停板。具体说来，涨跌幅限制规定了一个交易日内证券交易价格的最大波动幅度，当证券价格在当日涨跌达到参考价格（通常为前一交易日收盘价）上下一定幅度（我国为10%）时，价格便不能继续上涨或下跌。

（2）断路器。它是指当市场指数下跌超过预先设定的一定幅度时，暂停整个市场的交易的限制措施。其特点是不止涨、仅止跌，主要目的是防止市场的非理性大幅下跌。纽约证券交易所在1987年股灾之后首先采用断路器措施，随后韩国、泰国、印度等不少国家先后引入了该措施。

（3）委托限价。它是指一笔委托订单报价不能高于或低于某个特定成交价格的一定幅度，否则委托无效，其目的在于保证价格的连续性和稳定性。但是，在这一过程中交易并不停止，对于委托价格处于限价幅度内的订单可以继续进行交易。

（4）最小价格升降档位检查。这主要是针对程序交易和卖空交易的一种稳定市场的措施。

如纽约证券交易所规定，当大盘指数较前一交易日下跌达到2%时，对指数成分股的卖出订单不得低于上一笔成交价；当指数上涨达到2%时，则买入订单不得高于上一笔成交价。

(5)保护价格。这是交易所为防止市价订单的执行价格极端化而设立的，通常根据基准价格(一般为当时市场价格的最佳买卖价格)的一个固定百分比计算，市价订单只能在保护价格之内成交。

(6)保证金制度。这主要是针对期货、期权等衍生品和买空卖空交易的限制措施。证券监管机构可通过调节保证金比率的高低，间接调控市场信用和供求关系。

(7)头寸限制。这也是针对期货、期权等衍生品和买空卖空交易的稳定措施，如限制市场参与者的合约数量或限制单个证券的信用交易比例等。

(8)专家的稳定作用。在具有专家(做市商)参与的市场(如纽约证券交易所)中，专家具有稳定市场的作用和义务。当市场供需不平衡或者市场缺乏深度时，专家有责任以自己的账户资金逆市买入或卖出，以维持市场的稳定。

(9)股市稳定基金。这是由政府设立的专项基金，目的是在股市出现大幅下跌时干预市场，以阻止股市继续下跌。

七、信息在价格确定过程中的作用

从对交易机制价格确定过程的分析中可以看出，信息作为一个关键的参数决定了市场的特征，所以信息披露也就成了证券监管的实质性内容。信息在交易机制中的这种作用是由证券资产特殊的价格机制决定的。

根据金融学的定义，证券的价格必须反映其真实价值。真实价值是其未来收益的现金流经过适当的折现后所得到的价值。所以，与普通商品相比，证券价格具有两方面特点：(1)从价格反映的效用与其存在状态角度看，普通商品(如一条鱼或一双鞋之类)的功能效用特点一般在交易前就已经形成了，消费者是从这些特定商品对他自身的效用满足程度的角度去评价普通商品的价值的，并且由此决定购买的数量。与此相比，证券的价格却大为不同。首先，每单位证券所代表的权益对象是功能上不可分割的整个企业，其价格所体现的是企业未来价值的折现值。其次，证券价格是一种二级市场价格，它反映的是整个企业价值的变化而不是投资量的价值变化。再次，证券价格所代表的效用实现有赖于企业经营人的投资和经营活动。(2)从价格反映的信息角度来看，普通商品的价格反映了质量和稀缺性信息，消费者只是从自身边际效用满足的角度去比较和衡量这些信息。这些信息的内容当前已经存在，而且更多涉及的是只需要个人判断就可以做出消费决策的私人信息(Hayek，1945)。与此相比，证券价格的信息内容是有关未来企业收益预测的信息，投资者并不能决定信息的内容和质量，这些信息是由企业经营者决定并拥有的，投资者只是信息的接受者并在获得这些信息之后再对企业价值进行估计。所以，以上两方面的特点决定了证券定价机制的特性，即定价机制涉及未来不确定性的信息流以及预期。

正是由于证券资产定价机制的这种特征，所以形成了证券价格独特的“信息—预期—价格”定价过程，其中信息以及信息引致的预期在价格确定过程中的作用往往是决定性的，这一点在信息模型中表现得很明显。在本书信息模型中，分析的起点往往是假设已经存在一个外生给定的关于资产价值 V 的信息流。在交易机制的定价过程中，通过贝叶斯学习过程或者理性预期均衡模型，使得交易者之间或者交易者与做市商之间通过博弈，达成一个对信息流的预期价值均衡，从而产生了均衡价格。这个过程随着新信息的不断产生而调整，并在交易过程中不断产生新的均衡价格。

在交易机制的分析中有两大理论工具：贝叶斯学习过程和理性预期均衡模型。贝叶斯学习过程主要用于序贯交易模型，用以分析做市商决定市场价格的动态调整过程，也可以用来分析交易者通过交易过程的参与对市场进行判断和把握。在交易过程中，一方面做市商根据订单指令所传递的有关资产价值 V 的信息，判断资产价值 V 并确定出吻合该信息均衡的市场价格；另一方面价格本身也为交易者传递了有关资产价值 V 的信息，从而可以调整它们之后的订单指令；理性预期均衡模型主要用来分析交易者的交易策略。在交易策略的分析中，根据对信息的掌握程度，把交易者划分为知情交易者和未知情交易者两类，各类交易者根据自己对信息的掌握程度确定不同的交易策略。做市商也可以根据通过指令流观察到的交易者交易策略调整定价策略，并在交易博弈的策略均衡时产生市场价格。所以，信息在证券价格确定过程中的作用是非常重要的。

但是，正如前面所述，信息的标准定义是指有关资产真实价值 V 的信息。根据这个定义，可以对信息的概念进行更深入的探讨。信息的定义依赖于真实价值的概念，而真实价值是通过对未来预期的估计而形成的，具有内在的不确定性。所以，在时空维度上，信息主要指的是现在被确认和接受的信息，但是其内容却是关于未来预期的实现的信息。也就是说，信息的存在性依赖于对未来预期的实现。因而，信息本身也有内在的不确定性。与信息相对应的概念是噪声。噪声被定义为一些原本可以与资产真实价值无关，但同样被投资者接受并影响资产价格非理性变动的一些消息(Black，1986)。相比之下，接受信息并反应的是理性投资者，接受噪声并反应的是“噪声交易者”。从认识论的角度看，因为无法对信息是否与资产真实价值变动有关进行先验地判断，市场参与者对信息接受与否的判断标准仍然是主观的，所以信息是不断改变的，交易机制的价格确定过程也随之不断地进行动态调整。

这样，我们可以尝试着从另一个角度来理解信息和市场交易机制。如果我们把信息理解为进入定价机制，并且经过定价机制处理后能够影响价格变化的信号，那么不能进入定价机制或者进入了定价机制但是不能影响价格的信号则不是信息。由此可见，一种消息可以称作信息的关键在于投资者是否接收了它，并通过预期与决策行为把它反映在定价机制上，最终影响了价格的变动。所以，信息所包含的内容可以非常广泛，有别于标准信息的噪声也可以称为市场中的信息。而市场作为信息交换和汇聚的场所，与价格一起成为信息存量和流量的一种互为度量方式，交易机制则是信息处理和价格确定的具体过程。在这个过程中，不同的市场微观结构，如交易者类别及结构、交易程序、交易信息披露方式或交易机制中的其他具体内容，都将导致定价过程中投资者采取不同的交易策略，并最终反映到价格变化上。

第五节　交易技术系统的变迁与交易机制的改变

一、交易技术系统与交易机制的关系

从设计的角度看，证券交易系统包括两个相互联系的组成部分：交易机制和技术系统。交易机制是制度化的市场交易结构，技术系统是保证交易机制实施的必要措施。技术系统的基本功能在于：在交易者之间沟通市场信息，把投资者的订单传送到市场，撮合匹配订单，并把交易信息反馈给交易者和结算系统。从操作的意义上说，技术系统决定了交易机制在多大程度上实现自己的功能，从而决定了证券市场在既定技术水平条件下的发展空间。

证券市场自诞生以来，其技术设备，就像它的规则与制度一样，也经历了数次从简单到复杂、从落后到先进的变革。到20世纪80年代，自动化成为证券交易系统发展的主旋律；进入90年代，网络化成为证券交易发展的新标志；进入21世纪，国际证券市场面临着网络化带来的整合与挑战。

自动化与网络联线交易是20世纪证券交易手段发展的两大标志，它们提高了证券交易的效率，减少了交易过程的成本，但是同时，加剧了市场的竞争格局，给证券市场带来了挑战。证券市场的网络化体系通过相关信息的即时传递提高了市场效率，通过改善运行效率加强了国际竞争力，通过向有组织的交易所和监管机构显示任何不正常的证券价格波动，提高了监管效率，并通过电脑自动下单、匹配、价格决定和清算与交割增加了交易量。

但是，随着新技术采用、交易量的增加和运行效率的提高，系统风险也开始变化并增大，防范风险的方式也要求有所创新。此外，网络化也对证券交易过程产生了一些不利的影响。自动化影响了交易规则（影响了市场信息的时空分布，改变了大众投资者和市场投资者中知情者和不知情者的传统划分标准，影响了做市商和投资者之间的传统定位），拓展了交易中产品、资本和交易者的时空分布。在提供流动性方面，自动化使得职业做市商的地位下降，公众投资者的地位上升，而机构投资者作为短期做市商和流动性投资者的地位显著加强。

与传统的通讯方式相比，网络化为证券交易提供了快捷及互动的跨国联系，方便了金融服务供应商招揽、联络和服务客户，但同时联线交易也给证券市场及其监管带来了新的挑战。网络化引发了适用何种法律法规、何种信息披露原则以及适用哪一国法律等一系列证券市场监管难题，深刻地改变了证券市场的运行方式。

二、网络化对证券市场交易方式的影响

（一）网上交易深刻地改变着证券经纪结构和投资者结构

首先，网上经纪公司迅速发展，改变了传统的证券经纪结构，使原来势单力薄的折扣经纪商通过技术手段降低了经营成本，从而具备了传统经纪商无法比拟的价格优势。如美国最大的网上经纪商嘉信证券公司做一笔业务只需19美元，最低的只需8美元，而美林证券公司则

要收298美元。经过5年的发展，嘉信证券的市值已经超过了美林证券，达到了340亿美元。其次，网上交易改变着投资者结构。随着网上交易的迅速普及，美国的投资者结构正由以机构投资者为主向个人投资者积极参与转变，个人投资者更愿意通过网上交易系统亲自买卖股票。美国证券交易委员会于2000年1月制定新规定，鼓励投资者进行网上交易。从美国目前的情况来看，高技术、高收入的"双高"阶层是网上交易的主要参与者。

（二）网上交易深刻地改变着传统证券交易手段、交易方式和交易场所

证券市场技术创新可降低交易成本。证券交易成本主要包含经纪成本和交易所成本。前者是由投资者支付的个体成本，后者是由整个市场承担的成本。网上交易的产生和发展，首先是为了降低投资者的成本，一旦这种交易方式被引入到证券交易所，使传统交易所的交易技术与现代信息技术相结合，便会形成新型的证券交易结构，即以电子通讯网络（ECN）和可选择交易系统（AST）为主导的全球性、低成本、快捷便利的网上交易体系，进一步降低了整个行业的交易成本。目前，美国已经有9家ECN向美国证券交易委员会申请成为证券交易所。这些网上交易系统，已经分别从纳斯达克和纽约证券交易所分流了30%和5%的交易量。传统证券交易所必须采用网络技术，传统交易所和新兴的交易体系将进一步融合，未来交易所将发展成为一种综合性的金融网站。

（三）网上交易部分地改变着监管的范围和手段

由于传输媒介的变化，网上发行、网上经纪、网上咨询、网上路演、网上结算的出现，监管范围迅速由有形扩大到无形，监管对象迅速增多。这就要求监管方式有所变化，以适应新技术的挑战。目前，全世界并没有成熟的关于网上交易的监管法规。美国证券交易委员会在将《1933年证券法》和《1934年证券交易法》的原则引申到网上交易监管的同时，目前已经颁布了许多涉及网上交易的规则。证监会国际组织（IOSCO）也对网上交易提出了指导性原则，并拟订出网上交易的一般规则。网上交易对现行证券监管体制、规则和手段的冲击在于，原有的监管体制是建立在实质监管、实体监管和有形监管基础上的，而信息技术和网上交易的出现，大多都超越了原有法规的监管范围。现行监管法规只能提供监管原则，缺乏可操作性的监管规则，尤其是由于一些业务创新难以界定，从而给监管工作带来了极大的难度。但另一方面，我们应当看到，信息技术也给监管提供了电子监管手段，电子化的交易记录、自动查询和搜索功能、电子报告传输系统进一步强化了集中统一监管的手段。

（四）网上交易加快了证券市场的国际化进程

网上交易从技术、信息共享、效率和同步性等方面为证券市场国际化提供了更有效的手段。网上交易使全球24小时交易成为现实，真正使投资者能够投资全球股市，可以低成本地进行国际资产组合和分散风险。此外，它还有助于推动交易所的全球化重组。目前，伦敦证券交易所和法兰克福证券交易所为增强竞争力，已经结成联盟，欧洲其他交易所也纷纷参与，初步形成了泛欧股票市场。纳斯达克为建立全球交易体系，已分别在日本和欧洲建立了日本纳斯达克市场和欧洲纳斯达克市场。为进一步提高国际竞争实力，澳大利亚、中国香港各自的期货交易所与证券交易所的合并已经完成，新加坡的"两所"合并正在酝酿之中。纳斯达克与美

国证券交易所合并后，将成为包括期货市场在内的“市场中的市场”。

三、网上交易对证券市场的挑战

（一）网上交易风险及其防范

网络带来成本节约、效率提高和市场扩容的同时，也使得市场运行对网络技术日益依赖，并且不得不面对日益升级的网络安全问题。盛润网的一项调查结果显示，在投资者所担心的一系列问题中，担心交易安全的人数最多。与一般的电子商务一样，网上证券交易的安全性问题主要体现在以下几个方面：(1)“防火墙”、操作系统、应用系统存在漏洞或可能被操纵的系统“后门”，可能受到网上黑客的攻击、入侵、破坏，导致网上委托无法正常进行。(2)网上证券交易带宽不够或服务器处理能力不足，当交易火爆时，投资者不能及时看到行情甚至发生堵单情况。(3)网上证券交易数据传输过程中，存在客户数据被盗或被更改的可能，甚至造成资金损失。(4)由于网上证券交易系统连接了证券公司、ISP 等多个电脑系统中间环节，因而稳定性较弱，而且还可能出现网上欺诈，如发布假行情、假公告等虚假信息，误导投资者，甚至操纵市场等现象。

针对网上交易的特点以及安全交易系统的基本要求，防范风险应该从技术方面、加强监管和业务流程控制两方面入手。

(1)技术风险。它主要包括数据传输安全、交易系统的安全和系统管理的安全。数据传输安全的主要解决方法是数据的加密，应用比较广泛的有 SSL、SET 等标准加密算法，很多公司也应用自己独特设计的加密算法；交易系统的安全是指针对系统设计的缺陷，恶意破解投资者的账户密码、攻击交易后台系统、攻击网络服务器，其防范措施依赖于系统设计技术；系统管理的安全是指保证系统的稳定和可靠运行，提高系统的数据及传输安全，以及对管理人员和操作人员的道德风险进行防范和监控。

(2)市场扩展后的可控性风险。在传统的证券交易方式下，投资者的每一笔交易在实际进行撮合之前都处于可控状态，交易的发起人也是可以追踪的。在互联网上，投资者可以无限制地发出交易委托，这些交易指令都被及时进行撮合。交易的便利性可能导致无限制交易行为的膨胀，实际上也为随意的投机交易和恶意的交易行为敞开了大门，导致市场出现不可控制的可能性。此外，网上交易对成本的降低导致竞争的激烈化，可能会引起不规范竞争和破坏市场秩序，引起经营者的可控性风险。

(3)信息风险。由于互联网的公开性，理论上任何人均可以随意发布消息，这可能导致虚假信息的泛滥。由于目前针对互联网的信息监管法律还相对空白，只能引用传统法律进行事后处理，对此尚且无从规范。

(4)风险的扩散效应。由于证券市场参与主体的社会化和证券市场与其他市场的关联性，证券市场的大幅波动可能引发相关金融市场的大幅波动，极端情况下还可能会带来灾难性的后果。与以往相比，在互联网环境下，证券市场发生大幅波动的可能性增大。

(5)监管不足的风险。尽管传统的市场监管体系也可以用来监管网上证券交易，但是作为一种全新的交易方式，网上交易对证券市场的深刻影响在于，投资者在交易行为中的主动性、自由性和开放性是以往任何交易方式所无法比拟的。无论是技术性风险还是市场的不可控风险，根本原因在于没有一种完备的监控技术和监控体系。

（二）对监管带来的挑战

到目前为止，各国的监管机构都尚未有足够的手段对这一新的交易方式和交易制度进行有效监管，因而行业自律在其中起到了重要作用。但应该看到，行业自律在我国的作用还很有限，难以满足网上交易快速发展的需要。因此，更应该加强有效监管，从技术和制度上保证这一新的交易方式的规范发展。

(1)通过资格认证规范交易平台。网上交易系统作为开放的网上交易平台，其安全性在整个系统中占有举足轻重的地位。完整的网上交易安全设施应该保证网络安全、通讯安全和应用安全。目前国外基本上采用券商和系统集成商之间自由选择的方式进行网上交易平台的开发。由于计算机和网络业的发达，系统的可靠性较高，一般都能满足交易上的各种需要。此外，更重要的是，在制定行业标准时，市场化的竞争方式往往更有利于技术的进步和行业的发展。因此，我们认为，在我国应该采取由证监会对系统集成商进行资格认证，然后由券商和系统集成商通过市场竞争的方式，促进交易平台的规范和发展。

(2)建立有效的责任分担制度。交易员操作失误和交易系统出现故障是引起网上交易风险的两大因素。当网上交易出现利益纠纷时，责任如何分担就成为一个现实问题。美国的网上交易曾经发生过股民索赔和券商赔款的案例。目前一般认为，即使系统出错，经纪商仍然要对自己的交易负责。对此，芝加哥期货交易所建议在其电子线路中加上责任条款。其中，包括管理人员和一般职员的失误问题。在这个条款中，交易所对每笔交易事故的赔偿金额将达到5万美元，场内交易商对损失的赔偿金将不会超过1 000美元，而每个交易日所有场内交易商的总赔偿金不超过25万美元。此外，证券公司为客户的投资提供担保也是促使券商担负监督职责的有效手段。如E* TRADE公司为客户账号的保费高达2 500万美元。为此，可以考虑由券商、系统集成商对系统的可靠性进行投保，当交易系统出现问题导致投资者损失时，由多方共同承担责任。

(3)加强监管力度、防范交易风险。互联网的出现，对监管者而言是一把“双刃剑”，在增强监管能力的同时，也出现了许多的网上股票交易诈骗等非法事件。1995年，美国CFTC通过互联网在全球范围内成功追查到一个卷款逃跑的地下期货经纪公司经理的行踪。但还有很多的非法案件无法得到及时监管和查处。因此，在制度上规定每笔交易的上限、监控投资者每日交易情况、严禁投资者违规透支交易、对资金在账户之间划转实施监控等，使开户、指定交易的事前控制、交易过程中的事中控制和交易后数据清算的事后控制有机结合，增强监控能力。

(4)加快网上交易的法制化建设。随着互联网在国内的普及，证券网上交易有着广阔的市场前景和盈利空间。从长远来看，技术的进步和网络的普及很快就会使网络交易由今天的创新变成明天激烈竞争的领域。网上交易终将使传统证券经纪业务发生深刻的变化。伴随着网上证券业务的迅猛发展，如何依法保护券商、投资者的利益，使其健康、规范、有序地发展，越来越成为摆在我们面前的严峻而紧迫的课题。

本章小结

市场微观结构理论研究的是交易机制如何影响价格的形成过程，并分析在一定的交易机制下资产交易的过程和结果。广义的交易机制就是市场微观结构；狭义的交易机制是指市场的交易规则和保证规则实施的技术，以及规则和技术对定价机制的影响。

证券市场交易机制分为两类：一类是报价驱动交易机制，也就是做市商市场；另一类是指令驱动的竞价交易机制，包括集合竞价和连续竞价。兼具这两类特征的交易机制称为混合机制。不同的交易机制有各自不同的优缺点。

证券交易程序是指投资者在二级市场买进或卖出证券的过程，是交易机制的有形的程序化表现。在目前电子化交易情况下，证券交易的基本过程包括开户、委托、成交、清算和交割五个阶段。在交易机制的定价过程中，由订单表示的交易指令是交易信息传达和揭示的形式，证券市场上通常使用的交易指令有四种形式：市场指令（market order）、限价指令（limit order）、止损指令（stop order）、止损限价指令（stop limit order），其中前两种指令多用于现货市场，后两种指令则多用于期货、期权市场。订单所传递的交易指令可能会在价格、数量、时间等委托交易参数上有所不同，所以交易机制中需要一定的匹配规则，使得买卖订单以尽可能接近委托要求的条件达成交易。证券市场实践中的订单匹配原则主要有优先性依次减弱的 8 种：价格优先原则、时间优先原则、按比例分配原则、数量优先原则、随机优先原则、客户优先原则、做市商优先原则、经纪商优先原则。

在证券市场上，市场出清价格就是投资者买进和卖出股票的均衡价格。价格确定的基本方式随着交易机制技术实现措施的不同而不同。竞价市场中的完全竞争市场、集合竞价市场和连续竞价市场的价格确定过程各有所不同，做市商市场与竞价市场的价格确定方式也各有特点，开盘、收盘价格与一般的股票价格确定过程相比有其特殊性。此外，针对特殊交易事项的大宗交易制度的价格确定过程与竞价市场和做市商市场也有所不同。在交易机制的设计中，价格稳定机制是一项重要的内容，它保证了交易的连续性。根据各国的实践，我们总结了 9 种不同的价格稳定机制。在交易机制的价格确定过程中，信息作为一个关键的参数决定了市场的特征，所以信息披露也就成为证券监管的实质性内容。信息在交易机制中的这种作用是由证券资产特殊的价格机制决定的。

从设计的角度看，证券交易系统包括两个相互联系的组成部分：交易机制和技术系统。交易机制是制度化的市场交易结构，技术系统是保证交易机制实施的必要措施。技术的发展提高了证券交易的效率，减少了交易过程的成本，但是同时给证券市场带来了挑战，加剧了市场的竞争格局，增加了系统风险。同时，网络化引发了适用何种法律法规、信息披露以及适用哪一国的法律等一系列证券市场监管难题，从而深刻地改变了证券市场的运行方式。

基本概念

市场微观结构　交易机制　狭义交易机制　做市商市场(报价驱动)　竞价市场(指令驱动)　集合竞价　连续竞价　市价指令　限价指令　止损指令　止损限价指令　订单匹配原则　大宗交易　价格稳定机制

复习思考题

1. 请从市场微观结构的角度思考交易机制与价格确定两者之间的关系。
2. 比较不同分类的交易机制之间的优缺点。
3. 不同的交易机制,各自的价格确定过程的特点是什么?
4. 如何理解信息在价格确定过程中的作用?
5. 如何理解技术进步与交易机制变迁之间的关系?
6. 简述主要证券市场的价格稳定机制。

本章参考文献

1. Maureen O'Hara(1995), *Market Microstucture Theory*, Blackwell Publishers Inc, First published.

2. Cohen、Maier、Schwartz、Whitcomb (CMSW) (1986), *The Microstructure of Securities Markets*, Prentice-Hall.

3. Madhavan, Ananth(1992), Trading Mechanisms Securities Markets, *Journal of Finance*, Vol. 47, June, pp. 607—641.

4. Huang, Roger D., and Hans R. Stoll(1992), The Design of Trading System: Lessons from Abroad, *Financial Analysts Journal*, Vol. 48, pp. 49—54.

5. Gemmill, Gordon(1996), Transparency and Liquidity: A Study of Block Trades on the London Stock Exchange under Different Publication Rules, *Journal of Finance*, Vol. 51, Dec., pp. 1765—1790.

6. Grossman, Sanford and Merton Miller(1998), Liquidity and Market Structure, *Journal of Finance*, Vol. 43, June, pp. 617—633.

7. 屠光绍主编:《交易体制:原理与变革》,上海人民出版社 2000 年版。

8. 周正庆主编:《证券市场导论》,中国金融出版社 1998 年版。

9. 周正庆主编:《证券知识读本》,中国金融出版社 1998 年版。

10. 上海证券交易所:《中国证券市场研究前沿专题——上海证券交易所联合研究文选》第 1 辑,商务印书馆 2001 年版。

11. 刘逖:《证券市场微观结构理论与实践》,复旦大学出版社 2002 年版。

第五章

广义交易机制

在分析狭义交易机制时，我们在金融市场内部运行机理中聚焦于价格发现和价格形成的交易过程、市场的交易规则和保证规则实施的技术及其对定价机制的影响。在这些分析中，由于分析视角的需要，我们假设交易过程的起点是交易指令流的进入，经过交易撮合最终形成了市场中的价格。这其中我们并没有考虑这个价格形成过程的起点和终点之外的价格机理，如指令流的变化包含了什么样的信息含义？是什么因素影响了交易过程中的指令流变化？市场对这些价格所包含的信息又是如何反应的？一旦我们关注狭义交易机制之外的问题，我们就需要从广义交易机制的范畴对金融市场进行分析。对于一个市场而言，广义的交易机制可以理解为市场的微观结构。市场微观结构通常由5个关键部分组成：技术、规则、信息、市场参与者和金融工具。这五大市场要素相互之间的作用，就构成了市场运行过程的微观基础。

第一节 广义交易机制概述

当我们把视角转到广义交易机制去认识金融市场及其功能实现的时候，我们进入了一个更广阔的范畴。在这个范畴中，不仅市场本身不再是一种被给定的概念和功能架构，而且市场微观结构中的各种组成部分也不再是一些静止的要素。这些要素的变化以及相互之间的作用，构成了市场运行过程的微观基础，也最终决定了市场的运行状况和运行特征。

一、广义交易机制的概念

在第三章分析交易机制与金融市场功能实现之间关系的时候，我们从市场微观结构理论的发展和框架入手，以市场在交易过程中的价格形成和价格发现为核心，深入探讨了交易机制作为金融市场微观基础的重要性。市场的运行是金融市场实现其功能的保证，市场运行的核心功能是提供流动性和价格发现，整个过程是围绕价格形成和发现过程中的信息博弈互动。博弈的主体是市场参与者，他们从各自不同的角度，在一定条件下的市场中通过金融工具的交易，对市场规则和信息变化作出反应，从而在交易策略互动中形成市场的均衡价格。

因此，从博弈的动态观点去理解，市场的运行就是动态连续的市场参与者之间的交易策略博弈，而交易策略是在一定的市场环境或者是相对的交易机制条件下的交易行为的反映。我们可以从这一视角去理解广义交易机制在金融市场中的作用。图 5—1 是一个示意性总结。

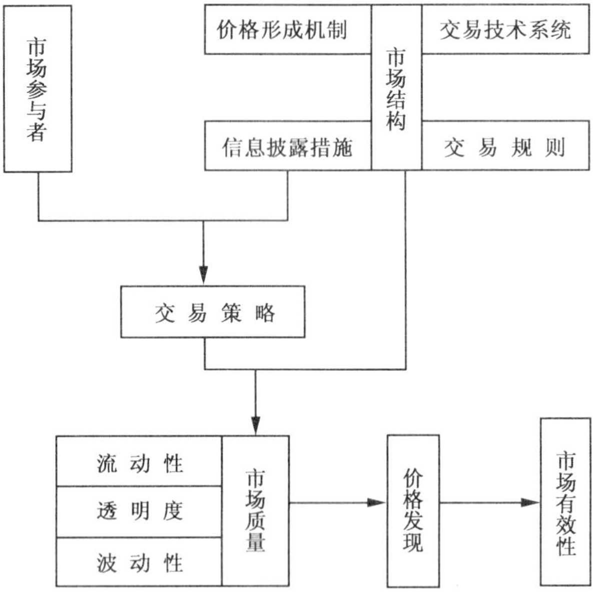

图 5—1　广义交易机制示意

在图 5—1 中，简要示意了拟要分析的广义交易机制和金融市场功能实现之间的关系架构。事实上，图中的所有部分，都可以理解为广义交易机制的结构和功能机制。市场结构强调了市场微观结构本身，在其中包括价格形成机制、信息披露措施、交易技术系统和交易的规则，被交易的金融资产（工具）隐含在其中；市场参与者强调了构成市场供、需力量的趋利性经济人，他们的经济决策是市场交易的原动力；交易策略强调了市场运行的博弈属性；市场质量强调了市场运行的可观察结果；价格发现和市场有效性强调了市场运行的终极功能目的。

市场微观结构几大组成要素的变化，以及它们相互之间的作用，通过对市场参与者交易策略的影响，最终影响了市场的运行质量和市场功能的实现程度。在金融市场的发展和变迁的历程中，市场中各组成要素也是在逐渐变化的，它们的共同作用又推动了金融市场向新的趋势演变。在这些要素中，各自的作用都很独特且重要。为了分析的方便，我们把这些要素简要划分为内生性和外生性因素。其中，技术和金融工具可以看作是外生性因素；市场参与者、规则和信息则可以看作是内生性因素①。

① 内生性和外生性的划分很难有一个准确的标准。这里所考虑的是因素的变化和市场的变化，是直接性的因果关系。

二、广义交易机制的市场要素

(一)构成市场微观结构的五大要素

技术因素是指保证交易实施的技术性措施。从设计的角度看,证券交易系统包括两个相互联系的组成部分:交易机制和技术系统。交易机制是制度化的市场交易结构,技术系统是保证交易机制实施的必要措施。技术系统的基本功能在于:在交易者之间沟通市场信息,把投资者的订单传送到市场,撮合匹配订单,并把交易信息反馈给交易者和结算系统。从操作的意义上说,技术系统决定了交易机制在多大程度上实现自己的功能,从而决定了证券市场在既定技术水平条件下的发展空间。证券市场自诞生以来,其技术设备就像它的规则与制度一样,也经历了数次从简单到复杂、从落后到先进的变革。由技术因素所决定的交易自动化措施,直接影响着价格形成、清算和信息传播等机制。以前的人工喊价制度,是指交易在指定的交易大厅进行,代客买卖的交易商面对面地公开叫喊,以特定的价格进行特定数量的交易。而电脑自动交易系统,在整个交易过程中借助电脑的运算处理能力和指令反应速度,来辅助或执行买卖竞价的作业过程。国内外主要证券交易所的交易系统,其技术改进都经历了交易厅、较不活跃的自动化交易,到全面自动化交易为主、非自动化交易为辅的过程。

金融工具就是金融市场中被交易的金融资产。作为交易的载体,交易者通过金融工具交易获取资本利得,市场通过金融工具交易对金融资源的配置提供动态转移的路径。以证券市场为例,股票的发明是一项极大的金融创新。这种交易工具使得分散的资本可以通过自愿交易的方式积聚在一起,进行规模化投资和产业化创新,推动产业成长和证券市场发展。金融工具的创新和发展,和市场其他的构成因素相互作用,共同推动金融市场的变化和发展。比如,技术的进步使得更多的虚拟性金融创新得以借助市场交易实现,并反过来影响市场运行中的各种特征。期货、期权、ABS 等创新性产品的推出和相应交易市场的发展,就深刻地影响了基础产品市场的流动性和价格发现等特征[①]。

市场规则对金融工具的影响是多方面的。以金融抑制为特征的金融体系以及其中的金融市场为例,金融市场不再具有自发性自由交易特征,市场中的产品和交易规则受到来自于政府行政力量的控制和监管。这种市场环境中可以交易的金融工具一般较少,缺乏多样化选择的市场一般不利于投资者的资产组合构建和调整,从而又限制了市场规模和市场功能的发展。在极端情况下,行政规则甚至导致市场的分割运行,阻碍市场价格机制的运行,最终影响市场的各种运行特征[②]。

信息因素既包含交易信息披露,也包含信息本身的产生、传播和相应的市场信息结构,其范围和作用非常广泛且无所不在。交易信息披露可以分为交易前披露和交易后披露。信息披露对证券市场的运行至关重要。市场信息公开的好处是增强市场透明度,强化市场价格形成

---

① 关于金融创新和基础市场运行之间的动态关系,参见刘红忠《投资学》(高等教育出版社 2003 年版)第二章。

② 比如中国证券市场的发展以及所遇到的各种问题,就是这种情况的一个最好案例。

和价格发现机制，提供市场运行的效率，改进市场监管等。但是，人们对信息披露的程度一直存在着争议，如大额交易信息是否应该延迟等。但是，总的来说，证券市场交易系统的信息披露程度在朝着更加透明的方向发展。

市场参与者包括机构投资者、个体投资者、经纪商、交易所或政府代理机构等一系列具有不同立场的经济主体。虽然各自的立场不同，但是他们的利益取向是相似的，都是为了各自的利益最大化，只是在利益最大化实现的期限和路径选择中存在着差别。因此，市场就是这些经济主体逐利的博弈过程，交易就是博弈中的行为载体。在一定的市场结构下，市场参与者在风险厌恶水平、信息获取和分析能力、对信息的敏感程度以及对自身预期的信息等方面存在差异，这将使得市场参与者之间存在不同的投资组合和不同的交易策略行为，从而影响市场质量。

（二）市场要素的变化与广义交易机制

我们之所以要强调从广义交易机制的角度去分析金融市场及其功能实现，是因为对这些市场构成要素的关注使我们更深刻地理解了金融市场发展过程中的功能变迁。从而，我们对金融市场的理解可以跳出一个既定的范围和既定的功能标准。世界各国经济发展的历史经验指出，金融发展与经济发展之间的相互促进关系是明显的。然而，纵观世界各国的金融体系发展历程，不仅在金融市场和金融中介的相互重要性方面存在着差别，而且各自的金融市场和金融中介的发展也存在着许多显著的差别。在我们的分析中，正是构成广义交易机制各种市场结构要素的不同导致了各国金融市场的运行特征的差别。来自于比较金融制度的研究为我们理解这些问题提供了很好的视角和理论框架。

从制度经济学的观点来看，在经济体系复杂的分工网络中，存在着为资源配置而形成的不同治理结构，市场、企业、政府都是相互对应的不同的治理结构①。不同国家的经济体系，由于各自的文化、历史和社会等复杂的原因，在结构和功能上都存在着差别，其中各种治理结构的相对特征可以相互进行比较。

与此相类似，在认识金融系统在经济体系中的功能时，比较金融制度理论着重对比了金融市场导向型和金融中介导向型的各方面特征。从世界范围来看，我们可以把不同国家的金融系统大致划分为两类：银行导向型金融系统和市场导向型金融系统。前一类以德国为典型代表，后一类则以美国为典型代表。比较金融制度的分析，实际上就是研究这两类金融系统的不同特点，从而研究最优金融系统的组成因素并探索如何形成和选择最优的金融系统。在比较金融制度理论体系的发展中，各方面的研究一再强调了在不同的国家，金融系统的形式和功能差异都很大。综观世界经济发展史，我们可以发现在每一个国家，市场失灵改变了金融系统的演进路线。事实上，不同国家的金融系统的形成有其经济、政治及社会传统根源，而不同的金融系统在公司治理、风险分担、资源配置以及经济发展中的功能作用各有优势。这可以从美国、英国、日本、德国和法国的经济发展中得到说明。

---

① 关于这一主题，涉及的概念定义和理论内容非常广泛，有兴趣的读者请参见青木昌彦的《比较制度分析》一书。

这些理论和实证检验给我们的启示在于，作为资源配置治理结构之一的金融市场，在发展过程中的每一个阶段，以及不同国家的金融市场，在运行状况和功能实现上自然存在着差别。而广义交易机制的各种构成要素的变化和区别，就是形成不同时期、不同国家金融市场这些差别的微观基础。

第二节　市场规则与市场运行

一、市场规则——比较制度分析的视角

（一）规则与秩序

从博弈过程的角度来看待市场运行，市场中的交易实质上是市场参与者为了各自的目的而进行的一场游戏。交易是在一定的游戏规则条件下进行的，而游戏中的交易者行为策略互动也促使了市场交易规则的变迁。市场的运行特征和效率受到市场规则及其变化的影响。

规则的含义非常广泛。作为社会活动中人们所要求遵循的一种行为准则，规则在社会活动中往往是一系列相互关联的规则所构成的系统。规则系统及其生成进化的过程与人们遵循规则互动所形成的行动结构一样，都是一种超越个人理性的过程。因为这种自生自发秩序的复杂程度并不是某一阶段的某些人的心智所能把握的程度，而是一个漫长历史时期中的演变过程。从这个意义看，市场也是一种规则系统，市场的运行是按照从规则系统中所产生的秩序来进行的。

秩序是指一种稳定的社会行为状态，在其中无数的和各种各样的要素之间的相互关系是极为密切的。秩序的相对稳定使得社会活动的参与者可以找到行为的指导，所以我们可以从对整体中的某个空间部分或某个时间部分所作的了解中学会对其余部分作出正确的预期，或者至少学会作出颇有希望被证明为正确的预期。很显然，这里的秩序为人们的行为预期提供了某种依据。依据的形成来源于人们对一定行为规则的遵循，但并不是说一定的行为规则就一定会导向稳定的社会秩序，社会秩序的性质取决于其内部主体所遵循的规则的性质。

哈耶克在其自发秩序与人造秩序的二元观中指出，规则可以从内部规则和外部规则的角度来理解。哈耶克通过阐述内部规则与外部规则，将社会秩序分为“自生自发的秩序”和“组织的”或“人造的秩序”。这种自发秩序和人造秩序的相互交融，构成了一个群体的所有成员的行动的结构，即人类发展的社会秩序。

市场的运行是一系列规则系统和秩序的总和。在新古典经济学的理论观点中，自由竞争的市场是最具有效率的。这就如同亚当·斯密所描绘的“看不见的手”所“引导”出的那种市场运行状况。这种秩序是因众多人遵循了某些规则而形成的互动模式所显示出的，而并非是由任何人刻意创造的秩序。尽管这种秩序是极其复杂，任何心智都无法把握，无法刻意创造，但并不是杂乱无序的；相反，如果这种自发秩序能受到外部规则的维护而不是横加干涉，是最容易达致市场效率的。

(二)规则与秩序——内部与外部

所谓内部规则,哈耶克认为是指社会在长期的文化进程中自发形成的规则。这种正当的行为规则适用于无数未来事例和平等地适用于所有的人,能够界定出准确地划分和界定出需要被保障的个人领域,以防止不同人的行动发生冲突,同时又不妨碍人们追求各自的目的。人们遵循这种规则就导致了目标独立的自生自发秩序或内部秩序的结构。

这里的自发秩序或内部秩序,就是哈耶克描述的在社会生活中一种最为广泛的自生自发的秩序,包括道德、宗教和习惯、语言和书写、货币与市场等。其中,产生于市场的自生自发秩序是最为典型的。自发社会秩序涵盖了人们行动结构的秩序与规则系统的秩序。前者指的是个体遵循普遍规则而产生的秩序;后者指的是个体遵循的规则如何进化的秩序。它们都是人的行动而不是被人所设计出来的结果。

哈耶克认为还存在同自发秩序相对应的另一种秩序,即外部秩序或称为"人造的秩序"。它是由某人或某些人通过把一系列要素各置其位置,并指导或控制其运动方式而确立起来的秩序。这种源于外部安排的秩序,对于理解社会进程以及对于制定各种社会政策来说都是至关重要的。这种秩序有时会阻碍自发秩序的形成,有时又会有利于自发秩序的形成。从外部秩序的形成与发展来看,它受到另一种与内部规则相对应的外部规则的指导。

外部规则是根据组织或治理者的意志制定的,只适用于特定对象或服务于统治者的目的,是运作一个组织或维持其外部秩序所必要的工具。显然,外部秩序是按照组织或治理者的意志而形成的,它带有强烈的特定目的性。如果可能的话,纷繁复杂的社会秩序可以根据组织或治理者的目的而任意地形成。然而,任何人都不曾成功地对复杂的社会中展开的所有活动做到全面且刻意地安排。如果有什么人可以把一个复杂的社会完全地组织起来,那么这种社会只能是一种极端原始的社会。因为任何一个组织的成员,只是所有社会成员中的一部分,只能拥有为所有社会成员所掌握的知识中一小部分,从而每一个社会成员对于社会运行所依凭的大多数事实都处于无知的状态,这一现实情况使得任何组织欲以外部秩序来改变社会进程只能是导向无效率状态。

哈耶克在认为人们应遵循内部规则而形成自发秩序的同时,并没有完全否认组织在某些方面的作用,组织的优势在于弥补社会成员与内部规则互动过程中可能出现的一系列失误。在任何一个规模较大的群体中,人们之间的合作都始终是以自生自发的秩序和刻意建构的组织为基础的。组织有时候是促使人们进行有效合作的最有力的手段。所以,政府的组织功能应该是强制实施自发秩序赖以实施的内部规则,同时还要提供自发秩序所不能充分提供的其他服务。当然,政府上述功能的存在绝不意味着可以将外部规则与内部规则糅合在一起,或者直接利用外部规则来干涉或干预内部秩序的形成,这样的做法只能是使得自生自发秩序及其每个要素间的平衡和相互协调遭到破坏。

市场作为人类文明史上所演化出来的一种资源配置的治理结构,其运行状况与市场规则和市场秩序是一种相互依存的关系。市场参与者的交易策略互动正是在这样一种规则体系和秩序环境中,对信息的变化作出预期性的反映和策略调整,从而在市场交易中形成了动态均衡。哈耶克关于内、外部规则以及自发秩序和人为秩序的分析，为我们认识和确立市场中政府的行动与自生自发的秩序之间的关系提供了理论框架。

二、市场规则对市场运行的影响

效率问题历来是经济理论研究及实践探索的最根本问题之一，对金融市场理解和分析的焦点也最终是要评价市场的功能效率。经济学对市场效率的各种研究和讨论，一般都涉及资源的分配与使用问题，即如何把资源分配到最有效的生产环节上去，或者如何以最小的投入获得既定的产出。市场规则与市场运行和市场效率之间的关系是极为密切的。在广义交易机制的视角下，市场规则不再是既定的，规则体系的形成和变化的特征也将影响市场的运行特征和效率。

（一）市场秩序和市场效率

在对市场的许多研究中，没有把效率问题的探讨放在一种具体的社会秩序中来讨论。如果我们把视野放开于既定规则的范围之外，则将发现上述分析的两种不同的社会秩序，对应着不同的市场模式和市场。根据内、外部规则在市场中的相对重要性，比较制度分析把市场模式分为市场主导型和政府主导型两大类。前者的市场内部规则形成了占主导的市场秩序，而后者由政府等市场组织和监管者的外部规则对市场秩序形成了重要影响。两种相比较的市场秩序对市场效率的影响差别很大，但是经济发展史的经验证明，市场主导型的市场秩序具有持久和稳定的运行效率，外部规则只有在以内部规则为主并弥补内部规则不足的情况下，才具有提高市场效率的功效。

哈耶克在论述市场的运行机制时对这一问题做了精辟的分析。哈耶克认为，市场效率的实现是源于社会成员对分散的知识和信息的最充分利用。因此，阻碍还是保护社会成员对分散知识利用的社会秩序，是决定市场效率最根本的原因。提高市场效率就是在内部规则与外部规则的冲突与协调中，如何使得人们最充分地利用超越于任何个人理性的分散知识和信息，从而提高资源的配置效率。这就涉及通过什么样的社会秩序（内部的还是外部的），能以最小的成本将资源配置到社会收益最大的环节上，使得整个配置达到帕累托最优。虽然哈耶克并没有系统阐述过效率是如何产生的，但从他分析自发秩序形成的逻辑过程中我们可以清楚地发现产生市场效率的脉络。自发秩序的适用范围非常广泛，市场秩序是自发秩序最为典型的一个范例。市场秩序在市场活动中给人们以指导，在不同市场参与者的预期之间形成某种相对应的关系。因此，市场秩序又是一种充分策略互动的耦合秩序。它是通过人们在一定规则范围内进行行为选择和策略调整，而形成的那种自生自发秩序。

耦合秩序之所以会达致市场效率，是因为它包含着三个十分重要的要素：自由、一般性规则和竞争。自由的主要价值就在于它能够促进知识的协调，并提供机会和激励去确保个人所能获得的知识的最大化运用；竞争保证了市场对知识和信息的运用能力。市场效率的体现来自于人们对分散的知识有效运用的程度。由于不论在经济领域外部还是内部，没有一个全知全能者能对市场进行最有效地安排，因此耦合秩序中的竞争过程就是一个最有效的过程，如同一场按照规则展开的、并由更高能力所决定的竞赛一样，它把最优的结果筛选出来呈现在人们面前。竞争之所以具有如此功效，一方面是它为市场参与者提供了一种激励，这种激励必须以生产者的自我利益为基础，去驱使他们尽最大力量运用广泛分散于社会中的知识，去为了获得一种暂时性的超额利润而不断地改进生产方式；另一方面更为重要的是，竞争作为一种发现的过程而在市场运行中发挥作用的。

我们在第三章中分析交易机制与金融市场功能实现之间关系时，曾经强调市场价格发现中的互动信息博弈，市场微观结构理论的分析也正是从交易策略互动的角度去分析交易者对市场信息的反应对市场价格的影响。与上述这些观点相比，主流经济学模式中的完全竞争和充分信息假设的意义是有限的，因为这种分析方法是以所有的事实都被假设为已知的（即信息是充分的）这样一种情形作为其分析的出发点的。发现事实这一过程，能够告诉人们所无法预测或预见的结果，这正是市场秩序中竞争的价值所在。既然没有任何一个具有全知全能的心智能对市场资源作出最有效的安排，而市场竞争机制具有有效利用分散知识和信息的功能，所以与任何其他设计方案所能企及的结果相比较，市场的耦合秩序所形成的竞争能够对资源作出更为有效的配置。

（二）内部、外部规则与市场效率

在认识市场效率方面，Fama（1978）的有效市场假说提供了一个理论概念框架。根据有效市场理论，在证券市场上，不同的信息对价格的影响程度是不同的，从而导致证券市场的效率程度也各不相同。证券市场的有效性存在三种状态：与三种信息状态相对应（历史信息、公开信息和内部信息），市场效率可以分为三种层次（弱式有效、半强式有效和强式有效）。这三种类型的市场效率体现了证券价格对信息的反应程度。当证券价格反映的仅是过去的历史信息，此时市场效率为最低程度的弱式有效；当证券价格不仅能反映过去的历史信息，而且还融汇了当前一切可以公开得到的信息时，此时市场效率是中等程度的半强式有效；当证券价格已包含了所有的信息，包括过去的历史信息、当前的公开信息，甚至还包括了未公开发表的内部信息时，此时市场效率是最高程度的强式有效。有效市场理论反映了市场价格与信息之间的关系，从表面上看未涉及市场配置资源的效率。但在此基础上做进一步分析，我们将发现，价格作为引导资源配置的最重要市场信号，其所反映的信息（历史信息、公开信息和内部信息）在概念上都是对公司资本资产内在价值的外在综合反映。从市场效率的最高形式强式有效市场来看，证券价格已经通过“内在价值”外在综合反映的所有信息使得资本资源配置到最有效的环节上，从而达到了一种最佳的理想状态。

我们进一步深入地理解有效市场理论的背景，不难发现其理论出发点中所蕴涵的市场自发性主导秩序。事实上，有效市场理论的产生背景正是美国较为成熟的证券市场，尽管其政府未完全停止对市场的干涉，但这种干涉是间接而非直接的，市场在很大程度上还是反映了其内在的运作秩序。但是，在外部规则一定程度上主导市场秩序的环境中，对市场运行的效率认识就很难单纯地与有效市场理论进行比较。在极端情况下，当外部规则所形成的外部秩序已经严重干涉到内部秩序时，市场效率也就无从谈起，这时市场效率的问题就被演化成一个自发秩序与人造秩序(或者说内部规则与外部规则)的冲突与协调的问题。

在一些由原计划经济向市场经济转型国家中的证券市场,其中的很多问题就是由市场内、外规则之间的冲突所导致的。大量理论和实证研究指出,这些问题的根本原因就是外部规则的功能错位,外部规则不是实现维护内部规则实施的强制功能,反而是越俎代庖来代替市场运作。外部规则实施下的市场秩序严重打乱内部规则实施的秩序,在极端情况下甚至导致市场功能定位的错位。因此,本来应该由市场微观主体决定的资源流动,在错位的外部规则的主宰下,流向了效率不高的环节,从而形成了资源配置的低效率或无效率①。

第三节　市场参与者与市场运行

市场的交易过程是市场参与者的行为选择和交易策略互动的过程,因此,市场参与者的结构和行为特征是影响市场运行的重要因素。市场参与者主要包括机构投资者、个体投资者、经纪商、交易所或政府代理机构等一系列具有不同立场的经济主体。政府和投资者结构是其中的重要组成部分。

一、政府与市场

政府与市场的关系是经济学中一个持久的争论主题,争论的焦点在于市场与政府之间谁在资源配置中占据主导地位。一般的观点认为:当市场本身已经达到有效,亦即市场本身可以有效地配置资源时,政府不应进行干预,以免破坏市场的有效性;而当市场效率较低,亦即市场本身无法有效地配置资源时,就具备了政府作为外部力量进行干预的基础。以这样一种逻辑来考察作为经济运行的一个特定领域的证券市场,我们很容易得出结论:当证券市场为有效市场时,政府不应进行干预;而当证券市场不是有效市场时,政府具备干预的基础②。政府对市场干预,形成了政府在市场运行中的参与者地位,而且具有不同的角色定位。

(一)作为监管者的政府

政府对金融市场的监管,是政府力量弥补市场失效的有效方式。在金融市场的发展历程中,随着金融市场的规模越来越大、对经济发展的影响力越来越重要,政府对金融市场的监管力度和广度也越来越加强。

从证券市场运行的微观机制来看,尽管证券市场可以说是市场机制作用最完全的市场,但

---

① 以中国A股证券市场发展中的问题为例,中国证券市场的建立是在计划经济体制转型过程中,由政府出面组织的一个证券交易体系,其中政府的行政权力直接决定市场的定位和运行中的重要规则调整。该市场设立之初人为地割裂了上市公司的股权流通结构,并把在政府不丧失对国有企业控制权的前提下为国有企业改革提供资金定位为市场功能的出发点。因此,在流通股和非流通股产权界定模糊的条件下,股市缺乏基本真实供求量基础,市场价值发现功能发生必然性的扭曲。因而,之后的市场运行状况证明,政府主导的外生性制度安排导致制度内生性的市场均衡缺失,市场无法自发达到均衡,市场丧失了基本的定价能力,呈现波动性大、透明度差、投机性强的特征,市场的各种功能实现遇到了极大的挑战。

② 按照Eugene Fama对有效市场的划分,众多研究者对各国证券市场的有效性做了大量的实证检验。发达国家如美国的证券市场也只能达到半强式有效;相比之下,国内学者对中国证券市场所做的有效性检验,最乐观的结果也只是接近达到弱式有效,离半强式有效和强式有效还相去甚远。

同样也存在着市场失效的状况。对于证券市场决定资源配置的关键因素——信息来说,内部人(即企业管理者)与外部投资者之间存在着严重的不对称,容易滋生内部人的机会主义行为。证券市场虽具备投资者用脚投票这样一种事后的惩罚机制,但在巨额利益的诱惑面前,市场所能提供的这样一种解决机制显得很乏力。因此,就这一角度而言,同样需要政府的直接介入,强制企业信息实现公开和透明,以杜绝内部人败德行为。同时,在对企业经营管理的监管上,由于监管收益并不具备排他性,由此产生的“搭便车”现象使得市场难以产生对企业完全有效的监管,这同样也需要政府在这方面提供服务以弥补市场自发监管的不足。此外,证券市场作为虚拟经济的重要组成部分,它的正常运转建立在市场信心之上。当一个企业由于管理者的败德行为导致企业陷入困境时,往往会影响市场对其他上市公司的信心,进而导致整个证券市场的波动,其他企业市值的蒸发。近年来在美国证券市场中“安然事件”对市场的冲击,以及意大利证券市场中“帕马拉特丑闻”对市场的冲击即是很好的例证。因此,可以说,证券市场中企业的行为带有很强的外部性,而市场本身并没有什么有效机制消除这种外部性,也只能依靠政府对企业的监督管制来弥补外部性对市场效率的损害。

来自于政府管制理论和信息经济学的分析,也为政府监管金融、证券市场的必要性提供了依据。由于市场存在失效的情形,如自然垄断、外部性和内部性等,为使市场参与者及整个社会免受利益、效率和一般福利的损失,并藉以改善资源配置的效率,客观上需要政府通过证券市场的监管,对市场参与者的行为以法律法规进行规范。而由于信息的不对称和信息分布的不均匀,使得市场中普遍存在委托—代理关系,加强了政府监管的合理性。政府对证券市场监管的直接目的是要提高证券市场的效率。而政府对证券市场的监管必须遵循“公平、公正、公开”的原则。

由此我们可以推论,一个成熟有效的证券市场也离不开政府的监督和管制。发达国家的成熟证券市场如此,发展中国家的新兴证券市场同样也是如此。政府对市场的介入是不可避免的,在很多方面政府的干预有助于维持市场的繁荣和稳定,只是政府干预应该被严格限制在市场出现缺陷的经济活动领域中。

金融市场的发展本身需要功能健康良好的金融基础设施的支撑,政府对金融市场的有效监管是为市场运行提供一种外部性公共产品。Merton and Bodie(1995)和 Levine(1997)提出的金融服务观,强调了合约、市场和中介等金融安排,可以改善市场的不完善和提供金融服务,从而指出如何创造一个环境使得金融中介或金融市场能够提供更好的金融服务,是金融发展更为重要的功能性建设。法律与金融观(La Porta, Lopez-de-Silanes, Shleifer, and Vishny, 1998, 2000,简称 LLSV)可以看作是金融服务观的一个特例,这一观点突出了与金融相关的法律体系在创造经济增长方面的作用。他们认为,金融是一系列的合约,这些合约的定义及作用大小是由法定权利和执行机制决定的。从这一观点来看,运作良好的法律体系有利于金融市场和金融中介的运行,法律及其执行机制在判断金融市场运行绩效时是一种有用的手段。大量的金融理论和实证研究指出,发育良好的金融市场对经济有正向促进作用,以良好的金融设施为支撑的金融服务水平是金融市场发育良好的重要基础。

然而,当政府对市场的参与和影响超越了监管者的角色定位的时候,政府的行政力量对市场规则的影响能力很容易干扰到市场内部规则的运行效率。

(二)作为独立利益主体的政府

在比较制度理论分析中,政府不仅作为一种治理结构,而且还是一个独立的利益主体。政府作为一个独立利益主体的观点,意味着它的利益与市场利益并非是完全重合的。作为一个独立的和理性的行为主体,政府在决策过程中应该是追求其自身效用的最大化。满足市场效用最大化的政策选择未必能够满足政府效用的最大化。就政府对市场的干预而言,可能会出现如下情况:尽管这些干预已经超越了监管的需要,可能并不符合市场正常运行和发展的需要,但如果政府能够由此实现其自身效用的最大化,那么它对于政府而言,仍旧是其最优策略,政府也很难有动力去改变这一格局。在这种情况下,政府作为市场参与者的作用也不再是单纯的监管者,因此,其利益趋向导致的市场参与行为必然影响市场中的交易者策略的调整。

为了说明这个问题,我们以我国证券市场为例来分析作为独立利益主体的政府,在市场中如何影响市场中的交易策略互动①。

在政府角色的定位上,中国证券市场与发达国家成熟市场相比存在着相当的差异。在西方成熟证券市场中,政府居于监管者的地位,保障市场在公平有效的环境下运行,因此角色比较单一,地位也比较超然。市场对于政府的政策措施一般也具有一个既稳定又能前后保持高度一致的预期。但在中国证券市场中,政府的地位不再局限于监管者的角色,同时还具有调控者角色,以及作为国有股份的持有人直接对市场发挥着作用。政府在证券市场中是监管者、调控者以及股份所有者的三种身份,既具有一致性,也存在着冲突。政府在证券市场中角色的复杂化,也使得政府调控市场走势的目标上也存在着多元化的趋势。除了传统的有效配置资源外,政府还期许证券市场能实现为国企解困、维护社会稳定的功能。在内需不振、国内经济面临通货紧缩风险时,证券市场甚至还被赋予了发挥财富效应、刺激内需的功能。

中国证券市场的发展与西方证券市场有着很大的不同。西方的证券市场是投资者为了获利的目的而自发发展起来的。如美国纽约证券交易所,它就是在 1792 年由 24 位信誉良好的纽约证券经纪人在一棵梧桐树下,订立和签署了《梧桐树协议》(The Buttonwood Agreement)。该协议在彼此信任的基础上,确定了最低佣金收费标准,形成了纽约证券交易所的雏形。纽约证券交易所成立之初,就是建立在自我管理的基础上。只是在证券市场发展到一定阶段后,为弥补市场失效才有了政府的介入②。因此,我们可以看出,成熟资本市场的形成和发展是一个自下而上的制度变迁过程。与西方证券市场发展的历史不同,中国证券市场从诞生到发展,其背后的第一推动力一直是政府。中国证券市场发展的过程也就表现为一个自上而下的过程,属于强制性制度变迁的范畴。

在这样一个受到政府强力推动发展壮大起来的市场,政府的意志自然成为影响市场运行

① 这一问题的分析,参照谢彧的《中国证券市场政策市研究》,复旦大学博士论文,2004 年。

② 直到 1934 年,美国政府才根据《联邦证券交易法案》出台了管理纽约证券交易所的、松散的规章制度。

的重要力量，市场的发展也离不开服务于政策目标的轨道。在中国证券市场中，筹资这一市场发展的原始动力也就成了市场的基本目标。作为证券市场基本功能的有效配置资源，在中国证券市场中得到重视的也只是配置资源（或者说保证社会闲置资金向政府扶持的国有企业的流动），而忽视了其有效性。股市的存在是解决国有企业经营困难的一种方法或途径，而不是一种将有限资源流向最有效率的企业，实现资源最优化配置的渠道。按照这一定位逻辑，政府必将为保障股市对国有企业的筹资功能而对证券市场施加一定的影响，政策市也就成为一种必然。

政府干预证券市场无疑是为了实现其政策目标。但政府对证券市场的干预最终需要通过投资者的投资行为作用到市场上，因此，有必要对政府政策作用的传导机制进行研究。在政府政策可以左右市场走势的情况下，投资者将根据自己对政策的预期进行投资活动，这种预期显然将影响到政策效果。特别是在政府目标具有多元性的情况下，投资者很容易预期到政府政策难以保持一致性。而政府为了降低其政策成本，实现其多元目标的最佳均衡，政府需要有针对性地引导市场投资者对政策的预期。两者之间就构成了一种博弈关系，双方均以实现在对方均衡策略下自身效用的最大化为目标。

而政府干预证券市场所能获得的效用水平取决于市场的走势，以及市场中其他参与者——主要是投资者的策略选择。对于市场投资者来说，在政策市环境下，他们的最优策略又取决于政府的政策选择。因此，在中国证券市场中，这两个主要的参与者之间构成了博弈关系。政府在政策市下的效用水平应该是双方政策博弈的均衡结果。对政府行为的分析必须置于博弈的框架下进行，通过对中国证券市场政府干预行为的博弈分析，可以更准确地了解政府干预证券市场的最终后果，以及它与政府初衷之间的差距，从而确定政府在证券市场中的最优策略。从这个角度不难理解，当政府在市场参与中的角色具有利益性动机的时候，市场的运行状况将受到来自政府力量的重要影响，市场中的交易者策略选择将随之进行更为复杂的调整。在资产定价的交易微观结构中，与纯粹的市场运行相比，虽然资产价格确定本身也许没有实质性差别，但是整个市场的运行状况却是大相径庭。这种运行功能的差别，我们也只有从广义交易机制的角度才能对此有深入地理解。

二、投资者结构与市场运行

（一）机构投资者与个体投资者

在广义交易机制的框架中，交易者的策略是连接交易机制和市场运行的纽带。在影响交易者策略的市场参与者中，除了政府和证券交易所等市场参与者，直接影响交易者策略的就是投资者本身。作为市场中的最重要交易者，投资者的结构是不同的，理论和实证分析一般把这种结构划分为机构投资者和个人投资者。不同类型的投资者在市场中的行为模式是有差别的。

投资者类型一般以投资的资金量和投资分析专业化程度来划分。个人投资者一般是指亲自进行投资分析并参与市场交易的投资者，他们一般资金量不大而且分散，单个个体在市场中不具有交易势力。与个人投资者相对应，机构投资者包括各类金融机构、投资基金和专门从事投资的企业，可用于进行投资的资金量的数额巨大，因此，与个人投资者相比具有投资的规模优势和专业化优势。在证券的价格形成机制中，市场中不断有各种信息进入，投资者对其获取的信息进行分析，形成对股票收益率的预期。不同的投资者获取的信息存在差异，分析信息的方法也不同，于是预期的股票收益率各不相同。投资者在综合考虑股票收益率的预期、资金成本以及资金量后，决定对股票的需求量。当投资者的需求量为正时，表示投资者要买入股票；当需求量为负时，表示投资者要卖出股票。市场上所有投资者的买卖总需求达到均衡时，就形成了均衡时的证券价格。在这其中，证券收益率的预期受信息影响变化最为频繁，因此是影响价格变化的主要因素。

获取信息和分析信息都是需要付出大量的人力、时间和资金的。由于拥有巨额的资金量，机构投资者在获取信息以及分析信息方面拥有绝对的优势。机构投资者的研究范围则远远大于个人投资者，甚至可以对上市公司进行实地考察。而且就算获得了同样的信息，机构投资者对信息分析的质量也会高于个人投资者。股票市场上的公开信息不仅专业而且繁杂，其数量和质量难以准确把握。对如此多的信息进行研究，个人投资者往往是心有余而力不足。而机构投资者设有专门的研发部门，有专业的研究人员对其进行研究，研究的效果自然就有差别。因为机构投资者拥有获取信息和分析信息的强大能力，所以有些引起个人投资者变动的信息，可能并不会影响机构投资者的预期收益率。因此，相对于个人投资者来说，机构投资者对股票的需求变动更少。于是，存在机构投资者时股票的价格波动要小于无机构投资者时股票的价格波动，而且机构投资者所占的比重越大，股票价格波动就越小。

一般来说，证券市场的机构化即投资者结构中机构投资者的比重越大，更多的个人投资者通过委托机构投资者进行交易，是成熟证券市场的重要特征之一。首先，机构投资者的交易指令建立在广泛而深入的研究基础上，与个人投资者相比机构投资者对交易体系的要求是不同的。机构投资者多下达的是执行某一股票的大宗交易指令，或者要求大量的不同种股票的交易在尽可能接近的时间内执行交易程序。为适应这类机构交易特点需要的交易体系安排是发展主要投资银行和机构投资者的交易网络，通过电子显示系统和电话协议进行，称为“楼上市场”。机构投资者的大规模交易为市场维持必要的交易量和流动性提供了保证。其次，在信息处理和市场定价效率方面，机构投资者一般具有信息搜寻和处理的规模效应和专业化优势，其信息的供给成为市场交易信息的重要来源。相对于个人投资者而言，机构投资者通过大量的资金优势形成投资规模，可以利用资产组合的方式来化解投资风险并注重挖掘股票的内在价值而较为长期持有。专业化的投资优势使得机构投资者对市场的信息反应还更为趋于理性。而个人投资者受到投资额与投资知识存量的限制，边际信息搜寻成本很高。

此外，机构投资者通过对上市公司进行市场甄别，强化优胜劣汰的市场选择，使资源的流动方向保持着向效率高的企业流动的趋势，动态地发现和创造公司价值。在证券市场和产业发展之间的关系中，每次经济周期的循环都会通过证券市场淘汰一些失去竞争力的行业和公司，同时又将一些新兴的产业赋予新内涵的原有产业推向潮头。机构投资者在这方面起到了重要的引导作用，使资源流向新兴、朝阳产业，并从衰退产业退出。在成熟的资本市场中，公司治理结构的新发展趋势就是市场治理，其标志就是机构投资者更深层次地影响着上市公司的治理、管理和经营绩效①。从证券市场的内在属性上看，上市公司的价值决定了股市的投资价值。机构投资的投资运作使得整个市场的价格中枢较为理性地围绕着市场价值波动，使得单个公司的市场价格更多地反映公司的内在价值。

机构投资者在市场价格发现中的地位，还可以进一步地延伸到期货市场上发生作用。在金融工具品种较为丰富的成熟资本市场，当观察到上市公司的市场价格高于他们所判断的内在价值时，机构投资者将向市场开出空头远期指令，向市场发出信号；反之，则开出多头仓位。现货市场得到机构投资者对未来走势的研究和判断的信号，可以根据这些信号有效而及时地调整他们手中所持有的证券资产组合。就单个公司而言，成熟资本市场中的机构投资者介入目标公司的内在驱动力是他们对这些公司的价值发现，通过重组、收购和公司控制权接管，机构投资者的存在为市场中的各个上市公司施加了一种独特的改善管理绩效的动力。

因此，不难理解，机构投资者将在促进证券市场发展方面发挥着重要作用。同时，证券市场自身也不断向深度和广度发展，从而促进机构投资者的壮大发展，两者之间是一种互动的关系。

(二)机构投资者与公司控制权市场

理论上所分析的金融市场效率的实现机制，是通过市场的资本动员能力，使社会资金盈余部门与资金短缺部门在较高的效率平台上实现对接，完成资本的有序流动，从而构建分散的社会资本由储蓄向投资转化的有效通道。这一机制是金融市场资源配置效率的实现方式。以证券市场为例，理论上对其的要求在几种功能形式之外，最终还是需要体现在引导资源的有效配置，从而对实体经济的运营效率产生积极的影响。一般来说，可以从两方面来理解这种功能要求：宏观上的资本配置效率的提高和微观上的企业资源利用效率的提高。对证券市场来说，宏观上的资本配置效率主要是指证券市场规模、结构对货币总量等宏观经济变量的影响，哪些企业能够进入证券市场融资，以及融资量的多少和融资成本的高低。也就是说，证券市场能否甄别出企业的内在价值，并将这种信息传递给市场参与者，实现对这些企业的股票在失常中进行合理的定价；微观上的企业资源利用效率的提高，则是证券市场监督机制的反映，通过市场交易进行合理的股权流动，通过股份持有人“用手投票”和“用脚投票”的双重机制来实现对公司的监督和治理，构建完善的公司治理机制，缓解现代公司结构中的委托代理问题。在纯粹的市场微观结构框架之外，这些宏观和微观的功能要求也是形成证券市场资产定价机制的主要内容。

宏观资本配置和微观治理机制完善的功能实现，与证券市场一、二级市场的运行紧密相连，而机构投资者在这两级市场的运行中都扮演了重要的角色。在一级市场中，机构投资者在企业 IPO 股票发行过程中往往是众多竞价参与者（同时也是大额股票购买者）中最为重要的组成部分。一次证券发行的完成（一级市场上筹资）只是证券市场最基本的功能模块，市场必

① 这一主题较多地涉及了公司控制权市场、公司治理结构和证券市场的效率。

须在交易过程中不断地对公司的价值进行重新发掘，这就是二级市场的股票交易。在二级市场中，股票的动态交易不仅是证券资产价格不断发现的过程，而且是股权不断转让的过程。当众多的投资者对某上市公司的经营业绩不满意时，就会卖掉所持有的股份，股票价格随之下跌。证券交易的同时也伴随着资本流动，由此提供了市场中的资金从低效率领域流向高效率领域的通道，实现了市场对上市公司管理的监督、认可和选择，促使上市公司的股东会、董事会不得不对公司的不称职管理者进行更换，从而依靠证券价格的变化来促使金融资源的重新配置和实体经济效率的提高。公司控制权市场的有效运行是这一功能机制的关键，而机构投机者是公司控制权市场运行的重要推动者。

有效运行的公司控制权市场，不仅是解决现代企业委托代理问题并形成有效的公司治理结构的外部接管机制，而且使那些具有创新能力和使命的企业家以较低成本取得市场资源的控制权成为可能。从微观上看，公司控制权市场成为现代市场经济体制解决企业委托代理问题、实现激励相容、提高资源利用效率并为企业家创新提供市场条件的重要外部机制；从宏观而言，作为资本市场的重要组成部分和功能模块，公司控制权市场的运作效率，决定着资本市场的规模和整体有效性，并在很大程度上影响着金融深化的程度。有效的公司控制权市场还能有效地降低资本市场中的信息噪音，吸引外部投资者将储蓄转化为有效投资，加速证券市场的发展。而市场参与者的结构和投资者的结构，深刻地影响着公司控制权市场的运行。

第四节 信息结构与市场运行

从信息经济学的视角来看，整个市场的运行就是交易者根据信息的变化进行的博弈。信息及其结构不仅深刻地影响市场的运行，而且还从公司角度影响着资本的成本，以至于实践当中我们不难观察到微观层面的上市公司在其股票发行和信息披露中，对信息披露政策的谨慎考虑、对外部信息披露者如会计公司的挑选以及对所上市的证券交易所的选择等现象。Madhavan(2000)指出，市场间由于信息间披露程度的不同，可能导致委托指令的转移，从而影响相应市场的流动性和交易成本。市场信息披露制度的设计还涉及两个方面，即信息披露渠道和信息所有权的保护与费用收取。国际证券市场的发展经验表明，信息披露制度及其机制建设的作用是再怎么强调也不过分的，如强化上市公司信息披露、增加交易信息披露的程度和建立大额交易及披露机制等。

一、信息结构的重要性

(一)信息结构及其影响因素

根据证券的理论定价模型，证券价格是反映其基本价值的市场价格。由于基本价值是未来收益的现金流经过适当的折现后所得到的价值，是用对未来估计后的收益再用折现方法估计出来的一个价值预期。所以，一方面证券价格所反映的信息内容是有关未来企业收益预测的信息；另一方面投资者并不能决定信息的内容和质量，这些信息是由企业经理层决定并拥有的,他们只是信息的接受者并在获得这些信息之后再对企业价值进行估计。因此,经理层的信息披露策略将对股票价格产生直接的影响,而与企业基本价值有关的信息,有相当程度是关于企业基本发展战略和发展趋势的自愿性披露信息。

对证券市场微观结构理论的研究表明,证券的价格是在交易机制下的博弈过程中形成的。在定价过程中,信息产生并且被接受以后,投资者就对之进行分析并据以形成价值预期,随后据此进行证券投资决策并交易,价格就在交易结构和过程中形成。在股价信息的作用下,不仅投资者通过贝叶斯学习过程来调整对股价的看法,而且企业经理人也通过贝叶斯学习过程来调整投资决策和相关的信息产生和披露策略。

正是因为信息以及信息披露对上市公司股票市场价格决定和变动非常重要,所以对信息披露制度的建设才产生了真实性、充分性和及时性要求。如果信息披露行为的目标是要满足这三方面要求,则经理层的策略选择(强制性和自愿性)是遵循信息披露的行为边界,完全努力地做到信息披露的真实、充分与及时。在这种情况下,证券市场的运行(至少是该上市公司的股票交易)接近于有效市场的状况,市场交易中不会产生特别的信息优势,以及因为信息优势而产生的信息租金。然而如果偏离了这种状况,则经理层的信息披露策略的自愿性选择将导致信息优势的产生,于是知情者将具有动机利用这些信息优势去获得信息租金。追求信息租金的动机将驱使经理层的自愿性信息披露策略偏离有效市场所要求的最优状态。与充分及时的信息披露策略相比,信息操纵是上市公司经理层在自愿性信息披露策略选择空间中,所权衡并采取的相反方向的另一种极端策略。然而,由于信息操纵具有巨大的利益驱使,并往往在各种证券市场中常常发生。

上市公司的信息披露在内容和策略选择上受到各种复杂因素的影响,并从约束和激励两方面影响了其动机。如果从信息源的产生、信息的处理和信息公布的流程看,上市公司信息的披露受到外部市场监管和内部公司治理两方面的激励和约束。

上市公司内部治理结构的状况是影响信息披露的内在因素。首先,经理层的约束与激励直接来自于公司的各项制度以及这些制度的实施效率。在一个激励和约束比较对称的治理环境中,经理层的信息披露内容和策略选择将注重公司的长远发展,以及公司和自身在外部市场中的声誉。其次,公司治理结构的效率直接决定了经理层自身的职业功能定位是否到位,否则经理层很容易出现到位不足引起对信息披露的相对不关注和随意性的策略选择,或者出现越位而引起内部人控制现象,产生信息操纵的动机和内部空间。

由外部监管和市场约束等构成的上市公司外部治理结构状况,是影响信息披露的外在因素。内、外因素共同作用的结果是使上市公司信息披露的供给在激励和约束的作用下达成均衡。根据内外部影响因素的相对性重要性区别,这种均衡可以是内生的,也可以是外生的,而且均衡的结果在信息披露要求的充分、及时和完整性方面也可能存在多种结果。

就外部监管的严厉程度和执行能力方面看,如果这方面的监管和约束能力较弱,则经理层的信息披露行为决策就不会面临行之有效的惩戒和奖励。在这种情况下,经理层的信息披露策略空间较为宽松,其披露动机既可以主动地去利用信息披露去牟利,也可以比较主动地利用信息披露去揭示公司在市场中的长远形象。至于从哪方面去利用这种策略空间，取决于经理层的偏好和特定条件状况；反之，过度的外部约束将使经理层的信息披露的积极性减少。信息管制规范的结果往往导致信息供给按照一种统一的模式和准则来提供，信息使用者的多样化差异性需求得不到满足，市场处于供给不足的非有效状态。其结果不仅导致信息供给的不充分，也使得证券市场中的上市公司不能通过有效的信息披露来突出自身优势而吸引投资者，这将不利于证券市场的发展。

（二）信息结构——充分性

对于证券市场的有效性标准而言，上市公司的信息披露越满足真实、充分、及时性要求，则信息的质量和市场的运行就越能达到好的状态。其中，信息的充分性包含了真实性的要求，否则非真实的信息并非有效的市场信息，反而在理论上和实践中增加了市场运行的“噪声”[①]。因此，为了简化分析，我们着重把握信息披露的充分性和及时性标准，分别分析信息结构的充分性和及时性。

就充分性原则而言，要求证券市场的信息源头供给者——上市公司管理当局的信息披露在内容上全面完整地反映企业的经营业绩、财务状况和发展态势等情况，并就经营中的重要决策事项适当地进行公布，不得有意忽略或隐瞒重要的信息内容。然而，这种充分性要求是就信息的需求而提出来的，并没有从信息供给的角度考虑信息披露的成本，以及在难以满足充分性时供给者所可能进行的权衡，而这种权衡就是信息披露所具备的策略空间。根据信息生产的成本—效益原则，只有信息披露的边际收益大于或等于其边际成本时，上市公司才会愿意披露更多的信息。然而，在实务操作中，由于部分披露成本和收益的不可计量性，公司很难把握披露信息量的最佳点。在强制性信息披露的框架下，至少在形式上满足其内容要求是上市公司信息披露的底限，这部分信息成本也就是任何一家上市公司所必须承担的成本。然而，在这个底线之上的信息披露内容的深度和广度，就是充分性原则中信息供给方可以选择的空间。以下我们对影响信息供给的诸方面成本因素进行逐一的分析，并进一步分析影响信息充分性的成本和收益因素。

信息披露成本是指上市公司为进行信息披露而可能发生的一切支出项目，以及由于某一披露行为可能为公司带来的损失（包括机会成本）。它主要由以下几种成本项目构成：

（1）提供信息的成本 S，是指公司信息供给系统的建立和运行成本。这部分成本由公司承担，其他信息使用者则不必负担，因此，大部分的信息使用者总是期望上市公司披露的信息越充分（多而且具体）越好。

---

① 非真实信息包含虚假信息和模糊信息等不同的层次，其定义和作用区别于理论定义中的有效信息。噪声的概念及其作用，请参见刘红忠主编：《金融市场学》，上海人民出版社 2003 年版。这一简化使经理人自愿选择的虚假信息陈述和制造的策略选择也包含在充分性标准之中的范畴内。

(2)竞争劣势成本 R，是指竞争对手利用公司披露的信息来调整其经营(或谈判)策略[①]，从而使公司在竞争中处于不利地位所引起的成本。这些信息的披露越是充分详细，就越有可能导致竞争劣势而增加企业信息披露的成本，但事实上此类信息往往又是投资者判断一家公司是否有投资价值时特别关心的信息。对于 R 的量化并不容易，因为竞争劣势成本不能简单地根据企业市场份额的减少来作为量化标准。因为由于信息披露所引起的竞争劣势往往并不直接就表现在当期或下期，而是涉及一个相当周期的战略性因素。因此，为了简化分析，我们引入“净竞争劣势”概念，即对一个特定的企业而言，从其他企业的信息披露中获得的竞争优势或者形成这种竞争优势的潜力，将伴随着企业自身的披露带来的竞争劣势。因此，定义：

$$R=R_1-R_2$$

其中，R_1 为由于自身的信息披露而引起的竞争劣势，R_2 为从竞争对手的信息披露中获得的竞争优势。R_1 和 R_2 并不能够容易地取得，一般需要借助于富有经验的企业家的专业判断。

(3)行为约束成本 O，是指由于信息的披露而给经理层行为选择带来的限制所导致的管理成本。例如，假定一家公司在年初披露了由于公司竞争优势提升而预测的本年度每股盈利增加值，则管理人员就不得不在本年度内尽量采取恰当的措施，以达到这个对外界市场的公开或承诺。在这种情况下，经理层将有可能采用收益平滑的会计技术去处理财务报告，而不愿意使企业在本年度内的收益表现为最大化(即使有这个财务实现能力)，从而损害股东的利益[②]。因此，行为约束成本的存在使企业高层管理人员往往不太愿意披露一些对他们的将来的行为可能形成约束的信息，如企业的盈利预测信息、企业的发展目标等，以免给自己增加无谓的压力。行为约束成本一般可以具体分为：①企业刻意为平滑收益，谨慎披露会计信息而追加收益分配与费用(成本)分摊的手续与程序，从而增加的信息披露成本 O_1；②因企业未能实现预测目标而造成投资者及其他信息使用者对企业不信任，从而产生的失信成本 O_2；③因企业为了实现短期的预测目标，而放弃对企业长期发展有利但对短期目标不利的投资方案所产生的机会成本 O_3。

由此，企业由于信息披露而带来的行为管束成本 O 可以表示为：

$$O=O_1+O_2+O_3$$

(4)法律诉讼成本 L，是指公司可能会因为信息披露而引起法律上的争端，由此所招致的成本或损失。相对于形式上的信息披露规则要求，信息的含义及其用途的未来性使得难以完全满足充分性要求，而如果信息已经被充分披露或者正确披露了，诉讼事件就不会再发生了。

---

① 可能导致竞争劣势的信息一般包括但不局限于：(1)有关技术和管理创新的信息，如生产过程、更为有效的质量改进技术、营销技巧等；(2)有关企业未来发展的信息，如企业发展的战略、计划和策略、研究与开发的项目、新的市场目标等；(3)有关经营中的结构性信息，如分部门(地区)的销售和生产成本数字、市场开拓费用与营销预算、产品成本结构、人力资源开发与开支等。这些信息的适当披露，既可以增加投资者对公司竞争优势的认识从而增强投资吸引力，也可以导致竞争对手更为深入地了解自己，因此，其披露策略完全取决于公司经理层在博弈过程中的诸方面权衡和连续性策略的选择。

② 所谓收益平滑(income smoothing)，是指一种收益确认的会计处理技术，往往以放弃企业收益最大化的机会为代价，或者要追加收益分配与费用(成本)分摊的手续与程序，从而增加信息的披露成本。

因此，信息披露不充分以及信息误导都有可能引起诉讼。例如，尽管信息的使用者对公司未来发展的潜力非常关注，但一般情况下公司可能并不太愿意披露战略性收益预测方面的信息。因为这些预测值的未来实现事实上具有客观的不确定性，而可能与实际的结果相差甚远，信息使用者可以寻找法律依据以此指控上市公司提供诱导性会计信息并要求补偿其损失[①]。因此，L 的存在是影响上市公司决定考虑是否披露或如何披露某类信息的一个主要因素，并且在相当程度上决定了上市公司外部治理结构中所涉及的自愿性信息披露内容选择的策略行为边界。目前，许多国外的大型公司在披露其财务报告或其他正式信息时往往都要经过其法律顾问的严格审核。因此，L 包括案件的立案费、诉讼费、结案费、公关费、律师费(L_1)和由于诉讼案件使管理人员偏离正常工作状态和精力消耗而产生的损失(L_2)，以及由于诉讼案件使公司形象在公众中下降所引起的损失(L_3)。由于不同的案件所引起的 L_2 和 L_3 难以准确地计量，只能简单定义如下：

$$L = L_1 + \alpha L_2 + \beta L_3$$

其中，α、β 为随诉讼事件不同而不同的加权系数。

(5)信息披露的总成本及其影响。综上所述，企业一般需要考虑的信息披露成本 TC 可由下式表示：

$$TC = S + R + O + L$$

其中，S、R、O、L 的计算分别见以上分析。信息披露的充分性原则在理论上要求经理人员所提供的信息，应该全面完整地反映企业的财务状况、经营业绩和未来发展状况等情况，不得有意忽略或隐瞒重要的信息。然而，根据对上述几项信息披露成本构成状况的分析，经理人员不得不权衡充分性在形式上和实质上对自身企业的信息披露策略选择的意义，尤其是对于自愿性信息披露。一般来说，依照经济决策的成本效益原则，只有信息披露的边际收益大于或等于其边际成本时，公司才会自愿披露更多的会计信息。这就构成了影响上市公司信息供给的一个约束条件。

在这个约束条件中，上市公司信息披露在信息量方面的选择边界，取决于总成本和总收益的对比。然而，不仅这两方面变量难以准确衡量，使得准确的衡量可能在变化万千的实践中失去了意义，所以只能从各变量的内容结构解析中去把握制约和激励信息供给充分性的各个因素，从而从制度措施上引导信息供给和需求之间的自选择均衡。

(三)信息结构——及时性

证券市场信息披露制度建设的目标，就是使证券市场的功能运行尽可能地接近有效市场的状态，因此，信息披露的及时性要求，可以通过有效市场理论所阐述的观点进行深入地理解。Fama(1970)所提出的有效市场假设认为，当证券价格能够充分地反映投资者可以获得的信息

---

① 例如，在我国上市公司信息披露准则中规定：若年度实际经营结果与盈利预测存在重大差异，应对差异产生的原因进行较为详细的分析与说明；若实际经营业绩与盈利预测的差异达到20%的，证监会将对此进行调查，上市公司将可能因此而受到处罚。故而我国上市公司对盈利预测信息的披露除强制性的形式和内容要求外，一般都不会再进行更多的自愿性披露。

时,证券市场就是有效市场,即在有效市场中,无论投资者选择何种证券,都只能获得与投资风险相当的正常收益率。有效的证券市场在引导投融资转换过程中也能达成资本配置的效率。Fama 根据投资者可以获得的信息种类,把有效市场分成了三个层次:弱式有效市场、半强式有效市场和强式有效市场。不同的层次包含了不同的信息属性,也可以理解为满足信息披露充分性和及时性要求的不同程度。

如果我们把有效市场的定义从充分性还是及时性两方面解构,则"反映投资者可获得信息"的程度就是信息充分性要求,而"证券价格反映信息"中的反映过程就是信息及时性要求。按照这种解构分析,即使上市公司的信息披露(强制的和自愿的)在内容上都达到了充分性要求,也未必可以同时满足及时性要求。也就是经理层仍然拥有信息披露的时间策略选择空间,通过策划这些信息在"何时披露",从而有目的地引导证券价格反映这些信息的过程。在信息操纵中的制造信息披露的时间差,就可以比较充分地说明这一过程。

我们以上市公司股权重组为例来进一步说明信息披露时间差现象。证券市场上市公司的收购、兼并、被接管、股权重组或者是重大的投资合作决定等事件,是被市场广泛认为与该公司股票基本价值有重要相关关系的信息。时间差策略一般是指通过延迟重大信息披露而营造出信息在上市公司内部和外部市场投资者之间的时间差。这种信息操纵通常成为内幕人士牟取暴利的工具,而内幕信息通常也指这类型的信息[①]。

以证券市场中的信息操纵为例,几乎所有连续涨停的股票,都对应着有人预先知道该上市公司的利好内幕消息。比如,公司大股东转让股份及重组事宜等消息。相比于市场中的一般投资者而言,这些内幕人士能够准确地掌握重组进程,明了重组前景。因此,作为知情交易者,他们注定将是二级市场上的赢家,而当上市公司将重组进程进行详细披露,所有的投资者都知道之后,内幕人士可能已经离场而去,留下广大非知情的中小投资者承担知情交易者的获利而遭受损失。这就是一种典型的"时间差"现象[②]。

从信息披露的策略选择的动机分析,营造时间差的动机是坐庄,其原因大多在于让知情交易者提前介入以便套利,而且这种信息操纵往往牵涉到上市公司内部经理层和外部机构交易者之间的勾结。相比于自然的信息扩散[③]所能够参与的有限资金以及对股价的有限影响,坐庄行为往往能够调动大量资金支持交易,从而在交易中对股价产生根本性的影响。然而,由于上市公司重组存在众多不确定性,比如交易对象、价格、交易方式等,哪一方面出现偏差,重组都可能前功尽弃。所以不到最后一刻,谁也不能保证重组一定会成功。因此,庄家在没有获得十分确切消息的情况下,也不可能对正在进行重组谈判的公司进行一次豪赌。因而,利用信息披露时间差来操纵股价的,必然是庄家和掌握上市公司重组进展最确切消息的人互相勾结进行,而掌握最确切消息的基本就是上市公司的核心层。

---

① 这是指时间差方面的内幕信息,不包含信息制造方面的含义。

② 事实上,"时间差"现象在中国证券市场中非常普遍,以至于相关调查表明绝对没有无缘无故的连续涨停。有大量的上市公司,都在重组过程中营造时间差,使内幕人士在二级市场上获得丰厚的利润,而使广大中小投资者在高位套牢,使中国证券市场面临诚信危机。而在这背后,反映出中国证券市场制度上的缺陷,以及监管缺乏力度。

③ 比如上市公司董事、证券公司、律师事务所、会计师事务所的知情人告诉自己的亲友。

由于证券的价格从市场微观结构的本质上来说是一种信息价格，因此，信息总是与利益相伴随存在，从而相关利益者在信息优势角度总是难以同质。很难完全监控和激励上市公司的经理层的信息披露满足及时性，而只能通过制度的导向约束他们的策略选择尽量与市场达成共赢，从而以此决定他们的信息披露行为边界。在外部约束和内部收益的权衡中，经理层将通过自选择过程，规划他们的信息披露的时间策略，并以此揭示出他们自身在市场中的类型①。在这种情况下，外部的约束将主要体现为个人承担的法律成本和由于市场判断所形成的名誉损失成本，收益将主要是信息操纵所获得的利益。

由此可以看出，不管是充分性要求还是及时性要求，上市公司信息披露的行为边界将主要决定于经理层对收益和成本之间的权衡，而影响收益和成本的构成因素主要是上市公司治理结构(内、外部)的各方面因素。对于监管层来说，如果监管目标是限制信息操纵和鼓励信息的充分及时披露，那么进一步在技术上明确信息披露的法律责任，减少不适当的信息披露法律责任控诉，同时加大违规者的惩戒力度，将是一种有效的引导信息披露行为边界的治理途径。这些措施将在改善证券市场中的信息结构、有效增加信息供给和提高信息质量等方面起到积极的引导作用，将有利于证券市场的良好运行。

二、信息披露——强制性和自愿性

(一)信息披露及其分类

所谓信息披露，是指股票发行人在股票发行和交易过程中，充分、真实、准确、及时地向社会公众投资者公开有关公司资产状况、项目运营、公司治理、财务安排等内部信息，供市场理性判断证券投资价值以维护公司股东或债权人的合法权益。

信息披露的分类按主体行为意愿的不同，可分为强制性信息披露与自愿性信息披露。

强制性信息披露是指公司按照法律法规条例等规定，定期公开公司的基本信息，如基本财务信息、重大关联交易信息、审计意见等。强制性信息披露主要包括首次发行披露与持续披露，首次发行披露的方式为招股说明书或上市公告书等，持续披露的方式为定期报告与临时公告。

公司自愿性信息披露是相对强制性信息披露(mandatory disclosure of information)而言的，是指“在强制性披露的规则要求之外，公司管理层自主提供的关于公司财务和公司发展的其他方面相关信息”(Meek，Roberts 和 Gray，1995)。具体说来，它是指法律法规规定披露的信息之外，上市公司基于投资者关系、公司形象、回避诉讼风险等动机主动披露的信息，如管理者对公司长期战略及竞争优势的评价、环境保护和社会责任、公司实际运作数据、前瞻性预测信息、公司治理绩效等。

(二)信息披露方式的演进

在证券市场发展的最初阶段，自愿性信息披露占据主导地位。披露什么信息，何时披露，

① 这些类型主要指由经理层的守规性、从公司发展角度对利益追求的长期性等方面所形成的职业素养，这将影响市场对经理人的好坏判断。

对谁披露,完全由上市公司自身决定。证券监管部门信奉的监管理念是"看不见的手",只要证券市场上交易量大,参与者众,交易阻碍少,参与者受自身利益驱动的理性交易行为就能够促使证券市场自动达于"信息完全披露、资源有效配置"的均衡状态。然而,1929 年爆发的纽约证券交易所大恐慌对"看不见的手"的监管理念造成了沉重打击。美国国会组织了专门委员会对纽约证券交易所大恐慌进行了调查。结果显示,这次危机实与上市公司披露虚假信息、投机者造谣欺骗操纵市场有关。为了遏制虚假信息披露,提高证券市场效率,美国国会于 1933 年、1934 年颁布实施了《证券法》和《证券交易法》,成立了专司证券市场监管的机构(SEC),这标志着信息披露方式由自愿性披露向强制性披露转变。

在强制性信息披露下,上市公司的自愿性信息披露受到一定限制。例如,受 1934 年《证券交易法》的影响,许多美国上市公司的经理人员不愿意披露盈利预测信息,其原因在于:对于自愿披露的信息,不披露并没有直接的责任;一旦披露,如果不准确,将可能招致股东诉讼而损失惨重。

受到限制并不意味着上市公司失去了自愿信息披露的动机。随着证券市场的发展和公司生存环境的变化,上市公司自愿披露信息的动机不断增强并付诸实践。首先,为了适应投资者的需要,改善与投资者的关系,上市公司必须在信息披露方面做出更多努力。当前投资者对信息需求的深度和广度大大提高,每一项投资决策的做出,不仅要依据财务信息、物质资源信息,还要依据非财务信息、知识资源信息,而后者的取得大部分依赖于公司的自愿披露。其次,随着资本市场的扩大,上市公司数量激增,买方市场的特征凸显。很多上市公司期望通过自愿信息披露突出公司竞争优势,展示公司形象,提高公司对投资者的吸引力。再者,上市公司是社会中的一员,除了追求利润最大化之外,还负担某些社会责任,如环境保护、社区保障等。上市公司主动披露有关社会责任的信息,使所有利害相关者,而不仅仅是投资者,受益于上市公司的利润创造行为,从而大大提高上市公司的形象和公信力。最后,投资者购买的是公司的未来,而不是过去和现在,基于历史成本信息的强制性披露制度显然不能完全满足投资者的需要。上市公司自愿披露的前瞻性信息对投资者决策具有重要的参考价值。

当前证券市场经历的进化过程对上市公司自愿性信息披露提出了更高的要求。证券市场进化主要体现在两个方面:一是机构投资者的兴起。机构投资者资本雄厚,可以雇用专门人员评估上市公司信息披露质量,能够建立各种各样的投资组合以有效分散风险。强制性信息披露制度的一个重要作用在于帮助小投资者发现并投资于高质量低风险的证券。随着资本市场中机构投资者比重的增加,强制性信息披露制度的重要性下降。二是专业证券分析师的出现。证券分析师有三个基本职能:第一,从发行人以外的渠道搜集有关公司证券价值的重要信息,如利率、竞争对手动态、政府行为、消费者偏好、人口变动趋势等影响公司股价变动基本走势的信息。第二,证实、比较上市公司披露的信息,以防止恶意欺诈并消除偏见。尽管个人投资者也能完成搜寻及证实信息的工作,但专业证券分析师能凭借规模优势与专业优势,以较低的成本来完成。第三,通过与公司经理人员的定期沟通获取信息。定期沟通是上市公司经理人员自愿性信息披露的一种形式。对于经理人员而言,它的好处在于能够通过证券分析师将"适意"的信息泄露到市场同时回避可能的诉讼风险。证券分析师通过与经理人员的沟通对公司的现状有更深刻的了解，从而更准确地预测公司未来。无论是机构投资者的兴起还是专业证券分析师的出现，都对上市公司自愿性信息披露提出了更高的要求，只有更广泛地披露、更有效的沟通，才能得到证券分析师的专注、机构投资者的青睐。

因此，当前许多国家上市公司的信息披露方式朝着强制性披露与自愿性披露相结合的方向发展。自愿性信息披露已经成为许多大公司展示“核心竞争力”、沟通利害相关者、描绘公司未来的有效途径。

（三）信息披露效果的影响因素

按照国际会计准则委员会（IASC）公布的《关于编制和提供财务报表的框架》，信息质量的主要内涵是以可靠性和相关性为基本特征，并概括为信息披露内容可靠性、披露时间选择和披露频度三个指标。当然，具体信息披露的效果受以下因素的影响：

（1）真实性。信息的真实性是信息的灵魂，否则信息只能作为一种市场噪音。然而，与信息对资产定价机制的作用时间相比，信息的真假是在事后才能判断的，因此市场中的信息真实性状况就成为影响证券价格确定和价格发现效率的重要因素。与真实的信息披露相比，市场中的许多上市公司不乏披露虚假信息的动机。因为在市场短期内还不能甄别信息真假的情况下，虚假信息的制造和披露有利于一些公司维护其业绩高成长的美誉，从而达到一些与此相关的特定目的。虚假信息损害了广大外部投资者的利益，对市场健康和正常运行的危害极大，因此，各国证券市场的监管无不把惩戒和制约虚假信息作为监管的首要目标之一。

（2）充分性。准确性是衡量信息质量“可靠性”的本质特征，按照信息披露规范公司财务经营等状况，有利于投资者理解。充分性是会计信息质量“相关性”重要内容，它为投资者提供足够多的信息，以便降低其搜寻私人信息的成本和时间。信息披露不充分主要是指公司对于一些必须披露的信息点到为止，缺乏深度，或者刻意隐瞒关键信息。一般而言，公司倾向于隐瞒利空消息。只有当公司管理层希望通过内部信息获益或者内部信息涉及商业机密时，他们才倾向于隐瞒利好消息。比如，在披露前次募集资金使用情况的信息时，公司往往只是象征性地提及前次募集资金的使用情况，很少深入披露由前次自己使用而给公司盈利所造成的影响，尤其是当公司擅自更改了募集资金的投向、资金投入的项目达不到预期经营效果时，公司在披露时往往打“擦边球”。这些信息对于外部投资者判断公司管理层经营能力、公司管理层是否严格按照前次募集说明书行事具有重要价值。

（3）及时性。及时性是衡量信息质量的一般原则和制约因素。及时性是指上市公司应毫不迟疑地依法披露有关重要信息。从上市公司的角度来看，及时披露重要信息可使公司发生的重大事项和变化及时通知市场，使公司股价及时依据新的信息作出调整，以保证证券市场的连续和有效；从投资者来看，及时披露可使投资者依据最新信息及时做出理性投资决策，避免因信息不灵而遭受损失；从社会监管的角度来看，及时披露可缩短信息处于未公开阶段的时间，缩短内幕人士可能进行内幕交易的时间，减少监管的难度和成本。信息有用性之一是它的及时性。不及时的信息除了为内幕交易提供便利之外，对于外部投资者没有任何价值。如果信息披露不及时，那么越是利好的信息，对于外部投资者带来的利益损害越大。由于信息不及时导致内幕交易损害公众投资者的利益，此类事例在证券市场发展的历史上可谓层出不穷。比如，在公布临时公告时，某公司获得非预期收入，这对于市场是一种利好消息，反映在股票价格中就是公告之后股价的上升。但现实往往是在公告之前公司的股价已经有很大升幅，而在公众投资者获得明确的利好消息之后，股价往往出现跳水。其实质就是信息披露不及时导致内幕交易者借机获利。

(4)中介机构的独立性。强制性信息披露制度一个很重要的组成部分就是市场中介机构在信息披露中所起的辅助作用。市场中介包括注册会计师、审计师等，通过审核公司的基本财务信息，并出具独立性审计报告，有助于增强公司披露信息的可靠性。但现实的问题是制造虚假信息误导市场的事件，不仅使公众投资者对上市公司信息披露的真实性产生怀疑，更对那些中介机构(甚至是知名中介机构)的独立性、客观性产生了信任危机。

(5)信息的性质(利好、利空)。在发布"好消息"的同时，经理人员会自愿披露一些补充信息以使"好消息"变得更为可信，这些补充信息主要包括内部运营信息、外部环境信息、分部信息(销售收入预测、总收入预测、税率、成本)。自愿信息披露对公司财务信息的完整性及可靠性的影响主要体现在以下方面：更多的信息披露减少了经理人员进行盈余管理的能力；能够为专业证券分析师进行盈利预测提供便利；由于财务报表不同部分之间的逻辑关系，更多的披露可以使投资者从不同的方面检查盈利预测的可信度；减少了为不准确的盈利预测进行解释的自由度。例如，已经披露了销售信息后，经理人员就不能以"销售状况不佳导致"作为盈利预测不准确的借口。在发布"坏消息"的时候，经理人员一般不会披露更多的补充信息，因为"坏消息"本身已经足够影响投资者的决策，"坏消息"更可靠，经理人员更愿意对导致"坏消息"的原因作出详细解释。中报披露的盈利预测信息比年报披露的盈利预测信息更具价值相关性。公司在中报或季报中倾向于公布"坏消息"，在年报中倾向于公布"好消息"。

(6)披露频率。一般的看法是，如果公司的规模较大，公司管理当局更愿意也更有能力利用各种公开的信息途径进行形象宣传，选择这样的信息策略的理由是通过各种途径的信息披露树立公司形象、传播公司文化，大公司的股东比较分散，每个股东甚至可能是公司产品或服务的潜在顾客，通过资本市场上的信息披露可以达到一种广告的效果。这在美国的资本市场上可以找到很多的例子，各种形式精美、措词华丽的信息公告达到了很好的广告效应。另一方面，大公司较高的信息披露频率也意味着信息含量较少，大量的正面信息也有掩盖负面信息的作用，不利于公司风险的逐渐释放，而且这种风险的长期累积也会给股东造成更大的损失。

(7)保密程度。如果信息是不对称的，那么提前掌握内幕信息的知情交易者便会利用信息优势获取超额收益。如果一家公司的信息在披露之前已经泄密，那么，就会引起股价的提前反应，待到正式披露时往往股价已经反应到位。

(四)强制性信息披露与自愿性信息披露的比较

(1)披露动机。自愿性信息披露是上市公司与其他利害相关者之间基于经济利益进行的自利性信息沟通；强制性信息披露是以法律规范来调整的上市公司与其他利害相关者之间的信息沟通。

(2)披露内容。自愿性信息披露的内容是管理者对公司长期战略及竞争优势的评价、环境保护和社区责任、公司实际运作信息、前瞻性预测信息、公司治理效果等;强制性信息披露的内容是公司概况及主营业务、基本财务信息、重大关联交易信息、审计意见、股东及董事人员信息等。

(3)制衡机制。自愿性信息披露的制衡机制是公司治理机制的设计及有效性;强制性信息披露的制衡机制是法律的制定和执行。

(4)披露方式。如上文所述,强制性信息披露的披露方式主要是定期公告与临时公告;自愿性信息披露则主要通过以下三种途径进行:①定期或不定期报告。主要有上市公告书、年报、半年报、季报等。通过这种形式公司倾向于披露定性的信息,如公司治理信息、管理层的分析与评价、环境保护与社会责任等。而定量信息一般属于强制性披露内容。②信息沟通会。在定期报告之后或公司宣布了重大投资行为之后,应券商、机构投资者以及专业证券分析师的要求,公司通过信息沟通会就定期报告内容及投资行为的动机和效果进行进一步的解释和澄清。这种形式的信息沟通能够有效地促进市场中介机构的发展,提高市场中介机构对公司未来价值变动的预测能力,降低股价的异常波动。③新闻媒体。通常披露有关公司核心竞争力、环境保护和社会责任的信息。这种形式的自愿信息披露不存在“选择受众”的问题,而且信息传播速度快,影响面广,市场反应及时。

在美国,最通行的自愿性信息披露途径是信息沟通会。通过信息沟通会,经理人员可同时将信息传播给上百名专业证券分析人员和机构投资者,每一个与会者得到了相同的信息,可以大大减少经理人员与专业证券分析人员进行私下沟通而可能出现的“信息理解歧义”和回避诉讼风险。信息沟通会所发布的信息受重视程度也最高,专业证券分析师普遍认为这是获得信息的最有效途径。1992 年,Christensen 机构投资者协会对 122 名专业证券分析师的一项调查表明,85%的专业证券分析师经常参加信息沟通会,93%的专业证券分析师认为信息沟通会是获得信息的有效途径。他们认为,参加信息沟通会的主要好处在于:能够了解到更全面、更及时的内部信息,而且信息获取的成本较低。

与强制性信息披露相比,通过信息沟通会披露的自愿性信息具有如下特点:第一,深入性。由于与会人员多是专业人士,他们所提出的问题一般具有一定的深度和较强的目的性,经理人员在回答这些问题时所披露的信息也就更深入。第二,翔实性。经理人员在回答专业提问时,往往需要提供更多的细节以支持其观点,这些信息一般难以从公告中得到,如详尽分解后的事业部利润信息等。第三,准确性。出于回避诉讼风险等考虑,经理人员更愿意在信息沟通会上对公司未来的某些方面作出比定期公告更为准确的预测。

三、信息披露制度的比较[①]

(一)证券市场信息披露制度简介

在国际证券市场的发展历程中,英国和美国的证券市场信息披露制度最具代表性,综合运

① 本节内容,主要参考深圳证券交易所研究报告《中外信息披露制度及实际效果比较研究》,深证综研字第 0051 号,2002 年 1 月。

行功能也最具说服力。英、美两国的证券管理的核心都是证券信息披露。推行证券信息披露、防止证券欺诈是两国证券立法的指导思想，但两国信息披露的具体制度却差别很大。

（1）英国的证券信息披露制度。19 世纪英国的信息披露制度是从 17 世纪的公司登记制度发展起来的，虽然信息披露具体规范随历史发展逐步细化，但立法对政府在公司事务中的最初定位没有大的变化，即因公司系经政府注册登记成立，所以政府要求公司在注册登记中披露影响投资者判断公司价值所需的重要信息。除此之外，政府不想关心公司的价值或对公司投资是否获利；防止利用公司进行欺诈就是政府对公司证券管理的最主要工作。英国对信息披露违法的处罚，采取公司股东权益保护中对公司股东进行集团性保护的原则，任何一个股东对公司及公司管理层诉讼的胜利，获得的救济自动给予公司其他股东。

英国信息披露的中心是证券交易所。交易所的披露规则比政府立法要求更为细致和严格。对社会公众发布披露信息的工作由交易所具体操办。目前，英国的证券信息披露具体由伦敦证券交易所公司信息发布办公室通过“规管新闻服务系统”将披露信息发布给媒体和公众。

20 世纪 90 年代末以来，英国开始探索新的公司信息披露系统，其目的是提高信息披露质量的同时降低披露成本。FSA 已通过方案，计划在信息披露过程中引入市场竞争机制。

（2）美国的证券信息披露制度。“大萧条”之后，美国建立起了以联邦立法为核心的证券信息披露制度，其目的是防止证券欺诈、恢复投资者对市场的信心。美国的信息披露要求以规范化为特点，披露项目以表格的形式出现，随着电子化信息披露系统（EDAGR）的采用，披露要求更加规范化。美国证监会（SEC）在信息披露中拥有较大的权力。SEC 的听证和调查，可以推迟公司注册表生效的时间；只要有足够理由，SEC 可以通过法庭程序，从法院获得禁止令，终止注册表的效力，因此公司不得发行股票，当然，公司有上诉的权利。因此，将美国证券发行制度简单化地称为“注册制”是不准确的。

在 SEC 内部，对上市公司的信息披露监管的执行工作主要由公司财务监管部负责。公司财务监管部对呈报的披露文件进行审查，对有关披露规范实施中遇到的问题进行解答，对有关业务的申请颁发“不追诉函”。公司财务监管部还与首席会计师办公室一起监督会计师的执业活动，对会计准则的制定进行指导。

SEC 信息披露监管工作的重点是：将大量审查信息披露文件作为日常工作，从中主动发现信息披露违法，为信息披露处罚的有效性提供保障；在会计准则制定中发挥重要作用，以高标准的会计准则保证信息披露的质量；推行“全面信息披露系统”，促进证券信息的充分披露；强调披露内容的可读性，坚持信息披露为一般投资者服务，促进公司动态信息的披露。

美国的独立会计师对公司财务信息披露的真实性起着重要作用。1995 年《私人证券诉讼改革法》对会计师对上市公司的审计程序作了系统规定，使会计师审计更加有法可依，责任更加明确。新规定鼓励会计师对合理怀疑作出认定，并免除由此可能产生的民事责任。20 世纪 70 年代末，SEC 肯定了预测性信息在改善公司信息披露中的作用，开始允许公司披露预测性信息，1995 年立法终于明确规定了发布预测性信息的免责条件，正式确立了信息披露“安全港”规则，鼓励预测性信息的发布。

2000年，SEC发布《公平信息披露规则》否定了选择性信息披露的做法，要求凡是证券信息披露，必须平等地向广大投资者公开披露。证券集团诉讼是促进信息披露的一个强大压力，集团诉讼是使私人诉讼成为促进信息披露力量的制度基础。证券集团诉讼和股东衍生诉讼是与信息披露有关的两种集团诉讼形式。即使美国法律就集团诉讼设计了各种精细、复杂的规则，但集团诉讼在促进信息披露的同时也产生了诉讼被滥用的负面影响。为了克服这方面影响，美国立法机关虽然已进行了若干重大努力，来改进集团诉讼制度，但这一努力尚未达到预期效果。

(3)我国的上市公司信息披露制度。当前规范我国上市公司信息披露的制度体系包括基本法律、行政法规、部门规章和自律规则四个层次：第一层次为基本法律，主要是指《证券法》和《公司法》等国家财经法律，还包括《刑法》等法律中的有关规定。第二层次是行政法规，主要包括：国务院于1993年4月发布的《股票发行与交易管理暂行条例》、《股份有限公司境内上市外资股的规定》、《股份有限公司境外募集股份及上市的特别规定》、《可转换债券管理暂行办法》等。第三层次为部门规章，主要是指中国证监会制定的适用于上市公司信息披露的制度规范，包括：《公开发行股票公司信息披露实施细则》、《禁止证券欺诈行为暂行办法》、《证券市场禁入暂行规定》、《股份有限公司境内上市外资股规定的实施细则》、《公开发行股票公司信息披露的内容与格式准则》、《公开发行证券的公司信息披露编报规则》、《公开发行证券的公司信息披露规范问答》、《关于加强对上市公司临时报告审查的通知》、《关于上市公司发布澄清公告若干问题的通知》、《证券交易所管理办法》、《上市公司股东大会规范意见》、《前次募集资金使用情况专项报告指引》等。第四层次为自律性规则，主要是指证券交易所制定的上市规则。

从上述分析可以看出，我国已初步形成了以《证券法》为主体，相关的行政法规、部门规章等规范性文件为补充的全方位、多层次的上市公司信息披露制度框架。该框架从原则性规范到操作性规范，从信息披露的内容、形式到手段，都作出了较为科学合理的规定，基本与国际接轨。

(二)信息披露的管理体制

证券市场中上市公司信息披露的管理体制是一国或地区对上市公司信息披露行为所采取的管理体系、管理结构和管理手段的总称，是上市公司监管体制的重要组成部分。狭义上，上市公司信息披露的管理体制主要指的是信息披露的管理机构组成及其监管职责划分；广义上，还包括确定管理机构监管职责以及规范上市公司信息披露活动的法律制度体系。

从监管部门职责划分来看，证券监管部门和证券交易所在上市公司信息披露管理中的地位和作用既与一国或地区实行的证券监管体制密切相关，也与上市公司所披露信息的性质密不可分。上市公司在发行上市以后所进行的持续性信息披露，其监管主要是由证券交易所进行，证券监管部门一般仅就重大事项或违规行为进行监管，证券交易所处于日常监管的第一线，发挥最主要的作用。对于上市公司初次信息披露的监管，证券监管部门与证券交易所在职责上的划分主要取决于一国或地区的证券发行上市审核制度。

在核准制下，如果审批机构为证券交易所，则上市公司初次信息披露的监管职责主要由证券交易所承担，但通常证券监管部门也保留对上市公司有关违规行为进行问询和调查处理的权力。

从制度体系来看，主要有四个层次：一是最高立法机关制定的证券基本法律；二是中央政府制定的有关证券市场的法规；三是证券监管机构制定的各类规章；最后一层次是自律规范，主要包括证券交易所制定的市场规则及有关自律组织制定的行业守则等，其中以证券交易所制定的市场规则最为全面、具体。

（三）国内外证券法律对信息披露的要求

在全球主要证券市场，对信息披露都做了各种详细规定。以下我们从上市公司初次信息披露、上市公司持续信息披露等方面进行介绍。

海外证券市场上市公司的初次信息披露制度主要有以下三个特点：一是以招股说明书为主要形式，招股说明书要求的内容基本一致。二是上市公司初次信息披露的具体做法存在细微的差别：如多数市场要求上市公司在上市前发布上市公告，部分市场无这一要求；有的市场上市公司在正式招股前可发布初步招股说明书；而多数市场只需要发布正式招股说明书；有的市场如我国台湾地区采取较为独特的方式，以召开上市前业绩发布会的形式进行上市前的信息披露。三是不同层次市场，招股说明书的内容要求并不完全相同。一般来说，创业板市场上市公司招股说明书所要求披露的内容要多于主板市场，特别是对公司业务发展目标的详尽描述、公司董事及主要管理人员的情况、对风险因素的分析、风险警告说明等内容的要求较主板市场更为严格。

上市公司持续信息披露主要包括定期报告和临时公告。定期报告主要包括年度报告、半年报告即中期报告、季度报告和月度报告。报告的性质不同，所要求披露的内容不完全相同。市场不同，对定期报告披露的频率即报告间隔也不一样。其中，年度报告和中期报告的内容最为全面，也是各主要市场上市公司定期报告的主要形式，部分证券市场要求上市公司提供季度报告，但在内容上略少于年度报告和中期报告，而月度报告的披露内容最少，且只有个别市场要求上市公司披露月度报告。通常，创业板市场定期报告的披露频率要高于主板市场。

与定期报告相比，上市公司临时报告制度主要涉及两方面问题：一是披露标准；二是披露审查程序。临时报告的披露标准主要有两个：一是重要性标准；二是及时性标准。前者衡量的是上市公司在发生什么样的事项时须进行披露，后者解决的是上市公司在发生重大事项时应在什么时间进行披露。确定适宜并明确的重要性标准一直是各国或地区证券立法的理想，但是这一工作绝非易事。一方面，信息是否重要本身即具有相对性，一件具体事项的发生对于不同的主体，因其规模、利润、资产、商业运营性质等的不同，其重要性也不等同；另一方面，确定重要性标准还存在一个平衡问题，即重要性标准既要使上市公司披露一切投资者合理投资决策所需要的信息，又不能使市场充斥过多的噪音。从实践中看，海外主要证券市场确定重要性的标准有两个：一是影响投资者决策标准。根据该标准，一件事项是否重要取决于其是否对投资者作出决策产生影响。二是股价敏感标准。根据该标准，一件事项是否重要取决于其是否会影响上市证券价格。美国对重要性标准采用比较宽泛的双重标准制，即同时将“影响投资者决策”和“影响上市证券市场价格”并列作为判定信息重要性的标准，两者之间是或的关系，只要符合二者之一便构成重大事项，信息披露的义务即告产生。日本采用投资者决策标准来界定重要性，将重要信息定义为“上市公司任何关于管理、营运、财产的严重影响投资者决策的事实”。英国、德国、法国、中国香港地区和台湾地区对于重要性采用的也是股价敏感标准。

及时性是指上市公司应毫不迟疑地依法披露有关重要信息。从上市公司的角度来看，及时披露重要信息，可使公司发生的重大事项和变化及时通知市场，使公司股价及时依据新的信息作出调整，以保证证券市场的连续和有效；从投资者来看，及时披露可使投资者依据最新信息及时作出理性投资决策，避免因信息不灵而遭受损失；从社会监管的角度来看，及时披露可缩短信息处于未公开阶段的时间，缩短内幕人士可能进行内幕交易的时间，减少监管的难度和成本。基于上述考虑，海外主要证券市场均将及时披露作为对上市公司临时报告的基本要求。

关于信息披露的管理体制和国内外证券法律对信息披露的要求这两方面的内容，本书第八章第三节对透明度、信息披露与市场交易机制的分析中，也对这些问题做了归纳性分析，请读者参看这一相关部分内容。此外，信息披露制度还包括很多内容，比如信息披露形式和手段、信息披露的监管职责和法律责任等内容。此处不再详细介绍，有兴趣的读者请参见相关专题的材料。表5－1和表5－2是有关中国信息披露管理体制的两个总结性内容表格。

表5－1　　我国上市公司现行信息披露规范体系

披露内容		法　律	行政法规	部门规章
首次披露	招股说明书	《公司法》第140条，《证券法》第58、59条	《股票发行与交易暂行条例》(简称《股票条例》)第15、19条	《公开发行股票公司信息披露实施细则》(简称《实施细则》)第6、7、8条；《公开发行股票公司信息披露内容与格式准则》(简称《内容与格式准则》)第1、11、13号；《公开发行证券的公司信息披露编报规则》(简称《信息编报规则》)第1、2、3、4、5、6、10号等
	上市公告书	《公司法》第153条，《证券法》第47、48条		《内容与格式准则》第7、第14号
定期报告	年报	《公司法》第156条，《证券法》第60、61、72条	《股票条例》第47、48、49条	《实施细则》第4、13、16条；《内容与格式准则》第2号、第3号
	中报	《公司法》第156条	《股票条例》第47、48、49条	《实施细则》第4、13、16条；《内容与格式准则》第2、3号
	季报	《公司法》第156条	《股票条例》第47、48、49条	《信息编报规则》第13条
临时报告	重大事件	《证券法》第62条	《股票条例》第60、61条	《实施细则》第17、19条
	并购信息	《公司法》第149条，《证券法》第79、84、89、93条	《股票条例》第47、48、49条	《实施细则》第20、21条
	其他	如股东大会、董事会决议公告等常规性公告，主要在证券交易所的《上市规则》中规范		

注：表中仅列示最主要的信息披露规范。

表 5－2　　中国证券监管部门的职责和权限划分

监管部门		监管职责	监管权限
中国证监会	发行监管部	审核境内企业直接或间接在境内外发行股票、可转换债券的申报材料并监管其发行活动；审核企业债券的上市申报材料	处罚权： 单处或并处警告；没收非法所得；罚款；暂停违法者从事证券业务或撤销其从事证券业务的资格 调查取证权： 进入违法行为发生场所调查取证；询问当事人，要求其对与被调查事件有关的事项作出说明；查阅、复制当事人和与被调查事件有关的单位和个人的证券交易记录、登记过户记录、财务会计资料及其他相关文件和资料；对可能被转移或者隐匿的文件和资料，可以予以封存；查询当事人和与被调查事件有关的单位和个人的资金账户、证券账户，对有证据证明有转移或者隐匿违法资金、证券迹象的，可以申请司法机关予以冻结
	上市公司监管部	指导、督促和检查证券交易所对上市公司信息披露的一线监管；负责与会计部协调处理上市公司信息披露中的财务会计问题，配合会计部起草、修订上市公司信息披露（定期报告、临时报告）的规则；组织收集、分析和处理市场和媒体对上市公司的情况反映。协调证券交易所与各地派出机构对上市公司信息披露的监管工作；对上市公司信息披露、财务会计报告进行巡回检查和专项核查等	
证券交易所		深交所由上市公司管理部，上交所由上市部对上市公司的年度报告、中期报告和临时报告的信息披露进行监管，并对上市公司进行日常监管	处罚权： 警告；公开批评；公开谴责 调查取证权： 没有对上市公司的调查取证权，只能不断要求上市公司就可疑问题提供解释
中国注册会计师协会		拟定业务报备管理制度和业务检查制度，组织实施业务报备工作及年度业务检查工作；拟定对有关执业机构和执业人员职业道德、执业质量方面的投诉举报管理制度、办法，组织处理有关投诉举报专案查处工作，协调有关方面对行业职业道德和执业质量方面的监督、检查和处罚事项；拟定对违法违规的执业人员的处罚制度、办法，组织实施有关处罚处理工作等	处罚权： 对注册会计师：警告；没收违法所得；罚款；暂停执行部分或全部业务，暂停执业期限，最长为 12 个月；吊销有关执业许可证；吊销注册会计师证书 对会计师事务所：警告；没收违法所得；罚款；暂停执行部分或全部业务，暂停执业期限最长为 12 个月；吊销有关执业许可证；撤销会计师事务所 调查取证权： 没有对上市公司的调查权

资料来源：《证券法》、《股票发行与交易管理条例》、《违反注册会计师法处罚暂行办法》、《中国注册会计师协会秘书处机构设置及职责范围》、中国证监会网站、上海证券交易所网站。

本章小结

在本章我们把视角从狭义交易机制转换到广义交易机制，去认识金融市场及其功能实现，从而在理解该主题时让我们进入了一个更广阔的范畴。在这个范畴中，不仅市场本身不再是一种被给定的概念和功能架构，而且市场微观结构中的各种组成部分也不再是一些静止的要素。这些要素的变化，以及相互之间的作用，构成了市场运行过程的微观基础，也最终决定了市场的运行状况和运行特征。对于一个市场而言，广义的交易机制可以理解为市场的微观结构，市场微观结构通常由五个关键的部分组成：技术、规则、信息、市场参与者和金融工具。这五大市场要素相互之间的作用，就构成了市场运行过程的微观基础。在详细阐述了如何认识广义交易机制以后，分别从各要素对市场运行的影响入手，着重分析了市场规则、市场参与者、信息结构对市场运行的影响。在广义交易机制视角下，不同金融市场的功能实现效率，取决于这些构成要素之间的相互不同的作用。

基本概念

广义交易机制　市场规则　内部规则　外部规则　市场参与者　政府　投资者结构　信息结构
信息披露制度　强制性信息披露　自愿性信息披露

复习思考题

1. 如何理解构成广义交易机制的五大要素？
2. 如何理解广义交易机制对金融市场功能实现的作用？
3. 市场规则与市场运行之间的互动关系是怎样的？
4. 市场参与者是如何影响市场运行的？
5. 信息结构是如何影响市场运行的？

第六章

金融市场交易机制比较

市场微观结构理论研究的是交易机制如何影响价格的形成过程，并且分析在一定的交易机制下资产交易的过程和结果。交易机制是指市场的交易规则和保证规则实施的技术以及规则和技术对定价机制的影响，这是市场微观结构理论中的核心内容。在即将开始的这一章中，让我们更多地关注实际操作层面，分析在各种不同的金融市场中存在的交易机制各自具有的特点。

在本章的叙述中，我们按照最为普遍的观点，将金融市场划分为证券市场、货币市场、外汇市场和金融衍生品市场。至于交易机制，我们承接本书前面章节的主线，采用广义交易机制的概念，即交易机制由技术、规则、信息、市场参与者和金融工具五个关键要素构成。由此，本章对于各种金融市场的交易机制的比较分析将结合各个市场的实际情况，分别从这五个方面展开。第一节介绍各类金融市场中的交易技术及其发展历程；第二节探讨市场微观结构的重点——金融市场交易规则，揭示各类金融市场所采用的规则及其特征；第三节对市场中的信息披露机制进行描述，分析信息披露机制对于价格形成所发挥的作用，以及在实际操作中收到的效果；第四节和第五节则分别概述了各类金融市场中主要的交易者和交易的金融工具。考虑到各种金融市场的交易机制之间存在着较多的相似之处，本章的分析将本着“求同存异”的原则，主要分析各种金融市场交易机制的共同点。在对市场交易机制的各方面共性进行概述的基础上，对比分析各种市场交易机制的特征。

第一节　交易技术

一、交易技术概述

从设计的角度看，证券交易系统包括两个相互联系的组成部分：交易规则和技术系统（也正是这两部分及其对于价格形成的影响构成了狭义交易机制的主要内容）。交易规则是制度化的市场交易结构，而技术系统是保证交易规则得以实施的必要措施。技术系统的基本功能在于：在交易者之间沟通市场信息，把投资者的订单传送到市场，撮合匹配订单，并把交易信息反馈给交易者和结算系统。从操作的意义上说，技术系统决定了交易规则在多大程度上实现自己的功能，从而决定了证券市场在既定技术水平条件下的发展空间。

金融市场自从诞生以来，其技术设备就像它的规则与制度一样，也经历了数次从简单到复杂、从落后到先进的变革过程。对不同领域或不同地区市场之间的信息传递而言，经历了从最原始的马车、汽车、火车，到后来的电报、电话、电传，再发展到自动化信息传递，直至随着网络技术的发展实现网络信息传递；而就各市场的场内交易技术而言，则从最初的交易所内人工报价到目前已经普及的无纸化、自动化交易系统，并呈现出向网上交易发展的趋势。随着竞争的日益激烈，金融市场交易逐渐向全球范围内扩展，并且衍生出盘后交易等一系列创新的交易技术。

（一）传统交易方式

通常所说的传统交易是指通过交易所大厅或是柜台进行交易，也就是人工交易。在这种模式下，整个交易过程中的报价、委托、交割、结算等一系列手续和大量繁琐的工作都是通过人工方式完成的。以人工竞价中的公开喊价（open outcry）为例，其主要交易程序为：经纪公司派驻交易所的出市代表，根据手中所持有的客户委托，在交易所大厅内以口头方式（并配合以各种手势）公开竞价，使得交易达成，并最终通过结算机构进行交割结算（如图 6—1 所示）。

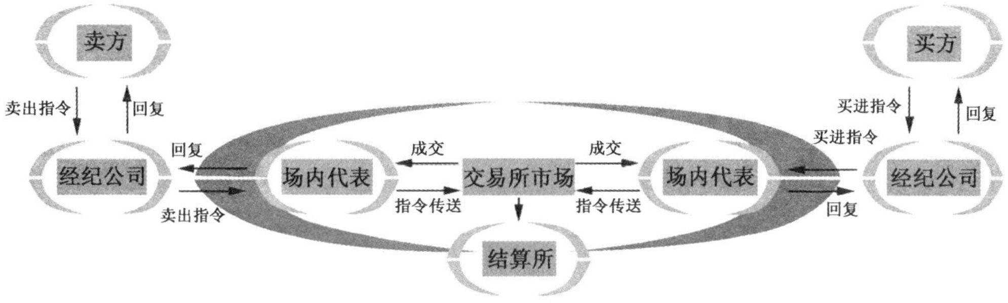

图 6—1　人工交易系统

在 20 世纪 50 年代以前，传统的人工交易模式在金融市场交易体制中占据着主导地位，虽然电报、电话和传真等技术手段的出现相继被引入金融市场，但交易过程中的主要工作还都是由人工完成的。然而，到了 20 世纪 60 年代和 70 年代，随着金融市场的迅速发展，交易所和经纪公司需要处理的文件和数据日益庞杂，工作量越来越大，这使得在交易中出现的人为误差和纰漏不再能够被忽视，因此急切地需要采用机器把人们从繁重的工作中解脱出来。特别是在 1968 年的美国，证券交易量的剧增迫使交易所缩短交易时间，以使经纪公司在后台能有充分的时间来处理积压的委托。这种人工结算交割危机的发生使得采用新的自动化证券交易系统已变得刻不容缓。

（二）电子自动化交易

一方面，人工处理交易数据的难度加大产生了对于自动化交易的迫切需求；另一方面，信息技术的飞速发展为交易技术的进步提供了支持。于是,计算机逐渐被用于金融资产交易,以现代高新技术为基础的电子交易系统迅速形成。这使得传统的柜台市场①(over-the-counter market)开始向机上市场(over-the-computer market)发展,交易效率得到了显著提高。

电子自动化交易使得各国证券交易所的运作普遍实现了无纸化和电脑化,建立了安全、高效的电脑运行架构。竞价方式由传统的手工竞价过渡到电脑自动撮合是其中一个非常显著的特点。从采取竞价方式的证券交易所的实践看,自动化电脑交易系统通常由自动撮合系统、通讯网络、交易终端三部分组成(如图6—2所示)。投资者除了在服务商柜台直接下单买卖证券之外,也可以通过终端电子设备下单买卖,其委托由服务商柜台终端通过通讯网络传送到交易所撮合主机,撮合成交后实时发回交易信息。因此,投资者在发出交易指令后可以立即查询交易结果。

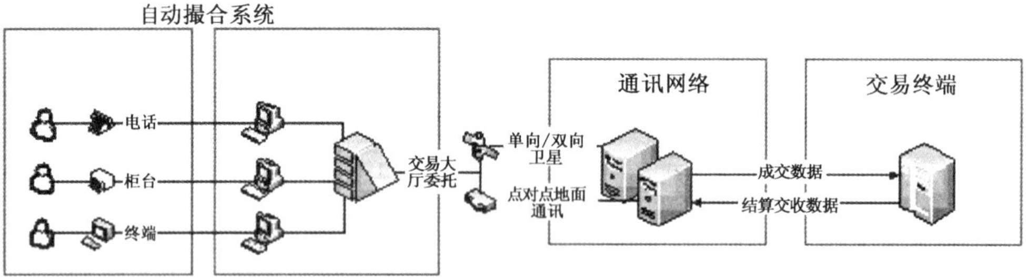

图6—2 自动化交易系统

自动撮合系统是整个自动交易系统的核心,它接受由服务商电脑系统通过通讯网络发送来的订单信息,把它们读入计算机处理系统进行撮合和匹配,并将交易信息通过通讯系统传回交易大厅以及各服务商的电脑终端。

通讯网络是连接服务商电脑系统、交易所交易席位和撮合主机的电子线路及设备,包括单向/双向通讯卫星和地面专用数据线,以及专用互联网络等,用于传递交易指令和交易数据等信息。

交易所中的交易席位是交易系统中一个重要的组成部分。一般来说,证券商申请会员资格后,通过设立在交易所中的交易席位进行交易。席位的本意是指交易所交易大厅中的有形座位,服务商派出的经纪人通过交易席位上配备的通讯设备(如电话、电脑、传真等)与服务商电脑系统传递委托指令与成交信息。随着交易过程的电子化和通讯技术的现代化,交易方式逐渐由手工竞价模式发展为电脑自动撮合。相应地,交易席位的形式也发生了很大变化,由最初在证券交易所交易大厅的座位,演变为在交易大厅内进行交易的权利的象征。

服务商电脑系统的作用是服务商用于管理客户证券账户和资金账户、传送委托指令、接受成交信息、显示行情等。这种系统的种类非常多,但基本的系统架构却是相似的,即通常采用

① 柜台市场通常是场外市场的别称,但在这里是指其原意,需要加以区分。

带有多台服务器和工作站以及与交易所进行通讯的传送机、行情接收机的网络操作系统。

(三)网上交易

自20世纪90年代以来,互联网技术获得了巨大的发展,并且逐渐被应用于金融交易。在当今国际上各类金融市场中,通过互联网买卖金融资产(尤其是股票)、交流投资信息、公布市场行情和交易信息已经成为非常普遍的现象。利用互联网联系市场参与者、发布信息、促进交易、服务客户以及监管市场的新方案逐渐兴起,与此同时,也出现了跨越国界及不同监管制度的网上交易所。可以说,互联网打破了传统的对于交易的时间和空间上的限制,进一步加快了金融市场国际化和一体化的步伐。

网上交易主要有四种形式:金融服务商网上交易服务(交易委托和经纪)、交易所网上交易系统、独立网上交易系统和网上虚拟交易所。

(1)金融服务商网上交易服务。这是指通过互联网把投资者的订单输入到交易所的电脑撮合主机进行匹配成交,事实上也就是一个网上下单系统。国外网上交易服务的商业模式,从不同的角度可进行不同的划分。①从行业背景及特征来看,可区分为嘉信(Schwab)的折扣经纪商模式、E-Trade的专业网上经纪商模式,以及美林(Merrill Lynch)的综合服务型经纪商模式。②从佣金政策方面来看,可划分为自由佣金模式与固定佣金模式两种。美国是自由佣金模式的代表,而日本于1999年、新加坡于2000年才放开对股票交易手续费的限制,我国则仍然实行固定佣金模式。③从相互竞争关系来看,可划分为战略进攻和战略防御两种对抗模式,前者如嘉信和E-Trade,后者则以美林为代表。④从竞争手段或策略上来看,又可分为技术竞争、价格竞争和服务竞争等。E-Trade和嘉信等网上经纪商依靠技术竞争与价格竞争脱颖而出,而美林则依据其强大的综合实力选择了服务竞争模式。

(2)交易所网上交易系统。随着网上经纪业务的发展,一些证券交易所也开始改革交易系统,使之符合网上交易发展的需要。香港联交所于2000年年中推出的以开放性、直通式、多元化、24小时交易为特征的第三代交易系统(ASM/3),就是一个基于网络的交易系统。日本大阪证券交易所于1999年1月25日推出的J-NET系统也是交易所新型开放式网络交易系统的一个典型案例。J-NET是一个连接交易所、交易所经纪会员和其机构客户的电脑网络。除了能够为经纪会员及机构投资者提供网上协商交易(溢价交易)方式外,J-NET还有强大的网络交易功能,它能够直接连接大阪证券交易所,这使J-NET参与者可以使用终端机直接参与买卖在大阪证券交易所挂牌的全线产品,包括股票、债券、股票期权、日经225期货和期权产品。海外交易网络的会员也可以通过J-NET系统的连接享受相同的直接交易服务。由于J-NET是以电子交易通用的通讯协定FIX为基础的,因此它可以与其他在日本或全球的交易网络相通连接。

(3)独立交易网络。独立交易网络即为通常所说的选择性交易系统(Alternative Trading System,ATS),泛指非交易所(非上市证券挂牌场所)的各种电子交易与撮合系统。根据美国证券交易委员会(SEC)的定义,选择性交易系统是指"证券交易所或证券商协会以外,不经过SEC注册,却能自动集中、显示、撮合或交叉执行证券交易的电子系统"。选择性交易系统的出现是信息技术、投资者全球化、机构投资者迅速发展以及市场管制放松的必然结果。它主要包括三种类型：①公告板系统(Bulletin Board System，BBS)。BBS 仅仅为投资者提供联络渠道，本身并不涉及交易的具体过程，交易实际上是买卖双方在 BBS 系统之外进行的。②电子通讯网络(Electronic Communication Network，ECN)。SEC 把 ECN 定义为"任何把交易所的做市商或柜台市场的做市商的订单传送到第三方，并允许这些订单与做市商的订单全部或部分匹配的电子系统"。ECN 在纳斯达克市场运作，是纳斯达克市场众多交易执行系统中一个组成部分。但与纳斯达克市场的其他会员一样，也可以交易在交易所挂牌的证券(ECN 与纳斯达克市场其他系统和参与者之间的关系可表示为图 6－3)。目前，被美国证监会仍认可的 ECN 共有 9 家，即 Instinet、Island、Archipelago、Attain、Bloomberg Tradebook、Brass Utility、REDIBook、Strike Technology 和 NexTrade。③匹配系统(Crossing System)。在美国，匹配系统是指不符合 ECN 有关持续公布价格信息的条件的电子交易系统，如亚利桑那证券交易所(Arizona Stock Exchange，AZX)、OptiMark、ITG-Posit 等。这些系统本身并不决定价格，而是在特定时点从参考市场引入价格，并按照所引入的价格对客户订单进行撮合。匹配系统可以交易单只股票，也可以交易股票组合。

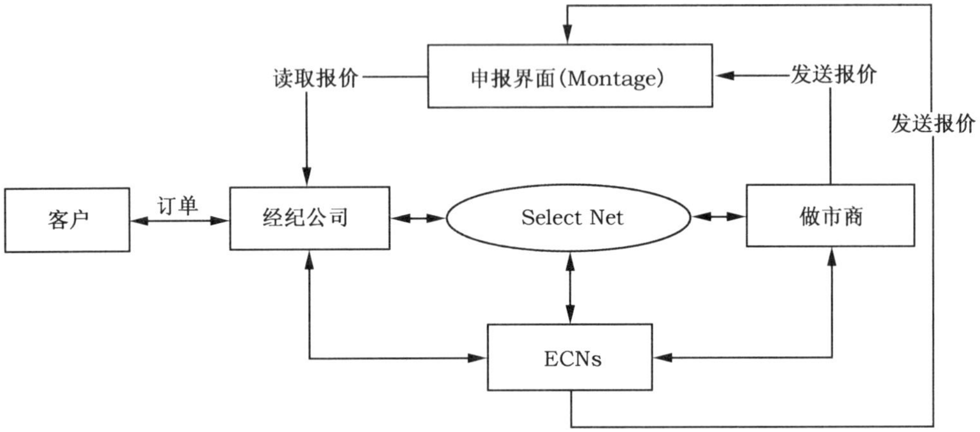

图 6－3　ECN 运作示意

(4)网上虚拟交易所。顾名思义，网上虚拟交易所是指以网络的形式模拟交易所的运行模式，也就是发行者直接在网上发行，投资者不通过经纪商和交易所而直接在互联网上买卖金融资产的一种交易形式。从某种意义上说，网上虚拟交易所也可以被列入广义的场外市场的范畴。1995 年，美国纽约的 Spring Street Brewing Company 开创了网上虚拟交易所的先河。

网上交易系统的平台建设有三种主要模式：①公共平台模式或接入模式。服务商与 IT 公司合作，IT 公司建立网上交易的公共平台，多家证券公司接入该平台进行交易。②券商与 IT 公司战略联盟模式。多家证券公司接入该平台进行交易。③券商自有平台模式。一种是券商自建平台模式，另一种是券商整体收购 IT 网站模式。

网上交易的数据流程模式可划分为两种：分散模式，即营业部＋网上证券交易平台模式；集中模式，即券商总部＋虚拟的网上证券营业部模式。网上交易的客户实现模式也有两种：客户终端软件/服务器模式；浏览器/服务器模式，即所谓的纯 Web 交易方式。

（四）盘后交易

随着金融全球化、自由化和交易技术的迅速发展，金融市场中各交易所之间的竞争日渐激烈。因此，自 20 世纪 90 年代以来，各交易所纷纷增设盘后交易时段（off-hours trading），或普遍延长交易时间，以扩展自身交易服务的覆盖范围，增强竞争力。在电子交易、网上交易和跨境交易盛行的今天，部分 ECN 甚至提供每天 24 小时、每周 7 天的交易服务。

早期的盘后交易服务主要是由经纪商提供的，但自 20 世纪 90 年代中期以来，盘后交易开始出现多种形式，如交易所专门开设的盘后交易时段（通常是按收盘价进行交易的一个时段），ECN 提供的盘后交易服务，做市商提供的盘后交易服务等。大量研究表明，尽管盘后交易量与正常时间的交易量相比非常小（通常在 5%左右），且交易的隐含成本较高，但盘后交易的价格发现功能甚至大于正常交易时段，而且盘后交易包含有更多的信息。

二、不同市场交易技术

（一）证券市场交易技术

证券市场总是走在各类金融市场的前沿，在交易技术方面也不例外。证券市场最早采用订单自动传递和执行系统（美国太平洋证券交易所），最早使用电脑自动报价系统（Nasdaq 市场），最早建立市场间的电子交易系统（纽约证券交易所（NYSE）的 Intermarket Trading System，ITS），最早采用电子自动交易系统，也最早将网络引入到了金融资产的交易中。目前在全球主要的证券市场中，尽管还有少量市场保留了传统的人工交易方式（在很大程度上是为了维持证券交易所的象征），但是绝大部分市场都已经普及了自动化电子交易，并且不同程度地引入了形式各异的网络系统以辅助交易。表 6－1 列出了当前世界主要证券市场的交易技术。

表 6－1　　主要证券市场的交易技术

证券市场	交易技术
阿姆斯特丹	电话交易，公开喊价
澳大利亚	基于屏幕的电子报价系统 SEATS
巴黎	电子交易系统
巴塞罗那	基于屏幕的电子交易，交易大厅，屏幕辅助的电话交易
布鲁塞尔	电子交易系统
大阪	基于屏幕的交易系统
东京	自动交易系统
法兰克福	电子交易系统

续表

证券市场	交易技术
哥本哈根	电子交易系统
赫尔辛基	电子交易系统
伦敦	电子交易系统
美国	交易大厅,专家,电子限价订单簿
纳斯达克	基于屏幕的报价,自动交易系统
纽约	交易大厅
瑞士	全电子交易系统
斯德哥尔摩	电子自动交易
新西兰	基于屏幕的交易系统
雅典	集成电子交易系统

资料来源:刘逖:《证券市场微观结构理论与实践》,复旦大学出版社 2002 年版,第 371 页。

(二)货币市场交易技术

货币市场通常没有集中的有形交易场所,而是以无形市场的形式存在。由于货币市场交易所涉及的交易规模都非常巨大,因此虽然少数交易所会进行货币市场交易,但绝大多数货币市场交易是通过场外市场的形式开展的,交易者主要通过电话、电报、电传以及专有信息网络或互联网传递信息并进行交易。货币市场的电子化和网络化程度是非常高的,因为在货币市场上,速度是至关重要的因素,大多数交易仅仅需要几秒钟,最多几分钟就可以完成——这同时也意味着交易机会是稍纵即逝的。

货币市场并非完全通过电子自动化方式进行交易,在一些货币市场中,仍然保留有传统的人工交易方式。例如,在欧洲货币市场中,虽然许多国家都使用诸如 MID(Market for Interbank Deposits)等形式的电子经纪商市场,但是不少国家的货币市场也都还保留了人工交易的方式:许多国家的货币市场对于跨境交易通常都采用在目标国进行人工报价和人工交易的方式;意大利、西班牙和法国等不少国家都将短期回购等货币市场工具交给经纪商进行人工喊价交易。

(三)外汇市场交易技术

在几种主要的金融市场中,外汇市场是地域性最广泛的一个。由于外汇市场交易对象的特殊性,使得其在本质上就应当是一个无国界约束的市场。外汇市场有有形市场和无形市场之分:有形市场是指外汇交易者在固定的交易场所和规定的营业时间内进行交易,主要存在于巴黎、法兰克福、布鲁塞尔等地。由于有形市场的交易方式和交易目的都比较有限,主要用于调整即期外汇头寸,决定对客户交易的公定汇率,因此并不是外汇市场的主要形式。无形市场则是指由电话、电报、电传和计算机终端等现代化通讯网络所形成的抽象市场,没有固定的交易场所和交易时间。这种无形市场遍布美国、英国、瑞士以及远东各国家和地区，是外汇市场的主要形式。

作为一个全球化的无形市场，外汇市场的交易者遍布不同国家和地区，从而广泛而迅速的信息就成为外汇交易顺利完成的基本条件。另一方面，在外汇市场中进行交易的主要是大型金融机构尤其是商业银行，它们同时充当着做市商和交易者的角色，这使得外汇市场中交易的份额通常较大。因此，外汇市场中通常采用高效率、低成本的电子交易系统。

目前，全世界运用最为广泛的外汇交易系统有以下三种：路透交易系统（Reuter Dealing System）、美联社终端和德励财经咨询系统（Telerate System）。它们分别是英国的路透新闻通讯社、美国的联合新闻社以及德国的德励财经资讯有限公司利用散布于世界各地和各金融中心的新闻记者，广泛采集有关政治、经济、金融、贸易、商品、证券等各种信息，并通过电话、电传、信息终端机等先进的通讯工具，为外汇交易者提供快捷有效的服务。除此之外，美国的银行间清算所交付系统（CHIPS）和环球金融电讯网（SWIFT）也是被使用较多的交易系统。

在清算和结算方面，20 世纪 90 年代以前，外汇市场中的大量巨额交易都是通过双边结算来完成的。进入 21 世纪，以 14 家世界上最大的银行联合建立的 FXNET 为标志，外汇市场进入了以中央结算所为核心的多边结算时代，大大降低了交易成本和流动性风险。

（四）衍生品市场交易技术

衍生品市场传统上采取的是公开喊价的交易模式，20 世纪 90 年代以后，不少衍生品市场开始采用电子自动交易系统，如伦敦国际金融期货交易所（LIFFE）于 1998 年 11 月全部采用电子自动交易系统 LIFFE CONNECT$_{TM}$，Eurex 和美国国际证券交易所等新成立的市场自诞生之时起就采取完全的电子自动交易平台，我国香港地区也于 1999 年 4 月转而采用期货电子交易系统。芝加哥交易所、芝加哥商业交易所和芝加哥期权交易所等历史悠久的衍生品交易所也相继开发了自己的电子交易系统。

虽然近年来不少衍生品市场开始采用电子竞价系统，但公开喊价方式仍然在国际衍生品市场占有重要的地位，以芝加哥交易所和芝加哥商业交易所为代表的许多衍生品市场都保留着公开喊价的交易方式（如表 6－2 所示）。之所以保留传统的人工交易方式，一方面是因为人工交易能够在一定程度上对电子交易起到完善的作用；另一方面更多地是因为人工交易已经成为衍生品市场的典型特征，具有象征意义。

表 6－2　　主要衍生品市场的交易技术

交易市场	交易品种	交易模式
芝加哥交易所（CBOT）	期货、期权等	电子自动交易系统
芝加哥商业交易所（CME）	期货、期权等	公开叫价，GLOBEX 电子交易系统
芝加哥期权交易所（CMOE）	期权	电子执行的公开喊价，CBOE direct 电子交易系统
美国国际证券交易所	期权	电子交易系统，做市商交易

续表

交易市场	交易品种	交易模式
伦敦国际金融期货交易所(LIFFE)	期货、期权等	电子自动交易系统
蒙特利尔交易所	股票期权 债券期权 期货和期货期权 股指期货 股指期权	基于屏幕的 MAX 系统和交易大厅交易 交易大厅交易 使用 NSC 平台的自动化系统(SAM) 大厅内的公开喊价交易 MAX 系统和交易大厅交易
欧洲期货交易所(Eurex)	金融期货与期权	电子自动交易系统
香港期货交易所(HKFE)	期货 期权	电子自动交易 做市商交易
吉隆坡期权与金融期货交易所(KLSE 的全资子公司)	金融期货	基于屏幕的自动交易系统 KATS
马来西亚商品与货币交易所	利率期货 商品期货	公开喊价系统

资料来源:刘逖:《证券市场微观结构理论与实践》,复旦大学出版社 2002 年版,第 392 页。

在电子自动化交易逐渐进入衍生品市场的同时,世界上不同地区的衍生品交易所之间也开始不断地进行跨地域合作。自 20 世纪 80 年代以来,国际衍生品交易市场之间利用电子信息系统的发展而进行联网的实践十分频繁(如表 6—3 所示),而联网的对象从衍生品工具本身到交易流程都有所涉及,同时联网的交易方式也多种多样。这种国际联网交易使得全球的金融衍生品市场呈现出一体化的趋势,顺应了衍生品市场的发展,提高了市场的效率。

表 6—3　　1984 年以来国际主要交易所联网事件

交易所联网	联网对象	联网交易方式
CME-SIMEX	欧洲美元等	公开喊价—对冲
OM-OMLX(London)		电子交易
CME-MATIF		GLOBEX
NYMEX-COMEX	能源和金属	合并—公开喊价
LIFFE-TSE	日本政府债券	公开喊价
CME-NYMEX	清算流程	通过银行
LIFFE-LCE-LME-IPE	清算流程	通过银行
DTB-MATIF	金融期货	电子交易
IPE-SIMEX	布伦特原油	公开喊价—对冲

续表

交易所联网	联网对象	联网交易方式
NYMEX-SFE	德国科莎斯原油	电子交易
LIFFE-CBOT	美国、德国政府债券	公开喊价
LIFFE-TIFFE	欧洲日元	公开喊价
PHLEX-HKFE	货币期权	电子交易
LLIFFE-SIMEX	欧洲马克	公开喊价
SFE-CBOT	债券	电子交易
SFE-CBOT	债券	公开喊价
SFE-TGE	牛肉—谷物—羊毛	公开喊价
NYMEX-BM&F	乙醇	
NYMEX-HKFE	德国科莎斯原油	电子交易

资料来源：姚兴涛：《金融衍生品市场论》，立信会计出版社 1999 年版，第 125 页。

三、交易技术小结

在分别介绍了各类金融市场中所使用的交易技术之后，我们对金融市场中的交易技术做一个简短的小结，对各类金融市场的交易技术进行一个简单的对比。

——证券市场当前已经全面实现了电子自动化交易，并且不同程度地引入了网络交易手段和盘后交易，同时人工交易方式也在一些证券市场中得到了保留；

——货币市场通常采用电子自动化交易模式，但在某些市场中对于特定的交易仍保留人工处理方式；

——外汇市场也采用电子自动化交易模式，路透等电子交易工具得到了广泛的使用；

——衍生品市场仍然以大厅内的人工喊价和交易为主要交易形式，一定程度上引入了电子自动化交易，一些新兴的衍生品市场实行了全电子化交易。

第二节　交易规则

一、交易规则概述

狭义的交易机制是指市场的交易规则和保证规则实施的技术，而之前我们已经分析过各类金融市场中普遍采用的交易技术。至于交易规则，它主要包括价格形成机制、交易委托方式、订单匹配原则和市场稳定措施等。

众所周知，金融市场的价格形成机制可以分为两类：一类是报价驱动交易机制，也就是做市商市场;另一类是指令驱动的竞价交易机制,包括集合竞价和连续竞价(见表6—4)。另外,也存在同时具有报价驱动和指令驱动特征的混合机制。做市商报价驱动的主要优点在于成交的即时性和价格的稳定性,同时可以避免买卖指令不均衡现象以及抑制股价操纵;而指令驱动的优点则在于透明度高以及高速面广的信息传递,同时其运行费用也相对较低。对于这两种基本交易制度优劣的权衡的不同使得各类金融市场的选择也有所不同。虽然各类市场的价格形成机制有所差异,但其价格形成过程通常并没有太大的区别。金融资产交易的基本程序主要包括开户、委托、成交、结算和交割5个阶段。

表6—4　　金融市场主要的价格形成机制

	连续性市场	集合性市场
竞价市场(指令驱动)	连续竞价市场	集合竞价市场
做市商市场(报价驱动)	做市商市场	集合做市商市场(现实中不存在)

在定价过程中,由订单表示的交易指令是交易信息传达和解释的形式。不论市场上产生和传播了何种信息,也不论投资者接受和处理了何种信息,或者是根本没有信息而只是因为情绪和流动性需要交易,其结果总要通过订单所传达的指令解释信息,交易机制则根据这些指令信息决定交易价格。金融市场中的交易订单根据不同的标准可以进行不同的分类(见表6—5),最常用的是根据价格限制所划分的4种订单:市价指令(market orders)、限价指令(limit orders)、止损指令(stop-loss orders)和止损限价指令(stop-loss limit orders)。不同的交易指令在价格、数量、时间等委托交易参数上有所不同,它们通过一定的订单匹配原则使得买卖订单以尽可能接近委托要求的条件达成交易。金融市场中通常采用的订单匹配原则主要有以下7种:价格优先原则、时间优先原则、按比例分配原则、数量优先原则、客户优先原则、做市商优先原则、经纪商优先原则。

市场稳定制度是在市场发生剧烈波动时交易所采用的能够抑制股价波动的各类措施。从世界主要证券市场的实践看,市场稳定措施主要可以分为两大类,即涨跌幅限制(price limit)和断路器(circuit breaker),其中断路器又包括暂停交易(trading halt)和限制交易(trading curb)两种。涨跌幅限制直接对交易者提交的指令的有效价格范围作出限制,一般表现为基准价格(如上一交易日的收盘价格)的一个百分比;而断路器是在整个市场波动超过一定范围时采取的暂时停止交易或限制交易的措施。其他主要的市场稳定制度还有:①保证金(margin)制度,即调整交易者信用交易的保证金比率;②头寸限制(position limit),对交易者所持有的交易资产数量进行限制;③市场稳定基金,即由政府设立在市场价格出现大幅下跌时能够用以干预市场,阻止价格继续下跌的专项基金。上述各种稳定机制的功能、作用机理以及适用对象都不尽相同,使得不同类型的市场必然存在差异化选择。

表 6—5　　金融市场主要的订单种类

分类标准	类　别	分类标准	类　别
订单规模	整数订单	特殊订单	授权订单
	零数订单		即时执行否则撤销订单
交易方式	买进订单		全额即时执行否则撤销订单
	卖出订单		全额执行否则撤销订单
	买空订单		不得减少/增加订单
	卖空订单		最低数量订单
价格限制	市价订单		冰山订单
	限价订单		选择订单
	止损订单		条件订单
	止损限价订单		定向订单
时效限制	当时订单		分量订单
	当周订单		直接取消订单
	当月订单		取消前订单
	无期限订单		联动订单
	开市订单		联合订单
	收市订单		平均价订单
			交叉订单
			一揽子订单

资料来源：屠光绍：《交易体制：原理与变革》，上海人民出版社 2000 年版。

二、不同市场交易规则

(一)证券市场交易规则

世界上主要交易所的实践表明，对于价格形成机制的选择与金融市场的类型并没有直接关系。报价驱动的做市商制和指令驱动的竞价制之间并没有严格的优劣，因此，各金融交易市场通常根据自身的实际情况会选择不同的制度。这在证券市场中同样如此(见表 6—6)。

表 6—6　　主要证券交易所的价格形成机制

交易方式	证券交易所
指令驱动	亚洲各主板市场、意大利、巴黎、德国、维也纳、伦敦国内板、温哥华、加拿大(CDNX)、新西兰、瑞士、布鲁塞尔、法兰克福、日本(MOTHERS)、圣保罗
报价驱动	伦敦、纳斯达克(NASDAQ)、欧洲(EASDAQ)、日本(JASDAQ)、新加坡(SESDAQ)、马来西亚(MESDAQ)、芝加哥、欧洲新市场(EURO. NM)
混合机制	纽约、美国(AMEX)、蒙特利尔、多伦多、英国(AIM)、阿姆斯特丹、卢森堡、墨西哥、泰国(MAI)

资料来源：刘红忠：《金融市场学》，上海人民出版社 2003 年版，第 6 页。

在 4 种基本的订单形式中，市价订单和限价订单在证券市场较为广泛使用，而止损订单和止损限价订单则相对较少。上述的其他一些特殊形式的订单则由各证券交易所根据所处市场的运营环境和交易特征等因素来进行选择。通常而言,美国和欧洲的发达证券市场中所采用的订单种类较为丰富(纳斯达克由于其特殊的市场形态和交易工具导致了其采用的订单形式相对较少),而其他地区的证券交易所允许交易的订单类型则相对较少(见表6—7)。

表6—7　　主要证券交易所的订单种类

	纽约	纳斯达克	伦敦	泛欧	德国	瑞典	东京	香港
限价	√	√	√	√	√	√	√	√
市价	√	√	√	√	√	√	√	√
止损	√		√	√	√	√		
止损限价			√	√	√	√		
市价转限价			√	√	√			
档位敏感	√							
最低数量			√	√	√			
冰山		√	√	√	√	√		
全额即时	√		√	√	√	√		
全额非即时	√		√	√	√	√		
非全额即时	√		√	√	√	√		
不得增加	√	√						
不得减少	√							
开收盘	√	√	√	√	√	√	√	
定向		√	√					
条件	√							
选择				√				
联动						√		
联合						√		√
分量	√							
一揽子			√	√	√	√		√
交叉			√	√	√	√		

注:"√"表示该市场允许该种订单形式。

资料来源:刘逖:《证券市场微观结构理论与实践》,复旦大学出版社2002年版,第155页。

价格优先和时间优先是绝大多数金融市场尤其是在电子交易系统中主要采用的订单匹配

原则，在大厅交易中也有不少的交易所采用按比例分配的原则。相比之下，其他的订单匹配方法的优先级相对较低，并且根据各交易所的订单流及客户分布状况而有所不同（见表6—8）。有些交易所还在执行订单匹配原则时对一些特殊类型的订单进行了限制，如多伦多证券交易所和巴黎证券交易所等都规定，匿名订单不能够享受时间优先权。

表6—8 **主要证券市场订单匹配优先原则**

市场	优先原则
纽约证券交易所	SuperDot系统 1. 价格优先 2. 时间优先、客户优先 大厅交易订单 1. 价格优先 2. 按比例分配
多伦多证券交易所	CATS交易系统 1. 价格优先 2. 时间优先（匿名订单无时间优先权） 大厅交易订单 1. 价格优先 2. 按比例分配
巴黎证券交易所	1. 价格优先 2. 时间优先（匿名订单无时间优先权）
纳斯达克市场	经纪商优先
东京证券交易所	1. 价格优先 2. 时间优先
韩国证券交易所	1. 价格优先 2. 时间优先 3. 客户优先 4. 数量优先

资料来源：Angel（1997），Rhee and Chang（1992），The Microstructure of Asian Equity Markets。转引自屠光绍：《交易体制：原理与变革》，上海人民出版社2000年版，第83～84页。

由于证券价格的波动性所带来的风险使得绝大多数证券交易所都同时采取了涨跌幅限制和断路器的价格稳定措施。世界上主要的证券交易所通常都会设置至少一种市场稳定制度，或是涨跌幅限制，或是暂停交易以及限制交易。至于涨跌幅限制的范围和断路器发生作用的条件，并无统一的标准。而对于允许卖空交易的市场，通常会辅以交易保证金制度以防止交易风险。因此，各交易所中的市场稳定制度在具体形式上可谓是五花八门（如表6—9所示）。

表 6—9　世界各国(地区)主要证券市场稳定制度

交易所	涨跌幅限制	断路器(暂停交易及限制交易)
AIM	同 SEAT PLUS 系统	
AMEX	无	在发布重大信息时临时停牌,时间为 30 分钟
KOSDAQ	上一交易日收盘价的±12%	在特殊情况(如价格、成交量的剧烈变动、非公平交易)下的暂停交易制度
Mumbar 证券交易所	20%,某些特殊类型股票10%	Market Wide Circuit Breakers
NASDAQ	无	由 MarketWatch 小组决定是否有必要在公司发布重大信息时暂停交易
NYSE	无	80A 规则,以及 80B 规则
奥斯陆证券交易所	以参考价格的一定百分比为价格涨跌幅限制	特殊情况下可以暂停交易
埃及证券交易所	±5%	
安曼证券交易所	±5%	
奥地利证券交易所	15%	
澳大利亚证券交易所(ASX)	无	无断路器。除了在发布重要信息前暂停交易 10 分钟,可以接受新指令,旧指令也可以被修改和取消
巴勒斯坦证券交易所	有	
巴林群岛证券交易所	股票为上一交易日收盘价格的 10%,债券和基金无价格涨跌幅限制	
保加利亚证券交易所	上一交易日收盘价格的5%	
布达佩斯证券交易所	有价格涨跌幅限制,决定指令有效性	最大价格波动,用于控制结算风险
达卡证券交易所(DHAKA)	根据股票价格从 7.5%到20%不等。新股上市的前5 个交易日和发布重大信息滞后的 3 个连续交易日没有涨跌幅限制	
多伦多证券交易所	无	同 NYSE,采用 80B 规则
菲律宾交易所	对特殊大宗交易,涨幅限制50%,跌幅限制 40%	有暂停交易制度

续表

交易所	涨跌幅限制	断路器(暂停交易及限制交易)
韩国交易所	前一交易日收盘价格±15%	1. 在 KOSPI 指数下降 10%并持续 1 分钟后,所有股票的交易暂停 30 分钟。交易所在复盘前 10 分钟开始接受指令并已集合竞价方式开盘。每天只允许进行一次交易暂停;在 14:20(收市前 40 分钟)后不再暂停交易 2. 在单只股票价格和交易行为发生异常时可以暂停交易,并要求上市公司公布消息 3. Sidecar 制度:在股指期货价格较前一日收盘价格下降 4%并持续 1 分钟后,现货市场上所有程式交易的指令推迟 5 分钟执行。该制度每天只执行一次
吉隆坡证券交易所	基准价格的 30%	有断路器,分别针对 10%、15%和 20%的下跌幅度
卡拉奇证券交易所	Max(开盘价的±25%,±Rs. 5)	波动 25%或者 Rs. 5 时只能进行现货交易
立陶宛全国股票交易所	5%	
瑞士交易所	动态价格涨跌幅限制:基准价格的 2%	超过基准价格的 10%的波动会暂停交易
斯里兰卡交易所	±10%	
中国台湾证券交易所(TSE)	股票、凭证和可转换债券为上一交易日收盘价格的 7%,普通债券为 5%	
泰国证券交易所	±30%,股价小于 1 铢则为 100%	1. 在 SET 指数较上一交易日下跌 10%时所有股票暂停交易 30 分钟 2. 在 SET 指数较上一交易日下跌 20%时所有股票暂停交易 60 分钟 3. 若本盘时间不足,则在下一盘恢复交易
委内瑞拉 CARACAS 证券交易所		达到 20%的涨跌幅限制后暂停交易 10 分钟
中国香港联交所、香港创业板	没有涨跌停,但有委托限价	无
新加坡证券交易所	无	
牙买加证券交易所	市价指令的价格变化范围为最优价格的 15%	有交易暂停
雅典证券交易所	12%,但新股上市的前三个交易日内不适用该规定	无
伊斯坦布尔证券交易所	±10%(其中权证的涨跌幅限制为 25%)	

续表

交易所	涨跌幅限制	断路器（暂停交易及限制交易）
以色列特拉维夫证券交易所（TASE）		在 TA25 指数涨跌超过 8%时暂停交易 45 分钟
芝加哥证券交易所		同 NYSE 的断路器

资料来源：《市场稳定制度对股价的影响及其改进——关于涨跌幅限制作用的实证研究》，《深圳证券交易所综合研究所研究报告(2002)》，第 690～693 页。

（二）货币市场交易规则

货币市场中最主要的交易主体是银行、保险公司、养老基金等机构投资者，这意味着货币市场中的交易数额相对于其他市场来说是非常巨大的。同时，由于货币市场中交易的主要目的是筹措短期资金、调整头寸，而交易者的情况各不相同，交易的需求也呈现多样化的特点，因此，货币市场中更多地采用买卖双方直接进行交易的模式，或是引入报价驱动的做市商交易模式。通常，货币市场会建立自动报价系统（AQ 系统），而交易者通过该系统提出或接收报价，进而进行协商以达成交易。

市价订单仍然是货币市场中主要的订单形式，同时也存在不少的限价订单。由于货币市场中的交易通常是为了满足从企业到金融机构等各种主体对于流动性的需求，因此，其订单类型相对于其他金融市场也较为简单，对于止损等类型的订单运用得并不多。订单的匹配通常是按照价格优先和时间优先的规则进行。

货币市场中交易的工具通常不在交易所中进行集中交易，因此，交易本身一般不会导致市场总体价格水平过度波动。涨跌幅限制和断路器在货币市场中不太常见。取而代之的控制市场中各种风险的机制主要是来自于中央银行的监督与管理。

中央银行在货币市场中发挥着举足轻重的作用。中央银行出于货币政策目的参与货币市场交易，它通过与各金融机构之间的交易来调节存款金融机构所持有的准备金头寸，进而通过银行体系的信用扩张机制调整货币供应量。中央银行一方面通过为金融机构开设账户成为货币市场交易的最终结算机构；另一方面通过与不同交易主体进行交易而充当了货币市场中事实上的做市商，为货币市场的流动性提供了有力保障。

（三）外汇市场交易规则

外汇市场由外汇零售市场和外汇批发市场两个层面构成。前者是指商业银行与普通外汇交易者，如企业、机构或个人投资者之间的银行—客户间外汇市场；而后者则是指经营外汇业务的商业银行彼此之间进行头寸转移的银行间外汇市场。在外汇市场中，银行间市场无论是在交易数量还是在深度和广度上，都占据着绝对的核心地位。

由于外汇市场所进行的大部分交易的数额都非常巨大（通常以百万美元为计量单位），因此为了保证市场的流动性和安全性，外汇市场通常采取做市商制度。但与一般意义上的做市商制度并不相同，外汇市场中的做市商制度较为复杂。一方面，在银行—客户间市场中，商业银行充当了外汇交易的做市商，它们为各类交易者提供买卖双向报价，接受买卖交易；另一方面，银行间市场同样需要做市商来维持市场的流动性，这些做市商通常由该国外汇管理机构所指定的单个或多个外汇业务银行担任。

在银行—客户间外汇市场的交易中，交易者通过路透终端等交易系统可以获得各个银行的交易状况。以此为基础，交易者根据自身需求选择某一银行（做市商）提交交易指令，以从该银行处获取该笔交易的报价。银行在收到该交易要求之后，根据客户的交易额度、交易限制、交易类型以及其对价格的敏感度等因素提出报价。客户可以通过对比各银行的报价，根据自身交易需求进行选择。这种银行—客户间市场的报价是单向报价，而在银行间市场中则实行双向报价的原则。在银行间市场中，各外汇银行通过电子交易系统（经纪商）提出自身的买卖报价，系统将报价信息汇总，通过电子屏幕进行公布，进而各银行根据自身需求选择最优报价进行直接交易。银行间市场中的交易也可以通过做市商（通常是中央银行）进行。目前在银行间外汇市场中比较流行的是做市商报价驱动的竞价交易模式，由做市商报出买卖报价，交易系统从中选取最优的买卖报价，在市场实时发布，同时将最优的做市商报价与各银行的交易请求按照价格优先、时间优先的原则进行匹配，并将成交信息实时反馈给交易双方。我国 2005 年 5 月 18 日正式启动的银行间外币买卖市场正是采用了这一竞争型做市商制度，由外汇交易中心严格选取了德意志银行、汇丰银行、荷兰银行、苏格兰皇家银行、花旗银行、蒙特利尔银行、荷兰商业银行、中国银行和中信实业银行 9 家银行作为做市商。

中央银行在外汇市场中同样发挥着不可替代的作用。它通过与外汇交易金融机构进行交易来调整市场中本币和外币的头寸，以此来实现其汇率政策的目标。由于中央银行在外汇市场中的交易将影响一国的外汇储备和本国货币的存量，因此，有时必须结合货币市场进行操作（在两个市场上进行反向操作，亦即冲销式干预）。中央银行的存在使得外汇市场中很少存在专门的市场稳定制度。

（四）衍生品市场交易规则

衍生品市场通常是以实行会员制的有形交易所形式存在，除美国国际证券交易所和中国香港交易所等少数市场外，大多数交易所不采用做市商制度，而是采用人工方式或电子交易系统直接进行订单的撮合。订单的形式相对于现货市场较为简单，虽然同样以市价订单和限价订单为主，但是止损订单相对得到了广泛使用。如 Eurex 只允许限价订单（包括指定日期的订单和全额即时、非全额即时订单等）、市价订单和止损订单，而且止损订单不能在期权交易中使用，在组合交易中只允许使用非全额即时的限价订单（IOC）和全额即时的限价订单（FOK）；LIFFE 允许限价订单、市价订单、撤销前有效订单、非全额即时订单、全部成交订单、最小成交量订单等。

与其他金融市场相同，衍生品市场也普遍采用价格优先和时间优先的订单匹配原则。但对于交易日内的交易波动较小的品种，为了防止大额订单阻止其他交易者的交易，不少交易者都采取价格优先和按比例分配的撮合原则，如芝加哥期权交易所（CBOE）、欧洲期货交易所（Eurex）和伦敦国际金融期货交易所（LIFFE）等。

在保证价格稳定和连续方面，保证金制度的广泛采用是衍生品市场最显著的特点。绝大多数的衍生品市场都引入了保证金制度，即规定会员交易者的结算保证金和客户保证金，其中客户保证金又包括初始保证金(initial margin)和维持保证金(maintenance margin)。保证金的比率通常由标的资产价格的波动程度来决定，波动性越高，要求的保证金也越高，但一般为5%～10%。交易所的结算机构在每日交易结束之后，将结算、检查交易者保证金账户余额，通过及时发出追加保证金通知，使保证金余额维持在一定的水平之上，防止负债现象发生，这称为"逐日盯市"(mark to market)。除此之外，不少交易所对交易的衍生品合约也设置了价格涨跌幅限制和头寸限制。头寸限制根据不同的目的可以分为根据保证金的数量规定头寸限额、对会员的头寸进行限制以及对客户的头寸进行限制三种形式。

三、交易规则小结

各类金融市场中的交易规则大致如上文所述。为简明起见，我们将不同金融市场交易规则的对比小结如表6—10所示。

表6—10　　金融市场交易规则

金融市场	价格形成方式	交易委托方式	订单匹配原则	市场稳定措施
证券市场	指令驱动、报价驱动和混合机制都存在	市价订单和限价订单应用广泛，其他订单不同程度存在	以价格优先和时间优先为普遍原则，其他原则为辅	通常设置至少一种市场稳定机制
货币市场	报价驱动较指令驱动更为常见，或是直接交易	市价订单为主，限价订单、其他订单并不常见	价格优先和时间优先为主要原则	市场中的稳定措施不常见，代之以中央银行的监管
外汇市场	报价驱动的做市商制度	市价订单和限价订单为主	价格优先和时间优先为主要原则	以中央银行调控为主
衍生品市场	订单驱动为主	市价订单和限价订单为主，止损订单也得到了广泛使用	价格优先和按比例分配为主	保证金制度广泛采用

第三节　信息披露机制

一、信息披露机制概述

信息在交易机制中具有极其重要的意义，这使得信息披露制度成为金融市场的一项核心制度。信息的质量决定了交易机制六大政策目标中的透明度，它又通过目标之间的关联关系影响了流动性和稳定性等其他目标。金融市场中的信息披露要求主要有三大类：第一类是有关金融资产交易的实时信息；第二类是可能影响市场运行的政策、规则以及紧急措施等信息；第三类是上市公司需要披露的信息。从重要性来说，三类信息都是金融市场信息披露制度中的重要内容，但上市公司信息是市场的基础信息（这一点对于证券市场具有重要的意义）。

根据国际证监会组织（IOSCO）在2001年所进行的一项调查，大多数金融市场均披露以下信息：(1)3～5个最佳买卖限价价格和数量汇总信息；(2)加权平均的买卖价差；(3)每一个交易品种的所有的订单信息（即整个订单簿信息，但不包括交易对手信息）；(4)做市商的限价和价格/报价请求（针对衍生品市场）。并且，大多数交易所对特别规模的订单或大宗订单的信息披露处理方式与普通交易不同，大宗订单通常要通过特殊的程序进行披露，以免引起市场价格的剧烈波动。

从各国证券市场的实践来看，上市公司信息披露的内容主要有两类：一类是投资者评估公司经营状况所需要的信息；另一类是对证券价格有重要影响的事项。以我国为例，根据我国《公开发行股票公司信息披露实施细则》第四条规定，我国上市公司信息披露的内容主要有四大部分：招股说明书、上市公告书、定期报告和临时报告。其中，前两者为公司上市前的信息披露内容，帮助投资者对股票发行人的经营状况和发展潜力进行细致地评估；后两者为公司上市后的持续性信息披露内容，以确保迅速披露可能对上市股票价格的动向产生实质性影响的信息。在向公众投资者和监管机构披露信息时，上市公司必须保证信息披露文件和内容的完整、真实和准确，公司的全体发行人和董事必须保证公开披露的信息内容没有虚假、严重误导性陈述或者重大遗漏，并就此保证承担连带责任。在法制健全的证券市场上，公开披露的信息成为上市公司与投资者、市场监管者之间的主要交流内容，有利于保证证券市场的公平、公正和效率。

金融市场的信息披露是通过信息传播渠道实现的。传统的信息披露主要通过报刊进行，随着信息技术的发展，一些市场建立了专门的上市公司信息披露系统，并利用互联网来进行信息披露。从当前世界范围内主要金融市场的信息披露实践来看，信息披露的信息系统网络由4个渠道组成：(1)报刊。通过监管机构指定的信息披露报刊发布收市行情、成交统计、上市公司公告等信息。(2)信息服务网。向新闻媒介、会员、咨询机构等发布收市行情、成交统计和非实时信息公告等，用户可以用传真机、计算机通过电话拨号方式接收。(3)交易通讯网。通过交易系统的通讯网络，如单向卫星、双向卫星、地面通讯线路等，发布交易的实时行情、价格指数和重大信息公告，刷新间隔为几秒钟。(4)国际互联网。利用互联网向国内外提供金融市场信息、资料和数据等。

二、不同市场信息披露机制

（一）证券市场信息披露机制

各国的证券市场的结构以及发达程度不同，其交易的信息披露机制以及相应导致的市场透明度也不尽相同。美国证券市场中的交易后信息披露程度较高，所有在交易时间内的交易均必须向市场报告。但是交易前的信息披露则相对较差，纽约交易所的专家和纳斯达克市场的做市商可以隐匿投资者的价格劣于报价限价订单，实际上订单簿只对相关的专家或做市商开放。纽约证券交易所规定，在开盘和收盘时期，如果订单簿中买卖订单的不平衡超过一定程度，专家必须公布订单簿中的买卖不平衡情况。相比之下，欧洲证券市场的交易前信息披露较充分，匿名性也很好（如在伦敦证券交易所 SETS 系统、SEAQ 撮合系统进行的所有交易均通过中央交易对手进行），但是交易后的信息披露则相对较弱，不少市场均允许大宗交易延迟信息披露。亚洲证券市场起步相对较晚，在技术上通常采用电子自动竞价交易，因此市场的透明度较高，一般不设有大宗交易延迟披露制度，在交易前信息披露方面也没有什么限制。

上市公司的信息披露对于证券市场具有特殊的重要意义，因为证券市场中交易的产品主要来自于上市公司所发行的股票和债券。前面说过，上市公司的信息披露包括初次信息披露和持续信息披露两部分。初次信息披露主要具有以下三个特点：(1)以招股说明书为主要形式，其要求的主要内容基本一致。(2)上市公司初次信息披露的具体做法存在细微的差别：如多数市场要求上市公司在上市前发布上市公告，而部分市场没有这一要求；有的市场上市公司在正式招股前可发布初步招股说明书，而多数市场只需要发布正式招股说明书；有的市场如中国台湾采取比较独特的方式，以召开上市前业绩发布会等形式进行上市前的信息披露。(3)不同层次市场对于招股说明书的内容要求并不完全相同。一般来说，创业板市场上市公司招股说明书所要求披露的内容多于主板市场，特别是对公司业务发展目标的详尽描述、公司董事及主要管理人员的情况、对风险因素的分析、风险警告说明等内容的要求较主板市场更为严格。主要证券市场上市公司初次信息披露形式如表 6—11 所示。

表 6—11　　主要证券市场上市公司初次信息披露形式

	美国	英国	日本	德国	法国	中国香港	中国台湾
招股说明书	√	√	√	√	√	√	√
上市公告书					√	√	√
其他	初步招股说明书	AIM 市场通知					上市前业绩发布会

资料来源：张育军主编：《深圳证券交易所综合研究所研究报告(2002)》，第 116 页。

持续信息披露通常是指定期报告和临时公告。定期报告主要包括年度报告、半年报告（中期报告）、季度报告和月度报告。报告的性质不同，所要求披露的内容也不完全相同。市场不同，对定期报告披露的频率即报告间隔也不一样。其中，年度报告和中期报告的内容最为全面，也是主要证券市场上市公司定期报告的主要形式，部分证券市场要求上市公司提供季度报告，但在内容上略少于年度报告和中期报告，而月度报告的披露内容最少，且只有个别市场要求上市公司披露月度报告。创业板市场定期报告的披露频率通常要高于主板市场（见表 6—12）。临时报告的披露制度则由各证券市场根据重要性和及时性标准作出规定，并按照特定的程序对信息的披露进行事前或事后的审核。

表 6—12 主要证券市场上市公司定期报告披露规则

		年度报告	中期报告	季度报告	月度报告
美国		财政年度后 90 天内公布		季度结束后 45 天内披露	
英国	主板市场	财政年度后 180 天内公布	半个财政年度后 120 天内公布		
	AIM 市场	财政年度后 180 天内公布	半个财政年度后 120 天内公布		
日本	东京交易所主板市场	财政年度后 90 天内公布	半个财政年度后 90 天内公布		
	Mothers 市场	财政年度后 90 天内公布	半个财政年度后 90 天内公布	√	
德国	主板市场	√	√		
	新市场	财政年度后 90 天内公布		季度报告期结束后 60 天内披露	
法国	新市场	财政年度后 90 天内公布	半个财政年度后 120 天内公布	√	
中国香港	主板市场	财政年度后 90 天内公布	半个财政年度后 90 天内公布		
	创业板市场	财政年度后 90 天内公布		季度报告结束后 45 天内披露	
中国台湾	柜台买卖中心	财政年度后 90 天内公布	半个财政年度后 60 天内公布	季度报告期结束后 30 天内披露	每月 10 日前

注:“√”表示有对于该项报告的要求,但是没有具体的时间要求。

资料来源:张育军主编:《深圳证券交易所综合研究所研究报告(2002)》,第 117 页。

各国证券市场中的上市公司所采取的信息披露渠道没有太大的区别。传统的报刊渠道仍然是各国上市公司进行信息披露的首选。一些证券市场引入了电子通讯信息网络,并充分地利用各类基于互联网技术的电子系统进行信息披露,如美国证券市场的 EDGAR 系统和中国台湾证券市场的电子申报系统(表 6—13)。

表 6—13 部分证券市场上市公司信息披露手段

	美国	英国	日本	德国	法国	中国香港	中国台湾
报刊	√	√	√	√	√	√	√
信息网络		√	√				√
互联网	√						√
	EDGAR 系统						电子申报系统

资料来源:张育军主编:《深圳证券交易所综合研究所研究报告(2002)》,第 120 页。

(二)货币市场信息披露机制

货币市场中的绝大部分交易都是通过场外市场进行的,并且通常不具有标准化的特点,具体条款通常是交易双方直接协商确定，这就使得货币市场的透明度相对于证券市场而言较低。在货币市场中，结算机构会定期对外公布市场交易数据，如各种交易工具的成交量和市场价格等，但是作为交易的各方主体是没有义务进行信息披露的。例如，我国的全国银行间同业拆借中心会及时向公众披露同业拆借市场中各类交易工具的成交量和成交价格，以及根据这些基本数据所计算的一些指标，但是并不对参与同业拆借的金融机构要求强制性信息披露。场外市场的特征使得货币市场相比证券市场而言，并没有较为规范的信息披露机制。

总而言之，在三类需要披露的信息中，货币市场对于第一类和第二类信息披露得较为充分，而相对而言由于货币市场的交易与上市公司联系不紧密，因此，对于第三类信息揭示较少。

（三）外汇市场信息披露机制

外汇市场与货币市场相似，均以场外市场尤其是银行间市场为主要形式。在外汇市场中，较大的交易量伴随的是较少的市场信息。场外市场中进行交易的合约并不具有标准化形式，其金额、期限等内容都是交易双方根据各自的需要协商决定的，因此，外汇市场对于交易主体（通常是银行）的信息披露并没有要求——而事实上这些交易主体自身的信息是否披露并不会对交易工具的特性（如信用风险、盈利性等）产生显著的影响。这使得许多交易尤其是银行间直接交易的价格、数量等信息并不会在市场上公布，而仅仅限于买卖双方内部。信息披露较弱的特点使得外汇市场的透明度相对低于其他金融市场，在外汇市场中存在着较为严重的信息不对称，这将导致市场价格（通常是买入—卖出价差）波动剧烈。

总体而言，外汇市场对于第二类信息能够实现较为充分的披露，对于第一类信息的披露不够完善，同时也不存在对于第三类信息的披露需要。

（四）衍生品市场信息披露机制

金融衍生品市场的信息披露与证券市场大致相同，但相比证券市场，金融衍生品市场的透明度更高一些。远期和互换交易的合约不具有标准化特征，通常是在场外市场进行交易，交易双方通常并不会将交易信息对外公布，更没有必要对外披露交易主体的信息。但作为金融衍生品市场主要构成部分的金融期货和期权市场，通常在有形的交易大厅中进行标准化合约的交易，其交易地点、交易时间和交易规则都受到严格的规定。前面介绍过，金融衍生品交易市场大多采用公开喊价和成交的交易模式，成交量和价格等交易信息通常会由交易大厅即时公布，因此交易信息的披露较为充分，市场透明度相应也较高。

衍生品市场中主要披露的是第一类信息即交易信息，当然也不能忽视第二类亦即政策方面的信息的揭示。至于第三类信息，由于衍生品市场中进行交易的是衍生自商品或金融产品的交易工具，与上市公司本身并没有直接联系，因此无法进行披露。

三、信息披露机制小结

综合以上对于各类金融市场中的信息披露机制的介绍，金融市场中的信息披露可以归纳为三类：一是交易实时信息，二是政策性信息，三是上市公司信息。

证券市场中对于三类信息都能够较为充分地揭示，而且在所有的金融市场中，证券市场对上市公司信息披露要求是最为严格的。

货币市场能够及时地披露交易信息和政策法规，但是却无从揭示上市公司信息。

外汇市场是在所有的金融市场中透明度最差的，仅仅能够相对较为充分地披露政策性信息，对于交易实时信息的揭示并不完善，同时也无上市公司信息需要披露。

衍生品金融市场的人工交易方式能够充分而迅速地披露市场交易信息，同时也能够及时公布政策性信息，但是却同样地缺乏对于上市公司信息的揭示。

第四节　市场参与者

一、市场参与者概述

金融市场参与者是市场的主体，政府、企业、居民、各类金融机构都可以是金融市场的参与者。各类金融市场的参与者有较大的区别，但对于市场参与者进行总体的划分也并非没有可能。大致而言，可以从交易目的和功能两方面对金融市场的参与者进行分类。从交易目的方面进行划分，市场参与者可以大致划分为筹资者、投资者（投机者）、套期保值者、套利者和监管者。其中，筹资者和投资者（投机者）主要是从参与市场交易的目的进行区分的，而投机者、套利者、套期保值者则是从交易策略方面进行区分，监管者则是一个相对较为独立的角色。从功能角度看，市场参与者则可以划分为金融中介和非金融中介，其中，金融中介包括存款性金融机构、非存款性金融机构以及金融监管机构等，而非金融中介则包括政府、企业和个人。

二、不同市场参与者

（一）证券市场参与者

证券市场中的参与者主要有以下几类：

1. 发行人

发行人是指向社会公众公开发行证券以募集资金的各类经济主体，包括政府机构、股份公司、金融机构和投资基金组织等。

2. 投资者

投资者是指在资本市场中以各种方式投资购买证券的个人和机构。其中机构投资者是指在资本市场中进行各类证券买卖的法人机构，包括各种金融机构和非金融机构。金融机构主要有商业银行、保险公司、养老基金和投资基金组织、证券公司、信托投资公司等法人机构。在实行金融分业管理的条件下，商业银行在资本市场中的活动仅限于买卖国债和地方政府债券。此外，为了特定的目的，政府部门也可能作为投资者介入资本市场的运作。

3. 中介机构

中介机构是指为证券的发行和交易、企业并购以及资产证券化等资本市场活动服务的各种营利性法人机构，主要由证券经营机构和证券投资服务机构两大类构成。

4. 市场组织者

市场组织者是指组织并管理资本市场运作的法人机构，如证券交易所、场外交易市场的主管机构和做市商等。

5. 监管机构

监管机构是指为了保护投资者(特别是中小投资者)利益，防范资本市场风险，规范资本市场运作而设立的对资本市场实施监督管理的政府主管部门、准政府机构、证券业自律机构和其他组织。各国的具体情况不同，其监管机构的设置和职能也有所差异。

(二)货币市场参与者

货币市场的参与者以政府机构(如财政部)、中央银行、商业银行以及其他金融机构为主，非金融企业主要以借款人的身份参与短期借贷市场的交易，同时以发行者的身份出现在货币市场中的商业票据市场，而个人投资者则几乎不参与货币市场的交易。货币市场是财政部为政府进行融资的重要场所，财政部通过发行短期政府债券来获得实施财政政策所需要的资金。中央银行参与货币市场的主要目的在于货币政策实施的需要。中央银行通过在货币市场上对国债进行回购交易调控货币供应量，同时也改变商业银行在央行的超额准备金，从而控制信用扩张的程度和节奏，为国家的宏观经济政策服务。商业银行和其他金融机构参与货币市场的交易主要是为了通过回购和同业拆借等手段调解头寸，以维持自身经营的流动性。

货币市场参与者的一个重要特征在于，市场上并不存在固定的借方或贷方，统一机构经常同时操作于市场的两方。例如，一家大商业银行可以通过同业拆借、大额可转让定期存单(CDs)或其他货币市场工具借入资金，此时它是货币市场的资金借入方；同时它也可以向企业发放短期流动性贷款，此时它又是货币市场的资金贷出方。唯一的例外是政府，政府通常是货币市场的资金借入方。

(三)外汇市场参与者

前面已经介绍过，一国的外汇市场通常由两层结构组成：一是银行与客户之间的市场，即外汇零售市场；二是银行间市场，也就是外汇批发市场。全球性的外汇市场则在各国外汇市场的基础上，引入了第三层结构，即各国指定的外汇结算银行之间的外汇市场。在外汇市场中，经营外汇业务的商业银行充当着双重角色：一方面，在银行—客户间市场中，商业银行为跨国公司、机构及个人投资者等客户充当做市商，为其提供买卖报价并进行交易；另一方面，在银行间外汇市场中，商业银行自身也是外汇的交易者，同样需要经纪商来协助银行间交易的展开，或是需要做市商来提高市场的流动性。外汇市场中的经纪商并不以自有资金在外汇市场上进行交易，而仅仅起到联系各交易银行的作用。做市商则由单个或多个实力雄厚的经营外汇业务的银行来担任。在许多发达程度不高的外汇市场中，中央银行事实上担负着为银行间外汇交易做市的职责(如图6—4)。

外汇市场中的银行又称为外汇银行，或是外汇指定银行，是指经过本国中央银行批准，可以经营外汇业务的商业银行或其他金融机构。外汇银行可以分为三种类型：专营或兼营外汇业务的本国商业银行，在本国的外国商业银行分行以及本国与外国的合资银行，其他经营外汇

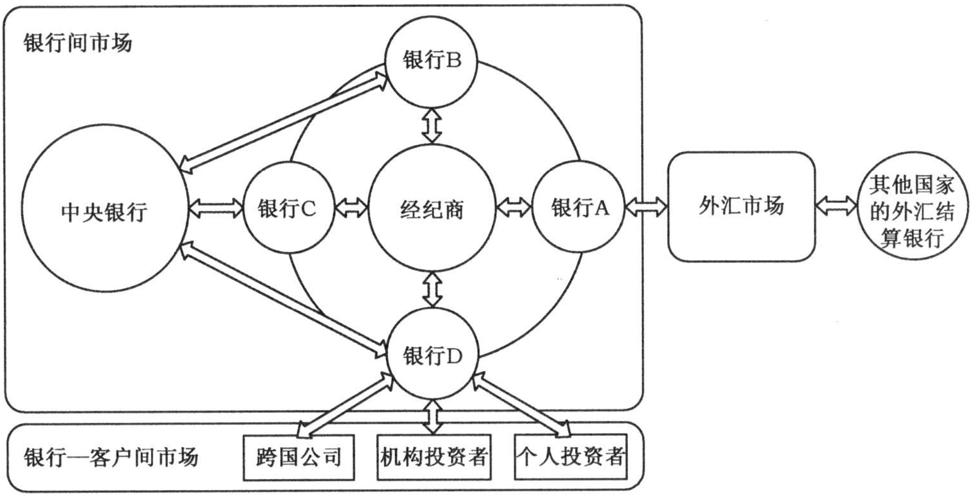

图 6—4 外汇市场交易者结构

买卖业务的本国金融机构如信托投资公司、财务公司等。外汇银行是外汇市场上最重要的参与者，它们在银行—客户间市场中应客户的要求进行外汇买卖，而在银行间市场或者为了平衡外汇头寸、防止外汇风险而进行轧差买卖，或者为了牟取风险利润而进行外汇投机。

外汇经纪商是指介于外汇银行之间，为买卖双方接洽外汇交易而赚取佣金的中间商。外汇经纪商在外汇市场上的作用主要在于提高外汇交易的效率，这主要体现在成交的速度和价格上。由于外汇经纪商本身集中体现了外汇市场上外汇买卖双方的信息，所以，经纪人在接受客户的委托后，一般总能在较短的时间内替委托人找到相应的交易对象，而且能在多家交易对象的报价中找到最好的成交价格，从而提高外汇交易的效率。

在外汇市场中，凡是与外汇银行有外汇交易关系的企业或个人都是外汇银行的客户，它们是外汇市场上的主要供求者，其在外汇市场上的作用和地位仅次于外汇银行。这类市场参与者主要包括跨国公司、机构投资者和零散的个人投资者，其中最主要的是跨国公司，因为其全球经营战略经常会涉及多种货币的收支与兑换。

外汇市场中的另一个重要的(同时也是特殊的)参与者是中央银行。中央银行持有相当数量的外汇储备，并承担着维持本国货币金融稳定的职责，所以中央银行常常会通过买卖外币对外汇市场进行干预，以满足本国汇率制度的政策要求。

(四)衍生品市场参与者

金融衍生品交易所通常实行会员制。其中主要的参与者有三类：

1. 客户

他们是交易所的外部人员，通过会员经纪商在衍生品交易所进行交易，满足自己套期保值或投机牟利的交易需求。客户又可分为两类：一是大户(pit traders)，通常是从事当天的交易，开盘时下单，收盘时结算。这类投资者资本雄厚，交易数额相对较大。二是小投机商(locals)，是指在交易日内频繁买入或卖出，从买卖差价中获利的交易者。他们是市场中的噪声交易者。

2. 经纪商

经纪商(brokers)是指代理客户进行衍生品买卖并相应收取佣金的交易所会员，他们并不以自有资金进行交易。

3. 场内经纪人

场内经经人(floor brokers)是指仅为自己进行交易的人，是交易所中专业的投机家，也是场内的大户。在金融衍生品市场中，他们大多数是短期投资者，对市场的影响比较大。

各种金融市场中的参与者的区别主要由市场本身的特征所决定的。按照市场参与者的特点，四种主要的金融市场大致可以划分为两组。首先是证券市场和衍生品市场，它们以场内交易为主，交易规则也基本相似，都是具有典型的做市商或经纪商等市场中介者。同时，在这两种金融市场中，虽然存在一些资本雄厚的机构投资者，但是更多的市场参与者为个人投资者。在货币市场和外汇市场则恰好相反。由于这两种市场多以场外市场的形式存在，因此，其主要的参与者为做市商和拥有大量资金的机构交易者，这使得在这些市场中所进行的交易规模通常都十分巨大。

第五节　金融工具

一、金融工具概述

金融市场交易者进行交易的目的无非是为了货币资金融通，资金的融通是建立在信用关系基础上的，它往往必须借助于某种金融工具才能得以实现。具体而言，信用关系的建立和终止都是通过金融工具的交易来完成的。实际上，金融工具已逐渐成为它所代表的信用关系的化身。

金融市场中交易的金融工具主要包括两大类：第一类是基础金融工具(现货产品)或结构性金融产品，大致包括股票、债券、基金和外汇等；第二类是衍生产品，可以划分为基础(合成)衍生产品、契约型衍生产品以及比较复杂的结构型衍生产品，具体包括指数、股票、债券和外汇的期货、期权(权证)以及可转换债券、交易所交易基金(ETF)等。各种金融交易工具的性质不尽相同，其收益与风险也相应有所不相同。

从全球主要成熟金融市场和新兴市场的情况看，其交易品种多样，既包括现货产品，也包括各种衍生产品。如美国、英国、德国、法国、瑞典等国均拥有全球最丰富的市场体系，其交易的产品包括现货、期货等绝大多数金融工具。在美国，现货市场主要集中在纽约，而期货衍生品市场集中在芝加哥。在英国，现货产品主要在伦敦证券交易所进行交易，金融期货产品主要在 LIFFE 交易。在德国，股票、债券、认股权证、传统期权主要在法兰克福交易所交易，金融衍生品在 Eurex 交易。Euronext 和北欧交易所可在同一个技术平台交易期货和现货品种。北

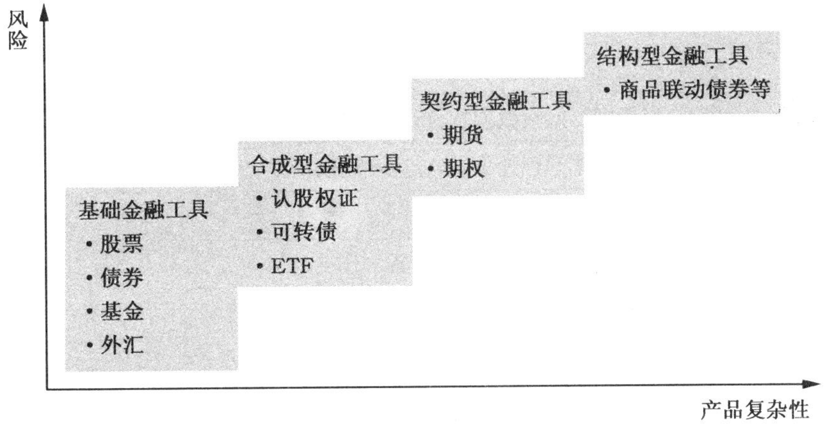

图 6—5　金融工具分类与风险

欧交易所的 SAXESS 系统可支持股票、权证、债券、期货、期权交易，CLICK 交易系统可支持股票、指数产品、固定收益产品等。Euronext 的 NSC 系统分为现货系统 NSC—VC 和期货系统 NSC—VF，两者均在同一技术平台上实现。在大多数新兴证券市场，也同时支持多样化的交易产品，如中国香港、韩国、印度等均可以交易现货与衍生品等多种交易品种不同的市场金融工具。

二、不同市场中的金融工具

（一）证券市场金融工具

证券市场上进行交易的金融工具主要是股票、债券和基金等，部分证券市场也进行衍生产品的交易（见表 6—14）。在交易所上市交易的股票以普通股为主，优先股相对较少。债券的种类很多，按发行主体不同，可分为国债、公债、地方政府债、金融债券和各种国际债券等；按本金偿还方式不同，可分为到期还本债券、偿债基金债券、分期偿还债券、通知偿还债券等；按利息支付方式不同，可以分为一般付息债券、付息票债券和贴现债券等。基金事实上是一种利益共享、风险共担的集合证券投资方式。从基金的运作和组织形式来看，基金主要分为共同基金（mutual fund）和单位信托（unit trust）两类。目前比较流行的分类方法是按照基金是否可赎回，将基金划分为封闭式基金和开放式基金。

表 6—14　　主要证券交易所挂牌交易产品

证券交易所	交易产品
美国证券交易所	股票、公司债券、权证、股权混合证券、组合存股证、政府债券、股票期权、指数期权
法兰克福	股票、债券、权证

续表

证券交易所	交易产品
香港联交所	股票、权证、债券、基金、指数期货、指数期权、股票期货、股票期权
韩国	股票、权证、债券、指数期货、指数期权
伦敦	股票、国际股票和存托凭证、金边和定期债券、权证和备兑权证、备兑权证、传统期权
纳斯达克	股票、ETF
纽约	股票、债券、权证、期权、存托凭证
巴黎	股票、债券、权证、期货、期权
新加坡	股票、权证、债券、期货、期权
东京	股票、投资信托凭证、政府债券、可转换债券、权证、日元外国债券、其他债券、指数期货、债券期货、债券期权、股票期权、指数期权、期货期权
澳大利亚	股票、债券、基金、权证、指数期货、指数期权、股票期货、股票期权、政府债券期货、政府债券期权

资料来源:刘逖:《证券市场微观结构理论与实践》,复旦大学出版社 2002 年版,第 116～117 页。

(二)货币市场金融工具

货币市场以期限在 1 年以下的金融资产作为交易标的物。它一方面满足了借款者的短期资金需求,另一方面也为暂时闲置的资金找到了出路。货币市场主要进行国库券、商业票据、银行承兑汇票、可转让定期存单、回购协议、联邦资金等短期金融工具的买卖。许多国家将银行短期贷款也归入货币市场的业务范围。一般而言,资金借贷以 3～6 个月期最为普遍,而债券则以 6～9 个月为多。货币市场的交易量十分庞大,短期金融工具可以随时在发达的二级市场上出售变现,具有很强的变现性和流动性。

(三)外汇市场金融工具

外汇市场中交易的主要金融工具是各种货币,市场采用以美元为中心的统一报价方式进行各种货币的交易。当前国际外汇市场上主要的交易货币反映在表 6—15 中。

表 6—15　国际外汇市场主要交易货币

国家或地区	货币名称	国际标准代码
美国	美元(United States Dollar)	USD
欧盟	欧元(European Dollar)	ECU
日本	日元(Japanese Yen)	JPY
英国	英镑(Pound Sterling)	GBP
加拿大	加拿大元(Canadian Dollar)	CAD
中国香港	香港元(Hong Kong Dollar)	HKD

续表

国家或地区	货币名称	国际标准代码
中国澳门	澳门元(Pataca)	MOP
新加坡	新加坡元(Singapore Dollar)	SGD

通常所指的外汇市场都是指即期交易市场,事实上,外汇市场还包括远期外汇市场、外汇换汇交易市场和外汇衍生品市场。相应地,外汇市场中的金融工具还包括远期外汇合约、换汇合约、外汇期货、外汇期权以及货币互换合约。

(四)衍生品市场金融工具

衍生品市场中交易的金融工具主要可以分为四大类,即金融远期(forwards)、金融期货(financial futures)、金融期权(financial options)和金融互换(financial swaps)。随着市场的发展,还出现了不同金融衍生工具经过变化、组合以及合成等方式创造出来的再衍生工具和合成衍生工具,如由期货和期权合约组成的期货期权(options on futures)、由期权和互换合成的互换期权(swaptions)、由远期和互换合成的远期互换(forward swaps)等。

前面我们介绍过,一些发达的证券交易所中也进行金融衍生工具的交易,但总体而言,金融衍生品市场还是衍生工具最主要的交易场所。世界上规模较大的衍生品市场如芝加哥交易所(CBOT)、芝加哥商业交易所(CME)、伦敦国际金融期货期权交易所(LIFFE)等,都几乎进行着所有衍生品工具的交易。

三、市场金融工具小结

金融市场中进行交易的各种金融工具并没有严格的界限,目前世界上许多交易所都同时进行着多种类型的金融工具的交易。金融工具的不同分类使得不同的金融市场具备了不同的特征。例如,如果按照期限的长短进行分类,那么证券市场中进行交易的金融工具期限通常在1年以上,而货币市场中的金融工具通常期限在1年以下。至于外汇市场和衍生品市场,它们的金融工具则不具有鲜明的期限特征。我们也可以按照基础金融工具和衍生金融工具的方法对金融工具进行分类,则在证券市场、货币市场和外汇市场中主要进行基础金融工具的交易,而衍生金融工具的交易则主要在衍生品市场中交易。当然这并不是说前面三种金融市场中只进行现货交易,如远期外汇等衍生品也是常见的。

本章小结

证券市场交易机制由技术、规则、信息、市场参与者和金融工具五部分组成,不同金融市场的交易机制的差别也正是体现在这五个方面。

证券交易技术是保证交易规则得以实施的必要措施。它能够在交易者之间沟通市场信息,把投资者的交易订单传送到市场进行撮合,并将交易信息反馈给交易者和结算系统。自金融市场出现以来，交易技术无时无刻不在进步，从传统的交易方式逐渐向电子自动化方式和网络方式过渡。在金融市场中主要采用的集中交易技术中，证券市场当前已经全面实现了电子自动化交易，并且不同程度地引入了网络交易手段和盘后交易，同时人工交易方式也在一些证券市场中得到了保留；货币市场通常采用电子自动化交易模式，但在某些市场中对于特定的交易仍保留人工处理方式；外汇市场也采用电子自动化交易模式，路透等电子交易工具得到了广泛的使用；衍生品市场仍然以大厅内的人工喊价和交易为主要交易形式，但也在一定程度上引入了电子自动化交易，一些新兴的衍生品市场实行了全电子化交易。

交易规则是指市场的交易规则和保证规则实施的技术。它主要包括价格形成机制、交易委托方式、订单匹配原则和市场稳定措施等。价格形成机制的选择主要产生在指令驱动、报价驱动以及两者的综合之间；交易委托方式主要是对于订单类型的选择，通常以市价订单为主，辅以其他类型的订单；订单匹配原则的选择产生于交易委托方式的不同，但价格优先和时间优先是一般情况下的首选；市场稳定措施则根据不同的市场特性而具有较大的差异。

信息披露机制是金融市场中的核心制度之一。信息披露要求主要有三类：一是金融资产交易的实时信息；二是可能影响市场运行的政策、规则以及紧急措施等信息；三是上市公司需要披露的信息。证券市场中对于三类信息都能够较为充分地揭示，而且在所有的金融市场中，证券市场是对上市公司信息披露要求最为严格的；货币市场能够及时地披露交易信息和政策法规，但是却无法揭示上市公司信息；外汇市场是在所有的金融市场中透明度最差的，仅仅能够相对较为充分地披露政策性信息，对于交易实时信息的揭示并不完善，同时也无上市公司信息需要披露；衍生品金融市场的人工交易方式能够充分而迅速地披露市场交易信息，同时也能够及时公布政策性信息，但是却同样地缺乏对于上市公司信息的揭示。

金融市场参与者是市场的主体，它可以是政府、企业、居民或者各类金融机构。从交易目的方面进行划分，市场参与者可以大致划分为筹资者、投资者(投机者)、套期保值者、套利者和监管者；从功能角度看，市场参与者则可以划分为金融中介和非金融中介。按照市场参与者的特点，四种主要的金融市场大致可以划分为两组。首先是证券市场和衍生品市场，它们以场内交易为主，交易规则也基本相似，都具有典型的做市商或经纪商等市场中介者。同时，在这两种金融市场中，虽然存在一些资本雄厚的机构投资者，但是更多的市场参与者为个人投资者。在货币市场和外汇市场则恰好相反，由于这两种市场多以场外市场的形式存在，因此其主要的参与者为做市商和拥有大量资金的机构交易者，这使得在这些市场中所进行的交易规模通常都十分巨大。

金融工具主要包括基础金融工具和金融衍生产品。金融市场中进行交易的各种金融工具并没有严格的界限，目前世界上许多交易所都同时进行着多种类型的金融工具的交易。金融工具的不同分类使得不同的金融市场具备了不同的特征。

基本概念

交易技术　交易规则　信息披露机制　市场交易者　交易工具　人工交易　电子交易　网上交易

价格形成机制　交易委托方式　订单匹配原则　市场稳定制度

复习思考题

1. 在比较各种金融市场交易机制的不同之处时，应当从哪些方面着眼？各种金融市场交易机制有什么不同于其他市场的特点？

2. 金融市场交易技术经过了哪些发展？各种金融市场中现存的主要交易技术有哪些种类？试比较各种金融市场中的交易技术进步。

3. 金融市场交易技术的发展趋势是网上交易吗？网上交易有哪些主要形式？

4. 交易规则主要包括什么内容？各类金融市场的交易规则有什么区别？

5. 信息披露机制在金融市场交易机制中具有何种地位？在各种金融市场中，信息是否都能够得到充分揭示？

6. 主要的市场参与者由哪些主体构成？他们在各种金融市场中所扮演的角色和所占据的地位是相同的吗？为什么？

7. 主要的金融工具可以如何划分类别？这些金融工具是如何决定其所处市场的性质的？

8. 联系实际，试比较我国和美国的金融市场中交易机制的差别。

本章参考文献

1. 潘英丽：《中国证券市场规范发展问题研究》，上海财经大学出版社 2000 年版。

2. 张育军主编：《深圳证券交易所综合研究所研究报告 2002》，经济科学出版社 2002 年版。

3. 刘逖：《证券市场微观结构理论与实践》，复旦大学出版社 2002 年版。

4. 刘红忠：《金融市场学》，上海人民出版社 2003 年版。

5. 姚兴涛：《金融衍生品市场论》，立信会计出版社 1999 年版。

6. 屠光绍：《交易体制：原理与变革》，上海人民出版社 2000 年版。

第三部分
金融市场交易机制设计

第七章

流动性

第一节 流动性的概念和意义

一、概念的引出及定义

流动性是一个很难明确定义的概念，它几乎与市场运行的所有因素有关。凯恩斯最早对资产的流动性进行了概括。他认为，资产具有流动性是指其在短期更容易变现而不受损失。这个定义可以从两个方面来看：一是资产变现能力，即最终价值的风险；二是市场吸收能力，即变现时不会带来损失。因此，流动性是指投资者根据市场的供给和需求状况，以合理的价格迅速交易的能力。市场流动性越好，则进行交易的成本就越低①。

学者们对流动性给出了多种定义。O'Hara(1995)认为，流动性就是“立即完成交易的价格”(the price of immediacy)②。Amihud 和 Mendelson(1989)认为，流动性即在一定时间内完成交易所需的成本，或寻找一个理想的价格所需用的时间③。Massimb 和 Phelps(1994)把流动性概括为“为进入市场的订单提供立即执行交易的一种市场能力(通常称为“即时性”)和执行小额市价订单时不会导致市场价格较大幅度变化的能力(通常称为“市场深度”或“弹性”)④。Schwartz(1988)认为流动性是以合理价格迅速成交的能力⑤。Lippman 和 McCall(1986)指出，若某资产能以可预期的价格迅速出售，则该资产具有流动性⑥。Black(1971)指

---

① Keynes, John M. (1930), Treatise on Money, London: Macmillan.

② O'Hara, Maureen(1995), Market Microstructure Theory, Blackwell Publishers Inc., Cambridge, MA.

③ Amihud, Y., & Mendelson, H. (1989), The effect of computer base trading on volatility and liquidity. In: H. C. Lucas & R. A. Schwartz (Eds.), The challenge of information technology for the securities markets, liquidity, volatility, and global trading (pp. 59—85). Homewood, IL: Dow Jones & Company, Inc.

④ Massimb, Marcel, N., Phelps, Bruce D. (1994), Electronic Trading, Market Structure and Liquidity, *Financial Analysts Journal*, 1, pp. 39—50.

⑤ Schwartz, R. A. (1988), Equity markets: Structure, trading, and performance. New York: Harper & Row, Inc.

⑥ Lippman, S. A., & McCall, J. J. (1986), An operational measure of liquidity. *The American Economic Review*, 76, pp. 43—55. pp. 175—203.

出，市场有流动性是指任何数量的证券均可立即买进或卖出，或者说小额买卖可按接近目前市场价格、大额买卖在一定时间内可按平均接近目前市场价格成交[1]。

综合以上定义，当一种资产和现金能够以较小的交易成本迅速相互转换时，我们说该资产具有流动性。因此可以认为，流动性实际上就是投资者根据市场的基本供给和需求状况，以合理的价格迅速交易一定数量资产的能力。或者更简单地说，流动性就是快速低成本地成交一定金额的能力。市场的流动性越高，则进行即时交易的成本就越低。一般而言，较低的交易成本就意味着较高的流动性，或相应较好的价格。

二、流动性的三个维度

从以上我们对流动性的概念的探讨可以看出，流动性实际包含了三个方面：速度（交易时间）、价格（交易成本）和交易数量，参见图7—1。

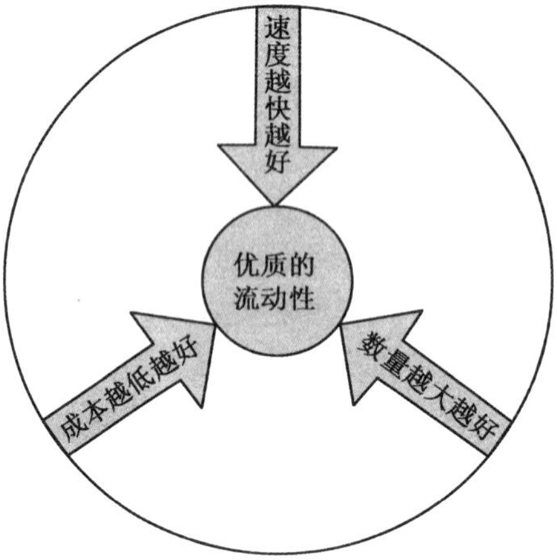

图7—1　流动性的三个维度

速度主要是指证券交易的即时性（immediacy）。从这一层面衡量，流动性意味着一旦投资者有买卖证券的愿望，通常总可以立即得到满足。但是，在任何一个市场，如果投资者愿意接受极为不利的条件，交易一般均能够得到迅速执行。

因此，流动性还必须具备第二个条件，即交易即时性必须在成本尽可能小的情况下获得。或者说，在特定的时间内，如果某资产交易的买方的溢价很小或卖方的折价很少，则该资产具有流动性。流动性的价格层面意味着，买卖某一证券的价格必须等于或接近占主导地位的市场价格。流动性的价格因素通常以市场宽度（width）来衡量，最常见的指标是买卖价差，即当买卖价差足够小时，市场具有宽度；当大额订单的买卖价差很大时，市场缺乏宽度。以宽度衡量的流动性在价差为零时达到无限大，此时交易者可按照同一价格实现买和卖。宽度指标主

① Black Fischer(1971), Towards a Fully Automated Exchange, *Financial Analysts Journal*, 27, pp. 29—34.

要用来衡量流动性中的交易成本因素。

但是，光有速度和低成本还不够，流动性还必须有第三个条件——数量上的限制，即较大量的交易可以按照合理的价格较快执行。流动性的数量因素通常以市场深度(depth)来衡量，即在特定价格上存在的订单总数量(通常指等于最佳买卖报价的订单数量)。订单数量越多，则市场越有深度；反之，如果订单数量很少，则市场缺乏深度。深度反映了在某一个特定价格水平(如最佳卖价或买价)上的可交易的数量。深度指标可用来衡量市场的价格稳定程度，即在深度较大的市场，一定数量的交易对价格的冲击相对较小；而在浅度市场，同等数量的交易对价格的冲击较大。

在证券市场上，流动性是双边搜索的目标，即买进者寻找卖出者，卖出者寻找买进者。因此，可以把流动性视为搜索的函数，其中有三个自变量即流动性的三个维度(速度、成本和数量)。以 L 表示流动性，p 表示交易成本，q 表示交易数量，t 表示交易速度，则流动性函数可表达为：

$$L=f(p,q,t)$$

其中，$\frac{\partial L}{\partial p}<0, \frac{\partial L}{\partial q}>0, \frac{\partial L}{\partial t}>0$

在做市商市场，流动性是由做市商提供的。竞价市场遵循价格优先、时间优先的订单撮合原则，高卖低买的限价订单优先度较低，不能够马上成交，需要等待在订单簿中。因此，这类订单的提交者是主要的流动性提供者；而高买低卖限价订单和市价订单则具有最高的成交优先度(我国沪深股市暂时尚未推出市价订单形式)。这两类订单的提交者是流动性的获取者。市场的流动性越大，等待在订单簿中的限价订单通常就越多，买卖价差就越小。

虽然学者们对流动性存在多个维度的看法高度一致，但是对流动性存在几个维度，以及各个维度的描述和定义却各不相同。Harris(1990)指出，流动性包括宽度、深度、即时性和弹性四个维度①。Garbade(1985)采取宽度、深度和弹性三个指标衡量流动性②。Kyle(1985)把流动性看成是一个含糊的、难以捉摸的概念，因为它包含了许多市场交易特征，如密度、深度、即时性、弹性等，其中密度是指交易价格偏离有效价格的程度，即宽度。Schwartz(1988)指出，一个流动性的市场具有三个重要的特性：(1)深度：指市场上同时存在高于目前证券成交价格的订单和低于目前证券成交价格的订单。如果订单集中于某些价位，且买卖价差很大，则市场缺乏深度。(2)广度(breadth)：当买进订单和卖出订单数量都很多且数额较大时，则市场具有广度。因此，在有足够广度的市场，价格的变化不受交易规模的影响。当大额订单的有效价差很大时，市场缺乏广度。(3)弹性：由于一定数量的交易导致价格偏离均衡水平后恢复均衡价格的速度③。

---

① Harris, Lawrence E. (1990), Liquidity, trading Rules, and electronic Trading Systems, *Monograph Series in Finance and Economics*, 1990-4.

② Garbade, D. (1985), Securities Market, New York: McGraw Hill.

③ Schwartz, R. A. (1988), Equity Markets: Structure, Trading, and Performance. New York: Harper & Row, Inc.

还需要指出的是，虽然流动性存在多个维度，并且各个维度之间彼此依赖、互相制约。但是对投资者而言，其对流动性的理解在不同情况下可能会不同，如有时把流动性视为迅速交易的能力，有时把流动性视为进行大额交易的能力，有时把流动性视为交易的低成本。

三、流动性的意义

流动性是证券市场的生命力所在。二级市场的流动性为投资者提供了转让和买卖证券的机会，也为筹资者提供了筹资的必要前提；如果市场因缺乏流动性而导致交易难以完成，那么市场就丧失了存在的根基。正是在这些意义上，Amihud 和 Mendelson(1988)指出："流动性是市场的一切。"[①]从更广泛的意义上看，市场流动性的增加不仅保证了金融市场的正常运转，也促进了资源有效配置和经济增长。

流动性是进行交易的基本需求。一个流动性好的市场对整个经济体系的贡献可以被看作公共品。证券市场的一个主要功能就是在交易成本尽可能低的情况下，使投资者能够迅速、有效地执行交易。也就是说，市场必须提供足够的流动性。在一个流动性比较好的市场中，投资者能够以合理的价格迅速完成一定数量的交易，而且流动性越高，交易成本越低。一个能够长期提供较好流动性的市场不但对投资者是重要的，而且对维护整个金融市场的稳定十分重要。证券市场作为资本市场的重要组成部分，它与货币市场的主要区别在于资金运用的长短期限上。证券市场的流动性越高，意味着证券投资的安全度也越高。所以，在证券市场具有良好流动性的情况下，资金盈余者能够踊跃将手中闲置资金用于证券投资，从而在客观上收到"短资长用"的效果。相反，如果股市流动性较差，许多潜在的投资者不愿意这样做，甚至已投资的长线资金也将撤离股市而转向短期存款。

证券市场有效性假说理论刻画了资本市场的高效率。这种高效率表现为，一旦出现供大于求或供不应求的不均衡状况，证券市场恢复均衡的速度远远快于产品市场、劳动市场等其他市场。而只有在一个有效的市场中，资产的定价才可能是合理的，因为如果市场缺乏效率，那就意味着资产价格不反映全部信息。那么，在什么条件下市场才能具备此种有效性呢？基本前提之一是市场必须具备良好的流动性。

从目前国际证券交易所更加激烈和严酷的竞争来看，我国的资本市场特别是证券市场面临着国际市场的潜在冲击，提升、改善并保持我国证券市场的流动性成为应对这种竞争的内在要求。如果市场流动性不好，虽然我们已经实行了 QFII (Qualified Foreign Institutional Investor)，也不会有越来越多的境外投资者对我国证券市场产生兴趣；一旦实施 QDII (Qualified Domestic Institutional Investor)，境内投资者将因市场流动性的悬殊差异而将资本转投于其他境外市场。

从更广泛的观点看，研究影响股票流动性的因素并确定它们之间的关系对上市公司本身

---

① Amihud, Y., & Mendelson, H. (1989), The effect of computer base trading on volatility and liquidity. In: H. C. Lucas & R. A. Schwartz (Eds.), The challenge of information technology for the securities markets, liquidity, volatility, and global trading (pp. 59—85). Homewood, IL: Dow Jones & Company, Inc.

也是很重要的，因为上市公司股票的流动性和公司本身的资本成本甚至治理结构密切相关，高流动性的市场还可以增加股东监督公司的动力。

四、市场流动性的提供机制

证券市场可分为报价驱动市场（quote driven market，也称作做市商市场）和订单驱动市场（order driven market，也称作竞价市场）两大类，它们提供市场流动性的机制是不同的。

报价驱动市场，顾名思义由做市商给出的买卖双向报价来驱动市场，作为卖方和买方的投资者双方并不直接成交，而是从做市商手中买进或卖出证券，做市商必须在其所报的价位上接受投资者的买卖要求，以其自有资金或证券与投资者进行证券交易，即做市商将自己的持仓股票卖给买方，用自有资金从卖方手中买进股票。买卖价差就是做市商的收入来源。做市商市场的基本特征是：证券成交价格由做市商决定，无论投资者买进或是卖出证券，都是与做市商进行交易，与其他投资者无关。由此，做市商作为证券市场的参与者，负责提供流动性。

订单驱动市场与做市商市场不同，在竞价交易中，买卖双方直接进行交易。投资者通过递交到交易主机的订单来表达自己的交易意愿。市价订单和高买低卖的限价订单表达了投资者较高的交易意愿，能够马上成交，需要市场的流动性；高卖低买的限价订单表示投资者的交易意愿较低，不能够马上成交，等待在订单簿中，同时也提供了流动性。在订单驱动市场中没有一个特定的人或者机构负责提供流动性。

关于报价和订单驱动市场所提供的流动性优劣的比较，目前已经有了相当多的文献，但仍然存在许多争议。总的来说，报价驱动的市场由于有专门的做市商负责提供流动性，因此流动性比较稳定；而订单驱动市场不需要做市商，因此提供的流动性成本更加低，价差更小。为了综合两种市场机制的优势，目前越来越多的证券交易所采用混合机制（hybrid mechanism）。比如，纽约证券交易所就是以电子交易为主，但同时辅助以类似做市商的专家（specialist）制度。

综上所述，在证券市场上，做市商、提交低买高卖限价订单的投资者以及其他一些投机者为市场提供了流动性，经纪商和交易所组织流动性，而无耐心的投资者获得/需要流动性。

第二节 衡量流动性的方法

从已有的研究文献看，学术界对流动性的衡量进行了大量的探讨，但直到目前尚缺乏统一的标准。而且由于流动性的几个基本属性之间存在相互冲突，因此，甚至有学者认为不存在一个“无异议的、可操作的流动性定义”[①]（Schwartz，1993）。根据前面提到的流动性的价格、数量、时间等属性，我们可以把各种衡量流动性的方法分为四种类型，即价格法、交易量法、价量结合法、时间法。

---

① Schwartz，Robert A.，1993，Reshaping the Equity Markets：A Guide for the 1990s，Business One Irwin，Illinois.

一、价格法

基于价格的流动性衡量方法是包括价差衡量指标、价格改善指标和价格自相关模型。

(一)价差衡量指标

价差衡量指标是其中最常用的流动性衡量方法。价差衡量指标主要有以下四种：

1. 买卖报价差

它也称为买卖价差(bid-ask spread)，是衡量流动性的一个最基本的指标。计算方法是当前市场上最佳卖价和最佳买价之间的差额。买卖价差衡量潜在的订单执行成本。O'Hara 和 Oldfield(1986)把买卖价差定义为对做市商提供即时交易服务的补偿[①]。衡量买卖价差有两种方法：一是绝对买卖价差，即计算买卖价差的绝对值(等于卖出报价减去买进报价)；二是相对买卖价差，即计算百分比买卖价差，由于买卖价差通常随价格而变化，故可以用绝对买卖价差除以最佳买卖价格的平均值，即得到百分比买卖价差。

以 S 表示绝对买卖价差，RS 表示相对买卖价差(百分比买卖价差)，PA 表示最佳(低)卖出价格，PB 表示最佳(高)买进价格，M 表示价差中点$\left(M=\dfrac{PA+PB}{2}\right)$，则：

$$S=PA-PB$$

$$RS=(PA-PB)/M$$

从理论上看，最小的买卖价差就是所允许的最小价格升降档位。但事实上，在很多市场(特别是流动性差的市场)，买卖价差通常大于最小价格升降档位。

2. 有效价差

有效价差(effective spread)反映订单成交的平均价格和订单到达时买卖价差的中点之间的差额。有效价差衡量订单的实际执行成本。

以 EF 表示有效价差，以 P 表示交易价格，则：

$$EF=|P-M|$$

有效价差也可以根据买卖双方的不同而标记正负号，即有正负号的有效价差(signed effective spread)。设 BEF 为买方的有效价差，SEF 为卖方的有效价差，则：

$$BEF=P-M$$

$$SEF=M-P$$

有效价差(包括有正负号的有效价差)也可以计算其相对值，即相对有效价差。设 REF 为不含正负号的相对有效价差，则：

$$REF=|P-M|/M$$

有效价差在一定程度上克服了买卖价差不能反映订单在买卖价差之外和之内成交的情况(即高估或低估执行成本)，因此，可用来衡量订单的价格改善：当执行价格比相关的买卖报价

---

① O'Hara, Maureen and George Oldfield, 1986, The microeconomics of market making, *Journal of Financial and Quantitative Analysis* 21, pp. 361—376.

更好时，则称之为价格改善；否则，当执行价格在买卖报价之外成交时，则发生价格变坏。

3. 实现的价差

实现的价差(realized spread)衡量订单执行价格和订单执行后一段时间的买卖报价中点之间的差额。实现的价差反映订单执行后的市场影响成本。

已实现价差也分为绝对实现价差和相对实现价差。设绝对实现价差为 ARS，相对实现价差为 RRS，设 Mt 为交易发生以后一段时间的价差中点，则：

$$ARS=|P-Mt|$$

$$RRS=|P-Mt|/M$$

绝对实现价差和相对实现价差可根据买卖方向不同计算其正负号。以相对实现价差为例，设 $BRRS$ 为买方的相对实现价差，$SRRS$ 为卖方的相对实现价差，则：

$$BRRS=(P-Mt)/M$$

$$SRRS=(Mt-P)/M$$

4. 定位价差

Naik 和 Yadav(1999)使用了定位价差(positioning spread)的概念[①]。定位价差衡量的是由于逆向选择而损失的价差收益，反映了交易后的价格变化。如果投资者中的某一个群体拥有优势信息，那么平均看，他们将从交易后的价格变化中获利，因此，他们付出的实现的价差应比有效价差低(数额为定位价差部分)。

定位价差的计算方法是实现的价差减去有效价差。定位价差也可分为绝对值和相对值，并分为买方和卖方。以相对定位价差为例，设 $BRPS$ 为买方的相对定位价差，$SRPS$ 为卖方的相对定位价差，则：

$$BRPS=(M-Mt)/M$$

$$SRPS=(Mt-M)/M$$

在以上四种价差中，买卖价差实际上衡量的是双边价差(包括买方和买方的价差)，而其他三种买卖价差均衡量的是单向的价差。因此，为便于比较，在计算买卖价差时，通常计算的是内部半价差(inside half-spread)，即把买卖价差除以 2，内部半价差也称为平均价差(average spread)。

(二)价格改善指标

基于价格的另一种流动性衡量方法是衡量订单的价格改善情况。价格改善(变化)指标主要有以下两个：

1. 价格改善(变坏)比率

价格改善反映实际交易价格优于买卖报价的情况。当买进订单的成交价格低于最低卖价或卖出订单的成交价格高于最高买价时，则称之为价格改善；反之，当成交价格在买卖报价之

① Naik, Narayan Y., & Pradeep K. Yadav(1999), The Effects of Market Reform on Trading Costs of Public Investors: Evidence from the London Stock Exchange, mimeo.

外成交(如卖出订单以低于买进报价的价格成交)时,则发生价格变坏。

价格改善指标可用有效价差与买卖半价差之间的差额进行衡量。当有效价差减去买卖半价差后的差额小于零时,则发生价格改善;当有效价差减去买卖半价差后的差额大于零时,则发生价格变化;当有效价差减去买卖半价差后的差额等于零时,则价格既无改善,也没有变坏。

价格改善(变坏)比率即订单在买卖报价内(外)成交的比例。衡量方法有两种:一是以价格改善(变坏)的订单个数除以订单总个数;二是以价格改善(变坏)的订单的股数除以订单总股数。价格改善指标反映了订单的实际执行成本,但没有反映订单的规模,特别是不能反映订单得到部分执行或部分在买卖报价之内成交、部分在买卖报价之外成交的情况。

2. 折价(溢价)比例

折价(溢价)比例即价格改善(变坏)比例,衡量订单的价格改善(变坏)的幅度。计算方法是:买卖报价差减去有效价差,如报价差为 20 基点,有效价差为 10 基点,则该笔交易得到 10 个基点的折价。衡量某只股票或市场的折价(溢价)比例通常取在折价和溢价相互抵消后的净额。折价(溢价)比例也可以采取相对值指标,即折价(溢价)的绝对数量与价差中点的比值。折价(溢价)比例的优点是量化了价格改善,而且比单纯使用是否在报价内成交指标更便于分析。其主要不足与价格改善(变坏)指标相同。

(三)价格自相关模型

除价差法和价格改善指标之外,衡量流动性的价格方法还有基于价格自相关模型和机会成本模型等几种形式:

1. 价差估计模型

Roll(1984)提出了一个价差估计模型①。该模型认为,在市场有效的前提下,相邻两个价格的变化纯粹是由存在价差引起的。基于相邻价格负相关的结论,Roll(1984)提出了如下著名的价差估计模型:

$$S_t=\frac{1}{2}\sqrt{-\mathrm{COV}(\Delta p_t,\Delta p_{t-1})}$$

其中,S_t 表示 t 时的价差,ΔP_t 表示 t 时价格变化,ΔP_{t-1} 表示 t 时之前的相邻价格变化。该模型的含义是,相邻两期价格变化的负共变越大,则估计的价差越大。

Stoll(1989)也提出了一个与 Roll(1984)类似的价差估计模型②。两者的主要差别是,Stoll(1989)模型以相邻两个价格变化的协方差和价格变化中的价差成分变化的协方差相等的性质作为估计价差的基础。

Hasbrouck(1993)也提出了另一种建立在市场有效前提上的价差估计模型③,即:$S_e=$

---

① Roll, R. (1984), A simple implicit measure of the effective Bid-Ask spread in an efficient market. *Journal of Finance* 39, pp. 1127— 1139.

② Stoll, Hans R. (1989), Inferring the components of the bid—ask spread: theory and empirical tests, *The Journal of Finance* 44, pp. 115—134.

③ Hasbrouck, Joel, George Sofianos and Deborah Sosebee(1993), *New York Stock Exchange systems and trading procedures*, NYSE Working Paper #93—01.

$2\sigma_s$，其中，S_e 为估计的价差，σ_s 为定价误差 s 的标准差，定价误差 s 即价格中的非随机成分（设 $P_t = w_t + s_t$，w_t 为价格中的随机成分，s_t 为非随机成分）。该模型同时以$\sqrt{\pi/2\sigma}$估计不包含信息不对称的交易成本。

2. 方差比率（variance ratio）或市场效率系数（market efficiency coefficient，MEC）

另一种衡量流动性的比率涉及价格的连续性，即方差比率或市场效率系数。市场效率系数衡量执行成本对股票短期价格波动的影响。方差比率表明，证券交易的真实价格与均衡价格并不一致。执行成本越大，真实价格相对于均衡价格的波动就越大，因此，市场效率系数偏离 1 的程度也就越大；市场的流动性越高，围绕均衡价格波动的交易价格的方差也就越小，因此，市场效率系数偏离 1 越小则反映了市场的流动性越高。

方差比率或市场效率系数是长期回报的方差与短期回报的方差的比率，其计算方法如下：

$$MEC = \frac{\mathrm{var}(R_t)}{T\ \mathrm{var}(r_t)}$$

其中，MEC 为市场效率系数；$\mathrm{var}(R_t)$为长期回报方差；$\mathrm{var}(r_t)$为短期回报方差；T 为每一个长期时段内短期的数目。

市场效率系数的含义是：如果 MEC 小于 1，则表示短期回报存在负的自相关，说明短期价格过度波动；如果 MEC 大于 1，则表示短期回报存在正的自相关，说明短期价格没有过度波动；当市场有效时，则价格将随机波动，故不存在自相关，即 MEC 等于 1。MEC 偏离 1 越远，则说明市场的有效性越低。

Hasbrouck 和 Schwartz（1988）基于市场效率系数构建了一个即时交易成本衡量模型①：

$$c = \sqrt{\frac{1}{2}\mathrm{var}(r_t)(1-MEC)} > 0 \quad MEC < 1$$

$$c = -\sqrt{\frac{1}{2}\mathrm{var}(r_t)(1-MEC)} < 0 \quad MEC > 1$$

该模型的含义是，MEC 偏离 1 的程度和短期价格波动越大，则即时交易成本（C）越大，故流动性越差，反之反是。

价格自相关流动性模型的理论基础是在市场有效的前提下，价格变化呈现负的一阶自相关。造成价格负的自相关的原因主要是：

（1）根据撮合规则，新到达的卖出订单的成交价格通常为最高买进，而新到达的买进订单的成交价格通常为最低卖价，无论是买进价格还是卖出价格，实际上均不是均衡价格，而是一个处于买卖价差之间的一个价格（通常假定为价差中点）。因此，设买卖报价不变且买卖发生的概率相同，则买卖发生顺序可能会出现四种情况（即买买、买卖、卖卖、卖买），由于按照撮合规则，成交价要么为最高买价要么为最低卖价，故相邻两个价格的变化必然是负相关，即

---

① Hasbrouck, Joel, and Robert A. Schwartz (1988), Liquidity and Execution Costs in Equity Markets, *Journal of Portfolio Management* 14 (Spring 1988): pp. 10—16.

(0, 0)、(－, ＋)、(0, 0)、(＋, －)。

(2)市场信息效率不足,投资者对新到达市场的信息的过度反应也是引起相邻价格负相关的重要因素。

(3)由于流动性冲击所造成的临时性买卖不均衡也促成了相邻价格负相关现象。

(4)最小升降档位的存在使得交易价格不能连续,因此也可能造成价格自我负相关。

(5)在做市商市场中,由于做市商通常须承担稳定市场的职责,因此,其逆市行动本身也造成了价格变化的负相关。

基于价格自相关模型的流动性指标的主要缺陷是假定市场有效,而且当价格变化的一阶自相关为正时,则模型无法定义。出现价格正相关现象的主要原因是:市场有效性不足导致新信息以渐进的方式反映在价格上,价格稳定措施的存在,以及投资者的羊群效应(在价格上涨时追涨,价格下跌时杀跌)。

3. 机会成本模型

Handa 和 Schwartz(1996a, 1996b)构建了一个以市价订单和限价订单的报酬差异衡量流动性的机会成本模型①。一般地,下达限价订单的投资者是流动性的提供者,下达市价订单的投资者是流动性的需求者。市价订单成交的等待时间通常较限价订单短,但相应的成交价格可能劣于限价订单,因此,限价订单和市价订单的报酬差异可以视为市价订单较快成交的机会成本。该报酬差异越大,则市场订单即时成交的机会成本越大,市场的流动性越低,反之反是。机会成本模型的主要问题是,市价订单的下达者不一定是流动性交易者,也可能是知情交易者或噪音交易者,故市价订单的报酬可能会大于限价订单,即报酬差异为负值。因此,应用该模型必须考虑下达市价订单的投资者为知情交易者的情况,并予以剔除。

二、交易量法

除价格法外,基于交易量的流动性衡量方法也是较常使用的一种方法。交易量法的常见衡量指标有以下几个:

1. 市场深度(market depth)

深度指标主要是指报价深度,即在某个特定价位(通常是最佳买卖报价)上的订单数量。深度的计算方法是:

$$深度=(最高买价上订单总数+最低卖价上订单总数)/2$$

深度也可以按照订单金额计算(即金额深度),计算方法是:

$$金额深度=(最高买价上订单总数\times买进价格+最低卖价上订单总数\times卖出价格)/2$$

深度指标也可以计算其相对值,即深度的绝对值与已发行流通股本或市值的比率。

深度指标的主要不足是,做市商(或竞价市场的流动性提供者)通常不愿意披露其愿意在

① Handa, P., & R. A. Schwartz(1996a), How best to supply liquidity to a securities market, *The Journal of Portfolio Management*, 22, pp. 44—51. Handa, P., & R. A. Schwartz(1996b), Limit order trading, *The Journal of Finance*, 51, pp. 1835—1860.

该价位上进行交易的全部数量。因此，买卖最佳报价上的数量并不能真实地代表市场的深度。

2. 成交深度

另一个衡量深度的指标是交易规模，这是一个事后的指标，衡量在最佳买卖价位上成交的数量。成交深度克服了市场深度指标不能反映流动性提供者的真实交易意愿的不足，但交易规模指标同样可能会低估市场深度，因为交易规模经常会低于在特定价格上可交易的数量。此外，在特定价格上的成交数量没有考虑超过报价深度的大宗交易的执行成本。成交深度可根据成交数量或成交金额分别计算。

3. 深度改进率和深度改进比例

深度改进是指当订单的数量超过最佳买卖报价上的数量时，该订单以等于或优于报价的价格成交的情况。深度改进通常有两个指标：一是深度改进率，它以订单个数衡量，即订单的成交量超过最佳买卖报价数量的概率；二是深度改进数量，以订单的成交数量（股数）衡量，即在报价或报价内成交的数量减去报价数量。

深度改进数量也可以取相对值（即深度改进比例），计算方法有两种：一种是深度改进数量除以报价数量，用于衡量相对于报价数量的深度改进情况；另一种是深度改进数量除以订单数量，用于衡量该订单的深度改进情况。

深度改进指标的主要不足是没有考虑价格因素，特别是限价订单的价格偏离最佳买卖价的情况。

4. 成交率

成交率（fill rate）是指提交的订单中在该市场实际得到执行的比率。成交率包括三个指标：一是市价订单和优于最佳买卖报价的限价订单整个即时成交的概率；二是订单按照单一价格全部成交的比率；三是订单部分执行时成交量占订单量的比率。成交率也用来分析较大额订单整个执行的比率。对劣于最佳买卖报价的限价订单而言，成交率也是一个非常重要的指标。对成交率指标进行跨市场的比较非常困难，因为：第一，我们通常衡量的是边际成交率，即每新到达的一个订单得到成交的可能性，但事实上通常只能得到平均成交率数据（限价订单得到成交的比率）；第二，对劣于最佳买卖报价的限价订单而言，其成交率取决于限价订单的价格与买卖报价之间的偏差有多大。

5. 换手率

换手率（turnover rate）也称交易周转率，是一个衡量证券持有时间的指标。换手率的计算公式有两种：一种是以交易量（股数）除以总流通股数，这种方法使用比较普遍；另一种是交易金额除以流通的市值。换手率的倒数即证券的持有期间。根据换手率指标，换手率越大，则证券持有时间越短，流动性越大，反之反是。换手率指标考虑了流通股本大小的影响，但没有考虑价格变化的影响，因为在同等换手率的情况下，价格变化越小，则流动性越小。

基于交易量的流动性指标的缺点主要有两个方面：一是忽略了价格变化的影响，而价格变化往往是衡量流动性的最主要的因素之一；二是交易量大小与波动性有关，而后者又将妨碍市场的流动性。

三、价量结合法

为克服以买卖价差和单纯交易量方法衡量流动性的不足，一些学者发展了结合价格和交易量的衡量流动性的指标，如价格冲击模型和流动性比率法等。

(一)价格冲击模型

价格冲击模型(price impact model)衡量即时交易成本，即当前交易量对价格的影响程度，主要有以下几种模型：

1. 市场深度模型

Kyle(1985)提出了一个市场深度模型[①]，用于分析净交易行为对价格变化的影响。Kyle(1985)模型考察了买(卖)方发起的交易引起的价格上升(下跌)，即价格变化与交易量所构成的曲线的斜率。计算方法通常是分析一个固定时间间隔(如5分钟、30分钟等)内的净交易量(买方发起的交易量与卖方发起的交易量之差)对价格变化的影响。该指标考虑到了大宗交易和系列交易情况，并考虑到了买卖价差的深度指标，因此，为衡量市场流动性提供了一个相对完整的指标。Kyle价格冲击模型可表示为下式：

$$P=\mu+\lambda y, D=\frac{1}{\lambda}$$

该模型的含义是：价格 P 为交易量 y 的函数，μ 为证券的真实价值，λ 为回归系数，D 为市场深度，是 λ 的倒数。λ 反映了价格对交易量的敏感度，λ 越小，则价格对交易量越不敏感，故交易量对价格的冲击越小，市场流动性越高；反之，λ 越大，则交易量对价格的冲击越大，市场流动性越小。

Engle和Lange(1997)也提出了一个与Kyle(1985)模型类似的衡量市场深度的方法，称之为VNET[②]。该指标衡量与特定价格相联系买方或卖方发起的超额交易(净交易量)。如果买方的超额交易量很小，但价格上升，则市场流动性(深度)较差；如果同样幅度的价格上涨与大量的买方超额交易相联系，则市场深度较大。反之，如果卖方的超额交易量很小，但价格下降，则市场流动性(深度)较差；如果同样幅度的价格下降与大量的卖方超额交易相联系，则市场深度较大。Engle和Lange(1997)衡量交易发起方的方法是：当交易价格与买进报价更接近时为卖方发起的交易；当交易价格与卖出报价更接近时为买方发起的交易；当交易价格正好等于买卖报价的中点时，则采取最小报价档位规则，即目前交易价格大于上一笔交易价格(up tick)时，为买方发起的交易，否则为卖方发起的交易。Breen、Hodrick和Korajczyk(2000)也采取了类似的方法，并计算了每5分钟、30分钟间隔的相对净交易量(net turnover)，即买方发起的交易量减去卖方发起的交易量后，除以已发行股份[③]。

---

① Kyle, Albert S. (1985), Continuous auctions and insider trading, *Econometrica* 53, 1315—1365.

② Engle, Robert F., & Joe Lange(1997), Measuring, forecasting and explaining time varying liquidity in the stock market, Discussion paper 97—12, University of California, San Diego, Department of Economics.

③ Breen, William J., Laurie Simon Hodrick, & Robert A. Korajczyk(2000), Predicting Equity Liquidity, Working paper #205, *Kellogg Graduate School of Management*, Northwestern University.

2. Glostern-Harris 交易成本模型

Glostern 和 Harris(1988)提出了一个基于交易成本的流动性衡量模型[①]：

$$\Delta P_t = \lambda q_1 + \psi(D_t - D_{t-1}) + y_t$$

其中，ΔP 是成交价的变化，t 是时间，表示第 t 笔交易，$t-1$ 表示在 t 之前的一笔交易，q_t 为带正负号(表示买卖方向)的交易量，D 为交易方向变量，y_t 为误差项。回归系数 λ 和 ψ 用于衡量交易成本，其中，ψ 衡量总固定交易成本，λq 衡量总可变交易成本，两者相加即总交易成本。因此，ψ 值越大，则价格变化越容易受到交易方向变化的影响；λ 值越大，则价格越容易受到买卖方向的交易量的影响。也就是说，λ 和 ψ 值越大时，则交易成本越高，流动性越低。

3. Hasbrouck 的刺激反应函数(impulse response function)

Hasbrouck(1991)根据其 1988 年交易对报价多期冲击的单一函数模型[②]，进一步推导出了报价与交易相关系数的 VAR 模型，并据以分析交易对价格的冲击和交易中的内幕信息含量。

$$r_t = \sum_{i=1}^{5} a_i r_{t-i} + \sum_{i=1}^{5} b_i X_{t-i}^0 + v_{1,t} \tag{7—1}$$

$$X_t^0 = \sum_{i=1}^{5} c_i r_{t-i} + \sum_{i=1}^{5} d_i X_{t-i}^0 + v_{2,t} \tag{7—2}$$

式中，t 表示第 t 笔交易，r_t 是价差中点的变化(等于本次价差中点减去前一次价差中点)，式(7—1)和式(7—2)中的 X_{t-i}^0 可为 $\{X_{t-i}^0\}$、$\{X_{t-i}, X_{t-i}^0\}$、$\{X_{t-i}^2, X_{t-i}, X_{t-i}^0\}$，$X_{t-i}^0$ 为交易方向参数，X_{t-i} 为带正负号的交易量(即交易量乘以 X_{t-i}^0)，X_{t-i}^2 为交易量的平方乘以交易方向参数，$v_{1,t}$ 为非预期的报价变化，反映了价格变化中的公共信息部分，$v_{2,t}$ 为非预期的交易，a、b、c、d 为回归系数，b_0 分析当前交易对报价的冲击，$b_i(i>0)$ 分析以后各次交易对当前报价的冲击，$\sum b_i$ 衡量交易对价格的持久影响，因而也是一个衡量流动性的指标。

4. Hasbrouck-Foster-Viswanathan 的交易成本模型

Brennan 和 Subrahmanyam(1996)[③]结合 Hasbrouck 模型和 Fosterj-Viswanathan(1993)[④]模型，构建了一个新的模型：

$$q_t = \alpha_q + \sum_{j=1}^{5} \beta_j \Delta p_{t-j} + \sum_{j=1}^{5} \lambda_j q_{t-j} + \tau_t \tag{7—3}$$

$$\Delta p_t = \alpha_p + \psi(D_t - D_{t-1}) + \lambda \tau_t + v_t \tag{7—4}$$

式(7—3)为成交量模型，式(7—4)为成交价格变化模型。式中，q_t 表示第 t 笔交易量，ΔP 是价格变化，Δp_{t-j} 表示第 t 笔交易后的第 j 笔交易价格与 t 笔交易价格的变化，j 是滞后笔

---

① Glostern, Lawrence R. and Lawrence E. Harris(1988), Estimating the components of the bid-ask spread, *Journal of Financial Economics* 21, pp. 123—142.

② Hasbrouck, Joel(1991), Measuring the information content of trades, *The Journal of Finance* 46, pp. 179—208.

③ Brennan, M. J., & Subrahmanyam, A. (1996), Market microstructure and asset pricing: on the compensation for illiquidity in stock returns. *Journal of Financial Economics*, 41, pp. 441—464.

④ Foster, F. Douglas, and S. Viswanathan(1993), Variations in trading volume, return volatility, and trading costs: evidence on recent price formation models, *The Journal of Finance* 48, pp. 187—212.

数，α、β 为常数项，D_t 为交易发起方向参数，τ_t 是表示非预期交易量的残差项，回归系数 ψ 和 λ 用于衡量交易成本，ψ 和 λ 的值越大，则交易成本越大，流动性越小。

（二）流动性比率

流动性比率(liquidity ratios)衡量的是交易量和价格变化的关系。其基本原理是：若少量的交易引起的价格变化较大，则市场流动性较差；若大量的交易引起的价格变化较小，则是市场流动性较高。其中，最常见的流动性比率有以下几种：

1. Amivest 流动性比率

Amivest 流动性比率也称为普通流动性比率(conventional liquidity ratio)，该指标由 Amivest 公司最先使用。Amivest 流动性比率是指使价格变化 1 个百分点时需要多少交易量（金额）。其计算方法如下：

$$L_{con}=\frac{\sum_{t=1}^{n} P_{it} V_{it}}{\sum_{t=1}^{n} \mid \% \Delta P_{it} \mid}$$

其中，L_{con} 为普通流动性比率；P_{it} 为 t 日股票 i 的收盘价；V_{it} 为 t 日股票 i 的交易量（股数）；$\sum_{t=1}^{n} \mid \% \Delta P_{it} \mid$ 为一定时间内股票 I 的价格变化绝对比率的总和。

根据上述公式，Amivest 流动性比率越高，则交易量对价格的影响就越小，也就是说，该股票的流动性越好；反之，Amivest 流动性比率越低，交易量逆向对价格的影响就越大，流动性也就越低。Amivest 流动性比率的不足是没有考虑公司流通股本数量。一般地，流通股本越多，其成交量通常也越多，反之反是。因此，使用 Amivest 指标可能会出现流通股本越多的股票流动性越高的情形，这是使用该指标必须注意的。

2. Martin 流动性比率[①]

Martin 流动性比率也称为马丁指数(Martin Index)。Martin(1975)指出，流动性比率与证券市场的总体价格走势正相关，而与价格波动负相关，因此，他提出一个新的流动性衡量指标——Martin 指数。Martin 指数假定在交易时间内价格变化是平稳分布的，因此，可用每日价格变化幅度与每日交易量之比衡量流动性。Martin 指数的计算方法如下：

$$M_t=\sum_{t=1}^{n} \frac{P_{it}-P_{i(t-1)}}{V_{it}}$$

其中，M_t 为 Martin 指数；P_{it} 为 t 日股票 i 的收盘价；V_{it} 为 t 日股票 i 的交易量（股数）。

与 Amivest 流动性比率相反，Martin 指数越大，则流动性越低；反之，Martin 指数越小，则流动性越高。Martin 指数的缺点是比率随每日交易情况而变化，要得到一个较稳定的 Martin 指数值需要考虑若干个交易日的 Martin 指数的平均值。Martin 指数以价格波动的平方代表

① Martin, P., Analysis of the impact of competitive rates on the liquidity of NYSE stocks, Economic Staff Papers 75—3, *Securities and Exchange Commission*, July 1975.

价格变化，克服了价格变化正负抵消的缺陷，但容易受个别极端的价格变化的影响。

3. Hui-Heubel 流动性比率(Hui-Heubel liquidity ratio)①

Hui 和 Heubel(1984)提出了与 Amivest 流动性比率相似的流动性衡量指标，但 Hui-Heubel 的指标根据股票市值进行调整。Hui-Heubel 流动性比率也被称为"纯粹流动性"比率，其计算方法如下：

$$L_{HH}=\frac{(P_{\max}-P_{\min})/P_{\min}}{V/(S\bar{P})}$$

其中，L_{HH} 为 Hui-Heubel 流动性比率；$P_{\max}$ 为 5 日内每日股票最高价中的最高值；$P_{\min}$ 为 5 日内每日股票最低价中的最低值；V 为 5 日内总交易金额；S 为股票流通数量；$\bar{P}$ 为 5 日内股票平均收盘价。

Hui-Heubel 流动性比率与 Amivest 流动性比率不同之处，除使用 5 日而不是 20 日为时间段外，主要有以下两点：(1) Hui-Heubel 流动性比率使用每日最高价和最低价衡量价格波动，而不是每日收盘价；(2) Hui-Heubel 流动性比率把交易量和公司市值挂钩，考虑了公司规模的影响。Hui-Heubel 流动性比率的不足是容易受到最高价和最低价的极端值的影响，而且以最高价和最低价衡量价格波动也不尽合理。

4. Marsh-Rock 流动性比率(Marsh-Rock Liquidity Ratio)②

Marsh 和 Rock(1986)提出了另一个衡量流动性的指标。他们认为，除大额交易外，价格变化在很大程度上是独立于交易规模的。因为价格变化与交易规模之间的关系是不成比例的，所以，一般的流动性比率将随平均交易规模的增加而上升。Marsh 和 Rock 提出，应以特定时间内每笔交易之间价格变化百分比的绝对值的平均值除以交易笔数来衡量流动性，其计算方法如下：

$$L=\frac{1}{T}\sum_{i=1}^{Ts}|\%\Delta P_{is}|$$

其中，T_s 为股票 s 的交易笔数；$|\%\Delta Pis|$ 为股票 s 的第 i 笔交易的价格变化百分比的绝对值。

Marsh-Rock 比率把价格变化与交易的绝对笔数联系起来，而不是因为交易金额，因此，平均每笔交易的价格变化越大时，流动性就越低。Marsh-Rock 比率的不足是没有考虑每笔交易的规模。例如，设某两只股票的平均每笔交易的价格变化均为 0.1%，但 A 股票的平均每笔交易规模为 10 000 股，而 B 股票的平均每笔交易规模为 5 000 股，则实际上 A 股票的流动性比 B 股票好，但二者的 Marsh-Rock 比率却一样。

---

① Hui, B. and B. Heubel(1984), Comparative Liquidity Advantages Among Major U. S. Stock Markets, Data Resources, Inc: Lexington, MA.

② Marsh, Terry and Kevin Rock(1986), Exchange Listing and Liquidity: A Comparison of the American Stock Exchange with the NASDAQ National Market System, Report #2, American Stock Exchange Transactions Data Research Project.

5. 市场调整的流动性指标

Hui 和 Heubel(1984)除提出一个流动性比率外,还提出了一个市场调整的流动性指标(market-adjusted liquidity)。该文指出,交易量不是影响价格变化的唯一因素,衡量流动性需要考虑诸如市场运动等其他影响变量。Hui 和 Heubel(1984)的市场调整的流动性指标用于测量在既定的交易量下,根据市场影响进行调整的价格变化。

市场调整的流动性指标的计算分两步。第一步是建立总股票回报的市场模型,以识别并剔除市场对价格的影响。市场模型如下:

$$R_i = \alpha + \beta R_m + \mu_i$$

其中,R_i 为 i 股票每日回报;R_m 为标准普尔 500 种股票指数每日市场回报;α、β 为回归系数,β 代表系统风险;μ_i 为代表特有风险的回归残差或误差项。

股票回报变化的主要原因是市场收益(特有风险),但是与市场无关的因素也可能影响股票回报。Hui 和 Heubel 认为,股票特有风险反映了该股票的流动性:流动性高的股票,其波动将表现为上述方程的特征,因为该股票的随机波动幅度很小;反之,价格波动较大的流动性低的股票将偏离上述方程。

第二步是衡量交易量的变化对市场调整过的价格波动的影响。特有风险对交易量变化的敏感度可以如下方程表示:

$$\mu_i^2 = \gamma_0 + \gamma_1 V_i + e_i$$

其中,μ_i^2 为市场方程中的残差平方;V_i 为每日交易金额变化的百分比;γ_0、γ_1 为回归系数;e_i 为白色噪音残差。

在这一方程中,γ_1 就是市场调整的流动性指标。考虑市场影响后,γ_1 值越小,交易量引起的价格变化也就越小。当对两只股票进行比较时,在既定的市场条件下,γ_1 值较小的股票的流动性低于 γ_1 值较大的股票。

6. 综合流动性指标

Chordia、Roll 和 Subrahmanyam(2000)使用了综合流动性(Compositliq)的概念[①]。其计算方法是:

综合流动性=相对报价差/金额深度

该指标是一个结合价差和深度的指标,目的是测量每 1 美元交易的流动性函数的平均斜率。

尽管基于交易量的流动性比率指标克服了买卖价差的一些缺陷,但仍然不是最理想的指标。其理由如下:

(1)与买卖价差一样,基于交易量的流动性比率也没有区分临时性的价格变化和由于市场状况等发生变化导致的长期价格变化,没有区分新信息到达后对市场价格变化的影响。

(2)基于交易量的流动性比率提供了过去的(平均)价格变化与(平均)交易量的关系的信

---

① Chordia, Tarun, Richard Roll, Avanidhar Subrahmanyam(2000), Market Liquidity and Trading Activity, mimeo.

息，但不能说明当大于平均规模的订单突然出现时对价格的影响。

(3)流动性比率指标无法衡量交易对价格的即时冲击(即时价格成本)，更无法区分交易对价格冲击是单期的，还是多期的。

(4)流动性比率没有过滤非交易因素对价格变化造成的影响，如最小价格升降档位、买卖报价差、套利或卖空价格限制、新信息到达等的影响。

除价格冲击模型和流动性比率指标外，价量结合法还有一种形式，即调整的价格改善率(adjusted price improvement rate)。

Bacidore、Battalio 和 Jennings(2000)构建了一个新的价格改善的指标[①]：调整的价格改善指标。调整的价格改善指标同时考虑了价格改进和深度改进情况，是一个结合订单深度改进指标的价格改善指标。调整的价格改善指标克服了普通价格改善指标不能分析订单部分在报价内执行、另一部分在报价外执行情况的局限。

该指标可按照订单个数或订单数量分别予以测算。调整的价格改善指标涉及的概念有：

(1)总价格改善率(未调整)：以优于相关报价(买进订单取最佳卖价，卖出订单取最佳买价)成交的市价订单(股数)比率。

(2)净价格改善率(未调整)：总价格改善率减去劣于相关报价成交的订单(股数)比率。

(3)总调整价格改善率：以优于基准价格成交的订单(股数)比率。

(4)净调整价格改善率：总调整价格改善率减去劣于基准价格成交的订单(股数)比率。基准价格计算方法是：对小于或等于报价数量的订单，基准价格为报价；对大于报价数量的订单，基准价格为报价和比报价劣一个最小报价档位的价格的按订单数量加权的价格。对于买单而言，即比最佳卖价高一个最小报价档位；对于卖单而言，即比最佳买价低一个最小报价档位。等于报价的权重为报价数量，后者的权重为超过报价的数量。

例如，设市场上目前的卖出报价为 20 元，数量为 400 股，设此时一个 2 000 股的买进市价订单到达市场，由于订单数量超过报价数量，故适用于调整的价格改善，此时基准价格将为 $(400/2\ 000)\times 20+(1\ 600/2\ 000)\times 20.062\ 5=20.05$。设该买进订单以 20 元的价格成交了 1 000股，按 20.062 5 的价格成交 1 000 股，则加权成交价为 20.031 25，由于加权成交价低于基准价格，故该订单得到了调整的价格改善，而且 600 股得到了深度改善。

在大多数情况，订单同时得到深度改善和价格改善，则该订单得到了调整的价格改善。但如果部分订单在报价内执行，另一部分订单在报价外执行，但没有得到深度改善，此时也可能会得到调整的价格改善。

四、时间法

流动性的一个重要概念就是交易的即时性，因此，交易执行时间也是衡量流动性的一个重

① Bacidore, Jeffrey M., Robert H. Battalio, and Robert H. Jennings(2000), Depth Improvement and Adjusted Price Improvement on the New York Stock Exchange, NYSE Working Paper ＃2000－04.

要方法。时间法的最主要的指标有两个：一是执行时间，即从订单到达到订单得到执行时的间隔；二是交易频率，即在一个特定时间内的交易次数（不考虑交易规模）。时间法的优点是衡量方法十分简便。其主要缺点是：一是限价订单的执行时间与其价格密切相关；二是交易频率与市场波动性有关；三是没有考虑价格变化的影响。

基于时间的另一个指标是弹性指标，即从价格发生变化到恢复均衡价格所需的时间。弹性是由交易引起的价格波动消失的速度，或者说订单簿中买单量与卖单量之间不平衡调整的速度。关于市场弹性学术界还没有一个统一的指标，一种测量方法是用当前最佳卖（买）价与下一个最佳卖（买）价之间的差额；另一种方法是以相邻两次订单的价差来估计弹性。在假定股票的基本价值不变（即不考虑新信息的影响）的情况下，价格将会随机地围绕基本价值波动，市场弹性越好，则价格偏离价值以后返回的速度越快。相应地，两次相邻订单的价差越小，则价格返回真实价值所需要的时间就越短，市场弹性就越好。

弹性指标考虑了价格变化的影响，但也有三个主要的不足：一是选择均衡价格带有很大的随意性；二是没有考虑新到达的信息对价格变化的影响，因此，不能区分价格变化是由于新信息的影响还是由于交易的影响；三是与市场波动有关。

Garbade 和 Silber(1979)提出的流动性风险模型也主要是一个基于时间的流动性衡量指标[①]。该模型可表示为：

$$V_p=\frac{\sigma^2}{\omega\tau}+\frac{1}{2}\tau\psi^2$$

式中，V_p 表示流动性风险，σ^2 为保留价格（reservation price）的变化，用于衡量噪音交易情况，ω 是交易者到达市场的速率，τ 是市场出清的时间间隔，$\tau\psi^2$ 表示均衡价格的变化。该模型的含义是，σ^2 和 $\tau\psi^2$ 值越大，则价格波动越大，流动性风险越高；ω 值越大，则交易者的交易机会越多，流动性风险越低；τ 值越大（市场出清的时间间隔越长），则暂时性的价格变化越小，故流动性越大，但 τ 值增大同时也导致均衡价格波动增大，故流动性下降，因此，τ 值与流动性的关系要视情况而定。

第三节　关于流动性的经典模型

在以往的文献中，尽管都认识到流动性的重要，但由于市场运行过程中很少发生严重的流动性危机（1929 年股市崩溃除外），所以，人们一般认为流动性是天然存在的。直到 1987 年 10 月 19 日，纽约股票市场和期货市场流动性突然消失，人们才重新开始关注流动性问题。对流动性的研究也不再局限于以往单个市场的静态分析，而是从市场结构安排、市场机制设置着手，运用跨期分析方法，研究多市场之间联系、选择性交易机制及衍生金融产品对市场流动性的影响。

① Garbade, K. D., W. L. (1979), Siber. (1979), Structural organization of secondary market: clearing frequency, dealer activity and liquidity risk, *Journal of Finance*, 34, pp. 577－593.

一、单一市场跨期分析

Grossman 和 Miller(1988)认为,传统的衡量流动性的方法具有局限性。首先,买卖价差并没有抓住流动性的本质。用买卖价差来度量做市商提供即时性交易的成本,仅在特殊情形下成立,即做市商同时实施买卖双重交易时(both-side),这类似于古典的瓦尔拉斯均衡。但此时买卖价差单纯表现为做市商实施交易指令的要价(短期交易成本),而不是提供流动性服务的成本。现实市场中指令流在不同时期独立地随机到达,市场上买和卖的指令在时间上越分离,做市商暴露在不利信息下交易的风险越大,尤其是与知情交易者交易的损失越大。由于竞争,新的做市商不断进入,使买卖价差越来越小。如果在场内充当做市商的固定成本很高,做市商会退出交易所使流动性消失。其次,流动性比率也有局限性。流动性比率描述了平均价格与平均交易量之间的关系,但无法解释一个突然到来的大额指令如何影响价格,它也不能区别影响价格波动因素中哪些是主要的。高的价格波动未必伴随着大的成交量,市场价格波动也可能不是因为缺乏流动性,而是受一些重要信息影响。流动性比率测量的只是市场需求的平均弹性,而我们需要测量做市商如何向顾客提供一种有效的推迟交易的替代方法,即去寻找更广泛的配对交易者。如果突然出现无法吸纳的大额不平衡指令流,又不能及时找到配对交易者,做市商就无法向市场提供即时性。因此,需要用新的方法去测量和比较市场流动性。

Grossman 和 Miller 用一个三期的存货模型很好地区分了时间间隔和市场参与者的作用,从时间角度分析了做市商在提供流动性方面的作用。

模型假定市场上有两类交易者:多个做市商和外部交易者(outside traders)。外部交易者受到外生的流动性冲击需要重新调整投资组合,场内的做市商提供即时性服务。此时做市商是一个投机者(speculator),而不是专家(specialist)。假定有两类资产:无风险资产(现金)B_t 和风险资产 X_t。风险资产的最终价格是一给定的随机变量 $\widetilde{P}_3$,该信息在第一、第二期之前到达。因此,模型中不考虑私人信息。外部交易者充当流动性交易者作用。第一、第二期分别发生大小相等、方向相反的流动性冲击导致交易,i 为潜在不平衡指令流,第三期清算。

首先,外部交易者最大化预期财富 $EU(W_3)$,那么:

$$W_3=B_2+X_2\widetilde{P}_3$$

$$\widetilde{P}_2X_2+B_2=W_2=B_1+\widetilde{P}_2X_1$$

$$\widetilde{P}_1X_1+B_1=W_1=\widetilde{P}_{|i|}+W_0$$

其中,W_0 为其他初始财富,i_1 为最初资产禀赋。

消去 B_1 和 B_2 得:

$$W_3=W_0+(\widetilde{P}_2-\widetilde{P}_1)(X_1-i)+(\widetilde{P}_3-\widetilde{P}_2)(X_2-i)+\widetilde{P}_{3i}\quad (i_1=i, X_2=X_3)$$

动态求解最大化后,第二期预期财富为:

$$\max E_2U(W_2+\widetilde{P}_3X_2-\widetilde{P}_2X_2)$$

假定价格在每一期都服从正态分布,预期效用函数为负指数形式,那么:

$$X_2^{cd}=\frac{E_2\widetilde{P}_3-P_2}{\alpha Var\,E_2\widetilde{P}_3}-i$$

所有均值和方差由第二期决定，X_2^{cd} 与 i 满足线性均衡条件。如果所有外部交易者都是同质的，X_2^{cd} 代表总超额需求。假定有 M 个做市商，没有现货风险资产，每个做市商超额需求为 X_2^m，总超额需求为：

$$M\,X_2^m=M\,\frac{E_2\widetilde{P}_3-P_2}{\alpha Var\,E_2P_3}+i$$

当第二期市场出清时，第一期总供给等于第二期总需求，即：

$$\frac{E_2\widetilde{P}_3-P_2}{\alpha Var\,E_2\widetilde{P}_3}+M\,\frac{E_2\widetilde{P}_3-P_2}{\alpha Var\,E_2P_3}+\frac{E_2\widetilde{P}_3-P_2}{\alpha Var\,E_2\widetilde{P}_3}=i-i=0$$

股票市场的总超额需求为零，即 $E_2\widetilde{P}_3P-P_2=0$。外部交易者在第一期到达市场，第二期均衡时$X_2^{cd}=-i$。

现在可以决定均衡时市场上做市商的数量。在第一期，做市商与外部交易者面临同样的最大化问题，其超额需求函数为：

$$X_1^m=\frac{E_2\widetilde{P}_3-P_2}{\alpha Var\,E_2\widetilde{P}_3}\quad\left(A=\frac{E_2\widetilde{P}_3-P_2}{\alpha Var\,E_2P_3}\right)$$

第一期市场出清要求：

$$M\,X_1^m+X_1^{cd}=0$$

$$M\,A+A-i=0,A=\frac{1+M}{i}$$

那么，最后均衡时提供即时性的做市商的数量为：

$$X_1^{cd}=-\frac{M^*}{1+M}i$$

因为总的交易规模为 i，所以第一期就可以决定做市商的数量。M 越大，市场流动性越好，当 M 无穷大时能提供完全即时性。另外，由于竞争，不断会有新的做市商进入市场，均衡时做市商的预期利润刚好等于其维持在场内的成本(由固定交易成本和等待的机会成本两部分构成)，即不存在超额利润。维持成本越低，均衡时留在场内的做市商的数量就越多。而 M 越大，每个做市商分摊的风险也就越小，即做市商风险规避系数就越小。因此，降低做市商的运营成本或增加其资本金都可以提高市场流动性。

Grossman 和 Miller 用该模型成功地解释了 1987 年 10 月的纽约股灾。由于没有预计到的大额卖出指令的冲击，10 月 19 日星期一，纽约证券交易所(NYSE)在开盘后大厅交易几乎没有能力提供即时性，按照惯例允许做市商延迟交易去寻找买主。由于股市暴跌，许多大的投资机构为对存货保值纷纷转向流动性更好的期货市场卖空，使期货市场遭到更大的冲击。由于一般做市商资金来源不足，自愿或在清算公司压力下纷纷离开交易所。留在场内的做市商即使买卖价差很大也不敢持有很多的头寸。当下午更大的“卖单风暴”袭击这两个市场时，做市商没有能力抵抗，就像寓言中传说的那样“融化”消失了。两个市场实际上都不能在最低价格上提供流动性。这种情形一直持续到星期四下午，美国政府采取的一系列“救市”措施开始奏效，其中包括美联储直接或间接地鼓励商业银行向做市商提供信贷支持，同时让一些大公司回购自己的股份。到收盘时市场基本恢复正常交易。危机结束后，美国还专门出台了限制“程序交易”的法规(断路器 circuit breaker)，以切断现货市场和期货市场之间的联系，防止套利者通过同时抵消两个市场头寸，把指令不平衡的压力从一个市场转移到另一个市场。由此，不同市场之间的联系也成为值得研究的影响流动性的一个因素。

二、跨市场流动性分析

前一部分在考虑影响流动性的因素时，假定交易者可以在一个市场内跨期选择(是现在交易还是等将来流动性更好时交易)。而这一部分则允许交易者在多个市场同时交易，逐渐把流动性视为市场内生的。流动性依赖交易规模即交易者数量，而交易者数量又因各市场流动性不同而变动。在多个市场存在的情况下，交易者对交易地点的选择会导致市场流动性变化，从而引出流动性内生问题。

(一)不存在私人信息情况下的多市场均衡

如果流动性受市场上交易者的数量影响，那么交易规模可能会影响市场流动性。当市场流动性更好时，很自然地会刺激交易者集中到一个市场而不是拆散在不同市场交易，但事实上却存在多个市场交易同种股票的情形。这说明投资者行为对流动性的影响可能并不是那么直接的。围绕流动性随交易规模增加而变化，Pagano(1989)研究了多个市场是否能同时存在，并集中讨论了交易者对其他交易者行为预期对市场流动性的影响。

Pagano 设计了一个简单的两期模型。假定有大量风险规避的投资者在一个或多个市场交易同一种风险资产。没有做市商，也不存在私人信息。随机禀赋冲击导致交易。

第 i 个交易者受到的禀赋冲击是：

$$K_{0i}=K_0+e_i$$

其中，K_0为不变均值，e_i为随机扰动项，服从均值为零、方差为 δe^2 的正态分布。每个交易者选择需求 K_i，根据其均值方差效用函数求解最大化最终财富如下：

$$E(U_i)=E(\widetilde{W}_{1i})-(b/2)\operatorname{var}(\widetilde{W}_{1i})$$

投资者的预算约束为：

$$\widetilde{W}_{1i}=\tilde{d}K_i+R[W_{0i}+P(K_{0i}-K_i)]$$

其中，$\tilde{d}$ 为风险资产的每股回报率，服从均值为 μ、方差为 δ^2 的正态分布；W_{0i} 是投资者最初的现金禀赋；P 为每股价格，R 是无风险资产比例。

当投资者向某市场发出一个指令时，每个交易者都能意识到他的需求 K_i 会影响市场价格 P。因此，每个交易者在发出指令时都要推测其他交易者的需求，从而最大化自己的预期效用。假定价格与剩余需求之间是线性相关的，第 i 个交易者预期的市场剩余需求曲线为：

$$\sum_{\substack{h=1\\h\neq i}}^{N} K_h = A - BP + \tilde{\eta} \tag{7—5}$$

其中，A、B 为正，$\tilde{\eta}$为均值为零的随机变量。由此可以推测市场均衡为：

$$\sum_{h=1}^{N} K_h = A - BP + \tilde{\eta} + K_i = NK_0 + \sum_{h=1}^{N} e_h$$

投资者最大化的预期效用为：

$$K_i = (R/B + b\delta^2)^{-1}[\mu - RP + (R/B)(K_0 + e_i)]$$

由于每个市场参与者面临同样最优化问题，$N-1$ 个市场参与者达到均衡时：

$$\sum_{\substack{h=1\\h\neq i}}^{N} K_h = (R/B + b\delta^2)^{-1}[(N-1)(\mu - RP + \frac{R}{B}K_0) + \frac{R}{B}\sum_{\substack{h=1\\h\neq i}}^{N} e_h] \tag{7—6}$$

其中，$A=(N-2)\mu/b\delta^2+K_0$，$B=R(N-2)/b\delta^2$。

$$\tilde{\eta} = \frac{1}{N-1}\sum_{\substack{h=1\\h\neq i}}^{n} e_h \tag{7—7}$$

把 B 代入式(7—5)可得出投资者 i 的需求函数：

$$K_i = \frac{N-2}{N-1}\frac{\mu - RP}{b\,\delta^2} + \frac{K_0 + e_i}{N-1}$$

市场总参与者共有 N 个，纳什均衡条件为：

$$\frac{\mu - RP}{b\,\delta^2} = K_0 + e$$

其中，$e = \sum_{h=1}^{N} e_h$。把式(7—7)代入式(7—6)，得出均衡时第 i 个参与者的总需求：

$$K_i = \frac{N-2}{N-1}(K_0 + e) + \frac{K_0 + e_i}{N-1}$$

均衡时投资者 i 的效用水平为：

$$U_i(\cdot) = \frac{b\,\delta^2}{2}\left[(K_0+e)^2 + \left(\frac{e-e_i}{N-1}\right)^2\right] + [\mu - b\delta^2(K_0+e)](K_0+e) + RW_{0i}$$

均衡时的预期效用为：

$$E[U_i(\cdot)|e_i] = \frac{b\,\delta^2}{2}\left(K_0^2 + \frac{N-2}{N-1}\frac{\delta e^2}{N} - \frac{2\,e_i^2}{N}\right) + (\mu - b\delta^2 K_0)(K_0 + e_i) + RW_{0i}$$

上式显示增加交易者数量 N 可以通过两种方式影响投资者的预期效用。一是通过δ_e^2/N 使预期效用变小，当 N 增加时，导致市场价格波动的方差降低。此时，交易者的投机收益降低使预期效用变小。二是通过 $2\,e_i^2/N$ 使预期效用变大。当 N 增加时，市场平均需求价格弹性下降，意味着交易者能以更好的价格交易更大的数量(正如 Kyle 的 λ)，即流动性提高了。

现在假定每个交易者选择在一个或两个市场交易(市场 A 或 B)，N_A 和 N_B 分别代表两个市场预期交易者数量，两市场禀赋方差分别为δ_A^2和δ_B^2。在不考虑成本差异的情况下，除非两市场是完全同质的（即$N_A=N_B$，$\delta_A^2=\delta_B^2$），否则两市场的推测均衡（two-market conjectural equilibrium，TMCE）不存在。即使两市场是完全同质的，这种均衡也不是强式均衡（robust equilibrium），而是一种“剃刀边缘”（knifeedge）的均衡。交易者如果使用纯策略，“剃刀边缘”的均衡也不存在。因为根据纳什均衡，该交易者在决策时，假定其他人的行为是给定的。如果交易者预期两市场人数相同，他的选择必然导致两个市场人数不相等，所有交易者都选择人数多的市场交易，最后两市场均衡崩溃。如果交易者预期两市场人数不等，A 市场$N-1$个，B 市场N个。如果他选择 A 市场则均衡存在。然而，一旦选择了 B 市场，则所有的人都会转向 B 市场，两市场推测均衡（TMCE）不存在。如果交易者使用混合策略，两市场均衡至少可能存在。因为在使用混合策略时，交易者决策是不确定的，只有一个选择的概率P_A和P_B。假定选择两市场的概率各一半，则两市场推测均衡（TMCE）存在（$P_A=P_B$）。如果$P_A\neq P_B$，交易者将会选择在概率高的市场交易，则两市场推测均衡（TMCE）不存在。

在存在成本差异的情况下，如果两市场的禀赋方差不同，两市场推测均衡（TMCE）可能存在。由于成本差异使两市场投机价值不同，禀赋方差必然不同。在交易规模相同的情况下，当成本差异大到足以抵消两市场的禀赋方差时，两市场推测均衡（TMCE）存在。在交易规模和禀赋方差都不同的情况下，两市场推测均衡在交易成本范围内存在。禀赋方差大的市场交易规模较大，因为市场深度大。该市场就可以设置较高的交易成本。因为大额交易者为避免交易对价格的不利影响会选择流动性更好的市场交易，并愿意为此付出更高的交易成本。而小额交易者更愿意选择成本低的市场交易。因此，禀赋方差小的市场交易量也较小，导致交易成本的负效应大于流动性的正效应。在现实经济中，大额交易通过大宗交易机制出清，流动性好但场外搜寻成本较高。小额交易者则通过专家交易机制在交易所大厅交易，尽管成本低，但流动性不高。

从该模型可以看出两市场持续均衡是得不到保证的。因为市场间流动性差异依赖于交易者对其他交易者交易地点的推测，任何信念的改变都可能使交易者转换市场导致不同的均衡结果。这种流动性随交易规模而增加的“流动性效应”引出了一个有趣的问题，即交易者被组织在单一市场交易比允许分散跨市场交易效率更高。信息模型也证明：当信息不对称严重时，垄断定价机制能提高交易者效用，但本模型不考虑信息因素。垄断做市商能为大额交易提供更有利的交易价格。大规模集中交易带来的流动性提高对所有交易者都有利。根据 Pagano 分析，由于外生交易成本和潜在交易需求不同，会使市场间流动性差异持续存在。必须指出，该结论是在不考虑信息的条件下得出的。如果交易者拥有私人信息，知情交易者会基于市场流动性选择交易量。当一个市场流动性更好时，知情交易者会增加在该市场的预期交易量去抵消其对价格的不利影响，从而使不同市场的流动性趋于一致。

（二）存在私人信息情况下的多市场均衡

该模型分析存在信息不对称时，交易者交易地点选择对市场流动性的影响。目前许多股票在国内外不同交易所同时上市，除此之外还有所谓的“第三或第四”市场以及交易非常活跃的衍生证券市场，如期货期权市场。一个拥有私人信息的投资者（关于某只股票的信息）可以在该股票上市的几个交易所进行交易，同时还可以在交易所外“第三或第四”市场及期货期权市场交易。除非各个市场间信息能持续保持一致，否则短期内同种股票在不同市场的价格差异会导致存在流动性差异的多市场均衡（Chowdhry and Nanda，1991）。因为在不同市场交易同种或类似股票需要提高信息传递速度，1975 年美国《股票交易法》修改时，SEC（美国证券交易委员会）要求迅速建立一个全国性的市场间交易系统。Chowdhry 和 Nanda 的模型说明，即使在没有法律约束的情况下，也存在一种信息自发地在市场间转移的倾向。

假定有一只股票（真实价值为 $\widetilde{V}$）在 N 个市场同时交易，所有交易者都是风险中性的。存在两类交易者：知情交易者和流动性交易者。流动性交易者的交易数量是外生的，被分为相机抉择的大额流动性交易者和小额流动性交易者。大额流动性交易者的总交易量 $\widetilde{d}$ 是外生的（d_i 为在第 i 市场的指令），服从 $N(0,\delta^2)$ 分布。小额流动性交易者只能在指定的市场交易，交易量为 U_i，服从 $N(0,\delta^2)$ 分布，所以多市场均衡始终存在。知情交易者根据他的私人信息交易，在不同报价上发出最优指令 X_i，以实现预期利润最大化。每个市场都有一个风险中性的做市商，他既吸收其他不平衡指令，也在自己的账户进行交易。做市商之间的竞争使均衡时其预期利润为零。

每个做市商根据各自观察到的净指令流使用线性定价规则（但每个做市商只能观察到自己所在市场的指令流）：

$$P_i = P_0 + \lambda_i (X_i^* + U_i + d_i)$$

其中，P_0 为资产的初始价值。大额流动性交易者根据报价在不同市场发出指令，以使交易成本最小化，即：

$$\min \sum_{i=1}^{N} E[d_i \lambda_i (X_i^* + U_i + d_i)]$$

其中，$\sum_{i=1}^{N} d_i \equiv d$；$X_i^*$ 为知情交易者最优交易量。

在这些假定条件下，非知情交易者最优化策略表现为：

$$d_i^* = K_i d + \frac{1}{2}(K_i - 1) \sum_{i=1}^{N} E\, X_j^*(V)$$

其中，$K_i \equiv \dfrac{C_i}{\sum_{i=1}^{N} C_i}$；$C_i \equiv \dfrac{1}{2\lambda_i}$。

类似地，知情交易者最优化策略表现为：

$$\max\{X_i\} \sum_{i=1}^{N} E[X_i \{V - \lambda_i (X_i^* + U_i + d_i)\}]$$

其中，最优解是给定的：$X_i^* = C_i \widetilde{V}$，$\forall i$。因为 $\widetilde{V}$ 服从 $(0,\delta^2)$ 分布，则 $E[X_j^*(V)] = 0$。因为知情交易者实行线性定价规则，投资者的预期是理性的，合作博弈均衡结果表明，知情交易者与大额未知情交易者的跨市场指令是完全相关的，即：

$$\rho(X_i+U_i+d_i,X_j+U_j+K_jd)=\frac{1}{2}\left(1+\frac{\delta d^2}{\delta^2}\right)$$

因此，ρ 仅由大额未知情交易者与总的非知情交易者交易方差之比决定。如果没有大额未知情交易者，则$\frac{\delta d^2}{\delta^2}=1,\rho=1$。此时两个市场完全一样，知情和非知情交易者在每个市场下达同样指令。现在我们来考虑交易中价格的信息含量（用 Ψ 表示），它等于做市商观察到的所有价格变动方差与初始价格方差的比率：

$$\Psi=\frac{\operatorname{var}[\widetilde{V}\mid(\Delta P_{t_{i=1}}^{N})]}{\delta V^2}=\frac{N}{(N+1)+\frac{\delta_d^2}{\delta^2}(N-1)}$$

由此可见，如果只有一个市场（$N=1$），一轮交易后知情交易者信息被揭示一半（Kyle，1985），$\Psi=1/2$；如果没有大额流动性交易者$\left(\frac{\delta_d^2}{\delta^2}=1\right)$，$\Psi=1/2$，不用考虑市场数量。然而，当存在多个市场和小额流动性交易者时，则 $\Psi\geqslant 1/2$，且市场数目越多，揭示的信息也越多。在给定数目的市场上，当 N 趋向无穷时，所有信息都将被揭露。这个结论告诉我们，决定信息量差异的原因在于小额流动性交易者的交易地点是固定的，他们与知情交易者的指令流是不相关的。当存在多个市场时，分散在各个市场中的小额流动性交易者交易更活跃。由此使知情交易者更积极交易，把更多的私人信息融入价格。而大额流动性交易者与知情交易者的指令流是相关的，存在分散化效应。如果没有小额流动性交易者，知情交易者不可能从跨市场交易中获益。

现在假定所有交易者都能选择他们的交易地点，但小额流动性交易者指令太小不能拆散交易。此时，小额流动性交易者会选择在成本最低（λ 最小）的市场交易。当然，如果所有小额流动性交易者集中到一个市场交易，该市场流动性最好。如果他们交易规模足够大，可能会使其他市场崩溃。假如有限制性措施，不允许偏好特定市场，不同市场仍能保持一定流动性。否则，流动性效应带来的好处会使交易集中在一个市场。这同时说明增加流动性对非知情交易者有利，对知情交易者可能不利。

Chowdhry 和 Nanda 用该模型解释了为什么限制内部交易能更充分揭示信息，从而增加市场活力。在给定时间和交易地点，由于信息滞后产生短期价格差异。做市商之间的竞争迫使他们采取积极行动，比如使价格信息公开，或限制内部交易（设置内部交易监视系统）等。限制内部交易可能吸引更多的小额流动性交易者到该市场交易，从而使流动性提高。随后又能吸引知情交易者和大额流动性交易者在此交易。这与“限制内部知情交易者可能会把知情交易者赶到另一市场”的观点刚好相反。同时也说明即使缺乏严格的法律约束，单靠市场自身力量也可以在不同市场之间方便迅速地传递信息和阻止内部交易，使市场运行更有效率。事实上，由于 NYSE 对上市公司信息披露要求非常严格，反而显得比其他市场更有吸引力。当然，股票市场的流动性效应在实际市场中更为复杂，必须结合不同交易机制进行研究。

三、大宗交易与选择性交易机制[①]

随着共同基金及机构投资者的兴起,出现了大宗交易(block trade)。大宗交易是指单笔交易额远远大于市场平均每笔交易量的交易(在美国等于或大于 10 000 股的交易)。1992 年,NYSE 大宗交易占总交易量的 52.7%。为了向大宗交易者提供流动性,出现了与交易所大厅交易相对应的楼上市场(upstairs market)以及大宗交易机制。这是因为大额指令对市场价格影响显著,如果采用大厅交易的专家交易机制(specialist),由于预期价格效应会使大额指令在不利的价格成交。而通过楼上市场的大宗交易经纪人(block trader,简称 BT)则能更好地向其提供流动性。首先,大宗交易的交易量远远超过了专家(specialist)的风险承受能力,持有如此大的股票头寸使专家承受非常大的存货风险。而且专家的资金有限,吸纳如此多的头寸后,可能就无法再满足其他正常的交易需求了。如果专家是风险规避性的,购买大宗股票必然要求较高的风险溢价。而采用大宗交易机制 BT 在签订联合购买合同之前,能把风险溢价在参与购买者之间分摊,从而降低交易成本。其次,大宗交易者由于受到流动性冲击想把股票变现,在大厅交易一方面由于预期价格效应可能使成交价格降低,另一方面很容易揭示私人信息。而在楼上市场按协议价卖给 BT 则能保证最低回报。相反,交易者如需购买大量股票直接在大厅交易一是价格会很不利,二是数量巨大交易存在时滞,向 BT 购买反而有一定折扣。大宗交易机制与专家交易机制的显著区别是买方联合性和非匿名性。在美国,大宗交易者既可以选择在大厅交易,也可以在楼上市场交易。不仅允许交易者在两种交易制度间自由选择,而且允许级别较高的专家兼做 BT,所以这种交易机制又被称为选择性交易机制。一般来说,出于平衡资产组合需要的大宗交易者倾向于选择大宗交易机制,而拥有私人信息的大宗交易者则倾向于选择专家交易机制。

(一)大宗交易者交易策略

1987 年 Burdett 和 O'Hara 分析了 BT 寻找联合买方的策略。对 BT 而言,大宗交易指令含有有价值的信息,而在寻找买者的过程中会泄露该信息,特别是那些没有兴趣购买合约的人可能会利用该信息获利。BT 面临的挑战在于既能形成联合买方又能避免这种"搭便车"行为。

搜寻模式(search model)在经济领域应用得非常广泛,但在金融市场则受到严格限制。因为金融交易往往集中在交易所内进行,因而无须搜寻。而在大宗交易机制下,BT 要形成联合买方必须广泛搜寻。但与一般的经济问题相比,这种搜寻成本是内生的。例如,在劳动力市场要想寻找更好的工作,工人面临外生的搜寻成本,因为搜寻不会影响对方所提供的工资。而 BT 面临的困难是继续搜寻可能会降低资产的价值,因为搜寻过程自身会影响交易价格。正如典型的搜寻模式一样,BT 的最优化策略包括一系列"止寻规则"(stopping rule)。BT 往往采用打电话的方式搜寻,这就要求在打一系列电话仍不能达成交易后要停止搜寻,并按照与大

① 根据 O'Hara M.(1995),*Market Microstructure Theory*,Blackwell publishers Inc,第 223—243 页编译。

宗交易者签订的协议价格买下剩余股票。BT 与大宗交易者签订的协议含有大量的不确定因素，但佣金比率和协议价格是关键。其中，佣金仅仅是每股交易费用，而协议价格才是最重要的，它提供了一个最低保证价。该协议价必须反应大宗交易与信息的相关程度。

假定 BT 是风险中性的，协议价等于给定股票交易规模 N 的条件预期值，即：$Z=Z(N)$，$Z'=0$。如果最终市场执行价格 P_m 小于 Z，与 BT 交易就没什么优势了。再假定交易完成时联合购买者的折扣为 r。当市场出清时，所有参与购买的交易者付同样的折扣，所以 r 是外生的。现在 BT 打电话与潜在购买者接触，向他们提供一个购买 N 个次大宗合约(sub-block trade contracts)的机会。由于前面提到的价格预期效应，价格下跌的压力在寻找过程中始终存在。令一个不成功电话引起价格下跌的概率为 τ，打 N 个电话的累积分布函数为 $F(\cdot)$，F 是可微的，且 $F(0)=1$。被打电话的人是否购买的概率取决于个人和市场状况两方面。令 $\text{Ⅱ}(k,\theta)$代表在市场状况为 θ 时第 k 个电话成功的概率。因为 BT 将会给那些最可能购买的人打电话，所以：

$$\text{Ⅱ}(k,\theta)=\alpha k(k-1,\theta)\quad 0<\alpha_k<1$$

因为 BT 并不了解购买者的确切情况，他只能根据已有的交易信息推断。假定 BT 打 $k-1$个电话后，有 $N-n$ 次成功，$\lambda(N-n,k)$代表 BT 第 k 次成功的主观概率，则：

$$\lambda(N-n,k)=E\theta\{V(k,\theta)\mid N-n,k-1\text{ 个电话成功}\}$$

根据电话结果，BT 使用贝叶斯法则调整他的主观概率，即：

假如第 k 个电话成功：

$$\tilde{\lambda}_s(N-n,k)\geqslant\lambda(N-n,k)$$

假如第 k 个电话不成功：

$$\tilde{\lambda}_u(N-n,k)\leqslant\lambda(N-n,k)$$

假如已经成功，BT 会提高自己的主观概率；如果不成功，他会调低自己的主观概率。

这种寻找过程允许 BT 根据市场状况调整策略。这种寻找过程不仅向 BT 也向接电话的潜在交易者提供了大量的交易信息，从而增加了交易者参与联合购买的风险。因此，BT 必须权衡继续搜寻的成本和收益。假如 BT 打了 $k-1$ 个电话，成功签订了 $N-n$ 个协议，希望第 k 个电话签订 $N-n+1$ 个协议。假如失败，BT 必须购买剩下的股票。假定 BT 能以一定折扣率清算股票，折扣率 $\varepsilon(n)$是被出售股票数量的凸函数。这意味着交易小额股票可以不受损失，但大额交易会降低股票价格。令 $\Phi(P,N-n)$代表 BT 以当前市价购买剩余股票的预期回报，佣金率为 β，则：

$$\Phi(P,N-n)=PN\beta-Pn+n[P-\varepsilon(n)]=PN\beta-\varepsilon(n)n$$

如果 BT 选择继续打电话，存在三种可能性(已打 $k-1$ 个电话，签订了 $N-n$ 个协议)：

第一，第 k 个电话成功，签订第 $N-n+1$ 个协议；

第二，第 k 个电话不成功，市场价格可能变动，但仍然大于协议价(Z)；

第三，第 k 个电话不成功，市场价格小于协议价(Z)，BT 以协议价格买下剩余股票。

这些结果影响着 BT 的价格函数，用 $V(P,N-n,k)$ 表示 BT 的预期回报，则：

$$V(P,N-n,k)=\lambda(N-n,k)\Psi[P,N-(n-1),k+1]+\{1-[\lambda(N-n,K)]\}\int_{(T=Z-P)}^{0}\Psi[P,N-(n-1),K+1]dF(T)+\{1-[\lambda(N-n,K)]\}\int_{(T=T\min)}^{Z-P}\Psi[P+T-\varepsilon(N)-Z]dF(T)$$

上式中，Burdett 和 O'Hara 证明：BT 的最优策略与一系列"止寻价格"(stopping price)有关。随着搜寻的进行，"止寻价格"不断上升。一旦市场价格跌到"止寻价格"以下，搜寻失败，BT 不得不以协议价格买下剩余股票。因而，即使在每次搜寻都成功的情形下，BT 也不能一直搜寻下去直到 N 个合约全都出售。他必须自己购买一部分，这就是前面提到的内生搜寻成本问题。因为即使是最成功的搜寻也总是存在预期交易会影响市价的风险。当然，"止寻价格"的大小与佣金以及协议价格有关，也与 BT 对市场深度的了解有关。对市场信息了解得越多，BT 就越能提供更好的服务(如更低的佣金和更高的协议价格)。而越是批量大的交易，BT 越是希望有更少的知情者。这就使得大宗交易机制有一种自然垄断的倾向。

(二)信息在大宗交易机制中的作用

Grossman(1990)指出楼上的 BT 与大厅的做市商相比，对有关总指令流的信息具有更强的收集能力。因为交易者不能持续不断地观察市场，所以他们不能实施最优的交易策略。一个可能的解决办法是发出限价指令。但简单的限价指令只是一个免费期权，如果指令不能被执行可能会带来更大的风险。如果交易者能发出一些更加隐蔽的指令，这个问题可能就不会那么严重。但在大宗交易者急于达成交易的情形下，Grossman 认为这是很难实现的。

如果交易者并不明确表示自己的交易倾向，那么，这种未表达的需求比表达的需求更重要。因为这种未表达的需求只有楼上的 BT 知道，而楼下大厅的做市商仅仅拥有已表达需求的信息。因而，楼上的 BT 对市场的整体状况更具信息优势。但由于大宗交易同时又带来搜寻成本，所以交易者选择何种交易机制取决于相对信息优势和交易成本。

Grossman 假定没有关于资产真实价值的私人信息，交易动机来源于外生的流动性冲击，市场价格由这些流动性因素决定。假定已表达的指令流是含有信息的(意味着未表达的指令流或者不大，或者提供很少的关于流动性冲击的信息)，那么，这时楼下市场将主导市场的交易量。因为楼下市场的指令流使价格更能反映真实状况，加之没有搜寻成本，所以楼下比楼上的交易成本要低；反之，当楼下的指令流不能很好地揭示信息时，楼上市场就成了一个更好的交易场所，因为楼上的 BT 更能满足单个交易者的交易需求。

因为指令流向做市商提供信息，所以交易者向哪里发出指令成为问题的关键。如果大多数交易者选择向 BT 发出指令，楼上的 BT 就比楼下的做市商了解更多的需求信息，从而使大宗交易机制更具吸引力，在均衡时楼下的大厅交易消失。但由于大宗交易机制增加了搜寻成本，所以该均衡对交易者来说只是次优均衡(与大厅交易相比)。这一结论能解释为什么有些市场，例如期货市场禁止事先交易。而其他市场例如 NYSE 要求最终交易一定要在收市前在大厅执行。

这一分析提出了一个市场间套利的问题。因为同一只股票可以在两个地点交易，那么，有些交易者会利用两个市场的价格差异获利。Grossman 认为两个市场的信息差异提供了潜在价格偏离的机会，但正是这种信息差异又限制了套利行为。因为这是一个两期模型，价格在第二期达到真实水平。每个市场的做市商只能观察到自己市场的指令流，所以，他不可能同时决定两个市场的价格是有差异的。从长期看，这种价格偏离也是不可能发生的。

（三）大宗交易者的市场选择

如果在不同市场面对不同的价格，交易者应如何选择呢？Seppi(1990)认为大宗交易的原因在于避免大额指令对价格的不利影响。Seppi 设计了一个跨期的模型，大宗交易者可以选择在 0 期与 BT 交易，也可以在 t 期与专家进行交易($t=1,2,\cdots,T$)。假定有一个风险中性的大宗交易者，N 个小的非知情交易者，若干竞争性的专家，若干竞争性的 BT。小的非知情交易者由于外生流动性冲击而交易，每一期发出随机的指令 e_{it}，这些指令被风险中性的专家出清。大宗交易者的交易行为比较复杂。有时出于流动性原因交易，有时基于私人信息进行交易。Seppi 假定这两种情形都是可能的，那么，大宗交易者的交易会有五种可能的组合：(1)流动性原因想卖；(2)流动性原因想买；(3)得到坏消息想卖；(4)得到好消息想买；(5)得到消息但不交易。综合这五种可能性可以分析大宗交易者的需求状况。

由于大宗交易者在交易前已知道这些结果，可以选择在 0 期与 BT 一次交易 b，也可以在 t 期与专家进行一轮交易 X_t($t=1,2,\cdots,T$)。如果大宗交易者出于组合不平衡原因，他可以选择任何时间交易(包括 T 期)；反之，如果大宗交易者出于私人信息交易，该信息在 T 期后被公开。由于专家根据净指令流制定一个风险中性的价格，过度的指令会对价格产生不利影响。模型允许交易者动态调整自己的交易策略，即分析大额指令流对价格的影响。那么，大宗交易者不一定必然选择 BT。因为大宗交易者把大额指令拆成小额指令，分批交易也是可行的。这个结论非常重要，因为允许交易者拥有动态交易策略可以避免大额指令对价格的不利影响。如果大宗交易机制存在，它必须是投资者的最优交易策略。

Seppi 通过分析大宗交易者与 BT 的合约及与专家合约的差异对上述结论进行了解释。他发现两种合约的重要区别在于 BT 的合约是非匿名的。这使 BT 可以签订一个禁止大宗交易者在其他地点再进行匿名交易的合约。Seppi 把它称为限制"顺手牵羊"的条款，大宗交易者如果违反合约将受到惩罚。通过该限制措施就可以补偿由于投机者行为可能对 BT 造成的不利影响。该大宗交易合约包括在 0 期与 BT 交易和同时不得再与专家进行交易两个方面。

Seppi 证明：出于流动性冲击而交易的大额交易者倾向于选择大宗交易机制；而基于私人信息交易的大额交易者则倾向于选择专家交易机制。因为对于流动性交易者来说，限制"顺手牵羊"的约束是无成本的，而对于知情交易者则是有成本的。如果这种分离均衡存在，选择专家交易机制的利润必须大于大宗交易机制，而且相对于大厅交易的总交易量来说，大宗交易的交易额必须是相对比较小的。在这种分离均衡的状态下，大宗交易者对价格没有影响，因为他总是根据非知情交易者的指令流来决定自己的交易量。

如果交易规模不足以导致分离均衡存在，交易者策略可能表现为一种随机的混合策略。

在跨期模型中，如果交易者根据 BT 和专家的定价而调整交易策略，均衡将非常复杂。Seppi 证明：存在一个使交易者使用大宗交易机制去平衡资产的市场参数。但在拥有私人信息的交易者可以在两种交易机制之间随机选择时，大宗交易价格变得对 BT 更加不利。但是由于并非所有基于私人信息的大宗交易者都采用大宗交易机制，所以均衡时大宗交易价格仍然由平衡组合的交易决定。大宗交易价格将随着交易规模的增加而提高。大宗交易的规模越大，BT 与知情交易者交易的损失也越大。

如果不存在两种机制的随机选择，大宗交易机制为流动性交易者提供了一种自然的交易方式。正如前文所述，增加流动性对非知情交易者有利，大宗交易机制提高了非知情交易者交易大额指令的能力。该机制是否是提供流动性的最优方式呢？在 Seppi 的分析中，大宗交易机制只在某些情形下是最优选择。尽管存在多种均衡结果的可能性限制了大宗交易机制对提供流动性的积极作用，但模型证明，非知情交易者采用大宗交易机制是一种切合实际的均衡结果。

在 Seppi 的分析中，大宗交易和大厅交易并不同时发生。交易者只能在与 BT 交易之前与专家交易，即交易者不能在两种交易机制下同时交易。这在大宗交易市场可能是正确的，但在其他市场可能存在多个地点同时交易的现象，交易者既能增加交易规模又能利用两个市场不同价格进行套利。

四、引入金融衍生市场对流动性的影响

前面集中讨论了同种股票在不同市场或通过不同的交易方式进行交易对流动性的影响。股指期货市场的发展提供了另一种交易的可能性：或者交易单只股票，或者交易由这些股票构成的“一篮子”指数产品。由于指数产品往往超过基础股票的交易规模，因而成为许多机构重要的投资对象。更为重要的是，它改变了股票市场的信息流，导致市场间价格偏离并使套利成为可能。

（一）指数产品与市场流动性

Subrahmanyam(1991)用一个简单的单期模型分析交易者如何在单只股票和“一篮子”股票之间进行选择。假定有 N 只股票在 0 期交易，1 期清算。任何一只股票 i 在 1 期的清算价值 S_i 为：

$$S_i = \overline{S}_i + \beta_i \gamma + \varepsilon_i$$

其中，$\overline{S}_i$ 为股票 i 在 0 期的价值($i=1,\cdots,N$)，γ 为所有股票的系统风险，β_i 表示对系统风险的敏感程度，ε_i 为特定股票 i 的风险。γ 和 ε_i 是相互独立的，都是均值为零服从正态分布的随机变量。

那么，在 0 期交易，1 期清算的“一篮子”股票的价值为：

$$S_m = \sum_{i=1}^{N} W_i \overline{S}_i + \sum_{i=1}^{N} W_i \beta_i \gamma + \sum_{i=1}^{N} W_i \varepsilon_i$$

W_i 是股票 i 在"一篮子"股票中的权重，$0<W_i<1$，且 $\sum_{i=1}^{N} W_i=1$。假定有三类交易者：知情交易者、相机抉择的流动性交易者和非相机抉择的流动性交易者。有 K_i 个风险中立的知情交易者，关心特定股票的风险 ε_i。流动性交易者是外生给定的，其随机发出的指令流的数量为 Z_i。Z_i 服从均值为零的正态分布。假定做市商根据净指令流 $\overline{\Phi}_i$ 制定一个市场出清价格，均衡时其预期利润为零。该做市商按照线性定价规则定价：

$$P_i=\overline{S}_i+\lambda_i\overline{\Phi}_i$$

其中，λ_i 是价格对指令流的敏感性。

Subrahmanyam 认为，如果第 j 个交易者拥有对股票 i 的信息，那么他对股票 i 的最优指令为：

$$X_{ji}=\frac{\varepsilon_i}{(K_i+1)\lambda_i}$$

其中，$\lambda_i=\frac{1}{K_i+1}\sqrt{\frac{K_i\operatorname{var}(\varepsilon_i)}{\operatorname{var}(Z_i)}}$。

可见，λ_i 与知情交易者的数量 K_i 成正比例，即随着知情交易者数量的增加，他们之间的竞争使市场深度变小。在知情交易者的交易策略和做市商的定价策略给定的条件下，非知情交易者对股票 i 的预期损失为 $\lambda_i\operatorname{var}(Z_i)$。

假定有 P 个相机抉择的流动性交易者。他们或者在市场上一只一只地购买股票 $i(i=1,\cdots,N)$，或者简单地买"一篮子"股票 M。令这些交易者对股票 i 的需求为 W_iI，W_i 为最优组合权重，对"一篮子"股票的需求为 I。非相机抉择的流动性交易者对股票 i 的需求为 $\gamma_i=r_iW_i$，r_i 是均值为零、同方差且正态分布的随机变量，$\operatorname{var}(r_i)=\operatorname{var}(r)$。他们或者交易特定股票，或者交易"一篮子"股票，其交易"一篮子"股票的总额为 m。流动性交易者"一篮子"股票的总交易额为 Z_m。假定流动性交易者被限制在某一市场交易，否则就会出现我们常见的交易集中到一个市场的情形，那样就无法分析市场选择对流动性的影响了。假定每一市场的做市商根据其观察到的净指令流定价。每一个知情交易者对"一篮子"股票的指令为：

$$X_{mi}=\frac{\varepsilon_i}{(K_i+1)\lambda_m}$$

$$\lambda_m=\sqrt{\frac{\sum W_i^2\operatorname{var}(\varepsilon_i)/K_i}{\operatorname{var}(Z_m)}}\quad K_i\equiv(k_i+1)^2/k_i$$

在给定指令流和价格策略的条件下，相机抉择的流动性交易者会选择在哪里交易呢？由于知情交易者增加了所在市场指令流的方差，而非知情交易者在方差最小的市场交易成本才是最低的。所以，增加相机抉择交易者降低了该市场指令流的方差，从而使所有的相机抉择交易者集中在一个市场交易：或者全在"一篮子"股票市场，或者全在单只股票市场。当然，影响方差的因素很多，对交易地点选择的影响也并非直接的。但交易"一篮子"股票的好处在于多样化组合降低了私人信息的影响，使"一篮子"股票的方差降低，提高了相机抉择交易者的交易愿望。因此,均衡时所有相机抉择交易者会选择在“一篮子”股票市场交易。当然,如果有大量非相机抉择交易者选择在单只股票市场交易,巨大的流动性效应可能会超过多样化效应,结果可能导致所有的流动性交易者选择在单只股票市场交易。当然这不排除有些相机抉择交易者交易“一篮子”股票。因此,该模型存在多种均衡结果。

Subrahmanyam 认为,最可能的均衡应当是集中交易而非分散交易。正如 Pagano 的模型一样,混合市场均衡属于“剃刀边缘”均衡。任何微小的参数变化都将导致集中到一个市场交易。如果“一篮子”股票的多样化效应足够大,那么所有相机抉择交易者选择在“一篮子”股票市场交易将是可能的结果,从而使“一篮子”股票市场流动性增加,基础股票市场的流动性降低。

有些知情交易者不仅知道单只股票的非系统性信息,还知道与所有股票相关的系统性信息。这些交易者被称为要素知情交易者。他们看到同样的信号 $\gamma+\widetilde{V}$,其中,$\mathrm{var}(\widetilde{V})=K$。系统性信息对“一篮子”股票市场的冲击取决于股票之间敏感因子的差异。假如每只股票的敏感因子存在差异,“一篮子”股票多样化效应就取决于系统性和非系统性两部分信息,这将对相机抉择交易者造成影响。如前所述,相机抉择交易者选择在“一篮子”股票市场交易直接导致“一篮子”股票市场流动性增加,基础股票市场的流动性降低。如果知情交易者的数量是内生的,流动性效应会影响两种知情交易者的构成。Subrahmanyam 证明知情交易者的构成改变导致个别股票对系统信息的敏感性增加,同时也增加了“一篮子”股票价格的信息含量。从流动性角度看,“一篮子”股票价格逆向选择的影响小于单只股票市场,从而使基础股票市场更缺乏流动性,知情交易者的风险更大。这是金融学领域第一个明确区分系统和非系统信息在微观市场不同效应的模型,并从信息类型的差异分析了市场效率和流动性。

(二)套利对市场流动性的影响①

假如存在多个交易地点,那么,必须考虑套利问题。在 Subrahmanyam 模型中,“一篮子”股票市场和基础股票市场的指令流是有区别的,所以两个市场价格也会发生偏离。如果这种偏离导致套利,又将影响信息含量和价格行为。Kumar 和 Seppi(1990)模型分析了股票市场和股指期货市场之间的套利行为对流动性的影响。由于市场间信息流的差异,导致对另一市场价格的观察存在时滞。这种时滞可能是时间差异,也可能是由信息传递中的摩擦造成的。假定期货市场的经纪人拥有股票指数期货的信息,专家拥有构成指数的基础股票的信息。为简化起见,假定股票市场只有两只股票,指数基于它们的总价值。

专家观察到的每只股票信号如下:

$$\theta_{it}=X_i+e_{it}$$

期货市场经纪人观察到的信号如下:

$$\theta_{\varepsilon t}=X_1+X_2+e_{\varepsilon t}$$

θ_{it} 为观察到的指令流信息,X_i 代表股票的交易量。e_{it} 和 $e_{\varepsilon t}$ 为随机变量,服从均值为零的

① 根据 O'Hara M.(1995),*Market Microstructure Theory*,Blackwell publshers Inc,第 248—249 页编译。

正态分布。假定最初的指令流是不含信息的。专家在第1期根据总指令流报价。类似地，期货经纪人在 t 期也根据其指令流报价。两个市场的经纪人都制定风险中性的竞争性的价格。正如其他的跨期模型一样，这些经纪人采用贝叶斯法则推算每只股票的条件预期值。他们拥有的信息包括各自观察到的信号、自己市场的历史价格和其他市场有 k 期时滞的历史价格。这种时滞显示两个市场的经纪人拥有的信息是不同质的，这就为不同市场的价格差异提供了基础。Kumar 和 Seppi 指出由于时滞是正态分布的，所以当期数无限增加时，这种时滞会收敛于零，即价格偏离是不存在的，但是短期价格差异可能导致市场间套利。

Kumar 和 Seppi 认为时滞受基础股票市场影响。当股票市场的噪音大于期货市场时，股票之间存在正的协方差。在 k 期，时滞的方差随着股票之间的协方差的增加而增加。原因在于期货市场的价格揭示了更多的信息。信号越有价值，期货市场交易者行动越积极，与基础股票市场相比期货市场对信息反映越强烈。有趣的是，由于信息收敛，时滞呈现逐步减少的趋势。

在模型中，假如一个非知情交易者通过技术分析能比其他市场参与者更快地学习到两个市场的价格信息，他就能从市场间套利而获利。此时，两个市场的经纪人在与这些交易者交易时总是要受损失的。所以他们要求补偿与这些交易者交易的风险。当然，套利最终会使两个市场的价格趋于一致。但是，套利在短期内增加了两个市场的买卖价差(spread)，从而减少了它们的流动性。

上述两个模型为将来研究指出了几个方向。例如，Subrahmanyam 认为股票市场的价格波动不受期货市场的影响，但这还有待进一步证明。此外，如果套利被允许，是否会影响方差结构？流动性交易者偏好价格波动小的市场，也不是一个市场微观结构文献已经证明的命题。从流动性角度看，这些多市场模型的分析结论常常是复杂的，有时甚至是相互冲突的。增加市场似乎提高了流动性，但指令流的分散又可能带来相反的效应。

第四节　影响流动性的因素

一、产品与市场设计

在现实市场上，由于产品的差异性导致对流动性的需求千差万别。两个极端的例子是房地产市场和期货市场。房地产市场是一个高度不流动的市场，交易商的成本很高，因而一般只提供经纪和搜寻服务，而不提供即时性服务。期货市场是即时性需求很高的市场，因为产品价格波动频繁，所以，延迟交易的风险很大。在成功的期货市场上，对即时性的需求不仅是紧急的，而且是可维持的。为保值提供即时性需求和实现快速交易的期货市场常常是一个有形的交易所。在那里许多竞争性的做市商提供即时服务，这种安排能分散做市商维持在场内的成本。而股票市场则具有混合特征，既有搜寻也提供即时性。在美国股票市场上，至少有四种不同的交易机制，它们为不同的产品提供不同的流动性需求。

1. 大量的交易特别活跃的股票

比如IBM、AT&T等，在NYSE，这些股票常常是通过公开叫价进行交易的。由于这些股票指令流是高度变化的，所以均衡时存在大量的做市商。尽管这些股票的交易量小于期货市场，但足以在交易所内导致做市商之间竞争。在这种交易特别活跃的市场上，做市商更多地起到拍卖商的作用，而不是在自己的账户内进行交易。

2. 规模较小的交易不活跃的股票

由于这些股票交易量很小，所以均衡时没有足够的做市商。NYSE为维持交易设计了专家交易机制(specialist)，至少保证当一个指令到来时可以交易。专家交易的价格变动受到交易所的严格限制和监督(最小报价单位每股不超过12.5美分)。这些措施既限制了专家的利益，也创造了表面的流动性。假如一个大额指令超过了专家的吸收能力，交易所允许暂时停止该股票的交易，让专家去搜寻一个反方向的指令。专家既可以在大厅搜寻，也可能离开大厅到楼上市场寻找买主。

3. 共同基金和机构投资者投资的大宗交易市场

由于这些机构投资者较小的组合调整对专家来说都难以吸收，大额交易大多在楼上市场进行。由大宗交易经纪人(BT)与大宗交易者签订一个协定(主要目的是保证最低回报)，然后再由BT去搜寻买主。楼上市场主要行使搜寻功能，而且是批量销售的。

4. 股票在场外交易——柜台交易OTC(Over The Counter)

这些股票往往不符合在区域性交易所上市的条件，也没有一个有形的交易大厅，而是通过一系列的计算机终端进行交易。做市商可以进入询价，但实际上并不自动实行交易，也没有义务维持交易或平抑价格波动。NASDAQ市场在1970年刚开始出现时，也只是起到这种“公示栏”的作用，后来才发展成为世界上最大的电子交易系统。

除了上面列出的四种形式，目前在世界上还有一些其他形式的市场存在。例如，第三、第四市场等，这里不一一列举。从美国情况看，为不同类型的产品提供不同的流动性已成为提高交易所服务水平的主要途径。我国股票市场的发展还处于起步阶段，要提高交易所的运作效率，必须从流动性需求方面的差异出发，建立多层次、功能更加完善的交易机制。

二、微观市场结构

微观市场结构的差异也能显著地影响流动性。微观市场结构包括很多方面：交易实施系统、交易成本、交易信息揭露以及市场规则等。随着交易所的竞争，进一步改变市场微观结构，有助于提高市场运行效率。

(一)交易实施系统

交易实施系统(TES)可分为报价驱动系统和指令驱动系统。在一个报价驱动的市场上，由做市商分别报出买价和卖价，交易者选择在此价格上交易。报价驱动系统被认为提供了更多的即时性，即交易者能在给定价格下使指令更快成交。做市商在提供流动性的同时，也拥有了一种处理指令流信息的垄断能力，从而降低了市场信息的可获得性。而且由于做市商为了弥补其存货风险和服务费用，交易成本往往比较高。但是鼓励做市商在市场低迷时进行交易，确实能有效地增加市场流动性。如果鼓励做市商之间竞争，就能进一步降低交易成本。在指令驱动的市场上，交易者的指令流被集中到拍卖代理人的指令簿上，这些指令根据优先原则进行匹配。指令驱动系统提供了一种更有效的价格发现机制，为市场参与者传播了更多指令流的信息，并允许他们利用这些信息作出交易决定。指令驱动市场又可分为连续竞价市场和集合竞价市场。在连续竞价市场，流动性是靠限价指令提供的。在给定的信息变化的条件下，限价指令的深度与市场流动性呈正比，因此很可能会出现买卖指令不平衡的情况。在买卖指令不平衡程度很高时，交易甚至可能会中断。集合竞价市场的价格反映了累积的市场信息，其信息效率要高于连续竞价市场。因此，在连续竞价市场中断时，集合竞价市场仍然可能正常运转。但集合竞价市场却缺乏交易的连续性。事实上，不少证券市场采取的是上述三种机制不同程度的混合模式。随着电子交易系统的普及，自动化降低了职业做市商在提供流动性方面的地位，公众投资者的地位上升，而机构投资者作为短期做市商和流动性提供者的地位却显著加强了。

（二）交易成本

交易成本是指所有影响交易实施的要素，由外显成本和隐含成本两部分构成。外显成本包括交易佣金、交易税等；隐含成本是指在不利的价格和不能在特定时间条件下交易的机会成本。如前所述，在报价驱动系统下，做市商为市场提供了流动性，但却增加了交易成本；而交易成本的增加又会影响市场深度，从而降低流动性，它们之间存在相互抵消的作用。

实证研究结果表明①(Dupont，1999)，在市场状况不好时，增加税收会大幅度降低市场流动性，扩大的买卖价差远远大于成本增加的幅度；反之，有利的市场状况使成本增加的冲击比较容易被转移。这些研究表明降低外显成本能有效地提高市场流动性，尽管程度大小受市场状况的影响。当市场面临巨大压力时，增加外显成本可能会使做市商退出市场，进一步恶化市场流动性。不过，对机构投资者而言，更重要的是机会成本。当他们需要调整投资组合时，最大的问题是大额指令可能会影响价格，并且存在时滞。所以，如何向大宗交易者提供流动性显得日益重要。为了降低价格和时滞的机会成本，许多大额交易者倾向于选择大宗交易机制。尽管该交易机制存在内生的搜寻成本，对平衡组合需要的机构投资者而言，仍然是一种比较好的交易方式。目前，世界范围内流行的电子交易系统，不仅提高了交易速度，而且大幅度地降低了交易成本。

（三）市场透明度

在分析微观市场结构的过程中，市场透明度（transparency of market）一般定义为市场参与者观察指令流信息的能力。假如市场透明度降低，对知情交易者有利，而对非知情交易者不利。因为知情交易者可以更好地利用其私人信息。在透明度降低后，为了从其他交易者行为

---

① 这部分所引用的一些实证结果（Dupont Toni、Scalia Antonio 和 Valerio Vacca 及 Ui Takashi 等人）来源于：BIS，Market Liquidity，Research Finding and Selected Policy Implications，1999，May。

中收集信息,交易者倾向于推迟交易。两种结果都会使市场流动性降低。

Scalia 和 Vacca(1999)实证检验了这些假定。他们对 1997 年 7 月意大利政府债券市场改革前后的数据研究后,发现两个假定都得到了经验证据的支持。同时他们还发现透明度不仅与交易成本和价格波动性有关,也与市场效率有关。但市场透明度与市场效率之间并非呈线性关系,透明度只能提高到一个有效的水平,完全透明反而是一种次优的选择。

Vi(1999)进一步探索了市场透明度和价格波动性之间的关系。他认为透明度代表了流动性交易者指令流的信息含量,所以他把透明度分为公共信息透明度和私人信息透明度。当一个市场公共信息更透明时,意味着能观察到总指令流信息的知情交易者人数增加;当一个市场私人信息更透明时,意味着只有少数知情交易者能观察到总指令流信息(即不被揭示给其他交易者的信息)。Vi(1999)发现,当交易价格波动较大时,增加公共信息透明度能减少价格波动;但到一定时点后又会增加价格波动性。这是因为存在两种效应:首先,了解指令流信息的知情交易者可能会发出指令去抵消暂时的流动性冲击;其次,了解指令流信息的知情交易者可能降低了交易需求的价格效应,导致在出现流动性冲击时带来更大的价格变动。当指令流透明度较低时第一种效应发生作用,更多的指令流信息导致更低的价格波动;当指令流透明度较高时,第二种效应发生作用,更多的指令流信息导致更大的价格波动。另一方面,在同样的条件下,增加私人信息的透明度总是能够降低价格波动。这是因为不同交易者对指令流信息的了解总是不一样的,因而限制了第二种效应的发挥。

因此,不能把透明度与市场效率等同起来。但在一般情形下,增加信息透明度有利于增强市场流动性,因为提高透明度能增加非知情交易者的交易量。然而,实际效果取决于潜在市场的微妙的信息结构。假如指令流反映了内部的交易信息,透明度高并不一定能提高市场效率。有时,透明度太高反而限制做市商持有比较大的头寸。事实上,当透明度已经很高时,适当降低透明度反而对市场有利。

(四)交易规则

证券市场的交易规则非常复杂,且各国也不尽相同。现分析普遍使用的几种规则对市场流动性的影响。

1. 最小报价单位(tick-size)

它是指按照有关市场规则所允许的买进报价(或卖出报价)与上一个价格之间的最小差额。在充分竞争的做市商市场,最小买卖价差就是最小报价单位,但一般买卖价差大于最小报价单位。最小报价单位并非越小越好。Harris(1990)年指出,最小报价单位强化了市场的时间优先原则。例如,在一个价格优先和时间优先的市场,如果不规定最小报价单位,那么,价格的微小变动将破坏市场的优先原则,使时间优先原则得不到有效执行。因为投资者可以报出一个比正在等待匹配的指令价格略高一点的买价或略低一点的卖价,从而使自己的指令优先执行。如果投资者觉得他们的优先权可以这样被侵犯,他们将不愿意下限价指令,而更倾向于市价指令。在市场限价指令不足的情况下,市场的流动性将下降。从做市商的角度看,最小报价单位越大其利润空间越大。而做市商的买卖价差越大,也意味着投资者承担的成本越高,从而影响市场的流动性。但最小报价单位太小，随着买卖价差的减少，市场深度可能会下降。这些效应对市场流动性的综合影响是不确定的，而最小报价单位究竟多大比较合适，则与特定的市场及交易制度有关。

从理论上看，不同上市公司的最优最小报价单位也应是有差异的。Angel(1997)指出，最优最小报价单位是企业规模、特有风险以及熟悉企业的投资者比重的函数。企业知名度越低，或企业特有风险越大，最优最小报价单位相对越大，因为这些企业需要增强其股票的流动性。由于各个企业的最优最小报价单位不尽相同，因此，交易所不应规定一个统一的最小报价单位，而应只规定各个股票最小报价单位的一个底线，由企业自己选择其股票的最小报价单位。

2. 最小交易单位

最小交易单位(lot-size or minium unit of trading)也很重要，因为它决定了每笔交易所需要的最小货币量。最小交易单位太大会限制一些小的投资者进入股票市场，从而使流动性交易者数目减少；而交易单位太小又使股东过于分散，增加了公司与之联系的成本(如邮寄年报、重要事件等)。世界范围内各个交易所对最小交易单位规定各不相同。北美与中国的交易所一般采取固定的最小交易单位，所有上市公司的股票都把 100 股作为最小交易单位，零股可以卖，但不可以买(如纽约、多伦多交易所)。而在东京、伦敦以及中国香港等地的交易所，最小交易单位是可以变动的，且由上市公司决定，特别是东京交易所的最小交易单位变动非常频繁。

变动最小交易单位的影响表现在：首先，改变了股票投资者的构成。降低最小交易单位能有效地增加投资者数量，特别是小投资者的数量。其次，对股票的流动性也是非常重要的。降低最小交易单位能有效增加投资者数目，并加剧投资者之间的竞争，使交易更加活跃，从而使买卖价差变小，进而增强了市场流动性。但另一方面，又会使大额交易受到限制，从而影响市场深度，即在广度变小的同时深度也变小了，所以对流动性的总体影响很难确定。

3. 涨跌幅限制措施

这是股票市场中为了防止交易价格的暴涨暴跌，抑制过度投机现象，对每只股票当天价格的涨跌幅度予以一定限制的一种交易制度。涨跌幅限制措施一般有两种方式：一是委托限价制度，即一笔委托不能高于或低于前一笔成交价的一定幅度，否则委托无效；二是涨跌停板制度，即规定股票交易价格在一个交易日中的最大波动幅度为前一交易日收盘价上下百分之几。目前，许多交易所对股票交易制定每日股价涨跌幅制度，但具体做法又有所区别。最为普遍的就是以前一日收盘价为基准，制定每日固定的涨跌幅度(百分之几)。

中国股票市场曾实行过多次涨跌停板制度。特别是 1996 年 12 月 16 日之后，沪深交易所对所有上市公司的股票和基金实施 10%的涨跌幅限制。这一制度延续至今，已成为稳定市场的主要措施。从 1998 年 4 月起，又对特别处理的 ST 股票实施 5%的涨跌幅限制。2000 年 6 月，取消 PT 股票特别转让价格 5%的跌幅限制，但涨幅仍限制在 5%。“上证联合研究计划”(2002 年第三期)研究了涨跌幅限制对流动性和波动性的影响。研究结果表明：恰当的涨跌幅限制不仅抑制了异常波动，而且增强了市场流动性；不恰当的涨跌幅限制不仅增加了波动性，反而约束了流动性。在目前的市场条件下，继续实行10%的涨跌幅限制，对股市健康发展是有利的。但随着证券市场的发展，特别是机构投资者数量增加和投资者素质的提高以及市场规模的不断扩大，完全可以逐步放宽涨跌幅限制。

三、市场参与者行为效应

随着行为金融学的发展，人们发现市场流动性与交易者的行为密切相关。一个市场流动性的变化与市场参与者对市场未来的预期有关。例如，短期价格波动引起的交易者情绪、风险规避程度和他们对未来价格预期的信心等因素都会影响市场流动性。当市场参与者预期短期价格波动增加时，一般会增加交易数量，从而相应地增强市场流动性。当市场参与者变得更加厌恶风险时，市场流动性降低。而当市场参与者对未来价格预期失去信心时，市场流动性会急剧下降。

市场参与者行为对市场流动性的影响存在两种效应。一种是预期自致效应，即当市场参与者普遍认为市场具有高度流动性时，它就会保持流动性。在股票市场，由于未来价格波动的不确定因素很多，市场的投机气氛相对较浓，所以心理预期因素非常重要。凯恩斯曾将投机性市场的运作比作一场选美比赛，参加者为使自己的选择与最终结果相符，并不根据自己的真实意愿作出决策，而是试图揣摩别人的心理进行相机抉择。市场上一些大的机构投资者利用其资金和信息优势，故意营造乐观或悲观情绪，诱发市场恐慌情绪与从众心理，达到在混乱中获利的目的。这也造成很多小投资者追涨杀跌的心理误区。另一种是市场参与者多样化效应，即市场参与者同质程度差异也会影响市场流动性。市场参与者越是多样化，越具有不同的组合需求和风险偏好。Gravell 研究发现，当允许非居民进入加拿大政府债券市场时，市场流动性显著增加了。这是因为多样化的交易者代表更多样化的组合战略和资产禀赋，做市商也更容易抵消不平衡指令，使市场的买卖价差变小，从而增加了市场流动性。非居民进入加拿大政府债券市场也使交易更加活跃、交易量显著增加，这就增加了市场深度，从而提高了市场流动性。

本章小结

首先，探究了流动性的概念和意义。流动性就是证券市场提供给投资者的快速低成本地成交一定数量金融资产的能力。市场的流动性越高，进行即时交易的成本就越低。一般而言，较低的交易成本就意味着较高的流动性，或相应的较好的价格。流动性包括时间、成本和数量三个维度。

其次，综合了现有文献中关于流动性的度量指标，主要分为价格法、交易量法、价量结合法、时间法四大类。

再次，介绍了流动性理论的经典模型。Grossman 和 Miller(1988)用跨期模型分析了做市商在提供流动性方面的作用。Pagano(1989)用一个两期模型研究在流动性随交易规模增加而增加时,多个市场均衡是否同时存在的问题,并集中讨论了交易者对其他交易者行为的预期对流动性的影响,并把流动性视为市场内生的。Chowdhry 和 Nanda(1991)的模型分析了存在信息不对称时,交易者交易地点的选择对市场流动性的影响。Burdett 和 O'Hara(1987)的模型分析了大宗交易者的交易策略。Grossman(1990)分析了信息在大宗交易机制中的作用。Seppi(1990)的模型分析了大宗交易者的市场选择问题。出于流动性冲击而交易的大额交易者倾向于选择大宗交易机制;而基于私人信息的大宗交易者倾向于选择大厅交易机制。Subrahmanyam(1991)模型分析了引入金融衍生市场对流动性的影响。Subrahmanyam 证明:知情交易者构成的改变导致个别股票对系统信息的敏感性增加,同时也增加了"一篮子"股票的信息含量,使"一篮子"股票价格逆向选择的影响小于单只股票市场,从而使基础股票市场更缺乏流动性。Kumar 和 Seppi(1990)进一步分析了多市场套利对市场流动性的影响。

最后,从微观市场结构、交易产品设计以及交易者行为等方面对影响流动性的因素进行了综合。

基本概念

流动性　宽度　深度　弹性　价差　换手率　做市商　订单簿　市价订单　限价订单　报价驱动市场　订单驱动市场　知情交易者　大宗交易　透明度　最小交易单位　最小报价单位　涨跌停幅度限制

复习思考题

1. 流动性包含几个维度?为什么它们之间是彼此制约的?
2. 股票的多市场上市是否增加了市场流动性?
3. 影响大宗交易者在选择性交易机制中达到分离均衡的因素有哪些?
4. 一般知情交易者与要素知情交易者的区别与联系。
5. 影响市场流动性的因素主要有哪些?

第八章

市场透明度

第一节　透明度的定义、度量和影响因素

衡量金融市场的绩效主要有六大标准：流动性、透明度、稳定性、高效率、低成本、安全性。其中，透明度是设计市场交易机制、确定市场交易所需遵循的法规和准则时涉及的基本问题之一，一定的透明度也是保证市场公正性和市场有效性的中心环节。

透明度的概念涉及"市场交易信息被观察和认知的程度"。总体来说，交易信息的及时公开能提高金融市场的效率，促进价格对信息的反馈；信息的公开透明也加强了市场的公平性，促使市场参与者更多地参与交易，提高市场的流动性并降低交易成本，促进市场运行更趋安全和稳定。当然，透明度也不是越高越好，例如，Gemmill(1996)的研究发现，大宗交易信息的即时披露反而会加剧交易后的价格波动，延迟一段时间披露往往能提高市场稳定性。

由此可见，市场的透明度和流动性、效率性、稳定性、安全性等指标均密切相关。实践中，在设计市场交易机制和信息披露规则时，选择一个最优透明度就成了非常重要的问题。

国际证监会组织(IOSCO)在《证券监管的目标与原则》中提出："监管应提高交易的透明性。"美国证券交易委员会(SEC)更直接地提出："市场透明度——关于交易和报价信息的即时、公开披露在保证市场的公平和效率方面起着基础性的作用。透明度使分散的市场得以连接，也提高了美国市场的效率、公平度、竞争性以及对投资者的吸引力。"(SEC 1995，Market 2000)。国际证券交易所联盟(FIBV)在1998年《市场原则》中也指出："市场的透明性是公平的至关重要的因素，必须随时得到保障。尽管市场可以根据透明度和流动性的平衡决定提供不同的透明度，但是，不管是什么结构的交易均必须把其价格和数量的细节内容向交易所及时汇报。"

总之，透明度是金融市场运行质量的重要衡量指标，只有保证交易信息一定程度上的透明，才能实现市场交易的效率、公正和公平。

一、透明度的定义

(一)从 O'Hara(1995)的定义出发界定市场透明度

金融市场的透明度，在 O'Hara(1995)中被定义为市场参与者能够观察到交易过程中的信息的能力。这一定义高度简洁而概括，然而却包含了很多研究市场透明度时需要考虑的问题。

第一，就市场参与者而言，市场参与者分为做市商、流动性提供者、噪音交易者、经纪商，以及大量潜在的市场交易者等。透明度的界定涉及信息为哪一类市场参与者可见、何人能观察到信息。

第二，交易过程中的信息又可分为关于市场参与者的信息、关于交易价格的信息和关于订单流的信息三大类。市场参与者的信息透明涉及交易对手的匿名性，即参与交易的买卖各方是否向其交易对手公开身份；价格的透明既包括在交易执行以前市场上买卖订单的价格与数量的披露情况，如报价驱动市场中做市商的报价、连续竞价市场中电子限价簿上连续显示的汇总的价格信息等，又包括交易后成交价格的公布，关于订单流的信息则更为复杂，涉及订单流的大小、方向、递交订单的时间、订单流的种类等。

所以，从 O'Hara(1995)的定义出发考察市场透明度，有多种视角，具体运用时须明确是“哪一类市场参与者”，能观察到的是交易过程中的“何种信息”。现有的各种关于市场透明度的研究，都可以看作是截取 O'Hara 定义中的某一个层面而展开的。研究的出发点不同、侧重点不同自然会产生不同的推演过程，并因此而得出不同的结论。从不同角度所展开的各种研究也丰富了关于市场透明度这一论题的视野。

(二)广义和狭义的市场透明度

刘狄(2002)将上市公司这一证券市场的主体加入了市场透明度的考察范畴，并进一步将市场透明度的概念区别为广义和狭义之分。他认为，狭义的市场透明指证券交易信息的透明，即有关证券买卖的价格、数量等信息的公开披露，通常以市场上买卖订单流和成交报告的信息披露来衡量；广义的市场透明则不仅包括交易信息的透明，也包括上市公司信息的即时和准确披露。

狭义透明度的研究以金融市场为平台，以成交信息的可见程度为研究对象。相比之下，广义透明度则涵盖了上市公司这一金融市场的主体。研究广义透明度时，通常运用信息经济学、公司治理等理论的分析框架，以信息的供给及其结构为核心，对上市公司信息披露的动因、披露方式、披露内容以及披露的效果进行分析，从各种不同的视角着重研究上市公司的信息披露与金融市场运行以及公司自身治理之间的关系。广义透明度的研究视角及其政策含义更为直接地触及金融市场的微观主体以及相应的信息要求。在实践中，若能构建强制性披露与自愿性披露相结合的上市公司治理体系，鼓励上市公司的自愿性信息披露，并对上市公司的信息披露行为加以合理引导，则既有利于上市公司这一市场微观主体的治理，也有利于提高金融市场的绩效。

在这一区分下，O'Hara(1995)的定义以及 IOSCO(1992)的定义——透明度为市场参与者观察诸如价格、数量、涉及的经纪商等交易特征的能力，都属于狭义的透明度范畴。本书侧重分析狭义的市场透明度。

(三)市场透明度的三个层面

刘狄(2002)还对 O'Hara(1995)定义的透明度中所囊括的问题进行了划分，认为由于透明度通常以市场上买卖订单流和成交报告的信息披露来衡量，所以市场透明度主要包括三个层面，即交易前信息透明、交易后信息透明和交易各方的身份确认。第三个层面的信息披露，通常也被视为交易后透明度的一个重要内容。

交易前的信息透明指在交易执行以前市场上买卖订单的价格和数量的披露情况；交易后的信息透明指交易匹配成交后交易情况的公布，包括成交的数量和价格；参与交易各方的身份确认指买卖各方是否向交易对手或其他投资者公开其身份，让相关投资者确知谁在进行交易和与谁进行交易，这也是国外很多研究者所着眼的交易对手匿名性研究。

(四)市场透明度与市场效率性的区分

在衡量金融市场运行质量的六大指标中，市场透明度和效率性均围绕金融市场交易过程中的信息而展开，但两者的侧重点是不同的，应对这两个概念加以区分。

第一，两者考察的角度有别。Fama(1970)认为，当价格能够充分地反映投资者可以获得的信息时，金融市场就是有效市场。因此，效率性考察的是"价格能迅速调整并准确反映信息的能力"，强调的是"信息能不能被迅速、准确地反映"。而透明度考察的重点不是价格和信息的反映与被反映关系，它着眼于包括成交价格在内的一些特定信息对于交易者而言的可见程度，而不在于信息被价格反映的准确和及时性。所以，有效性从市场功能的潜在评价角度出发，侧重说明市场的运行属性中交易价格对市场信息的反映程度；而透明度着眼于一些特定交易信息在市场中被认识的方式和程度。

第二，两个概念中的信息内容有差别。根据有效性从弱到强，交易价格能分别反映历史的价格信息、当前所有公开的信息以及所有的公开和内幕信息。而市场透明度考察的信息主要为交易前后买卖价格、数量、交易对手的身份信息，这些特定的信息包括在效率性研究的信息内容范畴之内。

由于都涉及对信息的反映，市场透明度和效率性之间必然存在关联，事实上，很多学者都研究过两者的关系。如，Bloomfield and O'hara(1999)用实验经济学的方法研究市场透明度对信息效率的影响，认为交易信息的透明能显著地提高市场的信息效率。Flood 等(1997)的实验研究也发现，交易信息越透明，市场的有效性就越高，但是报价的透明却会降低市场的效率性。

二、透明度的度量

出于"市场透明度"这一定义本身的复杂性，各种对透明度的研究采取了各自不同的视角，因此，也就没有一种统一的量化标准或比率来衡量市场透明度。在已有的研究中，学者们大多从各自需要考察的角度出发，来界定几种信息可见程度有差别的情况。下面就介绍两种较为经典的透明度度量方法。

（一）交易和报价信息的透明度度量

交易量和报价信息的可见程度是透明度研究所考察的主要内容之一。Bloomfield and O'hara(1999)从这一角度出发，用实验经济学的方法研究了市场透明度对信息效率、买卖价差、交易者福利的影响。在这一模型中，存在两个做市商，他们互相竞争，每人同时和几个交易者进行买卖交易，每种证券进行五轮交易，每一轮交易过后，投资者会获得有关做市商交易和报价的信息。该模型将市场分为透明、半透明和不透明三种情况，在一个完全透明的市场上，每轮交易后，做市商的报价和交易信息都会公开；在半透明的市场上，仅报价公开；在不透明的市场上，这些信息都不公开。具体情况见表 8—1 所示。

表 8—1　　不同市场透明度的特征比较

不透明市场	半透明市场	透明市场
做市商看不到彼此的报价和交易	做市商能看到彼此的报价，看不到交易	做市商能看到彼此的报价和交易
交易者能看到做市商的报价，而看不到交易	交易者能看到做市商的报价，而看不到交易	交易者能看到做市商的报价和交易

这种透明度的界定方法以交易量和报价信息为研究视角，对透明度进行了大致的分类和度量。考虑到透明度本身是个抽象的概念，难以量化，而交易量和报价信息的披露又是透明度概念最主要的研究对象，这一度量方法虽然粗略，却具有一定的现实可操作性。

（二）订单流的透明度度量

Ui(1997)所研究的透明度侧重考察订单流的组成，即关注订单流的多少、哪一部分、相对于哪些人来说是可见的。他认为，透明度代表了流动性交易者指令流的信息含量，可分为公共信息的透明度和私人信息的透明度。

模型假设，存在着 N 个流动性交易者，他们的订单流总量为$\tilde{Z}$，这是一个正态分布的随机变量，均值为 0，方差为σ_Z^2。有 $N+2$ 个独立的、正态分布的随机变量$\tilde{Z}_0,\tilde{Z}_1,\cdots,\tilde{Z}_{N+1}$，使得$\tilde{Z}=\sum_{k=0}^{N+1}\tilde{Z}_k$，各个随机变量$\tilde{Z}_k$ 的均值为 0，方差为σ_k^2，则$\sigma_Z^2=\sum_{k=0}^{N+1}\sigma_k^2$，并假设对于 $k=1,2,\cdots,N$，有$\sigma_1^2=\sigma_k^2$。$\tilde{Z}_0$ 代表总订单流中的公共信息，每个交易者都可以观察到；对于 $n=1,2,\cdots,N$，$\tilde{Z}_n$ 代表只有第 n 个交易者才能观察到的私人信息；$\tilde{Z}_{N+1}$ 则为订单总量$\tilde{Z}$ 中无人能观察到的部分。

有了这些假设，就很容易度量透明度了。σ_0^2/σ_z^2代表公共信息的透明度，σ_1^2/σ_z^2代表私人信息的透明度，很显然这两者越高，或者$\sigma_{N+1}^2/\sigma_z^2$越小，市场的透明度越高；反之，则市场透明度越低。

相对第一种透明度的度量方法，Ui(1997)的这种度量方法的视角完全不同，且更为细致。

它认为透明度代表了流动性交易者指令流的信息含量，将订单流的信息组成进一步细分，分为私人信息、公共信息和无人能观察到的信息，并用数学方法进行度量。但在现实中应用时，要对 N 个流动性交易者的订单流加以区分并准确计算其波动性有一定困难。

三、透明度的影响因素

虽然维持一定的市场透明度是保证市场运行的高效率以及公平、公开的必然要求，但由于透明度受到种种因素的影响，不可能在全世界范围内设立整齐划一的透明度标准，使所有的国家在信息披露方面的规制等同。概括来说，影响市场透明度的主要有以下几点因素：

（一）交易机制的设计

各市场不同的交易机制将直接影响他们的透明度。一般来说，做市商市场的透明度低于竞价市场。这是因为，做市商需要以自己的资金或存货承担交易的风险，因此，需要比一般投资者掌握更多的信息。在交易前，电子竞价市场一般会披露更多的价位水平和更大的深度，在交易发生后，电子竞价市场的信息披露通常也比做市商市场更及时，参见表 8－2。

表 8－2　　交易前后不同市场的透明度比较

	交易前透明度	交易后透明度
电子竞价市场	可能披露更多的价位水平和更大的深度	通常即时
做市商市场	可能降低交易前信息，除非做市商被要求公开显示报价	可能取决于交易是在交易所内还是在场外进行
参考价格撮合	无，目的是避免披露交易动机	无理由延迟披露

资料来源：IOSCO（2001）。

（二）市场规则的限制

在现实中，不同国家的证券市场监管部门对市场透明度的认知是不同的，对信息披露的要求也就各异。例如，美国证券交易委员会（SEC）对透明度在市场运行中的地位给予了充分的肯定，并要求即时公开地披露信息；而英国的监管机构 SIB（Securities and Investment Board）则认为报价信息和交易信息的透明所起的作用有显著的差别，交易的透明和市场流动性存在着此消彼长的关系，因为要求做市商披露交易信息会使之面临不适当的风险，降低他们提供流动性的动机。

对透明度认知的差异往往和各国市场所采用的不同交易机制有关，而不同交易机制之间以及监管层在该市场环境下对透明度的认知的差异，会导致各国采取不同的信息披露规则，这决定了各类市场不同的透明度安排。

（三）市场集中度

在一个集中的市场，所有的订单都集中到同一地点进行交割，所有的市场参与者都能观察到报价和交易的信息，所以透明度较高。而分散的市场，如电话交易的 NASDAQ、外汇市场、财政债券市场等交易是双边的，其他的市场参与者不能观察到，所以市场透明度比较低。

（四）市场结构目标之间的平衡

市场运行的质量以六大指标来衡量，而这六大指标之间又相互作用、相互影响，各目标之间往往存在着方向性和政策措施上的矛盾。比如，就透明度和流动性的关系而言，一般来说，透明度越高的市场流动性越好，但透明度也不是越高越好，往往存在着一个最优的透明度水平。超出这一最优水平，市场反而会产生大幅的波动。

再者，最优透明度水平的决定受到时间空间的影响，不同国家的金融市场在不同的发展阶段往往会侧重于实现某一个市场运行目标。比如，某些国家的市场，或某个市场在特定的发展阶段特别强调流动性，而其他市场则特别强调透明度和交易的公平性。这些因素都会影响市场透明度。

（五）投资者结构和市场透明度的相互作用

如果把投资者分为散户和机构投资者，则在一个以散户为主的市场，由于单笔交易金额普遍较小，对市场价格压力不大，因此交易前和交易后透明度均较高。而在以机构投资者为主的市场，由于每笔交易规模较大，整个市场的交易量和成交价的影响也就较大，投资者通常会隐藏自己的大额订单，也可能会要求延迟交易后的信息披露。

事实上，在不同的市场，信息披露的要求往往不同，即市场透明度的安排不同，这也会影响该市场的投资者结构。这就是投资者结构和市场透明度的相互作用。

（六）市场技术限制

不同证券市场的技术限制因素也会影响信息披露的程度和透明度。金融市场的技术系统是保证交易机制实施的必要措施，一个高度发达的网络化电子系统能及时在交易者之间沟通市场信息，及时把投资者的订单传送到市场，撮合匹配订单，并把交易信息反馈给交易者和结算系统，所以市场透明度较高。

第二节 透明度与流动性

在现实中，要解决市场运行各大目标之间的平衡问题，就不能不先研究市场透明度和流动性之间的关系。出于对透明度的不同界定和不同的分析框架，很多学者给出了对两者关系的解释，但并没有一个统一的结论。总体来说，大部分研究的结论都认为透明度和流动性之间存在正的相关性，也有少数研究认为透明度和流动性呈负相关关系。有的研究结合这两种观点，阐述了当透明度超过了某个临界点之后，市场流动性反而减小。也就是说，市场并不是越透明越好，而是存在着一种市场最优的透明度。

一、透明度与流动性的正相关关系

在本节中，我们分别介绍三种不同视角研究透明度和流动性关系的模型：订单流规模和方向的视角、交易对手身份匿名性的视角，以及市场交易规则的视角。通过三种不同视角的模型介绍，来分析存在于透明度和流动性之间的正相关关系，以及这种相关关系的变化机制。在介绍时,我们用了较多的篇幅来说明每个模型的假设和分析框架,特别是它们各自对透明度和流动性的定义,因为只有当这些特定的假设存在的前提下,才能得出相应的结论。

(一)Pagano 和 Roell (1996)的模型

该模型将透明度定义为"当前订单流的规模和方向对竞争性的做市商(价格制定者)的可见程度",并根据这一定义区分了透明程度不同的四种交易机制。模型试图证明:当存在信息不对称的情况下,透明度提高能增强市场的流动性。这是因为,透明度越高,价格制定者就能得到更多的关于订单流的信息,就越可以保护自己免于和知情交易者交易的损失,从而使买卖价差缩小,流动性提高。

1. 模型假设

在本模型中,假设:(1)静态的分析框架。(2)在市场结构中,存在三类交易者:一是风险中性的做市商,或是竞价市场中的流动性提供者;二是一个处于垄断地位的具有信息优势的内部人;三是无内部信息的噪声交易者。(3)订单种类为市价订单。(4)属于信息模型的范畴,市场中由于存在信息不对称会出现逆选择问题,做市商设定买卖价差是为了保护自己免于和内部人交易时受到损失,即减小逆向选择成本,而非传统的存货模型中为了弥补持有存货的成本。

2. 对透明度的定义和度量

(1)透明度的界定。该模型所定义的透明度为"当前订单流的规模和方向对竞争性的做市商(价格制定者)的可见程度",即做市商在满足某一个订单时,对目前市场上其余的订单所了解的程度。需要注意以下两点:一是这一透明度着眼于订单流的规模和方向,而非交易对手的身份,也非报价的透明度;二是在披露对象上,仅考虑订单流对做市商(价格制定者)的可见程度,并不讨论对广大的交易者的可见程度。这是因为当存在信息不对称时,订单流对做市商的可见性对交易成本的决定具有更为重要的作用。

(2)几种透明度不同的交易机制。一是完全透明的竞价市场(transparent auction)。所有的交易者同时将他们的订单递交到一个中心交易机构或者拍卖人那里。这些订单的交易对手能观察到当前所递交的所有订单流信息,并以此作出自己的定价和成交判断。二是集合竞价市场(batch auction)。和完全透明的竞价市场相同的是,所有的订单同时递交,以一个相同的价格出清,但是,价格制定者只能根据当前订单流的总量定价,也就是说,他观察不到每个个别的订单状况。三是连续竞价市场(continuous auction)。在这一市场交易机制下,所有的订单不是同时出清的,也不存在一个统一的出清价格。价格是随某一时间点的历史订单流信息而形成的。也就是说,与完全透明的竞价市场相比,价格制定时,只能观察到截至那个时间点的订单流信息,而不能观察到所有的订单流;与集合竞价市场相比,定价依据的是个别订单流的信息,而非订单流的总量信息。四是做市商市场(Dealership)。每个订单都和某一个做市商进行交易,在交易信息延迟披露的情况下,这个做市商不能观察到其他做市商接收到订单的情况,他的定价只能依据接收到的某个订单单独的情况(事实上,如果在做市商市场上,信息能够即时披露,做市商就能根据以往的订单情况定价,这和前述连续竞价市场情况相同,所以这里只讨论信息延迟披露的情况,这也和现实的做市商市场情况吻合)。

为了便于理解，用 P_i 表示第 i 个市价订单递交到市场上时的执行价格（$i=1,2,\cdots,n$），把 P_i 定义为对价格制定者来说可见的信息流的函数。设 y_i 为第 i 个订单的规模。当然，i 并不代表递交该订单的交易者的身份，y_i 仅表示规模大小，则以上各种交易机制下的价格决定函数如下：

完全透明的竞价市场：

$$P_i=P_A(y_1,\cdots,y_n)$$

集合竞价市场：

$$P_i=P_B(y_1+\cdots+y_n)$$

连续竞价市场：

$$P_i=P_C(y_1,\cdots,y_i)$$

做市商市场：

$$P_i=P_D(y_i)$$

3. 对流动性的度量

在本书前面章节中已经介绍了流动性的度量指标，如买卖价差、流动性比率、马丁指数、方差比率等。在 Pagano 和 Roell (1996)的模型中，用买卖价差来衡量市场流动性。

4. 透明度与流动性相互作用的原理

基于前文的总体假设和对透明度的界定，并进一步假设内部人的交易策略外生，即在各透明度不同的市场中的交易策略是相同的。

该模型首先比较了两种极端的情况：完全透明的竞价市场和不存在即时信息披露的做市商市场。在透明的竞价市场，定价所基于的信息量远远高出做市商市场，价格是根据所有的订单规模而制定的，而做市商市场的价格决定仅仅根据某一个订单的规模。因此，在完全透明的竞价市场中，内部人的信息优势就不那么明显，因为所有的流动性提供者都能观察到订单流的状况，内部人就没有多少空间“藏匿”自己的私人信息，因而噪声交易者能得到更公平的成交价。逆向选择成本减小，买卖价差缩小，流动性提高，透明度和流动性成正比。

另外有两点需要注意：一是该模型认为，不管噪声交易者的交易量大小如何，透明的竞价市场的流动性始终高于不存在即时信息披露的做市商市场。然而，对于集合竞价市场的情况，由于价格制定是根据订单流的总量而非构成，买卖价差的大小就和噪声交易者的交易量大小有关，也就难以比较透明竞价市场和集合竞价市场买卖价差的大小。二是当内部人和噪声交易者的交易策略分布完全相同时，单凭订单流的规模，完全无法区分这两类交易者，这时，透明竞价市场和做市商市场的流动性是完全相同的。

5. 模型的简要评价

关于订单流的信息是透明度概念所要考察的主要信息内容之一。该模型着眼于订单流的规模和方向，清楚地界定了四种透明度不同的交易机制，论证了信息不对称情况下透明度和流动性的关系。总体来说，该模型的结论和欧洲证券市场的经验数据相一致，也说明了近年来为什么欧洲的做市商机制越来越多地受到透明度更高的竞价机制的挑战。当然，该模型也存在缺陷，由于其在静态的分析框架内展开，并假设噪音交易者的交易策略是外生的，就影响了结论的可靠性。因此，在现实中也就不能解释为什么某些市场（如伦敦）的交易者反而偏好透明度低的做市商机制。

（二）Waisburd 的模型

Waisburd（2004）虽然也验证透明度和流动性的关系，但和前述模型显著不同，它将透明度界定为“交易后交易对手的信息披露”，主要运用实证手段检验透明度和流动性的正相关关系，并且说明：透明度提高带来的流动性提高主要源于存货控制成本的降低，而非逆向选择成本。

1. 透明度的界定

该模型研究的透明度着眼于交易以后对交易对手信息的披露，在假设交易的订单流和报价信息均公开的情况下，研究交易对手信息的披露对流动性的影响。其中，主要区分了两种透明度不同的交易机制：交易者的身份仅向交易对手披露的情况和交易者的身份向整个市场披露的情况。

2. 流动性的衡量

流动性以买卖价差来衡量，但该模型进一步将有效价差分解为实际价差和反映逆向选择成本的部分，因为根据 Huang and Stoll（1996）的解释，有效价差和成交后做市商实现的实际收益之差为逆向选择成本，即由于内部人的存在而招致的做市商的损失。模型也认为，实际价差主要反映的是存货控制成本。因此，在一个透明度更高的市场中，如果实际价差较小，则说明存货成本较小，流动性较好。

3. 实证模型以及透明度影响流动性的原理

（1）数据选取。模型选取了 1995 年 1 月至 1998 年 12 月法国巴黎证券交易所的 27 只股票进行检验。之所以选这个时间段，是因为在这期间有 41 只上市的股票由模型定义的非透明交易机制转向了透明的交易机制，或反之。在这 41 只股票中，作者又选取了 27 只股票，这 27 只股票在交易机制转换前后，在巴黎证券交易所的数据库中存在了 4 周以上，且日成交在 5 次以上，交易比较活跃。

（2）实证模型和方法。该实证检验用了面板数据和最小二乘法进行回归分析，实证模型如下：

$$\text{Ln}(Spread_{i,t})=\beta_0+\beta_1 I_{i,t}+\beta_2\text{Ln}(MktCap_{i,t})+\beta_3\text{Ln}(Volatility_{i,t})+\beta_4\text{Ln}(1/Price_{i,t})+\beta_5\text{Ln}(Trades_{i,t})+\varepsilon_{i,t}$$

其中，i 和 t 分别表示第 i 只股票和 t 时间。买卖价差为因变量，模型既衡量了报价价差，也衡量了有效价差、实际价差和逆向选择成本，并且分别在透明和非透明两种市场环境中考察。自变量包括股票市值、股价的每日波动程度、日平均收盘价、交易量，以及代表交易身份披露的虚拟变量 $I_{i,t}$，该虚拟变量为 1 表示交易者身份向市场披露，0 表示不披露。

（3）模型结论。模型的回归结果显示，当因变量为报价价差、实际价差和有效价差时，β_1 均为负，且显著。这表明，这几种价差在透明的市场环境中均变小了，即市场流动性随透明度提高而提高。而逆向选择成本却并未受到市场环境透明程度的显著影响。这说明流动性的提高主要来自于存货控制成本的降低。

该模型的实证检验结果说明了透明度和流动性的正相关关系，这一结论所依据的原理主要是存货模型的原理，即更高的市场透明度能使流动性提供者更好地观察到交易对手的身份，提供更多的流动性，减少存货头寸的不平衡。

4. 模型的简要评价

虽然同样证明透明度和流动性的正相关关系，该模型从对透明度的定义到论证方法均和我们先前介绍的 Pagano 和 Roell(1996)的模型有较大不同。该模型表明，交易者的身份也是透明度需要考察的主要内容之一，它所采用的实证方法丰富了这方面的理论研究，使结论更具说服力。

（三）从交易者的特殊策略看待透明度的一个模型

Admati 和 Pfleiderer (1991)是相对比较早地研究市场透明度和流动性之间关系的论文，他们从市场交易策略的角度去界定具有某种透明程度的市场，并就此类市场的透明度和流动性做出探讨。

Admati 和 Pfleiderer (1991)的模型沿袭了 Grossman (1988)以及 Miller et al. (1989)所作的研究，分析了一种特殊的"阳光交易"(sunshine trading)，即流动性交易者在递交订单几小时前事先向市场上的其他交易者披露自己将要交易的数量。这种交易策略无疑增加了市场的透明度。

该模型假设，市场上存在三类交易者：一是多个做市商，或言流动性提供者，他们具有理性预期，向市场提供随市价而变化的订单，他们进入市场需要一定的成本；二是事先会发出交易通告的流动性交易者(announcers)，他们在需要的时候会事先告知自己将来要递交的订单量；三是不采取阳光交易(sunshine trading)策略的流动性交易者，他们在任何时候都不会告知自己的交易量。在这一分析框架下，该模型验证了事先通告交易数量能起到协调市场的流动性供需的作用，因为潜在的交易对手能获得流动性需求的信息，市场能为吸收这些订单做好准备。由于做市商进入市场面临着一定的风险和成本。例如，若流动性需求量太小，不足以弥补进入市场的成本，做市商就会遭受损失。交易信息的披露减少了这类风险，扩大了市场的交易规模和流动性，因而透明度和流动性成正比。

（四）以上三个模型的比较与总结

综上可见，同样是论证透明度和流动性之间的正相关关系，这三个模型的视角和方法有着显著的不同。为更好地理解，我们对以上模型做个简要的对比和总结：

第一，透明度的内涵不同。Pagano and Roell (1996)从订单流规模和方向的可见性出发定义透明度；Waisburd (2004)的视角完全不同，从交易对手的身份披露角度考察透明度；Admati 和 Pfleiderer (1991)研究的是一种特殊的交易形式——"阳光交易"，发生"阳光交易"的市场更为透明。

第二，Waisburd (2004)主要是做实证检验，其他两者为理论模型，实证结果是对理论研究的很好支持和补充。

第三,Pagano 和 Roell (1996)的模型假设信息不对称,存在内部人和噪声交易者,认为透明度提高能减小做市商的逆向选择成本,属于信息模型的范畴;而 Waisburd (2004)通过实证检验,说明透明度提高带来的流动性提高主要源于存货控制成本的降低,而非逆向选择成本。当然,这两种结果的差异也可能源于各自对透明度的定义不同。

二、透明度提高会降低市场流动性

虽然明确地认为市场透明度和流动性之间存在负相关关系的研究相对较少,但仍有不少学者和国家证券监管当局认为透明度会降低市场流动性并提出了颇具说服力的理由。

Madhavan (1999)实证研究了多伦多证券交易所的交易前信息披露,结果表明,透明度对交易成本和流动性具有较大的影响。较高的透明度导致执行成本上升,流动性下降,因为限价订单的交易者不愿意为其他交易者提供自由交易选择。

交易后信息披露是交易透明度问题研究和争论的焦点。一直以来,英国监管当局都认为报价信息和交易信息的透明所起的作用有显著的差别,交易的透明和市场流动性存在着此消彼长的关系。Wells (1993)也认为,伦敦证券交易所的市场活力一直都依赖于大的做市商能持续向市场提供流动性,即时的交易信息披露和完全透明的市场会暴露做市商的头寸,使他们不愿再保证提供流动性。而著名的 *Financial Times* 杂志也同样表示,如果做市商因信息披露要求而不得不增持大量存货,增加存货成本,他们将不愿意再像以前那样向市场提供流动性。由此可见,在做市商市场上,从存货成本的角度看,确实有可能出现透明度和流动性呈负相关关系的情况,透明度太高、信息披露太及时,未必能提高流动性。

三、最优透明度

Madhavan(1996)的贡献在于:第一,他强调了订单流的组成,认为来自各组成部分的信息披露对市场流动性的影响并不相同;第二,他强调了噪声交易者在维护市场流动性方面的作用。在他的分析框架中,市场透明度并非越高越好,高透明度甚至能引起市场失败,因此存在一个最优透明度。

(一)对透明度的定义

Madhavan(1996)研究的透明度为订单流的组成对市场参与者的披露,他把订单流分为"价格敏感"和"价格不敏感"两个组成部分,这两部分对成交价格的形成具有完全不同的影响。"价格敏感"部分来自于流动性提供者或做市商的决策,他们根据掌握的有关资产价值的信息作出决策,所以"价格敏感"部分的订单流对于均衡价格的形成具有基本的决定作用。而"价格不敏感"部分则来自于流动性需求者,并且主要来自不知道资产价值信息的噪声交易者,另一小部分流动性需求来自寻求套期保值的流动性提供者。这部分订单流和资产的价值无关,所以是引起暂时的买卖订单不平衡的主要原因。

模型用一个随机变量 $\tilde{Z}$ 表示价格非敏感部分的订单流,即噪声交易者的需求,它服从正态分布，均值为 0，方差为 σ_z^2。实际的订单流头寸的不平衡部分为 Z，$Z>0$ 表示对风险资产的超额需求，而 $Z<0$ 表示超额供给。在一个不透明的市场，市场参与者无法获知有关订单流组成的任何信息，而在透明市场，Z 能被市场参与者观察到。

（二）对流动性的衡量

该模型用有效价差来衡量价格敏感部分订单的流动性，而用市场“深度”来衡量由价格非敏感部分订单的流动性，具体来说，即使成交价格变化 1 单位所需要的订单数量：

$$\gamma=\left(\frac{\mathrm{d}P^*}{\mathrm{d}Z}\right)-1$$

（三）透明度与流动性的关系

Madhavan(1996)也提及了前文中介绍的“阳光交易”的作用，但他认为噪声交易者和其他的流动性需求者不同，他们不愿意在市场中随时披露真实的交易动机。因此，噪声交易在维持市场流动性方面具有重要的作用，在透明度增加到一个临界点之后，会减少市场上的有效噪音，降低市场流动性，使价格变化对于未披露的流动性交易更为敏感，价格波动性增强。

模型证明，即使在大型的竞价市场上，高透明度也能因上述原因导致某种形式的市场失败。当然，在未引起市场失败的前提下，如果市场规模足够大，流动性足够好，则透明度提高能减少价格波动，增强市场流动性。

四、透明度对流动性没有显著影响的模型和实证检验

事实上，在透明度和流动性关系的争论中，也有很多研究者认为，两者并不存在显著的相关性。例如，NASD(1983)的研究发现，纳斯达克市场即时披露交易报告后平均买卖价差仅略有下降，英国公平交易办公室(Office of Fair Trading，1990)的一份研究也发现，交易报告延迟 24 小时后，大额订单和小额订单的价差均略有上升。这些报告表明透明度的影响是微小的，两者的关系并不显著。下面，就来看一下一些有代表性的理论模型和实证检验。

（一）Biais 的模型

Biais(1993)是从市场集中度的角度来区分透明度的，他对比了两类透明度不同的市场：集中型市场(centralized market)和分割型市场(fragmented market)。一般来说，在集中型市场，由于所有的订单都集中到同一地点执行，所有的市场参与者都能观察到报价和交易的信息，所以相对双边交易的分割型市场来说更为透明。

在该模型中，进一步假设集中型市场存在多个风险厌恶型的做市商向市场提供流动性，并且他们能观察到竞争对手的头寸，市场透明度较高；而分割型市场的流动性提供者不能观察到这个信息，只能进行推测。模型认为，均衡的流动性供给者人数即“做市的成本和垄断收益相等时的人数”，交易的频率越高，交易资产的价格波动性越高，则均衡人数越高。集中型市场和分散型市场的买卖价差相等，即流动性并无显著差别，且透明度较高的集中型市场的买卖价差波动性反而更大。

（二）Gemmill 的实证检验

1. 研究对象和对透明度的界定

与前述关于透明度的研究均不同的是,Gemmill(1996)集中研究了伦敦证交所的大宗交易的信息披露情况——大宗交易的交易后报价披露。伦敦证交所关于大宗交易的交易后报价披露规定经历了三个阶段的变更:1986 年 10 月到 1989 年 2 月,要求交易后价格马上公开;1989 年 2 月到 1991 年 1 月,交易额在 10 万英镑以上的交易价格能延迟 24 小时披露;1991 年 1 月至 1996 年 1 月,规定超过通常交易规模 3 倍以上的交易价格能在交易后延迟 90 分钟披露。研究者想解决的问题就是,这种对大宗交易不同的披露要求(不同的市场透明度)会对市场流动性产生何种程度的影响。

2. 研究方法和结论

Gemmill(1996)运用了事件研究(event study)的方法,经过实证检验表明,在不同的披露规则下,不同年份的买卖价差确实有差别,但价差的差异更多地和市场波动性相关,和市场披露信息的速度没有显著关系。因此,延迟信息披露并没有给市场带来流动性提高的好处,由信息披露速度而界定的市场透明度和市场流动性之间没有显著的关系。

第三节 透明度、信息披露与市场交易机制

市场透明度和信息披露是一个问题的两方面,对订单流、成交价、交易对手身份等的信息披露意味着更高的市场透明度。我们可以从当今各国制定的一些披露规则以及市场主体的披露行为来更好地理解市场透明度这一抽象的概念。

不同的市场交易机制既存在着天然的透明度差异,也会由于成交过程的机制不同而引起对透明度的不同认知,并带来各种交易机制下不同的信息披露规则。

一、狭义的市场透明度与信息披露

根据刘狄(2002)的定义,狭义的市场透明指证券交易信息的透明,通常以市场上买卖订单流和成交报告的信息披露来衡量。

国际证监会组织(IOSCO, 2001)的调查表明,国际上大多数市场均披露以下信息:(1)3～5个最佳买卖限价价格和数量汇总信息;(2)加权平均的买卖价差;(3)每一个交易品种的所有的订单信息(即整个订单簿信息,但不包括交易对手信息);(4)做市商的限价和价格/报价请求(针对衍生品市场)。大多数交易所对特别规模的订单或大宗订单的信息披露处理方式和普通交易不同。

(一)美国市场的信息披露状况

在美国,对交易对手身份的披露也不仅仅是个学术问题。早在 1934 年,证券交易法令(Securities Exchange Act of 1934 Rule 10b－10)就规定,证券经纪人必须向客户披露满足客户的订单要求的经纪人所买入或卖出的交易对手的身份。这一法令在 2003 年有所改变,美国 SEC 在一定限度上批准纳斯达克不作这样的披露。但就交易和报价的披露来说,美国证券市场的交易后透明度较高,所有在交易时间内的交易都必须向市场报告。但交易前的信息披露

相对较差，纽约证券交易所的专家和纳斯达克市场的做市商可以隐匿投资者的价格劣于报价的限价订单，实际上订单簿只对相关的专家或做市商开放。纽约证券交易所规定，在开盘和收盘时期，如果订单簿中买卖订单的不平衡超过一定程度，专家必须公布订单簿中的买卖不平衡情况。

（二）欧洲市场的信息披露状况

和美国相对的是，在欧洲，证券市场的交易前透明度较高，匿名性也很好（如在伦敦证券交易所 SETS 系统，SEAQ 撮合系统进行的所有交易均通过中央交易对手进行），但交易后透明度相对较低，不少市场均允许大宗交易延迟信息披露。

如 Euronext 在交易前信息披露方面，市场即时披露至少 5 个最佳买卖盘在每个价格上的数量（不包括隐藏的数量）和订单总个数信息，以及加权平均的买卖价差信息。同时，系统即时披露订单簿中的所有订单信息（但在个别股票的市场变化剧烈时例外）。交易所也可决定是否披露每个订单交易者的身份。

在交易后信息披露方面，Euronext 即时披露交易的价格、数量和时间信息。在正常交易时间外进行的交易必须在第二天开盘前进行披露。股票的大宗交易的信息披露不受上述限制。大宗交易的披露规则如下：

（1）会员的非自营大宗交易在向交易所报告后即刻予以披露。

（2）会员的自营大宗交易的信息披露予以延迟：①如果大宗交易的数量低于标准大宗交易规模的 5 倍，则在报告后 60 分钟内披露；②如果大宗交易的数量等于或大于标准大宗交易规模的 5 倍，则在报告后 120 分钟之内披露。在自营大宗交易的规模达到或超过该股票市值的 5%时，还没有结清其持有头寸的相关会员可要求延迟到下一个交易日开盘竞价前或连续交易开盘前披露。

（三）亚洲市场的信息披露状况

亚洲证券市场由于大多数均采取电子自动竞价交易方式，因此市场透明度较高，一般不设有大宗交易延迟披露制度，而且在交易前信息披露方面也没有什么限制。

如东京证券交易所提供实时交易后信息如下：每一笔交易的价格，每只股票的开盘价、收盘价、最高价和最低价，每笔交易的金额和交易数量以及指数信息等。

在交易前信息披露方面，东京证券交易所实时披露如下信息：

（1）每只股票的价格最高的 3 个买进报价和价格最低的 3 个卖出报价的每个价位上的订单总数量。

（2）特别报价信息，包括报价和在该价位上的累积买卖订单的不平衡数量（差额），但不提供该价位上的买单和卖单的数量。

（3）开盘前报价，即在开盘前阶段买卖订单相互平衡的价格（估计的开盘价格）。交易所在上午 8:20 至上午开盘前、中午 12:05 至下午开盘前提供开盘前报价。开盘前报价将随着订单簿的变化而不断变化。

二、广义的市场透明度和信息披露

上市公司是现代证券市场的主体，因此，广义的市场透明度不仅包括证券市场交易信息的披露，也包括有关上市公司信息的即时和准确披露。上市公司的信息披露包括由各种法规条例和监管部门所要求的强制信息披露以及其自愿性信息披露。下面，就国际上主要国家上市公司的信息披露制度作一比较。

(一)上市公司信息披露的管理体制比较

上市公司信息披露的管理体制是一国或地区对上市公司信息披露行为所采取的管理体系、管理结构和管理手段的总称。它包括信息披露的管理机构组成及其职责划分，广义上还包括确定管理机构监管职责以及规范上市公司信息披露活动的法律制度体系。

上市公司的信息披露监管职责划分比较可以参见表 5－1。

(二)上市公司初次信息披露比较

海外证券市场上市公司的初次信息披露有以下三个特点：一是多以招股说明书为主要形式，招股说明书要求的内容基本一致。二是上市公司初次信息披露的具体做法存在细微差别：如多数市场要求上市公司在上市前发布上市公告，部分市场无这一要求；有的市场上市公司在正式招股前可发布初步招股说明书，而多数市场只需要发布正式招股说明书；有的市场如中国台湾地区采取较为独特的方式，如以召开上市前业绩发布会的形式进行上市前的信息披露。三是不同层次的市场，招股说明书的内容要求并不完全相同。一般来说，创业板市场上市公司招股说明书所要求披露的内容要多于主板市场。

主要证券市场上市公司的初次信息披露形式如表 8－3 所示。

表 8－3　主要证券市场上市公司的初次信息披露形式

市场类别 披露形式	美国	英国	日本	德国	法国	中国台湾	中国香港
招股说明书	√	√	√	√	√	√	√
上市公告书					√	√	√
其他	初步招股 说明书	AIM 市场 10 通知				上市前业 绩发布会	

资料来源：深交所综合研究所(2002)。

(三)我国上市公司强制性信息披露概况

对比国际主要证券市场，当前，我国已初步形成了以《证券法》为主体，相关的行政法规、部门规章等规范性文件为补充的全方位、多层次的上市公司信息披露制度框架。初次披露的形式包括招股说明书和上市公告书，定期报告的披露内容包括年报、中报和季报，并要求就重大事件、并购信息、股东大会和董事会决议等内容作临时报告。当然，我国在上市公司信息披露体系方面还存在很多问题，表现在部分立法形式欠合理，有关法律责任的规定存在欠缺，部分信息披露标准有待调整等。

（四）上市公司的自愿性信息披露

相对于强制性的信息披露，上市公司的自愿性信息披露行为已经成为目前理论界研究的热点之一。

现代经济、管理理论从不同的方面对公司的自愿性信息披露行为的动因进行了解说。前者为信息经济学和委托代理理论，后者则是管理科学和组织行为理论。经济理论主要强调的是经济主体行为的理性及市场机制的自律性。管理理论则侧重于战略分析和治理机制的有效性。

在我国，由于证券市场是新兴市场，制度不完善，存在严重的低效信息均衡问题，上市公司自愿性信息披露动因必然有其特定的表现形态，概括而言，动因主要表现为以下四个方面：一是在信息不完全的市场上，揭示公司价值，显示企业成长与核心竞争力。二是获得再融资机会与提高再融资价格。由于我国监管当局对于上市公司的再融资行为有着较为严格的约束条件，除了再融资要求的基本财务"硬"指标外，公司市场形象和股价也是上市公司获得再融资机会和提高再融资价格的约束条件。因此，自愿性信息披露能提升公司市场形象，取得外部投资者的认可。三是为上市公司经理层获得控制权收益。第四，进行风险套利，串通机构投资者，利用"信息寻租"获得套利机会。

上市公司的自愿性信息披露不仅能够提高公司声誉，优化公司治理结构，也有利于提高证券市场信息传递能力效率和价格形成机制，提高证券信息质量和信息精度，对市场有效性程度提高具有重要作用。

三、不同市场交易机制下的市场透明度比较

在前文 Pagano and Roell (1996)模型中，我们曾定义过几种透明度不同的交易机制并研究了它们的价格决定情况：

(1)完全透明的竞价市场：

$$P_i = P_A(y_1, \cdots, y_n)$$

(2)集合竞价市场：

$$P_i = P_B(y_1 + \cdots + y_n)$$

(3)连续竞价市场：

$$P_i = P_C(y_1, \cdots, y_i)$$

(4)做市商市场(过去的信息不及时披露)：

$$P_i = P_D(y_i)$$

在这里，我们进一步用图 8－1 比较这几种交易机制的透明度情况。

在图 8－1 中，箭头所指的方向表示透明度递减，双向的箭头表示这两种交易机制下的透明度相同；没有用箭头连接的，则表示这两种交易机制的透明度不可比较。

在现实中，一般来说，电子撮合的竞价市场的交易前和交易后透明度均好于做市商市场。

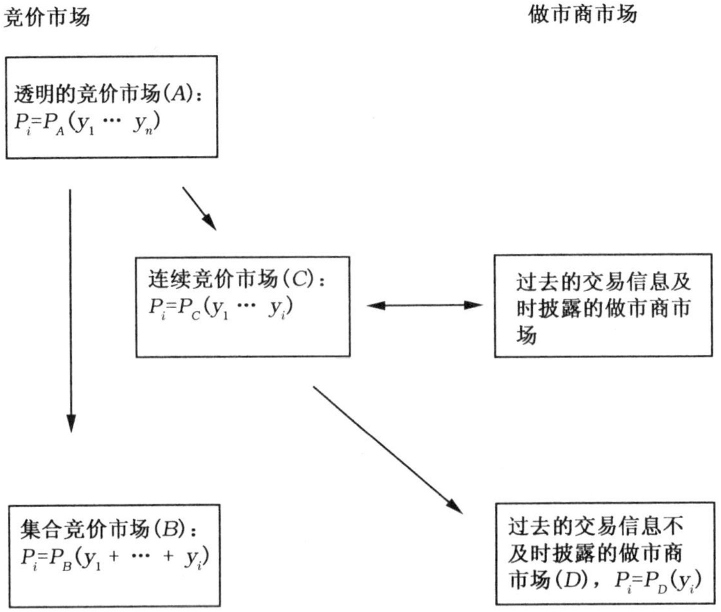

图 8—1　几种交易机制透明度比较

交易前，竞价市场可能披露更多的价位水平和更大的深度，而做市商市场可能降低交易前信息；交易后，电子竞价市场的信息披露通常即时，而做市商通常会延迟披露信息。

在实践中设计市场交易机制和市场透明度时，应注意以下几个问题：首先，要鼓励有关交易信息的及时公开，这是保证市场公正性和有效性的中心环节。对于上市公司的强制性信息披露要严格做到，对其自愿性信息披露要加以合理的引导保证信息的真实可靠。只有这样，才能改善上市公司的公司治理，提高金融市场的绩效。其次，设计信息披露的有关法规时，也不是越透明越好，要考虑到各国特殊的国情因素和技术限制。再次，金融市场的运行绩效由六大指标决定，所以设计透明度时要考虑到和其他目标之间的平衡，在实践中决定最优的透明度。

本章小结

本章主要介绍了金融市场透明度的有关内容。第一节从透明度的定义出发，回答了何为透明度、如何衡量透明度的问题，并分析了交易机制、市场集中度、投资者结构等影响透明度的因素。第二节集中分析了市场透明度和流动性的关系，介绍了解释两者关系的多种理论和实证检验以及最优透明度的概念。第三节从透明度理论延伸到了信息披露的实践，介绍了各国金融市场及上市公司的一些信息披露制度，并对不同交易机制下的市场透明度作了比较和归纳。

基本概念

广义透明度　狭义透明度　市场透明度和市场效率性　最优透明度　强制性信息披露　自愿性信息披露

复习思考题

1. 从 O'hara(1995)的定义出发，我们可以从哪几个角度考察市场透明度？
2. 市场透明度的影响因素分别有哪些？它们各自如何影响市场透明度？
3. 关于透明度和流动性的关系，各有哪几种结论？如何从这个角度理解最优透明度？
4. 请比较美国、欧洲和亚洲金融市场信息披露状况的不同点。
5. 请比较不同交易机制下的市场透明度。

本章参考文献

1. 刘狄：《证券市场微观结构理论与实践》，复旦大学出版社 2002 年版。

2. 刘红忠：《金融市场学》，上海人民出版社 2003 年版。

3. 陆正飞、汤立斌和卢英武：《中国证券市场信息披露监管：问题、原因及对策》，收录于深圳证券交易所综合研究所(2002)。

4. Admati, A. and P. Pflerderer (1991), Sunshine Trading and Financial Market Equilibrium, *Review of Financial Studies*, 4(3), pp. 443—482.

5. Biais, B. (1993), Price Formation and Equilibrium Liquidity in Fragmented and Centralized Markets, *Journal of Finance*, 48, pp. 157—185.

6. Bloomfield Robert and Maureen Ohara (1999), Market Transparency: Who Wins and Who Loses, *the Review of Financial Studies*, Vol. 12, No. 1, pp. 5—35.

7. Fama, Eugene F. (1970), "Efficient Capital Markets: A Review of Theory and Empirical Work", *Journal of Finance*, 25, 2, pp. 383—423.

8. FIBV (1998), Market Principles.

9. Flood, M. R., Huisman, K. Koedijk and R. Mahieu (1997a), *Quote Disclosure and Price Discovery in Multiple Dealer Markets*, working paper, Limburg Institute of Financial Economics, University of Limburg.

10. Flood M., R. Huisman, K. Koedijk and A. Roell (1997b), *Post-Trade Transparency in Multiple Dealer Financial Markets*, working paper, Limburg Institute of Financial Economics, University of Limburg.

11. Forster M. and T. George (1992), Anonymity in Securities Markets, *Journal of Financial Intermediation* 2, pp. 168—206.

12. Gemmill Gordon (1996), Transparency and Liquidity: A Study of Block Trades on the London Stock Exchange under different Publication Rules, *Journal of Finance*, Vol. 51, No. 5, Dec., pp. 1765—1790.

13. Grossman S. J. (1988), An Analysis of the Implications for Stock and Futures: Price Volatility of Program Trading and Dynamic Hedging Strategies, *Journal of Business* 61, pp. 275—298.

14. Huang, Roger D. and Hans R. Stoll (1996), Dealer versus Auction Markets: A Paired Comparison of Execution Costs on NASDAQ and the NYSE, *Journal of Financial Economics* 41, pp. 313—357.

15. *International Organization of Securities Commissions* (2001), Transparency and Market Fragmentation, Report from the Technical Committee of IOSCO, November 2001.

16. *International Organization of Securities Commissions* (1992), Transparency on Secondary Markets: A Synthesis of the IOSCO Debate, IOSCO Technical Committee.

17. Lindsay, R. (1990), *Market Makers, Asymmetric Information and Price Formation*, Working Paper, Hass School of Management, University of California at Berkeley.

18. Madhavan Ananth (1996), Security Prices and Market Transparency, *Journal of Financial Intermediation*, 5, pp. 255—283.

19. Madhavan Ananth (2000), Market Microstructure: A Survey, *Journal of Financial Markets*, 3, 2000, pp. 205—258.

20. Miller M. H., et al. (1989), *Final Report of the Committee of Inquiry: Appointed by the Chicago Mercantile Exchange to Examine the Events Surrounding* October 19, 1987, in R. W. Kamphuis, Jr., R. C. Kormendi and J. W. H. Watson, Black Monday and the Future of Financial Markets, Irwin, Homewood, Ill.

21. NASD (1983), *Analysis of the Impact of Last Sale Reporting on Market Characteristics of Tier 2 NASDAQ Securities*, Unpublished, NASD, Washington D. C.

22. Office of Fair Trading (1990), *Trade Publication and Price Transparency on the International Stock Exchange: A Report to the Secretary of State for Industry*, Office of Fair Trading London, April.

23. Ohara Maureen (1995), Market Microstructure Theory, Blackwell Publishers Inc., Cambridge, MA.

24. Pagano Marco and Alisa Roell (1996), Transparency and Liquidity: A Comparison of Auction and Dealer Markets with Informed Trading, *Journal of Finance*, 51, pp. 579—611.

25. Roell A. (1990), Dual—Capacity Trading and the Quality of the Market, *Journal of Financial Intermediation* 1, pp. 105—204.

26. Securities and Exchange Commission (SEC) (1995), An Examination of Current Equity Market Developments, *Division of Market Regulation*, SEC, Washington D. C.

27. Ui Takashi (1997), Transparency and Liquidity in Securities Markets, unpublished, *Institute for Monetary and Economics Studies*, Bank of Japan.

28. Waisburd C. Andrew (2004), *Trade Transparency, Identity Disclosure, and the Cost of Transacting*, unpublished, Neeley School of Business, Texas Christian University.

29. Wells、Stephen (1993), *Transparency in the equity market—the publication of last trades*, *Stock Exchange Quarterly*, Spring, pp. 13—16.

第九章

市场稳定性

本章主要介绍金融市场的稳定性。稳定性是市场结构所要实现的主要目标之一，是证券市场的内在要求。稳定性的对立面即所谓的波动性。我们首先介绍波动性的概念、度量及其影响因素；然后，讨论稳定性与透明度及流动性之间的关系；最后，讨论证券市场的价格稳定机制设计。

第一节　波动性的衡量与影响因素

一、波动性的概念及其分类

（一）波动性的概念及其意义

波动性（volatility）是稳定性的对立面，因此，在讨论市场的稳定性之前，我们首先要弄清什么是波动性。Madhavan（1992）把波动性定义为价格的变化。Glen（1994）则把波动性定义为价格变化的频率和幅度。总的来看，波动性就是指资产价格或者收益偏离其期望值的可能性。这种对期望值的偏离有两种情况：一种是有利的偏离，即价格或者收益增加的情形；另一种是不利的偏离，即价格或者收益下跌的情形。波动性越大，说明某一资产或者组合的风险就越大。例如，上证综合指数在某一时期内波动性较大，就表示这一时期股票市场的风险较大。一般来说，投资者倾向于偏好低波动性，因为低波动性可以降低投资者蒙受较大损失的几率。例如，股票市场上的投资者倾向于持有分散化了的投资组合，就是为了消除不必要的波动性。

波动性意味着风险，但对证券市场而言，波动性是市场正常运行的基础。如果价格恒定不变，也就不会有证券的买卖了。因此，没有波动性也就没有流动性，因而也就没有市场。可见，波动性是证券市场的内在属性。但是，过度的价格波动对证券市场的健康发展却是有害的。证券市场价格过度波动，不仅会破坏资源的合理配置，而且还会影响社会的稳定。因此，稳定性是市场结构设计的主要目标之一。

波动性对投资者、市场监管者及证券市场功能的实现均具有重要意义。

投资者非常关注市场的波动性。例如，期权交易者就非常关注波动性，因为标的资产

(underlying asset)的波动性越高,期权的价值就越大。事实上,投资者要想获取一定的收益,就要承受相应的风险。波动性越高,投资者的潜在收益就越高,但蒙受较大损失的几率也较高。可以说,较高的收益伴随着较高的风险,收益和风险就像一对孪生姊妹,密不可分。风险和收益的这种关系就要求投资者必须在两者之间作出权衡。因此,投资者在进行投资决策时,必须考虑风险因素。

市场监管者同样关注波动性。相对的稳定性是市场发挥其功能的基础。过度波动说明市场出了问题,也必将影响资源的优化配置,甚至会对整个经济产生消极的影响。因此,监管者在股市出现巨幅波动时,会采取某些稳定市场的措施。

(二)波动性的划分

根据波动的来源不同,可将波动性分为基本波动性(fundamental volatility)和暂时波动性(transitory volatility)。

1. 基本波动性

基本波动性是与非预期的证券内在价值(或称为基本价值)的不确定性相联系的波动性。从长期看,价格应能反映证券的内在价值。当决定证券价值的基本因素发生变化时,则证券的内在价值也会发生变化。也就是说,当基本因素发生非预期的变化时,价格也会相应地进行调整。例如,影响股票内在价值的因素可能有:公司产品的市场需求、原料的供给、公司的财务状况、技术、资源、公司的治理结构、行业状况、宏观经济形势;等等。当这些基本因素发生了非预期的变化时就会导致该公司股票的内在价值发生变动,这种波动就是基本波动性。需要指出的是,可预期的基本因素的变动并不会导致证券价格发生变化,因为这些可预期的变动在其发生之前就已经反映在当前的市价中。

一旦证券价格偏离内在价值,则知情交易者就会发现套利机会,买入定价偏低的证券,卖出定价偏高的证券,从而使得证券价格趋近于其基本价值。在证券市场上,知情交易者的这种行为通常会给流动性提供者(比如做市商)带来损失。因为多数情况下,做市商并不知道他们是否在与知情交易者进行交易,因而只能通过订单流的变化来推测有关证券基本价值变动的信息。针对这种情况,做市商通常会要求一个相对较大的买卖价差,以弥补可能的损失。因此,买卖价差中因逆向选择(adverse selection)因素而导致的价格变动也属于基本波动性。

基本波动性是重要的,它可以使证券价格真实地反映其内在价值(市场公平价格),为投资者进行投资决策提供重要的信息,并进而促进资源的优化配置。

2. 暂时波动性

暂时波动性与证券交易过程中的不确定性相联系,是指因不知情交易者的交易行为而导致的波动性。例如,投资者在不同时点买卖股票时,买方会尽量压低股价,而卖方则会尽量抬高股价。当市场的流动性很高时,他们的这种交易并不会对股价造成多大的影响,因此,暂时波动性很小。但是,当市场流动性严重不足时,买方或者卖方就必须在价格上做出让步才能成交。此时,即使股票的基本价值没有发生变动,成交价格也会产生波动,这种波动就是暂时波动。

暂时波动是与证券真实价值变动无关的波动，它限制了证券价格的市场指示器作用。如果这种波动不是很剧烈，那么它对市场造成的影响也不会很大。但是，一旦市场暂时波动超出了一定的范围，就会影响到投资者的信心，进而影响资源的优化配置乃至整个经济。因此，必须对暂时波动的幅度予以限制。

对波动性的这种划分是有意义的，因为并不是所有的市场波动都可以通过稳定制度加以限制。市场稳定制度要限制的是暂时波动，而不是基本波动。如果某一市场稳定制度能够降低暂时波动性的同时又不限制基本波动性（也就是说不会阻碍价格反映信息的过程），则这种市场稳定机制就是有效的。

事实上，我们很难严格区分证券价格的波动是暂时波动还是基本波动，因而也就难以评判市场稳定作用的效果。但在实务中，我们依然有办法处理这个问题。如果我们把市场稳定制度发挥作用的那个交易日称为基准日的话，那么，通过比较基准日之前和之后的股价行为就可以断定市场稳定机制抑制的是暂时波动还是基本波动。如果基准日前后的股价行为一致，则在基准日市场稳定机制抑制的是暂时波动。如果基准日前后的股价行为出现很大的差别，则可以认为市场稳定机制抑制的是基本波动。

二、波动性的衡量

要评估市场的稳定机制的效果，我们必须首先对市场波动性进行衡量。

（一）标准差方法

用资产价格或者收益的标准差衡量资产的波动性是最常用的方法。1952 年 Markowitz 发表《投资组合选择》一文，并提出用样本的方差度量组合的风险。在金融经济学中，资产的波动性一般用收益的标准差进行衡量，而不直接使用价格，因为收益序列具有平稳性。

如果某一资产的历史收益序列为：$r_{t-1}, r_{t-2}, \cdots, r_{t-n}$，这里，$r_{t-i}$ 为资产在第 $t-i$ 期的收益，则该资产收益的方差的估计值为：

$$\hat{\sigma}^2 = \frac{1}{n-1} \sum_{i=1}^{n} (r_{t-i} - \bar{r})^2 \qquad (9-1)$$

其中，$\bar{r}$ 为样本均值。

可以证明，式（9—1）给出的估计 $\hat{\sigma}^2$ 是总体方差 σ^2 的无偏估计。

式（9—1）给出的估值方法属于简单移动平均方法，该方法对各期的交易数据都赋予相等的权重。这意味着，对于当前的估计，远期的数据与近期的数据具有同等的重要性。显然，该种方法得到的估计值容易受到异常数据的影响。当样本中含有异常数据时，所得到的估计值往往偏高。

一种改进的估值方法是所谓的指数移动平均（exponentially weighted moving average, EWMA）方法。如果假定 $\bar{r}=0$[①]，则资产收益的方差的指数移动平均估计公式为：

① 大量的实证研究表明，假定 $\bar{r}=0$ 会取得更好的预测效果，因此在估计波动性时，一般假设 $\bar{r}=0$。

$$\hat{\sigma}^2=\frac{x_{t-1}^2+\lambda x_{t-2}^2+\lambda^2 x_{t-3}^2+\cdots+\lambda^{n-1} x_{t-n}^2}{1+\lambda+\lambda^2+\cdots+\lambda^{n-1}} \quad (9-2)$$

这里，λ 称为衰减因子(decay factor)，其取值在 0～1。

比较这两种估值方法，我们可以看到，指数移动平均方法考虑到了历史数据发生时间的远近问题，因为该方法对近期的数据赋予较大的权重，而对远期的数据则赋予较小的权重。显然，该方法可以较好地解决样本的异常值问题。此外，实际的金融时间序列数据往往呈现出某种自相关性，并且这种自相关性随着时间的推移而减弱。因此，在这种情况下，指数移动平均估值方法要优于简单移动平均。但当时间序列数据并不呈现自相关性时，指数移动平均的预测效果反而劣于简单移动平均方法。

指数移动平均估值方法的难点在于如何确定衰减因子。常用的方法是通过最小化均方误差(MSE)来选取衰减因子。

(二)ARCH 类模型

在实际应用中，人们发现，金融时间序列数据往往具有波动的集聚性(volatility clustering)、持续性、尖峰厚尾性(leptokurtosis and heavy-tail)、自相关性以及杠杆效应(leverage effect)等特征。例如，股票收益的分布就具有尖峰厚尾的特征，收益的方差随时间变化，且方差的变动在某一段时间内持续的大，而在另一段时间内持续的小，即收益率的波动具有集聚效应。显然，传统的诸如标准差这样的波动性估计方法很难捕捉到这些特征。这就促使人们发展新的模型以反映这些特征。1982 年，Engle 首先提出了 ARCH(autoregressive conditional heteroscedasticity)模型，对方差进行建模，效果良好。Bollerslev 于 1986 年对 ARCH 模型进行了推广，得到所谓的 GARCH(generalized autoregressive conditional heteroscedasticity)模型。实证研究表明，ARCH 类模型特别适合于对金融时间序列数据的波动性和相关性进行建模。

1. ARCH 模型

随机过程$\{\varepsilon_t\}$，若它的平方 ε_t^2 服从 $AR(q)$过程，也即：

$$\varepsilon_t^2=\alpha_0+\alpha_1\varepsilon_{t-1}^2+\alpha_2\varepsilon_{t-2}^2+\cdots+\alpha_q\varepsilon_{t-q}^2+\eta_t \quad (9-3)$$

其中，$\{\eta_t\}$独立同分布，且 $E(\eta_t)=0, D(\eta_t)=\lambda^2, t=1,2,\cdots$，则称随机过程$\{\varepsilon_t\}$服从 q 阶的 ARCH 过程，记作 $\varepsilon_t \sim \text{ARCH}(q)$。

一般地，我们假定式(9—3)中的系数满足：$\alpha_0>0, \alpha_i \geqslant 0$。$i=1,2,\cdots,q$。为保证$\{\varepsilon_t^2\}$为一平稳过程，式(9—3)中的系数要满足下述不等式：

$$\alpha_1+\alpha_2+\cdots+\alpha_q<1 \quad (9-4)$$

这样，若 $\varepsilon_t \sim \text{ARCH}(q)$，则 ε_t 的无条件方差为：

$$\sigma^2=E(\varepsilon_t^2)=\frac{\alpha_0}{1-\alpha_1-\alpha_2-\cdots-\alpha_q} \quad (9-5)$$

在每一时刻 t，ARCH 过程的条件方差是以往随机干扰项的函数。如果以σ_t^2表示 $ARCH$ 过程在 ε_t 时刻 t 的条件方差，则给定随机变量$\varepsilon_{t-1}^2, \varepsilon_{t-2}^2, \cdots, \varepsilon_{t-q}^2$的值，有：

$$\sigma_t^2=E(\varepsilon_t^2|\varepsilon_{t-1}^2,\varepsilon_{t-2}^2,\cdots,\varepsilon_{t-q}^2)=\alpha_0+\alpha_1\varepsilon_{t-1}^2+\alpha_2\varepsilon_{t-2}^2+\cdots\alpha_q\varepsilon_{t-q}^2 \tag{9-6}$$

ARCH 过程还有另一种表示：

$$\varepsilon_t=\sqrt{h_t}\cdot v_t \tag{9-7}$$

这里，$\{v_t\}$为独立同分布序列，且 $E(v_t)=0,D(v_t)=1$。h_t则满足：

$$h_t=\alpha_0+\alpha_1\varepsilon_{t-1}^2+\alpha_2\varepsilon_{t-2}^2+\cdots+\alpha_q\varepsilon_{t-q}^2 \tag{9-8}$$

在任何时刻 t，ε_t的条件期望为：

$$E(\varepsilon_t|\varepsilon_{t-\varepsilon},\varepsilon_{t-2},\cdots,\varepsilon_{t-\varepsilon})=\sqrt{h_t}E(v_t)=0$$

条件方差为：

$$E(\varepsilon_t^2|\varepsilon_{t-1},\varepsilon_{t-2},\cdots,\varepsilon_{t-q})=h_tE(v_t^2)=h_t$$

应用最大似然估计法可以给出 ARCH 过程的参数估计，感兴趣的读者可以参见陆懋组所著的《高等时间序列经济计量学》。

ARCH 模型在实际应用中为了得到较好的拟合效果，阶数 q 往往较大，这就增加了参数估计的难度。为了解决这一不足，人们对 ARCH 模型进行了推广，得到广义的 ARCH 模型，即 GARCH。

2. GARCH 模型

GARCH(p,q)过程的条件方差函数为：

$$\sigma_t^2=\alpha_0+\sum_{i=1}^{q}\alpha_i\varepsilon_{t-i}^2+\sum_{i=1}^{p}\beta_i\sigma_{t-i}^2 \tag{9-9}$$

其中，$\alpha_0>0,\alpha_1,\alpha_2,\cdots,\alpha_q\geqslant0,\beta_1,\beta_2,\cdots,\beta_p\geqslant0$。

GARCH(p,q)模型相当于 ARCH(∞)，但参数的个数明显减少。GARCH(p,q)模型收敛的充要条件为：

$$\sum_{i=1}^{q}\alpha_i+\sum_{i=1}^{p}\beta_i<1$$

在金融学领域，最常用的 GARCH 模型是 GARCH(1,1)，它的表达式为：

$$\sigma_t^2=\omega+\alpha\varepsilon_{t-1}^2+\beta\sigma_{t-1}^2 \tag{9-10}$$

其中，α 称为回报系数，β 称为滞后系数。

很容易证明，GARCH(1,1)就等价于 ARCH(∞)。在金融市场中，GARCH(1,1)的滞后系数 β 通常大于 0.7，但回报系数 α 则要小的多，通常小于 0.25。参数 α 与 β 的大小就决定了波动序列的形状。较大的 β 值意味着，对波动性的冲击要经过较长的时间才会消失。

3. 指数 GARCH 模型

除了上面所述 GARCH 模型以外，近些年又涌现出了各种各样的 GARCH 模型。Nelson (1991)给出了指数 GARCH 模型(exponential GARCH，EGARCH)。EGARCH 模型中的条件方差满足下式：

$$\log(\sigma_t^2)=\alpha_0+\alpha_1f(\varepsilon_{t-1}/\sigma_{t-1})+\beta_1\log(\sigma_{t-1}^2) \tag{9-11}$$

其中，$f(\varepsilon_{t-1}/\sigma_{t-1})=\theta_1\cdot\varepsilon_{t-1}/\sigma_{t-1}+(|\varepsilon_{t-1}/\sigma_{t-1}|-E|\varepsilon_{t-1}/\sigma_{t-1}|)$。

函数 $f(\cdot)$ 称为非对称响应函数。由于当 $\varepsilon_{t-1}>0$ 时，$\frac{\partial f}{\partial \varepsilon_{t-1}}=\theta_1+1$，而当 $\varepsilon_{t-1}<0$ 时，$\frac{\partial f}{\partial \varepsilon_{t-1}}=\theta_1-1$，所以，$f(\cdot)$ 包含非对称效应，即波动性对市场下跌的反应要比对市场上涨的反应更加剧烈。这种效应也被称为杠杆效应（leverage effect），是金融市场中常见的一种现象。

4. ARCH-M 模型

从前面的论述中，我们看到，ARCH 模型、GARCH 模型以及 EGARCH 模型都是对回归模型中的条件方差进行描述，而忽视了资产的收益率。实际上，资产收益率与波动性之间密切相关，如果波动性发生变化，则预期收益率也要做相应的调整。ARCH-M(ARCH in Mean)模型对回归模型的条件期望与条件方差都进行了描述，因此是对 ARCH 模型以及 GARCH 模型的推广。与回归模型 $y_t=x_t'\beta$（x_t 为自变量组成的向量，β 是系数向量）相对应的 ARCH-M 过程为：

$$y_t=x_t'\cdot\beta+\delta\cdot g(h_t)+\varepsilon_t \tag{9—12}$$

其中，$\varepsilon_t=\sqrt{h_t}\cdot v_t$，$\{v_t\}$ 独立同分布，且服从标准正态分布；$g(h_t)$ 为条件方差的函数，h_t 可取 ARCH(q)的形式，也可以取 GARCH(p,q)的形式。

式(9—12)是 ARCH-M 过程的一般形式。由于条件方差 h_t 既出现在函数 $g(\cdot)$ 中，又出现在 ε_t 中，所以 ARCH-M 模型的参数估计比较复杂。

上面，我们介绍了四种基本的 ARCH 类模型。近些年来，又涌现出了各种各样的 ARCH 类模型，比如 TARCH(threshold ARCH)、AGARCH(asymmetric GARCH)、IGARCH(integrated GARCH)以及具有长久记忆特征的 FIGARCH(fractionally integrated GARCH)，等等。限于篇幅，这里不再赘述，有兴趣的读者可参考有关文献。

（三）随机波动性模型

随机波动性(stochastic volatility)模型也是一个描述波动性时变特征的有效模型。离散时间的随机波动性模型具有如下形式：

$$y_t=\mu+\sigma_t\varepsilon_t \tag{9—13}$$

这里，序列 ε_t，$t=1,2,\cdots,T$，独立同分布，且 $E(\varepsilon_t)=0$，$D(\varepsilon_t)=1$。σ_t 为正的随机变量序列，由于 $D(y_t|\sigma_t)=\sigma_t^2$，所以 σ_t 为 y_t 的条件标准差。

条件标准差 σ_t 服从什么模型呢？由于 $\{\sigma_t\}$ 为正的随机变量序列，因此是右偏的，模型可选对数正态分布模型。令 $h_t=\ln(\sigma_t^2)$，且 h_t 满足如下过程：

$$h_t=\gamma_0+\gamma_1 h_{t-1}+\eta_t \tag{9—14}$$

这里 $\eta_t\sim N(0,\sigma_\eta^2)$，相互独立，且独立于 ε_t。h_t 的一个解释是：它代表金融市场随机和不均匀的新信息流。将式(9—14)代入式(9—13)，得到如下形式的 SV 模型：

$$y_t=\mu+\varepsilon_t\exp(h_t/2) \tag{9—15}$$

可以证明，式(9—15)中的 y_t 的偶数阶矩均存在，奇数阶矩均为 0，与正态分布相比，具有厚尾特征。

随机波动性模型的难点在于参数估计，因此，该类模型不如 ARCH 类模型应用得那么广泛。但是，随着计量经济学理论的发展，随机波动性模型的参数估计问题也就变得不那么困难了。现有的估计随机波动性模型的方法主要有广义矩估计（generalized method moments，GMM），拟最大似然估计（quasi maximum likelihood，QML）和卡尔曼滤波等。

（四）隐含波动性

隐含波动性（implied volatility）是指期权价格中所隐含的波动性。Black-Scholes 欧式看涨期权定价公式（无红利支付的情形）为：

$$c=S_0N(d_1)-Xe^{-rT}N(d_2) \tag{9－16}$$

这里，S_0 为标的资产的当前价格，X 为执行价格，T 为时间，r 为无风险利率，$N(\cdot)$ 为标准正态变量的累积分布函数，$d_1=\{\ln(S_0/X)+(r+\sigma^2/2)T\}/\sigma\sqrt{T}$，$d_2=d_1-\sigma\sqrt{T}$。

根据 Black-Scholes 期权定价公式，已知期权的价格，我们就可以通过该公式反解出 σ。也就是说，我们可以根据期权的价格预测标的资产的波动性。显然，隐含波动性是对标的资产未来波动性的一种预测，而不是对当前波动性的预测。隐含波动性包含了投资者对标的资产未来走势的一种预期，这与利用统计方法得到的波动性不同。利用统计数据得到的波动性，实际上，是由过去推测未来。

由 Black-Scholes 期权定价公式，我们无法得到关于 σ 的解析式，因此需用数值方法进行求解。此外，对同一标的资产，执行价格不同，到期时间不同，则所得到的期权也就不同。此时，对同一标的资产，会得到不同的隐含波动性，这就是所谓的“波动性微笑”（volatility simile）现象。波动性微笑现象是期权定价模型存在偏差造成的，但如果选取适当的随机波动性模型，就可以消除波动性微笑。

（五）基于开盘价、收盘价、最高价、最低价的波动性估计

刚才我们提到的各种波动性估值方法，所使用的数据多为收盘价（close price）数据。实际上，公开了的交易数据中还有开盘价（open price）、最高价（high price）以及最低价（low price）等指标，可以利用这些信息对波动性进行估计，其效果要好于只利用收盘价信息的情形。

如果假定证券价格服从几何布朗运动，即 $P_t=\exp(\mu\cdot t+\sigma B_t)$（这里，$t\geqslant0$，$\mu$ 代表漂移，σ 代表波动性，B_t 为标准布朗运动），那么，我们的目标是利用开盘价、收盘价、最高价与最低价来估计波动性。

首先，我们给出一些记号。T 代表每一时期的时间间隔（不失一般性，可设 $T=1$），且以前一个时期的收盘时刻为起点，以当期的收盘时刻为终点。每一个时期都被分成两个部分：f 和 $1-f$。第一个时期 f 属于交易终止期，此时，价格的波动是不可见的；第二个时期（$1-f$）属于交易期，在该时期内，我们可以观察到开盘价、最低价、最高价以及收盘价。由于当期的开盘价未必等于前期的收盘价，因此，可能存在开盘价跳跃现象（open price jump）。记 V 为待估方差，C_0 为前一时期的收盘价（在时点 0），O_1 为当期的开盘价（在时点 f），H_1 为当期的最高价（在时点 f 与 1 之间），L_1 为当期的最低价（在时点 f 与 1 之间），C_1 为当期的收盘价（在时点 1）。上述记号的含义可参见图 9－1。

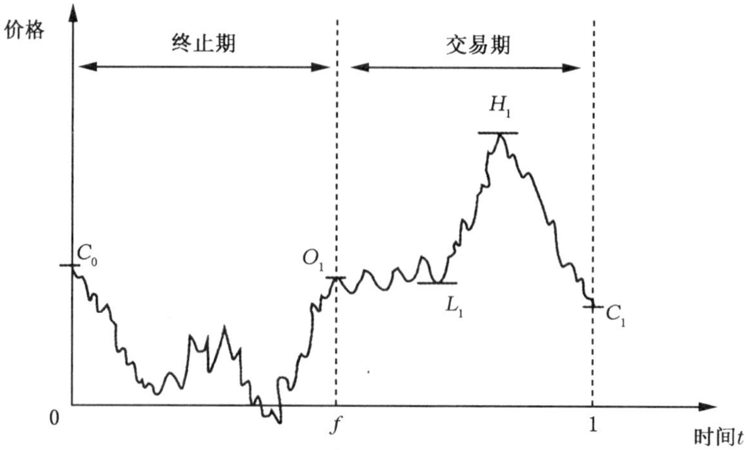

图 9—1　价格与时间

进一步，令 $o=\ln O_1-\ln C_0$；$u=\ln H_1-\ln O_1$；$d=\ln L_1-\ln O_1$；$c=\ln C_1-\ln O_1$，则传统的基于收盘价数据（假定有 n 期数据）的方差估计值为：

$$V_{cc}=\frac{1}{n-1}\sum_{i=1}^{n}[(o_i+c_i)-(\overline{o+c})]^2 \tag{9—17}$$

这里，$\overline{o+c}=\frac{1}{n}\sum_{i=1}^{n}(o_i+c_i)$ 。

式(9—17)给出的波动性估计是无偏的(unbiased)，且独立于漂移 μ，也与开盘价跳跃无关。但是，该估计量的方差却未必是最小的，而且所利用的信息只是收盘价。一种改进的方差估计方法是，我们不仅利用收盘价数据，而且还利用开盘价数据和最高、最低价数据，通过构造基于这些数据的统计量，我们就可以得到比式(9—17)更精确、更富信息含量的估计方差的统计量。Parkinson(1980)给出了仅基于最高价和最低价的方差估计统计量，公式如下：

$$V_p=\frac{1}{n}\sum_{i=1}^{n}\frac{1}{4\ln 2}(u_i-d_i)^2 \tag{9—18}$$

Parkinson(1980)给出的统计量只有在不存在开盘价跳跃以及无价格漂移的情况下才适用。Beckers(1983)利用市场数据对 V_{cc} 与 V_p 进行了对比。

Rogers 和 Satchell(1991)给出了基于最高价、最低价以及收盘价的方差估计统计量，公式如下：

$$V_{RS}=\frac{1}{n}\sum_{i=1}^{n}[u_i(u_i-c_i)+d_i(d_i-c_i)] \tag{9—19}$$

与式(9—18)相比，式(9—19)给出的统计量具有更小的方差，且与漂移 μ 无关，因而比前者要好。但是，式(9—19)给出的估计假定开盘价没有跳跃性，这不符合实际。

Garman 和 Klass(1980)给出的最小方差无偏估计为：

$$V_{GK}=V'_0-0.383V'_c+1.364V_p+0.019V_{RS} \qquad (9-20)$$

这里，$V'_0=\frac{1}{n}\sum_{i=1}^{n}o_i^2$，$V'_c=\frac{1}{n}\sum_{i=1}^{n}c_i^2$，$V_p$，$V_{RS}$ 分别由式(9－18)与式(9－19)给出。

式(9－20)给出的估计的缺点在于它依然与开盘价跳跃有关，且假定证券价格没有漂移。

在实践中，人们经常发现证券价格往往会带有一定的趋势，这种现象在市场持续走牛，或者持续下跌的时候显得尤为突出。在证券价格明显包含趋势的情况下，与实际波动性相比，V_p 以及 V_{GK} 给出的波动性估计偏高了。忽视开盘价跳跃现象则会低估波动性。

Yang 和 Zhang(2000)在以上学者工作的基础上，提出了如下的方差估计统计量：

$$V=V_0+kV_c+(1-k)V_{RS} \qquad (9-21)$$

其中，$V_0=\frac{1}{n-1}\sum_{i=1}^{n}(o_i-\bar{o})^2$，$V_c=\frac{1}{n-1}\sum_{i=1}^{n}(c_i-\bar{c})^2$，$V_{RS}$ 定义如(9－19)给出，k 为待定参数。所选取的 k 值要使统计量 V 的方差最小化。

可以证明，式(9－21)给出的统计量是方差的无偏估计量，且独立于漂移和开盘价跳跃。

三、波动性的影响因素

影响市场波动的因素众多，前面讨论基本波动性与暂时波动性时，我们已经给出了一些影响因素。例如，利率、货币供应量、物价指数、经济周期、进出口、未来预期的现金流、财务杠杆、营运杠杆等实体经济变量都会影响股票的基本波动性。市场交易机制、交易量、新型交易技术（如程序化交易、组合保险技术）、金融衍生工具交易等则会导致暂时波动性。此外，投资者行为也会影响股价的波动。例如，新信息的到来，会改变投资者对股票内在价值的看法，从而给股价带来波动。有时，即使没有新信息的出现，投资者出于流动性需要，可能导致暂时性的买卖失衡，这也会给股价造成波动。限于篇幅，本章并不对各种影响因素展开讨论，而是将讨论重点放在市场微观结构（交易机制）对波动性的影响上。

一般来说，引起证券价格短期波动的因素主要有两个：一个是由信息效应引起的波动；另一个是由交易机制（市场微观结构）引起的波动(Barnea，1974)。前者是现代金融理论研究的内容，它一般不考虑市场机制在价格波动方面所起的作用，而是假定存在一个完善的、无摩擦的且与交易机制无关的市场，然后研究外部信息和有关噪音对交易价格的影响。在这一过程中，交易机制仅仅是反映了这些外部信息或者噪音，其自身对价格并不产生任何影响，因而属于外生变量，但现实市场并非是无摩擦的。例如，证券交易不仅存在诸如手续费、佣金、税收等直接成本，而且还存在诸如信息成本、搜索成本、执行成本、延迟成本等间接成本。此外，市场也并非是同质的，存在时间与空间上的分割。显然，在这样一个并不完全的市场上，交易机制无疑会对证券价格的波动产生影响，这已被大量的实证研究所证实。例如，Oldfield 和 Rogalski(1980)、French 和 Roll(1986)、Stoll 和 Whaley(1990)等学者的研究发现，交易时间的收益波动与非交易时间的相比，存在显著差异。事实上，市场微观结构设计的目标之一就是要尽可能地降低因交易因素所引起的波动性。

下面我们分别讨论价格形成机制、最小报价单位以及大宗交易制度对股价波动的影响。在下一节，我们还将讨论市场稳定机制对股价波动的影响。

（一）价格形成机制对股价波动性的影响

证券的价格形成机制是市场微观结构的重要组成部分。证券的价格形成机制可以分为做市商交易机制与竞价交易机制，相应的市场分别是做市商交易市场（或称报价驱动市场）与竞价交易市场（或称订单驱动市场）。竞价交易市场又分为连续竞价市场与集合竞价市场。

理论上，竞价交易市场不存在价格维护机制，证券价格随投资者的买卖指令而波动，因而，波动幅度取决于超买或者超卖的程度。在市场存在操纵行为的情况下，价格波动会比较高，而且也比较频繁。相比之下，做市商交易机制则可以缓解这种价格波动。首先，做市商报价受到证券交易市场规则的制约；其次，做市商更有能力处理大额订单，从而减缓对价格的冲击；再次，当买卖指令不均衡时，做市商可以起到平抑价格波动的作用；最后，做市商的存在会抑制市场操纵行为。需要指出的是，以上结论还只是停留在理论阶段，针对具体的问题、具体的场景，结论会有所不同。例如，做市商的连续报价制度有助于稳定证券价格，但是，做市商也有盈利的动机。与整个市场相比，做市商具备一定的信息优势。在竞争性做市商的制度安排下，如果做市商一致认为市场价格已与价值出现了严重的偏离，并且预期价格需要调整时，他们的集体行为就会导致价格突然发生逆转。由于报出相对有利于交易者的报价从而提前完成交易是做市商之间相互博弈的占优策略，且投资者的相对信息劣势为这种提前完成交易创造了机会，因此，做市商一起行动时，就会放大价格逆转所带来的负效应。在这种情况下，做市商本身就增加了这类交易制度的不稳定性。

有关连续竞价、集合竞价与做市商市场的波动性的实证比较方面的文章并不丰富。Amihud 和 Mendelson(1987)指出，不同市场所交易的资产也是有差异的，这些资产所处的环境不同，因而也就难以区分不同交易机制下的证券价格行为的差异到底是由交易机制本身的差异所引起的，还是由这些证券本身的差异或者所处的环境的差异引起的。尽管如此，仍有学者探讨价格形成机制对股价行为的影响。Amihud 和 Mendelson(1987)最早研究竞价方式对证券价格的行为的影响。他们利用开盘数据（采用集合竞价方式）和收盘数据（采用做市商交易）对纽约证交所的 30 种道·琼斯指数的成分股股票的收益数据进行了实证分析，发现开盘收益与收盘收益相比具有较大的方差，即开盘收益率具有更大的波动性。这说明，价格形成机制对证券价格波动会产生影响。Stoll 和 Whaley(1990)、Foster 和 George(1994)也对纽约证券交易所的股票的开盘价与收盘价的波动进行了比较，得出了类似的结论。但 Amihud 和 Mendelson(1991)又使用东京证券交易所交易的 50 只最活跃的股票的交易数据进行了实证检验。与纽约证券交易所不同，东京证券交易所的每个交易日中的两次开盘都采用定期竞价（periodic auction）方式，其他时间则采用连续机制（continuous mechanism）。Amihud 和 Mendelson (1991)的研究结果表明，尽管每日（早晨）开盘竞价下的收益波动大于下午收盘时采用连续交易方式的收益波动，但下午（中午休息之后）开盘竞价下的收益波动却与收盘价的收益波动没有显著差别。他们还发现，早晨开盘时的收益波动大于下午开盘时的收益波动。显然，这种不同时段开盘的收益波动的差异是不能由交易机制的差异来解释的。他们将这一结果产生的原因归因于早盘开盘价产生之前存在一个相当长的无交易时段。Ronen(1998)研究了特拉维夫股票交易所的连续竞价和集合竞价对股价波动的影响,统计结果表明,集合竞价并不会比连续竞价产生更大的收益波动性。Carole Comerton-Forde(1999)通过对 ASX 和 JSX 两个采用不同开盘机制的市场进行比较研究,认为开盘采用集合竞价会降低开盘收益的波动性。显然,交易机制对股价波动是否有显著影响在理论界还未形成统一看法,有待进一步考证。

近期,我国学者也开始研究交易机制对股价的影响。陈保华(2001)随机抽取 10 种在上海证券交易所交易的股票,并研究这些股票的开盘收益与收盘收益行为。他发现,采用集合竞价方式的开盘收益比采用连续竞价的收盘收益有较大的离差,这就证明了交易机制对股价行为有显著影响。此外,刘阳(2003)、孔爱国(2002)等的研究也得到了类似的结论。开盘价格收益率的方差之所以大于收盘价格的收益率的方差,原因之一是集合竞价与连续竞价相比,其交易过程的透明度比较差且交易指令具有不可更改性。但曾长虹(2003)的研究认为,中国股市开盘价与收盘价波动的差异未必是由交易机制的差异引起的。

(二)最小报价单位对价格波动的影响

最小报价单位也称最小价格升降档(tick size)、最小价格变化(minimum price variation)或价格增量(price increment)。大量的研究表明,最小报价单位对市场质量会产生一定的影响。股票的"真实"价格的变动是连续的,但观测到的市场价格的变动却是离散的。也就是说,最小报价单位的存在,使得市场上观察到的股票交易价格与"真实的"价格之间存在一定的差异。可以验证,市场价格变动的离散性就使得证券收益的方差、偏度以及峰度等指标产生了一定的偏差,且价格越低,这种偏差就越大。Gary Gottlieb 和 Avner Kalay(1985)曾给出这样一个例子:假设股票的真实价格为 1 美元,真实的标准差为 0.001,且真实价格的变化服从对数正态分布,那么对真实价格离散化后得到的市场价格,尽管与真实价格差别不大,但离散化后得到的标准差可能却是 0.014 00,这与真实收益率的标准差相差 1 300%。因此,表面上看,证券价格的离散性虽然不会对证券价格产生很大的影响,但却可能对收益率的标准差、偏度以及峰度产生较大的影响。对低价股来说,这种影响尤为明显。Gary Gottlieb 和 Avner Kalay (1985)的研究表明,股票收益率的方差估计会由于观测股价的离散性而向上偏倚(upward biased),这对于低股价以及"真实"标准差较小的股票来说,这种偏倚就愈发明显。同时,时间区间越短,这种偏倚就越大。特别地,如果使用的数据是日内交易数据,则这种偏倚会很大;如果使用每日交易数据,则这种偏倚会很显著;但如果使用的是每月交易数据,则这种偏倚就可以忽略不计。Gary Gottlieb 和 Avner Kalay(1985)的研究说明,使用观测数据得到的股票收益率的标准差偏高,即高估了股票收益的真实波动性。Chinhyung Cho 和 Edward W. Frees (1988)也对此问题进行讨论,并给出了另一种股价波动的估计方法,从而消除(至少近似地)因股价的离散性所产生的偏倚。Timothy Falcon Crack 和 Olivier Ledoit(1996)也对股价波动的偏倚现象进行了讨论,这里不再赘述。

实际上,除了最小价格升降档会影响股价波动性外,买卖价差的存在也会影响股价的波动性，并且往往高估了股价的真实波动性，French 和 Roll(1986)对此进行了讨论。

国内有关最小报价单位对股价波动性影响方面的文章并不多见。孔爱国等(2003)对此进行了有益的探索，得到的结论与国外学者的研究结论类似。孔爱国等(2003)还给出了相应的政策建议，即尝试对不同股票进行比例报价。也就是说，股价越高，报价单位也就设置得越高；股价越低，则报价单位设置得也越低。对报价进行上述设置，就可以抑制低价股的过度波动，同时又不会引起高价股的额外波动，从而在总体上有利于提高市场的稳定性。

(三)大宗交易制度对股价波动的影响

大宗交易(block trading)制度是证券交易制度的重要组成部分。大宗交易是指那些由于订单数量过大从而难以用通常的交易方式进行的证券交易(Harris，2002)。在美国、加拿大等国家，大宗交易又称楼上交易，而小额订单交易则被称为楼下交易。

有关大宗交易对股价影响方面的文献非常丰富。大多数的研究主要集中在以下两个方面：一是大宗交易对市场价格产生影响的性质及方向；二是楼上交易与楼下交易对价格影响的比较。

多数研究表明，大宗交易会对价格产生逆向影响，即大宗买进将导致价格上涨，而大宗卖出则会导致市场价格下跌。大宗交易对价格的总影响可以分为临时性价格影响和持久性价格影响。临时性价格影响就是指大宗交易价格和交易后的价格水平间的百分比变化。持久性价格影响是指大宗交易前的价格水平和交易后的价格水平间的百分比变化。

如果我们以 p_t 表示大宗交易的成交价格(取对数)，以大宗交易前的某一价格(取对数) p_{t-h} 为基准价格，以大宗交易后的某一价格(取对数) p_{t+k} 为基准价格，则大宗交易对价格的总影响为 $p_t - p_{t-h}$。持久性价格影响可定义为 $\pi = p_{t+k} - p_{t-h}$，它反映的是信息效应，即交易者根据这次大宗交易对价格预期所做的修正。临时性价格影响可定义为 $\tau = p_t - p_{t+k}$，它可看作是为了满足大宗交易而在价格上需要给予的暂时性折扣(transitory discount)。这样，大宗交易对价格的总影响可分解为临时性影响与持久性影响，如图 9－2 所示。

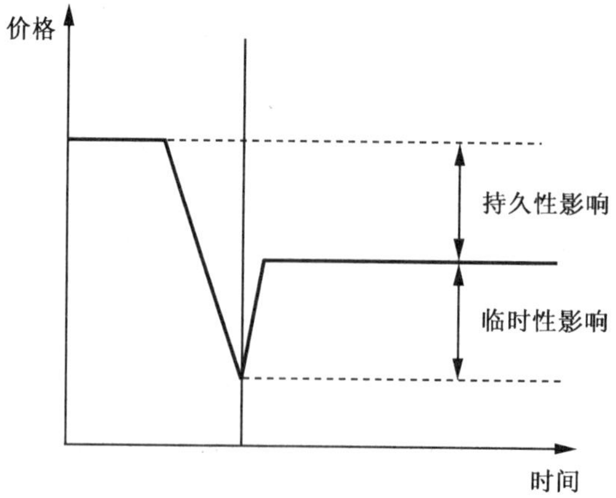

图 9－2　大宗交易对价格的影响

显然，大宗交易对价格的影响程度与交易的规模的大小、市场的规模的大小以及市场的资本化程度以及流动性等因素有关。一般来说，市场的规模越大、市场的流动性越高，则大宗交易对股价的冲击就越小。下面，我们简要回顾一下国外学者在这方面所做的研究及有关结论。

Holthausen、Leftwich 和 Mayers(1990)指出，大宗交易对价格会产生逆向的影响，但随即会出现反弹。Gemmill(1996)对伦敦证券交易所的大宗交易制度进行了研究，也得出了类似的结论。

Madhavan 和 cheng(1997)对道·琼斯指数的成分股在楼上市场与楼下市场的交易进行了比较，结果发现，超过 2 万股的订单在楼上市场交易对价格的影响要低于楼下市场，这说明大宗交易可以减少价格的波动。Grossman(1992)的研究也表明，楼上交易对价格的总影响低于楼下交易。Seppi(1990)认为，不知情交易者更可能到楼上市场进行交易，这意味着楼上交易传达了较少的信息，因此，比楼下交易具有较小的价格影响。

Holthausen、Leftwich 和 Mayers(1987，1990)、Gemmill(1996)以及 Keim 和 Madhavan(1996)的研究均表明，大宗买入比大宗卖出具有更大的持久价格影响。针对这一现象，Keim 和 Madhavan(1995)指出，与大宗卖出相比，大宗买入更多地是由信息所引起的，因为机构投资者在买进时可在众多的资产中进行选择，但只能卖出他们已经持有的数量有限的资产。Keim 和 Madhavan(1997)进一步指出，大宗买入的交易成本大于大宗卖出的交易成本，这说明大宗买单与大宗卖单所包含的信息是不同的。Saar(2001)通过建模指出，股价的历史表现会影响大宗交易价格影响的不对称性。股价持续上涨的时间越长，大宗买入或者卖出的价格影响就越不对称。股价在经过较长时期的上涨以后，大宗买卖不会导致价格影响的不对称现象，反而可能出现大宗卖出比大宗买入具有更大的持久价格影响的情况。

第二节　稳定性、透明度与流动性

一、稳定性与价格稳定机制

(一)稳定性概念及其基本含义

证券价格的稳定性是指证券价格的暂时波动程度及其自我调节平衡能力。证券价格的稳定性通常排除因基本价值变化所引发的基本波动性。这意味着即使证券价值本身的波动较大，但只要证券价格围绕价值上下波动的幅度较小，则我们仍然可以认为该证券价格是稳定的。相应地，我们可以给出证券市场稳定性的定义。所谓证券市场的稳定性，实际上就是指证券价格的稳定性，即证券价格短期波动程度及其调节平衡的能力。

稳定性是市场结构设计的基本原则之一，这就要求在市场剧烈波动时，稳定性要具备能够提供一个连续、有序的市场的能力。稳定性也是市场结构所要实现的主要政策目标之一。保持证券价格相对稳定，防止价格过度波动，是证券市场的内在要求。较低的波动性有利于市场的健康运作，因为在风险与收益相对称的世界里，效用的最大化或者损失的最小化有赖于市场的有效性。投资者一旦承担了由市场机制产生的过多的风险,就必然要求额外的收益。此外,市场稳定也是证券市场充分发挥其功能的基础。在一个剧烈波动的市场里,投资者的信心会受到打击,储蓄向投资转化的机制也随之受阻。当然,市场的波动性不能降为零,因为价格的波动是投资者收益的重要来源之一,也是证券得以交易的前提之一。

(二)价格稳定机制

证券市场价格稳定机制可分为内生稳定机制与外生稳定机制两种。内生稳定机制是指影响市场稳定的基础制度结构,包括经济、法律、政治制度以及一个能够有效调节证券市场供求、及时反映价格变化的诸要素相互作用形成的市场。外生稳定机制则是指监管者运用行政手段抑制证券市场异常波动的若干临时或非临时的管制措施与规则。外生稳定机制又可分为自由式外生稳定机制和调控式外生稳定机制。自由式外生稳定机制是指监管当局对市场参与者的交易行为基本不加干预,由市场的参与者通过市场交易自发稳定市场,监管者只有在市场出现重大突发事件时才采取一些特殊的措施以稳定市场。美国、中国香港地区等发达证券市场大多采用自由式外生稳定机制。调控式外生稳定机制则是指监管当局不仅对市场设有若干价格与数量方面的交易限制,而且还经常通过行政手段干预市场,来降低市场的波动性。韩国、吉隆坡、中国台湾地区等新兴证券市场大多采用调控式外生稳定机制。

由于外生稳定机制会直接影响投资者的投资策略,且外生稳定机制效果的好坏会影响监管者的声誉以及工作业绩,所以证券市场上的投资者以及监管者都十分关注外生稳定机制。本章我们所要讨论的市场稳定机制就是指外生稳定机制。

二、稳定性与透明度

市场结构设计有六个目标或者原则,即流动性、稳定性、透明性、有效性、公平性以及可靠性。这六大目标之间有趋同的地方,也有相互矛盾的地方。在第八章,我们曾比较详细地讨论市场的透明度与流动性之间的关系。本节,我们将讨论市场稳定性与透明度之间的关系。稳定性与透明度之间的关系实际上就是波动性与透明度之间的关系。

下面,我们分别讨论交易前的透明度(pre-trade transparency)以及交易后的透明度(post-trade transparency)对市场波动性的影响。

(一)交易前透明度与波动性

交易前的透明度指交易执行之前,市场上买卖订单的价格、数量等信息的披露情况。一般认为,披露与订单流有关的信息(尤其是披露订单流的非平衡情况),将会提高市场质量。在交易前披露价格无弹性(price inelastic)的订单流的失衡情况,可以促使投机性交易者以及造市者发出稳定的订单(stabilizing orders),因此,可以降低价格的短期波动,提高市场的流动性。这意味着在交易前公开订单失衡的情况就可以降低因买卖订单失衡所引致的价格的暂时波动。基于这一理念,美国证券交易委员会以及英国的公平交易局都呼吁各自的证券市场提高交易的透明度。

但是,提高透明度能否改善市场的质量?对这一问题,学者们并未取得一致意见。有些学者所做的研究表明,提高交易前的透明度未必一定会降低价格的波动性。

Hakansson、Beja 和 Kale(1985)通过做模拟实验发现,在给定信息变化的情况下,限价订单的深度缓解了价格的短期波动。相应地,给定限价订单深度的情况下,信息变化得越大,短期价格波动也就越大,且在很大程度上由市价订单和限价订单的比率决定。

Madhavan(1996)通过建模研究了在证券价格形成过程中提高信息透明度(例如,披露与订单流有关的信息)对证券价格以及流动性的影响,并得出以下结论:(1)当市场很窄时,提高透明度反而会加大因买单卖单失衡所导致的证券价格的波动性,导致较高的交易成本,并降低了市场的流动性。这是因为,市场流动性不足,深度不够,投资人的隐含交易成本(implicit transaction costs)就会提高。市场透明度提高了,投资者就可以观察到与订单流有关的信息,进而准确地判断资产的价值,也即,提高透明度减少了市场的噪音。对一个不活跃的市场来说,噪音交易的减少将提高价格的敏感性,导致价格波动性提高,市场流动性降低。此时,透明度的提高就会导致较高的波动性。(2)当市场足够大且存在大量的噪音交易时,提高透明度可以降低证券价格的波动性,提高市场的流动性。因为,在这样的市场中,投资人的交易策略不会因市场披露与订单流有关的信息而改变。

Madhavan、Porter 和 Weaver(2000)对多伦多证券交易所通过公开有关限价订单簿的信息以提高市场透明度的做法进行了研究,得到与许多政策制定者以及监管者的设想相反的结论。他们认为,较高的透明度未必会使市场的流动性提高。特别地,当有关限价订单簿的信息向公众公开以后,无论是交易成本还是波动性都显著地提高了。即使控制那些会影响流动性的因素,结论也是这样。这一结论让政策制定者以及监管者颇感意外。Madhavan et al.(2000)对这一现象进行了解释。首先,在其他因素相同的情况下,透明度的增加使得动量交易者(momentum trader)可以更加有效地利用限价订单簿所提供的流动性,从而提高了动量交易者的利润预期。这会降低流动性,并加大价格的波动性。其次,完全透明的市场更易受到投机以及市场操纵的冲击。为此,多伦多证券交易所对开盘价又实施了一些限制措施,防止投机行为。此外,完全信息批露要求也会迫使大宗交易者寻找其他交易途径(例如去楼上市场交易),显然这会影响主板市场的流动性。

Boehmer、Saar 和 Yu(2005)研究了纽约证券交易所订单簿透明度的增加所带来的影响,得到与 Madhavan et al.(2000)相反的结论。Boehmer et al.(2005)使用 Hasbrouck(1993)提出的方差分解方法,考察交易前透明度的提高是否可以使价格更具有效性。他们发现,提高交易前的透明度,确实可以提高价格的有效性,降低价格的波动性。

Ui(1996)试图从理论上探讨可使价格波动达最小的最优透明度水平,为此,他考察了两种不同的透明度。第一种透明度是对公开信息而言的,此时,所有的交易者都可以观测到相同的有关指令流的信息。第二种透明度则是针对私人信息而言的,此时,不同的交易者会观测到差别的、独立的有关指令流的信息。对于第一种透明度,当指令流之间的差异足够大且市场不透明时,适当增加透明度可以降低股价的波动性。但透明度过高,反而会增加股价的波动性。对于第二种透明度,当指令流之间的差异足够大时,增加透明度可以降低波动性。

从上面所做的文献综述看，有关交易前透明度与波动性之间的关系还未有定论。市场不同，得到的结论也不同。提高交易前的透明度能够改善市场的质量，还有待进一步观察。

（二）交易后透明度与波动性

交易后的透明度是指交易匹配成交以后，及时地、公开地向市场公布有关成交的数量、价格、时间等方面的信息。

从目前已有文献看，对交易后透明度的研究，大多数文献都是从交易后透明度对市场质量以及价格效率的影响这个角度入手，直接探讨交易后透明度与波动性之间关系的文献较少。多数研究表明，提高交易后的透明度可以提高价格发现效率。但是，价格发现效率的提高未必就意味着价格波动性的下降。同样，低波动性也未必意味着价格发现效率低。就像 Easley 和 O'Hara(1991)所指出的，在波动性以及价格效率二者之间需要进行权衡，这是一个政策问题。

Madhavan(1995)从理论上对交易信息完全公开的统一市场(consolidated market)与交易信息不公开的分隔市场(fragmented market)进行了比较。他认为，因缺乏透明度而导致的市场分隔往往会带来较高的价格波动与较低的价格效率。

Flood et al. (1997)以实验的方法对交易后的透明度如何影响做市商市场的绩效进行了研究。研究结果表明，交易后透明度可以显著地提高报价的信息效率。透明度的提高可以减少知情交易者获利的机会，因为他们所掌握的信息很快就传递到非知情交易者那里。

三、稳定性与流动性

流动性和波动性(稳定性)之间关系密切。凯恩斯(1930)曾将证券市场的流动性定义为市场价格未来的波动性。Schwartz(1988)将流动性定义为以合理价格迅速成交的能力。Glen (1994)则将流动性定义为迅速交易且不造成大幅价格变化的能力。可见，流动性与波动性关系密切。

一般来说，一个流动性较高的市场，其稳定性也会比较高，因而波动性比较低。在深度较高的市场，一定数量的交易对价格的冲击会比较小，而在深度较小的市场，同等数量的交易会给价格带来较大的冲击。另一方面，市场的波动性并不是越低越好，波动性不能下降到以致交易不能发生的水平，这将牺牲流动性。当然，市场波动过大会增加市场的不稳定性，交易者会提高原有的风险预期并改变交易策略，从而影响市场的流动性水平。

下面，我们引用 Handa 和 Schwartz(1996)对限价订单所做的研究，来说明波动性与流动性的关系。

Handa 和 Schwartz(1996)认为，当少量的限价订单使得短期价格波动增加时，投资者就会发现设置限价订单是有利可图的。此时，限价订单的流入就会为市场提供流动性，短期价格波动下降。在一个既有限价订单又有市场订单的市场里，投资者选择限价订单与否有赖于该订单的交易对手的类型。流动性交易会造成短期的价格波动，而知情交易者的交易则会带来持久性的价格变化。如果交易对手是流动性交易者，则执行限价订单就可以获利；但如果交易对手是知情交易者，则执行限价订单就没有必要了。假定市场上有极少量的限价订单，流动性交易的增加会使订单出现暂时的失衡，从而导致短期的价格波动，这会吸引交易者提交限价订单而不是市场订单。限价订单的流入就会使短期价格波动下降，直到限价订单交易不再有利可图为止。可见，短期价格波动增加（下降），继而会导致市场深度的增加（下降），而市场深度的增加（下降）继而会导致短期价格波动的下降。Ahn et al.（2001）所做的研究也表明了这一点。

根据 Handa 和 Schwartz（1996）的研究，我们似乎可以得到这样的结论：市场流动性的增加会使得短期价格的波动下降，市场流动性增加也离不开价格的波动。

此外，Benston 和 Hageman（1974）、Barclay 和 Smith（1988）、Franz et al.（1998）以及 Brockman 和 Chung（1999）等学者对做市商市场以及发达国家的指令驱动市场进行了研究，结果表明，价差和深度受波动性、交易量以及绝对价格等因素的影响。在同一个时点上，波动性越低、绝对价格越低、交易量越大的股票，其流动性就越强。

我国也有学者探讨波动性与流动性的关系。靳云汇、杨文（2002）对上海证券交易所股市流动性的影响因素进行了实证分析，结果发现，交易量、收益率的波动以及股价对流动性指标均具有显著的解释能力，其中，收益率的波动对市场流动性存在负向的影响。黄俊辉，王浣尘（2004）也对指令驱动下的中国股票市场的流动性与波动性、成交量等因素的关系等进行了实证研究，认为流动性与波动性负相关，与成交量正相关。杨朝军等（2002）也有类似的研究，不再赘述。

第三节　稳定性与交易机制设计

从上一节的讨论中，我们看到，稳定性是证券市场交易机制的重要内容之一，是衡量一个市场是否成熟的重要标志之一，也是证券市场的价格发现功能以及资源配置功能得以实现的重要保证。可见，市场的稳定性是非常重要的，因此，许多国家的证券交易所都采取了程度不同的市场稳定措施。

在本节，我们将讨论几种常见的市场稳定措施及其绩效，并介绍世界上具有代表性的证券市场的市场稳定机制。此外，我们还将对中国证券市场的稳定机制做一番介绍和展望。

市场稳定措施大致可分为两类：一类是涨跌幅限制（price limit）；另一类为断路器（circuit breaker）。

一、涨跌幅限制

涨跌幅限制是世界各国的证券市场运用最多的价格稳定措施之一，许多新兴市场均设有涨跌幅限制。

（一）涨跌幅限制及其分类

涨跌幅限制，又称涨跌停板，是指当证券价格在当日涨跌达到某一基准价格（通常为前一交易日的收盘价）上下一定幅度时，价格便不能继续上涨或者下跌，即涨跌幅限制规定了证券交易价格在一个交易日内的最大波动幅度。涨跌幅限制直接对交易者提交的指令的有效价格范围做出限制，通常表现为某一基准价格的一个百分比。例如，韩国证券交易所目前的涨跌幅为15%，中国台湾地区为7%。涨跌幅限制包括静态涨跌幅限制和动态涨跌幅限制。

静态涨跌幅限制就是通过规定有效指令的价格范围来限制成交价格，超过该价格范围的指令即为无效指令。所谓静态，是指价格波动范围由固定的基准价格决定，在一个交易日内不做调整。这里的基准价格即为静态参考价格。通常，在每日市场开盘集合竞价时段，静态参考价格为前一个交易日的收盘价。在开盘集合竞价时段结束后，静态参考价格取最近一次集合竞价价格。当价格达到涨停板位置时，则原静态价格涨跌范围的上限就成为新的静态参考价格。当价格达到跌停板位置时，则原静态价格涨跌范围的下限就成为新的静态参考价格。

动态涨跌幅限制是指用于确定有效指令价格范围的基准价格不是固定的，而是可以随时进行调整。这里的基准价格称为动态参考价格，它一般是上一笔交易的成交价格或者是上一盘交易的成交价格。通常，系统的第一笔开盘交易为当日的第一个动态参考价格。在没有开盘价时，取当日第一笔撮合价格为第一个动态参考价格。如果没有开盘价且当日第一笔撮合涉及多个交易时，取第一笔撮合中的最后一笔的交易价格为动态参考价格。动态涨跌幅根据动态参考价格上下一定幅度计算。例如，Euronext 规定股票的动态涨跌幅为2%～5%。在集合竞价阶段，动态涨跌幅不起作用。

与静态涨跌幅限制相比，动态涨跌幅限制中的基准价格可以进行调整，因而不仅能够保持市场的连续性，而且有利于成交价格的连续性。流动性高的股票受到动态涨跌幅限制的影响很小，但那些流动性很低的股票则会受到较大的影响。目前，许多交易所既有静态涨跌幅限制又有动态涨跌幅限制，前者限定一个交易时段内的总的价格波动范围以保证价格的稳定性，后者限定每一笔交易的成交价格波动（与上一次成交价格比）范围以保证交易的连续性。

（二）对涨跌幅限制制度的评价

设置涨跌幅限制的初衷是为了消除股价的异常波动，减少虚拟经济泡沫以及避免恐慌性的股市崩盘。但从国外学术界所做的研究以及各国证券市场的实践看，涨跌幅限制效果如何仍存在疑问。

涨跌幅限制制度的支持者认为：(1)对股票价格涨跌幅度加以限制，可以使投资者有更充足的时间对市场上的信息进行处理，有助于投资者作出理性的决策，从而能够平抑股价的大幅波动，使整个市场趋于理性。(2)涨跌幅限制制度有时可以使股价的运动方向出现反转，从而股价的波动幅度会降低，直至回复到原来的水平。(3)涨跌幅限制制度对监管者而言是一种成本较低的稳定市场的方法。对监管制度还不健全的新兴市场而言，涨跌幅限制不失为一种很好的选择。

涨跌幅限制制度的反对者认为：(1)涨跌幅限制导致延迟价格发现（delayed price discovery）效应，即涨跌幅限制使得价格不能很快回复到均衡的价格水平。市场本身具有价格发现功能，价格会随着交易的连续进行而趋近于真实价值。但有涨跌幅限制的情况下，当价格达到涨跌停板时，交易被人为中断，这妨碍了市场机制的正常运作，使市场缺乏效率。(2)涨跌幅限制导致交易干扰(trading interference)效应。涨跌幅限制的存在阻止了当天的交易,降低了交易者的交易意愿,市场的流动性也受到了影响,应该成交的交易无法进行。(3)涨跌幅限制导致波动溢出(volatility spillover)效应,也即涨跌幅限制使得价格达到涨跌幅后的数个交易日中波动性升高。涨跌幅限制阻碍了原本可以在一个交易内完成的价格变化,从而导致波动性延伸到更长的一个时间。(4)涨跌幅限制导致所谓的磁吸效应(magnet effect),即当价格接近涨跌幅限制时,交易量放大,涨跌幅限制进一步拉动价格接近涨跌停板。

下面,我们回顾一下国外学者在这方面所做的研究。

1. 涨跌幅限制制度对波动性的影响

不少学者通过实证研究,认为涨跌幅限制制度具有稳定市场的作用,可以限制价格的过度波动。Ma et al. (1989)使用事件研究法检验了涨跌幅限制对美国国债期货价格的影响。结果发现,价格在达到涨跌停板以后,就会出现反转现象,价格波动幅度下降,直至回复到初始水平。Greenwald 和 Stein(1991)认为,在价格剧烈波动时,涨跌幅限制导致交易暂停,使信息在投资者之间进行充分的扩散与吸收,从而降低信息的不对称性和市场价格的不确定性,投资者恢复理性,从而达到防止股价暴涨暴跌的作用。Chowdhry 和 Nanda(1998)认为,涨跌幅限制排除了不稳定的市场价格,从而有助于市场的稳定。Poterba 和 Summers(1988)认为投资者具有过度反应和追涨杀跌的倾向,因此,必须采取适当的限制市场过度波动的稳定措施。Fabozzi 和 Ma(1988)的研究表明,暂停交易有助于降低市场的波动性。

也有学者对涨跌幅限制措施持批评态度。Dow 和 Gordon(1989)认为,信息只有在连续交易时才能广泛传播,涨跌幅限制不但不能降低信息的不对称性,反而会阻碍新信息的传播,加深了信息的不对称,也使噪音交易增加了。Fama(1989)认为,如果价格发现过程被打断,其可能的后果是波动性提高,因为涨跌幅限制抑制了正常的价格发现和基本波动性,使股价不能完全反映基本的经济因素的影响,增加了股价的波动性。Roll(1989)认为,涨跌幅限制无助于减小股市的波动;相反,它会严重影响市场的有效性,因而弊大于利。Lehmann(1989)认为,严重的供求失衡导致价格运动到涨跌停板,从而将无法实现的交易转移到后继的交易日中,出现波动溢出效应。Kim et al. (1997)所做的研究表明,涨跌幅限制只是暂时地、硬性地限制了股价,波动具有溢出性。

2. 涨跌幅限制对流动性的影响

Fama(1989)、Telser(1989)等学者认为,如果价格限制妨碍了交易,那么当天股票的流动性就会下降,从而可能导致未来几个交易日的交易量的增加,他们所作的实证研究证实了交易干扰效应。Lehmann(1989)认为,交易指令的不平衡导致交易不足,并导致价格达到涨跌停板。在后续几个交易日,缺少耐心的投资者会以并非理性的价格买卖股票,而有耐心的投资者会一直等到价格达到均衡水平再进行买卖,指令的不平衡状况得以修正。Lauterbach 和 Ben-Zion(1993)、Kim et al. (1997)等认为,涨跌幅限制阻碍了股票均衡价格的实现,对流动性造成了干扰。

二、断路器

1987年10月19日，美国股市大崩盘，不仅给全球股市带来冲击，而且也引发了一场关于是否在股票市场引入价格稳定机制的争论。经历了“黑色星期一”后，纽约证券交易所首次推出了防止股价过度波动的“断路器”措施以减少市场的波动，增强投资者信心。

(一)断路器的概念与分类

断路器是指当价格下跌超过预先设定的一定幅度时，中断(暂停)整个交易。断路器往往不止涨，仅止跌，目的是防止市场非理性大幅下跌，以维护市场的稳定。如果按操作对象分，断路器可分为大盘断路器和个股断路器。大盘断路器是针对整个市场而设定的。个股断路器则是针对个股而实施的交易暂停措施。若证券交易价格超过或者即将超过参考价格所规定的涨跌幅度时，则自动对该证券引发断路器，该证券将暂停一小段时间的交易。实际上，个股断路器是由于证券价格波动方面的原因而对该证券实施的临时停牌。在断路器机制中，稳定市场的措施主要包括暂停交易和限制交易两种。

暂停交易(trading halt)是指在市场出现重大变化(例如，整个市场或单个股票的波动超过了某一限制，或者发生了重大事件)时采取的使交易暂停的措施，有时也称为临时停市或者临时停牌。暂停交易是实施断路器机制的市场最主要的稳定措施。暂停交易主要包括两方面内容:一是暂停交易的触发器，二是交易暂停之后恢复交易的措施。暂停交易的触发器涉及触发器基准以及临界点的选择问题。触发器的基准可以是前一个交易日的收盘价(指数)、交易日内前一盘的收盘价(指数)或者是某一个指示性的价格(指数)，具体指标的选择因交易所不同而有所不同。触发器的临界点可以是某一涨跌幅度(以某一百分比表示)，也可以是股价涨跌的绝对数(视股价大小的不同而定)。涨跌幅度可以是对称的，也可以是不对称的，一般涨幅大于跌幅。交易暂停被触发后，一种恢复交易的措施是暂停交易一段时间，之后按照原来的交易制度恢复交易。例如，韩国交易所规定:若KOSPI综合指数下跌10%达1分钟，则所有股票暂停交易30分钟，但在收盘前40分钟不执行，以顺利收盘。又如，泰国交易所规定:若大盘指数较前一个交易日的收盘指数下跌10%，则停止交易半个小时;若下跌20%，则停止交易1小时;若停市时间超出余下交易时间，则不启动断路器。另一种恢复交易的措施是，交易暂停后，启用另一种与原来不同的交易制度，待市场产生成交价格后，再恢复到原来的交易制度。最常见的情况是，在交易暂停后马上(或者相隔一段时间)采用集合竞价方式恢复交易。

另一类断路器是限制交易，即在市场发生波动时直接限制某一类指令的执行。与暂停交易措施不同，限制交易只是对可执行的交易指令实施限制，而不是停止交易，因此属于交易控制(trading curb)。典型的限制交易措施是限制程式交易指令(program trading order)[①]，即在市场发生剧烈波动时限制程式交易指令的执行。例如，纽约证券交易所的80A规则就是著名

① 这里的程式交易是指一类特殊的交易指令，它的执行取决于市场波动，具有加大市场波动的特征，如与指数套利有关的交易。

的限制程式交易指令的规则。

（二）对断路器机制的评价

断路器产生于经历过1987年股市大崩盘的美国。现在，不少国家的股市都设有断路器机制。通过暂停交易，投资者不仅有足够的时间来消化市场恐慌，而且可以调整原有的投资策略和已下达的指令，从而使价格避免过度的波动。通过限制交易，可以使交易系统减少程式交易指令，免得市场进一步波动。

Greenwald 和 Stein（1988，1991）认为，导致市场崩溃的原因在于交易风险。在市场剧烈波动的情况下，交易者的最终成交价格可能与他提交指令时所看到的报价有很大的出入，此时，持价值投资理念的交易者就不愿意提交指令。断路器的作用就在于减少交易风险，重新平衡及时交易与信息充分披露的关系，因此，断路器不是要缓解基本波动性，而是确保价格实现顺利的调整而又不致发生过度波动。在正常情况下，投资者能够比较准确地判断他们所提交的指令的成交价格，此时，交易风险就比较小。但在极端市场条件下，投资者无法从现有报价中获取准确的信息，因为报价中的信息含量下降了。在极端市场条件下，实施断路器措施，以牺牲交易的及时性换取信息传递的充分性，这样就提高了价格的有效性，从而降低了交易风险。

Gerety 和 Mulherin（1992）则对 Greenwald 和 Stein（1991）的观点持反对态度。他们通过考察交易日开盘和收盘阶段的股票交易量的变化情况，认为开盘阶段和收盘阶段交易量大的原因在于投资者希望消除持有隔夜头寸的风险。但断路器的存在可能会使投资者在市场突然关闭时陷入较高的风险之中，即断路器的存在可能促使交易者在价格波动达到一定幅度但尚未触发断路器时突然进行大量交易以规避风险。在这种情况下，断路器不仅不能减缓市场的波动，反而使得交易者对市场出现过度反应而离开市场。Subrahmanyam（1994）的研究表明，断路器能够产生一种“吸力”，即在价格发生变化时，它使得价格倾向于朝着触发断路器的方向运动。Subrahmanyam（1994）进而通过构建模型分析断路器的作用。他认为，断路器的存在可能会干扰机构投资者的最优决策行为，从而给价格波动和流动性造成干扰。

Christie、Corwin 和 Harris（2000）对 NASDAQ 市场的暂停交易措施进行了实证研究，发现暂停交易之后，波动性和交易量都有显著的增加。Kyle（1988）、Lee，Ready 和 Seguin（1994）、Kryzanowski 和 Nemiroff（1998）、Corwin 和 Lipson（2000）等学者的研究，也给出了类似的结论。但 Ackert、Hao 和 Hunter（1997）的研究表明，断路器措施对预期的波动没有影响。

综上所述，多数学者对断路器机制持批评态度。

三、其他市场稳定制度

涨跌幅限制以及断路器是最常见的市场稳定措施。此外，还有最大升降档位限制、特殊报价制度、保证金制度、专家制度以及股市稳定基金，等等。

（一）最大升降档位限制

最大升降档位限制是指下一笔成交价格不得超过上一笔成交价格的一定幅度，即不得超过最大升降档位。最大升降档位限制目的是为了保证市场的稳定性和连续性。通常，有两种最大升降档位限制措施：一种是允许不符合最大升降档位限制的订单进入系统，但此时，这类订单不能参与撮合交易，只有在价格变化到最大升降档位以内时才能参与撮合；另一种是系统不接收超过最大升降档位限制的订单。

（二）特殊报价制度

特别报价制度（special bid and asked quotes）是东京证券交易所的一大特色。当某种股票的买卖委托不平衡（包括开盘时市价委托不全满足的情形），致使价格超出一段时间以来平均价格许多时，东京证券交易所就会要求才取会员（saitori member）[①]公告特殊买卖价（其价格比最后成交价格高一档或者低一档），以吸引相反的委托。按照交易所的规定，特殊报价的变动单位可以在 5 分钟或者更长的时间里调整一档，直至有足够的委托使其供求达到均衡。特殊报价制度类似于暂停交易，因为才取会员在公开报价期间并不撮合委托。与暂停交易的区别在于特殊报价制度实施及恢复交易的标准和时间比较模糊。

（三）保证金制度

保证金制度是针对期货、期权等金融衍生工具以及买空卖空交易而设置的稳定措施。在可以进行保证金交易的市场上，保证金比率的调整对市场具有非常重要的影响，可以起到稳定市场的作用。证券监管机构根据市场行情的不同，对保证金比率进行相应的调整。一般来说，指数越高，则买空交易的保证金比率越高，卖空交易的保证金比率越低，从而起到抑制买空、鼓励卖空的作用。指数较低时，情形正好相反。在某些特殊情况下，对于波动过大、成交过于密集的股票，可以对其买空、卖空的保证金比率作出特别的规定，如大幅度提高保证金比率直至取消该股票的保证金交易。

（四）专家制度

纽约证券交易所的每一种股票都有一个专家负责。专家除负有连续提供最新以及最佳买卖价格、以经纪商身份执行场内经纪人的委托等责任以外，还要以自营商的身份保持价格的连续性与稳定性。按照纽约证券交易所的规则，当市场缺乏价格的连续性、缺乏深度、供求不平衡时，专家有义务以自己的账户、自有资金逆市买入或者卖出股票。

（五）股市稳定基金

股市稳定基金是由市场设立的，在股市出现大幅下跌时干预市场以阻止股市继续下跌的专项基金。这是最原始的，也是最具争议的市场稳定制度。市场稳定基金的目的是平抑市场，即在市场高涨时卖出所持的股票，在市场低迷时适当买入股票，从而起到稳定市场的作用。例如，1998 年中国香港股市的保卫战中，香港政府为应对国际游资的冲击，避免市场遭受更大的打击，动用 1 180 亿港元外汇基金，直接干预香港的现货市场与恒生期货市场。但是各方对香

① 2001 年，东京证券交易所取消了才取会员制度。

港政府动用市场稳定基金入市干预的利弊得失一直存在争论。

四、几个主要市场的价格稳定机制

（一）纽约证券交易所的断路器实践

纽约证券交易所在吸取 1987 年股市崩盘的教训之后，推出了旨在抑制市场过度波动、增强投资者信息的“断路器”制度。该制度主要包括两个部分：80A 规则和 80B 规则。80A 规则和 80B 规则对稳定纽约股票市场起到了一定的作用。表 9－1 列示了这几项制度自实施以来的生效次数。下面，我们介绍这两种市场稳定制度。

表 9－1　　NYSE 市场稳定制度生效次数

年　份	80A 规则	靠边规则	80B 规则
1990	23 次（22 天）	5 次	
1991	20 次（20 天）	2 次	
1992	16 次（16 天）	1 次	
1993	9 次（9 天）	0 次	
1994	30 次（28 天）	1 次	
1995	29 次（28 天）	1 次	
1996	119 次（101 天）	11 次	
1997	303 次（219 天）	37 次	10 月 27 日
1998	366 次（227 天）	57 次	
1999	79 次（60 天）		
2000	52 次（50 天）		
2001	51 次（47 天）		
2002	78 次（71 天）		
2003	28 次（28 天）		

资料来源：NYSE Factbook 1998－2004。

1. 80A 规则

限制交易措施，即“80A 规则”。它是通过限制指数套利指令等程式交易指令的执行以达到稳定市场的目的。80A 规则于 1988 年 10 月 19 日开始实施，并于 1990 年 7 月 30 日经历了第一次修改。经修改后的 80A 规则引入了对指数套利指令价格走势的测试（index arbitrage tick test）。该规则于 1990 年 8 月 1 日开始生效，并被称为新 80A 规则。新 80A 规则规定，当道·琼斯工业平均指数（DJIA）的变化在 50 点以上时，应对标准普尔 500 指数的成分股的指数套利订单进行测试：（1）如果 DJIA 与前一个交易日比下跌 50 点以上，则卖出指令只能以等于目前价格或者高于目前价格1个最小报价单位成交;(2)如果DJIA与前一个交易日比上涨50点以上时,则买入指令只能以低于或者等于目前的价格水平成交。根据规定,该规则在当日剩余的交易时间内有效,除非指数又回到较前一收盘指数比上下相差不到25点的变动范围之内。

1990年10月18日,80A规则又经历了一次小小的修改。它规定:针对星期五到期的衍生产品而作出的结清已有股票头寸的收市价订单(market-on-close order)不受80A规则的限制。

1999年2月16日,80A规则再次被修改。这次修改重新设定了指数套利交易价格限制所适用的触发条件,也即DIJA的变动幅度。更改之后的指数波动范围为前一个季度的最后一个月的DIJA的平均收盘指数的2%(向下取整至最近的10位数),超过这个范围,标准普尔500成分股的指数套利指令就必须接受测试。但在DJIA的变动范围恢复到前一交易日收盘指数的1%以内时,该限制就被取消。

80A规则中还有一个所谓的"靠边条款"(sidecar provision),即在标准普尔500指数期货合约较前一个交易日下跌12点时,所有输入到SuperDot系统的、针对标准普尔500成分股的程式交易市价指令都将被转到一个独立的空白文件中,时间为5分钟。5分钟之后,买卖指令按照匹配原则一对一地进行配对。如果场内不能有序地处理某只股票的交易,则终止该股票的交易,并发布交易不平衡的信息。除个人投资者买卖少于2 099股的订单外,当天所有的标准普尔500指数中的股票不再被允许出现新的止损指令和限价止损指令。在最后交易的35分钟,不适用靠边条款。靠边条款的目的在于限制标准普尔500指数期货交易的程序交易指令。1999年2月16日,80A规则中的靠边条款被取消。

2. 80B规则

因市场异常波动而采取的暂停交易措施,即为80B规则。1988年10月19日,纽约证券交易所引入80B规则,规定,当DJIA较上一交易日收盘指数下跌250点时,闭市1个小时。如果继续下跌150点(合计下跌400点),则临时停市2个小时。在当时,这个指标值大约占DJIA的12%和19%。

1997年1月31日,美国证券交易委员会(SEC)对80B规则进行了第一次修订,放宽了股指波动的范围。根据新的80B规则,当DJIA较上一交易日收盘指数下跌350点或者更多时,停止所有股票的交易,且在30分钟后恢复交易。如果继续下跌,较前一交易日收盘指数下跌达550点或更多时,交易所应停止所有的股票的交易,且在1个小时以后恢复交易。

1998年2月2日,SEC对80B规则进行了第二次修改,但这次改动不大。第二次修改维持了仅仅两个月,1998年4月10日,SEC再次批准80B规则的修正案。新规定于1998年4月15日生效,并沿用至今。新规定把引发市场交易暂停的标准由原来的绝对数修改为相对数。根据新80B规则,在DJIA分别下跌10%、20%和30%时市场停止交易。交易所在每个季度的第一天,根据上个月DJIA的平均收盘指数将百分比转化为具体的点数(取整50点)。断路器启动的条件如下:(1)当DJIA于下午2点以前出现10%的跌幅时,暂停交易1个小时;

在下午 2 点到 2 点半之间出现 10%的跌幅时，暂停交易半个小时；如在下午 2 点半以后出现 10%的跌幅，则维持交易。(2)当 DJIA 在当天下午 1 点之前出现 20%的跌幅时，暂停交易 2 个小时；当 DJIA 在下午 1 点以后，2 点之前出现 20%的跌幅时，暂停交易 1 个小时；当 DJIA 在下午 2 点之后出现 20%的跌幅时，则全天闭市。(3)如果 DJIA 出现 30%的跌幅，不管在什么时候出现，交易暂停直至交易日结束。

(二)东京证券交易所的价格稳定制度

东京证券交易所(TSE)实行涨跌幅限制制度和特别报价制度，以防止股价在短期内剧烈波动。

TSE 设有最大报价档(报价参数)位限制，下一次报价必须在上一笔交易的价格的一定范围之内。比如，上一笔交易的价格为 2 000 日元，最大报价档位(报价参数)为 40 日元，则本次报价必须位于 1 600～2 400 日元。假如投资者下达的订单价格超过这个范围，交易所将提供特别报价。特别报价是一个指示性价格，用于标明目前市场订单的不平衡情况，以供交易者参考。特别报价不指明交易数量，但会给出买卖订单不平衡的数量，因此，交易者是不能与特别报价交易的。在集合竞价和连续竞价阶段，TSE 都会给出特别报价。特别报价的更新时间间隔为 5 分钟，报价参数与股票的最大报价档位相同。

TSE 在以下两种情况下启动特别报价制度：

(1)当下个买入(卖出)订单的价格超出报价区间时，TSE 将给出特别买进(卖出)报价，特别报价的档位限制与股票的最大档位限制相同。例如，上一笔交易价格为 1 000 日元，报价参数为 20 日元，此时，市场上有一个报价为 1 100 日元的买入订单。由于该买入订单的价格超出了报价区间 980～1 020 日元，因此，TSE 将提供一个 1 020 日元的特别买进报价。如果在 1 020 日元处仍没有卖出订单，则 TSE 将在 5 分钟后把特别报价提高到 1 040 日元，直到市场达到平衡为止。特别报价制度提示交易者在市场上存在超出报价区间的订单，并鼓励交易者下达反向订单。如果交易者下达了反向订单，并得到撮合，则 TSE 将取消特别报价，否则，TSE 将在 5 分钟后更新一次特别报价。

(2)当市场上的买卖订单出现严重失衡时，TSE 也将给出特别报价，并披露订单不平衡的具体数量。例如，前一日的收盘价为 1 100 日元，在开盘竞价前，市场有 5 万股买进市价订单，但卖出订单只有 3 万股，此时，TSE 将给出一个 1 120 日元的特别报价，并公示买卖订单的差额为 2 万股。如果 5 分钟后仍然没有新的卖出订单到达，则交易所将把特别报价更新到 1 140 日元，一直到市场买卖订单达到平衡为止。

要注意的是，特别报价的更新不得超过导致 TSE 给出特别报价的订单的价格。例如，上一笔交易价格为 1 000 日元，而市场当前买单价格为 1 100 日元。如果 TSE 以 5 分钟的时间间隔连续给出特别报价 1 020 日元、1 040 日元、1 060 日元、1 080 日元、1 100 日元后，依然未能撮合成交，则特别报价将维持在 1 100 日元的水平，直到有合适的订单到达市场为止。

除特别报价制度以外，TSE 还对每只股票设置了每日涨跌停板，以防股价的过度波动。股票价格不同，每日涨跌幅度也不同。例如，如果前日收盘价在 10 000～20 000 日元，则涨跌幅度为±2 000日元。

每日涨跌幅计算的基准价格为前一个交易日的收盘价。但是,如果股票在前一个交易日收盘的时候,买卖订单出现严重失衡,则TSE会给出该只股票的特别报价。如果特别报价一直延续到收盘,导致当日没有收盘价格,则该只股票下一个交易日的涨跌幅计算基准就为当日的特别报价。

每日涨跌幅限制不仅适用于股票,也适用于特别报价。也就是说,特别报价的波动幅度不能超过每日价格的涨跌幅。

(三)韩国股票交易所的稳定制度

韩国股票交易所同时进行股票的现货交易、股指期货交易以及股指期权交易。

1. 股票现货交易的稳定制度

股票现货交易的稳定制度主要包括涨跌幅限制、断路器、交易暂停以及靠边规则四个方面。

(1)涨跌幅限制。韩国股票交易所为了维护市场的稳定,保持投资者信心,对每一种股票设置了涨跌幅限制,即每一种股票的每日最大涨跌幅度为15%,参考价格为该只股票前一个交易日的收盘价。

(2)断路器。韩国股票交易所规定,一旦KOSPI(韩国股价指数200)较上一个交易日的收盘价指数下跌10%或者更多,且持续1分钟以上时,则所有的股票交易暂停30分钟。暂停交易20分钟后,韩国股票交易将开始接受会员提交的指令,10分钟后,以集合竞价的方式产生一个开盘价。断路器每天只能执行一次。如果距离收盘不到40分钟时,则不启动断路器。

(3)交易暂停。如果预期某只股票因谣言或者其他不确定信息而产生大幅波动时,或者该只股票因谣言而正在经历大幅波动时,韩国股票交易所为保护投资者利益,可以暂停该种股票的交易。此时,韩国股票交易所会要求相关公司披露与该事件有关的信息。相关公司在公开信息之后,该种股票在下一个交易日即可恢复交易。如果信息披露之后,导致交易异常的谣言依然没有澄清,则该只股票会被推迟恢复交易。

(4)靠边规则。靠边规则通过降低程式交易所带来的不利影响,以维护现货市场及股指期货市场的稳定。靠边规则规定,任何股指期货合约的交易价格较与前一交易日的收盘价格比,波动超过4%且持续1分钟以上时,则所有的程式交易指令都将被推迟5分钟执行。靠边规则每天执行一次,并在5分钟之后马上恢复交易。

2. 股指期货交易的稳定制度

韩国股票交易所的股指期货交易的稳定措施主要包括价格涨跌幅限制和断路器。

(1)涨跌幅限制。韩国证券交易所规定,KOPSI股指期货合约的交易价格的每日最大涨跌幅度为上一交易日收盘价格的10%。

(2)断路器。韩国股指期货交易的断路器制度主要包括两种:强制性断路器和选择性断路器。强制性断路器规定,当上一个交易日的交易量最大的期货合约的当日价格较前一个交易日的收盘价,价格波动在5%或者以上并且持续1分钟以上,同时该合约的价格偏离理论价格

3%(上涨 3%或者下跌 3%)以上时,则所有股指期货合约的交易都将暂停 5 分钟。此后的 10 分钟,交易系统只接受交易指令并以集合竞价的方式处理。

强制性断路器每天只能执行一次,并且在下午 14 点 20 分以后失效。此外,当 KOSPI 较前一个交易日收盘指数下跌达到或者超过 10%并且持续 1 分钟以上时,在现货市场暂停交易 20 分钟这段时期,所有的股指期货交易也随之暂停。

当期货交易系统不能正常运行的时间超过 10 分钟,或者当 KOSPI200 指数中有超过 100 只股票不能正常交易且现货交易系统不能正常运行超过 10 分钟,或者,交易所认为有必要采取措施维持期货市场的有序运行时,韩国股票交易所就可以实施选择性断路器。

3. 股指期权交易的稳定制度

韩国股票交易所股指期权交易的稳定制度由两个部分组成:交易暂停和对程式交易的管理。

对股指期权的暂停交易与股指期货交易的断路器规定完全相同,不再赘述。

对于程式交易限制,韩国股票交易所规定,当上一个交易日的交易量最大的期货合约的价格较前一个交易日的收盘价格变动在 5%或者以上,且持续时间在 1 分钟以上时,所有的程式交易推迟 5 分钟执行。但是该规则不能在每个交易日的前 5 分钟和最后 40 分钟执行。

韩国股票交易所由于同时进行股票现货交易、期货交易以及期权交易,因此,各种稳定制度之间的协调就显得尤其重要。从上面的论述中,我们看到,涨跌幅限制与断路器可以同时存在,涨跌幅限制针对单只股票,而断路器则针对整个市场。其次,当同时存在涨跌幅限制与断路器时,后者的价格涨跌触发幅度要小于前者规定的每日最大涨跌幅度。最后,当股票现货市场暂停交易时,股指期货以及期权也将被暂停交易。

五、中国证券市场的稳定制度

我国证券市场稳定制度主要包括涨跌幅限制、有效竞价范围限制以及临时停牌制度。

(一)涨跌幅限制制度

涨跌幅限制制度是我国证券市场最主要的市场稳定制度。1996 年 12 月 13 日[①],沪、深交易所发布《关于对股票和基金交易实行价格涨跌幅限制的通知》,决定自 1996 年 12 月 16 日起对所有上市的股票(含 A 股和 B 股)、基金类证券的交易价格实行涨跌幅限制。《通知》规定,除上市首日证券外,在交易所挂牌交易的证券(不含国债、企业债券和国债回购)的申报价不得超过上一个交易日收盘价涨跌幅度的 10%,超过涨跌幅度的委托为无效委托;如当日无成交价,则顺序沿用前一交易日的收盘价。在连续竞价时段,投资者的每一笔买入申报不得高于即时揭示价的 10%,卖出申报不得低于即时揭示价的 10%,超出即时揭示价 10%的申报为无效申报。

① 在此之前,市场不设立稳定制度。虽然在证券市场发展初期,为了限制股价的波动而曾经设置了涨跌幅限制,但为了鼓励投资者参与市场,这类限制措施很快被取消了。

1998 年 4 月 27 日，沪、深交易所对最近两个会计年度净利润为负值或者最近年度每股净资产低于股票面值的上市公司实行特别处理(special treatment)。经特别处理的股票称为 ST 股票，ST 股票的涨跌幅度为 5%。

1999 年 7 月，沪、深交易所对连续 3 年亏损而暂停上市的公司，在每个周五为其提供特别转让服务(particular transfer)，涨跌幅限制为 5%。自 2000 年 6 月 23 日起，沪深交易所取消了 PT 股票的跌幅限制，但涨幅限制依然为 5%。自 2002 年 1 月 1 日起，PT 制度被取消。

(二)有效竞价范围限制

从 2001 年 12 月 1 日新的交易规则实行之前，有效竞价范围相对较小。

对新股首日成交价格限制上，深交所规定，新股上市首日的开盘价不得超出发行价格上下 15 元的限制，超过该限制的委托为无效委托，不能参与集合竞价，但可进入连续竞价。上交所对新股首日成交价格没有限制。

对已上市股票的有效竞价范围，深交所规定每次成交价格不得超过上次成交价 5 元；上交所规定最近一笔的成交价格与上一笔交易的成交价格比，涨跌幅度不得超过 15%，上市首日新股也适用此规定。

在 2001 年 12 月 1 日起，《上海、深圳证券交易所交易规则》开始实行，对市场稳定制度做了一番修改。新的交易规则对所有股票设置了有效竞价范围，实施动态价格限制。实施方式主要有两种：一是设置相对价格，即与上一笔成交价格相比的绝对价格差距；二是设置比率，即相对上一笔成交价格的波动比率。

新实施的交易规则规定，深交所无涨跌幅度限制的证券的交易，按照下列方法确定有效竞价范围：(1)上市首日集合竞价的有效竞价范围为发行价上下 150 元，连续竞价的有效竞价范围为最近成交价的上下 15 元；(2)非上市首日集合竞价的有效竞价范围为前收盘价的上下 5 元，连续竞价的有效竞价范围为最近成交价的上下 5 元。

(三)临时停牌制度

我国证券市场的临时停牌制度属于断路器中的暂停交易制度。1998 年 6 月起，沪、深交易所在《上市规则》中规定，当股票交易异常波动时，交易所可在收市后决定对其实施停牌，一直到有关当事人做出公告后的当天下午复牌。如果上市股票出现以下情形之一，即可界定为异常波动：(1)股价连续 3 天达到涨幅或者跌幅的限制；(2)股票连续 5 个交易日被列入到“股票、基金公开信息”(即成为每日收盘时涨跌 7%以上的前 5 名)当中；(3)股价振幅连续 3 日达到 15%；(4)股票日交易量与上月日均成交量相比连续 3 天放大 10 倍；(5)交易所或者证监会认为属于异常波动的其他情况。

临时停牌属于股票交易的强制性中断，其目的是促使证券价格反映所有公开可得的信息。临时停牌时间的长短取决于上市公司公告的时间。

(四)对市场稳定制度的评价

国内很多学者对我国证券市场稳定制度进行了实证研究，结论各异。

吕继红、赵振全(2000)通过研究实施涨跌停板前后的股价行为探讨涨跌幅限制对股市波动的影响。结果表明，涨跌停板制度作为一项政策在短期内并未降低市场的波动，反而使波动有所增加；但长期内，该制度确实降低了市场的波动性。此外，涨跌幅制度对大公司的作用效果明显，但对小公司所起的作用较小。

孙培源、施东晖(2001)运用事件研究法和分组比较法研究涨跌幅限制在我国股市的实际运作绩效。研究表明，在股价达到涨跌幅限制后，股价波动性经历较长时间才能回复到正常水平，结果产生波动性溢出效应和价格发现延迟效应。因此，涨跌幅限制并没有降低股价的波动性和投资者的过度反映行为。

吴林祥、徐龙炳(2002)也对我国证券市场的涨跌停板制度进行了研究，结论是涨跌幅限制在有效降低市场波动的同时并没有扭曲市场价格；同时，涨跌幅限制显著地降低了市场的过度反应。

穆启国、刘海龙和吴冲锋(2003)运用广义矩估计方法，对上海证券交易所的涨跌幅限制制度进行了研究，结果表明，上海证券交易所10%的跌幅限制是限制了临时波动，对基本波动没有影响；而10%的涨幅限制既限制了临时波动又限制了基本波动，从而干扰了价格发现过程。

刘海龙、吴冲锋、吴文锋、陈占锋(2004)研究了涨跌幅限制对流动性的影响。研究结果表明，对整个市场而言，涨跌幅限制不仅没有限制流动性，反而增加了流动性；对个股而言，涨跌幅限制在一定程度上制约了流动性；对ST股票而言，涨跌幅为5%时的流动性大于涨跌幅为10%时的流动性，说明过小的涨跌幅限制存在流动性干扰和过度反应现象。

从国内学者所做的研究看，我国证券市场稳定机制效果如何，尚未有定论。

本章小结

本章，用较大篇幅讨论市场的稳定性。稳定性是证券市场交易机制的重要内容之一，是证券市场的价格发现功能以及资源配置功能得以实现的重要保证。首先，本章讨论了波动性，包括它的定义、含义以及度量。波动性是稳定性的对立面，因此，讨论稳定性的时候，自然地离不开波动性。本章探讨了波动性的影响因素，并且主要讨论市场微观结构对波动性的影响。具体地，本章分别讨论了价格形成机制、最小报价单位以及大宗交易机制对股价波动的影响。其次，本章探讨市场的稳定性。我们给出了稳定性的定义及其基本含义，并且探讨稳定性与透明度、流动性之间的关系。再次，本章对常见的市场稳定制度进行了讨论，主要包括涨跌幅限制和断路器机制。我们分别讨论了纽约证券交易所、东京证券交易所以及韩国证券交易的市场稳定制度及其实践。国外学者所做的研究表明，包括涨跌幅限制和断路器在内的市场稳定机制，其绩效未必如监管部门设想的那样好。例如，这些市场稳定机制可能会导致延迟价格发现效应、交易干扰效应以及波动溢出效应。最后，我们介绍了中国证券市场的价格稳定机制及其实践。市场稳定机制绩效如何，国内学者对此存在一定的分歧。

基本概念

稳定性　波动性　基本波动性　暂时波动性　标准差　ARCH 类模型　价格形成机制　最小报价单位　大宗交易制度　透明度　交易前透明度　交易后透明度　流动性　内生价格稳定机制　外生价格稳定机制　涨跌幅限制　静态涨跌幅限制　动态涨跌幅限制　延迟价格发现效应　交易干扰效应　波动溢出效应　磁吸效应　断路器　暂停交易　限制交易　最大升降档位限制　特殊报价制度　保证金制度　专家制度　股市稳定基金　80A 规则　80B 规则

复习思考题

1. 什么是股市波动性？试述波动性对证券市场的意义。

2. 什么是基本波动性？什么是暂时波动性？两者的区别是什么？对波动性的这种划分对证券市场稳定制度的意义是什么？

3. 衡量股市波动性的方法主要有哪些？

4. 试述股市波动性的影响因素。

5. 什么是股市稳定性？股市稳定性的基本含义是什么？

6. 试比较内生价格稳定机制与外生价格稳定机制。

7. 试述股市稳定性与透明度之间的关系。

8. 试述股市稳定性与流动性之间的关系。

9. 什么是涨跌幅限制？静态涨跌幅限制与动态涨跌幅限制的区别是什么？

10. 涨跌幅限制制度的反对者认为涨跌幅限制会导致三种效应，这三种效应分别是什么？请简要评述这三种效应。

11. 什么是断路器？在断路器机制中所采取的措施主要有哪些？

12. 简要评述纽约证券交易所的市场稳定制度。

13. 简要评述东京证券交易所的市场稳定制度。

14. 简要评述韩国证券交易所的市场稳定制度。

15. 简要评述中国证券市场的稳定制度。

本章参考文献

1. 刘红忠：《金融市场学》，上海人民出版社 2003 年版。

2. 屠光绍：《交易机制：原理与变革》，上海人民出版社 2000 年版。

3. 刘逖：《证券市场微观结构理论与实践》，复旦大学出版社 2002 年版。

4. 吴林祥：《证券交易制度分析》，上海财经大学出版社 2002 年版。

5. 吴林祥：《市场稳定制度对股价的影响及其改进——关于涨跌幅限制作用的实证研究》，深证综研字第 0059 号，2002 年第 6 期。

6. 桂杰：《证券市场稳定措施的国际比较及其借鉴》，《证券市场导报》，2002(3)。

7. 田明圣、胡雅梅：《论证券市场的报价驱动和指令驱动制度》，《金融教学与研究》，2003(1)。

8. 陈保华：《交易机制对股价行为的影响》，《经济研究》，2001(5)。

9. 刘阳：《交易机制对我国证券市场波动性的影响分析》，《南开经济研究》，2003(4)。

10. 孔爱国、黄建兵、胡畏:《上海股票市场波动性实证研究:2001—从交易方式角度透视》,《复旦学报》2002(6)。

11. 孔爱国、黄建兵、胡畏:《最小报价单位对股价波动性的影响》,《中国管理科学》,2003(10)。

12. 曾长虹:《证券交易机制影响股价吗? ——对中国股票市场的再检验》,《经济研究》,2003(11)。

13. 杨朝军、孙培源、施东晖:《微观结构、市场深度与非对称信息:对上海股市日内流动性模式的一个解释》,《世界经济》,2002(11)。

14. 靳云汇、杨文:《上海股市流动性影响因素实证研究》,《金融研究》,2002(6)。

15. 刘海龙、吴冲锋、吴文锋、陈占锋:《涨跌幅限制与流动性研究》,《系统工程理论方法应用》,2004(2)。

16. 孙培源、施东晖:《涨跌幅限制降低了股价的波动吗? ——来自中国股票市场的证据》,《证券市场导报》,2001(11):12—17。

17. 穆启国、刘海龙、吴冲锋:《影响股票达到涨跌幅限制的因素分析》,《系统工程理论与实践》,2003(9):61—66。

18. Amir Barnea, Perfomance Evaluation of New York Stock Exchange Specialists, *Journal of Financial and Quantitative Analysis*, 1974, 9:511—535.

19. Ananth Madhavan. Trading Mechanisms in Securities Markets, *Journal of Finance*, 1992, 2:607—641.

20. Ananth Madhavan. Fragmentation, and the Disclosure of Trading Information, *Review of Financial Studies*, 1995, 8:579—603.

21. Ananth Madhavan. Security Prices and Market Transparency, *Journal of Financial Intermediation*, 1996, 5:255—283.

22. Ananth Madhavan, David Porter and Daniel Weaver, Should Securities Markets be transparent, working paper, University of Southern California, 2000.

23. D. Chinhyung Cho, Edward W. Frees. Estimating the Volatility of Discrete Stock Prices, *Journal of Finance*, 1988, 43:451—466.

24. Dennis Yang, Qiang Zhang. Drift—Independent Volatility Estimation Based on High, Low, Open, and Close Price, *Journal of Business*, 2000, 7: 477—491.

25. Ekkehart Boehmer, Gideon Saar, and Lei Yu. Lifting the Veil: An Analysis of Pre—traded Transparency at the NYSE, *Journal of Finance*, 2005, 4:783—815.

26. K. French and R. Roll. Stock Return Variances: the Arrival of Information and the Reaction of Trades, *Journal of Financial Economics*, 1986, 9:151—172.

27. Gary Gottlieb, Avner Kalay. Implications of the Discreteness of Observed Stock Prices, *Journal of Finance*, 1985, 40:135—153.

28. Hans R. Stoll, Robert E. Whaley. Stock Market Structure and Volatility, *Review of Financial Studies*, 1990, 3:37—71.

29. Hee-Joon Ahn, Kee-Hong Bae, Kalok Chan. Limit Orders, Depth, and Volatility: Evidence from the Stock Exchange of Hong Kong, *Journal of Finance*, 2001, 4:767—788.

30. Mark B. Garman, Michael Klass. On the Estimation of Security Price Volatilities from Historical Data, *Journal of Business*, 1980, 1:67—78.

31. Puneet Handa, Robert A. Schwartz. Limit Order Trading, Journal of Finance, 1996, 12: 1835—1861.

32. Rogers L. C. G., Satchell S. E. Estimating Variance From High, Low and Closing Prices, Annals of Applied Probability, 1991, 11: 504—512.

33. Stan Beckers. Variances of Security Price Returns Based on High, Low, and Closing Prices, *Journal of Business*, 1983, 1: 97—112.

34. Thomas J. George, Chuan—Yang Hwang. Transitory Price Changes and Price—Limit Rules: Evidence from the Tokyo Stock Exchange, *Journal of Financial and Quantitative Analysis*, 1995, 30: 313—327.

35. Timothy Falcon Crack, Olivier Ledoit. Robust Structure Without Predictability: the "Compass Rose" Pattern of the Stock Market, *Journal of Finance*, 1996, 51: 751—762.

36. Yakov Amihud, Haim Mendelson. Trading Mechanisms and Stock Returns: An Empirical Investigation, *Journal of Finance*, 1986, 12: 533—553.

37. Yakov Amihud, Haim Mendelson, Volatility, Efficiency and Trading: Evidence from the Japanese Stock Market, *Journal of Finance*, 1991, 46: 1765—1790.

第十章

市场交易成本

交易成本的概念来自制度经济学。按制度经济学的观点，交易的实现需要一系列制度的支持，运行这些相关制度所耗费的成本就是最广泛意义上的交易成本。相应地，证券市场上与交易活动有关的所有制度的运行成本都应该属于这种广泛意义上的交易成本，包括市场参与者的活动成本和监管成本两大类。从微观研究的角度看，由于交易活动是发生在证券的买方和卖方之间的交换行为，那么这种交换行为本身所带来的成本就是狭义上的交易成本。本章关注的正是这种狭义的交易成本。

从市场微观结构领域现有的文献看，一般都是把交易成本分为直接交易成本和间接交易成本两类。直接交易成本又称显性交易成本，它指交易者向经纪商、交易所或税务机关缴纳的费用，属于投资者可见的费用，主要包括佣金、手续费、过户费、印花税。间接交易成本是指与金融交易相关的，但并非直接由投资者缴纳的相关成本，主要分为买卖价差、搜寻成本、延迟成本和市场影响成本。交易成本的大小和金融市场的发育程度、交易机制、国家的税收政策等因素相关，同时，反过来也影响着金融市场的运行效率。

第一节　直接交易成本

一、直接交易成本的组成

金融市场为交易者的金融资产交易提供了场所和保证其正常运行的机制，获得这些便利必然要向便利提供者付出一定的费用，这些费用组成了直接交易成本。直接交易成本主要有佣金、印花税、过户费、手续费等。

（一）佣金

佣金是证券经纪商为直接代理双方进行买卖所要求的服务回报。由于经纪商在处理经纪业务上的规模经济性，比单个交易者自行寻找交易对手和完成清偿的成本要低得多，从整个社会角度看经纪商的存在就大大降低了整体交易成本。

世界各国证券交易所实行的佣金制度大致区分为五类：一是单一的固定佣金制，通常由相关管理部门根据经纪商的平均经营成本制定出统一的佣金费率;二是差别佣金制,对大额交易和小额交易进行划分,然后规定不同的佣金费率;三是按照交易额的大小递减收费;四是浮动佣金制,即设定最高、最低或者中间的佣金比率,允许在此基础以下、以上或者上下区间浮动;五是佣金完全自由化,由客户和证券公司自由协商决定。

(二)过户费

股票、基金等证券委托买卖成交后,买卖双方为变更所有权登记所支付的费用。这笔费用归证券登记结算机构收取,由证券经纪商在同交易者清算交割时代为扣收。过户费是按照成交的证券面值总面额的固定比例收取,比例由证券交易所规定。

(三)手续费

手续费是普通交易者在办理委托买卖证券时,向其经纪人所缴纳的一项费用,一般用于单据、通信方面的开支,按委托买卖证券的笔数计算。对于和其经纪人关系密切的大户交易者,多数不收取此项费用。手续费的收费标准主要是由交易所和证券经纪商共同商定并征得主管机关认可,所以手续费收费标准也是不固定的。

(四)交易税

交易税是交易者完成证券买卖后向税务部门缴纳的和交易相关的税金,交易税分为两种:证券交易税和印花税。印花税是对经济活动和经济交往中书立、领受的应税经济凭证所征收的一种税。在金融市场中,股票和债券等是法定的权益证书,因此,当其在证券市场交易时应缴纳印花税。交易税一般由证券经纪商在同证券交易者交割中代为扣收,然后,经纪商再同证券交易所或所属中央结算公司的清算交割中进行结算,之后由结算公司统一向税务机关缴纳。

交易税也是按照成交金额的比例收取。目前世界各国对交易税的征收可以分为三种情况:一是只征收证券交易税,如英国、法国等;二是只征收印花税,如瑞典、韩国等;三是同时征收证券交易税和印花税。交易税征收的具体比例由国家税务机关规定,政府可以通过调整交易税比例的大小和收取的对象(单方收费或双方收费)调节金融市场的运行。

(五)其他直接交易费用

上述四种交易费用是在二级市场中和证券买卖行为相关的交易费用,如果考虑到一级市场和投资者入市的情况,交易费用还包括上市费用和开户费等。

1. 上市费用

在一级市场中,筹资者在金融市场上发行证券以筹集资金,必须缴纳一定的上市费用给证券交易所,以股票市场为例,公司股票上市一般向证券交易所缴纳两种费用,上市初费和上市年费。上市费用的标准在各个交易所有所不同,上市初费一般按照上市股票总额的一定比例收取,上市年费则按上市年份和上市数额计收。

2. 开户费

投资者初次进入金融市场需要一次性缴纳开户费,开户费由投资者的开户代理机构和结算单位共同收取,开户费数额对于所有同类型投资者固定,而对不同类型的投资者收取不同的开户费。

二、直接交易成本的影响因素

从金融市场的直接交易成本的组成和各种相关的收费标准中我们可以知道，直接交易成本是人为制定的，与国家的政策、交易所的惯例等因素有关。具体来讲，其影响因素有以下几个方面：

（一）法律和国家政策的规定

税收法和国家的税收政策直接影响直接交易成本中的交易税，而国家税收政策的制定则受到宏观经济状况、国家财政政策以及政府对金融市场干预行为的影响。当一国的经济过热，政府选择调高交易税率，可以提高证券的交易成本以降低金融市场的交易量，从而抑制过度投资。当出于调节金融市场的投机行为和平均收入分配的目的时，政府也会调整其税收政策。当证券市场投机倾向严重时，政府倾向于调高交易税以平抑市场，当证券市场低迷以致对整体经济运行产生了损害时，政府会降低交易税，以刺激低迷的市场。从我国的印花税率几次调整中可以看到，印花税是政府调节证券市场的主要手段之一[①]。

国家的政策规定也会对佣金的大小产生影响。在固定佣金制度下，佣金的比例或佣金浮动的上下限是由国家规定的，各个证券经纪商不能提高和降低佣金比例，国家可以直接调控佣金的大小。在浮动佣金制下，国家则是通过经济政策和税收政策影响券商和投资者对市场的判断和预期，从而间接影响到佣金的比例制定。

（二）金融市场发育程度

一般来说，金融市场发育程度越高，直接交易成本会降低。首先，从金融市场发育程度和佣金的关系的角度来说，各国在证券市场发展初期都是采取的固定佣金制，而随着金融自由化和金融市场的发展，在全球范围内佣金制度呈现出佣金自由化趋势和下降化趋势。在新建立的金融市场中，固定佣金制有利于保证金融市场的稳定，但是缺乏弹性并损害竞争。随着金融市场的逐渐成熟，产生了佣金自由化的趋势，佣金水平也呈现下降的趋势，现实的例子可以从美国的证券市场改革中看到。1975 年 5 月 1 日起，美国进行了佣金制度改革，采取浮动佣金制，经纪商可以根据代理业务的具体情况与客户商定佣金比例，在此之后，美国的每股交易佣金从改革前的平均 26 美分降至 1980 年的 11.9 美分，而到 1997 年已经降至每股 5 美分。

另外，金融市场的发育程度对交易税也产生影响。在一个市场规模较大并且有效的市场中，很少需要政府干涉以保证市场的正常运行，因此政府通过改变交易税率来进行干涉市场运行的行为也就较少。

（三）市场供求

证券市场的供求情况是影响金融市场交易成本的微观因素。在浮动佣金制度下，市场供

---

① 我国深圳股票市场和上海股票市场分别从 1990 年和 1991 年底开始对买卖双方征收 0.3%的股票交易印花税，1997 年这一税率调高至 0.5%，1998 年又调低至 0.4%，2001 年进一步降低至 0.2%。

求是代理人和投资者制定佣金的比例时考虑的重要因素：当对证券市场供过于求时，佣金会下降，反之则会上升。

（四）交易额度

在金融市场中，佣金和交易税都是按照交易额的一定比例收取的，因此，交易额度直接影响着佣金和交易税的数量。另外，在很多证券交易所中，佣金的比例也和交易额度有关。当交易额增大到一定程度时，佣金的比例比小额交易时要小，如我国台湾证交所采取的佣金分级累进制，即规定佣金上限，由券商与客户自由协商确定最终的佣金水平。

由于直接交易成本在交易执行前基本上可以相对准确地估算出来，投资者就必然会考虑其对收益的影响，进而调整自身的交易策略。所以，许多国家和地区的证券市场将税费等直接交易成本的管制和调整作为监管和调控市场价格行为的重要途径之一。

第二节　间接交易成本

金融市场间接交易成本又称为隐性交易成本，是指与金融市场交易有关，但并非直接由交易者直接缴纳的相关成本。间接交易成本不容易被交易者直接观察和测算出来，但与直接交易成本一起同时影响投资者的投资决策，所以也对金融市场的运行产生影响。按照 Hasbrouck & Schwartz(1988)和 Amihud & Mendelson(1991)的研究，做市商市场上投资者在交易过程中发生的间接交易成本包括买卖价差、搜寻成本、延迟成本和市场影响成本。

一、金融市场间接交易成本的组成

（一）买卖报价差价

1. 定义

买卖报价差价(bid-ask spread)是某项金融资产交易中的买进报价和卖出报价的差额。以做市商市场为例，买卖报价差价即做市商的买进报价和卖出报价之间的差额，它反映了做市商所设定的做市成本，是做市商对其自身提供的功能性服务所要求的价格补偿。在竞价市场上，理论上不存在买卖报价价差，因为所有成交的交易都是由交易系统按照相同的价格撮合的，买价和卖价相同，因此，对于竞价市场，买卖报价差价通常采取市场上尚未成交的最高买价和最低卖价之间的差额，这两个价格是最可能在下一时刻成交的交易价格。

2. 决定因素

(1)逆向选择成本(adverse selection cost)。在做市商市场上，逆向选择成本实际上是对提供流动性的交易商(做市商)的一种补偿，因为交易商在提供流动性时可能面临与知情交易者进行交易的风险(Copeland 和 Galai，1983)。简单来说，逆向选择成本就是由于拥有私人信息的交易者提交订单后所导致的交易商(做市商)对股票价值预期的修正(Brennan 和 Subrahmanvam，1996）[①]。在竞价市场，逆向选择成本是对流动性提供者（下达限价订单的交易者）的一种补偿。逆向选择成本通常与该笔交易的规模成正比。

（2）存货成本（inventory holding cost）。面对不断变化的订单流，交易商不断调整报价以确保一个稳定的存货水平。存货成本包括两个方面：一是存货的管理成本，即做市商为保持一个最佳库存而付出的管理努力。如风险中性的做市商往往限定一个存货限度，在存货超过该限度时降低其买进报价；在存货不足时，提高其卖出报价。如果存货波动很大，做市商往往会同时提高卖出报价和降低买进报价（即扩大买卖价差）。二是存货的风险成本，即做市商保持一定数量的存货可能导致的损失。一般库存越大，市场短期价格波动越大，做市商承担的风险也就越大。

（二）搜寻成本

1. 定义

搜寻成本是指交易者针对某特定交易发现最优价格的成本。交易者在市场上搜寻最佳价格需要花费时间、交通费用、信息费用等。搜寻最优价格行为的实际发生费用加上耗时的机会成本就是投资者的搜寻成本。根据搜寻理论，与商品市场上的搜寻成本理论相同，如果搜寻最佳价格时的价格边际改进小于额外的搜寻成本的话，交易者也许更愿意接受非最优的价格。

2. 决定因素

（1）交易者的机会成本。交易者寻找最优价格需要花费一定的时间，交易者的时间机会成本越大，那么投资者的搜寻成本也就越大，投资者可能接受的价格和最优价格相差也就越大。对于机构投资者来说，相同的时间，他们的机会成本要高于个人投资者。因此，一般来说，其搜寻成本要高于个人投资者。

（2）市场透明度。搜寻成本和市场透明度密切相关。在完全信息的商品市场中，搜寻成本为零，因为所有的产品都是同质的，所有的商品供给都给出相同的价格。当市场信息不透明度增加，则交易者的搜索成本也会相应增加。同样，在完全有效的证券市场中，所有的信息都反映在当前的价格中，交易者也没有必要去搜寻更有利的价格，搜寻成本可以忽略。

（3）交易机制。在连续竞价交易市场，交易者采取限价指令，电子计算机系统能够实时传送汇总的买卖订单和交易情况，因此搜寻成本可以忽略。在集合竞价市场，交易者同样采取限价指令，并且价格本身就反映了全部订单流量的累积信息，因此搜索成本也可以忽略不计。而在做市商市场上，由于没有买卖订单汇总的机制，价格由分散的做市商自己报价，因此，投资者无法了解市场供求的全部信息，搜索成本高于其他两种市场。

（三）延迟成本

1. 定义

延迟成本是指由于交易执行时间的延迟而遭受的损失所产生的成本。时间的延迟又分为

① 在做市商市场，流动性交易者为获取集市交易而支付价差成本，但知情交易者的交易则导致做市商的损失。因此，做市商会设定一个更大的价差，以弥补与知情交易者进行交易时可能带来的损失。

两种：一种是由于搜索最优价格而导致的交易的延迟；另一种交易的延迟是指令执行的时间延迟。在不能即时匹配的交易机制中，交易指令的发出到交易实际执行有一定的时间延迟，时间的延迟产生了额外的风险，即在交易尚未完成时价格可能会向不利的方向变化，或是在订单成交之时，价格可能已经发生变化而不再是最优价格。综合这两种因素可知，从等待成交到指令执行时价格的变化，便是交易者的延迟成本（由于价格也有可能向有利的方向变化，这个成本也可能小于零）。对交易者而言，交易执行延迟和信息延迟的风险，在市场价格短期波动剧烈的情况下更加显著（Osborne，1965）。

2. 决定因素

（1）市场透明度。延迟的时间越长，交易者遭受损失的可能性也就越大。市场信息越透明，交易者搜寻最低价格的时间就越短，也就减小了市场价格向不利方向变动的可能。

（2）市场的价格波动情况。当市场的波动性增强，则同一时间内，价格向不利于交易者方向变动的可能性增大，其他条件不变的情况下，交易者遭受损失的可能性增大，从而延迟成本增大。

（3）交易指令。对于市价指令来说，交易可以在报价后瞬时完成，所以可以不考虑延迟成本，但是对于限价指令来说，交易延迟时间要长于市价指令，因此，限价指令的延迟成本要大于市价指令

（四）市场影响成本

1. 定义

市场影响成本（market impact cost）是指大额交易可以得到迅速执行时所需的（超过买卖报价价差）额外成本。在市场上，大额交易的执行会使市场价格向相反的方向变化。当执行大额买进订单时会使市场价格上升。反之，当执行大额卖出订单时，市场价格下降。而对于订单发起者（无论是买入订单还是卖出订单）的交易对手来说，这意味着损失。大额交易的市场影响成本存在是由于市场没有无限的深度。可以这样理解这种原因：市场存在足够深度的意思是大额订单（市价订单、限价订单）可在较小的买卖价差范围内进行成交。然而，由于市场深度不够，假设分部执行的大额订单（实际交易中可能并非分部执行）中，前一部分的执行将反向影响订单剩余部分的价格，使平均价格向不利方向变化，这就产生了额外的成本。

2. 市场影响成本的决定因素

（1）交易方向。同样额度的大额买进订单和大额卖出订单对证券市场价格的影响不同，也就是存在大额交易价格影响的不对称现象。研究表明，买方发起的大额订单对市场价格的影响大于卖方发起的大额订单。这种市场现象的原因，在信息假说中可以得到比较合理的解释。假定知情交易者在市场上积极地寻找有利的信息，则它们的交易策略选择会使他们的买进行为具有比卖出行为更大的影响。Chan 和 Lakonishok（1993）的分析指出，由于资金有限，机构投资者改变其所持有的投资组合时会有入有出，当他们决定买进某只股票后，通常会选择卖出其原有资产组合中的某种股票。由于可供选择的资产组合中的股票很有限，因此卖出某只股票并不必然传达了该股票存在的负面信息。但是对于机构投资者选择买入某只股票而言，由

于市场上有无数多的股票供选择，因此买进某只股票则很可能表示该股票存在该企业特有的利好信息。根据这种信号理论，大额买进订单的市场影响成本要大于大额卖出订单。

(2)交易方式。对于场外交易的大额交易来说，其价格是由交易双方在场外协定，因此，对所交易证券的市场价格影响不大，从而其市场影响成本也比较小。而对于单纯的做市商或竞价市场，如果没有其他的制度(如信息延迟制度)配合的情况下，大额交易对所交易证券的价格会产生很大的逆向影响，从而其市场影响成本也较大。

(3)信息披露。大额交易的信息披露分为交易前披露和交易后披露两种。交易前的信息主要指在成交前的买卖价格和数量信息。交易前信息的披露会导致市场价格的逆向变动，从而直接增加大额交易的市场影响成本。交易后信息是指交易的价格、数量和交易者的身份等信息。交易后信息的披露同样会对市场价格产生影响，因为如果交易者可以提前意识到这一点，则就会在交易时给出不利于发起者的价格，相应地，也就提高了市场影响成本。

(4)流动性。大额交易的市场影响成本也和市场的规模以及流动性有关。一般而言，市场规模越大，流动性越高，进行同样一笔交易时所产生的市场影响就越小，从而市场影响成本也就越低。

二、金融市场间接交易成本的度量

在衡量金融市场的间接交易成本上，买卖价差是一个最直接、最简便的指标。具体来说，买卖价差有四种表现形式。

(一)买卖报价差

它是指卖出报价与买进报价的差额，它是在交易按最佳买卖报价执行的假定下，用最佳(低)卖出价格减去最佳(高)买进价格，旨在衡量订单的潜在执行成本。

衡量买卖报价差(bid-ask spread)有两种方法：一是绝对买卖报价差，即计算买卖报价的绝对值；二是相对买卖报价差，即计算百分比买卖报价差，买卖报价价差的大小随价格变化而变化，故可以用绝对买卖报价差除以最佳买卖价格的平均值来得到。

设 AS 为绝对买卖报价差，RS 为相对买卖报价差，PA 为最低卖出价格，PB 表示最高买进价格，M 表示价差中点($M = (PA+PB)/2$)，则：

$$AS = PA - PB$$

$$RS = (PA - PB)/M$$

(二)有效价差

有效价差(effective spread)等于订单成交的平均价格和订单到达时买卖报价的中点之间的差。

以 ES 表示有效价差，以 P 表示交易价格，则：

$$ES = |P - M|$$

有效价差可根据买卖方的不同而标记正负号，即有正负号的有效价差(signed effective spread)。设 BES 为买方的有效价差，SES 为卖方的有效价差，则：

$$BES = P - M$$

$$SES = M - P$$

有效价差也可以计算其相对值，设 RES 为不含正负号的相对有效价差，则：

$$RES = |P - M| / M$$

有效价差在一定程度上克服了买卖价差不能反映订单在买卖价差之外和之内成交的情况（即高估和低估执行成本），因此可以用来衡量订单的价格改善；当执行价格比相关的买卖报价更好时，则称之为价格改善，订单的执行成本降低，当执行价格在买卖报价之外成交时则发生价格变坏，订单的执行成本增大。所以，有效价差可以衡量延迟成本中的执行成本。

另外，由买卖报价价差减去有效价差而得到的折价（溢价比例）也是衡量价格改善（变坏）幅度的指标之一。

（三）实现的价差

实现的价差（realized spread）等于订单执行价格和订单执行后一段时间的买卖报价中点之间的差额。实现的价差可以测度市场影响成本。

衡量实现的价差除分为绝对实现价差和相对实现价差之外，也可以根据买卖方向不同计算其正负号。以相对实现价差为例，设 $BARS$ 为卖方的相对实现价差，$SARS$ 为卖方的相对实现价差，M_t 为交易发生以后一段时间的价差中点，则：

$$BARS = P - M_t$$

$$SARS = M_t - P$$

（四）定位价差

定位价差（positioning spread）的计算方法是实现的价差减去有效价差，衡量由于逆向选择而损失的价差收益，反映了交易后的价格变化。如果投资者中的某一个群体拥有信息优势，那么平均看，他们将从交易后的价格变化中获利，因此，他们付出的实现的价差应比有效价差低。

同有效价差和实现的价差一样，定位价差也可分为绝对值和相对值，并分为买方和卖方。以相对定位价差为例，则：

$$BRPS = (M - M_t) / M$$

$$SRPS = (M_t - M) / M$$

在以上四种价差中，买卖报价差实际上衡量的是单向的价差，而其他三种买卖价差均衡量的是双边价差（包括买方和卖方的价差）。因此，为便于比较，在计算买卖报价差时，通常计算的是内部半价差（inside half-spread），即把买卖报价差除以 2，内部半价差也称为平均价差（average spread）。这四种价差的基本特征和差别可用表 10—1 来表示。

表 10－1　　间接交易成本的四种价差比较

	定　义	前　提	意　义	不　足
买卖价差	最佳卖价减去最佳买价的差额	假定交易按最佳买卖报价执行	衡量订单的潜在执行成本	可能高估或低估潜在成本，忽略了交易量的价格影响，不适合集合竞价
有效价差	交易价格与价差中点的差额	假定当时的价差中点为证券的真实价值	衡量订单的执行成本	价差中点可能高估或低估潜在成本，忽略了交易量的价格影响，不适合集合竞价
实现的价差	交易价格与交易后一定时间的价差中点的差额	假定交易后的价差重点是证券的真实价值	衡量订单执行后的市场影响成本	价差中点可能高估或低估潜在成本，忽略了交易量的价格影响，不适合集合竞价
定位价差	实现的价差减去有效价差	同有效价差和实现的价差	反映交易后的价格变化	价差中点可能高估或低估潜在成本，忽略了交易量的价格影响，不适合集合竞价

资料来源：刘逖：《证券市场微观结构理论与实践》，复旦大学出版社 2002 年版。

三、间接交易成本与金融市场微观结构理论

一般认为，德姆塞茨（Demsetz，1968）的《交易成本》正式奠定了当代金融市场微观结构理论的基础。德姆塞茨当时最关注的是科斯的产权理论，他认为交易成本同发生交易时的产权种类有很大关系。但同时，他又十分关注证券市场上交易价格的形成与变化，并在《交易成本》一文中研究了供给方的卖价和需求方的买价之间的差价形成过程，第一次提出了一个买卖差价的模型，认为买卖报价价差实际上是对即时性交易的提供者——做市商的报酬。

随着研究的焦点逐渐转移到做市商的作用上，买卖报价价差首先成为市场微观结构理论的最主要研究对象，相关的研究成果形成两大分支，一个是存货模型，也称完全信息交易模型，是假定买卖交易指令流服从随机分布的基础上，从做市商存货头寸的角度来分析做市商的定价行为，以加曼模型、霍一斯托尔模型、CMSW 模型等为代表。另一个分支是信息模型，集中研究信息不对称对买卖价差产生的作用，认为即使在没有摩擦的完全竞争证券市场上，由于逆向选择成本的存在，也会产生买卖价差。Bagehot（1971）首次尝试用信息成本来解释价差，认为买卖价差实际上反映了做市商与知情和非知情两类交易者交易时收益和损失的平衡，C－G 模型据此建立了关于做市商买卖价差的简单的信息模型，G－M 模型进一步引入了贝叶斯学习过程考察做市商的动态学习过程以及相应的调整报价价差的过程。信息模型的总体结论是买卖价差与存货成本独立，它仅由信息成本产生。

（一）德姆塞茨模型

按照德姆塞茨（Demsetz，1968）的观点，做市商就是即时交易的提供者。由于交易指令流的不确定性，供给和需求双方在时间跨度和交易数量上很难达到一致，因此，市场不可能在同一时点上出清所有的买卖交易指令，这就需要能够提供及时交易服务的市场参与者，这些特殊的市场参与者就是做市商。做市商通过设定买卖报价出清满足价格要求的交易指令，从而保

证市场交易和证券价格的连续性，而买卖价格的价差作为收益用以补偿做市商提供这种服务所承担的成本。

在分析过程中，德姆塞茨假定交易指令流随机分布，即未来的交易指令流是不确定的，而且买卖交易指令不能相互出清，投资者必须单独与惟一的做市商进行交易。很明显，为了保证交易的连续性，做市商必须承担未来的交易指令流不确定带来的风险，为了弥补所承担的风险成本，做市商将通过证券的买卖差价获得收益，具体分析参见图10—1所示。

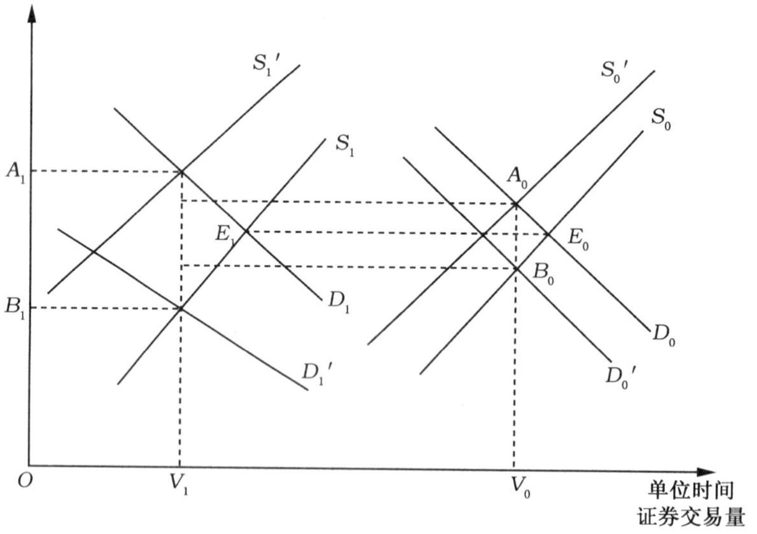

图10—1　做市商的行为

图10—1中直线 S_i 和 D_i 分别代表证券 X_i 的供给和需求曲线，它们表示价格和买卖交易指令的达到速度之间的关系。E_i(i=0 或 1)点代表两种交易指令同时达到均衡，此时就不需要做市商，市场自发达到均衡价格。如前所述，由于交易指令存在不确定性，市场需要能够提供及时交易的做市商。为了弥补成本，做市商在高价位卖出，在低价位买进，从而得到供给和需求曲线 S_i'和 D_i'、V_i(i=0 或 1)为均衡速率。直线 S_i'和 D_i 的交点 A_i(i=0 或 1)点为证券 X_i 均衡的卖出报价，直线 D_i'和 S_i 的交点 B_i(i=0 或 1)为证券 X_i 均衡的买入报价，A_iB_i 即为证券 X_i 的买卖报价价差，用以补偿做市商提供及时交易的成本。

根据德姆塞茨的分析，价差产生的主要原因是由于交易指令流的不确定性，价差的大小取决于做市商提供即时交易而负担的成本。因此，证券交易越活跃，做市商所需等候的时间越短，等候的成本就越小，从而价差也就越小。对于交易频繁或交易量较大的证券而言，其平均的价差相应较小，德姆塞茨通过对纽约证券交易所的证券交易数据进行分析，证实证券交易活跃程度和证券价格是影响买卖报价价差的重要因素，对于交易活跃或价格较高的证券，其买卖报价价差较小。

（二）存货模型

根据各模型研究的侧重点不同，存货模型可以分为三大类：(1)以加曼模型为代表，重点考察交易指令流对证券买卖报价价差的影响；(2)以霍—斯托尔模型为代表，重点考察做市商的行为最优化问题；(3)以科恩等的模型为代表，着重分析在多名做市商之间存在竞争的情况下，买卖差价的决定。

1. 交易指令流和买卖价差

加曼(Garman，1976)率先提出了做市商的存货头寸和现金头寸的不确定性问题，在对这种不确定性的研究中首先假定买卖指令流的性质，然后通过严密的数学理论研究报价价差产生的原因和特征。该模型的一大特点在于着眼于研究所有交易者的订单流的总和而不是涉及单个交易者的交易愿望。因此，当交易者的数目比较庞大时，所有交易者的订单流的总和便可以看成是服从特定的随机过程——泊松过程。在此假设基础上，加曼考察了泊松过程订单流对价格的影响，以及整个市场的出清方式。加曼假设只有一个垄断的做市商，做市商设定买卖报价，并出清所有的订单；做市商具有双重目标，既要避免破产，又要使期望受益最大化，但做市商不能不交易，其惟一采取的行动就是合理设定买卖报价，并且在期初一次性设定买卖报价。由于买入和卖出订单流服从的是互相独立的泊松随机过程，因此存在潜在的不平衡性，这种不平衡性也就是做市商定价的关键。

通过对模型的分析，加曼发现，在风险中性的前提下，做市商最佳(也是惟一)的办法，就是设定不同的买卖价格(卖出报价超过买入报价)，以实现收益最大化。

如图 10－2 所示，做市商把买价 p_b 和卖价 p_a 设定在均衡价格的两侧，$\lambda_a(p_a)$ 和 $\lambda_b(p_b)$ 分别为卖出和买入指令流到达的速率，交易指令流的到达服从泊松分布的假定，阴影面积为做市商的预期利润。

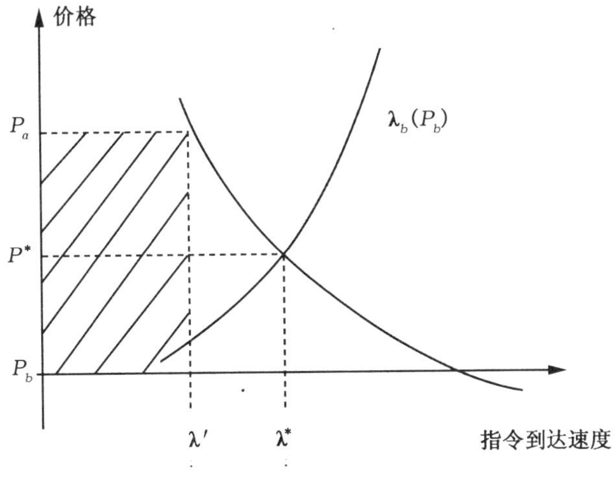

图 10－2 做市商最优定价策略

价差是做市商做市不失败的必要条件。从这一意义上来说,证券市场的微观结构(做市商制度)决定了证券市场的价格行为。

2. 做市商的最优化决策和买卖差价

不同于第一代存货模型,第二代存货模型在考察做市商的决策问题时并不着重分析交易指令流的特性,而是先确定做市商具体的目标函数,假定做市商本身的做市行为存在成本的前提下,考察做市商如何设定买卖报价价差以影响买卖交易行为,获取收益以弥补其自身的成本,从而达到期末效用的最大化。Stoll(1978)首先对做市商的最优化决策进行了分析,认为做市商不应该是风险中性的,而应该是风险厌恶的。因此,做市商在提供做市服务时必然要求风险补偿。买卖价差就是对做市商承担的这种风险补偿。

Stoll(1978)假设交易在两期内完成,做市商在第一个时段里设定买卖价格,在第二时段内进行清算。做市商的融资能力不受限制,因此没有破产风险。通过对做市商最优决策问题的求解,斯托尔发现做市商的存货头寸只影响设定的买卖价格的高低,而不影响价差的大小。

Stoll 模型虽然成功地从存货角度说明了买卖价差的产生和决定,但由于两期模型的假设只考虑一个周期,意味着做市商能预期清算的具体时间,这样一方面忽略了由于交易指令流的不确定性所带来的风险;另一方面对做市商的预期作出了过于乐观的假定,没有考虑资产价值和收益的不确定性所带来的风险。

霍—斯托尔(Ho-Stoll,1981)和奥哈马—奥菲尔德(O'Hara-Oldfield,1986)模型在这两方面对斯托尔模型进行了扩展。Ho 和 Stoll 将 Stoll 的分析从单周期发展为多周期。他们提出:(1)做市商设定的价差大小取决于交易的周期,周期越长,则价差越大,以便补偿其存货风险与资产组合风险;(2)周期风险引致价差的调整幅度取决于做市商的风险厌恶系数、交易规模及股票的风险程度(瞬时方差);(3)买卖价差与存货水平无关。

O'Hara 和 Oldfield(1986)的模型也是一个多时期模型做市商定价模型。该模型考虑了做市商的风险偏好,并区分了限价订单和市价订单的影响,同时分析了订单和存货情况。该模型假定存在一个规避风险的做市商在一个无限期的跨度内最大化其交易利润。模型的研究结果表明,价差可以分为三个部分:由已知限价订单界定的部分,对预期市价订单的风险中性调整的部分,以及对市价订单和存货价值不确定性的风险调整部分。研究发现,做市商的风险偏好在界定价差幅度上有着重要的作用。

3. 竞争性市场上买卖价差的形成

在前面所论述的存货模型中,都假设只存在一个做市商,所有的指令都必须与该做市商进行交易,所以买卖价差也是做市商垄断力量的表现,然而在实际的市场中,做市商并不是惟一的。针对这一情况,科恩(CMSW,1981)等人提出了 CMSW 模型,霍—斯托尔(Ho 和 Stoll,1983)模型放松了这一假定。

CMSW 模型考虑的是连续的拍卖市场,在此市场中,不存在垄断的做市商。市场投资者的交易指令相互出清,投资者既可以下达市价指令(作为即时交易的需求方),又可以递交限价指令(作为即时交易的供给方)。当买卖价差很大,投资者会倾向于提交限价订单,因为一旦成交，价格会很有利，从而会缩小价差；而当买卖价差变得很小时，投资者将会更愿意提交市价订单，因为价格损失较小，而成交概率会大大增加，这样又会加大价差。因此，价差的大小取决于投资者的订单选择，而这又取决于订单执行的概率和成本。所以，在存在交易成本的情况下，无论限价指令多么的接近市价指令，都不是肯定能够执行，即在临近市价指令价格上，交易指令能否执行的概率发生跳跃，从而导致价格发生跳跃，即买卖价差存在着必然性。

霍—斯托尔（Ho 和 Stoll，1983）模型讨论了在市场上存在多名做市商、多个时期和多只股票时，存货成本对于买卖价差的影响。通过详细研究在不同市场条件下多名做市商的效用函数和成本函数，以及做市商之间的相互竞争、相互博弈。模型证明，做市商之间的竞争会使得买卖价差减小，但不会减小为零。此外，一个做市商对其他做市商的成本及行为的预期也会影响该做市商的报价和价差。

除以上几种模型之外，Lyons（1995）还提出了一个最优报价模型。Lyons 把最优价格定义为反映买卖报价反弹（bid-offer bounce）的存货调整过程的函数，即：

$$pp_t = u_t + \alpha(I_t - I_t^*) + \lambda D_t$$

其中，pp_t 为最优价格，u_t 为时间 t 时基于做市商可获得的信息确定的预期的市场出清价格，D_t 为买卖报价反弹因素（解释为对执行成本、价格离散性或租金的补偿）。D_t 是一个方向性指示变量，当交易价格等于卖出报价时为 1，当成交价格等于买进价格时为 −1。$(I_t - I_t^*)$ 表示净存货需求，α 表示存货控制效果。

（三）信息模型

前面讨论的存货模型认为，做市商持有存货而产生的存货成本，是决定买卖价差的主要原因。1971 年，白芝霍特（Bagehot）发表了一篇经典论文，首次明确提出了信息成本在买卖价差形成中的作用，它是利用信息模型研究买卖价差的起源。Bagehot（1971）指出，做市商的作用是为市场提供流动性，当某一时点市场的买入卖出指令不匹配时，做市商就进入市场参与交易。做市商面对这三种类型的交易者，拥有特殊信息的交易者，不拥有特殊信息、仅仅出于流动性需要而进行交易的交易者，以及自认为拥有未被揭示的信息而事实上这些信息已经被揭示的交易者。第一类交易者可称之为知情交易者，后两类交易者可以合成为非知情交易者。

知情交易者拥有做市商所没有的特殊信息，这些特殊信息通常与证券的真实价值有关。知情交易者在证券的市场价格被低估时买入，在证券的市场价格被高估时卖出。虽然做市商可以通过设定足够大的买卖价差来阻止知情交易者利用其信息优势获利，但是，由于知情交易者还拥有不交易的权利，而做市商却必须按照他自己的报价买入或卖出证券，所以，做市商在与知情交易者交易时总是遭受损失。另一方面，做市商在与非知情交易者交易时总是获利，其收益来自于设定的买卖价差。由于做市商知道面临着与知情交易者交易并遭受损失的可能，为保证自己不破产，他必须设立合理的价差，使得来自于非知情交易者交易的收入足以弥补与知情交易者交易而遭受的损失。因此，买卖价差反映了做市商与两类交易者交易时收益和损失的平衡，信息不对称在价差形成中起到了重要作用。

在白芝霍特之后，Copeland 和 Galai（1983）依据白芝霍特（1971）的思路首次建立了关于做市商买卖价差的简单的信息模型——C-G 模型，论证了仅仅由于信息不对称就足以引起价差。Glosten 和 Milgrom(1985)考虑了交易本身所具有的传递信息的作用，在 C-G 模型的基础上引入了动态因素，创建了 G-M 模型。在交易量固定的前提下，使用贝叶斯学习过程，分析了做市商的动态学习过程以及相应的调整报价价差的过程，得出价差与存货成本独立，仅由信息成本产生；过多的知情交易者将迫使做市商设定过大的价差，从而阻碍交易的进行，甚至导致市场的崩溃。

值得一提的是，虽然以存货模型和信息模型为代表的微观市场结构理论开创了从交易成本分析价格行为的先河，各自从做市商持有存货的成本和市场信息分布的不对称的角度来考察对买卖价差和市场影响成本的影响，以及随之而来的做市商买卖报价的动态调整和投资者交易策略的决定，但是，这些模型针对的都是报价驱动市场，而且大多只考虑交易信息(如指令流的方向、规模和时间等)的价格影响。如果要全面考察各种交易机制下交易成本对市场参与人策略行为的影响，还需要更多深入地分析。

第三节　运行成本与交易机制设计

一、交易机制设计与市场效率

交易机制的设计尽管受制于国家和地区的社会经济发展水平，但是基本上围绕四大基本功能而展开，即交易功能、价格发现功能、风险分散功能、信息的聚集和传递功能。如果市场能充分发挥这些功能，那么市场就是具有效率的。正是从这一意义上，市场效率成为市场交易制度设计目标的同义语。市场效率是指任何投资者均能以最低的交易成本，快速方便的以能够反映供需的价格执行交易，具体表现为六大衡量指标：流动性、稳定性、有效性、公平性、透明性和可靠性。作为衡量市场效率的根本标准①，流动性、波动性和有效性这三大指标的综合表现就是交易成本的高低，原因在于：首先，从流动性和交易成本的关系来看，高流动性的市场具有较好的广度和深度，从而使得买卖价差和市场影响成本处于较低水平，投资者支付的间接交易成本也相对较低。其次，较高的波动性往往同高交易成本相联，因为在一个高波动性的市场上，由于价格变化经常呈现出非连续性，此时投资者将面临较高程度的交易不确定性，因而带来较高的买卖价差和市场影响成本。再次，有效性带来低交易成本，因为市场的有效性意味着价格能够迅速反映所有相关信息，股价不会因不完全信息和供需突然变化而大幅扭曲，从而使市场具有较高程度的吸引力和流动性，交易成本也相对较低。在这个意义上，交易成本可以说是衡量市场效率的一个综合指标。

既然交易成本在交易机制对市场效率的作用过程中起到了“中介指标”的作用，那么对交易成本大小的衡量就显得至关重要了。

---

① 王雁茜：《交易制度、交易成本和市场质量——中国的理论和实证研究》，浙江大学出版社 2004 年版。

二、交易成本与运行成本

在前文论述中，我们按照市场微观结构理论的研究方法，将证券市场交易成本分为直接交易成本和间接交易成本，这是从静态的角度作出的人为划分，这有助于认识证券市场交易成本的各个结构和层次对交易机制和市场效率的影响。但是在现实的证券市场中，市场参与人的行为策略和市场的价格呈现不断变化的特征，如果要在这个动态的环境下考察交易机制对市场效率的影响，我们有必要对交易成本这个综合指标作出进一步的解释。

首先，我们仔细分析一下交易活动的构成。从理论上来看，一个完整的交易活动应该包含以下两个阶段：交易决策（trading decision）；交易运行（trading execution）。交易决策阶段是交易意愿的形成时期，它决定着市场参与人将以怎样的价格和数量进行交易；交易运行阶段则是市场参与人将前一阶段形成的交易意愿付诸实施的过程，此时投资者会向市场提交买卖指令，并通过市场的交易系统达成交易。如果从这一完整意义上来理解交易活动，那么交易成本应该包括交易决策阶段的成本和交易运行阶段的成本两个方面。交易决策成本主要是指信息成本，信息成本的大小取决于信息披露的有效性、信息扩散的有效性和信息反映的有效性这三个条件，衡量过程比较复杂。而在交易运行阶段市场参与人的行动，比如提交指令的时间、买卖指令的类型（包括交易价格和数量）、成交状况（从指令发出到成交的时间、成交价格和成交数量）等等，通常是可观察和可衡量的。而且最重要的是，交易决策阶段的信息成本会影响后续的交易运行状况，典型的如信息模型中所揭示的信息不对称是引起买卖价差的根本原因。所以，运行阶段的交易成本如买卖价差、市场影响成本与交易决策阶段的成本在一定程度上是序列相关的。由此我们就可以将关注的重点转向运行阶段的成本，这不仅在逻辑上成立，而且有利于更好地衡量某一市场机制下的市场效率。

其次，市场的运行成本通常主要包括直接交易成本、买卖价差和市场影响成本。对于买卖价差和市场影响成本的关系，我们来作进一步的分析。在早期的微观市场结构文献中，市场影响成本是指大额订单得到迅速执行后引起的超过买卖价差的额外成本。因为当交易商迅速执行大额买进订单时会使价格上升，当迅速执行大额卖出订单时则会使价格下降。订单越大，卖出者为了达成交易就会更愿意事先在价格上做出让步，而买进者也愿意给出一个溢价。这意味着大额订单的实际买卖价差要大于小额订单的买卖价差。也就是说，市场影响成本实际上不过是买卖价差产生的原因之一而已。从更广泛的意义来看，市场影响成本和买卖价差反映的都是某一笔交易对价格的影响。如果将市场影响成本的含义界定为交易对价格的影响，则买卖价差就是市场影响成本的一种最常见的存在形式。这种观点在近年来的文献中也越来越多地出现（如 Domowitz，Glen 和 Madhavan，2000）。从这个意义上讲，买卖价差其实是衡量市场影响成本的有力指标而已，所以两者没有并列的必要，市场运行成本可以直接视作直接交易成本和市场影响成本的组合，其中的市场影响成本用买卖价差来衡量。

三、运行成本与市场效率

根据上文对市场运行成本的界定，我们可以考察不同的交易机制下，所对应的运行成本给市场效率造成的影响，这里的交易机制是广义上的概念，既包括市场模式、订单形式、最小价格升降档位、大额交易等会给市场影响成本带来重大影响的交易机制部件，也包括体现直接交易成本的交易税费、佣金等交易规定。市场效率沿用上面的阐述，用流动性、波动性和有效性这三个根本的衡量指标来体现。

（一）直接交易成本与市场效率

关于以直接交易成本形式存在的交易税费对证券市场及其参与主体的影响，在当今国际研究领域中是一个讨论的热点。概括而言，交易税费增大将对市场的交易量和流动性起反方向的影响作用，对于这一点学术界基本上已有共识；但对于交易税费的增加是否能够使市场价格的波动性相应降低，却存在着十分不一致的观点。

1. 直接交易成本对交易量和流动性的反向影响作用

对交易者来说，直接交易成本在交易执行之前基本上都是可以相对准确地估计出来的。在直接交易成本为比例费用和不允许卖空的交易机制下，直接交易成本的存在对投资者来说，只不过意味着从投资收益中间去掉一个常数比例值；如果允许卖空，则直接交易成本还会影响卖空的次数和额度。总体上看，交易税费提高，则投资者的实际收益和利润会相应降低，为避免这种“损失”，投资者会降低交易频率或减少资产组合结构中短期证券的比例，甚至将交易转向海外市场，结果导致国内证券市场的交易量降低和流动性下降。

另外，按照 Allen 和 Gale(1994)的研究，高的交易税费会使进入市场的门槛相应较高，从而对投资者在进入市场之前就进行了“隐形”的筛选，产生所谓“市场参与的有限性”现象，这将制约市场规模并降低市场的流动性水平。

实证分析的结果也对上述理论观点给予了支持。Umlauf(1993)对瑞典股票市场的研究发现，“当 1986 年开征 2%交易税时，为了避税，11 种交易最活跃的瑞典股票成交量的 60%转移到了伦敦”。Schwert 和 Seguin(1993)的研究结果显示，交易量对直接交易费用的弹性介于 −0.25 和 −1.35 之间。

2. 直接交易成本是降低市场波动性还是增大波动性

随着交易税费的增大和换手率的降低，市场价格的波动性是否相应降低？答案是不明确的。以 Tobin 和 Summers 为代表的一些学者认为，增大交易税费可以减少短期投机交易，降低噪声交易行为对股票市场的影响，从而使市场波动性降低。但与此同时，Lybeck(1991)、Campbell 和 Froot(1994)指出，交易税费的存在或提高并不是仅仅对噪声交易者产生作用，也会对知情交易产生作用，而后者的交易行为在降低股票市场波动性方面发挥着很大作用。所以，仅当交易税费对噪声交易者的作用大于知情交易者的作用时，才可以断言增加交易税费可以在减少市场波动性方面发挥一定作用。

由此可见，交易税费对价格波动性的影响要视特定市场上具体的投资者类型结构及其交易行为对市场波动的作用方向而定，是个需要经过实证分析才可以回答的问题。

3. 直接交易成本对证券价格和市场有效性的影响

交易税费对证券价格和市场有效性也会产生影响，但是对于这些影响的性质和作用方向，也存在着各种并不完全相同的意见。

首先，交易税费会降低证券价格。因为当交易成本增加时，投资者当前的报酬率会降低，并期望获得较高的收益率，才会继续持有该金融工具；而当投资者要求的收益率上升时，证券价格就会相应下降。

其次，交易税费影响证券价格的信息效率。因为交易税费直接作用于每日证券收益，如果信息的价值不足以超过交易成本，则边际投资者将减少交易或不交易。Glosten & Milgrom 和 Kyle(1985)都认为只有当交易能够产生大于交易成本的收益时，边际知情交易者才会对那些未被价格反映的信息进行交易，从而使之反映价格。

另一方面，Tobin(1984)和 Summers 等(1989)认为，交易税费可以引导投资者和基金经理进行长远投资，减少非生产性的短期交易行为，从而提高市场效率。不过，Lybeck、Campbell 和 Froot 等，对此持相反观点。他们认为，交易税费可能导致最优投资组合的扭曲和市场效率的降低。因为当股票没有税赋负担时，最优投资组合将是最有效率的；当对证券征收税费时，由于交易税费对交易较为频繁的短期证券的副作用最大，不同证券的相对交易成本就变化了，最优证券组合也相应改变，从而导致最初证券组合资源配置的扭曲，市场效率随之降低。另外，当交易成本增加时，为了避免较高的税费负担，交易频率将会降低，这对于那些价格偏离内在价值的证券来说，由于缺乏充分的交易，就需要花费较长的时间来纠正这种偏差。这种由于证券流动性降低带来的定价误差纠正时间的延长也会限制市场效率。

（二）市场影响成本与市场效率

如前文所言，市场影响成本衡量的是一笔交易的执行给市场价格带来的冲击，可以用买卖价差来表示，而买卖价差是市场流动性最重要的衡量指标。所以，在考察不同交易机制下的市场影响成本对市场效率的影响时，最主要的就是考察交易机制对买卖价差的作用。

值得一提的是，在做市商市场上，我们能够直接获得买卖价差的数据，但是在双向竞价市场上，由于所有一对一匹配的买卖订单都是按照相同的价格撮合，理论上不存在买卖价差。因此，在实践中，我们通常取市场上未成交的有效订单的最高卖价和最低买价之间的差额作为竞价市场的价差，因为这两个价位反映了下一笔交易可能的实际成交价格，也是投资者买进和卖出所愿意接受的价格。如此一来，我们就能对不同市场模式下的买卖价差作出比较研究。

1. 市场模式对买卖价差的影响

对于集合竞价市场与连续交易市场，通常的认识是集合竞价市场的价差较低。理论研究也表明因为集合竞价市场采用了一个相对有效的处理信息不对称分布问题的机制；通过推迟交易，迫使交易者通过提交订单的行为暴露私人信息。正是由于集合竞价市场上交易者面临的逆向选择风险较低，所以交易的市场影响成本也相应较低。实证分析如 Brooks 和 Su(1997)发现，在开盘集合竞价时，纽约证券交易所和美国证券交易所的流动性提供者可以显著降低其交易费用。

对于做市商制度与竞价制度，从理论上来看，做市商市场的平均价差要高于竞价市场。因为做市商作为流动性的提供者，承担着来自存货风险和逆向选择风险的成本，所以将扩大其买卖报价差。而对于竞价制度来说，存货风险完全等于零，每个交易者仅仅面临可能与知情交易者交易的逆向选择风险，所以价差会显著降低。

大量的实证研究，如 Huang 和 Stoll (1996)，Bessembinde(1998)，Bessembinde、Kaufman(1996，1997)，Baker(1996)在比较了纽约证券交易所和纳斯达克市场，De Jong 等比较了伦敦和巴黎证券市场，均得出做市商市场交易成本更高的结论。Barclay、Kandel 和 Marx(1998)则发现把那些从纳斯达克(做市商市场)转到美国证券交易所(集合竞价市场)上市的股票，其买卖价差明显降低。Pankai Jain (2002)通过对各国股票市场数据的研究发现，做市商市场无论相对价差还是有效价差，都显著大于指令驱动市场。

理论分析也表明做市商制度具有较高的交易成本。Pagano 和 Roell (1991)的论证过程如下：

在集合市场，价格反映全部市场供求信息，具有价值 V 的证券可能会在高于 V 的价格 V_H 或低于 V 的价格 V_L 上成交(设其概率分别为 50%)，假设风险中性的信息灵通的交易者在市场的比重为 q，缺乏信息的流动性提供者或噪音交易者比重为 z，他们提交买进或卖出订单的概率各为 50%，则在集合竞价中，流动性买进者的期望价格是：

$$\underline{V}+q\left[\frac{2-(q+z)}{q+z-2qz}(V_H-\underline{V})\right]$$

$$V=\frac{V_H+V_L}{2}$$

在做市商市场，每一个订单都是根据做市商的买卖报价成交的，在一笔订单执行时，并不知道第二笔订单的情况。因此，卖出报价是证券的预期价值，即：

$$\frac{z\,\underline{V}+q\,V_H}{z+q}=\underline{V}+\frac{q}{q+z}(V_H-\underline{V})$$

连续竞价市场是上述两种方式的混合，第一笔交易以做市商价格成交，第二笔交易以集合竞价价格成交。

从上述分析中可以看出，只要

$$q\left[\frac{2-(q+z)}{q+z-2zq}\geqslant\frac{q}{q+z}\right]$$

则集合竞价的平均价格溢价就低于做市商市场的价格溢价。只有当 $q=z$ 时，三个市场的平均交易成本才会相等。

总之，现有研究表明，集合竞价市场上的市场影响成本最低，而做市商市场是最高的，连续竞价市场居于两者之间。

2. 其他交易机制因素对买卖价差的影响

(1)最小价格升降档位对买卖价差的影响。从理论上看,最小买卖价差就是所允许的最小价格档位。在做市商市场上,最小价格升降档位越大,其最小买卖价差就越大,相应地,最小利润空间也越大;但对交易者来说,这无疑要承担更大的成本。如果存在做市商的充分竞争,则最小的买卖价差就等于最小价格档位。由此可以推断,较小的报价档位应该会使价差下降。大量研究(如 Harris,1997; Ahn、Cao 和 Choe,1998; Atkinson 和 Martin, 1999; Bessembinder,2000; Chakravarty、Harris 和 Wood,2001)也证实了随着最小价格升降档位变小而出现的买卖价差和有效价差降低的现象。

(2)大额交易机制对买卖价差的影响。一般来说,大额交易机制时价格发生逆向变化:大额卖出使价格下跌,大额买入使价格上升。但是,大额交易究竟对交易前后的价格水平产生多大的影响,在很大程度上取决于大额交易机制本身。从现有的结论来看,在场外的专门市场执行的大额交易的价格影响,要低于在交易所内与普通订单一起执行时的价格影响。Seppi (1990)、Grossman (1992)、Madhavan 和 Cheng (1997)以及 Booth、Lin 和 Tse(2001)等经验研究都表明了这一点。另外,大量对机构投资者大额交易的实证分析说明,市场对大额卖出和大额买入的反应程度是不同的——通常大额买入订单的市场影响成本要高于大额卖出;大额交易价格影响的这种不对称性则被归结于作为知情交易者的机构的买进行为多是由信息导致的,而卖出行为则不然(Keim 和 Madhavan, 1995, 1997;Saar, 2001)。

(3)信息披露制度对买卖价差的影响。大额买入和大额卖出的价格影响的不对称性说明,市场参与人对订单流中包含的信息内容的理性猜测也会影响到价差水平。这是因为,做市商市场的价差不仅受存货和订单处理成本的影响,而且实际上还受到做市商与交易者之间信息不对称的影响。显然,当关于证券真实价值的信息被所有市场参与人获知时,做市商就没有必要设置超过其订单处理成本和存货成本的价差。这意味着,如果证券市场的信息披露能够降低这种信息分布的不对称性,则逆向选择成本也会缩小,从而价差也随之降低。这也是为什么透明度高、信息成本低的竞价市场的价差通常要低于做市商市场的原因。

四、运行成本与交易机制设计

一个有效率的交易机制是指任何投资者均能在市场上以最低的交易成本,快速、方便地以能够正确反映供需的价格执行交易,低廉的交易成本成为保证市场流动性和稳定性存在的基础。但是由于交易成本中间接交易成本部分具有不可测性,所以在实际交易机制设计中,难以用交易成本来直接作为市场效率性的度量。采用更为直接的运行成本后,由于其组成部分——以买卖价差为测度的市场影响成本和以交易税费、佣金为代表的直接交易成本——都具有实际可循的数据,那么,各种交易机制下的运行成本都能相对较为准确地计算出来,并加以比较。如王雁茜(2004)通过对国内外股票市场的直接交易成本和买卖价差形成的市场影响成本的估计和比较发现,中国股市的交易税费在世界主要市场中处于较高水平,并且显著高于世界平均水准,而市场影响成本明显低于世界主要市场的平均值;两项数据加总后得出中国股票市场的运行成本(即不考虑信息成本情况下的总交易成本)略高于世界平均水平的结论。

如果这样的方法足够可靠，那么，交易成本便变得有迹可循，以交易成本高低为重要度量指标之一的市场效率也就能够得到评价，由此容易产生一种设计交易成本最小的交易机制来最大化市场效率的倾向。那么，是否存在交易成本越低，市场效率越高这种正向关系？答案是未必。

首先，如前文所述，直接交易成本在交易执行前基本上能够相对准确地估计出来，市场参与人会据此调整交易策略，所以以交易税费为代表的直接交易成本实际上成为了监管层调控市场行为的手段。既然作为运行成本组成部分的直接交易成本具有了“相机抉择”的性质，那么也就难以得出交易成本越低市场效率越高的结论了。也就是说，某些情况下提高直接交易成本正是为了降低市场波动带来的市场影响成本，两种交易成本的变化方向不一定是一致的。比如，在理论和经验论证考察交易税费对市场波动性、有效性的影响这一问题上，就存在着巨大的分歧。

其次，如果从总体上难以把握交易成本，那么，是否可以考察交易成本的某个组成部分，比如单单考察以买卖价差为表现形式的市场影响成本，来帮助我们判断交易机制的优劣，比如市场模式上的取向？这方面的文献在微观市场结构理论中不乏代表，普遍的结论是做市商制度下买卖价差更高。但是实际上，包括纳斯达克市场在内的证券市场中的大部分股票市场以及世界上的大多数债券市场和货币市场均采用做市商主导的市场模式而不是竞价模式。反过来，亚洲新兴市场普遍流行的是连续竞价制度而不是做市商制度，其深层次的原因在于 Rhee 和 Chang(1992)指出的“亚洲社会历史上不具备对做市商交易的信任”，而不是简单的依据做市商制度买卖价差更大的研究成果。

回顾微观市场结构理论的相关文献，发现其中有不少已经对不同交易机制下的交易成本作出了比较，它们往往从某个或某些指标出发，比如从交易税费、佣金为表现形式的直接交易成本，或是从以买卖价差来衡量的市场影响成本，甚至从这两个指标加总后的数据。如果利用这些研究成果来设计交易机制设计，那么我们最多只可能得到局部最优解，而不可能是全局最优解，出现这一问题的根本原因在于交易成本度量的特殊性。

在传统的主流经济学里，衡量成本—收益的维度是横向的，即在同一时间或者同一时域内来比较成本—收益的关系，典型的如不同国家交易机制下交易成本的比较。但是制度经济学对于交易成本的衡量实际上包含着时空的三维尺度，交易成本不再是与传统的收益相对应的成本概念，而是在不同时空维度下进行比较的概念。所以单纯的国别比较，或者市场比较，比如纳斯达克市场和纽约证交所市场的交易成本比较，意义不再那么显著。由此，我们在考察交易成本对交易机制设计的作用时，更值得关注的是纵向的改进比较，而不是横向的优劣比较。一个国家和地区的金融市场会受制于当地的社会经济发展水平，从而其市场交易机制的性能和目标在不同的历史阶段会有所差异。正如纳斯达克市场之所以采用做市商制度，是因为美国金融市场上机构投资者占主体、信用和监管体系较为完善，而亚洲国家和地区的新兴市场则采用连续竞价制度，以适应个人投资者占主体的市场结构和避开对做市商风险和资本充足性的高额监管成本。所以单单以交易成本作为交易机制优劣的横向比较，而忽视交易机制运行的环境特征，无疑会得出不当的结论。反之，如果从交易机制所赖以生存的环境出发，从该国家和地区的经济社会发展水平、金融市场的发育水平以及该市场本身的一些特征入手，注重纵向上的比较和改进，那么无论是通过调整(不一定是降低)以交易税费和佣金为代表的直接交易成本还是以买卖价差为测度的市场影响成本，都具备了可参照的评价基准。所以交易成本本身的大小是不重要的，重要的是结合交易成本这一指标来动态求解每一阶段的最优交易机制。

本章小结

证券市场上，交易成本有广义和狭义之分。广义的交易成本是指证券市场上与交易活动有关的所有制度的运行成本都属于交易成本的范畴，包括市场参与者的活动成本和监管成本两大类。狭义的交易成本是指，由证券买卖这一交易行为本身所带来的成本，称之为交易成本。本章关注的正是这种狭义上的交易成本。

从市场微观结构的角度看，交易成本可以分为直接交易成本和间接交易成本两类。直接交易成本又称显性交易成本，它是指交易者向经纪商、交易所或税务机关缴纳的费用，属于投资者可见的费用，主要包括佣金、手续费、过户费、印花税。由于直接交易成本是人为制定的，不仅会受到法律和国家政策相关规定的直接影响，也会因为金融市场发育程度、市场供求关系和交易数额的大小而成为监管和调控市场行为的重要手段之一。其实质是通过调控对于市场参与人来说相对能准确估算出来的直接交易成本而影响其策略行为，从而达到间接调控市场的目的。间接交易成本又称为隐性交易成本，是指与金融市场交易有关，但并非直接由交易者直接缴纳的相关成本。间接交易成本不容易被交易者直接观察和测算出来，但与直接交易成本一起同时影响投资者的投资决策，所以也对金融市场的运行产生影响。间接交易成本主要包括买卖价差、搜寻成本、延迟成本和市场影响成本，主要受反映市场流动性、透明度等因素的影响。在间接交易成本的衡量上，买卖价差是一个最直接、最简便的指标，具体来说，它有买卖报价差、有效价差、实现的价差和定位价差四种表现形式。这四种价差有不同的衡量重点，适用于不同的交易机制。

间接交易成本与金融市场微观结构理论紧密联系在一起。德姆塞茨的《交易成本》在研究买卖双方供需的基础上提出了买卖差价的模型，认为买卖报价差实际上是对即时性交易的提供者——做市商的报酬，从此奠定了市场微观结构理论的基础。之后，买卖报价又成为微观结构理论的最主要研究对象，相关的研究成果形成两大分支：一个是存货模型，也称完全信息交易模型。它是假定买卖交易指令流服从随机分布的基础上，从做市商存货头寸的角度来分析做市商的定价行为，以加曼模型、霍一斯托尔模型、CMSW 模型等为代表；另一个分支是信息模型，集中研究信息不对称对买卖价差产生的作用，认为即使在没有摩擦的完全竞争证券市场上，由于逆向选择成本的存在，也会产生买卖价差。Bagehot(1971)提出买卖价差实际上反映了做市商与知情和非知情两类交易者交易时收益和损失的平衡、C-G 模型据此建立了关于做市商买卖价差的简单的信息模型。G-M 模型进一步引入了贝叶斯学习考察做市商的动态学习过程以及相应的调整报价价差的过程。值得注意的是，存货模型和信息模型针对的都是报价驱动的做市商市场，而且大多只考虑交易信息（如指令流的方向、规模和时间等）的价格影响。如果要全面考察各种交易机制下交易成本对市场参与人策略行为的影响，还需要更多深入地分析。

对于交易成本的研究最终还是要落实到交易机制的最优设计这一问题上来。由于交易成本在交易机制和市场效率之间充当了中介传导的作用，所以可以通过考察不同交易机制对交易成本的作用，来比较研究不同的机制设计对市场效率的影响，从而达到优化改进目前交易机制的目的。鉴于直接交易成本和间接交易成本的分法不便于考察整个交易过程中的交易成本对市场参与人行为策略和市场价格的影响，我们根据交易阶段交易把成本重新界定为交易决策阶段成本和交易运行阶段成本，然后重点关注交易运行阶段的成本，即由交易税费为代表的直接交易成本和以买卖价差为测度的市场影响成本构成的组合。

对运行成本作出上述界定后，就可以分别考察运行成本的两大组成部分——直接交易成本和市场影响成本如何作用于市场流动性、波动性和有效性等体现市场效率的指标。结论是以交易税费为代表的直接交易成本对交易量和流动性具有反向影响作用.对波动性的影响方向不确定，进而对市场价格和有效性的影响也不确定。而以买卖价差为测度的市场影响成本则表现为如下特征：集合竞价市场上最低，做市商市场最高，在连续竞价市场居于两者之间；与最小价格升降档位大小呈正向变化关系；受到大额交易地点和方向、信息披露程度等交易机制的影响。

在完成上述讨论之后，我们会碰到一个问题，即是否交易成本越小越有利于市场效率的提高。答案是否定的。首先，交易成本中的直接交易成本具有人为可控的成分，即在某些情况下适当提高直接交易成本有助于降低市场波动性，从而降低市场影响成本。两种交易成本在变化方向上的不一致导致最后结论的不确定性。其次，如果从降低交易成本的某个组成部分来做局部的努力，也不一定能达到最终的市场效率。

那么，在利用交易成本这一中介指标来优化交易机制设计这一问题上，我们到底应该有什么样的取向？通过对交易成本度量的考察，我们发现鉴于其三维尺度的特征，在考察其对交易机制设计的作用时，更值得关注的是纵向的改进比较，而不是横向的优劣比较。所以应该从国家和地区的经济社会发展状况、金融市场的发育水平入手，从该市场上本身的特征出发，才能更好地结合交易成本这一指标来动态求解每一阶段的最优交易机制。

基本概念

直接交易成本　间接交易成本　运行成本　买卖价差

复习思考题

1. 直接交易成本主要包括哪些形式？各自的影响因素是什么？与市场效率之间的相互关系如何？
2. 如何理解间接交易成本对市场运行效率的影响？这种影响通过什么指标来衡量？

3. 比较微观市场结构理论两大分支对买卖价差的解释。

4. 交易成本和运行成本之间有什么区别和联系？如何理解它们各自在评价市场效率方面的作用？

5. 如何把握运行成本大小在交易机制设计中的取向问题？

6. 试结合交易成本的度量特征来阐述交易成本与交易机制设计的关系。

本章参考文献

1. 刘红忠:《金融市场学》,上海人民出版社 2003 年版。

2. 刘 逖:《证券市场微观结构理论与实践》,复旦大学出版社 2002 年版。

3. 王雁茜:《交易制度、交易成本与市场质量——中国证券市场的理论与实证研究》,浙江大学出版社 2004 年版。

4. 汪洪涛:《制度经济学——制度及制度变迁性质解释》,复旦大学出版社 2003 年版。

5. 陈共、周升业、吴晓求:《证券上市与交易》,中国人民大学出版社 1996 年版。

6. [美]法伯兹、莫迪利安尼等(F. J. Fabozzi, F. Modigliani):《金融市场与机构通论》,东北财经大学出版社 2000 年版。

7. 刘嘉文:《转轨时期我国金融体系的运行效率分析》,《金融论坛》,2003(12)。

8. 杨悦:《交易成本的哲学思想》,《经济学家》,2004(5)。

9. H. Demsetz, The Cost of Transacting. *The Quarterly Journal of Economics*, Vol. 82, No. 1 (Feb, 1968) pp. 33—53.

10. M. F. M. Osborne, The Dynamics of Stock Trading, *Econometrica*, Vol. 33, No. 1(Jan, 1965) pp. 88—113.

11. Yakov Amihud, Yakov and Haim Mendelson, Volatility, Efficiency, and Trading: Evidence from The Japanese Stock Market, *The Journal of Finance*, Vol. 46, No. 5(Dec, 1991) pp. 1765—1789.

12. Amihud, Yakov and Haim Mendelson(1986), Asset Pricing and the Bid-Ask Spread, *Journal of Financial Economics*, Vol. 17, pp. 223—249.

13. Jones, C. and Seguin, P. J. (1997), Transaction costs and price volatility: Evidence from commission deregulation, *American Economic Review*, 84, pp. 728—737.

14. Hu Shing-yang(1998), The Effects of the Stock Transaction on the Stock Market-Experiences from Asian Markets, *Pacific-Basin Finance Journal*, Vol. 6, pp. 347—364.

15. Umlauf S. (1993), Transaction taxes and the behavior of the Swedish stock market, *Journal of Financial Economics*, 33, pp. 227—240.

16. Tobin J. (1984), On the efficiency of the financial system, Lloyd's Bank Review, 153, pp. 1—15.

17. Bagehot, W. The Only Game in Town, *Financial Analysis Journal*, Vol. 27:12—14,22.

18. O'Hara(1995), *Market Microstructure Theory*, Blackwell Publisher Inc.

19. Joel Hasbrouck(1993), Assessing the Quality of a Security Market: A New Approach to Transaction-Cost Measurement, *The Review of Financial Studies*, Vol. 6, No. 1, pp. 191—212.

第四部分
金融市场效率与风险

第十一章

金融市场效率:交易机制、功能与效率

效率是经济学研究的核心问题和落脚点。市场作为一种通过交易而进行资源配置的制度,效率的分析自然是研究市场所有相关问题的最终归宿。对于任何类型的市场(包括产品市场和要素市场),其效率的高低都是我们非常关心的一个核心问题。本书第三部分详细论述了金融市场交易机制中最核心的四方面问题:市场流动性、透明度、稳定性和交易成本。从根本上说,我们对金融市场交易机制的研究以及如何对之进行设计的根本目的所在,就是提升金融市场的效率,为实现资源优化配置这一金融市场的根本使命服务。因此,本书第四部分我们将把讨论的重点转向对金融市场效率的讨论,作为对前面内容的一个整合与深化。本章第一节分析了金融市场效率的理论范畴与分类,第二节介绍了金融市场效率主流的核心理论——有效市场理论,第三节分析了金融市场各效率层次之间的逻辑关系。

第一节　金融市场效率:范畴与层次

一、金融市场效率的范畴

(一)一般效率

效率(efficiency)是经济学的核心命题。在经济理论和实践中,效率这个概念被非常广泛地使用,如生产的效率、分配的效率、交换的效率、消费的效率、技术的效率、组织的效率、静态的效率、动态的效率。可见,效率是一个复杂而多维的概念,在不同的场合、从不同的角度,有着各种不同的理解和定义。

从最一般的角度,我们可以将效率分为两类:生产效率(或技术效率)和配置效率(经济效率)。技术效率是一个企业(组织)内部的生产概念,指以最小的投入获得最大产出的技术可能性。这种效率实际上反映的是生产技术的变化和进步,不是经济学研究的重点。经济学中所说的效率一般指经济效率(economic efficiency),实际上就是资源配置的效率,它研究的是如何从资源的稀缺性出发,合理配置和使用有限资源,以达到促进经济增长的目的。理论界权威的经济学词典《新帕尔格雷夫经济学大辞典》(The New Palgrave: A Dictionary of Economics,1996)在讲到效率的时候,认为经济效率就是指资源配置的效率:"资源配置效率意味着在资源和技术条件限制下尽可能满足人类需要的运行状况。"[①]类似的,萨缪尔森在其著名的《经济学》中,给效率下的定义是效率意味着不存在浪费,即当"经济在不减少一种物品生产的情况下,就不能增加另一种物品的生产时,其运行便是有效率的。这时的经济处于生产可能性边界之上"。也就是说,配置效率是指在技术给定的条件下追求资源的最优分配,这是与技术效率的根本差异。在技术效率中,技术本身是作为一个变量存在的。

对于资源配置效率,经济学迄今给予的明确界定就是帕累托效率(Pareto Efficiency),也称为帕累托最优(Pareto Optimum),其基本含义是:所考察的经济已不可能通过改变产品和资源配置,在其他人(至少一个人)的效用水平至少不下降的情况下,使得任何其他人的效用水平有所提高。否则,就是帕累托无效率(Pareto Inefficiency)。在帕累托无效率条件下,若进行了资源重新配置,从而使得某些人效用水平在其他人效用不变情况下有所提高,这种重新配置就称为"帕累托改进"(Pareto Improvement)。帕累托效率不含有任何价值判断,因此,成为经济学(特别是福利经济学)的主要分析工具,因为一切社会的生产和消费问题最终都可以归结到是否实现了全社会福利水平的提高。

（二）金融市场效率

如同对效率一词存在多种不同的理解一样,从不同的角度、在不同的场合,金融市场效率也具有不同的含义。

1. 信息效率与有效市场理论

在经济金融学中,关于金融市场效率最主流的理论是有效市场理论(有效市场理论,我们将在下一节进一步加以深入介绍)。该理论认为,信息效率是金融市场效率的核心。所谓信息,在有效市场理论的假设前提所设定的市场环境中,就是有关资产真实价值的信号(消息)。可见,信息的定义依赖于真实价值的概念,而真实价值是通过对未来预期的估计而形成的。所以在时空维度上,信息主要指的是现在被确认和接受的信息,但是其内容却是关于未来预期的实现的信息,也就是说信息的存在性依赖于对未来预期的实现。因而,信息本身也有内在的不确定性。同时,信息是不断改变的,交易机制的价格确定过程也随之不断地进行动态调整。因为无法对信息是否与资产真实价值变动有关进行先验地判断,市场参与者对信息接受与否的判断标准仍然是主观的。

所谓信息效率,是指金融资产价格对市场信息的反映能力。简单地说,如果市场中的资产价格能够完全和准确地反映所有的相关信息,那么该市场就被认为具有信息效率,或者说市场是有效的。价格反映信息的速度越快、越充分,我们说市场的信息效率就越高。正如法玛(Fama,1970)[②]在其一篇经典论文中指出:"如果在一个证券市场中价格完全反映了所有可得信息,那么就称这样的市场为有效市场。"在这样的市场中,当前价格已经充分反映所有的市场公

---

① 约翰·伊特维尔等编:《新帕尔格雷夫经济学大辞典(二)》,经济科学出版社1992年版,第114页。

② Fama,E. Efficient Capital Market: A Review of Theory and Empirical Work , Journal of Finance, May 1970, pp. 383－417.

开信息,价格只有在收到新信息后才发生变动;股市未来的价格只能由新的信息决定,今天的收益与昨天的收益无关,彼此独立。有效市场理论认为,信息效率的达成,也就意味着市场价格的有效发现,从而实现资源的有效配置,正所谓"有效市场"。

2. 詹姆斯·托宾的金融市场效率观

著名经济学家,诺贝尔经济学奖获得者詹姆斯·托宾(James Tobin)认为金融市场(体系)效率有四种不同的含义①:

(1)信息套利效率。即如果一个市场平均来说,不可能依据普遍可以利用的公共信息进行交易而从中获利,这个市场就是有效率的。在这个市场上,所有的公开信息都反映在价格当中了,当前的价格与过去的价格的联系是随机的,除非知道内幕消息,否则不可能利用公开的信息获取。显然,托宾的信息套利效率就是有效市场理论中的信息效率。

(2)基本估价效率。如果一个市场的估价精确地反映了对金融资产的未来支付,也就是说,如果资产的价格是基于这些为了支付的理性预期,那么,这个市场就是有基本估价效率的。托宾认为,该效率体现了市场估价对资产基础状态反映的精确度,从这个方面来说,由投机产生的金融泡沫即导致了市场基本估价效率的丧失,从而使"以真正的长期预期为基础的投资感到绝望"。

(3)完全保险效率。一个金融市场,如果能够使经济行为者为他们在未来各种意外情况中交付商品(服务)提供保险(不管是通过现在就放弃他们拥有的资产,还是签订契约的方式,在未来出现特定的意外情况时支付),那么这个市场就是有效率的,这种效率托宾称之为完全保险效率。在这样的金融市场中,经济主体总能够找到某种金融工具(商品),将他们未来可能遇到的各种风险进行对冲,根据人们对风险的不同偏好来重新分配风险,从而达到整个社会福利水平的提高。

(4)功能效率。这是从金融市场对整个经济提供服务的角度而言的。如果金融市场能够提供相应的交易机制和支付网络,促进交易的便利;有利于动员储蓄用于投资(包括物质资本和人力资本投资、国内和国外投资、私人和公共投资);并能把储蓄分配到从社会来看最有生产性的用途上,托宾称金融市场在这方面的效率为功能效率。该效率反映了金融市场在促进资金由盈余公司向赤字公司的转移、为政府和居民投资提供服务的水平。

(三)金融市场效率的四个层次

在对金融市场效率既有认识的基础上,特别是根据托宾对金融市场效率的分类。我们认为,从交易机制的角度,可以把金融市场效率分为四个层次:运行效率、信息效率、价格发现效率与资源配置效率。

1. 运行效率

运行效率(operational efficiency)又叫内在效率,是指市场本身内部营运的效率。Fabozzi

① 参见[美]詹姆斯·托宾著,何宝玉译:《通向繁荣的政策——凯恩斯主义论文集》(中译本),经济科学出版社 1997 年版,第 356—374 页。

(1998)对其定义为:"在运行有效的金融市场上,交易者可以在提供交易服务成本一定的条件下尽可能便宜地获得这些服务。"即是说,市场能否在最短的时间内以最低的交易费用为投资者完成一笔金融交易。如果交易双方能够在最短的时间内完成交易,并支付了最低的交易费用,那么,这个市场具有较高的运行效率,或者说这个市场是内在有效的。否则,这个市场就是内在无效率或低效率的。可见,运行效率是从微观层面上来讲的,主要是在一个金融市场的组织制度、交易规则、技术手段等市场微观结构既定的条件之下,运行成本如何来实现金融市场功能的问题。所以说,运行效率反映了市场服务于金融交易的效率,是任何一个金融市场的参与者和组织管理者所关心的重要问题。

从上面对的概念界定我们可以看出,运行效率与市场的交易成本是密切联系在一起的。甚至可以说它们就是一个硬币的两面。也就是说,对于同样一笔交易来说,金融市场的交易成本越高,则表明其运行效率越低,反之亦然。这里的成本不仅包括直接交易成本,还包括间接交易成本。直接成本是指交易者为完成一笔交易向经纪商、交易所或税务机关缴纳的费用,属于投资者可见的显性费用,主要包括佣金、印花税、手续费、过户费等。间接成本是指与金融交易相关的,但并非直接由投资者缴纳的相关成本,如买卖价差、搜寻成本、延迟成本和市场影响成本等。这些隐性和显性的费用都直接构成的市场运行成本,影响市场的运行效率。

从国际发展趋势来看,金融市场的运行效率总体来看是不断提高的。20 世纪 70 年代以后,西方各国普遍实行佣金自由化使得佣金水平大幅度下降,交易的印花税也呈现出下降趋势[①](大部分发达国家甚至取消了印花税),这些都直接减小了投资者的交易成本,提高了市场运行效率。另一方面,随着信息技术的发展,市场的交易手段不断更新,交易技术呈现出电子化、自动化和网化的特点,更是极大地降低了市场成本(直接和间接成本),提高了市场的运行效率。我们可以预见,随着全球金融市场的不断成熟和交易技术的不断进步,金融市场的运行效率会必将进一步得到提高。

2. 信息效率

信息效率是主流金融学理论研究得最多、最深入的效率形式,其基本内涵前面已经作了介绍,这里不再赘述。需要特别指出的是,市场微观结构理论认为,信息效率受到市场交易机制的显著影响。最明显的,在不同的交易机制如报价驱动(做市商市场)与指令驱动的交易机制下,信息在价格中反映方式、反映速度都不尽相同。首先,从信息在价格中的反映方式来看。在做市商市场上,证券的开盘价格和随后的交易价格是由做市商根据订单流报出的,做市商根据订单指令所传递的有关信息,判断资产价值并确定出吻合该信息均衡的市场价格。而指令驱动制度的开盘价与随后的交易价格都是竞价形成的。可见,前者的价格信息是通过从交易系统外部输入,后者成交价格是在交易系统内部生成的。其次,从信息的反映速度来看。采用做市商制度,投资者买卖指令首先报给做市商,做市商是唯一全面及时知晓买卖信息的交易

① 一般而言,在新兴市场国家(如我国)大多征收印花税,而西方发达国家证券税制经历了由印花税为主向所得税为主的转变,逐渐建立了以所得税为主的税收体系,如澳大利亚、丹麦、新加坡等国近年来纷纷取消了证券交易税。

商,成交量与成交价的信息随后才会传递给整个市场。在指令驱动制度中,买卖指令、成交量与成交价几乎同步传递给整个市场,价格对信息的反映速度一般更为迅速。

3. 价格发现效率

价格发现效率的含义与托宾所定义的“基本估价效率”是一致的。所谓价格发现效率,是指资产的价格反映其真实价值(资产未来收益的现金流经过适当地折现后所得到的价值)的准确程度。就是说,如果资产价格准确地反映了其真实价值,没有价格偏差或者泡沫,那么我们说这个市场具有价格发现效率。

在经典的无摩擦的 Walras 市场中,信息是完全的、无成本的,价格在瞬间形成,只要价格反映了所有的相关信息,就必然反映了资产的真实价值,所以信息效率与价格发现效率是等价的,两者没有区别。此时我们可以说,有效市场理论包含了信息效率和价格发现效率两种效率形式,即资产价格反映了所有相关信息,而这些信息同时又反映了资产的内在价值。但正如本书第三章所指出的,在考虑到市场微观结构的因素后,一旦我们放弃对称信息和无摩擦运行的假设,从经典的资产定价模型环境进入到一个相对现实的市场环境,即逐渐深入到价格形成这个被称为金融市场黑箱的内部,则信息效率与价格发现效率就存在很大的区别了。资产真实价值的信息是随着交易的进行被逐步揭示出来的,在不确定和信息不对称的情况下,由于价格形成过程中存在着市场参与者个体之间的策略互动,这种策略调整根据市场中的信息分布及其变化而在交易者的博弈过程中展开。因此,在市场微观结构理论中所关注的市场效率,不仅仅包含市场对信息反应能力高低所导致的信息效率,也包含价格最终反映资产真实价值的价格发现效率,两者是有区别的。对此问题,本章第三节将进一步阐述。

通过对交易机制内在价格机理的研究,我们可以看出:一种交易机制的定价过程得出的均衡价格是一种局限于信息条件的均衡,这种价格并不一定与资产潜在的真实价值直接相关,而是与关于信息的市场表现相关,价格与价值之间极有可能产生偏离,乃至产生价格泡沫(包括理性泡沫与非理性泡沫)。这种价格扭曲现象说明,实践中单纯的价格确定过程与有效的价格发现过程是有一定距离的。

4. 资源配置效率

资源配置是金融市场最根本的功能,所以,我们这里的资源配置效率与托宾所定义的“功能效率”是基本一致的。不同之处在于,托宾“功能效率”中的“功能”除了资源配置这一根本功能以外,还包括金融市场为整个经济提供的其他服务(如交易支付、提供流动性等)。如果说信息效率是金融市场效率的核心的话,资源配置效率则是金融市场效率的根本。我们评价金融市场的效率,最终落脚在市场的资源配置效率上。

证券市场分为一级市场(发行市场)和二级市场,资源配置在这两级市场上都同时进行。对于一级市场,高效率的证券市场使募集资金流向不同产业的产业和企业,高效率的产业和企业得到更多的成本更低的资金(即股票的 IPO 发行价格更高)。对于二级市场,证券市场通过股票价格的变化信号,表达出投资者对上市公司经营决策的看法,引导上市公司把有限的资金投向边际回报更高的项目,以最小的投入获取最大的投资回报,达到社会资源的优化配置。

从资金供求的角度来看，金融市场的资源配置效率是投融资效率的综合反映。对投资者即资金提供者而言，有效率的投资是获得最大化的资金边际回报率(严格来说是经过风险调整的投资收益)①。取得最大的投资收益说明这笔资金投向了收益最高的经营项目，投向了社会经济最需要的地方。从融资者的角度来看，有效率的融资是边际成本最低的融资，说明这笔融资动员出了社会中最闲散，机会成本最低的资金，避免了社会资金的无效或低效率使用。我们把投融资这两个方面联系起来，当所有投资者取得最大化的投资收益而所有的融资者付出相应最小化的融资成本时，金融市场实现了一个帕累托最优，资源配置效率达到了最大化。

从理论上来说，资源配置效率是建立在有效的价格发现的基础之上的。就是说，首先对证券市场对各种信息作出准确、及时的反映，形成与证券内在价值相符合的证券价格。在此基础上，通过价格信号的有效传导，实现资金的有效流动，以此发挥证券市场对社会资源的动员、引导与配置作用。所以，在市场机制能够有效、充分发挥的情况下，有效的资本市场能够实现社会资源的有效配置。此时，市场的价格发现效率就决定了其社会资源的配置效率。

二、有效市场理论

在金融经济理论中，关于金融市场效率的分析研究，最经典、最有影响的理论当首推有效市场假说(Efficient Market Hypothesis，EMH)。从 20 世纪 60 年代，该理论一经提出，就受到广泛关注、产生了深远影响。肯德尔(Kendall)、萨缪尔逊(Samuelson)、斯蒂格里茨(Stiglitz)、詹森(Jensen)等经济学家都对 EMH 的发展做出了重大贡献。而尤金·法玛(Eugene Fama)则是该理论的集大成者。经过几十年来的不断的完善和发展，EMH 获得了广泛的理论和实证检验的支持。可以说，EMH 是各种资产定价模型(如 CAMP 与 APT 模型)和市场实证检验的理论基础，是现代金融学的理论基石之一。正如萨缪尔森(Samuelson)所言，如果金融经济学是社会科学王冠上的一颗明珠的话，那么 EMH 将占去它一半的光彩。

(一)有效市场假说的理论假设和内涵

1. 有效市场假说的三个理论假设

有效市场假说是建立在三个逐渐弱化的理论假设的基础上的：

(1)理性投资者假设。投资者被认为是完全理性的，因而能够完全理性的对金融资产定价。

(2)随机交易假设。即使有一些非理性投资者存在，但由于他们的交易行为是随机发生的，因而他们的交易对资产价格的影响会相互抵消，可以忽略不计。

(3)理性套利者假设。即使投资者行为非理性且非随机(趋同)，非理性交易行为不能互相抵消，那么他们会在市场上遭遇到理性套利者(rational arbitrageur)，套利者低买高卖的套利行为会消除非理性投资者对资产价格的影响。

---

① 众所周知，在金融学中，风险与收益是永远相伴而存在的。本书提到的收益最大化，如果没有特别说明，都是指经过风险调整后的收益最大化。

简而言之，有效市场假说认为市场竞争会使所有的投机套利机会最终消失，因而价格变化必然只反映信息的变化。

2. 有效市场假说的理论内涵

绝大多数学者使用如下的预期收益模型来定义证券价格的形成过程和有效市场假说的内涵。

$$E(P_{t+1} | \Phi_t) = E[1 + E(r_{t+1} | \Phi_t)]P_t \qquad (11-1)$$

其中，E 是期望符号，P_{t+1}是证券在 $t+1$ 时刻的价格，P_t 是其在 t 时刻的价格，Φ_t 是在 t 时刻的可得的信息集，r_{t+1}是证券在 $t+1$ 时刻的收益率。即：

$$r_{t+1} = \frac{P_{t+1} - P_t}{P_t} \qquad (11-2)$$

于是，投资的超额收益为：

$$z_{t+1} = P_{t+1} - E(P_{t+1} | \Phi_t) \qquad (11-3)$$

若假设，$E(z_{t+1} | \Phi_t) = 0$，则有：

$$P_t = \frac{E(P_{t+1})}{1 + E(r_{t+1})} \qquad (11-4)$$

即在有效市场中，定义序列是基于信息集上的“公平游戏”，每个参与者获利的机会应该相同，投资超额收益的条件期望为零。用预期收益模型来表示市场均衡条件以及在信息集上形成均衡期望收益有着重要的实证含义，它排除了基于已有信息集上的交易持续地获得超过平均收益的超额利润。因此，价格充分反映了可以获得的信息，隐含着交易过程是一个“公平游戏”，在这个意义上，市场是有效的。就是说，任何一个投资者都不能依靠某种交易策略持续地战胜市场，除非依赖于运气。

当投资者完全理性时，他们对资产的评估建立在资产真实价值的基础上，即未来现金流的净现值，其贴现率用资产的风险来衡量。一旦获得信息，投资者随即作出反应，调高或降低资产的价格，此时资产的价格包含了所有可得信息。但投资者理性并不是 EMH 成立的必要条件。如果市场中存在大量的非理性投资者，他们的交易策略互不相关，交易就可能互相抵消，从而使资产价格接近真实价值。随机交易假设放宽了理性投资者的假设，但仍有很强的局限性。实际上，EMH 在随机交易假设被放宽之后仍然成立。

套利行为定义为“在不同的市场上，由于看到价格不同造成的盈利机会，而同时购买和出售相同的或本质上非常相似的证券”①。假定某个股票由于非理性投资者的相关交易而被高估，此时，套利者就会出售或者卖空这个被高估了的资产，同时购买其他“本质上非常相似的”证券来规避风险。如果可替代的资产存在，而且套利者可以购买或出售这种资产，他就可以从中获利。此时，套利者出售某股票的行为会使被高估的资产价格回落。实际上，由于套利者容易得到可替代资产，并且套利者互相竞争，套利行为会非常迅速和有效，这时候资产价格不会

① Sharpe W. and Alexander G., 1990: *Investments*, 4th edition, Englewood, NJ: Prentice Hall.

过多地偏离其真实价值，套利者也不可能持续获得超额收益。由此可知，只要市场上存在可替代的资产，即使某些投资者非理性，且交易需求相似，套利行为还是可以保证资产价格和真实价值一致。

如果套利行为长期存在，那么非理性投资者的收益将低于被动投资者和套利者。由于盈利不佳，"非理性投资者会失去财富从而被市场淘汰"①。因此从长期来看，由于套利行为和市场竞争，金融市场必然是有效的。

（二）有效市场假说的三种形式

根据证券价格对信息反映程度的不同，1967 年，罗伯特（Robert）在一次研讨会上首先划分了有效市场假说（Efficient Market Hypothesis，EMH）依次渐强的三种形式：弱式有效市场、半强式有效市场和强式有效市场。法玛（Fama，1970）在一篇经典性的综述性论文中对此进行了总结和发展。

1. 弱式有效

弱式有效（weak form efficiency）市场假设所涉及的信息，仅仅是指证券以往的价格信息。当弱式有效市场假设成立时，投资者单纯依靠对以往的价格信息，不可能持续获得超常收益。换言之，同一证券不同时间的价格变化是不相关的，所以投资者无法根据证券的历史价格预测未来的走势。在弱式有效市场假设中，包含以往价格的所有信息已经完全反映在当前的价格之中，所以利用移动平均线和 K 线图等手段分析历史价格信息的技术分析法是无效的。

2. 半强式有效

除了证券以往的价格信息之外，半强式有效（semi-strong form efficiency）市场假设中包含的信息还包括发行证券的企业的年度报告、季度报告、股息分配方案等在新闻媒体中可以获得的所有信息，即半强式有效市场假设中涉及的信息囊括了所有的公开信息。如果半强式有效市场假设成立，所有公开可获得的信息都已经完全反映在当前的价格之中，所以投资者根据这些公开信息无法持续获取超常收益。那么，依靠企业的财务报表等公开信息进行的基础分析法也是无效的。

3. 强式有效

强式有效（strong form efficiency）市场假设中的信息既包括所有的公开信息，也包括所有的内幕信息，如企业内部高级管理人员所掌握的内部信息。如果强式有效市场假设成立，上述所有的信息都已经完全反映在当前的价格之中，所以，任何人即便是掌握内幕信息的投资者也无法持续获取超常收益（参见图 11－1）。

（三）有效市场假说的检验

有效市场假说提出后，引起了理论界和实务界的广泛关注，研究人员对此进行了大量的实证研究。著名经济学家詹森（Jensen）曾经说过："经济学里从来没有一种假说能够像有效市场

① Friedman M.，1953：*The case for flexible exchange rates*，in Essays in positive Economics. Chicago：University of Chicago Press.

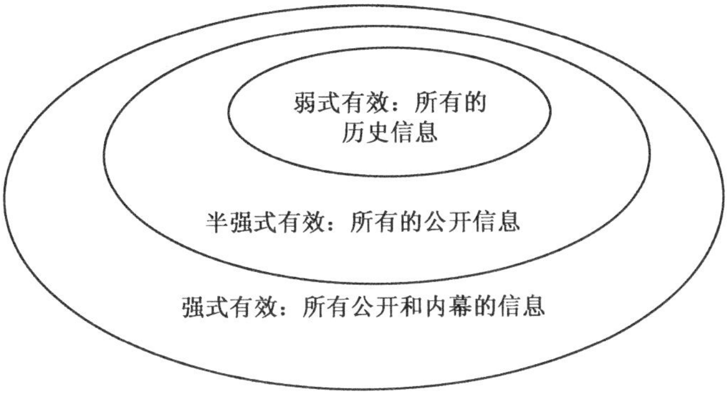

图 11—1　EMH 的三种形式及其相互关系示意图

假说那样获得如此众多的响应和实证数据的支持。”根据反映信息集的不同，对 EMH 的检验分为三个层次：价格反映历史价格信息集的弱式有效市场假设的检验；价格反映所有公开可用信息集的半强式有效市场假设的检验；价格反映所有相关信息，包括公开和内幕信息的强式有效市场假设的检验。

1. 弱式有效市场假设的检验

如果股票当期价格与前期价格不相关，就能证明弱式有效市场假设成立。所以，许多弱式有效市场假设的实证检验都利用随机漫步模型检验股票价格之间的序列相关性。

(1)序列相关检验。序列相关检验的方法之一，就是检验股票价格的自相关性(autocorrelations)，即检验股票在第 i 期和第 j 期价格变化的相关系数。如果自相关性接近于 0，那么，股票价格变化就是序列不相关的。

表 11—1 是 Fama 对 1957 年底至 1962 年 9 月道·琼斯 30 种工业股票的自相关性的计算结果[①]。自相关的间隔时间分别从 1 天到 16 天。这 30 种股票的自相关系数绝大多数都落在—0.1 和 0.1 的区间内，表明它们的自相关是不显著的。

表 11—1　　道·琼斯 30 种工业股票的自相关性(1957 年底—1962 年 9 月)

股　票	间隔时间（天）			
	1 天	4 天	9 天	16 天
Allied Chemical	0.17	0.29	—0.091	—0.118
Alcoa	0.118	0.095	—0.112	—0.044
American Can	—0.087	—0.124	—0.060	0.031
A. T. &T.	—0.039	—0.010	—0.009	—0.003

① Fama, January 1965, The Behavior of Stock Market Prices, *Journal of Business*.

续表

股　票	间隔时间（天）			
	1天	4天	9天	16天
American Tobacco	0.111	−0.175	0.033	0.077
Anaconda	0.067	−0.068	−0.125	0.202
Bethlehem Steel	0.013	−0.122	−0.148	0.112
Chrysler	0.012	0.060	−0.026	0.040
Eastman Kodak	0.025	−0.006	−0.053	−0.023
General Electric	0.011	0.020	−0.004	0.000
General Foods	0.061	−0.005	−0.140	−0.098
General Motors	−0.004	−0.128	−0.009	−0.028
Goodyear	−0.123	0.001	−0.037	0.033
International Harvester	−0.017	−0.068	−0.244	0.116
International Nickel	0.096	0.038	0.124	0.041
International Paper	0.046	0.060	−0.004	−0.010
Johns Manville	0.006	−0.068	−0.002	0.002
Owens-Illinois	−0.021	−0.006	0.003	−0.022
Procter & Gamble	0.099	−0.006	0.098	0.076
Sears	0.097	−0.070	−0.113	0.041
Standard Oils (Calif.)	0.025	−0.143	−0.046	0.040
Standard Oils (N. J.)	0.008	−0.109	−0.082	−0.121
Swift & Co.	−0.004	−0.072	0.118	−0.197
Texaco	0.094	−0.053	−0.047	−0.178
Union Carbide	0.107	0.049	−0.101	0.124
United Aircraft	0.014	−0.190	−0.192	−0.040
U. S. Steel	0.040	−0.006	−0.056	0.236
Westinghouse	−0.027	−0.097	−0.137	0.067
Woolworth	0.028	−0.033	−0.112	0.040
Du Pont	0.013	0.069	−0.043	−0.055

资料来源：Fama，January 1965，the Behavior of Stock Market Prices，*Journal of Business*.

（2）对技术分析的交易规则的检验。如上所述，如果股票价格变化服从随机漫步模型，那么弱式有效市场假设就可以成立；但是，即使股票价格变化不服从随机漫步模型，弱式有效市场假设同样有可能成立。因为，弱式有效市场假设成立的条件是投资者单纯依靠历史的价格信息，无法持续地获得超常收益。所以，许多学者开始对技术分析的交易规则开始检验。

所谓技术分析的交易规则，是指根据历史的价格信息总结出来的投资策略。例如，当短期移动平均线从下方向上突破长期移动平均线时，被称为黄金交叉，技术分析法把黄金交叉点视为买入信号；判断买入和卖出信号的投资策略有很多，其中过滤规则（filter rules）是比较典型的一种。根据过滤规则，对于那些持续下跌的股票，当价格反弹的幅度超过前期下跌的底部若干个百分点时，就是买入信号；反之，对于那些持续上涨的股票，当价格回落的幅度超过前期上涨的顶部若干个百分点时，就是卖出信号。过滤规则中反弹和回落的幅度，是由投资者自行决定的，可以是 10 个百分点，也可以是 20 个百分点等。Fama 等人对过滤规则进行了实证分析[①]。他把反弹和回落的幅度定在 1%和 50%之间，结果发现在扣除交易成本之后，根据过滤规则投资的收益率低于正常的收益率。

尽管对技术分析的交易规则的检验，不可能涵盖所有的投资策略。但是，对许多投资策略的实证分析显示单纯依靠历史的价格信息归纳出的技术分析法不可能为投资者带来超常的收益率。所以，弱式有效市场假设是成立的。

既然绝大多数实证分析支持弱式有效市场假设，为什么技术分析法仍然如此盛行呢？首先，实证分析不可能对所有的投资策略进行检验。也许有些策略确实能够提供比较准确的预测和判断；其次，在进行技术分析时，人们还大量使用了除历史的价格信息以外的其他信息，从而增强了预测的准确率。最后，技术分析法准确预测的概率问题。虽然，在抛硬币的游戏中，正反两面出现的概率都是 50%。但是，在连续若干次游戏中，连续出现正面或反面的概率非常大。所以，有时投资策略对股票价格的准确预测仅仅是运气比较好而已。

2. 半强式有效市场假设的检验

半强式有效市场假设中的信息，包括了所有公开的可获得的信息。事件研究法（Event Studies）是进行半强式有效市场实证检验最早和最普遍的一种方法。1969 年 Fama、L. Fisher、M. Jensen 和 R. Roll[②] 等人的论文首次提出了事件研究法，后来该方法被学术界广泛采用。事件研究法通过对某一特定事件发布前后的股价表现进行统计分析，研究股价在什么时候对该事件作出反映及作出何种反映，从而确定股价对公开信息作出的反映是否符合半强式有效假设。如果股价对特定事件的反映滞后，并存在超常收益，则说明市场不是半强式有效的。

Fama 等人运用事件研究法分析了配股对股票价格的影响，对纽约证券交易所 1927 至 1959 年间配股的股票进行了研究。根据配股比例等于和大于 5 比 4 的标准，他们一共选取了 940 个观察值，并对每次配股消息公布之前和之后的 29 个月的累计的超常收益率进行了实证

① Fama and M. Blume, January 1966, Filter Rules and Stock Market Trading Profits, *Journal of Business*.

② Fama, L. Fisher, M. Jesen and R. Roll, February 1969, The Adjustment of Stock Prices to New Information, *International Economic Review*.

研究。他们发现这一利好消息在投资者意料之中。所以,在消息公布之前,他们就不断地买入将配股的股票,在价格上升过程中,获得了超常的收益率;在消息正式公布之后,股票价格趋于稳定,投资的收益率也恢复到正常收益率的水平。这一结果证明半强式有效市场假设是成立的。

3. 强式有效市场假设的检验

对强式有效市场的研究主要集中在掌握公司内幕人员、证券交易所的专家经纪人,通过测试他们从事交易能否赚取超额收益来检验强式有效性。

(1) 内幕交易。掌握公司内幕人员包括公司董事、高级管理人员、大股东、有机会获得公司内幕信息的其他公司职员和有关人员。有研究结果表明,由于内幕信息可以帮助掌握公司内幕人员较好地预测公司股票的价格趋势,因此掌握公司内幕人员可以获取超额收益,由于时差,普通投资者采取跟进策略不能获取超额收益。因为在美国,证券交易委员会(SEC)要求所有内部人登记他们的交易活动,并在内部人员交易正式概要(the Official Summary of Insider Trading)中发布这些交易活动。一旦概要发布,内部人交易就成了公开的信息。此时,如果市场是有效的,能充分及时地处理这些发布的信息,投资者就不能跟随内幕人员的交易活动获利,这与半强式有效性是相符的。Seyhum 研究发现,在概要的发布日,跟随内幕人员的交易活动是没有价值的。尽管在概要报道内幕人员买入之后,股价有轻微上涨的趋势,但非正常收益率不足以弥补交易成本。这些研究表明,美国证券市场没有偏离半强式有效市场的特征,但没有满足强式有效市场假说的要求。

(2) 证券交易所的专家经纪人。经研究表明,证券交易所的专家经纪人能获取超额收益,有时甚至比正常收益率高一倍多。这是因为,证券交易所的专家经纪人保留着限价委托买卖的"记事簿",他们由此可观察到供需双方的力量变化,比较准确地预测股票价格的近期走势,而且他们可以频繁地与其专营股票的公司接触而获得许多内幕消息。这表明美国的证券市场没有达到强式有效市场。

(四)与有效市场假说不符的异象(anomaly)

自从有效市场假说被提出,对它的实证研究就从来没有停止过。尽管许多实证研究对有效市场假说做出了肯定(20 世纪六七十年代的早期研究对有效市场假说多持肯定态度),但同时也有相当一部分实证研究的结果对有效市场假说提出了质疑。特别是进入 20 世纪 80 年代以来,与有效市场假说相矛盾的实证研究不断涌现。

1. 小公司(规模)效应

一些研究结果显示,在排除风险因素之后,小公司股票的收益率要明显高于大公司股票的收益率。比如,最早进行这一研究的 Banz(1981)发现,不论是总收益率,还是经风险调整后的收益率,都存在着随着公司规模(根据企业普通股票的市值衡量)的增加而减少的趋势。Banz 将纽约股票交易所的全部股票根据公司规模的大小分为 5 组,他发现规模最小的一组的普通股票的平均收益率比规模最大的一组的普通股票的平均收益率高 19.8%。与此同时,Reinganum(1981)也发现公司规模最小的普通股票的平均收益率要比根据 CAPM 模型预测的理论收益率高出 18%。随后,另外一些学者也进行了类似的研究。他们发现,小公司现象主要发生在每年 1 月,特别是 1 月的头两个星期。因此,这一现象又称为"小公司一月现象"。

2. 日历效应

日历效应是指在某些特定时间内进行股票交易可以取得超额收益,收益率的总体高低依赖于交易日的时间、交易周的交易日和一年的月份。证券收益率的日历效应主要包括周末效应(交易周的日效应)和一月份效应两种。比如,French(1980)、Gibbons 和 Hess(1991)的研究显示,股票在星期一的收益率明显为负值,而在星期五的收益则明显高于一周内的其他交易日。另外,其他一些研究还显示,一年之中一月份的股票收益率最高,这种在特定交易日或交易期内的收益异常显然与有效市场假说相矛盾。

3. 市盈率(P/E)效应和账面/市值比效应

Bansu(1977)指出,市盈率是随后业绩的预测指标,即市盈率高的股票随后的收益会下降,市盈率低的股票随后的收益会升高。所以,选择那些市盈率低的股票的进行投资,可以明显地获得高额投资收益。Fama 和 French (1992)的研究则证明了公司的账面价值与市场价值之比是预测未来股价的有力工具。他们发现账面/市值比高的公司股票的平均月收益明显高于账面/市值比低的公司股票。

4. 反转策略

反转策略指购买价格下跌的股票或卖出价格上涨的股票通常能获得超额收益,这实际上表明了市场的反映过度。De Bondt 和 Thaler (1985)的研究发现,如果把股票根据其过去 5 年的投资业绩分成不同的组别,则过去 5 年表现最差的一组("失败"组,由最差的 35 只股票组成)在未来 3 年的收益率要比表现最好的一组("胜利"组,由最好的 35 支股票组成)平均高出 25% 累积收益)。这种"失败"者重新崛起,"胜利"者走向"失败"的现象提示人们:应采取"反向"投资策略,即选择那些最近表现不佳的股票,放弃那些近来表现优异的股票可以取得超额的投资收益。而且,这些超额收益并不是一种短期现象,而是经过一个较长时间才反映出来,被称为"长期异常收益"。进入 20 世纪 90 年代以来,许多实证研究发现了这种"长期异常收益"。

5. 惯性策略

惯性是指股票价格在一个时期以内保持一种上涨或下跌的趋势(惯性),表明了市场反映不足。一些研究显示采取惯性策略也能明显地获得超常收益。Jegadeesh 和 Titman(1993)发现了中期收益惯性现象,即过去 3 至 12 个月盈利的股票组合在随后的 3 至 12 个月平均来说仍然表现得比过去亏损的股票组合好。这样通过买进过去的赢家组合,卖出过去的输家组合,就可以获得超常回报。显然,采取惯性策略可以获得超额收益也是与有效市场假设所相悖的。

6. 超常易变性

Shiller(1981)等人对收益率易变性(如统计方差)进行了测试。Shiller 从 S&P 类股票 1871～1979 年数据中发现,按与有效市场假说一致的未来收入流(股息)贴现值的标准,股票价格波动过于剧烈,或者说呈现了"超常易变性"。或者换个角度,认为股票价格是客观的,那么其隐含收益率就变化得太厉害而呈现出“超常易变性”。显然，超常易变性也与有效市场假说不合，它显示股价波动远远超出了可由有关“客观”因素新信息所能解释的范围。

(五)行为金融学对有效市场理论的挑战

上述市场异象的出现说明了有效市场假说并不能很好地描述市场的实际运行状态，需要新的理论来解释这些现象。对有效市场假说(EMH)的最大挑战，是来自于对其基础理论前提假设的冲击，而EMH是建立在以下三个假设之上的：(1)理性投资者假设。投资者被认为是完全理性的，因而可以完全理性地对资产估价。(2)随机交易假设。即使投资者不是完全理性的主体，由于他们的交易是随机发生的，因此彼此交易对价格产生的影响也可以互相抵消。(3)有效套利者假设。即使投资者非理性且行为趋同，交易行为不能互相抵消，套利者的理性行为仍然可以把非理性行为以及行为趋同因素对价格产生的影响冲销。

行为金融学(behavioral finance)就是20世纪80年代以后兴起的，与主流金融学理论相对的新兴金融理论，它为人们理解金融市场提供了一个崭新的视角。该理论根据大量的心理学和行为学证据提出：人并非都是理性的，在面临不确定的未来时，人们往往会偏离经济学假设所设定的最优行为模式。这种偏离不可避免地影响着人们对金融资产的选择，并最终反映到金融资产的价格上。证券市场的价格并不只由证券自身所包含的一些内在因素所决定，而且还在很大程度上受到各参与主体心理与行为的影响。而对人们行为模式的重新认识必然冲击经济金融学中业已形成、影响深远的一系列公理体系，包括有效市场假说所赖以依存的基本假设。

1. 行为金融理论认为EMH对于投资者完全理性的假设前提很难成立

行为金融认为实际投资者并不像传统理论中假设的那样具有没有任何约束的、完全的理性，而是拥有在认知能力、行为能力、利己心均受到一定约束下的有限理性。许多投资者在决定自己对资产的需求时受到无关的信息影响。例如，人们往往认为短期的历史数据可以反映更一般的历史数据特征，投资者会从一些公司短期内的高收入增长推测出其未来的高增长，这种过度反应降低了未来收益，因为实际上增长率不会无限制地提高。由于过于关注这种典型性，人们会因此忽视这些数据是由于偶然因素造成的可能性。这种启发式思维在人们的生活中非常有用，但在投资预测时会使投资者误入歧途。市场参与者进行决策时所面临的外部世界的复杂性与其自身有限的信息收集处理能力之间的矛盾，决定了市场参与者只能实现过程理性，而无法达到实质理性。在过程理性的前提下，市场参与者只能使用他所获得的不完全的信息，并在其信息处理能力所及的范围内进行分析，作出令其满意的解，而无法追求实质理性下的最优解。比如，人们总是过分相信自己的判断，人们更多的是根据其对投资决策结果的盈亏状况的主观判断进行决策的等等。如果有效市场理论完全依赖于个人投资者的理性，那么投资者的非理性心理将对EMH形成致命的挑战。

2. 行为金融理论认为EMH第二个假设即投资者的随机交易使得非理性交易者对市场不形成影响并不成立

心理学实验证明：人们并不是随机地偏离理性决策，而是以相同方式偏离的。Kahneman

(1998)指出，人们的行为偏差其实是系统性的。非理性投资者在自己想法的基础上形成对证券的需求，他们的买和卖有着很强的相关性。同时，投资者在很大程度上会受到其所掌握的不完全市场信息的影响，这意味着大多数投资者犯了判断错误，而且错误之间存在很强的相关性。许多投资者倾向于在相同的时间买卖相同的证券。如果噪声交易者[①]通过“流言”或者跟从他人的决策而决策时，就会产生“羊群行为”，使资产价格进一步偏离其价值。投资者情绪实际上反映许多投资者的共同判断误差。个人投资者不是唯一的非理性投资者。在西方发达的金融市场中，大量的资金由代表个人投资者和公司的共同基金、养老基金的专业管理人员控制。他们也会产生个人投资者可能的误差。同时，他们又是管理他人资金的代理人员，这种授权实际上带来了决策中更大的偏差。Falkenstein(1996)指出，专业经理人员可能选择与他们的评估业绩标准一致的资产以减少风险；同时他们也倾向于选择其他管理人员所选择的资产以避免落后；在年末时，他们会不约而同买入最近业绩好，抛掉业绩差的股票以使基金的业绩看上去好一些。但是这些决策实际上偏离了资产价值的最大化，只是一种“装扮”。这时基金的偏差行为实际上也是具有系统性和群体性的。

3. 行为金融理论认为 EMH 的第三个假设即理性套利者假设并不成立[②]

理性套利者假设认为，套利者低买高卖的套利行为会消除非理性投资者对资产价格的影响，此时市场依然有效。传统的理论认为套利是没有风险和成本的，但行为金融认为，实际市场的套利是有限的、有风险的。第一，套利的有效性取决于是否存在近似的替代资产。一般而言，金融衍生资产(如期货、期权)可以获得近似替代资产。但是许多资产并没有替代资产。这时套利不能保持价格水平，在资产价格发生偏差时，对套利者而言不存在无风险的套利策略，他们将价格保持在基本价值附近的能力也受到了限制。第二，即使存在完全替代资产，套利者还面临“噪声交易者风险”。资产价格偏差在最终消失前，由于噪声交易者的大量存在可能使得未来的价格更加偏离基础价值，如价格偏高的更加上升，价格偏低的更加下降。虽然最终资产价格收敛到基础价值的概率为 1[③]，但是套利者面临着至少是短期的损失。如果套利者可以在损失中保持头寸，他最终将获得收益，但是如果他不能坚持下来，这时套利者受到损失。这种由于噪声交易者导致的定价偏差给套利者带来的风险就称之为噪音交易者风险。

行为金融理论的支持者认为，人们的实际决策过程并不能很好地遵从于最优决策模型。因此，不但需要讨论人们应该如何决策即最优决策问题，而且需要建立一套能够正确反映投资者实际决策行为和市场运行状况的描述性模型来讨论投资者实际上是如何决策的，证券的市场价格实际上是如何确定的，这就是行为金融理论要解决的问题。

---

① 噪声交易者是指那些没有私人信息(信息优势)，仅仅是出于流动性需要而随机地进行交易的交易者。在市场中，充斥着大量的噪声交易者，这些噪声交易者对金融资产的定价导致其偏离了真实的内在价值。而且，由于噪声交易者在决策时可能受到相同或相似的心理和情绪因素影响，这种偏离并非传统金融理论所认为的那样是随机的和可以抵消的，而可能使证券价格长时间系统性地发生偏离，给套利者带来潜在风险。

② 详细讨论见附录Ⅰ。

③ 详细证明可参考附录Ⅲ。

三、金融市场效率的层次关系

前文从交易机制的角度，我们把金融市场效率分为四个层次：运行效率、信息效率、价格发现效率与资源配置效率。实际上，这四个层次之间是有密切联系的：运行效率是最狭义的市场效率，是金融市场自身运行的内在效率。资源配置效率是金融市场的外在效率，反映金融市场的根本功能——经济资源在时间和空间上最优配置，是终极意义上的效率概念，是任何经济效率的根本落脚点。而信息效率和价格发现效率则是位于内在效率和外在效率之间的桥梁，它们一方面受到运行效率的直接影响，另一方面通过价格信号直接引导经济资源的优化配置。简单而言，它们之间的关系如图 11—2 所示。

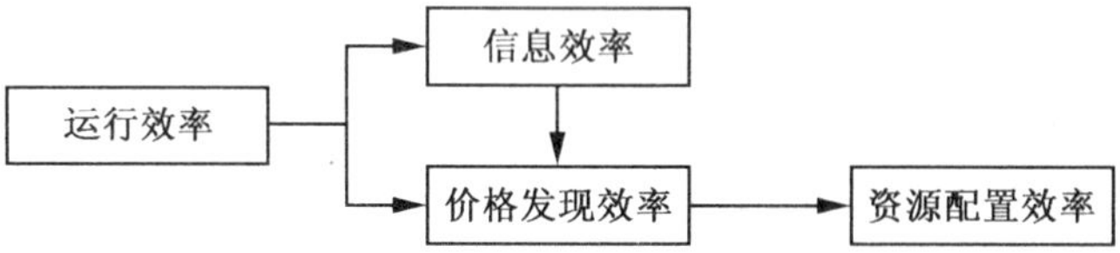

图 11—2　金融市场效率逻辑层次关系示意图

（一）运行效率与其他效率层次

运行效率是金融市场自身运行的内在效率，是其他效率层次实现的前提和基础。如果市场具有良好的运行效率，即市场能在最短的时间内以最低的交易费用为投资者完成一笔金融交易，对于市场的信息效率、价格发现效率与资源配置效率都具有积极的促进作用。运行高效的市场交易执行系统，使得投资者花费最小的交易费用（包括直接和间接费用）达成了意愿的交易，知情交易者的获利空间会增大，这样他们交易的动机就越强，他们所占有的私人信息就能通过交易以最快的速度反映到价格之中去，传递到市场之中，从而提高市场价格的信息含量和信息反映速度（信息效率）。同时，由于私人信息反映了资产的基本价值的变动，所以，知情交易者交易的增加也会使资产价格更加迅速地收敛于其内在价值，提高了市场的价格发现效率。这样，在市场的价格信号的引导下，有限的资源能够被分配到利用效率最高的地方，最终提高市场的资源配置效率。

市场的交易机制对运行效率具有直接影响。不同的交易机制如做市商市场和指令驱动市场会带来不同的运行效率。一方面，从交易成本的角度而言，在做市商市场中，由于做市商对其承担的风险要求补偿，所以可能要求更高的交易佣金和税收优惠，这样会增加投资者负担，加大金融市场的运行成本。而指令驱动的市场中，交易一般是由电子系统自动完成，边际运行成本很低，特别是在处理大量小额交易指令方面，优越性较明显。另一方面，从流动性的角度而言：做市商市场一般具有更强的流动性，特别在处理大额买卖指令方面成交即时性更强，从而使得市场的运行效率提高。而指令驱动的交易机制处理大额买卖盘的能力较低，大额买卖盘必须等待交易对手下单，投资者也会担心大额买卖指令对价格的可能影响，因而不愿意输入大额买卖指令,而宁愿分拆开来,逐笔成交。这无疑降低了市场流动性,进而降低市场的运行效率。所以,两种不同的交易机制对运行效率的影响是复杂多面的,各有长短,并没有绝对的优劣之分。

(二)信息效率与价格发现效率

以有效市场为代表的经典金融理论没有考虑交易机制,认为信息效率和价格发现效率两者是等价的。有效市场理论的前提条件是证券存在一个客观的均衡价值,股价已反映所有已知的信息,且价格将趋向于均衡价值。这一假设意味着投资者的交易行为将揭示相关信息,将使证券价格趋向其内在价值。但在考虑到市场微观结构的因素后,一旦我们放弃信息对称和无摩擦运行的假设,从经典的资产定价模型环境进入交易机制这个金融市场“黑箱”的内部,则信息效率与价格发现效率就存在很大的区别。

1. 从信息的定义来看

信息是市场机制、交易决策、价格发现和投资决策调整的核心。关于信息的一般定义,阿罗(Arrow,1965)认为信息是“根据条件概率原则有效地改变概率的任何观察结果”,这意味着任何改变原来概率分布的事件都可以看作是信息。具体对于金融市场而言,我们将信息定义为与资产基本价值变动相关的信号,它能被投资者接受并据以正确预期资产价值的变动。信息本身是动态调整和不确定的。因为信息的定义依赖于真实价值的概念,而真实价值是通过对未来预期的估计而形成的,也就是说信息依赖于对未来预期的实现。与信息相对应的概念是噪声,噪声被定义为原本与资产基本价值无关,但同样被投资者接受并影响价格非理性变动的信号(Black,1986)。一种信号可以称作信息的关键在于它是否与资产的真实价值相关,而不在于它是否被投资者接受进而影响价格。从认识论的角度看,因为信号是否与资产基本价值变动有关无法进行先验的判断,投资者对信息接受与否的判断标准仍然是主观的,所以在价格形成的博弈过程中,交易者往往不能区别信息与噪音。在他们眼中,信息所包含的内容可以非常广泛,有别于标准信息的噪声也可以称为市场中的信息。所以,在这种情况下,如果资产价格的反映的信息中包含有噪音,尽管此时市场是信息有效的,但价格却没有能够反映出资产的真实价值,即不具有价格发现效率。

2. 从价格发现过程来看

价格是通过交易机制在交易过程中决定的,价格反映信息的过程不是瞬间完成的,最新信息总是通过市场交易(包括知情交易与非知情交易)逐渐包含到市场价格中去的。通过交易过程中的各方策略互动,交易者对资产真实价值的条件预期形成了包含有各种不同参与主体的动态策略选择的价格信息。可见,价格决定(信息效率)是一种动态博弈的时点结果。价格在时点上被决定的同时,又在不断的波动,这种波动就是不同时点的不同调整。价格的波动来源于两个方面:一是因为信息内容的改变而波动,二是因为市场维持交易本身的流动性需要而波动。在价格决定之后,就是通过市场交易机制在交易中实现时点价格向真实价值回归的趋势调整,这就是价格发现。价格发现是一种长期的趋势,但总体表现为波动中的动态调整。总之,在价格充分反映了市场信息后(即信息效率达成以后),资源的配置就根据价格的时点基准向长期真实价值的回归中进行调整。上述过程，若信息效率高，则价格发现效率高，进而资源配置效率高；反之则反是。所以存在着不同效率差别的市场。市场交易机制的设计，就是提供一个最优的参照体系。

（三）价格发现效率与资源配置效率

一般认为，价格发现效率是资源配置效率的必要条件，在某些情况下甚至是充分必要条件。即在理想条件下，价格发现效率越高，市场的资源配置效率也越高。在瓦尔拉斯（Walras）经典市场模型中，只要市场定出了正确的价格体系，那么这组价格体系就会将经济资源引导到边际效用最高的地方去，这样就会自动达到资源的帕累托最优配置。在这种理想的市场中，价格发现效率与资源配置效率是统一的，正如法玛（Fama，1976）所说："如果资本市场能够顺利实现其资源配置功能，那么证券的价格必须是其价值的最好指示器。"关于市场效率的一般的理论认为，有效率的价格发现就意味着资源的有效配置，此时我们只需要关心价格发现效率就够了。

假设投资者持有的金融财富包含一项总的风险资产和一项总的无风险资产，如果令：a_t 为风险资产，b_t 为非风险资产，$W_t = a_t + b_t$ 为金融财富，ω_{t+1} 为 $t+1$ 时期的风险资产在金融财富中的比例，ρ_t 是投资者风险厌恶系数，C_{t+1}、W_{t+1} 为 $t+1$ 时期的消费和财富，$\frac{E_t C_{t+1}}{W_{t+1}}$ 为消费与金融财富比，$r_{t+1} - r_{t+1}{}^f$ 为超额收益，则风险资产在金融财富中的持有比例可以表达为下式：

$$\omega_{t+1} = \frac{E_t C_{t+1}}{W_{t+1}} \frac{E_t(r_{t+1} - r_{t+1}{}^f)}{\rho_t E_t(r_{t+1} - r_{t+1}{}^f)^2} \tag{11-5}$$

从（11－5）[①]式可见，金融市场的根本功能就是提高资源配置效率，即通过价格信息的导向作用，以及与之相联系的信息传递和价格形成能力，在同投资者的风险规避程度和其对未来的预期相结合后，有效聚集并分了配资本，引导社会资源进行优化配置。市场有效性越高，其价格发现效率越高，市场噪音的影响越小，投资者越能从理性预期中正确推断资产的真实价值，资产价格偏离其价值的幅度越小，在保证其他条件不变的情况下，风险投资所占比例也会提高，资产交易变得更活跃。

通过市场有效的价格发现，实现价格信号的有效传导，既能保证市场价格的合理形成，又能够实现资本的高效流动，以此发挥市场对社会资源的动员作用与配置效能。在有效率证券市场上，股票价格的信息含量较高，投资者作出的投资决策就会引导资金及资源向需要高效率的公司和投资项目流动，而且，投资者也能对融资的公司实行有效监控，以保证所投入资金的使用效率，这实质上就是社会经济资源的有效配置。这样，证券价格的定价机制就使得证券市场的收益率等于厂商和储蓄者的边际收益率，从而使稀缺的储蓄（金融资源）被配置到有效率的生产性投资上。因此，只要证券市场是有效率的市场，市场机制的作用就能够充分发挥，通

① 详细证明见附录Ⅱ。

过市场定价机制,将资本配置到边际效率高的项目之中,社会资源的有效配置就可以实现。

但在某些情况下,高的价格发现效率并不能一定带来高资源配置效率,两种并不一致。价格发现效率与资源配置效率不一致的一个重要原因是公司治理中存在的委托—代理问题,即企业的管理者为了自身利益的最大化,可能不会根据股价变化所反映的投资机会进行投资决策,从而不能实现资源的有效配置。Jams Dow 和 Gary Gorton(1997)指出:与一般商品市场上价格所起的直接的资源配置作用不同,股票的价格即使反映了股票真实的内在价值,但它在资源配置方面并不起直接的作用。这是因为实际上并不拥有企业的经理人实际掌握着企业投资的决策权,而在经理人私利的驱动下,企业的投资决策与企业的股价可能产生背离。比如,在对某一项目进行投资决策时,如果股价下跌,反映出投资者对企业的该项投资并不看好,应放弃对该项目的投资。但经理人可能为了扩大企业规模而提升自己的身价,不顾股价反映的信息而决定投资,结果出现投资的低回报率乃至完全失败,造成资源的浪费。所以,资本市场上价格的有效,并不能代表市场资源配置的最终有效。

第二节　交易机制与金融市场的功能

金融市场最根本的功能是资源配置。从这一金融市场的根本功能出发,引申出金融市场的五大基本功能,即价格发现、风险管理、流动性提供、信息生产和成本节约。这些功能不是并列关系而是有层次的,其中价格发现是核心,其他功能都是围绕这一核心逻辑展开的,所有这些功能最终都是为资源配置服务的。金融市场的交易机制最终是为各种基本功能服务的,保证金融市场能发挥各项功能,实现金融市场的正常运转。以下我们从几个方面着重讨论金融市场的交易机制与基本功能之间的关系。

一、交易机制与价格发现

从功能组织方面看,金融交易机制指有组织的证券交易场所为履行其基本职能而制定的与证券交易有关的运作规则,它的重要功能之一是使潜在的投资者需求转化为实际交易,发现市场的出清价格。根据不同目的、不同标准可以对证券交易制度进行不同划分。以交易价格的形成过程为主线,交易机制可以划分为六方面内容:(1)交易委托方式;(2)价格形成机制;(3)委托匹配原则;(4)信息披露方式;(5)市场稳定措施;(6)其他选择性手段等。前三项内容是证券交易制度所必须具备的基本要素,其中价格形成机制是证券交易制度的核心。价格形成机制包含做市商制和竞价制两种基本方式。竞价制又包括连续竞价和集合竞价两种方式。按照价格形成机制的不同,可以把证券交易市场划分为报价驱动的做市商市场、指令驱动的集合竞价或连续竞价市场,以及两者兼而有之的混合式市场。

不同交易机制的市场,其价格形成过程和运作特征是有差别的,主要体现在市场组织、订单匹配原则、信息传递范围和价格确定方法等交易过程方面,并导致不同交易机制的市场属性也会有所差别。研究证券交易机制,其意义在于揭示市场价格形成过程中的组织和内在运行机理，从而在市场的建立和培育、交易规则的制定和实行以及市场的监管等方面遵循市场的客观规律，维护和保障证券市场的运作功能和效率。

金融市场就是要使潜在的投资需求转化为实际交易。在这一转化过程中，关键是价格发现与确定过程。价格形成机制是金融市场交易制度的核心。价格确定的基本方式随着交易机制技术实现措施的不同而不同，根据价格确定过程中自动化程度由低到高的不同，价格确定区分为 7 种基本方式(Domowitz，1992)：

(1)从其他市场引入价格模式。在这种模式下，市场本身没有确定均衡价格的机制。价格根据其他市场的相同时间的价格决定。多数情况下，这是与主要市场相辅的交易系统。

(2)以其他市场为准并加以优化模式。该模式与前一模式相似，所不同的是在引进其他市场的交易参考价格后，将尽可能改进价格，即成交价格为所有市场中的最高卖价和最低买价(consolidated best bid or offer，CBO)。

(3)协商定价模式。在这种模式下，潜在的买卖双方直接就证券买卖的数量和价格进行协商，确定成交价格。不少市场为大宗交易提供了直接协商定价的机制。协商定价模式在一定程度上减少了市场电子化撮合的程度。

(4)屏幕报价模式。在这种模式下，做市商的买卖报价通过电子屏幕直接显示给经纪商和投资者，订单匹配通常遵循时间优先原则或按比例分配原则。

(5)自动双向连续竞价模式。它也称连续竞价模式，买卖双方订单持续输入系统，并按照一定的订单优先原则汇总排队，交易系统根据市场上已有的订单情况进行撮合，发现相匹配的订单，即刻成交。

(6)自动集合竞价模式。集合竞价模式下价格缺乏连续性，所有交易订单不是在收到之后立刻予以匹配成交，而是在一个固定时间集中撮合。集合竞价通常是以最大交易量为标准确定成交价格。

(7)带有定价模型的自动竞价模式。这是一种特殊的价格确定模式，该模式选择价格以外的变量来确定成交价格。

以上 7 种价格确定方式中，(1)和(2)自身没有价格确定机制，属于从其他市场引入价格。(7)是一种特殊的不以价格为报价单位的方式。(3)、(5)、(6)属于竞价机制，(4)就是做市商报价机制，这 4 种价格确定方式均属于有独立的价格发现功能的价格确定机制，构成了各种不同交易机制的基础。

关于不同交易机制下的价格确定过程，在本书第四章第四节中已有详细叙述，这里不再赘述。

二、交易机制与风险管理

(一)泡沫

一般来说，在投机性泡沫发生时，价格往往会出现突然攀升，价格的攀升趋势可能会使市场产生进一步价格上升的预期，并且吸引新的买主，形成自我实现的正反馈过程。当价格泡沫一旦被市场发现,就会产生和原来相反的预期,出现使市场价格回归理论价格的市场力,价格可能迅速而急剧地下降,导致泡沫的破灭。

对于股票而言,假设 $t+1$ 期它有股利收益为 D_{t+1},并且在 $t+1$ 转售的价格为 P_{t+1},基于第 t 期可获信息的 $t+1$ 期股票预期收益率为 $E_t(r_{t+1})=\lambda$,那现值模型可以表示为:

$$P_t=\frac{1}{1+\lambda}E_t(P_{t+1}+D_{t+1}) \tag{11—6}$$

对于式(11—6),还存在另一个解 P_t^B,满足:

$$P_t^B=P_t+B_t \tag{11—7}$$

并且同样有下面的表达:

$$P_t^B=\frac{1}{1+\lambda}E_t(P_{t+1}^B+D_{t+1}) \tag{11—8}$$

用式(11—8)—式(11—6)得到关于 B_t 的表达式:

$$B_t=\frac{1}{1+\lambda}E_t(B_{t+1}) \tag{11—9}$$

如果预期是理性的,那么:

$$B_{t+1}=E_t(B_{t+1})+\xi_{t+1} \tag{11—10}$$

其中,信息 ξ_{t+1} 满足 $E(\xi_{t+1})=0$。

从式(11—9)、式(11—10)两式中可以得到:

$$B_{t+1}=(1+\lambda)B_t+\xi_{t+1} \tag{11—11}$$

当 $\lambda>0$,这是一个发散的过程,因而 B_t 很快就成为推动价格的主导因素,使得 P_t^B 也快速发散。从这个角度看来,B_t 就是泡沫的概念。

当 $\lambda<0$,这是一收敛的过程,B_t 的快速收敛引发 P_t^B 的快速收敛,导致价格快速回归到真实价值,泡沫破灭。

假设由式(11—6)给出的基本解 P_t 为 P_t^J,含有泡沫的解为 P_t^B。若假定每期存在泡沫的概率都很小,但是泡沫一旦产生,发生膨胀的概率会很大,运用马尔科夫转换,价格表达式可为:

$$E_t(P_{t+1})=Q(B)E_t(P_{t+1}^J)+(1-Q(B))E_t(P_{t+1}^B) \tag{11—12}$$

其中,$Q(B)$是在给定泡沫已经发生(或没有发生)的情况下,$t+1$ 期存在泡沫的条件概率。

$$E_t(P_{t+1})=Q(B)=\begin{cases}Q(0) & \text{如果在第 } t \text{ 期不存在泡沫,或在 } t \text{ 期市场发现泡沫}\\ Q(1) & \text{如果在第 } t \text{ 期存在泡沫}\end{cases}$$

同时,预期 $Q(0)$ 接近于 1,$Q(1)$ 接近于 0。

从式(11—8)、式(11—11)、式(11—12)可见,价格泡沫在之前各期都存在时,泡沫不断积累,持续推高资产的价格。当价格泡沫一旦被市场发现,价格将会迅速下降,短期内泡沫破灭。

(二)交易机制与风险管理

从对泡沫的分析中可见,合理的市场交易机制设计可以降低超额波动的可能性,使式(11—8)的解接近于真实价值，从而稳定价格，降低投资者的风险，保障金融市场的健康运行。价格稳定机制就是交易机制中与风险管理密切相关的内容。

价格稳定机制是指降低价格临时波动性的制度安排，通常排除了由于基本价值变化导致的基本波动性。价格稳定机制具有两方面的含义：一是有效的市场基础制度结构，即内生稳定机制；二是用行政手段建立的抑制市场异常波动的管制措施与规则，即外生稳定机制。本节主要探讨外生稳定机制。

外生稳定机制可以分为自由式和调控式两种主要方式。自由式外生价格稳定机制下主要由市场的参与者通过市场交易自发稳定市场，监管当局对交易行为基本不加干预，只是在出现重大突发事件时才采用一些特殊措施来稳定市场。成熟证券市场大多采取自由式外生稳定机制，如美国、香港等。调控式外生价格稳定机制主要存在于新兴证券市场，如韩国、中国台湾、印度、吉隆坡等，监管当局不仅对市场设有价格与数量方面的交易限制，而且经常通过行政手段干预市场。

从世界主要证券市场的实践来看，主要有以下九种价格稳定机制：

(1)价格涨跌幅限制措施。这是通过制度设计人为限制股价涨跌的一种措施，在我国称为涨跌停板。具体说来，涨跌幅限制规定了一个交易日内证券交易价格的最大波动幅度，当证券价格在当日涨跌达到参考价格(通常为前以交易日收盘价)上下一定幅度(我国为10%)时，价格便不能继续上涨或下跌。

(2)断路器。这是指当市场指数下跌超过预先设定的一定幅度时，暂停整个市场的交易的限制措施。其特点是不止涨、仅止跌，主要目的是防止市场的非理性大幅下跌。纽约证券交易所在1987年股灾之后首先采用断路器措施，随后韩国、泰国、印度等不少国家先后引入了该措施。

(3)委托限价。这是指一笔委托订单报价不能高于或低于某个特定成交价格的一定幅度，否则委托无效，其目的在于保证价格的连续性和稳定性。但是在这一过程中交易并不停止，对于委托价格处于限价幅度内的订单可以继续进行交易。

(4)最小价格升降档位检查。这主要是针对程序交易和卖空交易的一种稳定市场的措施。如纽约证券交易所规定，当大盘指数较前一交易日下跌达到2%时，对指数成分股的卖出订单不得低于上一笔成交价；指数上涨达到2%时，则买入订单不得高于上一笔成交价。

(5)保护价格。这是交易所为防止市价订单的执行价格极端化而设立的，通常根据基准价格(一般为当时市场价格的最佳买卖价格)的一个固定百分比计算，市价订单只能在保护价格之内成交。

(6)保证金制度。这主要是针对期货、期权等衍生品和买空卖空交易的限制措施。证券监管机构可通过调节保证金比率的高低，间接调控市场信用和供求关系。

(7)头寸限制。这也是针对期货、期权等衍生品和买空卖空交易的稳定措施，如限制市场参与者的合约数量或限制单个证券的信用交易比例等。

(8)专家的稳定作用。在具有专家(做市商)参与的市场(如纽约证券交易所)中，专家具有稳定市场的作用和义务。当市场供需不平衡或者市场缺乏深度时,专家有责任以自己的账户资金逆市买入或卖出,以维持市场的稳定。

(9)股市稳定基金。这是由政府设立的专项基金,目的是在股市出现大幅下跌时干预市场,以阻止股市继续下跌。

三、交易机制与流动性提供

金融市场的基本功能就是为市场提供流动性,为企业提供资金,为投资者提供金融产品,并使其参与者能够迅速地进行大量交易,而且对价格的影响很小。从长期看,聚集流动性是金融市场的基本功能之一,也是金融市场配置资源的重要能力,任何市场设计如果忽略了市场流动性竞争功能的发挥,市场就难以长久保持竞争力,那么金融市场也就没有存在的必要。从这个角度看,流动性是金融市场的生命力所在。金融市场交易机制的设计在很大程度上决定了市场的流动性,两者之间有着密切的关系。

(一)交易实施系统对市场流动性的影响

交易实施系统(TES)可分为报价驱动系统和指令驱动系统。报价驱动系统被认为提供了更多的即时性,即交易者能在给定价格下使指令更快成交。鼓励做市商在市场低迷时进行交易,能有效地增加市场流动性。如果鼓励做市商之间竞争,就能进一步降低交易成本。指令驱动系统提供了一种更有效的价格发现机制,为市场参与者传播了更多指令流的信息,并允许他们利用这些信息做出交易决定。指令驱动市场又可分为连续竞价市场和集合竞价市场。在连续竞价市场,流动性是靠限价指令提供的。在给定的信息变化的条件下,限价指令的深度与市场流动性成正比。因此,很可能会出现买卖指令不平衡的情况。在买卖指令不平衡程度很高时,交易甚至可能会中断。集合竞价市场的价格反映了累积的市场信息,其信息效率要高于连续竞价市场。因此,在连续竞价市场中断时,集合竞价市场仍然可能正常运转。但集合竞价市场却缺乏交易的连续性。事实上,不少证券市场采取的是上述三种机制不同程度的混合模式。随着电子交易系统的普及,自动化降低了职业做市商在提供流动性方面的地位,公众投资者的地位上升,而机构投资者作为短期做市商和流动性提供者的地位却显著加强了。

(二)交易规则对市场流动性的影响

证券市场的交易规则非常复杂,且各国也不尽相同。现从普遍使用的几个规则分析其对流动性的影响。

1. 最小报价单位(tick-size)

它是指按照有关市场规则所允许的买进报价(或卖出报价)与上一个价格之间的最小差额。在充分竞争的做市商市场,最小买卖价差就是最小报价单位。但一般买卖价差大于最小报价单位。最小报价单位并非越小越好。Harris(1990)年指出,最小报价单位强化了市场的时间优先原则。例如,在一个价格优先和时间优先的市场,如果不规定最小报价单位,那么,价格的微小变动将破坏市场的优先原则,使时间优先原则得不到有效执行,投资者将不愿意下限价指令,而更倾向于市价指令。在市场限价指令不足的情况下,市场的流动性将下降。从做市商的角度看，最小报价单位越大其利润空间越大。而做市商的买卖价差越大，也意味着投资者承担的成本越高，从而影响市场的流动性。但最小报价单位太小，随着买卖价差的减少，市场深度可能会下降。这些效应对市场流动性的综合影响是不确定的，而最小报价单位究竟多大比较合适，则与特定的市场及交易制度有关。

2. 最小交易单位(lot-size or minium unit of trading)

最小交易单位决定了每笔交易所需要的最小货币量。最小交易单位太大会限制一些小的投资者进入股票市场，从而使流动性交易者数目减少；而交易单位太小又使股东过于分散，增加了公司与之联系的成本(如邮寄年报、重要事件等)。降低最小交易单位能有效增加投资者数目，并加剧投资者之间的竞争，使交易更加活跃，从而使买卖价差变小，进而增强了市场流动性。但另一方面，又会使大额交易受到限制，从而影响市场深度，即在广度变小的同时深度也变小了，所以对流动性的总体影响很难确定。

3. 涨跌幅限制措施

这是股票市场中为了防止交易价格的暴涨暴跌，抑制过度投机现象，对每只股票当天价格的涨跌幅度予以一定限制的一种交易制度。目前，许多交易所对股票交易制定每日股价涨跌幅制度，但具体做法又有所区别。研究结果表明：恰当的涨跌幅限制不仅抑制了异常波动，而且增强了市场流动性；不恰当的涨跌幅限制不仅增加了波动性，而且约束了流动性。在目前我国的市场条件下，继续实行10%的涨跌幅限制，对股市健康发展是有利的。但随着证券市场的发展，特别是机构投资者数量增加和投资者素质的提高以及市场规模的不断扩大，完全可以逐步放宽涨跌幅限制。

四、交易机制与信息生产

信息作为一个关键的参数决定了市场的特征，信息以及信息引致的预期在价格确定过程中的作用往往是决定性的。信息披露的程度决定了市场的透明性，而透明性是市场结构的基本目标之一，也是保证市场公正和市场有效性的中心环节。合理的交易机制设计应该能够促进信息生产，增强市场的透明度，但同时信息生产又能够使得价格发现机制正常发挥作用，因此，两者之间实际上是相互作用的。

金融市场的信息既包括有关证券买卖的价格、数量等信息，也包括上市公司的有关信息。信息的定义依赖于真实价值的概念，而真实价值是通过对未来预期的估计而形成的，具有内在的不确定性，因而，信息本身也有内在的不确定性，是不断改变的，从而交易机制的价格确定过程也随之不断进行动态调整。

我们可以从另一个角度来理解信息和市场交易机制。如果我们把信息理解为进入定价机制，并且是经过定价机制处理后能够影响价格变化的信号，那么不能进入定价机制或者进入了定价机制但是不能影响价格的信号则不是信息。由此可见，一种消息可以称作信息的关键在于投资者是否接受了它，并通过预期与决策行为把它反映在定价机制上，最终影响价格的变动。交易机制是信息处理和价格确定的具体过程。在这个过程中，不同的市场微观结构，如交易方式、市场集中度、交易者类别及结构、交易信息披露方式或交易机制中的其他具体内容,都将影响市场的透明度,导致定价过程中投资者采取不同的交易策略,并最终放映到价格变化上。

(一)交易方式

交易方式将直接影响市场的透明度安排。例如电子竞价市场的交易前透明度通常高于做市商市场,因为在做市商市场中,做市商需要以自己的资金或存货承担交易的风险,因此需要比一般投资者掌握更多的信息。国际证监会组织(IOSCO,2001)比较了不同交易模式下竞争对透明度安排的影响,如表 12—1 所示。

表 12—1 竞争对透明度的影响

	竞争的影响	
	交易前透明度	交易后透明度
电子订单簿	可能披露更多的价位水平和更大的深度	通常即时
做市商/购买订单流/封闭式用户群	可能降低交易前信息,除非做市商被要求公开显示报价	可能取决于交易是在交易所内还是在交易所外进行
参考价格撮合	无。目的是避免披露交易动机。	无理由推迟披露
竞争模式	交易前透明度	交易后透明度
电子订单簿	可能披露更多的价位水平和更大的深度	通常即时
做市商/购买订单流/封闭式用户群	可能降低交易前信息,除非做市商被要求公开显示报价	可能取决于交易是在交易所内还是在交易所外进行

资料来源:IOSCO(2001)。

(二)市场集中度

在集中的市场,单一的透明度安排使得相关交易信息的统一度较高,相反在信息生产分隔的情况下,交易信息则难以集中,从而市场透明度相对较低。正是由于这个原因,场外交易市场的透明度远远低于场内交易。

(三)交易者类别及结构

在散户为主的市场,由于单笔订单金额普遍较小,对市场价格的压力不大,因此市场透明度往往较高,而在以机构投资者为主的市场,由于每笔交易规模大,投资者通常会隐藏自己的大额订单,或者要求延迟交易后信息的披露,其市场的透明度通常低于散户为主的市场。

(四)交易信息披露方式

由于技术上的限制,多数证券市场只向投资者公开发布三至五个最佳买卖报价信息。

五、交易机制与成本节约

金融市场在为投资者提供了资金融通的渠道的同时,也为投资者节约了交易成本。交易成本可以分为直接交易成本和间接交易成本。直接交易成本主要有佣金、印花税、过户费、手续费等；间接交易成本则包括买卖价差、搜寻成本、延迟成本、市场影响成本等。

交易机制的设计对投资者的交易成本有着重要的影响。在报价驱动系统下，做市商为市场提供了流动性，但却增加了交易成本。世界范围内电子交易系统流行的，不仅提高了交易速度，而且大幅度降低了交易成本。直接交易成本主要和国家的政策、交易所的惯例等因素有关，因此交易机制的设计对交易成本的节约主要体现在间接交易成本的节约上。

（一）交易机制与买卖价差

在报价驱动的市场中，做市成本决定了买卖价差。做市商的成本主要包括指令处理成本、风险补偿和逆向选择成本。指令处理成本是指进行业务所需要雇佣的管理经营人员的工资和购买设备的费用，这些费用和买卖报价差价成正比，随着计算机网络的发展和人员素质的提高，这部分成本呈下降趋势。做市商使用自己的账户和交易者进行交易，需要保持一个稳定的存货水平，因而做市行为承担着一定的风险，要求对承担这部分风险的补偿。做市商存在和知情交易者交易的风险，知情交易者掌握更多信息，将得到对自己有利的价格，从而损害做市商的利益。因此，做市商的成本中还应包括逆向选择成本。

（二）交易机制与搜寻成本

在指令驱动的市场中，不论是在连续竞价市场或是集合竞价市场，都存在订单流汇总集中的机制，因而其搜寻成本可以忽略不计。而在做市商市场上，由于不存在这种买卖订单汇总机制，而是由分散的做市商报价确定价格，投资者无法了解市场供求的全部信息，搜索成本高于指令驱动的市场。

（三）交易机制与延迟成本

延迟成本与市场的透明度和波动性有关。市场信息越透明，交易者搜寻最低价格的时间就越短，从而市场价格向不利方向变动的可能性就小。当市场的波动性增强，则同一时间内，价格向不利于交易者方向变动的可能性增大，交易者遭受损失的可能性增大，从而延迟成本增大。此外延迟成本还与指令的类型有关。一般来说，由于市价指令的交易可以在报价后瞬时完成，其延迟成本要小于限价指令。

（四）交易机制与市场影响成本

市场影响成本是指大额交易可以得到迅速执行所需（超过买卖报价价差）的额外成本。同样额度的大额交易对市场价格的影响会因为交易方式，信息披露等因素的不同而不同。

大额会产生交易价格影响的不对称现象。研究表明，买方发起的大额订单对市场价格的影响大于卖方发起的大额订单，即大额买进订单的市场影响成本要大于大额卖出订单。

交易方式不同引致市场影响成本不同。例如场外交易的大额交易的市场影响成本通常小于单纯的做市商或竞价市场。

信息披露方式与大额交易的市场影响成本。大额交易的信息披露分为交易前披露和交易后披露两种。交易前的信息主要指在成交前的买卖价格和数量信息。交易前信息的披露会导致市场价格的逆向变动，从而直接增加大额交易的市场影响成本。交易后信息是指交易的价格、数量和交易者的身份等信息。交易后信息的披露同样会对市场价格产生影响，而当交易者提前意识到这一点就会在交易时给出不利于发起者的价格，从而提高了市场影响成本。

第三节　交易机制与金融市场的效率

在第一节中，我们深入地分析了金融市场效率的范畴和层次。从交易机制的角度，我们把金融市场效率分为四个层次：运行效率、信息效率、价格发现效率与资源配置效率。其中，运行效率作为与交易机制直接关联的概念，从狭义的角度反映了金融市场自身运行的内在效率。相比之下，资源配置效率作为与宏观金融市场功能相关联的概念，反映了金融市场对经济资源在时、空上进行配置的外在效率。而信息效率和价格发现效率，则是位于内在效率和外在效率之间的桥梁，它们一方面受到运行效率的直接影响，另一方面通过价格信号直接引导经济资源的优化配置。交易机制的设计及其演变，直接从微观层面影响了金融市场的功能效率。

全球金融市场的实践表明，由于国家和地区的社会经济发展水平差异，以及从比较金融体系角度分析的各国金融市场发展和演变路径不同，各国金融市场的交易机制存在着一些差异。但是，总体来看，交易机制的设计基本上围绕金融市场的四大基本功能而展开。如果市场能充分发挥这些功能，那么市场就是具有效率的。正是从这一意义上，市场效率性成为市场交易制度设计目标的同义语。市场效率性是指任何投资者均能以最低的交易成本，快速方便地反映供需的价格执行交易，具体的衡量可以表现为流动性、透明性、稳定性这三大特征所综合决定的市场交易成本的水平。

一、流动性与市场效率

流动性是金融市场的生命力所在。对于一个金融市场而言，所有基本功能的发挥必须在市场正常运行的前提下达成，而流动性提供正是市场运行的这个前提以及运行的基本结果。二级市场的流动性为投资者提供了转让和买卖证券的机会，也为筹资者提供了筹资的必要前提。如果市场因缺乏流动性而导致交易难以完成，那么市场就丧失了存在的根基。“流动性是市场的一切”的观点正是在这些意义上成立的。从宏观角度看，市场流动性的存在和改善不仅保证了金融市场的正常运转，也促进了资源有效配置和经济增长。金融市场的一个主要功能就是在交易成本尽可能低的情况下，使投资者能够迅速、有效地执行金融资产交易。这意味着来自于市场交易和资源配置的目的，要求市场必须提供足够的流动性，因此交易机制的设计和改善必须满足这一要求。在本书第七章中的分析曾经指出，流动性是进行交易的基本需求，一个流动性好的市场对整个经济体系的贡献可以被看作公共品。在一个流动性比较好的市场中，投资者能够以合理的价格迅速完成一定数量的交易，而且流动性越高，交易成本越低，投资的安全度也越高。一个能够长期提供较好流动性的市场不但对投资者是重要的，而且对维护整个金融市场的稳定十分重要。从而，流动性保证成为金融市场效率的前提。

证券市场有效性假说理论从高度总结的理论角度刻画了金融市场效率的状态及其形成机

制。这种效率在流动性方面表现为，一旦出现供大于求或供不应求的不均衡状况，金融资产市场恢复均衡的速度远远快于产品市场、劳动市场等其他市场。而只有在一个有效的市场中，资产的定价才可能是合理的，因为如果市场缺乏效率，那就意味着资产价格不反映全部信息。而这一切都建立在市场必须具备良好流动性的基础上。此外，从广义交易机制的因素看，由于金融资产投资与资本的有效配置之间还存在着公司投资决策的中间环节，因此从更广泛的观点看，研究影响证券等金融资产流动性的因素，并确定这些因素对公司治理结构改善的影响也是很重要的。因为，上市公司股票的流动性和公司本身的资本成本甚至治理结构密切相关，高流动性市场还可以增加股东监督公司的动力，从而从更微观的层面保证资源配置效率的改善。

流动性的概念包括了互为关联的三个层面：速度（交易时间）、价格（交易成本）和交易数量。不同的市场交易机制安排，存在着有区别的市场流动性提供机制。通过对传统划分的报价驱动市场和订单驱动市场两大类市场交易组织模式的研究表明，它们提供市场流动性的机制是不同的[①]。鉴于这些研究所提供的理论和实证研究支持，在交易机制设计的层面就对流动性与金融市场效率之间的关系进行深入考虑是十分必要的。

二、透明度与市场效率

市场透明度从概念上就可以看出其涉及市场中的信息被观察和认知的程度，因此市场透明度和信息披露是一个问题的两方面。从狭义交易机制角度，市场信息涉及对订单流、成交价、交易对手身份等的信息，而广义交易机制视角中的信息包括了一切关于能够影响资产基本价值变动的信息。在本书的论述中我们一直强调，金融市场功能效率的达成植根于价格发现这一基本功能的实现，而交易机制中的价格发现实质是市场参与者根据市场信息及其变化所展开的博弈及其结果。因此，分析透明度对市场效率的作用，事实上是从交易机制的另外一个角度强调了信息与市场效率之间的关系。

总体来说，在市场运行过程中，交易信息的及时公开能提高金融市场的效率，促进价格对信息的反馈。此外，信息的公开透明也加强了市场的公平性，促使市场参与者更多地参与交易，提高市场的流动性并降低交易成本，促进市场运行更趋安全和稳定。

关于市场透明度的程度问题，现有最新文献的观点倾向于一种在不影响市场流动性的前提下的最优透明度选择。也就是说，以信息数量、质量、结构衡量的市场透明度，并不是越透明越好。因为在完全透明的条件下，可以比拟为信息的完全充分和完全对称的条件下，市场中的参与者事实上失去了流动性交易需求的理由，将严重影响市场流动性的提供；然而，在信息很不充分和不对称的情形下，市场中的交易博弈将成为信息优势者的信息寻租，将使市场交易演变为类似于“柠檬市场”中的逆向选择过程。其结果也将使市场的流动性降低。此外，在一些特殊的交易情况下，例如对大宗交易的实证研究表明，大宗交易信息的即时披露反而会加剧交易后的价格波动，延迟一段时间披露往往能提高市场稳定性。

---

① 关于这一区别，请参见本书第七章中的专门分析。

因此，市场的透明度和流动性、效率性、稳定性、安全性等指标均密切相关。从而，透明度作为衡量金融市场运行质量的重要指标，要求市场交易机制中存在保证交易信息一定程度上透明的机制，才能实现市场交易的效率、公正和公平。

市场透明度和信息披露是一个问题的两方面，对订单流、成交价、交易对手身份等的信息披露意味着更高的市场透明度，而对关于金融资产基本价值的信息披露意味着交易过程更能有效地引导资本配置于期望效率高投资机会。我们在第四章的狭义交易机制分析和第八章的透明度分析表明，不同的市场交易机制既存在着天然的透明度差异，也会由于成交过程的机制不同而引起对透明度的不同认知，并带来各种交易机制下不同的信息披露规则。此外，我们在第五章广义交易机制的分析中表明，不同的金融市场由于历史沿革和发展路径不同，各国金融市场中信息披露机制和信息结构也存在着差异，因此不同市场中的信息数量和质量难以进行简单地类比。但是，在涉及市场透明度主题时，市场交易机制设计有一个不变的主题，就是根据各自市场的特点，选择最能保证最优透明度设计的机制。

在实践中设计市场交易机制和市场透明度时，应注意以下几个问题：首先，要鼓励有关交易信息的及时公开，这是保证市场公正性和有效性的中心环节。对于上市公司的强制性信息披露要严格做到，对其自愿性信息披露要加以合理的引导保证信息的真实可靠。只有这样才能改善上市公司的公司治理，提高金融市场的绩效。其次，设计信息披露的有关法规时，也不是越透明越好，要考虑到各国特殊的国情因素和技术限制。最后，金融市场的运行绩效由六大指标决定，所以设计透明度时要考虑到和其他目标之间的平衡，在实践中决定最优的透明度。

三、稳定性与市场效率

市场的稳定性作为交易机制的重要衡量指标之一，既作为反映市场运行的质量的体现，又是市场价格发现功能以及资源配置功能得以实现的重要保证。

稳定性与流动性之间存在着相互影响的关系。一般来说，一个流动性较高的市场，其稳定性也会比较高，因而波动性比较低。在深度较高的市场，一定数量的交易对价格的冲击会比较小，而在深度较小的市场，同等数量的交易会给价格带来较大的冲击。另一方面，市场的波动性并不是越低越好，波动性不能下降到以致交易不能发生的水平，这将牺牲流动性。当然，市场波动过大会增加市场的不稳定性，交易者会提高原有的风险预期并改变交易策略，从而影响市场的流动性水平。

稳定性的对立面是波动性。波动性意味着风险，但对证券市场而言，波动性是市场正常运行的基础。一方面，如果价格恒定不变，也就不会有证券的买卖了。因此，没有波动性也就没有流动性，因而也就没有市场。可见，波动性是证券市场的内在属性；但是另一方面，过度的价格波动对证券市场的健康发展却是有害的。证券市场价格过度波动，事实上使市场资源配置功能失去了价格基准，从而难以保证资源的合理配置并从长远上破坏了社会经济发展的基础。因此，波动性是投资者、市场监管者关注的主要市场特征，而其反面的稳定性是市场结构设计的主要目标之一。

首先,投资者非常关注市场的波动性。事实上,投资者要想获取一定的收益,就要承受相应的风险。波动性越高,投资者的潜在收益就越高,但蒙受较大损失的几率也较高。风险和收益之间的伴随关系,在资产定价理论中核心地位是不言自明的,而资产交易的技术策略必须要求交易者在其资产组合中权衡每一笔交易的收益和风险。因此,投资者在进行投资决策时,必须考虑风险因素。其次,市场监管者密切关注市场波动性的变化。相对的稳定性是市场发挥其功能的基础。过度波动说明市场出了问题,也必将影响资源的优化配置,甚至会对整个经济产生消极的影响。因此,监管者在市场出现巨幅波动时,会采取某些稳定市场的措施。

在第九章对市场波动性的分析中,我们根据波动性的来源及其性质,把波动性划分为基本波动性和暂时波动性。其中,基本波动性是与非预期的证券内在价值(或称为基本价值)的不确定性相联系的波动性,由那些影响资产基本价值变动的因素所影响。基本波动性的重要性在于使资产的市场交易价格具有向其内在价值回归的趋势,从而为投资者进行投资决策提供重要的参照性信息,并因此促进资源的优化配置;暂时波动性与证券交易过程中的不确定性相联系,是指因不知情交易者的交易行为而导致的波动性。暂时波动性根源于交易过程中交易者围绕着价格确定而展开的信息博弈,是交易策略互动的结果,因此限制了证券资产价格作为反映基本价值的市场指示器作用。如果这种波动不是很剧烈,那么它对市场造成的影响也就不会很大。但是,一旦市场暂时波动超出了一定的范围,就会影响到投资者的信心,进而影响到资源的优化配置乃至整个经济。因此,必须对暂时波动的幅度予以限制。

从交易机制的设计角度看,保证市场稳定性的措施针对的是暂时波动,而不是基本波动。一方面影响基本波动的因素超越出狭义交易机制的范围,而难以在交易机制设计中予以反映;另一方面基本波动的存在为市场提供了基础的流动性,而且正好是有利于市场价格发现和资源配置功能实现的内在机制。因此,如果某一市场的稳定制度能够在降低暂时波动性的同时又不限制基本波动性(即不会阻碍价格反映信息的过程),则这种市场稳定机制就是有效的。

四、交易成本与市场效率

交易成本本身是一个综合性很强的概念。广义的交易成本可以综合衡量市场运行效率的状况,狭义的交易成本从交易机制撮合连续交易的角度揭示了市场运行的代价。因此,交易成本可以看作是在交易机制和市场效率之间充当了中介传导的作用,所以可以通过考察不同交易机制对交易成本的作用,来比较研究不同的机制设计对市场效率的影响,从而达到优化改进目前交易机制的目的。

交易成本与市场效率之间的关系存在于交易过程中。从理论上来看,一个完整的交易活动应该包含以下两个阶段:交易决策阶段和交易运行。交易决策阶段是交易意愿的形成时期,它决定着市场参与人将以怎样的价格和数量进行交易;交易运行阶段则是市场参与人将前一阶段形成的交易意愿付诸实施的过程,此时投资者会向市场提交买卖指令,并通过市场的交易系统达成交易。

在这个完整的交易活动中,影响交易决策的主要因素是信息,即由信息披露的有效性、信息扩散的有效性和信息反映的有效性这三个条件组成的信息数量、质量和分布结构。与此相比,影响交易运行的主要因素是市场参与人的行动,比如提交指令的时间、买卖指令的类型(包括交易价格和数量)、成交状况(从指令发出到成交的时间、成交价格和成交数量)等。从策略互动的角度理解,交易过程中的交易决策与交易运行是相互影响的,因此两个阶段的交易成本也是相互影响的。事实上,交易决策阶段的信息成本将会影响到后续的交易运行状况,例如在市场微观结构理论中的典型信息模型中所揭示的信息不对称是引起买卖价差的根本原因。所以,可以看出运行阶段的交易成本如买卖价差、市场影响成本与交易决策阶段的成本在一定程度上是序列相关的,因此结合市场微观结构理论的分析重点,我们就可以将交易成本与市场效率之间关系的关注重点聚焦于交易运行阶段的交易成本,有利于我们更好地衡量某一市场交易机制中的市场效率。

根据这一思想,在第十章对市场交易成本的分析中,我们把交易成本根据交易阶段重新界定为交易决策阶段成本和交易运行阶段成本,然后重点关注了交易运行阶段的成本,即由交易税费为代表的直接交易成本和以买卖价差为测度的市场影响成本构成的组合。这种界定,在视角上改进了传统直接交易成本和间接交易成本的划分方法不便于深入考察交易机制的限制,有利于揭示整个交易过程中交易成本对市场参与人行为策略和市场价格的影响。由此,我们分析了交易成本如何作用于市场流动性、波动性和有效性等体现市场效率的指标,其基本结论是以交易税费为代表的直接交易成本对交易量和流动性具有反向影响作用,对波动性的影响方向不确定,进而对市场价格和有效性的影响也不确定;而以买卖价差为测度的市场影响成本则表现为如下特征:集合竞价市场上最低,做市商市场最高,在连续竞价市场居于两者之间;与最小价格升降档位大小呈正向变化关系;受到大额交易地点和方向、信息披露程度等交易机制的影响。

一个有效率的交易机制是指任何投资者均能在市场上以最低的交易成本,快速、方便地以能够正确反映供需的价格执行交易,低廉的交易成本成为保证市场流动性和稳定性存在的基础。但是由于交易成本中间接交易成本部分具有不可测性,所以在实际交易机制设计中,难以用交易成本来直接作为市场效率性的度量。采用更为直接的交易运行成本后,由于其组成部分——以买卖价差为测度的市场影响成本和以交易税费、佣金为代表的直接交易成本——都具有实际可循的数据,那么各种交易机制下的运行成本都能够相对较为准确地计算出来,并且加以比较。

我们可以利用交易成本这一中介指标,循着交易成本和市场效率之间相互关系的逻辑,去衡量交易机制的效率和市场效率,并以此作为优化交易机制设计的依据。第十章的分析结论指出,通过对交易成本度量的考察,我们发现鉴于其三维尺度的特征,在考察其对交易机制设计的作用时,更值得关注的是纵向的改进比较,而不是横向的优劣比较。所以应该从国家和地区的经济社会发展状况、金融市场的发育水平入手,从该市场本身的特征出发,才能更好地结合交易成本这一指标来动态求解每一阶段的最优交易机制。

第四节　设计更有效率的金融市场交易机制

一、交易机制设计的政策目标

(一)六个政策目标

衡量金融市场的绩效有六个主要标准:流动性、透明度、稳定性、高效率、低成本、安全性。这六项标准构成设计交易机制的六方面目标,而各目标之间存在既统一又矛盾的辩证关系。现以证券市场为例,简要勾勒六大目标之间的关系。

第一,流动性是证券市场的生命力所在。没有流动性,市场也就失去了存在的必要。流动性指投资者根据市场的基本供给和需求状况,以合理的价格迅速成交的能力。市场的流动性越高,则进行即时交易的成本就越低。一般而言,流动性包括两方面的主要内容:以交易时间体现的交易速度,以及以交易成本体现的价格折扣。当一种资产能够以较小的交易成本迅速转换成现金时,就可以说该资产的流动性较好。一个具有流动性的市场具有三个重要的特性:市场深度、市场广度和弹性。影响流动性的因素主要有市场结构、价格形成方式、市场集中度、竞争等因素。

第二,透明度是维持证券市场公开、公平、公正的基本要求。从维护市场公平的角度看,透明度指证券资产交易信息的透明,即有关证券资产交易的价格、数量等信息的公开披露,以及能够影响交易行为的信息,如上市公司信息的即时和准确披露。高透明度的证券市场是一个信息尽可能完全的市场,要求信息的时间和空间分布无偏性,即信息能够及时、全面、准确并同时传送到所有的投资者。透明度对证券市场的影响是多重的,不仅影响市场的流动性和波动性,还影响市场的委托—代理效率。

第三,稳定性是指证券价格的稳定性,即证券价格短期波动程度及其平衡调节的能力。稳定性通常以市场指数的方差进行衡量,方差越大,则市场波动性越大而稳定性越差,方差越小则反之。一般来说,宏观经济状况、上市公司表现、市场规则变化等外部信息是影响市场价格的主要原因,但是交易机制也在一定程度上影响证券价格的稳定性。保持价格的相对稳定,防止证券价格大幅度波动是证券市场健康运行的内在要求。

第四,从交易机制角度看,证券市场的效率主要指信息效率、价格决定效率和运行效率。信息效率也称价格效率,指证券价格准确、迅速和充分反映可得信息的程度,也就是 Fama 有效市场假说所指的效率;价格决定效率指价格决定机制的有效性,如做市商市场、竞价市场中价格决定的效率;运行效率指交易执行系统的效率,如交易系统处理订单的速度和系统容量等。在其他条件不变的情况下,自动化和通讯技术决定了交易系统的运行效率。然而,在广义交易机制的视角下,我们必须对市场的价格发现效率和资源配置效率之间的关系加以足够的重视。

第五,证券交易成本分为直接成本和间接成本。直接成本指佣金、交易所手续费、过户费、印花税等由投资者承担，向经纪商、交易所和税务机关缴纳的费用。间接成本指与证券交易有关，但并非直接由投资者缴纳的相关成本，主要包括买卖价差、搜索成本、延迟成本和市场影响成本。从完整交易过程来看的交易决策成本和交易运行成本，都与市场其他指标具有相互影响的关系，从而最终影响市场的运行效率。

第六，安全性是指交易技术系统在信息处理方面的安全性。其主要内容包括：交易信息的储存和备份；数据的完整性，如确保数据不被破坏、不被更改、不丢失等；数据的加密性，如确保数据不被窃取、不被滥用，以及确保访问控制和身份认证等；信息操作安全。

（二）各目标之间的关系

交易机制的上述六大政策目标都是证券市场健康运行所必需的，然而各目标之间往往存在着矛盾，表现为目标之间往往存在着不可兼得的权衡关系。所以，同时实现这些政策目标是不现实的，实践中只能在充分权衡的基础上对它们进行协调和选择。

在流动性和透明度之间，一般来说，透明度越高的市场，其流动性也越好，因而投资者可以根据不断变化的信息进行价格调整，使供需矛盾得到即时调节。但是，这种关系受到交易数量的限制，例如在大额订单的情况下，其信息的披露可能导致市场价格的较大变化，不仅不利于做市商维持流动性的要求，反而会降低流动性。

在流动性和稳定性之间，维持一定程度的价格波动是必要的，因为这为投资者提供了必要的价差交易动机。所以，降低价格的波动性不能损害投资者的交易动机，否则将牺牲流动性，而且过度的稳定性可能导致交易中断。因此，相对于某一市场的特定规模和结构，价格波动只能最优化而不是最小化。

从透明度和稳定性的角度看，并不是所有的信息披露都有利于稳定性的增加，例如大宗交易的披露往往会使市场波动性加大。

从效率和成本的角度看，一般而言效率提高有助于交易成本降低，但是高效率可能意味着高成本。例如，交易市场一定程度的集中通常有助于提高交易效率，但如果过度集中，又可能导致垄断，造成交易成本过高，最终降低市场的流动性和交易的活跃性，反而造成效率低下。

在安全性和成本与效率之间，也存在着类似的矛盾和协调问题，如绝对的安全性，不仅会增加技术费用，也可能影响交易执行的速度与效率。

此外，以交易成本衡量市场效率为我们理解交易机制各目标之间的关系提供了另外一种视角。作为衡量市场效率的根本标准，流动性、波动性和有效性这三大指标的综合表现就是交易成本的高低，原因在于：首先，从流动性和交易成本的关系来看，高流动性的市场具有较好的广度和深度，从而使得买卖价差和市场影响成本处于较低水平，投资者支付的间接交易成本也相对较低。其次，较高的波动性往往同高交易成本相联，因为在一个高波动性的市场上，由于价格变化经常地呈现出非连续性，此时投资者将面临较高程度的交易不确定性，因而带来较高的买卖价差和市场影响成本；再次，有效性带来低交易成本，因为市场的有效性意味着价格能够迅速反映所有相关信息，股价不会因不完全信息和供需突然变化而大幅扭曲，从而使市场具有较高程度的吸引力和流动性，交易成本也相对较低。在这个意义上，交易成本可以说是衡量市场效率的一个综合指标。

总之,在确定证券交易的基本目标时,应根据市场机制的不同设计和每个时期市场的不同特点和发展需要,有所侧重,相机抉择。

二、信息披露制度和市场稳定措施

(一)信息披露制度

在某种程度上,证券市场可以看作是一个信息市场,因为证券市场的核心问题是证券价格能否及时、准确反映公司经营的基本面信息,也就是说市场效率的核心应该是如何提高信息的充分性、准确性以及建立信息充分、准确的激励机制。

因为信息在交易机制中的重要性,所以信息披露制度是证券市场的一项核心制度,信息的质量决定了交易机制六大政策目标中的透明度,又通过目标之间的关联关系影响了流动性和稳定性等其他目标。证券市场中的信息披露要求主要有三大类:一类是有关证券交易的实时信息,如股票交易量和价格等实时行情、市场指数以及市场变化统计数据等实时信息;二类是可能影响市场运行的政策、规则以及紧急措施等信息;三类是上市公司需要披露的信息。从重要性来说,三类信息都是证券市场信息披露制度中的重要内容,但是上市公司信息是市场的基础信息。

从各国证券市场的实际情况看,上市公司信息披露的内容主要有两类:一类是投资者评估公司经营状况所需要的信息;另一类是对证券价格有重大影响的事项。以我国为例,根据《公开发行股票公司信息披露实施细则》第4条规定,我国上市公司信息披露的内容主要有四大部分:招股说明书、上市公告书、定期报告和临时报告。其中,前两者为公司上市前的信息披露内容,帮助投资者对股票发行人的经营状况和发展潜力进行细致地评估;后两者为公司上市后的持续性信息披露内容,以确保迅速披露可能对上市股票价格的动向产生实质性影响的信息。在向公众投资者和监管机构披露信息时,上市公司必须保证信息披露文件和内容的完整、真实和准确,公司的全体发行人和董事必须保证公开披露的信息内容没有虚假、严重误导性陈述或者重大遗漏,并就此保证承担连带责任。在法制健全的证券市场上,公开披露的信息成为上市公司与投资者、市场监管者之间的主要交流内容,有利于保证证券市场的公平、公正和效率。

证券市场的信息披露是通过信息传播渠道实现的。以中国证券市场信息披露为例,上海、深圳证券交易所的信息系统负责对每日证券交易的行情信息和市场信息进行实时发布,其信息系统网络由四个渠道组成:(1)交易通讯网。通过交易系统的通讯网络,如单向卫星、双向卫星、地面通讯线路等,发布证券交易的实时行情、股价指数和重大信息公告,刷新间隔为几秒种。(2)信息服务网。向新闻媒介、会员、咨询机构等发布收市行情、成交统计和非实时信息公告等,用户可以用传真机、计算机通过电话拨号方式接收。(3)证券报刊。通过中国证监会指定的信息披露报刊发布收市行情、成交统计、上市公司公告等信息。(4)国际互连网。利用互连网向国内外提供证券市场信息、资料和数据等。

完善的信息披露会大幅降低市场噪音对交易的干扰,降低资产价格的波动,使资产价格更趋向于真实价值。上市公司的信息披露包含了强制性信息披露与自愿性信息披露。前者是在明文法规的规范下有章可循地披露上市公司的相关信息,后者是上市公司依据各自的情况,将未来的价值展示给投资者的信息披露。自愿性信息披露有利于提升好公司的市场形象,改善证券市场信息不对称程度,提高上市公司透明度,降低金融市场信息失真的概率,对证券市场持续发展具有重要意义。资产价格对信息的反应程度正是决定市场有效性程度高低的根本性因素。从这个角度看,完善上市公司的信息披露制度,有利于提高证券市场信息传递能力效率和价格形成机制,提高证券信息质量和信息精度,降低交易成本,对市场有效性程度提高具有重要作用。

(二)市场稳定措施

合理的市场机制设计可以降低超额波动的可能性。从交易机制看,稳定市场的措施有两个:提高市场透明度和价格限制措施。提高市场透明度主要是依靠信息披露制度的完善来实现。在信息披露有效的市场,投资者一方面可以根据交易信息及时地进行委托价格调整,另一方面可以根据影响股票价格变动的信息及时调整交易策略,因此可以避免突发性的和大幅度的价格波动。

限价措施主要包括价格涨跌幅限制和断路器两种。国际证券市场上对价格涨跌的限制措施主要包括三种:(1)委托限价,即一笔委托订单报价不能高于或低于某个特定成交价格的一定幅度,否则委托无效,以防止股价在某段时间内涨跌过度,但是交易并不停止,对于委托价格低于限价的订单可以继续进行交易。(2)委托延期撮合,例如纽约证券交易所规定,当标准普尔指数期货交易下跌 12 点时,所有电脑程序自动报出的市价委托单推迟 5 分钟后再进入撮合系统。(3)涨跌停板制度,即某只股票或者是整个股市的指数涨跌到一定幅度时,就暂停该只股票或整个股市的交易。我国上海、深圳证券交易所自 1996 年 12 月 16 日起,分别对上市交易的股票和基金采取当日涨跌幅不超过 10%的价格限制(首日上市证券除外)。

断路器规则是指当市场指数变化超过一定幅度时,对交易进行暂停等限制措施,类似于涨跌停板制度中的股市大盘情况。纽约证券交易所在 1987 年发生股灾以后,开始实施断路器规则。伦敦、巴黎、东京、香港、韩国、新加坡等证券交易所也均采取了限价或每日涨跌停措施。采用断路器措施的市场还包括美国纳斯达克市场、加拿大风险交易所和泰国证券交易所另类投资市场。

此外,国际证券市场实践中还采用机构干预和指示性价格等市场稳定措施。采用机构干预措施的有美国纳斯达克市场、欧洲易斯达克市场和德国新市场。采用指示性价格措施的有伦敦证券交易所另类投资市场和挪威奥斯陆证券交易所。

这些措施都有助于维持市场的稳定性,并且增强了交易所处理紧急情况的能力。但是,稳定性是一个相对的概念,适度的波动性本身是市场流动性的基础,对于特定的市场结构和规模而言,理论上存在着一个最优稳定性水平。

三、如何有效设计市场交易机制

研究交易机制的目的就是如何改善我们对市场交易机制的设计，以使得市场更为有效地实现其资源配置效率和促进分工发展的职能，并且形成良性循环。过去20年来，对市场微观结构的研究极大地加深了我们对交易机制内在机理的认识，使得实践中许多证券市场交易系统的规则和制度不断完善，并且随着技术进步产生了许多新的交易系统。总的来说，一个好的市场交易机制设计，就是需要在市场特定的结构、规模和技术水平前提下，把交易机制需要实现的六大政策目标协调配合，使市场具备良好的价格发现和资源配置效率功能。但是，在探讨如何设计市场交易机制时，还需要对理论上的一些认识问题进行深入的讨论。

首先，考虑交易机制设计问题时需要考虑市场的目标是什么，而这需要从不同的角度来分析。对于证券交易所或者是自动交易系统而言，潜在的目标应该是满足并实现最大化的交易任务；对于交易者来说，一个理想的市场交易机制可能是以最小的价格偏离满足其委托订单的交易需求，或者是支付最小的交易成本；对于监管者来说，最稳定的市场也许是最容易监管的市场；对于整个社会来说，市场对经济资源配置的福利效应是最根本的，以上的单个目标都不能满足这个要求。但是，在目标之间存在矛盾的情况下，只能进行充分地权衡。

其次，在讨论交易机制定价效率时，需要考虑价格发现功能的有效性。通过对交易机制内在价格机理的研究，我们可以看出：一种交易机制的定价过程得出的均衡价格是一种局限于信息条件的均衡，这种价格并不一定与资产潜在的真实价值直接相关，而是与关于资产基本价值信息的市场表现相关，价格与价值之间存在着必然的偏离。例如做市商的定价，往往可能偏离资产基本价值，这种价格扭曲现象说明，实践中单纯的价格确定过程与有效的价格发现过程是有一定距离的。

再次，需要考虑交易机制如何体现市场的有效性。从市场的福利效应角度看，市场有效性是一个在实践中难以把握的概念。法码定义的市场有效性根据价格对信息的不同反应把有效性分为三个层次：强式有效、半强式有效和弱式有效，这种定义和划分方法已经成为金融学的一个理论基础概念，并在实证中被大量的引用。但是，法码的定义是从信息角度出发的，一方面根据这种定义，越是有效的市场，价格的波动性也就应该越大，市场的稳定性也就越差；另一方面，当市场中引起价格变动的信息与关于资产基本价值的信息之间并非严格一致，或者价格确定效率与有效的价格发现效率之间有一定距离的时候，市场中的定价效率并不能够保证从长远角度看市场的社会福利效率。因此，良好的市场运行，其最终的衡量要以有效的价格发现引导资源配置到有效率的投资机会中去为目的。因此，从这一视角把市场交易机制设计的问题延伸，广义交易机制中的各因素和狭义交易机制中的各因素，通过我们对金融市场运行功能的要求，而在各个功能实现方面相互联系起来了。

最后，需要关注金融创新的复杂程度。金融市场的主要功能之一是通过价格信号传递关于风险识别的信息，而过于复杂的金融创新会模糊这一功能。当利差减小到无法正常反映不同金融产品之间的风险差异时，会在投资者之间形成新的信息不完全，最终导致投资者的风险识别状态发生系统性改变,整个金融体系出现过度的风险承担。过于复杂的金融创新由于超越了一般投资者的风险识别能力而导致了整个市场投资决策的扭曲,其结果是市场风险分布状态的系统性失衡。这种投资者风险识别能力的集体性缺失,与金融创新同时产生的信贷扩张彼此强化,短期内使得金融市场在更高的风险状态下维持着暂时性均衡。这种"均衡"表面上风光无限,实则暗藏危机。

总的来说,市场交易机制的设计目标是要使得市场的社会福利效应得到充分的发挥。所以,有关市场交易机制的效率和社会福利效应之间的联系,也就成为市场微观结构研究的重点课题。如果市场价格能够快速、准确和有效地反映资产的潜在真实价值,也就达到了最佳的资本配置。

四、重视宏微观审慎监管

风险在金融资产的交易中不可避免,正因为有不同的风险存在才使得资产投资具有多样化的投资回报。投资者在资产交易中总是趋向于高回报低风险,如何把风险控制在合理的范围内需要科学的监管。然而长久以来,金融监管的重心基本集中在个体机构的稳健性上,以期通过增强单体机构的抗风险能力实现金融体系稳定。但个体机构在危机中的问题实际上仅仅是微观金融层面的表象。金融市场与金融创新在过去十几年内快速发展过程中积累的信息不对称、高杠杆率、行业自律缺失、信用评级失真才是爆发金融危机的深层次微观原因。在此背景下,交易量越大,交易速度越快,相同时间内金融系统风险积累得越多。在高度关注个体机构危机对系统性风险贡献的同时,必须更多地关注深层面微观监管,加强各类新纳入监管范围的金融机构和金融产品的监管,强化信息披露,提高自愿性信息披露程度,完善金融机构评级监管制度等微观审慎监管措施。

当然,强调重视微观审慎监管不是要忽略宏观审慎监管。随着金融系统复杂性的加强,金融创新复杂度的提高,提高了风险的传导的多样性,加大了投资者及时认识风险的难度,导致不确定性与不稳定性以更快的速度、更广的范围在金融市场上蔓延积累,使得防范系统性风险成为难题。同时,市场信心对于具有虚拟经济特点的金融市场至关重要,在市场信心迅速崩溃之时往往伴随有非理性金融恐慌,大量投资者的非理性交易行为能使金融财富瞬间蒸发。如何稳定金融机构的信誉;如何调节市场信心;如何解决部分金融机构"大而不能倒"所带来的道德风险,如何解决国与国之间政策步调不一致、信息沟通不顺畅的问题;如何降低金融系统复杂程度以阻断风险跨境、跨行业传导等都需要高度关注宏观审慎。从资本流动性、复杂性、信息披露、危机处理体系、风险传导等方面强化金融机构的管理,建立金融风险传导应对机制和危机应急处置机制,确保宏观审慎监管的及时有效。在完善微观监管的同时关注系统性风险,做到事前预防性监管和事后补偿性监管相结合,以更加规范、更加科学的宏观审慎监管与微观审慎监管进行有效对接。

本章小结

本章紧扣本书的基本主题，从市场交易机制的结构、各组成要素和评价体系出发，深入认识金融市场功能和效率的各个层面。这些分析，把我们从对功能架构的金融市场理论的了解，逐渐深入到对交易机制架构的金融市场理论的了解。从而，我们对金融市场理论的认识，将融合到一个以金融市场运行为核心，并展示了金融市场功能体系以及这些功能如何通过交易机制而在金融市场的运行过程中实现。这是一种对金融市场分析得更为综合的理论体系，其目的是为了帮助我们在深入理解金融市场交易机制和金融市场功能、效率之间关系的基础上，有利于设计更为优化的市场交易机制，从而达成更为有效运行的金融市场运行结果。

市场作为一种通过交易而进行资源配置的制度，效率的分析自然是研究市场所有问题的最终归宿。从根本上说，我们对金融市场交易机制的研究以及如何对之进行设计的根本目的所在，就是提升金融市场的效率，实现资源的优化配置。

本章第一节，首先，具体阐述金融市场效率的范畴和层次。从交易机制的角度，我们把金融市场效率分为四个层次：运行效率、信息效率、价格发现效率与资源配置效率。运行效率是最狭义的市场效率，是金融市场自身运行的内在效率。资源配置效率是金融市场的外在效率，反映了金融市场的根本功能——经济资源在时间和空间上最优配置，是终极意义上的效率概念。而信息效率和价格发现效率则是位于内在效率和外在效率之间的桥梁，它们一方面受到运行效率的直接影响，另一方面通过价格信号直接引导经济资源的优化配置。其次，阐述金融市场效率主流的核心理论——有效市场理论。介绍了有效市场理论的假设和内涵；区分了有效市场三种形式的有效市场即弱式有效、半强式有效和强式有效市场；介绍了有效市场的实证检验；分析了与有效市场假说不符的异象以及行为金融学对有效市场理论的挑战。有效市场理论作为经典的金融学理论，今后的一个重要发展方向就是与微观市场结构理论相结合，深入交易机制内部分析市场效率的微观基础。

第二节，从交易机制与金融市场功能之间的关系入手，从五个方面分析了交易机制对价格发现、风险管理、流动性提供、信息生产、交易成本节约等金融市场五大功能体系的影响。

第三节，从流动性、透明度、稳定性、交易成本四个衡量金融市场交易机制的指标入手，分析交易机制与金融市场效率之间的关系。我们的分析指出，资源配置效率作为与宏观金融市场功能相关联的概念，反映了金融市场对经济资源在时、空上进行配置的外在效率。而信息效率和价格发现效率，则是位于内在效率和外在效率之间的桥梁，它们一方面受到运行效率的直接影响，另一方面通过价格信号直接引导经济资源的优化配置。交易机制的设计及其演变，直接从微观层面影响了金融市场的功能效率。

第四节，总结研究交易机制的目的就是如何改善我们对市场交易机制的设计，以使得市场更为有效地实现其资源配置效率和促进分工发展的职能，并且形成良性循环。总的来说，一个好的市场交易机制设计，就是需要在市场特定的结构、规模和技术水平前提下，把交易机制需要实现的六大政策目标协调配合，使市场具备良好的价格发现和资源配置效率功能。

基本概念

效率　帕累托最优　资源配置效率　金融市场效率　运行效率　信息效率
价格发现效率　信息　噪声　有效市场假说　弱式有效市场　半强式有效市场
强式有效市场　行为金融学　流动性　交易成本　噪声交易者风险　金融市场交易机制
金融市场效率　交易机制设计　金融市场功能　透明度　稳定性　资源配置
价格发现　泡沫　交易机制的政策目标体系

复习思考题

1. 如何理解交易机制与金融市场功能体系之间的关系。
2. 如何理解交易机制与金融市场效率之间的关系。
3. 交易机制设计应当遵循什么样的原则？
4. 交易机制政策目标体系中的各目标是如何辩证统一的？
5. 效率的一般含义是什么？为什么说资源配置效率是一种帕累托效率？
6. 有效市场理论与信息效率有什么关系？
7. 金融市场效率可以分为几个层次？其相互之间的逻辑关系是怎样的？
8. 简述有效市场理论的假设前提。
9. 有效市场假说(EMH)的三种形式及其实证检验的思想是什么？
10. 什么是行为金融学，它对有效市场理论有什么样的挑战？
11. 信息的含义是什么，信息在金融市场效率中扮演了什么样的角色？
12. 信息效率与价格发现效率之间是什么样的关系？
13. 交易机制是如何影响信息效率和价格发现效率的？

附录Ⅰ

在市场中充斥着那些没有私人信息，没有信息优势，没有关于资产未来价格分布正确信息，仅仅是出于流动性需要而随机地进行交易的噪声交易者。其追涨杀跌的心理，会造成价格在没有新信息出现的情况下不断上涨。上述行为模式被称为正反馈投资战略。正反馈投资者在价格上涨后购买证券，在价格下跌后出售证券。这可能是由于投资者对价格趋势的外推，或者说追风，也可能是因为止损指令(stop-loss orders)的执行，即指令在价格下跌后被激活从而执行卖出指令。

如果套利者可以预测噪声交易者未来需求，则结论就完全不同了。尤其是当存在正反馈交易者时，套利行为可能反而变成市场的不稳定因素。套利者知道利好消息时，他们意识到当天价格上涨会促使正反馈交易者第二天买入。考虑到这一点，套利者会选择当天大量买入，促使当天的价格上升并将利好消息完全消化。第二天,尽管套利者出售证券,而正反馈交易者买入行为仍使价格高于基本水平。这种价格上升源于套利者预期性的交易行为和正反馈交易者对套利者交易行为的反应。此时的套利行为引起了正反馈交易,因而加剧了价格的不稳定性。当投机者大量买入时,刺激了未知情交易者的跟风,未知情交易者买入的越多,价格就越上升,未知情交易者买入就更多,直至最后企业的业绩达不到投资者的期望,或是贷款相继到期而得不到偿还,价格不再上升,从式(12)可以看到,泡沫将会迅速破灭。由此可以看出在资产价值最初上涨时,套利者等知情交易导致了噪音交易者对未来收入产生过高预期,从而进入到一个资产加速增值,泡沫加速积累的过程。

对于正反馈式价格泡沫的认识可以追述到 1872 年 Bagehot 的研究①。Bagehot 认为,"当发现一项有着很高收益的投资项目时,拥有储蓄的个人会不断投入进去,刚开始是为了基于基本面分析的高收益,但这种动机渐渐变得不那么重要,投资变得狂热,而只要那种想要获得超出基本面以外的超额收益的念头不停止,狂热就会持续。"Kinderberger②(1978)也认为投机性的价格变动,是由于"知情者不断推动价格走高,在价格的最高值上卖给不知情交易者,而不知情交易者在贵买贱卖中成为过于狂热情绪的受害者"。另外,John Train(1987)在对美国成功投资者的分析中,指出这些成功的投资者经常是某些泡沫的鼓吹者。

为了更为客观地分析问题,假设在交易中含有大量理性套利交易者和正反馈噪音交易,可建立交易模型如下③。

模型包括四期:0、1、2、3,两项资产:现金和股票。假定现金的供给是完全弹性的,且没有净收益;股票的净供给为零,即投资者持有的股票可以互相对冲,股票在第 3 期变现,并提供 $\Phi+\theta$ 的有风险的红利。$\theta \sim N(0,\sigma_\theta^2)$,关于 θ 的信息直到第 3 期才被公开。在第 2 期针对套利投资者公开关于 Φ 有限的信息。模型包括三种投资者:正反馈交易者(用 f 表示,总量为 1,正反馈投资者以前一期的价格上涨来安排自身的需求)、套利者(以最大化其第 3 期超额收益的效用函数为目标,用 a 表示)、消极套利者(同普通套利者不同之处在于消极套利者只关注当期的收益,并不会从过去的收益中推断将来的收益,并以 i 表示),令套利者与消极套利者的总量为 1,套利者比例为 μ,消极套利者比例为 $1-\mu$,从第 3 期往前推来分析。

第 3 期:无交易,投资者按照他们各自的头寸获得 $\Phi+\theta$ 的红利支付,此时的价格恢复到真实价值,即 $\Phi+\theta$。

第 2 期:只有套利者和消极套利者在第 2 期才知道 Φ 的信息,但关于 Φ 的信息,正反馈交易者知道得极少。

正反馈交易者在第 2 期的需求为:

$$D_2^f=\beta(P_1-P_0) \tag{11-13}$$

---

① Bagehot W.1872.Lombard Street. London: Smith, Elder.

② Kindleberger C., 1978: Manias, Panics, and Crashes New York.Basic Books.

③ 关于正反馈交易的其他论述可以参阅:J. Bradford DeLong, Andrei Shleifer, Lawrence H. Summers, and Robert J. Waldmann. Positive-Feedback Investment Strategies and Destabilizing Rational Speculation. *Journal of Finance* 45(2), 374—397.

其中，在第 0 期由于没有交易，所以 p_0 假定为 0。β 是正反馈投资者系数。正反馈交易者将对 0 到 1 期的价格变化做出反应，如果价格上涨他们买入，反之卖出。也就是说，正反馈交易者基于过去的价格变化而在当天提交市价指令，这种假设意味着投资者因为当前一期资本收益的上升而提高了对平均收益率的估计，从而增加需求。

理性的投资者知道股票第 3 期的期望值。如果 p_2 大于 Φ，投资者绝不会在第 2 期持有正的股票头寸，因为这种资产组合有风险，且期望收益为负。由此可知套利者不会采用正反馈交易策略；相反，当第 2 期拥有正的投资收益时，正反馈交易者就会持有正头寸。

套利者第 2 期的需求建立在最大化其风险厌恶系数为 γ 的均值方差效用函数基础之上，每一期效用函数的具体形式为：$U=-e^{-2\gamma(W)}$，其中，W 代表了资产的超额收益。最大化该效用函数等价于：

$$\begin{aligned}&\text{Max}E(W)-\gamma\text{Var}(W)\\ \text{s.t.}\quad &W_3=D_2^a(E(\Phi+\theta)-P_2)\end{aligned}$$

所以，套利者在第 2 期的总需求仅受到第 3 期红利市场风险的影响，其需求表达式为：

$$D_2^a=\frac{\Phi-p_2}{2\gamma\sigma_\theta^2} \tag{11—14}$$

其中，令 $\alpha=\dfrac{1}{2\gamma\sigma_\theta^2}$，则 $D_2^a=\alpha(\Phi-p_2)$，并且假定 $\alpha>\beta$。

假设消极套利者与套利者的需求曲线斜率相同。

则：

$$D_2^i=\alpha(\Phi-P_2) \tag{11—15}$$

第 1 期：套利者获得关于第 2 期价格的预期，套利者通过最大化效用函数得到其需求 D_1^a。因为正反馈交易行为是对前一期价格变动的反应，在第 1 期，他们将不会进行交易，因为第 0 期是参照期，没有交易发生，价格为 0。正反馈交易者可以估计股票价格从第 0 期到第 1、2 期上升还是下降，并形成相应的正反馈需求。对于消极的套利者，在第 1 期，他们不会关心第 2 期的价格预期，只要第 1 期的价格高过 0，就会出售股票。

在第 0 期和第 3 期不发生交易，所以市场出清的条件在这两期自动满足。在第 1 和第 2 期，由于市场上存在 μ 单位的套利者和 $1-\mu$ 单位的被动投资者，各期的市场出清条件分别是：

第 1 期：

$$0=\mu D_1^a-(1-\mu)\alpha P_1 \tag{11—16}$$

第 2 期：

$$0=\beta P_1+\alpha(\Phi-P_2) \tag{11—17}$$

套利者从第 1 期看其第 3 期的财富增量为：$W_3=D_1^a(p_2-p_1)+D_2^a(E(\Phi+\theta)-P_2)$

求解最优化后的结果为：

$$D_1^a=\frac{E(P_2)-P_1}{2\gamma\text{Var}P_2} \tag{11—18}$$

根据式(11－16)、式(11－17)、式(11－18)可解出：

$$p_1=\frac{E(\Phi)}{1-\mu\frac{\beta}{\alpha}} \tag{11－19}$$

特别是当 $\mu=1$，或 $\mu=0$ 时，有以下表达式：

$$p_1=\frac{E(\Phi)}{1-\frac{\beta}{\alpha}} \quad (\mu=1)$$

$$p_1=E(\Phi) \quad (\mu=0)$$

当第1期不存在消极套利者时($\mu=1$)，因为没有人出售，套利者第1期买入的股票为0。这意味着不存在第1期买入然后在第2期卖出的盈利机会，也就是说第1期的价格和第2期的预期价格相等。而当第1期不存在套利者($\mu=0$)时，则因为没有人可以在第1期预计到第2期的冲击，所以第1期价格为真实价值 $E(\Phi)$。

整理后，可以更清楚地推知：在 $\beta>0$ 的条件下，第2期价格偏离真实价值的程度随第1期价格单调递增，即：

$$p_2=\frac{\beta}{\alpha}p_1+\Phi \tag{11－20}$$

由式(11－7)、式(11－8)可知，当 $\mu>0$ 时，价格总比 $\mu=0$ 时更偏离当期的真实价值。在长期中看来，虽然价格会回归到真实价值，但理性套利者的加入，并没有促使价格回归真实价值，反而加速了价格对价值的偏离，使期当期的价格更具不稳定性。

附录Ⅱ

假定代表性居民追求效用现值最大化，即：

$$\mathrm{Max}V_t=\sum_{s=0}^{\infty}\beta^s E_t[U(c_{t+s})] \tag{11－21}$$

其中：c_t 表示消费，$U(c_t)$ 是及时效用，β 为贴现系数，并假定 $0<\beta<1$。

为了简化分析，假设投资者持有的风险资产和无风险资产可以简单看作一项总的风险资产和一项总的无风险资产。令 a_t、b_t 分别代表了风险资产和无风险资产，$W_t=a_t+b_t$ 就代表了金融财富，投资者的预算约束可以写为：

$$c_t+a_{t+1}+b_{t+1}=i_t+a_t(1+r_t)+b_t(1+r_t^f)$$

令：$\alpha_t=\frac{a_t}{W_t}$，$1-\alpha_t=\frac{b_t}{W_t}$，那么就可以将上式写为：

$$\begin{aligned}c_t+W_{t+1}&=i_t+W_t[1+r_t{}^f+\alpha_t(r_t-r_t^f)]\\&=i_t+W_t(1+r_t^p)\end{aligned} \tag{11－22}$$

其中，α_t 为风险资产在金融财富中所占比例，$1-\alpha_t$ 为无风险资产在金融财富中所占比例。

$r_t^p = r_t{}^f + \alpha_t (r_t - r_t^f)$ 为资产组合的收益。

将式(11－21)写为递归形式(Bellman 方程)即为：

$$V_t = U(c_t) + \beta E_t [V_{t+1}] \tag{11-23}$$

对 c_t 与 α_{t+1} 求导，解该随机动态优化问题，由 Euler 方程可得一阶条件：

$$\frac{\partial V_t}{\partial c_t} = \frac{\partial U}{\partial c_t} - \beta E_t \left[\frac{\partial U_{t+1}}{\partial c_{t+1}} \frac{\partial c_{t+1}}{\partial W_{t+1}} \frac{\partial W_{t+1}}{\partial c_t} \right] = 0$$

即：

$$\frac{\partial V_t}{\partial c_t} = \frac{\partial U}{\partial c_t} - \beta E_t \left[\frac{\partial U_{t+1}}{\partial c_{t+1}} (1 + r_{t+1}^p) \right] = 0 \tag{11-24}$$

与：

$$\frac{\partial V_t}{\partial \alpha_{t+1}} = -\beta E_t \left[\frac{\partial U_{t+1}}{\partial c_{t+1}} \frac{\partial c_{t+1}}{\partial \alpha_{t+1}} \right] = 0$$

即：

$$-\beta E_t \left[\frac{\partial U_{t+1}}{\partial c_{t+1}} W_{t+1} (r_{t+1} - r_{t+1}^f) \right] = 0 \tag{11-25}$$

从预算约束中可以看出，W_{t+1} 由 t 时刻的变量所决定，因此，式(11－13)可以表达成：

$$E_t [U'_{t+1} (r_{t+1} - r_{t+1}^f)] = 0 \tag{11-26}$$

在 $w_{t+1} = 0$ 对上式进行泰勒展开有：

$$U'_{t+1} = U' \{ i_{t+1} + W_{t+1} [1 + r_{t+1}^f + \alpha_{t+1} (r_{t+1} - r_{t+1}^f) - W_{t+1}] \}$$

$$U'_{t+1} \cong U' \{ i_{t+1} + W_{t+1} [1 + r_{t+1}^f] - W_{t+2} \} + W_{t+1} \alpha_{t+1} (r_{t+1} - r_{t+1}^f)$$

$$U''_{t+1} \{ i_{t+1} + W_{t+1} [1 + r_{t+1}^f] - W_{t+2} \}$$

并且当 $w_{t+1} = 0$ 时，从(12)式子可以求出 c_{t+1}，则有：

$$E_t [U'_{t+1} (r_{t+1} - r_{t+1}^f)]$$

$$= U' \{ i_{t+1} + W_{t+1} [1 + r_{t+1}^f] - W_{t+2} \} E_t (r_{t+1} - r_{t+1}^f) +$$

$$W_{t+1} \alpha_{t+1} U''_{t+1} [i_{t+1} + W_{t+1} (1 + r_{t+1}^f) - W_{t+2}] (r_{t+1} - r_{t+1}^f)^2 = 0$$

若令 $\rho_t = -\dfrac{E_t (c_{t+1}) U''_{t+1} (c_{t+1}^*)}{U'_{t+1} (c_{t+1}^*)}$

其中：$c_{t+1}^* = i_{t+1} + W_{t+1} [1 + r^f{}_{t+1}] - W_{t+2}$，$\rho_t$ 为相对风险规避系数。从式(11－6)中可以解得：

$$\omega_{t+1} = \frac{E_t C_{t+1}}{W_{t+1}} \frac{E_t (r_{t+1} - r_{t+1}{}^f)}{\rho_t E_t \, (r_{t+1} - r_{t+1}{}^f)^2} \tag{11-27}$$

附录Ⅲ

假设资产价值有高低两种可能，分别用 $\overline{V}$ 和 $\underline{V}$ 表示。其中 $\underline{V}$ 为资产的真实价值，第一次

的先验概率 $\Pr\{V=\underline{V}\}=\delta$。假定发生了卖出交易(S),根据贝叶斯法则,市场到对资产价值的后验概率为:

$$\Pr\{V=\underline{V}\mid S\}=\frac{\Pr\{V=\underline{V}\}\Pr\{S\mid V=\underline{V}\}}{\Pr\{V=\underline{V}\}\Pr\{S\mid V=\overline{V}\}+\Pr\{V=\overline{V}\}\Pr\{S\mid V=\overline{V}\}} \tag{11-28}$$

如果发生买入交易,则为:

$$\Pr\{V=\underline{V}\mid B\}=\frac{\Pr\{V=\underline{V}\}\Pr\{B\mid V=\underline{V}\}}{\Pr\{V=\underline{V}\}\Pr\{B\mid V=\underline{V}\}+\Pr\{V=\overline{V}\}\Pr\{B\mid V=\overline{V}\}} \tag{11-29}$$

假定在 $V=\underline{V}$ 的情况下发生买入交易的概率为 γ_1,即 $\Pr\{B\mid V=\underline{V}\}=\gamma_1$;在 $V=\overline{V}$ 的情况下发生买入交易的概率为 γ_2,即 $\Pr\{B\mid V=\overline{V}\}=\gamma_2$,且 $\gamma_2>\gamma_1$。

第一次接到买卖指令后,根据贝叶斯法可得到资产价值的后验概率:

$$\Pr\{V=\underline{V}\mid S\}=\frac{\delta(1-\gamma_1)}{\delta(1-\gamma_1)+(1-\delta)(1-\gamma_2)} \tag{11-30}$$

$$\Pr\{V=\overline{V}\mid S\}=\frac{(1-\delta)(1-\gamma_2)}{\delta(1-\gamma_1)+(1-\delta)(1-\gamma_2)} \tag{11-31}$$

$$\Pr\{V=\underline{V}\mid B\}=\frac{\delta\gamma_1}{\delta\gamma_1+(1-\delta)\gamma_2} \tag{11-32}$$

$$\Pr\{V=\overline{V}\mid B\}=\frac{(1-\delta)\gamma_2}{\delta\gamma_1+(1-\delta)\gamma_2} \tag{11-33}$$

从第二次买卖交易开始,投资者都以前一次的计算结果作为先验概率,将此概率代入贝叶斯公式以计算下一次交易时的后验概率。那么,发生两次买入交易后的后验概率计算如下:

$$\begin{aligned}
&\Pr\{V=\underline{V}\mid B,B\}\\
&=\frac{\Pr\{V=\underline{V}\}\Pr\{B\mid V=\underline{V}\}}{\Pr(B)}\\
&=\frac{\Pr\{V=\underline{V}\}\Pr\{B\mid V=\underline{V}\}}{\Pr\{V=\underline{V}\}\Pr\{B\mid V=\underline{V}\}+\Pr\{V=\overline{V}\}\Pr\{B\mid V=\overline{V}\}}\\
&=\frac{\Pr\{V=\underline{V}\}(\Pr\{B\mid V=\underline{V}\})^2}{\Pr\{V=\underline{V}\}(\Pr\{B\mid V=\underline{V}\})^2+\Pr\{V=\overline{V}\}(\Pr\{B\mid V=\overline{V}\})^2}\\
&=\frac{\delta\gamma_1^2}{\delta\gamma_1^2+(1-\delta)\gamma_2^2}
\end{aligned}$$

同理可计算出:

$$\Pr\{V=\underline{V}\mid B,S\}=\frac{\delta\gamma_1^2}{\delta\gamma_1^2+(1-\delta)\gamma_2^2}$$

假设已发生了 b 次买入,s 次卖出的后验概率为:

$$\Pr\{V=\underline{V}\mid b,s\}=\frac{\delta\gamma_1^b(1-\gamma_1)^s}{\delta\gamma_1^b(1-\gamma_1)^s+(1-\delta)\gamma_2^b(1-\gamma_2)^s} \tag{11-34}$$

$$\Pr\{V=\overline{V}\mid b,s\}=\frac{(1-\delta)\gamma_2^b(1-\gamma_2)^s}{\delta\gamma_1^b(1-\gamma_1)^s+(1-\delta)\gamma_2^b(1-\gamma_2)^s} \tag{11—35}$$

采用数学归纳法可以证明上述假设成立。

资产的市场价值即为投资者对资产价值的期望值：

$$买入价=E[V\mid S]=\Pr\{V=\underline{V}\mid S\}\underline{V}+\Pr\{V=\overline{V}\mid S\} \tag{11—36}$$

$$卖出价=E[V\mid B]=\Pr\{V=\underline{V}\mid B\}\underline{V}+\Pr\{V=\overline{V}\mid B\}\overline{V} \tag{11—37}$$

投资者依据不断更新的后验概率调整其对资产价值的期望，导致资产市场价值也在不断调整过程中。

用式(11—35)除以式(11—34)得：

$$\frac{\Pr\{V=\overline{V}\mid b,s\}}{\Pr\{V=\underline{V}\mid b,s\}}=\frac{(1-\delta)\gamma_2^b(1-\gamma_2)^s}{\delta\gamma_1^b(1-\gamma_1)^s} \tag{11—38}$$

在式(11—38)两边同时取对数，并除以 $b+s$，则式(11—38)可以表达为：

$$\frac{1}{b+s}\log\left(\frac{\Pr\{V=\overline{V}\mid b,s\}}{\Pr\{V=\underline{V}\mid b,s\}}\right)=\frac{1}{b+s}\log\left(\frac{1-\delta}{\delta}\right)+\frac{b}{b+s}\log\left(\frac{\gamma_2}{\gamma_1}\right)+\frac{s}{b+s}\log\left(\frac{1-\gamma_2}{1-\gamma_1}\right) \tag{11—39}$$

令 $b+s\to+\infty$，依据大数定律有：$\frac{b}{b+s}=\gamma_1$，$\frac{s}{b+s}=\gamma_2$。

所以：

$$\begin{aligned}\lim_{b+s\to 0}\frac{1}{b+s}\log\left(\frac{\Pr\{V=\overline{V}\mid b,s\}}{\Pr\{V=\underline{V}\mid b,s\}}\right)&=\gamma_1\log\left(\frac{\gamma_2}{\gamma_1}\right)+(1-\gamma_1)\log\left(\frac{1-\gamma_2}{1-\gamma_1}\right)\\&=-\left[\gamma_1\log\left(\frac{\gamma_1}{\gamma_2}\right)+(1-\gamma_1)\log\left(\frac{1-\gamma_1}{1-\gamma_2}\right)\right]\end{aligned} \tag{11—40}$$

式(11—40)右边的 $\gamma_1\log\left(\frac{\gamma_1}{\gamma_2}\right)+(1-\gamma_1)\log\left(\frac{1-\gamma_1}{1-\gamma_2}\right)$ 为相对熵，测量的是两个不确定状态之间的偏离程度。相对熵值越大，表明两个状态之间的偏离程度越大。在这里，该相对熵值描述的是买入概率与卖出概率之间的距离。只要买卖概率不相等，则式(11—40)恒小于零。说明，在 $b+s\to+\infty$ 时有：

$$\lim_{b+s\to 0}\log\left(\frac{\Pr\{V=\overline{V}\mid b,s\}}{\Pr\{V=\underline{V}\mid b,s\}}\right)=-\infty$$

所以：

$$\lim_{b+s\to 0}\Pr\{V=\underline{V}\mid b,s\}=1$$

本章参考文献

1.Arrow, Kenneth. 1965. Aspects of the Theory of Risk Bearing. Yrjo Jahnsson Lectures. The Academic Bookstore Helsinki.

2.Black, F. 1986. Noise, *Journal of Finance*, Vol.41.

3.Banz，R.1981. The Relationship Between Return and Market Value of Common Stocks，*Journal of Financial Economics* 9(1)：3－18.

4.Bagehot W. 1872. *Lombard Street*. London：Smith，Elder.

5.De Bondt，W and R Thaler.1985.Does the Stock Market Overreact. *Journal of Finance* 40(3)，793 - 808.

6.Fama. 1965. The Behavior of Stock Market Prices. *Journal of Business*.

7.Fama and M.Blume. 1966. Filter Rules and Stock Market Trading Profits. *Journal of Business*.

8.Fama，L.Fisher，M.Jesen and R.Roll. 1969. The Adjustment of Stock Prices to New Information. *International Economic Review*.

9.Fama，E.1970. Efficient capital market：A review of theory and empirical work. *Journal of Finance*，25.

10.Fama，E.1991. Efficient Capital Markets：II. *Journal of Finance* 46(5)，1575－1617.

11.James Dow and Gary Gorton.1997. Stock market efficiency and economic efficiency：is there a connection?. *Journal of Finance*，Jul.

12.J. Bradford DeLong，Andrei Shleifer，Lawrence H. Summers，and Robert J. Waldmann. Positive-Feedback Investment Strategies and Destabilizing Rational Speculation. *Journal of Finance* 45(2)：374－397.

13.Kindleberger C.1978. *Manias，Panics，and Crashes New York*. Basic Books.

14.Michael Wickens. 2011. *Macroeconomics theory：a dynamic general equilibrium approach*. Princeton University Press.

15.Samuelson，P (1965). Proof that Properly Anticipated Prices Fluctuate Randomly. *Industrial Management Review* 6，41－49.

16.陈雨，马勇，李濛:《危机中的信息机制:一个新的视角》,《金融研究》,2010(3)。

17.[美]詹姆斯·托宾著:《通向繁荣的政策——凯恩斯主义论文集》,经济科学出版社 1997 年版。

18.[美]法伯兹,莫迪利安尼等著:《金融市场与机构通论》,东北财经大学出版社 2000 年版。

19.[美]安德瑞·史莱佛著《并非有效的市场——行为金融学导论》,中国人民大学出版社 2003 年版。

20.约翰·伊特维尔等编:《新帕尔格雷夫经济学大辞典(二)》,经济科学出版社 1992 年版。

21.徐涛著:《中国资本市场配置效率研究》,中国金融出版社 2005 年版。

22.刘逖著:《证券市场微观结构理论与实践》,复旦大学出版社 2002 年版。

23.刘红忠主编:《投资学》,高等教育出版社 2003 年版。

24. 刘红忠编著:《金融市场学》,上海人民出版社 2003 年版。

第十二章

金融市场创新发展与风险管理

本章从市场交易机制入手，针对2007年美国次级贷款危机以来金融市场的新变化，讨论金融市场效率的重要内容——金融监管效率。着重审视金融市场全球化和金融创新导致的金融安全问题，从金融市场流动性、透明度和稳定性三个方面阐释本轮金融危机的微观传染机制；信用风险、市场风险、操作风险和流动性风险作为金融市场的主要风险类型需要加强管理；行为金融学近年来又有新进展，2013年诺贝尔经济学奖得主罗伯特·J.席勒在总结资产价格泡沫方面引入与金融市场密切相关的结构因素、文化因素和心理因素，让我们更加清晰对除交易机制以外金融市场影响因素的认识；金融效率包括金融竞争效率和金融监管效率，提高金融监管效率同样是重要的研究命题。

第一节　金融市场全球化、金融创新与金融安全

20世纪90年代以来，世界经济进入全球化阶段，其突出表现为：贸易自由化、生产一体化和金融国际化。国际金融市场融为一体化趋势发源于20世纪70年代，主要标志是银行业务、证券市场和金融创新的一体化，90年代以来信息技术在金融领域的应用加快了金融一体化进程。

一、金融全球化与金融自由化

金融全球化、金融自由化和金融混业经营是21世纪以来金融市场发展的趋势。金融全球化一词来源于经济全球化，后者是指人类可以跨越空间障碍、制度障碍、文化障碍等在全球范围内掌控生产要素的自由流动并且不断深化和广化的过程①。由此及彼，金融全球化是指在经济全球化的大框架下，金融资源在全球范围内不断逐利，具体表现为全球范围流动、自由灵活配置的过程。金融全球化的动因主要包括信息技术的飞速进步提供了技术前提、世界经济体制趋同性改革扫清了体制障碍、经济主体的趋利性是微观基础、跨国公司的全球化经营是重

① 易宪容、黄少军：《现代金融理论前沿》，中国金融出版社2005年版。

要推动力量。金融全球化主要表现在国际资本的快速、大规模流动。与此同时，金融技术的日新月异、金融创新的大量使用以及各类金融衍生工具的开发和普及，极大地提高了国际资本的流动速度。近年来，国际资本更多的用期货、期权、远期交易等金融衍生品交易，全球金融衍生工具市场迅速发展。

金融自由化是针对金融管制严厉程度而言的，即在全球范围内受金融资源趋利性、风险性和增值性等因素共同驱动下，金融监管部门放松甚至取消对资本流动、经营范围、市场准入、利率政策、汇率政策等方面的限制，交由市场力量决定。全球金融自由化浪潮可追溯至 20 世纪 70 年代发达国家放松金融管制而带来的一系列金融创新。20 世纪 70 年代，金融抑制成为发展中国家经济发展的最大障碍，为了消除这些障碍，发展中国家开始了金融自由化改革，措施包括：利率市场化、改革信贷分配制度、建立资本市场、放松对外国资本的管制等。实行金融自由化改革后，发展中国家的金融获得了长足发展。最早进行全面自由化的国家是英国 1979 年英国接触外汇管制，资本流动自由化，1986 年伦敦股票交易所进行重大交易规则改革，如引进双重资格交易系统；废除最小佣金制度，解除交易所会员的限制。美国从 20 世纪 70 年代起开始金融业改革，1999 年底签署了《1999 年金融服务现代化法案》，金融业实现全面开放。

二、金融全球化与金融创新

推动金融全球化和金融自由化的重要因素之一是金融创新。金融创新的内容包括金融工具、金融方式、金融技术、金融机构和金融市场等多方面的创新和变革。金融创新与金融自由化相伴而生，是金融自由化的重要衡量体系，也是金融自由化的推手。一般认为，金融创新的动因主要源于资本逐利属性的内在驱动、规避风险的外在需求和现代科技的强大支撑。

正是金融自由化、金融创新和金融全球化图景，全球金融市场也更加紧密地联系在一起。根据李扬(1999)的定义，金融全球化还应包含三层含义：第一，金融全球化的风险性，是指风险发生机制在全球范围相互联系而且趋同的过程；第二，金融全球化的自发性，是指固然发达国家和国际组织推动起到一定作用，但主要仍由微观经济组织或个人通过市场逐步一体化所导致的结果；第三，金融全球化的过程性，是指金融全球化是一个不断深化的历史过程①。

金融自由化、金融创新和金融全球化突出表现为金融业混业经营、资本全球流动和跨国公司发展。美国《1999 金融服务现代化法案》终结了掌控美国金融业分业经营的《格拉斯和斯蒂格尔法》，银行、保险、证券分业经营、分业监管的格局也被打破，金融控股公司开始迅速发展。资本在利润驱动下，在全球范围流动，日交易量已经大大超出对外贸易总量。跨国公司则在全球范围进行并购、重组，其掌握的资产规模越发超过了许多国家而成为商业帝国。作为全球金融市场最为发达的美国，是金融全球化、金融自由化与金融创新的发祥地，也正是基于此以及其他因素，注定美国次贷危机的爆发，并进一步引发全球金融危机。

---

① 李扬著：《金融全球化研究》，上海远东出版社 1999 年版。

三、金融创新与金融监管

金融创新引领了金融全球化，那么金融创新具有怎样的效应呢？一般认为金融创新是一把"双刃剑"。

金融创新的正向效应主要体现在以下几个方面：一是扩大了金融机构资金来源渠道，突出表现在负债金融工具的出现使得银行业突破限制进入货币市场吸收资金。二是加强了利率的杠杆作用，突出表现在新金融工具削弱了法定利率的作用。三是推进了金融自由化进程，金融中介经营活动自由度大大加强。四是促进了金融业竞争，提高了经济效率。五是满足了经济发展过程中不断产生的各种金融需求，使得融资渠道多样化、融资灵活化、融资成本合理化。六是投资者或者其他金融市场参与主体应对风险的选择多样化、抵御风险能力增强，突出表现在金融期货、期权及利率互换等新型交易方式。总之，金融创新在推动金融繁荣和促进经济发展方面贡献良多。

同时也要看到，金融创新不断对金融业务、组织结构和管理机制形成了冲击，一些创新可能导致金融市场泡沫等一系列问题，对经济发展形成不利影响。金融创新的消极作用具体体现在以下几个方面：一是金融创新对货币政策形成挑战，尤其是货币政策中介指标、政策工具以及传导机制都有不同程度的影响，增强了政策实施难度和实施效果不可控性。二是加大了金融业经营风险，即金融创新总体来看仍然是分散和转移风险，且在不断地金融创新中参与各方都有利益诉求，会加大金融业的系统性风险。三是降低金融体系稳定性，突出表现在银行表外业务、高杠杆率、投机性交易增多等问题，严重威胁金融稳定；第四，增加了金融监管的难度。

面对金融创新的两面性，既要通过金融创新促进金融安全，又要对金融创新实施必要的监管。但无疑，金融监管对金融创新也具有促进作用和抑制作用的两面性。金融创新可以分为竞争性金融创新、合作性金融创新和监管性金融创新三大类别，类别不同对金融监管的要求也不同，二者在动态博弈过程共同促进金融业的发展。

金融是当代经济现代化和全球化的核心，金融安全也因此成为一个全球性课题。金融全球化对金融市场而言影响深远，从风险视角看，金融全球化首先与各国的货币政策发生冲突，在缺乏有效的全球货币政策协调机制的情况下，金融全球化削弱了各国货币政策的有效性，大量资金在国际金融市场不断流动，破坏原有的平衡，并通过金融市场作用到实体经济。其次，金融全球化为国际游资的投机活动创造了土壤。资金的全球逐利容易在东道国经济增长期进驻，而一旦增长下行，国际游资会快速退出，利率、汇率等大幅变化，必然导致东道国金融动荡和经济衰退。另外，金融全球化也加剧了金融的泡沫化。金融危机的不断发生是对金融安全的巨大挑战。防范化解金融危机、维护金融更稳定成为金融监管部门越来越关注的问题。

由此可知，金融监管效率是指金融关系当事人为实现金融监管目标的过程中，所消耗的监管成本与取得的金融效益的比较和评价。金融监管效率是金融效率的重要组成部分，金融安全与金融监管效率的内涵应是一致的。金融安全追求金融行业的稳定与发展，这与金融监管效率相符合。

第二节　金融危机与金融市场微观机制

一、金融危机及其传染机制

金融危机由来已久，在金融全球化、自由化和金融创新的推动下，其危害也随之扩大。国际货币基金组织将金融危机分为货币危机、银行危机、系统性金融危机和债务危机。近年来影响最大的无疑是由美国次贷危机引发的国际金融危机，至今其恶果远未消除，世界经济遭受前所未有的打击。关于金融危机的国际传染渠道，一般认为主要通过以下三种渠道传染：贸易传染渠道、金融传染渠道和预期传染渠道。

贸易传染渠道是指一国发生金融危机，必然导致本国对外国商品和服务的购买能力大幅下降，与该国贸易往来密切的国家出口贸易必然受到影响，尤其对于出口导向型国家，这种影响将被放大，并进一步形成对国内经济的压力。美国作为最大的进口贸易国，长期以来保持贸易逆差，形成了巨额的进口贸易。本轮金融危机发端于美国，次贷危机及金融危机使得美国国民财富大幅缩水，信贷规模急剧收缩，消费能力迅速降低，这直接影响了其主要贸易伙伴国。欧洲、日本、加拿大以及中国等新兴市场国家都与美国有着密切的贸易往来，金融危机直接造成对这些国家的进口锐减，引起经济萧条。

金融传染渠道是指一国发生金融危机可能造成市场流动性不足，这迫使金融机构清算资产变现、收缩信贷规模，从而通过直接投资、银行贷款或资本市场渠道导致其他市场的流动性不足。在全球化背景下，股票市场、债券市场、货币市场、保险市场、银行服务市场以及金融衍生产品市场日益全球一体化，极易引发另一个国家的金融危机。危机发生前，美国是世界上金融系统最完善的国家，其商业银行、投资银行、对冲基金等金融机构非常发达，与其他国家金融市场和金融机构密切联系。被认为是最为安全的金融市场，吸引了全球机构投资者同时参与到风险扩散的链条中，引发了其他发达经济体和新兴经济体不同程度的金融市场风险，进而作用到实体经济。

预期传染渠道是指在社会经济生活中，经济行为主体①往往面临未来的不确定性，并对未来作出预测，这就形成了预期，并不断根据新获得的信息修正自己的预期。由于行为主体的知识结构、文化背景及社会经济差异对信息的获取与处理存在着较大影响，因而他们获取与处理信息的方式不同，形成的预期也就不同。对于机构投资者来说，它们具有人才集中、知识全面、信息广泛灵活等特点，往往能够依据对一国经济指标的预期作出较准确的投资决策。而就一般公众而言，由于无力承担获取全部信息所需成本，他们大多从传媒及传言获得有关信息。这样形成的预期往往不稳定，易受操纵。预期的不对称性和过度反应是造成美国次贷危机迅速

① 对生产厂商来说，要合理预测市场需求并计划生产以实现利润最大化；对消费者而言，要在预算约束内实现消费效用最大化；对个体投资者来说，要寻求风险可控情况下资产的保值、增值。

蔓延，并演化成全球性金融危机的重要原因。在金融危机爆发以前，人们对美国经济预期过高，过度增持美国资产；危机爆发后，又表现为极度悲观，从资本市场上仓皇撤出，这种“羊群效应”进一步恶化了金融危机，甚至一些经济状况良好的边缘国家和地区由于资金流的逆转而陷入危机。

二、金融危机与金融市场流动性

本次金融危机的特征之一是实体经济与虚拟经济相互交织又不断脱离。实体经济和虚拟经济同时对流动性存在需求，实体经济以吸纳流动性为主，虚拟经济吸纳流动性的同时创造流动性，流动性的需求和供给在实体经济与虚拟经济之间存在着一种联动。随着金融自由化和金融创新，虚拟经济快速发展并为实体经济提供了必要的融资渠道和金融支持。但是，由于价格黏性的存在，流动性在配置到实体经济和虚拟经济的过程中会存在不同程度的滞存，在一定程度上会形成政策效果错觉，造成新一轮的流动性扩张和重新配置。实体经济的产业链条相对固定，短期内流动性配置比例和滞存数量变化不大。随着金融深化和金融创新的发展，虚拟经济中的资本货币化程度不断提高，资产证券化水平提高，信用体系不断完善，金融衍生产品大量涌现，虚拟经济链条变长，流动性配给比例大、增长快速，流动性配置比例和滞存数量远大于实体经济。流动性在实体经济与虚拟经济之间的配置失调，又进一步推动了虚拟经济和实体经济的非均衡发展，这是金融危机发生的内因。

然而，直接触发次贷危机的是虚拟经济中的流动性由过剩到崩溃。流动性在虚拟经济和实体经济中配置的严重失调，导致虚拟经济中的资产价格泡沫不断滋生、膨胀。由于金融产品之间的高度关联性，相互交叉、复杂纠结，一旦虚拟经济链条中的某一环节出现信用违约，某一节点的偿付能力丧失会导致产业链条的断裂甚至瘫痪，面对突如其来的变化，出于一种处理危机的惯性选择，虚拟经济中的投资者和投资机构会选择逃离或者持有高流动性资产以避免冲击带来的更大损失，虚拟经济的流动性瞬间从过剩变为不足，甚至崩溃。如果实体经济无法承受流动性趋近的变化，经济衰退和失业就开始显现。

关于流动性的分类，有的学者主张划分为货币流动性、融资流动性和交易流动性三类。货币流动性是从微观货币职能和宏观货币政策角度来定义的；融资流动性是从企业微观主体存在有效融资需求的情况获得的资金；交易流动性是指出于交易动机，各类资产易于转换为现金。三者之间相互作用、相互影响。在此次美国次贷危机形成及其发展为全球金融危机的过程中，货币流动性、交易流动性和融资流动性构成的全面流动性扮演了关键角色。当政府的货币政策从宽松转为从紧，货币流动性出现不足；货币流动性不足将导致交易流动性恶化，交易流动性恶化则导致融资流动性问题；融资流动性问题又反馈影响到交易流动性；融资流动性和交易流动性的恶化又使得货币流动性不足的状况更加严重。三者如此相互作用，形成恶性循环，最终导致全面的流动性危机。在开放条件下，三种流动性的作用更加复杂，影响也更加深远，这也是金融危机迅速在全球蔓延的原因之一。

三、金融危机与金融市场透明度

如前文所述，“透明度涉及市场交易信息被观察和认知的程度”，金融市场透明度对金融市场流动性、透明度、稳定性、效率性、安全性等方面密切相关。金融市场中信息的不完全性和非对称性客观存在，对于众多参与者的决策起到了重要作用，客观上助推了金融行为的不理智与盲目性。

第一，从金融衍生品的复杂程度来看，金融创新使得金融产品自身的透明度越来越低。衍生品设计方（出售方）一般比购买方掌握更多的产品风险和收益的信息，双方存在较为严重的信息不对称，而衍生品的复杂性会进一步放大这种信息不对称。这种复杂性是建立在衍生品定价模型基础上的，计算机技术的快速发展也使定价模型的广泛应用成为可能，基于此背景金融衍生品不断推陈出新。从金融衍生品信息在买卖双方的分布角度来看，本节将复杂金融衍生品的模型风险分为两类，第一类模型风险源于信息不完备，即衍生品设计方和购买方均可能对模型的使用存在认知不足；第二类模型风险源于信息不对称，即衍生品设计方对模型的使用存在信息优势，购买方受限于知识和能力，往往处于信息劣势。信息不对称使得信息优势方（投资银行）可能利用“模型”方面的知识误导处于信息劣势地位的投资者，这无疑会使非专业投资者在复杂衍生品的交易中处于不利地位，其投资潜在的风险增加。金融危机的发生也表明，衍生品的发行方会有意将衍生品复杂化，借助专业知识上的优势对投资者隐瞒信息，以实现超额利润。

第二，从信用评级的复杂角色来看，并非完全独立的第三方视角降低了金融市场的透明程度。信用评级机构作为第三方信息中介在金融市场中发挥着重要作用，一定程度上缓解了投资者和融资者之间的信息不对称问题，增强了市场透明度。但同时，信用评级机构与融资者之间存在的这“委托——代理”关系，其评级结果自然可信度下降。金融市场信息不对称导致的逆向选择是信用评级机构存在的经济学基础，信用评级机构能够为市场提供信息指引——评级符号，投资者参考信用评级符号作出投资决策。这一切的前提在于信用评级机构对信用风险的评定是真实可靠的。然而，信用评级符号往往是免费发布的，信用评级机构的主要收入来源不能来自于投资者，而是债券发行者（融资者），这就形成了新的“委托——代理”关系。评级机构必须在给予较高评级和维护自身公信力之间作出权衡选择，因此其评级结果的可信度只在一定的置信区间内可信。另外，信用评级本身还存在许多技术层面的问题，也会影响评级结果的可靠性。

第三，从信息不对称的不确定性来看，“羊群效应”、道德风险和逆向选择相互交织使得投资者难以作出最优决策。美国次贷危机的市场参与者包括次级贷款的申请者（还款能力较差的贷款人）、贷款发放者（商业银行、贷款公司）、次贷衍生品设计和发行者（投资银行）、投资者（对冲基金、退休基金、保险基金、教育基金、政府主权基金、商业银行等机构投资者和个体消费者）。理想的状态是这些市场交易者都能充分掌握市场信息且获取信息的成本为零，市场处于出清状态。从次贷危机的实际来看，交易者掌握的信息并不一致，而且难以克服。表现在：一是信息在传递链上的传递效率呈现递减规律，起始点信息量将远大于末梢点。次级债务市场的信息情况是次贷申请者和发放者处于起点，衍生品设计者和发行者处于中端，投资者处于末梢。二是信息传递失真。信息传递过程中信号失真是不可克服的，次级债在产品设计、销售过程中，参与主体出于利己行为往往侧重于筛选积极信息而隐瞒负面信息，最终传递到投资者时信息已经大幅失真。三是信息传递时滞。同样的信息在链条不同位置的参与者获取时间也不同，较为明显的例子是投资者往往要根据信用评级机构的评级变动调整投资策略。信息不对称将导致逆向选择和道德风险。从微观机理上来说，是信息缺陷的存在产生了金融中介应付信贷风险的内在脆弱性。无论对于机构投资者还是个体投资者而言，"羊群效应"都无法避免，这进一步加剧了金融市场的不稳定性。

四、金融危机与金融市场稳定性

著名的明斯基假说指出，从经济繁荣与紧缩的长期波动视角，微观经济主体财务杠杆与经济周期存在联动关系。经济主体对投资项目进行债务融资，能否偿还债务取决于它们对未来预期的正确程度。按照"债务与收入"关系，经济主体分为抵补型、投机型和庞氏型。抵补型经济主体在债务偿还期内收入稳定，有很强的吸收冲击的能力来应对现金流方面未预见到的变化，能按时偿还债务。抵补型经济主体是最安全的融资类型。投机型经济主体在短期无法以现金偿还债务，但在长期能够获得足够的收入还本付息，这取决于市场按照预期发展，且经济主体能够在一段时期依靠债务滚动来维持，相较抵补型经济主体而言，投机性经济主体风险上升。庞氏型经济体则无法偿还债务，风险发生无可避免。这些类型随着经济周期的变化而变化，规律是在新周期开始时绝大多数企业都属于抵补型企业，但是随着经济的一步步繁荣，抵补型企业会不断转化为投机型企业甚至旁氏企业。从总体结构来看，投机型和庞氏型所占比重越来越多，抵补型企业越来越少，此时金融脆弱性越来越严重。当经济周期迎来衰退阶段时，任何流动性风险都可能导致单一企业违约和破产，并形成传染效应影响金融机构，金融机构破产将不断扩散，经济上升期积累的资产价格泡沫破灭，金融危机不可避免地发生。

维护金融市场稳定的职责通常由一国的中央银行承担，其他金融监管部门协调配合。金融稳定评估的重要方法之一是，国际货币基金组织和世界银行于1999年联合推出金融部门评估规划（FSAP），对成员和其他经济体的金融体系进行全面评估和监测。FSAP通过三个层次评估金融体系是否稳健。一是宏观层次，通过编制和分析金融稳健性指标判断金融体系的脆弱性和承受损失的能力以及通过压力测试评估冲击对银行体系的影响来衡量宏观审慎的效果；二是微观层次，通过对照国际标准和准则，检验一国支付体系、会计准则、公司治理等是否完善判断金融基础设施是否完善；三是监管层次，重点评估对银行、证券、保险和支付体系的监管是否符合国际标准评估对金融机构的监管。在此基础上，形成对经济体的金融稳定报告。

第三节 金融市场风险与风险管理

现代金融市场面临的风险有信用风险、流动性风险、市场风险、操作风险、声誉风险及法律风险等,其中信用风险、流动性风险、市场风险及操作风险是巴塞尔委员会明确要求银行重点监管的主要风险。

一、金融市场风险类型

(一)信用风险

信用风险是交易对象违约给银行带来损失的风险,一切对合同规定的违背的行为都是违约。商业银行的信用风险指的是,贷款对象信用状况发生变化,使得贷款无法如期偿付而发生的风险。一直以来,信用风险都是商业银行重点管理的对象。

虽然近年来中国银行面临的各种市场风险越来越多,尤其是在金融全球化浪潮以及银行竞争加剧的背景下,银行的风险逐渐加大。但是,市场风险的增强并没有改变信用风险作为银行业最主要的风险形式的状况。

(二)市场风险

市场风险是指因市场价格(利率、汇率、股票价格、资产价格和商品价格)的不利变动而使银行表内和表外业务发生损失的风险。市场风险包括利率风险、股票价格风险、汇率风险和商品价格风险,市场风险存在于银行各种的交易和非交易业务中。

市场风险已经成为银行所面临的最重要的风险之一。一般而言,引起市场风险的因素很多,目前中国所面临的主要市场风险是利率风险和汇率风险。市场风险与操作风险、信用风险的最大区别在于风险的来源不同,前者主要来源于市场价格的变动,而操作风险则主要来源于内部管理,信用风险则来源于交易对手。

(三)操作风险

操作风险在巴塞尔协议中的定义为由于人员的不正确的内部操作流程或是人员、系统或外部事件所导致的直接或间接损失的可能性。该定义包括法律风险,但是策略风险和声誉风险不包括在内。这一定义侧重于风险形成的原因。与市场风险和信用风险不同的是,操作风险主要存在于银行几乎所有的业务操作中并且意味着纯粹的损失,市场风险和信用风险却是损失和盈利的机会并存。

目前中国银行业的业务种类和西方国家银行有一定区别,因此中国所面临的操作风险和国外相比也有差别,中国监管单位根据国内实际情况并借鉴巴塞尔协议的经验,把中国的操作风险划分为五类:组织风险、执行风险、人员风险、技术风险和外部风险。

(四)流动性风险

流动性或者说银行为资产的增加而融资及在债务到期时履约的能力,对于任何银行的持续生存都很关键。流动性风险是指金融机构的流动性来源不能满足流动性需求,从而引发清偿问题的可能性。当一家银行经营情况正常时，向外融资、拆借都会相对比较容易，而一旦市场上出现对这家银行不利的消息时(比如违规操作、流动性不足、大额亏损等)，基本上所有同业都会同时缩减这个银行的可融资额度。流动性风险是商业银行经营过程中最主要的风险之一(参见表 12－1)。

巴塞尔协议Ⅲ的一个最重要的进展就是将流动性风险监管提升到与资本充足率监管同等重要的位置上。此次金融危机让巴塞尔委员会意识到，以往的商业银行流动性管理以及监管规则已经不再适用现今的大环境。

表 12－1　　　　银行面临的主要风险

风险类别	子类	典型风险业务	识别方法和模型	主要防范措施
信用风险	违约风险	贷款	财务指标分析和违约概率模型	建立授信额度，提交抵押品授信额度，签订 ISDA、CSA，提交抵押品
	交易对手风险	衍生产品交易	信用敞口模型	
	国别风险	新兴市场债券投资	根据国家经济、政治、社会发展指标构建国别风险模型	设置国别信用额度
市场风险	交易账户市场风险	债券投资	估值模拟和风险价值	设置风险价值额度和敏感度指标
	银行账户的汇率风险	银行资产负债匹配后的外汇敞口	货币敞口分析、现金流量匹配模型或者收入模拟模型	设置风险限额
	银行账户的汇率风险	贷款和债券投资	收入模拟模型、动态财务分析模型	设置风险限额
操作风险	操作风险	零售业务	流程检讨和操作风险	设置操作风险发生频率和损失限额
流动性风险	流动性风险	短期资金长期运用	情景分析	制定分层次的流动性预警和预案
其他风险	战略风险	兼并与收购	过程性评估	注重事前审慎、事中监管、事后处置机制
	声誉风险	私人理财服务	风险与收益评估	
	法律与合规风险	资产管理业务	法律审核与内部控制	

二、主要的风险管理工具

(一)信用风险管理模型

信用风险管理的目标是通过将信用风险保持在可以接受的指标范围内，使风险调整后的收益率最大化，对信用风险的有效管理是综合风险管理的一个至关重要的组成部分，传统的商业银行的信用风险度量模型主要是以信贷人员的经验来判别，定性分析较多，主观性较强。随着风险管理理论的发展，以及世界金融市场的变化，信用风险度量也开始引入数学模型，主要以线性判别模型和回归模型为主，对风险的定量分析使得度量更加精确，更具前瞻性。信用风险管理在 20 世纪 90 年代取得了突破性进展，信用风险度量方法越来越多的使用资本市场的有效信息来增强模型识别信用风险的能力。以下四种模型都是基于巴塞尔协议内部评级法的主流信用度量模型。

1. Credit Metrics 模型

JP 摩根公司继 1994 年推出著名的以 VAR 为基础的市场风险计量(risk metrics)后。该模型运用 VAR 框架,对贷款和非交易资产进行估价和风险计算。该模型主要是反映贷款和债券类金融资产的组合在将来价值变化的分布情况。假设前提是信用风险取决于债务人的信用状况,信用工具(包括债券和贷款等)的市场价值取决于债务发行企业的信用等级。

但是中国直接应用这个方法还存在着重大障碍,因为 Credit Metrics 模型最重要的是基于信用评级的,而中国目前还没有一个权威的、完善的信用评级体系,也就不可能存在有效的信用风险转移矩阵。

2. Credit Risk+ 模型

该模型是瑞士信贷银行 1997 年推出的信用风险度量模型。采用统计学模型来推导债券及其组合的价值分布。它不关注违约的具体原因,只是假定违约是一种随机行为,它将信用事件只分为违约和不违约两类,债务人违约的概率为 P,不违约的概率为 $1-P$。并且不同时期的违约事件是相互独立的。违约事件的分布近似于泊松分布,即

$$P(n)=\frac{u^{n}e^{-n}}{n!}$$

其中,n 代表违约数量,u 代表违约平均数。

然后再利用各个频度的违约概率分布加总后得出贷款组合的损失分布。

Credit Risk+ 模型主要目的是希望能帮助信用风险的管理者面临需提取多少的信用损失准备时,能利用 Credit Risk+ 模型准确地估计所需准备金额。目前中国商业银行有一种习惯,对自己熟悉的客户或者自认为风险较小行业的客户就会多进行贷款,而且这些客户之间会互相进行担保,这使得很多贷款是不独立的,相互有关系的,这一点与 Credit Risk+ 模型的违约随机假设相背离。但在中国信用体系没有完全与国际接轨的情况下,该模型具有的最显著的优点就是跟中国现行模型相近,对数据和技术以及人员的要求相对较低等等,因此比较适合中国的国情,度量效果也比较好。

3. KMV 模型

KMV 模型是 KMV 公司于 1995 年创立的。该模型的特点在于根据企业的股票市场价值计算预期违约概率,而不是基于历史违约数据估计出的平均违约率。该模型将股权视为企业资产的看涨期权,以股票的市场数据为基础,估计企业资产的当前市值和波动率。如果负债到期时企业资产市场价值小于其债务时,企业选择违约。在巴塞尔协议Ⅱ中,推荐使用 KMV 模型来进行内部评级,可见该模型已经得到了各大银行的广泛认可。该模型的优点在于它不依赖外部的评级机构但是比评级机构更加的敏感,它有强有力的理论支撑,是一个基于期权理论和现代公司理论的结构性模型。KMV 模型的数据来源于股票市场,而不是历史记载的会计核算数据,因此能够很好的反应公司的财务状况的变化。因此在类似于中国这种弱式有效市场上该模型的预测效果也会很好。但是该模型也有一定的局限性。假设条件过于苛刻,在

中国由于信用体系尚未建立，缺乏足够的信用风险数据，很难确定违约距离和违约概率的映射关系。因此中国需要尽快按照内部评级法建立相应的风险数据库为银行信贷决策提供参考。

4. Credit Portfolio View 模型

该模型是威尔逊发展的多因素风险模型。和 Credit Metrics 模型一样，该模型不仅仅关注违约风险，也关注联合的条件违约概率分布以及评级转移概率分布，并且在 Credit Metrics 的基础上，对周期性因素进行了处理。这一模型与 KMV 也有一定的相关性，因为它们都与上市公司的市场价值变化有关。它是一个离散型跨时期模型，其中违约概率被看成一系列宏观经济变量，如失业率、利率、经济增长率、汇率的函数。此模型可以看成是对 Credit Metrics 的补充，它克服了 Credit Metrics 中不同时期的评级转移矩阵固定不变的缺点。该模型利用某一资产目前的市场价值来衡量损失的金额，继而进一步衡量持有此资产的投资组合的损失，再预测此投资组合的损失概率分布。但是该模型需要可靠的国家和各个行业的违约数据为基础，而且还需要信用等级变化的具体函数，而中国的相关数据还很不完善，银行间的客户数据库还没有建立和流通，因此该模型在中国的应用的可能性较小。

（二）操作风险管理模型

巴塞尔协议给出了从复杂性和风险敏感度方面渐次加强的三种方法：基本指标法、标准法和高级计量法。

高级计量法是巴塞尔协议规定的最为复杂的计量法。高级计量法是指银行用以下定量和定性标准，通过内部操作风险计量系统计算监管资本要求。使用高级计量法应获得监管当局的批准。该方法在标准法的基础上又进一步对每一业务类别划分了 7 个损失事故类型。巴塞尔协议规定操作风险的资本额应该相应于一年时间内在 99.9%的置信水平下的非预期损失额。该方法假定预期损失和意外损失之间具有固定和稳定的关系。它的含义是，有 99.9%的可能操作风险所带来的损失都可以用一般准备金弥补，而在此之外的损失却可能导致银行破产。

（三）市场风险管理模型

在市场风险管理方面有对重新定价风险管理方法和技术、VAR 方法、事后检验与压力测试、限额管理等主要方法。VAR 模型被越来越多的银行使用。市场风险度量有两种基本方法：一种是度量证券组合收益的波动性也就是收益偏离平均收益的程度，波动的原因是由于市场因子的变化等，常用标准差表示。另一种是测定证券组合价值变化和市场因子的变化关系，比如久期、Delta 等市场风险管理工具表，参见表 12—2。

表 12—2　　市场风险度量方法

项　目	模型方法	说　明
市场风险识别	产品风险矩阵	以行表示产品类别，列表示风险类型，行列的焦点表示产品受到风险因素的影响

续表

项　目	模型方法	说　明
市场风险评估	公允价值法	银行和交易对手都熟悉情况且资源的情况下，在公平交易基础上进行资产交换和债务结算的金额
市场风险计量	缺口分析法	衡量银行当期收益对利率变动的敏感性
	久期分析	银行经济价值对利率的敏感性
	敏感性分析	研究单一市场风险因素的变化对资金业务产品或资产组合收益产生的影响
	VAR	包括蒙特卡罗法、历史数据模拟法和发差协方差法

（四）流动性风险管理模型

流动性风险具有很强的传染性，次贷危机使得原本存在的流动性监管问题暴露了出来。这催生了巴塞尔委员会对流动性风险的管理改革，发表了《流动性风险管理和监管的稳健原则》，并引进了两个定量指标，参见表 12－3。

表 12－3　　流动性风险管理 NSFR 和 LCR 指标

项　目	净稳定资金比例 NSFR	流动性覆盖率 LCR
公式	可用的稳定资金/业务所需的稳定资金(ASF/RSF)	优质流动性资产储备/未来 30 日的资金净流出
最低标准	100％	100％
监管目标	调整期错配，稳定资金来源	短期流动性风险的检测
标准引入安排	2012 年进入观察期，2018 年以前达到最低标准	2011 年进入观察期，最终于 2015 年达到最低标准

除了以上两个监测工具，巴塞尔委员会还列出了四个监测工具：合同期限错配、融资集中度、可用的无变现障碍资产、与市场有关的监测工具。新流动性风险计量标准的目的是增加全球银行体系的优质流动性资产储备水平，减少流动性危机发生的可能性和冲击力。巴塞尔协议Ⅲ中关于流动性风险严厉的监管要求，可能会在一定程度上推高信用风险成本。

第四节　行为金融对金融市场功能提出的新挑战

前文，我们讨论过关于市场有效性的问题。行为金融学在金融市场中近年来也取得了举世瞩目的成果，给金融市场功能提出了新的挑战。2013 年诺贝尔经济学奖得主罗伯特・J.席勒在其著名的《非理性繁荣》①一书中认为将泡沫总结为结构因素、文化因素和心理因素，并就理性繁荣进行了尝试。

① 罗伯特・J.席勒：《非理性繁荣》，中国人民大学出版社 2001 年版。

一、结构因素

（一）诱发因素

促使股票价格泡沫和房地产泡沫的因素是极其复杂的，罗伯特·J.席勒总结了促使市场泡沫产生的12个诱发因素：

(1)市场经济的急速发展和业主社会(ownership society)。私有财产制的存在在调整人们的生活目标和创造忠实的公民等方面具有一定的效力，人们在市场经济的浪潮中会进行投资以确保安全，投资需求增加导致股价上涨，股价上涨使得人们错误地认为他们所做的投资在不断增值。

(2)政治和文化变迁促进了商业的成功。社会实用主义正在普遍增长，对财富的渴望让越来越多的实用主义者将投资股票视为迅速致富的捷径。削减资本利得等一系列减税政策进一步激发了投资股票的热情。

(3)新的信息技术。1982年第一个手机系统问世，自此手机的使用呈现几何级数增长，目前已经成为人们投资的重要工具；20世纪90年代后期，互联网和万维网进入家庭，纳斯达克股价指数持续飙升。信息技术的重大飞跃使得人们能够及时掌握当前咨询。

(4)支持性货币政策与格林斯潘对策。20世纪90年代末期美国股市进入繁荣期。1995年美国牛市开始的时候，市场并不担心经济增长和通货膨胀。1996年，美联储主席格林斯潘在谈到“非理性繁荣”时，并未采取紧缩性货币政策，而是继续放任，持续的扩张性货币政策维系了这种非理性繁荣。

(5)生育高峰对市场的显著影响。第二次世界大战以后，世界迎来了普遍的生育高峰。一种理论认为生育高峰期出生的人会相互间购买股票已备养老，产生了对股票的竞相需求，从而导致股票价格相对于收益升到了很高的水平；另一则理论认为生育高峰中出生的人对当前的商品和服务消费促进了股市繁荣。

(6)媒体对财经新闻的大量报道。媒体竞争优势的增强依赖于对边缘客户的争取，关于投资要诀和财经新闻的比重在媒体节目中大幅增加，这强化了对股票需求的增长，其作用类似于消费品广告促进销售。

(7)分析师愈加乐观的预测。研究表明，证券分析师们不愿建议投资者卖出股票，分析师预测偏高的倾向导致了股市的高位行情。

(8)固定缴费养老金计划的推广。雇员养老金计划通过强制人们在各种养老投资计划中做出选择、鼓励人们投资股市，人们也在其中“干中学”，并进一步通过心理机制促进人们对股票需求的增加。

(9)共同基金的增长。共同基金经历了迅猛发展的过程，其推广把人们的注意力集中到股市，引导人们相信基金管理专家会带领大家有效规避风险，结果是促使更多投资者入市，刺激了股市整体的投资价格运动。

(10)通货膨胀回落及货币幻觉的影响。较低的通货膨胀率能增加公众信心，随之会促进股价的升高。事实并非如此,这种不恰当反应是因为人们没有完全理解通货膨胀对利率的影响,“货币幻觉”的存在改变了名义利率和实际利率的关系。

(11)交易额的增加:贴现经纪人、当天交易者和24小时交易。竞争性经纪人佣金制度降低了佣金率,还出现了贴现经纪人;互联网技术使人们能实时关注股市变化,大批业余投资者可以当天交易。

(12)赌博机会的增加。彩票等一系列赌博活动吸引人们参与其中,人们一旦建立起这种赌博活动的习惯后,会很自然地向更高级的赌博形式“股票投机”迈进。

以上因素存在于美国,也存在于欧洲及其他国家。以上12种因素并非绝对指某一因素能够解释市场一定时期的涨跌。事实上,市场自身具有反馈和放大机制,这些因素通过市场自身的作用机制,放大诱因的影响效果。

(二)放大机制

投资者对未来股市的信心和期望,以及对股票需求产生影响的其他方面,是如何形成一个完整的机制并放大上述诱发因素的,近年来这一话题无疑成为行为金融学的热门研究话题。罗伯特·J.席勒认为放大机制是通过一种反馈环(feedback loop)工作的,它类似于庞氏过程,即过去的价格上涨增强了投资者的信心及期望,这些投资者进一步抬升股价以吸引更多的投资者。这种循环不断持续,因此,原始的诱发因素效应被放大,这些放大因子包括:

(1)投资者信心。当市场经历了引人瞩目的上涨之后,人们往往不会相信市场将转向回到起点,他们宁可凭借乐观感受相信市场会出现反弹,也不相信长期均衡价格的存在。分析投资者信心变化,社会因素和心理因素能增强投资者信心的反馈环。人们会形成“市场下跌总会反弹”的隐约感觉,这种主观经验会形成心理冲击,特别是预设股市会进一步下滑的人,不断地出现判断错误会使投资情绪变糟。投资类的畅销书也是例证,耐心投资并致富的书籍容易成为畅销书。

(2)投资者期望。经济人的假设将人定义为能够根据对未来股价的预期和对其他投资风险的估计来对投资决策进行优化设计。事实上,投资者在进行投资决策时,对投资金额和投资范围并未进行合理的估算;相反,“感情因素”会起到更大的作用,悔恨、羡慕都能提供强大的动力。

(3)反馈环理论。反馈环理论也被称作恶性循环、自我实现语言、从众效应等。反馈环理论建立在适应性预期基础之上,发生反馈是由于过去的价格上涨产生了对价格进一步增长的预期;另一种说法认为发生反馈是由于过去的价格上涨是投资者的信心增加。但无论是适应性预期还是信心变化,通常认为这种反馈主要是对价格持续增长模式的反应。反馈环有不同的类型:一种是“价格—价格”反馈,即价格的上涨引发投资者热情进而直接导致未来价格的进一步上涨;另一种反馈是“价格—GDP—价格”型,即由于股市和房地产市值的增加使得人们的财富增加,乐观主义促使人们增加支出(包括投资),也称之为财富效应。

(4)自然形成的庞氏骗局。在庞氏骗局和金字塔骗局中,骗局制造者“创造”从当前实现的投资收益到未来投资收益的正向反馈。股市和房地产市场的自然形成的庞氏骗局,关于股市的神话也到处可见，当价格多次上涨后，如同庞氏骗局中的投资者在股价上涨中受益一样，经纪人、共同基金都会进一步宣讲这类“致富”故事，正面消息得到不断加强，甚至欺骗，负面消息不断被忽视。这一过程与庞氏骗局不同，它并非人为操纵的，这种投机性泡沫的放大也就顺理成章。这显然是对经典金融市场教科书关于金融市场有效性和合理性的挑战。

二、文化因素

（一）新闻媒体

新闻媒体包括报纸、杂志、广播、电视以及近年来出现在互联网上的各种新的媒体形式（如博客、微博、微信），在历来的金融市场动荡中都似乎扮演了旁观者的身份，但是事实上媒体本身也是时间不可或缺的一部分。投机性泡沫的历史几乎与报纸的产生同时开始，第一个泡沫——17 世纪 30 年代荷兰的郁金香热已有报道。当金融市场中的一部分参与者拥有了相似的想法，这种想法则可能推动一些重大市场事件的发生，新闻媒体正是传播这些想法的重要工具。

媒体在股市变化中发挥的铺垫作用。新闻媒体出于收视压力必须吸引公众注意力，金融市场能够以每日价格变化的形式提供新闻，而这些内容在资本市场充分发达的国家对人们有巨大吸引力的。今天我们可以在电视节目中看到关于金融市场、股票市场、房地产等的节目，且这些节目的比重是呈现增加的。媒体在展现时提供了讨论的形式以更大限度吸引读者和观众，以及对市场前景的报道，这种报道又会产生诱导性预期。新闻媒体能够积极地影响公众的注意力和思考方式，同时也形成了故事事件发生时的环境，新闻媒体已经成为全球投机文化的重要支撑、投机性价格变动的主要宣传者。

（二）新时代的经济思想和泡沫

历史上每次股市不断上涨都伴随着一种流行的观念，即未来比过去前景更好，人们也总是一次又一次地使用“新时代”这个词汇。当然，这种新时代的观念具有明显的合理性。但是，比如 20 世纪 90 年代中期互联网时代的到来却助推了泡沫一样，今天人们称之为“大数据时代”、“后危机时代”，人们同样给予了太多的期许。

然而，我们看到的是“新时代”的不断被终结。2007 年始于美国的次贷危机进一步演化为全球性金融危机，信心和预期因素造就的股价上涨随之而来出现了大反转，这些反转往往是由具体事件引起的。如 1994 年墨西哥危机是投资者竞相抢购然后又拒绝接受墨西哥政府的美元短期债券的结果；2007 年美国次贷危机是次级贷款（主要是房产抵押）的结果。然而，这些事件发生后，新闻媒体的大肆报道，使得投资者对这些事件的分析和解读逐步呈现过度反应，这就带来了价格的进一步向下“反馈环机制”。

三、心理因素

我们知道股票市场的价格并不完全由基本面来决定，但同时股市大体上维持在某一水平，说明也有一种机制限制了投机活动的反馈。因此，要转入对心理学的研究。传统的对投资心理的研究和报道将投资者说成在股市繁荣时欣喜若狂、股市萧条时诚惶诚恐，投资者们被说成是盲目的从众行为。然而，现实是大多数人在发生金融波动时往往要明智的多或者无暇顾及。

(一)股市的心理定位

股市中的投资者并不是完全理性的，人们存在一些心理定位模式。这种行为模式不是人们无知的结果，相反恰恰是反映了人类智慧的长处和局限，即投资者总是努力去做正确的事，但是当他们无法把握自己行为的准确性时，有限的能力和特定的行为模式就会决定他们的行为。

心理定位包括的两种：一种是数量定位(quantitative anchors)，它给出股市应达到的水平，人们以此标准来衡量股市定价过高还是过低，以及是否应该买进。根据数量定位，人们判断股票(或者其他资产)定价是否正确。心理学家证明，人们在模棱两可的情况下作出的决定往往受到身边因素的影响。在判断股票价格水平时，最可能的数量定位就是记忆中离现在最近的价格，因此数量定位的影响会使股价日复一日趋同。其他数量定位还包括过去的股价，这一点成为股价发展势头会被逆转的原因之一。与股票市场的情形一样，其他金融市场中出现的许多异常现象实际上都是由于人们倾向于把便于参考的数字作为数量定位。另一种是道德定位(moral anchors)，它是促使人们购买股票的原因，由此人们判断购买股票还是将已投入(或能投入)股市的财富转向其他用途。根据道德定位，投资者投资股市的情感或直觉力量与他们的财富和当前的消费需求相权衡。只有在人们认为有充分的理由不去消费最近获得的财富时，股市才会达到非常高的水平。另外，许多文化因素告诉人们，那些在一生中拥有并不断积累财富的人具有道德上的优越性，因而为节省和投资提供了极具说服力的理由。

人们对股市的心理往往具有走向过度自信的强烈趋势。这方面的证据来自于人们喜欢对自己一无所知或者知之甚少的事情表达观点，并在这些观点的指导下采取行动，人们认为他们知道的总比实际的要多。这就是过度自信的倾向的具体体现。过度自信是高投机市场交易额的根本因素，在缺乏过度自信的金融市场中，交易将会非常冷清，即使人们明确知道股价是不可预测的。

上述的定位也存在松弛或者突然改变的可能性。这种变化可能导致股票市场发生剧烈变化。市场往往又超出人们预期的原因在于，新闻事件对人们的推理产生无法预期的作用，这种推理很大程度上是感觉，而非理性反应。

(二)从众行为和思想传染

在股票市场中，如果数以百万计的投资者都真的彼此独立，那么任何错误想法所造成的后果都会相互抵消(如保险市场中的大数法则)，不会对价格产生任何影响。但是，如果大多数人的想法都是非理性的，而且这些想法又非常相似的话，那么它们就足以影响股市兴衰。一项关于人类社会的基本观察是，那些定期进行沟通和交流的人，他们的想法往往会很相似；同样地，每个时代都有着自己的时代精神并且无处不在。这些心理因素和思维方式会形成合力，对市场产生影响。

有时，即使人们知道其他人的做法是一种从众行为，他们仍然会考虑他人的判断，并且参与其中。虽然就个人而言，这种行为可能是合情合理的，但由此产生的从众行为却是非理性的。研究认为，这种一窝蜂似的从众行为是有信息层叠产生的，这可以解释理性投资者如何运用错误信息错误的决策的心理基础。归根结底，股市基本面价值的信息之所以在传播和评估过程中产生失真，可以由信息重叠理论来解释。

传播方式同样很重要。人类对信息的处理和口头传播使得热门股票的买进机会、个人财产的直接威胁或者某家上市公司的经营等往往成为人们热议的对象，然而，金融数学、资产收益统计或者最佳储蓄水平等知识的传播则不容易。与面对面交流不同的是，印刷媒体、电视和无线电广播等传统媒体在传播思想时神通广大，但在激发主动行为方面就有些束手无策，面对面交流和口头交流仍是最主要的形式。流行病学的疾病传播模型可以很好地应用于理解信息的传播和投资性泡沫的反馈环机制。

第五节　金融市场监管范畴与层次

金融效率包括金融竞争效率和金融监管效率。从这个定义出发，金融安全与金融效率的关系则是对立统一的。一方面，金融安全追求金融行业的稳定与发展，排斥包括创新在内的不稳定因素，而金融竞争效率注重金融资源配置最优化的实现，二者对立体现为安全取向和效率取向；另一方面，金融安全与金融效率是金融发展的两个组成部分，都不能偏废，因此二者本质上是相同的。

一、金融监管的主要框架①

（一）概述

金融监管有狭义和广义之分。狭义的金融监管是指金融监管当局依据国家法律、法规的授权对整个金融业（包括金融机构以及金融机构在金融市场上所有的业务活动）实施的监督管理。金融监管还包括金融机构的内部控制与稽核、同业自律性组织的监管、社会中介组织的监管等。从金融监管的过程划分，金融监管制度的基本内容包括预防性措施、援救性措施和事后补救性措施“三道防线”。

金融监管目标是金融监管行为要取得的最终效果。尽管存在单一目标和多目标的差异，但总体上都追求市场竞争、安全稳定、防止系统性风险和提供消费者保护等。这些目标在不同的时代背景重视程度不一样。金融监管应遵循一定的原则，包括依法原则、独立原则、综合性原则、协调原则、适度原则、稳健原则、效益原则等。

金融监管的组织体系是根据监管模式设立的一整套监管机构。监管主体系统方面，世界上主要国家和地区的金融主管机关大致分为三类：财政部、中央银行、其他独立的政府部门。我国是按照“分业监管”的原则，由中国银行业监督管理委员会、中国证券市场监督管理委员

---

① 参见祁敬宇：《金融监管学》，西安交通大学出版社2007年版。

会、中国保险业监督管理委员会分别对银行、证券和保险业实施监管,而中国人民银行、财政部和审计署也相应承担一定的金融监管职责。金融机构内部控制系统方面,主要包括内控机构、内控制度和内控设施等,从我国金融机构运行来看,一般都设有审计、内控、稽核等部门,监测和检查方式包括现场和非现场等方式。金融业行业自律委员会方面,银行、证券、保险行业分别成立了行业自律协会,加强同业联系,配合监管部门工作等。外部监管和监督方面,主要是指社会舆论监督体系等。

(二)金融监管的主要内容

金融监管主要包括市场准入监管、业务运营监管和市场推出监管。市场准入是对金融机构进行监管的起点,是政府行政管理部门按照市场运行规则设立或准许某一行业及其所属机构进入市场的一种管制行为。市场准入监管是金融机构获得许可证的过程,是为了防止不合格的金融机构进入金融市场,保持金融市场主体的合规性。市场准入最直接的表现是金融机构(包括分支机构)开业登记、审批的管制。通常对市场准入的审批内容包括注册资本(营运资本)、高级管理人员和最低的认缴资本额。

业务运营监管是市场运作和金融机构经营过程中的监管,是金融监管的主要工作内容。实践表明金融风险大多发生在金融机构经营活动中。业务运营监管的主要内容大体包括安全性、流动性和盈利性三个方面,各个金融子行业都设定有具体的指标体系。目前,我国对金融机构业务运营监管的内容主要包括业务经营的合法合规性,资本的充足性、资产质量的稳妥可靠性、流动性及盈利性,以及内部管理水平和内部控制制度的健全性。

市场推出监管是指监管当局金融机构退出金融业、破产倒闭或合(兼)并、变更等的管理。金融机构退出市场表明该金融机构已经停止经营金融业务,应依法处理其债权债务,分配剩余财产,注销工商登记,取消法人资格。

二、金融危机与巴塞尔协议Ⅲ

本轮全球金融危机充分暴露了欧美国家金融体系和金融监管的重大制度性漏洞,对于定稿不久的巴塞尔协议Ⅱ形成了事实上的冲击。危机发生后,金融稳定理事会和巴塞尔委员会按照20国集团领导人确定的方向,对国际金融监管框架进行了一系列根本性的改革,颁布了一系列文件,这些文件汇总共同构成了巴塞尔协议Ⅲ。巴塞尔协议Ⅲ可以看作对本次金融危机的补救和应对措施。

(一)巴塞尔协议Ⅲ的出台

金融危机暴露出巴塞尔协议Ⅱ在监管准则方面的漏洞。首先,巴塞尔协议Ⅱ把风险调整后的资本充足率作为监管的唯一标准,危机中破产的金融机构大多能够满足当时的资本充足标准。其症结在于流动性不足、高杠杆率经营,以及过度应用资产证券化产品和金融衍生工具。其次,如短期的次级债等被计算在资本金范围内的债券或资产负债表科目,并不能承担吸收损失、防止金融机构倒闭的功能,反而暴露危险。再次,对交易对手风险考虑不足。随着金融创新的发展,金融工具交易性日益复杂,对交易账户风险的管理也显得粗糙。

金融创新挑战金融监管。金融创新在提升金融效率、促进金融发展的同时，也规避了监管，尤其是将风险从银行转移到了非银行金融机构。但是，这种风险仍然存在于金融体系中，并且被衍生工具不断传播、叠加、放大，成为整个体系的系统性风险。此外，各国银行业监管的协同远远跟不上全球金融市场的连接，特别是美国1999年《金融服务现代化法案》颁布后，金融机构恢复混业经营，监管空白和监管重叠相继出现，导致监管效率低下，为金融危机埋下了伏笔。

金融危机促成第三版协议的出台。一方面，巴塞尔委员会始终坚持资本监管的核心理念，风险覆盖范围的增大、评级方法风险敏感度的增强等都带来更加显著的顺周期效应。这需要有效的监管手段进行规避。另一方面，巴塞尔协议Ⅱ引入大量复杂先进的模型，不仅使得监管的实施成本提高，更重要的是复杂模型可能蕴含模型风险。

（二）巴塞尔协议Ⅲ的主要内容

巴塞尔协议Ⅲ确立了当前银行监管的新高度，是银行监管史上一个新的里程碑，将对全球金融体系的稳定运行产生深远的影响。其主要内容包括：

强化资本充足率监管标准。一是提高监管资本的损失吸收能力。其中包括恢复普通股（含留存收益）在监管资本中的主导地位，对普通股、其他一级资本工具和二级资本工具分别建立严格的合格标准，以提高各类资本工具的损失吸收能力，引入严格、统一的普通股资本扣减项目，确保普通股资本质量。二是扩大资本覆盖风险的范围。大幅提高证券化产品（特别是再资产证券化）、交易账户、场外衍生产品交易和证券融资业务的交易对手信用风险的资本要求。三是提高资本充足率监管标准，包括三个最低资本充足率监管标准（见附录）。

引入杠杆率监管标准。本轮危机的教训之一在于过高的杠杆率，危机期间商业银行的去杠杆化过程显著放大了金融体系脆弱性的负面影响。为此，巴塞尔委员会决定引入基于规模与具体资产风险无关的杠杆率监管指标，以此作为资本充足率的补充。2010年7月，巴塞尔委员会就杠杆率计算方法与监管标准达成共识，自2011年初按照3%的标准（一级资本/总资产）开始监控杠杆率的变化，2013年初开始进入过渡期，2018年正式纳入第一支柱框架。

建立流动性风险量化监管标准。本轮危机暴露出欧美大型银行过度依赖批发型融资来源的内在脆弱性。为增强单家银行以及银行体系维护流动性的能力，巴塞尔协议Ⅲ引入了两个流动性风险监管的量化指标。一是流动性覆盖率（LCR），用于度量短期压力情境下单个银行流动性状况，目的是提高银行短期应对流动性中断的弹性。二是净稳定融资比率（NSFR），用于度量中长期内银行解决资产负债期限错配的能力，它覆盖整个资产负债表，鼓励银行使用稳定资金来源支持资产业务。

强化系统重要性银行监管。本轮危机表明系统重要性银行存在道德风险。G20首尔峰会提出降低全球系统重要性金融机构道德风险的一揽子框架和时间表，内容包括：提高审慎监管标准，包括附加资本要求、发行应急资本和自救债券提升其损失吸收能力等；强化监管，提高监管强度和有效性；完善破产处置框架，确保能够有序退出市场；强化金融市场基础设施建设，降低倒闭的风险传染效应。

综上所述，巴塞尔协议Ⅲ标志着国际金融监管改革取得重大进展，确立了当前银行监管的新高度，是银行监管史上一个新的里程碑，将对全球金融体系的稳定运行产生深远的影响。

（三）巴塞尔协议的三大支柱

至此，巴塞尔协议的演进过程已经十分清晰，其核心是三大支柱，对银行资本及其监管产生了深远影响。特别是为应对本轮金融危机，宏观审慎监管逐步走到了监管的前台。巴塞尔协议的主要内容体现在“三个支柱”中（如图 12—1 所示），支柱一为“最低资本要求”，支柱二为“资本充足性的监管约束”，支柱三“市场约束”为支柱一的补充手段，三个支柱必须协调使用才能真正实现新协议的主旨。

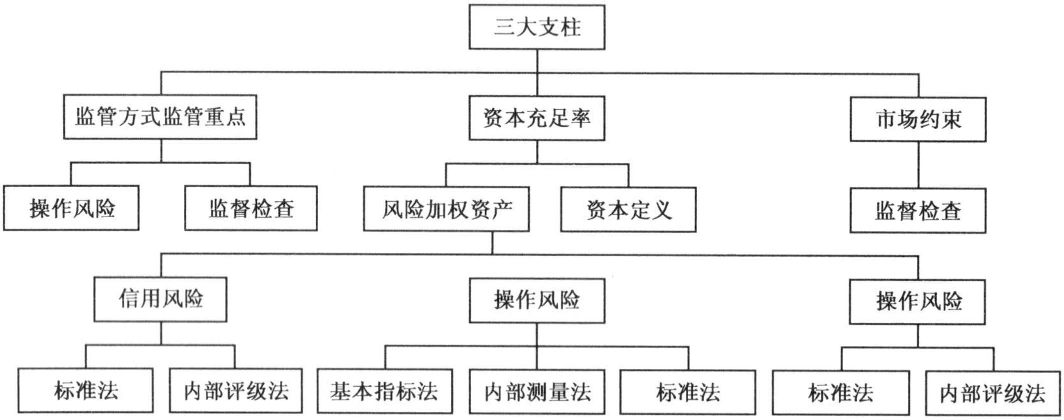

图 12—1　巴塞尔协议下的三大支柱

巴塞尔协议Ⅲ的修订和颁布，在强调和完善三大支柱方面依然有很多可圈可点之处，主要包括：一是完善对证券化产品，特别是再次证券化产品的资本要求；提高使用内部评级法对证券化产品的风险权重；银行不能认可自我担保的评级；银行要采用新协议证券化的风险权重必须要满足特定条件，确保其勤勉尽责，并不是完全依赖外部评级；所有采用标准法的证券化流动性便利的信用转化因子（CCF）都统一为 50%。二是进一步强化第二支柱的重要性，特别突出全面风险管理、风险集中度、表外证券化产品、声誉风险和压力测试，强调监管当局在资本充足性评估中的关键作用，并指出可能影响金融体系的大银行所持有的资本必须能够应对极端的压力事件。银行则应重视其资本的长期计划。三是加大信息披露力度，主要的披露内容有：交易账户中的证券化产品风险敞口、表外产品的发行人、内部评估方法（AAA）等。

（四）巴塞尔协议Ⅲ与宏观审慎监管框架

巴塞尔协议Ⅲ提出了强调宏观审慎监管理念，对全球银行业控制系统性风险、维护金融系统稳定提出了更严格的要求。

早在 20 世纪 70 年代，国际清算银行就意识到，如果仅关注单个金融机构的监管，就容易忽视确保金融系统稳定层面的监管任务。2000 年，时任国际清算银行总裁 Crockett 先生在一篇演讲中首次对宏观审慎监管这一概念进行了界定，指出宏观审慎监管是宏观金融管理当局为了减少金融动荡产生的经济成本、确保金融稳定而将金融体系整体作为监管对象的监管模式。本轮金融危机发生前，各国监管机构都将微观审慎监管作为金融监管的重心，认为单个金融机构实现了稳健经营，那么所有金融机构集合的金融体系同样会实现稳定，故金融监管只需确保微观层面的稳定运行。在通胀水平较低、单个金融机构貌似稳定的情况下，正是由于金融监管当局没有对具有高度相似性和集中性的风险暴露、金融严重失衡和由此不断增加的系统性风险给予足够的关注，才导致美国次级债券市场风险集中爆发。

危机过后，各国的监管部门深刻意识到。微观层面的监管难以确保整个金融体系的稳定。2009 年 4 月，G20 伦敦金融峰会发布的《加强监管和提高透明度》报告中明确指出，作为微观审慎监管和市场一体化监管的重要补充，各国要加强宏观审慎监管。其核心是认为有必要从经济活动、金融市场以及金融机构行为之间相互关联的角度，从整体上评估金融体系的风险，并在此基础上健全金融体系的制度设计并做出政策反应，即加强宏观审慎监管。微观审慎监管与宏观审慎监管的区别如表 12－4 所示。

表 12－4　　宏观审慎监管与微观审慎监管的区别

项　目	宏观审慎监管	微观审慎监管
直接目标	避免系统性金融风险	避免单一机构风险
最终目标	避免实体经济遭受巨大冲击	保护金融消费者利益
风险性质	内生性	外生性
机构间共同风险相关性	重要	无关
审慎控制实现方式	自上而下 关注系统性风险	自下而上 关注单一机构风险

宏观审慎监管主要表现在两个维度：一是跨行业、跨机构维度，即要考虑不同机构间相互影响而导致的系统性风险。如果金融机构持有相似的风险敞口，那么当针对特定的风险敞口的冲击到来时，一旦所有的金融机构采取相同的降低风险暴露的措施，则问题资产的市场流动性和融资流动性将显著下降，从而导致损失进一步扩大。从政策方向上来讲，跨行业、跨机构维度监管的关键在于妥善处理好特定时间内各金融机构共同的且相互关联的风险敞口。在经济上行时期要及时收紧对特定行业风险暴露的资本要求；同时，通过加强对系统重要性金融机构的监管、改进对交易对手的风险计量和控制等措施来维护金融体系的整体稳定。二是时间维度。除了跨行业、跨机构的维度，宏观审慎监管还要重视风险的动态变化，即金融体系的内在风险随着时间的变化而变化。在良好的经济环境下，当经济参与者对风险评估越来越乐观时，其风险容忍度也随之不断提高，导致的结果是资产价格和债务杠杆率持续上升，整个金融体系出现过度的风险承担。

加强宏观审慎监管的经济学基础在于，个体的理性并不必然导致集体的理性。公用地悲剧、囚徒困境博弈和集体行动的逻辑等公共选择分析模型均表明，个人的理性无可厚非，但大数人的理性却往往不能走向集体行动的帕累托最优，个人理性并不能保证集体理性。由此可见，单家金融机构的最优策略和理性行为，并不一定能够在“看不见的手”的指引下产生最佳的社会共同结果。鉴于此，关注金融系统性风险、实现金融系统的整体稳健就显得尤其关键。

巴塞尔协议Ⅲ关于宏观审慎监管的主要内容可以概括为以下两个方面：一是加强系统重要性金融机构的监管（跨机构监管）。根据国际货币基金组织（IMF）、国际清算银行（BIS）和金融稳定理事会（FSB）的定义，系统重要性金融机构是指在金融市场中承担了关键功能，其倒闭可能给金融体系造成损害并对实体经济产生严重负面影响的金融机构。巴塞尔委员会宏观审慎监管工作组（MPG）建议通过选取可反映银行规模、关联度和可替代性三个方面的指标来衡量金融机构的系统重要性。此外，巴塞尔委员会还对系统重要性银行提出1%的附加资本要求，从而降低金融机构“大而不能倒”带来的道德风险。二是跨时间维度层面的监管（逆周期监管）。一方面要加快建立资本缓冲机制。为平滑信贷周期和经济周期带来的经济波动，巴塞尔协议Ⅲ首次提出在经济形势较好时建立资本缓冲机制，以待经济危机时吸收损失。资本缓冲分为两类：一类是资本留存缓冲，由扣除递延税项及其他项目后的普通股权益组成，比率不得低于2.5%。银行在压力期可使用资本留存缓冲，但当监管资本比率接近最低要求时，监管机构可通过限制红利分配和薪酬发放等方式约束银行。另一类是逆周期资本缓冲，即为保护银行在经济下滑时免受大规模违约损失，监管机构可要求银行在信贷过度增长时计提逆周期资本缓冲，计提比例为0～2.5%。另一方面要提高资本充足率，增加杠杆率和流动性指标作为辅助监管指标。

本章小结

基于经济全球化和金融自由化背景下美国次级贷款危机爆发以来全球经济所遭受的沉重打击，关注金融市场创新、提升金融监管效率成为金融市场的重要命题，如何在金融创新与金融监管之间找到动态平衡点成为世界各国促进经济发展和维护金融安全的关键。

一方面，金融创新极大促进了金融市场的发展，这给传统金融监管带来了挑战。本章首先回顾了21世纪以来金融市场发展的趋势，即金融全球化、金融自由化，突出表现为金融业混业经营、资本全球流动和跨国公司发展。美国作为全球金融市场最为发达、金融创新最为活跃的国家，爆发次级贷款危机并进而引发全球金融危机，使人们深刻认识金融监管效率同样是金融市场效率的重要内容；接着按照本书第三部分金融市场交易机制设计的分析框架尝试阐述了本轮金融危机与金融市场流动性、金融市场透明度和金融市场稳定性之间的关系，这无疑将有助于从风险管理视角审视金融市场。

另一方面，金融监管正在经历由微观审慎向宏观审慎的变迁。信用风险、流动性风险、市场风险、操作风险、声誉风险及法律风险等仍然是现代金融市场面临的主要风险类型，与此同时，关注金融市场以及金融市场之外的结构因素、文化因素和心理因素等行为金融学分析范式同样重要。因此，巴塞尔委员会对信用风险、流动性风险、市场风险及操作风险的监管有新的举措，本章对巴塞尔协议Ⅲ进行了介绍，内容主要包括“三大支柱”的新内涵以及宏观审慎监管不同于以往微观审慎监管的地方。

基本概念

金融竞争效率　金融监管效率　金融创新　金融稳定　金融安全　金融市场风险管理　巴塞尔协议　宏观审慎

复习思考题

1. 巴塞尔协议的三大支柱包括什么？
2. 宏观审慎与微观审慎的区别与联系？
3. 简述金融危机的金融市场微观传导机制？

本章参考文献

1. Basel Committee on Banking Supervision. The Basel Committee's Response to the Financial Crisis：Poeport to the G20[EB/OL]. http://www.bis.org/publ/bcbsl 79. him，2010/10/19.

2. Basel Committee on Banking Supervision. Principles for Enhancing Corporate Governance Final Documents[EB/OL]. http://www.Bis. Org/publ/bcbsl 76. him，2010/10/4.

Tobias Adrian Adam B. Ashcraft，Shadow Banking Regulation[R]. Federal Reserve Bank of New York Staff Reports No. 559 April 2012.

3. 巴曙松：《应从金融结构演进角度客观评估影子银行》，《经济纵横》，2013(4)。

4. 巴曙松：《巴塞尔协议Ⅲ的相关要求在发展中国家缺乏适应性》，《中国经济时报》，2012.7.11。

5. 巴曙松、朱元倩：《巴塞尔资本协议Ⅲ研究》，中国金融出版社2011年版。

6. 陈剑、张晓龙：《影子银行对我国经济发展的影响——基于2000—2011年季度数据的实证分析》，《财经问题研究》，2012(8)。

7. 陈颖，甘煜：《巴塞尔资本协议Ⅲ的框架、内容和影响》，《中国金融》，2011 (1)。

7. 黄溪，周琼，周华：《逆周期监管理论的最新进展与启示》，《证券市场导报》，2012 (3)。

8. 刘扬：《宏观审慎监管框架下中国金融监管的政策选择：基于巴塞尔协议Ⅲ的视角》，《南方金融》，2011 (7)。

9. 李向前，诸葛瑞英，黄盼盼：《影子银行系统对我国货币政策和金融稳定的影响》，《经济学动态》，2013 (5)。

10. 汤柳，王旭祥：《后危机时代国际金融监管改革动态：回顾、评价与展望》，《上海金融》，2012(7)。

11. 田远，刘宁：《全面风险管理框架下商业银行风险预警机制的构建》，《兰州大学学报(社会科学版)》，2013(1)。

12. 王昕：《巴塞尔协议Ⅲ视角下我国银行业监管存在的问题及完善措施》，《新金融》，2012(9)。

13. 王棋：《中国商业银行监管效率实证研究——基于目标完成程度的评价方法》，《暨南大学硕士学位论文》，2012。

14. 周小川:《金融政策对金融危机的响应——宏观审慎政策框架的形成背景、内在逻辑和主要内容》,《金融研究》,2011(1)。

15. 美国:《多德—弗兰克华尔街改革与消费者保护法案》,中国金融出版社 2010 年版。

16. 中国银监会:《商业银行资本管理办法》(2012 年第 1 号)。

第十三章

现代金融体系下的金融市场

20世纪70年代以来随着各国逐步放松金融管制，日益活跃的金融创新突破了金融市场的传统格局，在金融工具、经营方式、金融技术、金融机构等方面都出现了新发展、新变革，致使金融市场呈现出全新的发展趋势。金融市场的新发展在为市场参与者提供更加系统、全面、便利、快捷金融服务的同时，金融风险也变得越发难以识别与监控。近几十年以来，在全球范围内的金融风险水平、传播速度都显著上升，由此引发了频繁的金融动荡与危机，尤其是2008年以来的全球性金融危机各国对经济稳定、金融安全产生巨大冲击与破坏。在此背景下，世界各国的金融监管也发生了深刻变革。

本章第一节主要介绍近年来金融市场发展主要的新趋势；第二节关注现代金融市场的新风险形式——系统性风险，介绍其含义、特征、产生原因与传导机制；第三节针对系统性风险，介绍最新的金融监管——宏观审慎监管的含义、实施方法、工具设计以及实践形式。

第一节　现代金融市场发展的新趋势

21世纪以来，金融市场发展呈现出金融自由化、金融全球化、资产证券化与金融工程化等新趋势。这些全新的发展趋势对于金融理论与实践的发展产生了深远影响。

一、金融自由化

金融自由化(financial decentralization)也称金融深化(financial deepening)，是金融抑制(financial repression)的对称。它是20世纪70年代中期以来，在西方国家出现的一种逐渐放松甚至取消对金融活动的管制措施的过程。金融自由化是指改革金融制度，放松政府对金融体系的干预与限制，增强金融市场的筹资功能以改变对外资的过度依赖，取消对利率与汇率的管制，使利率能够反映货币市场供求状况，汇率能够反映外汇市场供求状况，促进国内储蓄率的提高，最终达到抑制通货膨胀，刺激经济增长的目的。

金融自由化主要表现在以下方面：(1)资金价格市场化。取消利率、汇率的官方管制，放宽本国资本与金融机构进入外国市场的限制，实现利率、汇率等资金价格的市场化。(2)金融业务自由化。放宽对各类金融机构业务活动范围的限制,允许混业经营与金融机构间业务交叉。(3)市场准入自由化。放松各类金融机构进入金融市场的限制,完善金融市场融资工具和技术。(4)资本流动自由化。放宽国际资本与金融机构进出国内金融市场的限制。

"金融自由化"理论经历了两次划时代革命。第一次理论革命从第二次世界大战后至80年代初期,罗纳德·I.麦金农(1973)、爱德华·S.肖(1973)、约翰·G.格利(1960)、雷蒙德·W.戈德史密斯(1969)等西方经济学家从发展中国家经济的"欠发达性"出发,针对当时发展中国家普遍存在金融市场不完全,资本市场严重扭曲和患有政府对金融的"综合干预症"而影响经济发展的状况,他们主张发展中国家应该进行金融深化。第二次理论革命是以罗纳德·I.麦金农(1993)、马克威尔·弗莱(1988)为代表的一些经济学家在总结发展中国家金融改革实践的基础上,于20世纪90年代初期提出的金融自由化次序理论。该理论认为,发展中国家金融深化的方法及金融自由化是有先后次序的,如果金融自由化按照一定次序进行,就能够保证发展中国家经济发展的稳健性。金融自由化理论的产生与发展对于发展中国家正确处理经济与金融、政府与市场的关系具有重大的理论和实践指导意义。

金融自由化具有积极与消极两个方面影响。积极影响主要包括:(1)金融自由化对所有金融市场参与者,无论是借款者还是贷款人都形成了竞争压力,使他们必须降低成本或提高收益,从而增强了金融市场配置资源的效率。(2)在金融自由化条件下,金融信息更加公开,能够准确、迅速反映市场的供求状况,形成更为有效的价格信号体系,尤其是金融自由化减少了产品间、银行间的资金流动障碍,从而使资源配置更为接近最优化。(3)金融自由化为金融机构提供了更多的盈利机会。一方面,金融自由化极大地促进金融资本形成,为金融机构提供更广阔的活动空间;另一方面,分业管理制度逐步解除为金融机构(尤其是商业银行)提供了更灵活的经营手段。(4)金融自由化为商业银行在盈利性与安全性之间的平衡选择提供了条件和手段。以追求商业银行安全性为目标的传统分业管理制度下,商业银行由于经营手段单一,在面对国内外同业竞争时,安全性也未真正得到保障,银行破产倒闭现象依旧层出不穷。分业管理制度逐步解除之后,商业银行的经营手段大量增加,从而有可能将高风险高收益的产品与低风险低收益的产品合理地搭配起来,使商业银行从原有的两难局面中解脱出来。(5)金融自由化推动了世界性的金融一体化,随着各国金融市场日益开放,资本流动的速度不断加快。世界性金融市场已经初具雏形,资本流动的自由化使资源配置能够在世界范围得到改善。

金融自由化的消极影响主要包括:(1)金融自由化在提高金融市场效率的同时,却在某些方面也降低了金融市场效率。例如,金融市场一体化、纷繁复杂的金融创新、大量新型金融机构的出现降低了金融市场的透明度。投资者面对极端复杂的衍生工具时,只能被动接受金融机构的投资建议,从而使其提高效率的积极性下降。另外,金融市场容量扩张扩大了金融机构的盈利空间,同时也减弱了金融机构降低成本增加效益的压力。(2)金融机构的创新动力明显下降。在实行严厉金融管制的条件下,金融机构(尤其是商业银行)被迫不断推出新的金融产品,以便绕开金融管制,增强自身竞争力。在金融高度自由化的今天,混业经营成为各国金融机构的主流经营模式,金融创新的必要性也就不再突出。近些年,金融创新的势头减缓,传统业务比重有所回升,其根源便是在此。(3)金融自由化增加了投资者和金融行自身的风险。利率和汇率管制的解除导致市场波动幅度剧增。解除分业管理制度实行商业银行全能化之后,商业银行大量涉足高风险的业务领域,风险资产明显增多。资本流动障碍的削减以及各国金融市场的日益对外开放,加快了资本的国际流动。虽然从理论上讲,更为顺畅的资本流动有助于资源的最优配置,但在“半完善”市场条件下,国际资本冲击也会造成巨大危害。(4)在金融自由化之后,银行之间,商业银行与非银行金融机构之间以及各国金融市场之间的联系更加密切,单一企业财务危机冲击金融体系稳定性的危险加大。

上述情况都表明,金融自由化绝非有利无害。金融自由化在增强金融市场效率的同时,往往在其他方面又具有降低金融市场效率的作用;在提供了提高安全性的金融工具的同时又是增加风险的因素,切不可把金融自由化理想化。即使是在金融体系相当完善的西方国家,金融自由化也是权衡利害之后的抉择,比如,20 世纪 80 年代英国、日本先后取消分业限制,以及 1999 年 11 月 4 日美国废除《格拉斯—斯蒂格尔法》和通过《金融服务现代法案》,这些事件的主要背景是在世界各国金融市场日益开放的条件下,采取分业管理的国家银行业受到外资金融机构严重冲击,因而取消分业管理加强本国银行实力的呼声日益高涨。然而,2007 年美国次贷危机爆发,随后迅速演变成全球性金融危机。事后人们普遍认为,金融机构混业经营,机构间交叉业务,为盈利过度承担风险等是导致此次危机的诱因,因此,分业经营在各国的金融改革中又被重新提及。

二、金融全球化

金融全球化(financial globalization)是指世界各国和地区放松金融管制、开放金融业务、放开资本项目管制,使资本在全球各地区、各国家的金融市场自由流动,最终形成全球统一的金融市场、统一货币体系的趋势。金融全球化是经济全球化的高级阶段,是贸易一体化和生产一体化的必然结果。金融全球化已经成为当今国际金融领域的一种重要趋势。

金融全球化的主要特点包括:(1)金融机构全球化。随着世界各国对外开放程度提高,发展中国家逐步放宽了对本国金融机构的准出和外国金融机构的准入的限制,鼓励本国金融机构积极开展国际业务,设立国外分支机构,另外,国际性金融机构视全球为战略部署区域,为了降低成本提高竞争力,金融产业的集中程度和规模越来越大,通过合并与兼并,超巨型跨国银行和投资银行不断涌现,从而推动金融机构向全球化方向发展。(2)资金流动全球化。目前大部分国家都放松了资本国际流动限制与外汇管制,资金需求者可以广泛地面向全球筹集资金,而资金的供应者也可以在全球范围内选择贷款对象,统一的全球资本市场平台已经初具规模,能够实现资金在全球范围内迅速、巨额调度,以调剂不同区域的资金余缺。(3)市场交易全球化、全能化、网络化。随着信息与网络技术的不断发展,为金融工具创新提供了新的机会,电子银行和网络金融已随处可见,各大金融、保险、证券机构都已建立了电子网络交易系统,以互联网为基础的全球 24 小时不间断交易体系。金融市场交易最终摆脱实体市场约束,逐步实现全球化、全能化与网络化。(4)金融监管与协调全球化。金融全球化、网络化发展,将世界各国联系在一起，一国确保其金融稳定和经济安全，不仅需要加强本国金融监管，而且需要开展国际金融监管和政策协调合作。跨国银行业务综合化、表外化和电子网络化，国际金融统一监管仅依靠由国际清算银行(BIS)的巴塞尔银行条例与监管委员会提出的巴塞尔协议Ⅰ、Ⅱ、Ⅲ已难以适应新的金融监管要求，金融监管国际化，建立全球统一的金融监管组织是金融全球化发展的必然要求。

金融全球化是一把双刃剑，具有积极与消极两个方面影响。其积极影响主要包括：(1)金融全球化通过促进国际贸易和国际投资发展推动世界经济增长。(2)金融全球化能够促进全球金融业自身效率的提高。金融机构间的适度竞争能够降低流通费用；全球范围内的最佳投资组合能够实现资源合理配置，提高效率；金融机构竞争能力和发展能力得以增强。(3)金融全球化加强国际监管领域的协调与合作，从而降低并控制全球金融风险。

金融全球化的消极影响主要包括：(1)金融全球化加深了金融虚拟化程度，衍生金融工具本身是作为避险的工具产生的，但过度膨胀和运用不当，滋生过度投机、金融寻租和经济泡沫，剥离了金融市场与实体经济的联系，致使金融风险增加。(2)金融全球化削弱了宏观经济政策的有效性。当一国采取紧缩性货币政策时，致使国内金融市场利率提高，国内银行和企业可以从国际货币市场获得低成本的资金，从而削弱了紧缩货币政策的效果，扩张性货币政策的机理相反。(3)金融全球化、网络化加快了金融危机在全球范围内的传递速度，增加了国际金融体系的脆弱性。

金融全球化对不同国家产生不同影响：(1)发达国家是金融全球化的主要受益者。这些国家拥有充裕的资金和高度发达的金融市场，在国际金融业的竞争中拥有绝对的优势；但在宏观调控的难度、税收、树立竞争对手等方面存在不利影响。(2)金融全球化对新兴市场国家的存在有利与不利两方面影响。有利影响包括：①可以充分利用国际市场的充裕资金和先进技术促进本国经济迅速发展，发挥后发优势；②促生一批新兴国际金融中心，从而改变了发达国家垄断国际金融市场的传统格局；③增强发展中国家在南北对话和南南合作中的话语权，有利于建立国际经济新秩序。不利影响包括：①一旦经常项目连续出现赤字或国内经济出现问题，国际资本大量撤离，严重冲击新兴市场经济国家的经济体系。②发达国家转移夕阳产业和过时技术，影响了新兴市场经济国家的可持续发展。(3)欠发达国家是金融全球化的主要受损者。这些国家由于经济落后，对国际资本缺乏吸引力，致使本国金融市场国际化水平远落后于新兴市场经济国家，逐步被全球经济体系边缘化。尽管金融全球化带来部分资金，但是现代经济部门被外资控制，容易成为发达国家的组装工厂，金融国际化可能加大欠发达国家与发达国家，甚至新兴市场国家的贫富差距。

金融全球化为发达国家的“剩余”资金提供了更为广阔的投资空间，同时也为新兴市场国家与欠发达国家带来了更多的融资机会。但是，对于金融体系仍相对脆弱、金融法规不够健全、金融监管比较滞后的新兴市场国家与欠发达国家而言，确定合适的资本市场开放速度和进程十分重要。而且，健全、完善金融体系是新兴市场国家与欠发达国家金融改革的一项紧迫工程。另外，积极争取更为公正合理的国际金融新秩序对新兴市场国家与欠发达国家而言既是一项权利，也是一种必须。

三、资产证券化

华尔街流传一句名言："如果你有一个稳定的现金流，就将它证券化。"所谓资产证券化（Assert Securities），是指把流动性较差的资产，如金融机构的一些长期固定利率放款或企业的应收账款等，通过商业银行或投资银行予以重新集中及重新组合，以这些资产作抵押来发行证券，实现了相关债权的流动化。资产证券化是 20 世纪 70 年代以来国际资本市场发展起来的新兴融资方式，目前已发展成为固定收益产品的重要类型之一。它们主要是由一个特定的应收款资产池或其他金融资产池（pool）支持（backed）偿付。

目前根据不同资产形式，资产证券化可以分为住房按揭资产证券化，又称住房抵押贷款支持证券化（mortgage-backed security，MBS）、非按揭资产证券化，又称其他资产支持证券化（asset-backed securitization，ABS）以及债务抵押证券业务（colleteralized debt obligation，CDO）。MBS 产生于 60 年代的美国，其最早形式是住房按揭资产证券化。MBS 主要由美国住房专业银行及储蓄机构利用其贷出的住房抵押贷款，发行的一种资产证券化商品。其基本结构是把贷出的住房抵押贷款中符合一定条件的贷款集中起来，形成一个抵押贷款的集合体，又叫资金池（asset pool），利用贷款集合体定期发生的本金及利息的现金流发行证券。贷款所产生的现金流（包括本息偿还款、提前偿还款等）每月由负责收取现金流的服务机构在扣除相关费用后，按比例分配给投资者。购房者定期缴纳的月供是偿付 MBS 本息的基础，并由政府机构或政府背景的金融机构对该证券进行担保，美国的 MBS 实际上是一种具有浓厚的公共金融政策色彩的证券化商品。由于抵押集合体（pool）所产生的本金与利息转移支付给 MBS 的投资者，因此，MBS 也被称为过手证券（pass-through securities）。MBS 的运行模式如图 13—1所示。

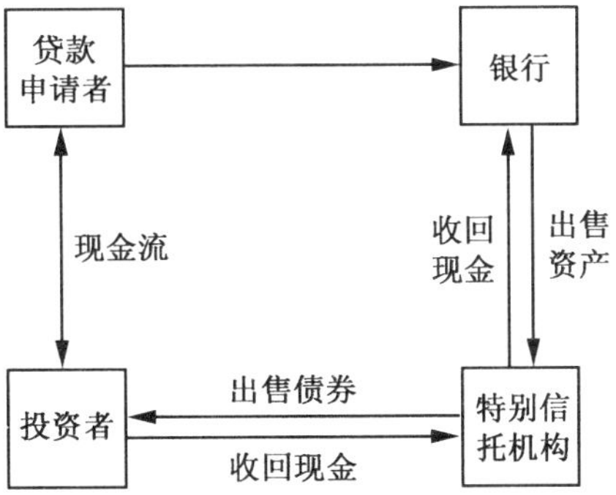

图 13—1　MBS 的运行模式示意图

ABS 是以非住房抵押贷款资产为支撑的证券化融资方式，实际上是 MBS 技术在其他资产上的推广和应运。由于证券化融资的基本条件之一是基础资产能够产生可预期的、稳定的现金流，除了住房抵押贷款外，还有很多资产也具有这种特征，因此它们也可以证券化。随着证券化技术的不断发展和证券化市场的不断扩大，ABS的种类也日趋繁多，具体可以细分为以下品种：(1)汽车消费贷款、学生贷款证券化；(2)商用、农用、医用房产抵押贷款证券化；(3)信用卡应收款证券化；(4)贸易应收款证券化；(4)设备租赁费证券化；(5)基础设施收费证券化；(6)门票收入证券化；(7)俱乐部会费收入证券化；(8)保费收入证券化；(9)中小企业贷款支撑证券化；(10)知识产权证券化，等等。而且随着资产证券化技术的不断发展，证券化资产的范围不断扩展。

CDO属于二次资产证券化。它是一种新型的ABS，指以抵押债务信用为基础，基于各种资产证券化技术，对债券、贷款等资产进行结构重组，重新分割投资回报和风险，以满足不同投资者需要的创新性衍生证券产品。CDO的核心设计理念是分级，即在同一个抵押贷款资产池上开发出信用风险不同的各级产品：优先级(senior tranches)、中间级(mezzanine tranches)、股权级(equity tranches)。各级产品偿还顺序由先到后为优先级、中间级和股权级，即一旦抵押贷款出现违约等造成损失，损失将首先由股权级吸收，然后是中间级，最后是优先级。其中，优先级CDO的购买方包括商业银行、保险公司、共同基金、养老基金等风险偏好程度较低的机构投资者；中间级和股权级CDO的购买者主要是投资银行和对冲基金等追求高风险、高收益的机构投资者。

资产证券化对于银行、信托机构、投资者都有积极影响。对于银行而言：(1)资产证券化能够将流动性较低的住房抵押贷款、汽车消费贷款等长期资产转化为流动性较高的证券，这极大地改善了银行的资产流动性；(2)资产证券化作为一种便利的融资模式，能够降低银行获得资金的成本，增加利润，其中，MBS选择的是表外融资形式，就不会增加这些机构的负债率，还可以释放资本金；(3)在资产证券化运行模式中引入特别信托机构(special purpose vehicle, SPV)能够分散和转移银行风险。对于信托机构而言，参与资产证券化产品的设计、担保、认购与承销等业务，通过承担银行风险，拓宽信托机构的业务范围，增加盈利渠道。对于投资者而言，由于MBS、ABS等资产证券化品种的基础资产是违约率较低的抵押贷款，现金流量比较稳定且易于预测，因此，MBS、ABS是一种相对安全、收益价高、流动性强的金融投资产品。

资产证券化也存在严重的消极影响：(1)MBS、ABS产品，尤其是CDO产品设计中打包、分割、发行环节，以及二次证券化过程涉及的金融分析技术非常复杂，非专业投资者难以全面评估产品的风险、收益情况，导致资产证券化产品发行者与投资者之间的信息不对称问题，从而诱发投资者忽视风险，盲目投资；(2)资产证券化产品的实质是实现资产期限结构重新匹配，过度的证券化和二次证券化可能错配资产期限结构，而且提高了产品风险的违约风险；(3)资产证券化产品将贷款者、银行、信托机构、投资者等多方市场主体绑定在同一金融链条上，这种投融资模式得以运行的前提是基础资产收益稳定，一旦基础资产违约，金融链条上的所有债务方将全面违约，最终可能导致整个金融市场瘫痪，因此，资产证券化增强了金融市场的脆弱性；(4)由于资产证券化具有扩张信贷和货币发行的作用，而且属于银行的表外业务，使得官方进行货币调控与金融监管变得更加困难。资产过度证券化、低估风险以及监管不力等因素共同引发了 2007 年美国次级贷款危机，进而演化为全球性金融危机。

中国于 20 世纪 90 年代末开始尝试资产证券化产品发行，但直到 2005 年后才进入产品的标准化阶段。其标志是 2005 年中国发行的四种资产证券化产品，分别是“中国联通 CDMA 网络租赁收益计划”、“开元信贷资产支持证券”、“建元个人住房抵押贷款支持证券”、“莞深高速公路收费收益权专项资产管理计划”，由于具有较大规模的基础资产，中国资产证券化业务将有巨大的发展空间。随着中国资产证券化的发展，以及保险资金投资渠道的不断拓宽，保险资金投资证券化产品不久将会实现。2006 年 3 月保监会公布的《保险资金间接投资基础设施项目试点管理办法》将在一定程度上推动保险资金投资资产证券化产品和保险资产证券化业务发展。在中国资产证券化技术以及保险资产证券化有一定的发展之后，寿险中的承保风险与财产保险中的巨灾风险的证券化，作为中国保险市场管理风险和转嫁风险的有力工具，也将得到发展和利用。

四、金融工程化

根据美国金融学家约翰·芬尼迪(John Finnerty)的定义，金融工程(financial engineering)是指创新型金融工具与金融手段的设计、开发与实施，以及对金融问题给予创造性的解决。金融工程具有狭义与广义两种概念。狭义金融工程是指利用先进的数学及通讯工具，在各种现有基本金融产品的基础上，进行不同形式的组合分解，以设计出符合客户需要，并具有特定 P/L(Profit and Loss)性的新的金融产品。广义金融工程是指一切利用工程化手段解决金融问题的技术开发，它包括金融产品设计与定价、交易策略设计、金融风险管理等各个方面。

金融工程具有综合性、创造性、实用性的特点，其核心在于对新型金融产品或业务的开发设计，其实质在于提高效率。金融工程主要内容包括：(1)新型金融工具的创造，如创造第一个零息债券，第一个互换合约等；(2)已有工具的发展应用，如把期货交易应用于新的领域，发展出众多的期权及互换的品种等；(3)把已有的金融工具和手段运用组合分解技术，复合出新的金融产品，如远期互换、期货期权、新的财务结构的构造等。

金融工程的运作具有规范化的程序(如图 13—2)：诊断→分析→开发→定价→交付使用，基本过程程序化。其中从项目的可行性分析，产品的性能目标确定，方案的优化设计，产品的开发，定价模型的确定，仿真的模拟试验，小批量的应用和反馈修正，直到大批量的销售、推广应用，各个环节紧密有序。大部分被创新的新金融产品，成为运用金融工程创造性解决其他相关金融财务问题的工具，即组合性产品中的基本单元。

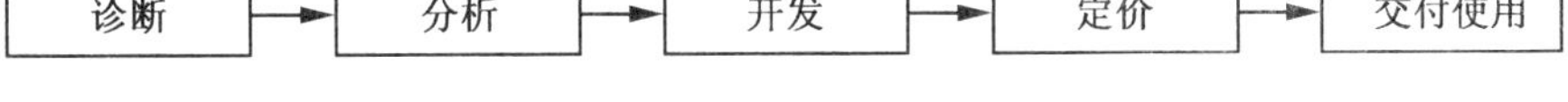

图 13—2　金融工程的运作程序图

金融工程的产生与发展受到经济、金融环境转变，经济主体内在需求变化，金融理论发展，技术进步及向金融领域渗透等因素影响。而从深层次上看，金融工程是金融市场不断追求更高效率的结果，在其产生、存在与发展过程中确实促进了金融效率的提高。

第一，金融工程提高了金融机构的微观效率。金融工程鼓励竞争，促进了金融机构提高竞争力。金融工程的核心要素，如对金融的创新程度、技术含量的高低、信息技术的优劣以及收益、风险的配套等已成为金融机构体现其经营实力与地位的竞争热点。这种竞争性具有充分的相互替代作用：一方面在资产收益性、流动性、风险性基础上不断创新金融工具，以增强自身竞争能力；另一方面也促使金融机构不断运用现代技术和先进通讯技术，建立高效的运行机制，提高金融信息管理系统的技术水平。通过金融工程开发新的金融产品，获取新的收益来源，使得金融机构的持续增长、持续发展成为可能。如西方商业银行的表外业务收入已占收入的40%～60%，可见金融工程对金融机构收益增长的明显作用。

第二，金融工程提高了金融市场的效率。首先，金融工程开发的金融工具以高度流动性为基本特征，在合同性质、期限、支付要求、市场化能力、收益、规避风险等方面各具特点，加快了国际金融市场一体化进程，扩大了金融市场规模，促进了金融市场发展。高效率的金融市场提供满足投资者理想的组合的机会，丰富了投资者选择。其次，金融工程设计开发出的金融市场组织形式、资金流通网络和支付清算系统等，能够从技术上和物质条件上满足市场要求，特别是近年来无纸化交易与远程终端联网交易方式加快了资金流通速度，节约了交易时间和费用，使投融资活动更加方便快捷。

第三，金融工程提高了金融宏观调控的效率。金融工程综合运用多种金融工具和金融手段创造性地解决众多经济金融问题，为政府金融监管部门提供了规范和监管金融市场和金融机构提供了技术上的支持。如1990年春、秋季，德国政府通过非公开销售方式发行了一种特殊的10年期债券，它实际上是标准的10年期政府债券与以其为标准的看跌期权的综合，这种特殊产品非常有效地自动实现了央行的公开市场操作功能，从而削减了传统公开市场操作中人为判断入市时机所产生误差和交易成本。因此，金融工程为构建新型金融监管体系、调控机制提供了有力支持。运用金融工程方法可以增强金融市场的完备性，提高金融市场效率，切实创造新价值，最终提高社会福利水平。

第二节　现代金融市场的系统性风险

根据弗朗索瓦·沙奈(2001)的观点，系统性风险是金融学者对经济全球化、金融自由化引发金融危机的全新认识，其本质是溢出与传染，尤其在具有天然脆弱性的金融体系内部爆发危机的概率较高，而且还将引致宏观经济领域的全面衰退。2008年以来的全球性金融危机充分体现出系统性风险集中爆发对经济稳定、金融安全的巨大冲击与破坏。美国、英国、日本、加拿大等国家的货币、金融监管、财政当局通力协作，设计、开发全新的宏观经济政策工具与制度安排，以应对系统性风险。在我国，系统性风险也受到高度重视，2012年9月，国务院发布的《金融业发展和改革“十二五”规划》明确提出“借鉴国际经验并结合我国国情，进一步构建和完善逆周期的宏观审慎政策框架,有效防范系统性金融风险,保持经济金融平稳较快发展”;同年11月,胡锦涛同志在中共第十八次全国代表大会报告中也明确强调“深化金融体制改革,健全促进宏观经济稳定、支持实体经济发展的现代金融体系”,以及“完善金融监管,推进金融创新,提高银行、证券、保险等行业竞争力,维护金融稳定”。由此可见,系统性风险已经成为各国金融战略层面关注的焦点问题。

一、系统性风险的概念与含义

迄今为止,国内外金融理论与决策界对系统性风险(systemic rick)尚无统一定义,各国学者从不同视角对系统性风险进行解释。巴塞洛缪(Bartholomew)和惠伦(Whalen)(1995)认为系统风险是指某种巨大的总体性冲击对整个或大部分经济体系产生负面影响的情况。Mishkin(l999)将系统性风险定义为“某种未能预期的突发事件扭曲金融市场资讯,导致金融市场无法有效配置资源”。Daula(2000)提出“系统性风险是指由特殊事件或条件引发或加剧潜在的、灾难性的金融体系不稳定的风险”。Kaufman(2008)认为系统性风险是某一事件在由众多存在相互关联的机构、部门、市场构成的体系中引发一些列损失的可能性。美国联邦储备银行从金融机构债务清算违约的角度界定系统性风险,即在由众多相互关联的金融机构组成的一个大型货币支付清算体系中,任一机构无法清算其净负债部分,在机构间相互关联作用下,体系中其他成员将完成彼此之间的清算义务,其结果将通过连锁反应影响体系内任一机构,最终导致清算功能失灵甚至整个金融体系瘫痪。国际清算银行将系统性风险定义为“金融体系的任一成员,因为无法完成契约上的义务,而使得其他成员之间产生一连串负面反应,最后使得整体金融体系陷入困境的一种危机”。

从以上定义可以发现,Bartholomew 和 Whalen 强调系统性风险的整体性、全局性,以区别个体、局部风险;Mishkin 侧重于从预见性与资源配置效率角度定义系统性风险;Daula 突出系统性风险对金融体系稳定的破坏性;Kaufman、美国联邦储备银行与国际清算银行则强调系统性风险的传染性,以及由此对金融体系的冲击。虽然不同学者从不同角度定义了系统性风险,但是不足在于过度关注系统性风险爆发的条件(外部冲击)与结果(经济、金融体系失衡),很少从系统性风险的特征对其定义,从而不利于对系统性风险进行事前识别、评估、预防。国内学者认为系统性风险只能预防、化解,无法根本消除,而且系统性风险在时间维度上隐匿于经济周期中,并通过顺周期效应、金融加速器效应自我积累;在界面维度上则广泛分布于金融机构间、金融体系与实体经济间的相互关联中,并在投资者“羊群效应”、动物精神作用下迅速传染。

综上分析,可以发现:(1)系统性风险隐匿于经济周期中,无法消除、难以识别,且具有自我积累性与高度传染性,特定冲击是其爆发的必要条件。(2)系统性风险集中爆发将对金融体系产生全局性冲击;如单一市场或机构失败,将触发连锁反映链导致金融体系内所有市场或机构的一系列损失。(3)系统性风险蔓延将对整个实体经济产生负面冲击;所有金融机构的全面损失将导致金融体系向实体经济投资过度谨慎,整个实体经济各部门则由于投资不足陷入全面衰退。根据以上分析,我们可以将系统性风险定义为:由于经济周期、宏观经济金融政策、国际市场等某种特定冲击导致一国金融体系,进而是实体经济发生剧烈动荡甚至全面瘫痪的可能性,这种风险具有高度隐匿性、积累性、传染性与破坏性,而且无法通过一般的风险管理手段消除。

这里需要对系统性风险(systemic rick)与系统风险(systematic rick)的概念进行辨析。虽然二者名称极其相近,但是含义相去甚远。根据金融风险管理理论,系统风险又称为不可分散风险,是指无法通过投资组合无法降低的风险,即任一投资项目都必须承担的最低风险,也是该项目产生风险溢价的来源,这种风险仅影响单个投资主体的决策行为,而不会对其他投资主体产生影响。本文定义的系统性风险不仅具有通过投资组合不可分散的特征,而且具有高度传染性与全面破坏性两大特征,这种风险不仅能够影响市场所有投资主体的决策行为,而且使得所有投资行为高度趋同,最终对经济、金融稳定产生巨大冲击。因此,可以认为系统性风险包含系统风险,但是前者的内涵与影响更加广泛。

二、系统性风险的特征

系统性风险平时非常隐匿、较难察觉和评估,当系统性风险累积到一定程度时则会急速暴露,迅速变为金融危机,而且极具传染性和破坏力。因此,与金融市场的一般风险相比,系统性风险呈现出许多独特的特征,主要包括:

第一,系统性风险具有广泛性和普遍性。系统性风险涉及主体是整个金融市场的所有参与者者,由于各个参与者之间复杂的金融关联,投资者、融资者、中介机构建立了紧密的联系,当少数参与者遭遇风险或受到宏观经济的冲击会产生连锁反应,从而使危机通过金融市场迅速传播。历史上发生的几次金融危机就是系统性风险在金融市场中的集中爆发,或者说是金融市场内生的一种极端尾部风险。因此,系统性风险已不仅仅是金融市场中某个参与者自身的风险问题,还关系到整个金融体系的动荡、国家宏观政策的顺周期效应、监管有效性等问题,覆盖了所有的经济部门。

第二,系统性风险具有明显的负外部性。系统性风险是一种“负外部性”,因为单个金融机构陷入困境或倒闭,强加于全社会的高于其实际价值的成本,而且系统性风险波及范围不仅仅局限于一国的经济、金融领域。尤其是20世纪80年代以来,全球经济一体化和金融全球化的趋势使各国经济极易受到国际经济环境变化的冲击;股票市场、外汇市场价格联动的特征则使金融系统性风险的连锁反应速度加快;现代通讯技术及金融交易的高科技程度也为信息的传播及风险的溢出创造了条件,某个市场的动荡结果会通过计算机网络体系迅速得到蔓延,影响到世界其他地区的经济和金融局势。

第三,系统性风险具有极度的传染性。经济金融全球一体化的重要特征就是虚拟经济的飞速发展,以及虚拟经济与实体经济的交织程度日益加深。实体经济与虚拟经济互动关系的增强使得不同机构或不同市场之间的风险溢出和传染性大大增强,传染和溢出的速度大大提高,传染和溢出的范围和影响力度也大大增加。一国银行的问题会引起其他本来健康的金融机构违约、瘫痪、倒闭。如 1994 年的拉美金融危机、1997 年的亚洲金融危机、1998 年的俄罗斯金融危机、2007 年的美国次贷危机、2008 年的世界金融危机等都是具有极度传染性的系统性风险导致的危机。系统性风险的传染渠道很多,而金融全球化和自由化是最重要的传染渠道。近年来,金融衍生品泛滥和放松监管,则是系统性风险传染的直接渠道。

第四,系统性风险具有风险和收益的不对称性。按照一般的风险与收益关系来说,所谓高风险对应高收益,风险与收益具有对称性,但是,系统性风险的传播呈现交替态势,对所有的金融机构和市场都是一种威胁。经济金融全球一体化使得金融市场进一步增强了风险和收益的不对称性。金融机构通过货币体系和资本市场机制,获取收益,同时将风险转移或转嫁出去,从而割裂了风险和收益的对称性,造成风险承担与收益分享之间的不平衡。系统性风险爆发虽然在一定程度上能够"纠错",但风险爆发的危害性巨大,可能会在整个金融体系中引发"多米诺骨牌"式坍塌的危险,导致国民财富的净流失,对市场的信心打击巨大,从而使银行业系统性风险的收益与风险的关系呈现不平衡。在系统性风险发生的状况下,往往产生较大的真实经济成本损失或经济效率降低。

第五,系统性风险具有长期隐匿性和积累性。由于金融市场具有信用循环与虚拟性特点,可能会掩盖系统性风险不确定性损失的实质,一方面,因为金融市场的信用损失可能会被信用循环所掩盖,金融市场的货创造功能使得即期风险可能因通货膨胀、借旧还新、贷款还息而掩盖事实上的金融损失;另一方面,虚拟经济的膨胀与实际经济不相符导致资本市场与房地产市场的虚假繁荣也掩盖了系统性风险。尽管隐匿性可以在短期内为金融市场提供一些缓冲和弥补的机会,但是它可能会对金融体系生产严重的系统性风险,甚至引发危机。此外由于全球范围内银行混业形势加剧,大量银行从事证券、保险等表外业务,并过多涉足衍生品市场,银行传统业务比重越来越低,依靠非利息收入盈利的银行越来越多,但是银行的风险管控水平并没有随之加强,系统性风险在这些新业务领域积累,而宏观经济失衡和监管不力加速了系统性风险积累的进程,引发金融危机的可能性越来越大。

第六,系统性风险具有较大的监管难度。与个别风险监管相比,对系统性风险的监管更艰难、更复杂,需要监管理念、监管方式的一些根本改变。系统性风险监管困难的原因首先表现在对系统性风险评估的困难。监管者的工作必须包括禁止特定风险转化为系统性风险,在这两种风险之间充当"警卫",并且为了防止市场信心丧失造成的金融恐慌,中央银行通过注入流动性资金履行最后贷款人的职责极其重要。但是,在很多情况下,当个别金融机构处于困境时,中央银行可能不容易找到适当的渠道注入流动性资金,从而不能很好地履行最后贷款人的职责,这是系统性风险监管的又一困难。尤其是当金融衍生品的场外交易发生问题时,中央银行可能无法注入资金提供援助。因此监管当局有必要通过组织私人部门注入资金进行援助,避免和减轻系统性风险带来的损失。

三、系统性风险产生的原因

目前,对于系统性风险产生原因的解释主要集中于银行挤兑、负债与通缩并存、货币政策不当、信息不对称，以及资产价格波动等几个方面。

（一）银行挤兑理论

1983 年，美国经济学家戴梦德和戴伯维格提出了银行挤兑理论。他们认为银行的一项重要功能就是可以将流动性负债转化为非流动性资产，同时提供私人市场不能提供的有效风险分担。通过分担风险，银行能在风险中性的存款人遇到流动性风险时，为其提供流动性保障。由于存款人集中提取存款的概率较低，银行一般会选择将吸收来的短期存款用于投资长期、高收益项目，银行只留存部分准备金银行可满足正常的取款需要。但是，银行部分准备金制度，使银行很容易受到挤兑的威胁，在遇到挤兑时非常脆弱。挤兑通常是由随机事件激发，进而导致银行危机。对存款者来说，即使银行具有清偿能力，但风险共享的存款契约仍可能助长恐慌性挤兑。这是因为相对于存款者的债权来说，银行的执行程序是“先来先取”，挤兑使银行的流动性资产枯竭，从而使银行丧失清偿能力。对存款人来说，无论银行经营状况如何，率先排队取款都是一种激励。此时，任何人取款的风险都能导致挤兑恐慌。

银行挤提理论解释了个别银行的流动性困难或倒闭，导致整个金融体系不稳定的原因。该理论更是从银行体系本身来观察系统性风险的传导过程，并将银行挤兑危机归结于金融体系内经济主体行为。经济全球化条件下，银行间无形中结成了千丝万缕的复杂联系，当某家银行遭受挤兑，有相似资本负债状况的银行也可能被传染发生挤兑，并招致困境。当多家银行陷入困境，银行体系的流动性出现问题，影响到支付体系的失败，更大的危机将会随之而来。因此，挤兑可能成为系统性风险的传染源，会导致经济金融领域的全面危机。

（二）负债—通缩理论

美国经济学家费雪认为，1929 年美国经济大萧条是金融市场运行失常的结果，同时出现负债过度（over-indebtedness）和通货紧缩（deflation）现象是金融市场剧烈动荡的根本原因。该理论的核心思想是：在经济繁荣时期，人们为追逐利润“过度负债”，当经济不景气时，没有足够的“资金头寸”清偿债务，由此引起连锁反应，导致金融危机。费雪的学说被称为“负债一通缩”理论。

这一理论的传导机制是：为清偿债务廉价销售资产→信用紧缩→存货减少、货币流通速度降低→总体物价水平下降→企业债务负担加重、净值减少→企业破产、失业→社会悲观情绪浓烈和丧失市场信心→人们追求更多的货币积蓄→名义利率下降、实际利率上升→资金盈余者不愿贷出、资金短缺者不愿借入→通货紧缩→金融市场混乱局面加剧→银行接连倒闭→金融危机爆发。

在费雪的负债一通缩理论基础上，其他学者指出资产价格和金融危机之间存在联系的根本原因是银行信贷的过度扩张助长了资产价格攀升，从而提高了银行的信贷风险。金融危机是分阶段逐步形成的，首先是居民和企业部门不断增加的系统性风险，随后是银行机构越来越严重的金融脆弱性，当系统性风险集聚到一定程度，某种冲击将迫使系统性风险全面迸发，最终导致金融危机。

（三）货币政策理论

由于货币政策不当而引发金融危机的观点，最早由货币主义代表人弗里德曼提出。货币主义理论注重于对银行体系内部进行研究，弗里德曼认为，一些突发事件可能使公众对银行将存款兑换为通货的能力丧失信心，银行业的高负债特性易引起银行业的恐慌。公众增加持有通货的行为不仅降低了存款/通货比率，而且使银行必须持有更多准备金，从而降低了贷款投放，并通过货币乘数效应导致货币供给数倍紧缩。

从弗里德曼的观点来看，货币政策失调是导致银行业系统性风险的重要原因，正是货币政策的失误引发了系统性风险的产生和积累，或者使得轻微的银行困难演变为严重的后果。此时，如果中央银行干预不当或不加干预，很容易导致大批稳健经营的银行破产，从而爆发全面的金融危机。为了避免危机，货币发行量要大于物质资源的供给程度，以使经济能始终如一地稳定增长，并且要尽可能减少政府干预，扩大市场机制自我调整的作用。

货币学派另一重要代表人施瓦茨运用该理论进一步区分了所谓"真实金融危机"与"虚假金融危机"，他提出只要公众相信货币当局能提供市场需要的通货，银行业恐慌就可以避免。对于 1929 年的金融危机，货币主义者的答案是美联储失职所导致的银行体系恐慌，大规模银行倒闭事件急剧降低银行体系的存款/现金比例，以及存款/储备比例，市场上货币供应量严重不足，如果美联储当时能够及时行使最后贷款人职责，迅速增加货币供应量，缓解银行体系的流动性压力，就可以拯救银行业，避免惨重的金融危机。

（四）信息不对称理论

美国数学家、信息论的创始人申农根据金融交易双方在信息占有方面地位的不同，将不完全信息状态分为对称信息和不对称信息两种情况，前者指交易双方拥有等量的或同质的信息，后者指双方拥有差别的信息。根据信息经济学理论，不对称信息在交易前后分别导致逆向选择和道德风险问题。逆向选择是指市场主体在经济交往中，依靠事前隐藏信息获取一己之利，并最终导致市场萎缩或消失的现象。道德风险是指当人们将不为自己的行为承担全部后果时，变得不太谨慎的行为倾向，实际上是一种典型的操作风险。乔治·考夫曼等人认为信息不对称，会导致道德风险和逆向选择，它们是产生金融系统性风险的重要原因。金融危机则是一种因逆向选择和道德困境问题变得太严重，以至于金融市场不能有效地将资源导向那些拥有高生产率的投资项目而导致的金融市场崩溃。

美国人托马斯·梅耶、詹姆斯·S.杜森贝里、罗伯特·Z.阿利伯三人所著的《货币、银行与经济》一书中指出，在金融市场中，特别在贷款领域中存在着信息不对称的问题。而在信息不对称的情况下，就会产生巨大的道德风险，从而引发逆向选择，并导致金融领域的败绩。在此次由美国发源的国际金融危机中，次贷过程创造了这种资讯信息完全不透明的条件，由于格林斯潘任美联储主席时 13 次降息，使这种衍生金融产品的赢利空间不断扩大，从而使人们的参与度越来越高，衍生金融产品链条环节之间信息不对称的状况越来越严重。因此，人们在逆向选择驱动下，致使道德风险全面爆发。2008 年 10 月，前任美国联邦储备银行主席艾伦·格林斯潘面对美国国会议员也坦承，华尔街的品行不端、投资者的贪婪及金融监管的严重错误是此次金融危机的深层原因。

（五）资产价格波动理论

布雷顿森林体系崩溃后，各国普遍实施浮动汇率制，金融不稳定的因素明显化，汇率、股票等金融资产价格全球联动，一国汇市和股市的剧烈震荡能迅速传遍整个金融市场，金融资产价格暴跌往往是金融危机的显著标志。所以资产价格波动理论认为，金融资产价格的内在波动是造成系统性风险引发金融危机的重要原因。

资产价格波动导致系统性风险积累、爆发的内在机理，源于金融投资行为所具有的顺周期性效应（pro－cyclical effect），即在资产繁荣时期，市场预期前景乐观，风险溢价降低，促进金融投资的增加，流动性过剩，进一步推动资产价格的上升；资产泡沫破灭时期，金融资产的大量抛售引发恐慌性情绪蔓延，市场流动性骤然消失，最终出现金融市场和机构的流动性好像瞬间被吸收殆尽的现象，这种现象被称为流动性黑洞。流动性黑洞最终引发金融市场恐慌，为保持流动性，大范围的银行“挤兑”行为将使整个金融市场的支付体系陷入瘫痪，最终导致金融体系全面崩溃。

美国新经济泡沫破灭和“9・11”恐怖袭击之后，为了避免经济下滑和提振市场信心，美联储采取低利率和货币扩张政策。2001 年 5 月至 2003 年 6 月两年间，美联储连续 13 次降息，将联邦基金利率从 6％降至 1％，创下自 1958 年以来的历史最低。大幅下调基准利率水平后，金融资产的风险溢价下降，资产通胀造成了美国资本市场的虚假繁荣。在一定程度上助长了金融机构的信贷增长，刺激房地产市场泡沫膨胀。金融衍生品的创新使资产价格上涨，以致产生信贷泡沫和流动性过剩，系统性风险向后推延并不断累积，当风险累积到一定程度并最终爆发时，对社会经济造成更剧烈、代价更高、更具有破坏性的冲击。至 2005 年，当全球流动性过剩和通货膨胀使美国经济发展难以为继时，美联储在 2005～2006 年开始进行反向操作，通过连续 17 次加息，将联邦基准利率迅速提高至 5.25％，致使资金成本在短时间内大幅增加，金融资产的风险溢价也迅速上升，降低了投资者的风险承受能力，利息负担的增加也使得次级房贷违约率不断提高，加剧了金融危机的蔓延。

通过分析可以发现，导致系统性风险的原因很多，而且每种原因都具有一定的解释能力，但如果再深入考虑就会发现各种原因都与资产价格波动存在联系。首先，资本资产扩张伴随“现在的货币”与“未来的货币”之间的交换。现在的货币用来投资生产，未来的货币是利润，这些利润将增加资本资产。对投资项目进行融资所产生的负债是在确定日期支付货币的承诺，利润预期同时决定融资的流量和融资的市场价格，利润实现决定融资合同中的承诺能否兑现，即能否偿还债务。因此，“负债—通缩”理论导致系统性风险产生的解释，就可以归纳为由高负债转为资产价格波动的解释。其次，当资产价格上涨时，企业的抵押物价值升高，并会对未来出售资产的收益有一个较高预期，而一旦未来资产价格因当前资产收益的减少而下跌时，企业会经历一个未预期到的资产出售时的损失。因此，如果资产价格下降幅度较大，原有名义价值固定的债务将遭受违约，而违约又将导致银行“挤兑”，所以，银行“挤兑”很大程度上源于资产价格波动。另外，在金融市场快速发展的形势下，货币供给的变动不会单一、直接地影响实体经济，对实体经济的影响需要金融市场传递，而货币供应量的变动在很大程度上直接影响金融市场流动性，因此，货币供给、货币政策的变动与资产价格的波动同样也是密不可分的。随着对系统性风险认识的逐渐深入，很多学者将资产价格波动归结为风险产生的重要原因。

四、系统性风险的传导机制

资产价格波动导致系统性风险传导机制可以分为时间维度（time dimension）与空间维度（spatial dimension），在时间维度上，表现为金融投资与信贷的顺周期效应；在空间维度上，表现为金融网络结构传播效应。以下将分别介绍两重维度下系统性风险传导机制。

（一）系统性风险在时间维度上的传导机制

从时间维度来看，当经济周期进入复苏阶段，投资者预期收益增加，而且其持有的资产价值也迅速膨胀，在“金融加速器”扩张效应作用下，投资者资信水平全面改善，此时金融机构的盈利动机超过风险规避动机，从而低估风险大幅度增加信贷，只要还处于经济上行周期，这种扩张效应就不会停止，银行信贷膨胀也将持续。然而，在技术、能源、政策、国际市场、公众预期等某种冲击下，经济周期发生下行逆转，投资者预期收益减少、抵押资产贬值，“金融加速器”收缩效应将发挥作用，投资者资信水平全面恶化，不良贷款大量出现，此时金融机构规避风险成为主导动机，从而高估风险大幅度减少信贷，加剧了信贷、经济周期波动幅度。金融资产价格波动通过影响抵押品价值、资本金与流动性三条传导渠道，发挥信贷顺周期效应，进而导致系统性风险积累。

第一，抵押品价值传导渠道。银行的抵押贷款是企业为项目进行融资的传统方式，也是主要方式之一。资产价格波动通过影响抵押物价值，进而直接影响金融体系中的信贷规模，具体表现为：资产价格上升使所对应的可供抵押的资产价值上升，提高了借款者获取银行贷款的能力。如果存在盈利空间，借款人会增加对贷款的需求，从而扩大了银行资产暴露于风险的比重，为金融系统性风险的发生埋下隐患。而当资产价格转而下跌时，借款人可供抵押的资产价值下降，导致其获取信贷的能力下降，减少投资，银行贷款进一步减少。当抵押物价值下跌幅度较大，借款人放弃抵押物违约时，各部门的损失可能性将大范围传播。

有学者认为，资产的市场价格在很大程度上代表了抵押价格。另外，资产价格越高，借款企业的资产负债表中资产与负债的价值越高，状况越好，越容易以较低的利率成本获得贷款；而如果资产价格下跌，则由于借款企业的资产负债状况不佳，借款企业将面临很高的筹资成本，甚至难以获得贷款。这也是从资产负债表渠道进行的简单分析。资产负债表状况越好，信用等级越高，越容易获得较多贷款的事实。从而在资产价格高涨阶段为系统性风险发生埋下隐患。同样，如果资产价格下跌，则资产负债状况不佳，信用等级下降，信贷紧缩，导致金融系统性风险的发生与扩散。

第二，资本金传导渠道。资本金这一变量并非专属于金融机构，企业运营也需要资本金作为支撑。资本金传导渠道又可以分为对企业资本金、银行资本金，以及企业与银行一体的资本金三种传导渠道。首先，如果以企业净资产替代企业资本金，则资产价格下跌会使企业净资产价值减少，引发债权人对债务追偿。在信贷约束下，受冲击企业将被迫削减金融资产投资。低投资导致低收入、低资本金和进一步的低投资。资产价格下跌不仅影响当期受信用企业的净资产价值，而且还会因资产收益流量减少使企业期初发行在外的债务存量相对于收益流量更大，产生杠杆效应而加速影响其以后各期的净资产价值。

其次，从银行资本金变动角度来看，资产价格下跌会使企业经历未预期到的资产出售损失，并通过负向财富效应使支出减少，从而消费物价水平下降。物价水平的下降会使固定的名义债务发生违约，并在企业间传递。当贷款损失较多时，银行资本金就会减少，从而在资本金约束之下引起整个金融系统反馈，即信贷紧缩，资产价格进一步下跌，贷款利率升高，使在资产价格高涨时期埋下的损失的可能性变为现实。

最后，如果企业与银行都持有同种资产，比如房地产，当这种资产价格下跌，企业和银行的净资产价值都会随之减少，违约产生也会减少银行的资本金存量。当银行资本金存量触及资本充足约束时，会加剧贷款收缩，从而使系统性风险不仅继续蔓延，而且还会加剧损失的实现。

第三，流动性传导渠道。此理论认为如果银行为满足存款者的流动性需求，而试图出售所持有的风险资产，贷款量自然会缩减，并导致资产价格的进一步下跌，从而加剧金融系统性风险的蔓延。而且，在逐日盯市制度下，投资者的保证金账户余额受资产价格波动的影响很大。以多头投资者为例，当资产价格大幅上扬时投资者保证金账户余额增加，并可提取进行投资，从而投资增加；而一旦价格下跌，增加了的市场投资额导致需要追加更多保证金，于是市场流动性紧张，违约和进一步出售资产的情况发生，银行信贷紧缩，系统性风险广泛传染开来。另外，由商品相对价格变化与金融资产价格变化，引起的财富再分配将改变市场上的流动性状态，进而导致银行贷款分布变化，对原有贷款分配格局形成冲击，致使一国国内甚至国际间的系统性风险传染，并且整个传导过程在正反馈机制下呈扩大化趋势。

上述对流动性传导渠道的解释偏重于间接融资。实际上，当资产价格上涨时，不仅直接融资的发行价格将随之上涨，充裕的市场流动性也能提供较大量融资；而当资产价格下跌时，市场流动性随之减少，获得直接融资的困难增大，从而减少投资或发生违约，系统性风险经过流动性传导渠道进一步扩散。

（二）系统性风险在空间维度上的传导机制

从空间维度来看，在现代金融体系中，随着金融自由化进程的深化，集信贷、证券、保险、信托于一体的混业经营成为各类金融机构主流经营模式，另外，机构间往来业务的地位愈发重要，成为金融机构调剂资金余缺、转换投资期限结构、分散风险、追逐利润、规避监管的重要方式。混业经营与机构间往来业务将金融体系内所有机构结成相互关联的系统网络化结构，在一定程度上增加了金融体系的稳定性，但是机构间的网络化联系也增强了机构的同质性，在金融市场“羊群效应”作用下更加容易产生一致性预期，进而影响整个经济系统的脆弱性。

资产错配形成了金融机构天然的脆弱性，而机构间的复杂联系则增加了系统性风险产生、积累的可能性，尤其是近十年来担保债务凭证（collateralized debt obligation，CDO）、信用违约互换（credit default swap，CDS）等信用衍生产品的出现，增加了金融机构爆发不同风险的概率。通过机构间的金融交易行为，单个机构的资产投资组合实现了多元化，获得了更多的利润收入形式，但是对于整个金融体系而言，则是更加重叠和同质化。这意味着，金融体系形成了一种"一荣俱荣，一损俱损"状态，当一家金融机构受到冲击倒闭后，必定在整个金融体系中掀起多米诺骨牌效应，冲击会继续在金融体系中传播，直到所有的损失能够被完全吸收。在系统性风险冲击下，依赖短期融资的银行危机更大，因为当某家银行陷入困境后，储户出于自身存款安全考虑将选择挤兑；挤兑后该银行需要立刻补充资本金，一个渠道是同业拆借，但是在金融恐慌情绪蔓延下，银行同业拆借难以为继。另一个渠道是投资者融资，同样，由于投资者担忧银行的资产质量，不会再追加投资，最终该银行被迫破产清算。当银行体系信心崩溃、流动性枯竭，将使整个金融体系陷入困境。

尤其是大型综合性银行机构跨国扩张，并且参与银行间合约、场外衍生品交易合约、股票投资、债券投资和银团贷款，以及全球性的交易活动等，导致了更强的相互联系、金融创新和经济增长。虽然这种更紧密的相互依赖能通过更有效的信贷配置和风险分散提高全球金融体系的效率，但是也增加了金融动荡更快地跨市场，或跨境传播的可能性。并且，金融交易行为的复杂性，金融监管层和银行机构本身也没有充分认识到全部风险转移情况，使得评估交易对手风险、风险管理和政策应对都更加复杂。

伴随经济全球化和金融一体化，金融机构已经明显呈现出系统性关联风险，具体指"太紧密而不能倒闭的风险"，即 TCTF(Too Connected to Fail)风险。TCTF 风险最显著的标志就是一个金融机构倒闭，可能导致提供体系中的其他机构连续几轮次倒闭，它是系统性风险在空间维度上的一个演化类型。这种连续倒闭的多米罗骨牌效应源于金融机构之间直接或间接联系的风险敞口。直接风险敞口是指一家金融机构对其他机构违约，导致债权方的损失，或该机构依赖于信用融资，而它可能在外部冲击下突然散失所有融资源；间接风险敞口是指受传染机构与倒闭机构没有任何直接联系，但是通过公允价值计量的衍生工具合约、价证券等资产价格剧烈波动，使传染机构散失清偿能力和流动性。

现代金融市场在空间维度上形成的复杂网络结构，增加了风险传染的途径、速度和范围。当遭遇重大冲击时，单个机构尤其是处于网络结构关键节点上的重要关联性机构发生危机，将引发机构间连锁反应，增加了金融体系全面崩溃的可能性。

第三节　现代金融市场的宏观审慎监管

2007 年美国次级贷款危机爆发后，美国政府公布的《金融监管改革——新基础：重建金融监管》改革方案，英国议会通过的《2009 年银行法案》和财政大臣公布的《改革金融市场》白皮书，以及欧盟理事会通过的《欧盟金融监管体系改革方案》均体现一个新理念——在保持微观审慎监管的基础上，进行有效的宏观审慎监管。以银行为代表的金融机构监管不应仅关注资本充足率等指标体现的微观风险，更应关注银行业所面临的系统性风险，自此，宏观审慎监管正式成为各国金融监管改的重点。

一、宏观审慎监管的概念与含义

20 世纪 70 年代末，国际清算银行(BIS)就已开始采用"宏观审慎"(macro-prudential)这一概念，1986 年，国际清算银行报告《近期国际银行业的创新活动》中也涉及宏观审慎监管，而到 21 世纪初，宏观审慎概念才被学术界正式界定。2000 年 9 月，时任国际清算银行行长、金融稳定论坛主席的科罗克特在金融稳定论坛的演讲中对宏观审慎监管进行了阐述。他认为金融稳定包括微观层面的稳定和宏观层面的稳定，为保持微观层面的稳定需要以单个金融机构为监管对象的微观审慎监管，为防范金融体系的系统性风险则需要宏观审慎监管。由于微观审慎监管重点关注的是单个金融机构对外生性风险的反应，而忽视了单个金融机构本身行为所导致的、需要其他金融机构或者是整个金融体系承担的系统性风险，因此，只依靠微观审慎监管只能保证微观金融机构的稳健经营，但不能保证整个金融体系的安全。BIS 的经济学家博里奥认为，与微观审慎监管相比，宏观审慎监管不仅着眼的监管对象和监管目标不同，而且采取的监管措施也不同。宏观审慎监管的对象是整个金融体系，监管目标在于防范系统性风险、维护金融体系整体稳定，主要着眼于金融市场参与者之间的相互影响和金融机构的整体行为，同时关注宏观经济波动和金融体系的互动。

实际上宏观审慎监管和微观审慎监管是审慎监管的两大支柱，它们之间紧密联系，共存于金融监管安排中，关键是厘清微观审慎和宏观审慎的监管边界，加强政策引导。这里从总体目标、最终目标、风险特征、相关性和跨机构风险、审慎控制五个方面列示了两者的区别，这有助于我们掌握两者对于监管安排的异同点，见表 13－1。

表 13－1　宏观审慎监管与微观审慎监管的比较

	宏观审慎监管	微观审慎监管
总体目标	防止多个金融机构集体破产或共同陷入困境，限制金融体系的系统性风险爆发	防止单个金融机构倒闭或陷入困境，限制单个金融机构风险爆发
最终目标	避免造成如经济衰退、金融动荡、失业增加等宏观经济成本	避免单个金融机构倒闭对金融消费者造成损失
风险特征	内生	外生
相关性和跨机构风险	非常重要	可以分散
审慎控制	自上而下施行系统性风险管控	自下而上施行单个金融机构风险管控

(1)从总体目标分析，尾部风险通常用来形容小概率事件引发的风险，而系统性风险正是一种极端尾部风险。国际金融危机后，人们对系统性风险产生、积累、爆发、传导的机理有了深入认识，认为在一个经济体系内，一家金融机构违约(破产)对其他机构和实体经济的损失有关联性，宏观审慎监管的做法是关注银行体系的尾部风险，而微观审慎监管的做法是关注每家银行的尾部风险。

（2）从最终目标分析，宏观审慎监管目的是限制金融体系集体爆发风险或危机，对宏观经济产生溢出效应而导致巨大的损失，以及产生扩散效应使不相关的第三方也蒙受巨大的损失。微观审慎监管只是限制单个金融机构倒闭的风险，而不论其对整体经济有无系统重要性影响，正如资产投资组合理论强调稳健经营是进行最优投资组合，尽可能分散风险。如果每个金融机构都成功实现分散风险，即单个机构风险化解了，但是风险并没有消除，只是由其他金融机构分担了，实则可能加剧了整个金融体系的系统性风险积累。所以宏观审慎监管的理念和手段适用于宏观经济控制领域，微观审慎监管的理念和手段则适用于微观经济体，基于对金融消费者的保护，控制交易对手风险。

（3）从风险特征分析，基于宏观审慎监管角度，认为系统性风险是由金融体系中内生的，系统性风险爆发有其内部作用机理，意味着每家金融机构的风险消解了，并不代表整个金融体系的风险就消解了，金融体系中存在如期限错配、同质化投资等天然的脆弱性，由于银行挤兑、信息传染、流动性紧缩等冲击冲击，能引发系统性风险。基于微观审慎监管角度，认为系统性风险是金融体系中外生的，由于每家金融机构都按监管部门的监管要求进行审慎经营，最小化其内部风险，因此对单个金融机构而言，防范外部风险更重要。

（4）从相关性和跨机构风险分析，宏观审慎监管认为在金融体系内存在高度关联的现象（TCTF 风险），认识这种系统性关联非常重要。机构间存在直接金融关联和间接金融关联，直接金融关联是由于机构间同业行为造成的。当某家机构破产必定形成其他机构的债权风险暴露，或者机构依赖于某个融资源，融资源可能在毫无征兆的情况下突然完全散失。两种情况都将直接冲击金融机构的资产负债表，间接金融关联可能通过证券、期货或金融衍生品合约等建立联系。这些金融产品由市场决定价格，当市场价格暴跌，银行将被迫减计资产。微观审慎监管承认机构间金融关联现象的存在，但是，认为可以通过资产组合分散金融关联，如通过最大化交易对手数量来分散交易对手风险，或者利用风险对冲操作来化解对本金融机构的冲击。

（5）从审慎控制分析，因为审慎观念不同，审慎控制手段出现差异。宏观审慎手段是自上而下，首先设置整个金融体系损失可以接受的阈值，控制每家银行对银行业系统性风险的边际贡献，其中特别关注跨机构、跨期限、跨国境的风险传导，及每家机构对整个金融体系的溢出效应。与之相反，微观审慎手段是自下而上，监管部门设定每家机构风险控制的审慎标准，从微观上把握单个机构能够做到审慎经营，而风险溢出通常被忽略。

综上分析可以发现，微观审慎监管和宏观审慎监管对影响金融稳定的因素，以及对系统性风险认识角度不同。微观审慎监管认为风险是外生的，只要保证每家金融机构都是健康的，则整个银行体系就能保持稳健。从这点看，微观审慎监管通常要忽略机构自身对其他机构的溢出效应，也不能准确判断监管标准是否合理。例如，巴塞尔新资本协议Ⅱ就具有顺周期特性，造成银行在经济繁荣期过度冒险、过度杠杆化操作，促使系统性风险在不断滋生并累积；而在经济衰退期减计资产、限制流动性，促使系统性风险爆发并迅速传染。通过 2008 年全球性金融危机的教训，微观审慎监管的不足暴露无遗，一家机构在危机中加强其风险偏好，限制流动性，以防御较高的市场风险，但是全体机构都这么做，将导致市场信贷紧缩和流动性短缺，可能进一步加剧金融市场压力和资产价格下跌，系统性风险徒增，最终可能爆发全面危机。因此宏观审慎监管提出系统性风险具有内生性，每家机构都健康对整个金融体系的稳健并不是充要条件，因为每家机构都可能对整个金融体系造成巨大的溢出成本，每家机构都可能促发金融动荡和系统性风险爆发。宏观审慎监管可以帮助监管者，识别监管漏洞并设计适当的调控政策，从而确保银行稳定。

因此，宏观审慎监管是一个相对微观审慎监管的概念，实际上是指金融当局为减少金融危机或经济波动对金融体系带来的损失，从金融体系整体而非单一机构角度实施的监管。与微观审慎监管相比，宏观审慎监管的特点是更加着眼于整个金融体系而不是单个机构，重点关注机构之间的相互联系，以及金融机构面临的共同风险。

二、宏观审慎监管的实施

宏观审慎监管的最大难点在于实践，开展这种监管需要哪些前提条件？在监管过程中应该遵循何种思路？如何设计具有可操作性的宏观审慎监管工具？这些都是宏观审慎监管实践中需要考虑和解决的问题。

（一）宏观审慎监管的基础

实施全面宏观审慎监管的初始条件是拥有充分的信息，主要包括 4 个部分：(1)一个可以提供持续市场信息的有效系统，可以直接接触当前市场发展和预期的一手资料。(2)定期收集宏观审慎监管的资料和统计数据，如有关宏观经济环境、金融市场及与主要经济和金融部门的关系。(3)定期收集机构的资料和数据，特别是对大型和复杂的金融机构，涉及具体的表内和表外项目相关信息，适当的有关资产与负债方的敞口问题，此外还包括识别对手、识别主要中介机构之间的相互联系和评估蔓延的风险。(4)对于大型复杂的金融集团来说，还需要有关流动性和风险管理模式的微观审慎监管信息。

实施宏观审慎监管的第二个条件是要有一组分析工具和模型及拥有熟练技能的工作人员。虽然标准的形式化模型有其局限性，但它们确实有助于组织用于经常性风险评估的定性和定量信息。现有的研究提供了 8 个方面的方法和模型：金融稳定指标、传染和蔓延模型、早期预警模型、压力测试模型、宏观金融风险为基础的资金流动账户模型、宏观计量经济预测模型、校准金融一般均衡稳定模型和其他模型。由于一般的金融稳定性分析和特定的宏观审慎分析比其他政策领域更难理解，而且这些模型各有利弊，比较合理的做法是采用多种综合方法。

（二）宏观审慎监管的思路

宏观审慎监管不只是一种监管的理念，更是一种监管的手段。由于系统性风险存在时间与空间两重维测度，宏观审慎监管的思路也应该针对这两重维测度进行设计。

在时间维度上，宏观审慎监管主要关注风险是怎样随着时间的推移而积累的，因此，一个很重要的问题就是系统性风险是如何被金融体系内部以及金融体系与实体经济之间的相互作用而放大的，这就是所谓的信贷顺周期效应。通过上节介绍的系统性风险传导机制，我们知道导致系统性风险产生、积累、爆发的顺周期效应，主要通过抵押品价值、企业与银行资本金、以及金融机构流动性三条渠道发挥作用，然而，以资本监管为核心的微观审慎监管也围绕这些渠道展开，因此，传统的资本监管方式也存在顺周期效应，进而加剧了金融体系的不稳定性。因此，有效克服传统资本监管的顺周期因素成为宏观审慎监管的主要思路。

对资本监管的顺周期效应存在三个改革方向：第一，建立逆周期资本缓冲机制，通过引入针对系统性风险具有逆周期特征的资本要求，促使银行在经济上行阶段增加资本，建立缓冲，供其在经济下滑、贷款损失增加时使用；第二，建立前瞻性和逆周期的贷款损失拨备，通过采用跨周期的拨备计提方法，提高拨备计提的前瞻性；第三，改革公允价值会计准则，虽然公允价值在具体实施过程中产生了顺周期性的问题，但是它仍然是目前能够找到的最恰当的资产计价方式。因此，必须进一步明确在不活跃市场运用公允价值原则的指引，限制其在不活跃市场中的运用，防止由于市场的低流动状态而出现的低价出售行为作为估值的基础，同时，也应当对这些使用公允价值存在困难的金融工具建立估值储备或进行估值调整，增强信息披露透明度。

在空间维度上，宏观审慎监管关注的是在某一特定时点上，风险是怎样在特定金融体系中分布的，特别是由于资产负债表的关联性所导致的共同风险暴露、相似风险暴露及相关的行为反应。这些风险暴露既可能是金融机构在相同或相似资产类别下的直接风险暴露，也可能是它们之间业务交叉而导致的间接风险暴露。从这个角度看，必须特别关注各家金融机构的投资组合和金融产品风险之间的关联性。虽然，不是所有的金融机构都会引起系统性风险，但是，宏观审慎监管却是针对所有金融机构，实施跨行业监管意味着对有可能引起系统性风险的行为给予更严格的监管。例如，对金融性房地产的借贷进行更严格的控制，这是因为当资产价格下跌的时候，金融性房地产会使得借款人与银行都遭受惨重损失。空间维度监管的主要政策问题是如何制定审慎监管框架，将整个金融体系风险损失控制在局部，从而控制系统性的“尾部风险”。

在分析金融体系产生的系统性风险时，可以从以下两点考虑：第一，分析因单个金融机构或单个市场的问题而产生的系统性影响，这种方法是将金融体系视为一种复杂的系统。这方面观察的重点放在其互连性、非线性和不可预测性等方面。第二，构建一种系统性风险的度量方法，在此基础上确定单个金融机构的风险分配状况，由于宏观审慎监管的目的是在金融体系层面上保障金融稳定，但是，具体的政策工具又体现在单个被监管的机构中，因此，就需要一种符合系统重要性的能够在单个机构中分配系统性风险的方法。国外一些学者从博弈论的角度出发，提出了一种通用和灵活的在机构间分配系统性风险的方法；同时认为，不同分配方法的应用需要使用不同的宏观审慎目标。

（三）宏观审慎监管的工具及其目标

为防止系统性风险的生成，有必要为监管当局提供一系列宏观审慎监管工具，但是，应当采用什么样的工具形式，国际上尚未形成一致意见。因此，对于宏观审慎监管的目标，还是比较明确和易于理解的，但是，对于宏观审慎监管的工具就众说纷纭了，国外学者指出针对系统性风险与宏观经济调控的宏观审慎监管，与自动机制(automatic)、自由裁量权(discretionary)

两种方法相结合，能够产生对监管工具分类（详见表13—2），并认为目前最重要的工具是对金融中介机构的资本要求。

表13—2　　宏观审慎工具的分类

目的 机制	系统性风险	对宏观经济环境的调整
自动机制 (Automatic)	缓冲器（资本与流动性）：贷款价值比率全球一致的杠杆率核算框架	随时间变化的资本比率 动态拨备
自由裁量权 (Discretionary)	压力测试：《巴塞尔协议Ⅲ》中的第二支柱	对资本充足率、资本配置或保证金要求的自由调整

宏观审慎工具的设计应该适应现有的微观审慎工具，比如严格的审慎性标准以及限制那些可能增加系统性波动和风险的活动。这些标准和限制可能不时地变化，或针对金融周期进行逆周期的调整。在实践中，宏观审慎监管的工具设计应该关注以下5个方面：(1)金融体系对实体经济的信贷供给、信贷定价、借款人的杠杆程度以及借贷双方承担的风险；(2)期限转化的形式以及产生的流动性风险，比如银行期限错配的程度以及对批发性融资的依赖程度；(3)住房、股票和信用证券化等市场的资产价格与其长期均衡水平的关系；(4)金融系统的杠杆率水平；(5)一些尚未受到审慎监管的金融机构，如对冲基金对系统性风险的影响。具体来说，宏观审慎监管工具包括三大类：

第一，逆周期的调节需要。从宏观审慎监管的角度看，如何实施逆周期性的调节将是讨论的主要问题，这里主要考虑两种逆周期波动的方式——可调节的资本充足率和动态配置。计提损失准备金采用权责发生制的会计制度无异于放大了经济周期的波动性，针对这种情况，宏观审慎监管当局采用动态配置方式：在经济上升期建立资源缓冲区，控制信贷规模，提高金融机构的储备规模；在经济衰退期适度降低储备规模，加大对国民经济的支持力度，缓解经济持续下滑的恶性循环，以便吸收损失而不会引发或放大经济衰退。这种做法是通过监管调节实现的，不会影响会计标准，从而保证了财务报表的公正与透明。通常情况下，各国的金融监管当局对资本充足率的监管实施统一的标准，缺乏一定的灵活性，宏观审慎监管当局可以采取灵活的标准，对资本规模、风险程度不同的金融机构要求不同的资本充足率，而且在不同的经济时期采用不同的充足率要求，降低顺周期影响。

第二，流动性调节。对于流动性风险的监管，涉及审慎监管的宏观和微观两个维度。微观审慎监管要通过对银行资产负债表中资产与负债期限错配的分析，来控制单个金融机构的流动性风险，而宏观审慎监管则是监管当局要持续监控国际和国内的金融市场状况，关注资本的流向和流量，避免整个金融市场的普遍流动性危机。

第三，贷款价值比率(loan-to-value ratios)。次贷危机之后，各国监管当局出台了不少针对金融产品特点的监管政策，其中，限制贷款价值比率就是用来防止房地产价格不合理上涨带来系统性风险的指标，我国也一直使用贷款价值比率工具作为财政刺激方案的一部分。贷款价值比率是指按揭贷款规模与房产价值的比率，该比率越低说明个人的支付能力越强，还款能力越强；该比率迅速扩大说明银行体系风险普遍提高，宏观审慎监管者当局采取控制该比例的措施以缓解过度放贷，进而避免顺周期效应扩散，在一定程度上降低系统性风险，限制贷款价值比率可能成为宏观审慎监管应对经济金融环境不断变化时的一个有效可变工具。

另外，宏观审慎监管的核心是将系统性风险纳入审慎监管视野，不仅关注金融机构面临的个体风险，而且关注系统性风险的水平和趋势。因此，宏观审慎监管仍然属于审慎监管范畴，与着眼于熨平短期经济波动的存款准备金率、基准利率和公开市场操作等货币政策工具存在本质区别。但是，在设计宏观审慎监管工具时，必须考虑与具有同样目的——保障金融及宏观经济的稳定——的货币政策相协调。这种协调取决于货币政策是否将金融失衡纳入其框架之内。危机前，人们关于货币政策的新共识是，货币政策只应保证物价稳定；如果有双重目标的话，也应该同时保持充分就业。只有很少学者认为，运用紧缩的货币政策可以缓解金融失衡问题。然而，逆周期的宏观审慎监管有助于减少产出的波动，降低金融不稳定风险，同时，诸如资本充足率之类的逆周期供给使得货币当局可以通过利率小幅调整，达到保持产出水平和通货膨胀水平的双重目标。

三、宏观审慎监管的实践——巴塞尔协议Ⅲ

2008年全球金融危机爆发后，巴塞尔委员会于2010年9月提出加强全球资本监管和流动性监管的政策建议——巴塞尔协议Ⅲ，总体目标是改善银行体系应对由各种金融和经济压力导致的冲击的能力，并降低金融体系向实体经济的溢出效应。巴塞尔协议Ⅲ于2010年11月在韩国首尔举行的G20峰会上获得正式批准实施，在2013年至2019年期间分阶段实施。

由于银行在连接存款人和投资人的信贷中介过程中处于中心环节，因此稳健的银行体系是经济持续增长的基础，并且银行为消费者、中小企业、大公司以及政府部门提供关键的服务，它们依靠银行开展日常业务，包括国内业务和国际业务。巴塞尔委员会实施改革的目的是改善风险管理和治理以及加强银行的透明度和信息披露，强化系统重要性跨境银行处置，提升全球银行体系的稳健性，减少从银行体系蔓延到金融市场或实体经济领域的风险。

许多国家的银行体系表内外杠杆率的过度积累，是经济和金融危机进一步恶化的重要原因，与此相伴的是资本质量和水平不断受到侵蚀，同时许多银行流动性储备不足，因此，银行体系不能吸收由此导致的交易和信贷损失，也无法应对影子银行体系积累的大量表外风险，顺周期地去杠杆化以及金融机构之间高度关联性导致本轮金融危机集中爆发，并迅速蔓延。危机最为严重时期，市场对许多银行机构的清偿力和流动性丧失信心，银行体系的脆弱性被传导至其他金融体系和实体经济，导致流动性和信贷供给能力严重收缩，最终，政府不得不以前所未有的流动性注入、资本支持和担保介入其中，致使纳税人承担了巨大损失。危机对中心地区的银行、金融体系和经济的影响是直接的，然而危机也扩散到全球许多国家，对于这些国家危机的传导渠道是间接的，诸如全球流动性、跨境信贷供给以及出口需求严重萎缩，鉴于此次危机向全球扩散的速度和范围，所有国家都应提高银行体系应对内部和外部冲击的能力，这点非常重要。

为解决本轮金融危机暴露出的市场失灵，巴塞尔委员会正在对全球监管体系进行一系列根本性的改革，这些改革不仅强化单个银行或微观审慎监管，有助于提高单个银行机构应对压力的稳健性，而且还包括宏观审慎监管，解决系统性风险，包括跨市场的风险积累以及风险随时间变化引起的顺周期问题。显然，宏观审慎监管和微观审慎监管是相关联关系，因为单个银行稳健性的增强有助于降低系统性冲击。

巴塞尔协议Ⅲ包括以下几个关键要素：

第一，提高银行资本基础的质量、一致性和透明度。这将确保大型国际银行增强在持续经营与清算条件下吸收损失的能力。根据这项协议，商业银行的核心资本充足率将由目前的4%上调到6%，同时计提2.5%的防护缓冲资本，以及不高于2.5%的反周期准备资本，核心资本充足率的要求可达到8.5%～11%，总资本充足率要求仍维持在8%不变。

第二，扩大资本框架的风险覆盖面。除2009年7月发布的交易账户和资产证券化的改革措施以外，委员会提出加强交易对手信用风险的资本监管。交易对手信用风险主要源于衍生品交易、回购和证券融资活动，这些方面的强化将提高单个银行机构的稳健性，并降低通过衍生品和融资渠道金融机构之间冲击传递的风险，提高交易对手的资本要求将鼓励场外衍生品交易转向通过中央交易对手和交易所交易。巴塞尔委员会将进一步推动操作风险计量、管理和监管的趋同。

第三，引入杠杆率作为新资本协议风险资本框架的补充措施，将基于适当评估和校准，将杠杆率纳入第一支柱。巴塞尔委员会提出了3%的最低杠杆比率和100%的流动杠杆比率，以及净稳定资金来源比率要求。杠杆率监管将有助于控制银行体系杠杆率过度累积，并为防止风险资本套利和模型风险提供了额外的保护。为保证可比性，巴塞尔委员会将在全球范围内统一杠杆率的计算方法，并充分调整会计规则方面的差异。在考虑新资本协议相关变化的基础上，通过校准确保该比例能够作为风险资本比例的一个可靠的补充指标。

第四，采取一系列措施推动银行在经济上行期建立超额资本，用于经济下行期吸收损失。反周期资本框架将使得银行体系更加稳定，降低而不是扩大经济和金融冲击。此外，巴塞尔委员会正在推进基于预期损失的、前瞻性的损失准备金制度，与现行的“确认损失”准备金模型相比，该框架将更加透明地反映实际损失，并降低顺周期效应。新协议将普通股权益/风险资产比率要求由原来的2%提高到4.5%，核心资本充足率的要求也由4%提高到6%，加上2.5%的防护缓冲资本，核心资本充足率的要求达到8.5%，同时也要求银行提取0～2.5%的反周期缓冲资本(见表13—3)，以便银行可以对抗过度放贷所带来的风险。

表13—3　　巴塞尔协议Ⅲ的资本监管框架

	一级资本中的普通股	一级资本	总资本
最低资本	4.5%	6.0	8.0
缓冲资本	2.5%	—	—

续表

	一级资本中的普通股	一级资本	总资本
最低＋缓冲资本	7.0％	8.5％	10.5％
逆周期缓冲资本	0～2.5％	—	—

第五，建立适用于国际活跃银行的全球流动性最低标准，包括覆盖30天的流动性覆盖率，以及一个长期结构化流动性比例。该框架还包括一套监测指标以帮助监管当局识别单个银行和银行体系的流动性风险趋势。这些标准和指标是对2008年9月巴塞尔委员会发布的《稳健的流动性风险管理和监管原则》的补充。

为最大程度上降低巴塞尔协议Ⅲ对银行信贷供给能力与宏观经济的影响，协议给出了2013～2019年一个较长的过渡期。全球各商业银行5年内必须将一级资本充足率的下限，从现行要求的4％上调至6％，过渡期限为2013年升至4.5％，2014年升至5.5％，2015年达到6％。同时，协议将普通股最低要求从2％提升至4.5％，过渡期限为2013年升至3.5％，2014年升至4％，2015年达到4.5％。截至2019年1月1日，全球各商业银行必须将资本留存缓冲提高到2.5％。

本章小结

20世纪70年代以来随着各国逐步放松金融管制，日益活跃的金融创新致使现代金融体系发生了深刻变化，尤其是进入21世纪以来，金融市场发展呈现出金融自由化、金融全球化、资产证券化与金融工程化等新趋势。这些新变化在为市场参与者提供更加系统、全面、便利、快捷金融服务的同时，金融风险也变得越发难以识别与监控，从而对世界各国宏观经济稳定、金融体系安全带来重大挑战，因此，也推动了世界范围内的金融监管革新。

系统性风险是现代金融市场中全新风险形式，这种风险具有高度隐匿性、积累性、传染性与破坏性，而且无法通过一般的风险管理手段消除，在特定冲击下将导致一国金融体系，进而使实体经济发生剧烈动荡甚至全面瘫痪。产生系统性风险的原因众多，但是资产价格波动因素最为重要。系统性风险存在时间与空间两重传导机制，其中，时间维度上的传导机制主要由金融投资与信贷的顺周期效应导致；空间维度上的传导机制主要由复杂金融网络下，风险传染的"多米诺骨牌效应"导致。

宏观审慎监管是针对系统性风险的新型金融监管方式，它是金融当局为减少金融危机或经济波动对金融体系带来的损失，从金融体系整体而非单一机构角度实施的监管。与微观审慎监管相比，宏观审慎监管的特点是更加着眼于整个金融体系而不是单个机构，重点关注机构之间的相互联系，以及金融机构面临的共同风险。针对系统性风险存在时间与空间双重传导机制，宏观审慎监管在时间维度上克服传统资本监管的顺周期效应；在空间维度上消除金融机构间相互关联所产生的直接风险与间接风险。

基本概念

金融自由化　分业经营　混业经营　金融全球化　资产证券化　金融工程化
系统性风险　逆向选择　道德风险　顺周期效应　金融网络　直接风险　间接风险
宏观审慎监管　微观审慎监管

复习思考题

1. 现代金融市场发展具有哪些新趋势？这些新趋势有哪些表现形式以及影响？
2. 系统性风险具有哪些特征？系统性风险与系统风险之间存在哪些联系与区别？
3. 系统性风险产生的原因包括哪些？这些原因之间存在何种逻辑关系？
4. 简要叙述时间与空间维度上，系统性风险的传导机制。
5. 宏观审慎监管与微观审慎监管之间存在哪些联系与区别？
6. 实施宏观审慎监管应该遵循何种思路？
7. 宏观审慎监管工具包括哪些？简述各种工具设计的主要思想。
8. 简述巴塞尔协议Ⅲ的产生背景与主要内容。

本章参考文献

1. Chortareas GE, Girardone C and Ventouri A (2011), Financial Frictions, Bank Efficiency and Risk: Evidence from Eurozone, *Journal of Business Finance & Accounting*, 38(1&2), pp. 259－287.

2. Fiordelisi F, Marques－Ibanez D and Molyneux P (2011), Efficiency and risk in European banking, *Journal of Banking & Finance*, 35(5), pp. 1315－1326.

3. Franklin Allen, Douglas Gale, Systemic Risk and Regulation (2004), The NBER Conference on "The Risks of Financial Institutions" held in Woodstock, Vermont, October, 2004, pp. 22－23.

4. Frederic S. Mishkin (1999), Financial consolidation: Dangers and opportunities, *Journal of Banking & Finance*, Vol. 15. no. 8, pp. 675－691.

5. Fu XM and Heffernan S (2009), The effects of reform on China's bank structure and performance, *Journal of Banking & Finance*, 33(1), pp. 39－52.

6. George G. Kaufman (1999), Banking and currency crises and systemic risk, World Bank Working Paper, No. wp99_12.

7. Tom Daula (2000), Systemic Risk: Relevance, Risk Management Challenges and Open Questions, Federal Reserve Bank of New York Working Paper, No. nc3437.

8. [法]弗郎索瓦·沙奈著，齐建华译：《资本全球化》，中央编译出版社 2001 年版。

9. 张显球：《宏观审慎监管：理论含义及政策选择》，中国金融出版社 2012 年版。

10. 巴曙松、王璟怡、杜婧：《从微观审慎到宏观审慎：危机下的银行监管启示》，《国际金融研究》，2010(5)。

11. 白川方明：《宏观审慎监管与金融稳定》，《中国金融》，2010(4)。

12. 葛志强、姜全、闫兆虎：《我国系统性金融风险的成因、实证及宏观审慎对策研究》，《金融发展研究》，2011(4)。

13. 贺聪、洪昊、王紫薇、陈一稀、葛声、游碧芙:《系统性金融风险与我国宏观审慎管理体系研究》,《经济科学》,2011(5)。

14. 刘孟飞、张晓岚:《风险约束下的商业银行效率及其影响因素研究》,《金融研究》,2013(7)。

15. 马君潞、范小云、曹元涛:《中国银行间市场双边传染的风险估测及其系统性特征分析》,《经济研究》,2007(1)。

16. 麦强盛:《基于宏观审慎监管的银行业系统性风险研究》,暨南大学管理学院博士学位论文,2011 年。

17. 余乔、刘家鹏:《系统性风险控制与动态逆势投资研究》,《经济研究》,2013(2)。

18. 周小川:《宏观审慎政策是针对系统性风险的良药》,《中国金融时报》,2010－10－22。